# The Breeding Birds of North Wales

## *Adar Nythu Gogledd Cymru*

Edited by Anne Brenchley, Geoff Gibbs, Rhion Pritchard and Ian M. Spence

Liverpool University Press

First published 2013 by
Liverpool University Press
4 Cambridge Street
Liverpool L69 7ZU

British Library Cataloguing-in-Publication data
A British Library CIP record is available

ISBN 978-1-84631-858-0

Designed and typeset by BBR (www.bbr.uk.com)

Cover illustrations by Philip Snow

Printed and bound by Gutenberg Press, Malta
Gutenberg Press prints for BirdLife Malta

MIX
Paper from
responsible sources
FSC
www.fsc.org    FSC® C022612

# Contents    Cynnwys

## Species accounts — 95 — Adroddiadau am y rhywogaethau

## Technical information — 421 — Gwybodaeth dechnegol

## Appendices — 429 — Atodiadau

## References — 438 — Cyfeirnodau

## Index of bird species — 444 — Mynegai i rywogaethau

# Foreword
# *Rhagair*

During my time with the RSPB in Wales, it was always my ambition to see an all-Wales tetrad survey undertaken in conjunction with a BTO Breeding Atlas. Unfortunately, at that time of the 1988–91 Atlas, it was not deemed feasible because of the large, sparsely populated areas and the dearth of bird recorders in many parts of North and mid-Wales. I was delighted, therefore, when I learned that a team of volunteers, led by an able and experienced steering group, was planning to do just that for the five Watsonian vice-counties that constitute North Wales.

This is no small undertaking. These vice-counties hold within their boundaries some of the most inhospitable habitats in southern Britain but hardy fieldworkers have trodden everywhere, in all weathers, from the sheer cliffs of Snowdonia to the boggy moorlands of the Berwyn mountains, and from the isolated tip of Llŷn to the industrial banks of the Dee Estuary. The fruit of their labour is a detailed snapshot of the breeding bird populations of North Wales in the early twenty-first century. This not only provides a comparison with past census work, but it also gives a solid baseline for future surveys.

Its importance cannot be overestimated. It will provide the ammunition for conservation organisations to help shape government policies for years to come and the publication of this book will undoubtedly inspire future generations of bird recorders. I, therefore, take my hat off to each and every person who has played a role in this mammoth project and particular congratulations must go to the small team of hard-working volunteers who formed the steering group for their endless hours of hard graft.

I wonder, is it too soon to start thinking about an all-Wales tetrad survey to run alongside the next Breeding Atlas survey …?

*Iolo Williams*

Trwy gydol fy nghyfnod gyda'r RSPB yng Nghymru, fy uchelgais oedd ymgymryd ag arolwg tetrad trwy Gymru ochr yn ochr ag Atlas Adar Nythu y BTO. Yn anffodus, adeg Atlas 1988–91, ystyrid nad oedd hyn yn bosibl oherwydd yr ardaloedd eang lle nad oedd llawer o boblogaeth ac oherwydd y diffyg cofnodwyr adar mewn llawer rhan o ogledd a chanolbarth Cymru. Roeddwn felly'n falch iawn o glywed fod tîm o wirfoddolwyr, dan arweiniad grŵp llywio abl a phrofiadol, yn bwriadu gwneud hynny ar gyfer y pump is-sir Watsonaidd sy'n ffurfio Gogledd Cymru.

Nid mater bychan yw hyn. Yn yr is-siroedd yma, ceir cynefinoedd sydd ymhlith y mwyaf digroeso yn ne Prydain, ond mae gweithwyr maes wedi troedio pob rhan o'r ardal ymhob tywydd, o glogwyni Eryri i rostiroedd corsiog y Berwyn, ac o ben draw Llŷn i lannau diwydiannol aber Dyfrdwy. Ffrwyth eu llafur yw darlun manwl o'r adar sy'n nythu yng Ngogledd Cymru yn gynnar yn yr 21ain ganrif. Mae nid yn unig yn rhoi cyfle i gymharu ag arolygon blaenorol ond hefyd yn sail gadarn i arolygon yn y dyfodol.

Nid oes modd gorbwysleisio ei bwysigrwydd. Bydd yn rhoi gwybodaeth y gall cyrff cadwraeth ei ddefnyddio i helpu i ffurfio polisïau'r llywodraeth am flynyddoedd i ddod a bydd cyhoeddi'r gyfrol yma yn sicr yn ysbrydoli cofnodwyr adar y dyfodol. Rwyf felly yn tynnu fy het i bob un sydd wedi bod a rhan yn y prosiect enfawr yma, ac yn enwedig yn llongyfarch y tîm bychan o wirfoddolwyr fu'n gweithio'n galed yn y grŵp llywio am eu horiau diddiwedd o waith.

Tybed a yw'n rhy gynnar i ddechrau meddwl am arolwg tetrad i Gymru oll i redeg ochr yn ochr â'r Atlas Adar Nythu nesaf …?

*Iolo Williams*

# Abbreviations and acronyms
## Byrfoddau a llythrenwau

| | |
|---|---|
| 1968–72 Atlas | *The Atlas of Breeding Birds in Britain and Ireland* (Sharrock 1976) |
| 1988–91 Atlas | *The New Atlas of Breeding Birds in Britain and Ireland* (Gibbons *et al.* 1993) |
| AON | Apparently Occupied Nests |
| BBFOR | *Bardsey Bird and Field Observatory Report* |
| BBS | Breeding Bird Survey |
| BOU | British Ornithologists' Union |
| BTO | British Trust for Ornithology |
| BWP | *Birds of the Western Palearctic* (Cramp *et al.* 1977–94) |
| CBC | Common Birds Census |
| CBR | *Cambrian Bird Report* |
| CBRG | Clwyd Bird Recording Group |
| CCW (CCGC) | Countryside Council for Wales (Cyngor Cefn Gwlad Cymru) Since April 2013, CCW has become part of NRW |
| CES | Constant Effort Site |
| EU | European Union |
| Historical Atlas | *The Historical Atlas of Breeding Birds in Britain and Ireland 1875–1900* (Holloway 1996) |
| JNCC | Joint Nature Conservation Committee |
| LBAP | Local Biodiversity Action Plan |
| Migration Atlas | *The Migration Atlas: movements of the birds of Britain and Ireland* (Wernham *et al.* 2002) |
| NEWBR | *North-East Wales Bird Report* |
| NNR (GNG) | National Nature Reserve (Gwarchodfa Natur Genedlaethol) |
| NP | National Park |
| NRW | Natural Resources Wales |
| NT | National Trust |
| NWWT (YNGC) | North Wales Wildlife Trust (Ymddiriedolaeth Natur Gogledd Cymru) |
| RBBP | Rare Breeding Birds Panel |
| RR | Regional Representative |
| RSPB | Royal Society for the Protection of Birds |
| SAC (ACA) | Special Area of Conservation (Ardaloedd Cadwraeth Arbennig) |
| SPA (AGA) | Special Protection Area (Ardal Gwarchodaeth Arbennig) |
| SSSI (SDdGA) | Site of Special Scientific Interest (Safle o Ddiddordeb Gwyddonol Arbennig) |
| TTV | Timed Tetrad Visit |
| WeBS | Wetland Bird Survey |
| WOS | Welsh Ornithological Society |
| WRBBRSG | Welsh Rare Breeding Bird and Raptor Study Group |

# Acknowledgements
## *Diolchiadau*

This book would not have been possible without the assistance of a large number of people. This help was related to two key aspects of the project: gathering the data and then enabling the publication of the results.

## Data gathering

At the start of the project we did not know if we would be able to muster enough support to enable the gathering of tetrad-level information across this relatively large region. Our first thanks go to the group of people who assisted with making the whole project possible, the Atlas Steering Group:

Anne Brenchley, Chair

Andrew Dale

Geoff Gibbs

Kelvin Jones, Webmaster

Ian M. Spence, Treasurer and Data Manager

Peter Stuttard, Minute taker

Also, we thank Thelma Sykes for her striking project logo.

We thank the following people for their assistance with organising the efforts of the observers:

Dave Anning, BTO RR for Meirionnydd

Anne Brenchley, BTO RR for Clwyd East

Geoff Gibbs, BTO RR for Caernarfon

Mel ab Owain, BTO RR for Clwyd West

Tony White, BTO RR for Anglesey

Jane Hemming, BTO Asst RR for Clwyd East

Kelvin Jones, BTO Asst RR for Meirionnydd and Caernarfon

Karin White, BTO Asst RR for Anglesey

We thank the following for acting as 10km stewards:

Richard Groves (SJ15)

Jane Hemming (SJ16, 17 and 18)

Neil Hughes (SJ34, 35 and 36)

Jeff Williams (SH96)

We thank the following people for assisting the BTO RRs with validating the records:

Peter Stuttard, Anglesey

Kelvin Jones, Meirionnydd and Caernarfon

David Lee, Caernarfon

Tom McCanna, Meirionnydd

Rhion Pritchard, Meirionnydd and Caernarfon

Ian M. Spence, Clwyd East and West, Meirionnydd

Paul Miller, BTO RR for Cheshire Mid and Wirral

Charles Hull, BTO RR for Cheshire South

Allan Dawes, BTO RR for Shropshire

Jane Kelsall, BTO RR for Montgomery

Moira Convery, BTO RR for Ceredigion

We thank the following local authority Biodiversity Officers for assisting with the organisation and running of training events:

Anne Butler, Conwy

Lizzy Webster, Denbigh

Sarah Slater (née Brown), Flintshire

Ifor Rhys Jones, Gwynedd

Emma Broad, Wrexham

We thank landowners and tenants who allowed the observers to access land to make their observations.

We are extremely grateful for the assistance of the 722 individuals who supplied us with records that included breeding codes. There were eight organisations that provided such records and we are very grateful to the members of those organisations for their contributions.

| | | | |
|---|---|---|---|
| Debbie Adams | Allan Brandon | John Clarke | Ian Dobson |
| Jane Ainsworth | Keith Brandwood | Trudi Jane Clarke | Steve Dodd |
| Mick Alexander | Richard Brassington | Y.R. Clarke | Robert Doughty |
| Susan Andrew | John Bratton | Graham Clarkson | Robert Douthwaite |
| Andy Ankers | Andy Bray | B.D. Clews | Malcolm Down |
| Dave Anning | Anne Brenchley | Rebecca Clews | Ed Drewitt |
| Tessa Anning | Kane Brides | Peter Coffey | Mike Duckham |
| Tom Appleby | G.E. Briggs | Stephanie Coghlan | Kieran Duff |
| Martin Arnold | John Briggs | Simon Cohen | Jim Dustow |
| John Arrowsmith | Trevor Britton | Yvonne Cohen | John Dyda |
| Roger Ash | Emma Broad | Suzanne Coleman | Ray Eades |
| Kim Atkinson | Colin Brooks | Leslie Thomas Colley | M.M. Eaglestone |
| Steve Austin | George Brown | Rob Collister | Mark Eddowes |
| Claire Backshall | Nigel Brown | Moira Convery | Jason Ede |
| Roger Bagguley | Sarah Brown | C.J.G. Cook | N. Edmonds |
| Michael Phillip Bailey | Peter Brownsword | Graham Cook | Peter Edmondson |
| Janet Baker | Matthew James Bruce | Henry Cook | Robin Edwards |
| Kay Ball | Mick Brummage | Robert Cook | Stephen Edwards |
| Lesley Ball | Sylvia Bryan | Rachel Coombes | Twm Elias |
| Dawn Balmer | Ieuan Bryn | Graham Cooper | Margaret Ellis |
| M. Bamber | Gary Buckett | Barbara Cooper-Poole | Paul Ellis |
| Nigel Banham | Paul Bucknall | P.G. Copestake | Len Embry |
| Helen Bantock | Steve Bullen | Christopher Coppock | Christine Evans |
| Lee Barber | Bob Bullock | Stuart Cowper | Ian Evans |
| S.R.J. Barker | Jeffrey Burgum | Andrew Cox | Kate Evans |
| John Barnes | Brian Burnett | Alison Craig | Mair Evans |
| Nicholas Barton | Ian Burrus | Michael Cresswell | Mark Evans |
| Trevor Bashford | P. Burston | Ken Croft | Robin Dylan Evans |
| D.W. Bastin | Jeff Butcher | Robert Crompton | Tom Evans |
| John Bastow | Anne Butler | Janet Crummy | B. Fahey |
| Paul Bateman | John Butler | David Cullen | Malcolm Fairley |
| Jennifer Karen Batten | J.M. Butterworth | Patrick Cullen | Clare Faith |
| V.R. Beaney | Greg Caird | Steve Culley | R.J. Farmer |
| James Beattie | Tony Calloway | Rhodri Dafydd | David Farncombe |
| Richard Beckett | Alan James Cameron | Andrew Dale | Charles Farrell |
| Judith Benbow | Andrew Camp | Ian Danby | Francis Faulkner |
| David Bennett | Peter Cannon | Peter Dare | John Featherstone |
| Helen Berry | Ben Carpenter | David Davies | Glenis Jill Feely |
| John Berry | Jill Carr | Dewi Davies | Jonathan Fenton |
| Kathryn Birch | Aisling Carrick | Gwyn Davies | Sarah Fernley |
| Richard Birch | Tessa Carrick | Ioan Davies | Joe Fleming |
| Gavin Black | Anne Carrington-Cotton | Jack Davies | J.N. Flint |
| John Blackburne | M.J. Carson | K. Davies | Paul Floyd |
| Trevor Blackshaw | Paul Carter | Lynn Davies | Christopher Flynn |
| Stephen Bladwell | S. Carter | Oswald Davies | Bryan Formstone |
| Richard Blindell | Frances Cattanach | Steven Davies | Rob Foster |
| Richard Bonser | Derek Cawthorne | Tim Davis | Barrie Fox |
| Alan Booth | Y. Chadwick | Allan Dawes | Shirley Freeman |
| Irene Boston | Alyn Chambers | Robert Dawson | Nick French |
| Simon Boswell | Peter Charleston | R.A. Dearden | N.J. Friswell |
| Martin Bott | Julie Chicken | Denise Deegan | C. Fuller |
| Mark Bowden | Jim Clark | Bob Dennison | David Gains |
| Anthony Bradley | Laurence Clark | Bryan Dickinson | John Gambles |
| Ray Bradney | J.M. Clarke | Gill Dobson | Martin Garwood |

D.R. Gaskell
Martin George
Nicholas Gibbons
Geoff Gibbs
Kate Gibbs
D.L. Gifford
Pat Gilbertson
Tony Gillam
Simon Gillings
John Gittins
Gill Glover
Phillip Goble
David Goff
Peter Golborn
Su Gough
Malcolm Gould
Andrew Noel Graham
Clio Graham
Martin Grant
Nick Gray
Peter Gray
David Greasley
David Brian Green
Mick Green
Margery Griffin
Malcolm Griffith
Bryn Griffiths
Mike Griffiths
Andrew Grinter
Jonathan Groom
Richard Groves
Charles Haigh
Philip Haigh
Michael Peter Hall
Peter Hall
Anthony Ryan Hallam
Norman Hallas
Sheelagh Halsey
Doug Hampson
S. Harding
Roger Hardy
Stewart Hares
Mrs Hargreave
John Harold
Iestyn Harris
Joe Harris
Kevin Stuart Harris
Robert Harris
Sarah Harris
W.D. Harris
Gwyn Harrison
Tom Harrison
John Harrop
James Harvey
Tristan Willmott Hatton-Ellis
Ian Hawkins
John Hawkins
Robert Hay
Bob Hayes

Margaret Hayter
Matthew Hazleton
Jerry Hazzard
John Headon
Glen Heaton
Jane Hemming
Roger William Henderson
David Hewett
Adrian Hibbert
John Parry Hickerton
Dave Hill
Stephen Harry Hind
Jane Hodgson
David Holland
Phil Holland
Richard Holland
Susan Holoran
Anthony Holt
Brayton Holt
Mark Hope-Urwin
Gareth Howells
Steve Howlett
A. Hughes
B.J. Hughes
C.R. Hughes
Julian Hughes
Marc Hughes
Neil Hughes
Simon Hughes
Simon Hugheston-Roberts
Ashley Hugo
James Hulse
Jonathan Hulson
D.J. Humphries
Geoff Hunt
J.S.A. Hunter
Clive Hurford
David Hytch
Brian Iddon
Mary Iliffe
Phil Ireland
Jacquie Irving
Jill Jackson
Michael Jackson
S. Jagger
Martin James
Paul James
Rhydian James
Tony Jaques
Michael Jeeves
J.H.G. Jeffery
Mike Jenkins
Daniel Jenkins-Jones
Adrian Curtis Lloyd Jones
Barry Jones
Ceri Jones
Chris Jones
Christopher John Jones
D.S. Jones

David Maxwell Jones
Dyfed Wyn Jones
G.K. Jones
Gareth L. Jones
Hazel Jones
Hefin Jones
Howard Morris Jones
Ifor Rhys Jones
Jeffrey Jones
Kelvin Jones
Laura Jones
Louise Jones
Myfanwy Jones
Peter Jones
Philip Jones
Richard Jones
Rosy Jones
Royston Jones
Russell Jones
Susan E.H. Jones
J.P. Josling
Sheila Kelly
Jane Kelsall
Heather Kidd
Paul King
Melvyn Kirby
Mike Klymko
A.R. Knight
Dan Knight
Gehardt Kruckow
David Lamacraft
Christopher Lane
M.J. Latham
Richard Law
Stephen Lawrence
Peter Lawton
John Lawton Roberts
David Lee
Mike Lehane
Barrie Lewis
Gareth Lewis
Jerry Lewis
Red Liford
Michael Liley
Hugh Linn
Iolo Lloyd
John Lloyd
Joan Looker
Susan Loose
Susan Lowe
Geoffrey Ludden
Cedric Lynch
Robert Maccurrach
Ben Macdonald
Norman Macdonald
Matthew Macfadyen
Donald MacKenzie
Gwen Macnair
Marie Madigan

John Marchant
Nick Marriner
James Marshall
Stephen Keith Marshall
F. Martin
John Martin
P. Martin
M.J. Mason
W.L. Mason
Brian Mather
Valmai Matulla
Philip May
Stephen Mcavoy
Tom McCanna
Chris McGregor
Graeme McLaren
Ivor Mclean
Pam McLeod
Anna McOustra
David Medcalf
Emily Meilleur
Chris Mellenchip
Nigel Melsom
Elsie Merrick
Simon Metcalfe
Paul Miller
Jill Mills
Peter John Milner
Jeremy Moore
Patrick Moore
Alan Morley
C. Morris
Gareth Morris
Glenn Morris
Raymond Morris
Christine Moss
Robert Moss
Joan Mowl
Joe Mullen
Les Mundy
D.A. Murdoch
Roger Murfitt
Matthew Murphy
Andy Musgrove
A.J. Muston
Bill Myerscough
Hilary Nash
Steve Neal
Angela Needham
J. Newton
John Newton
Peter Nicholls
Richard Ninnes
Sabine Nouvet
Keith Offord
J. O'Hanlon
Doug Oliver
Joanne Organ
Mel ab Owain

C.M. Owen
Bill Owens
Jan Owens
N.W. Owens
Barbara Owsianka
Janet Ozyer
David Pack
Steve Palin
Kieron Palmer
Richard Palmer
David Henry Parry
Janet Parry
Kath Patrick
John Patterson
Don Pawlett
Trevor Payne
Roger Peart
Giles Pepler
Carol Perkins
Richard Perry
Jane Turley Pettit
Mark Pewtress
Richard Phelan
N.J. Phillips
Roy Phillips
Nigel Pierce
Rhian Pierce
Stephen Pilbeam
Howard Pimborough
S. Piotrowski
Michael Pittaway
Robert Platt
Ron Plummer
M.J. Pollard
N.D. Pomiankowski
Ben Porter
David Powell
Rosemary Powell
R.M. Powley
Laura Praciak
Gillian Price
S.H. Price
Brian Prince
David Prince
Elizabeth Prior
Alan Pritchard
David Pritchard
Edward Pritchard
Rhion Pritchard
Jane Prosser
K.T.P. Pryce
Elfyn Pugh
Maxine Putnam
Bill Quinton
Geoff Radford
Ian Ralphs
Peter Rathbone
Neil Rawlings
Ivor Rees

Geraint Richards
William Richards
R. Rickard
Trevor Riddle
M.J. Ridley
Brenda Rigby
Brian Rimmer
Kate Risely
Catrin Elin Roberts
Dafydd Roberts
Dewi Clwyd Roberts
G. Roberts
Glyn N. Roberts
Hywel Roberts
Ieuan Roberts
John Lawton Roberts
Jan Roberts
Maria Roberts
William Roberts
Jean Robertson
Janet Robinson
Stephen Elwyn Roddick
David Roe
Barry Rogers
Julie Rogers
Julie Rose
Nick Rossiter
Derek Rothery
James Rowe
Jonathan Rowe
Jeff Rudd
J. Rushton
Peter Russell
Allan Rustell
Deborah Sainsbury
Grace Sanderson
Robin Sandham
S.D. Sandham
David Gerald Sanger
S.P. Satterthwaite
Stephen Saunders
Declan Savage
Dennis Michael Seager
Annie Seddon
Paul Selby
Paul Seligman
R.M. Sellers
Christine Seymour
Alasdair Shaw
David Shaw
Denise Shaw
Melvyn Sheard
Paul Shenton
Janet Sherry
Mike Shrubb
Jonathan Shutes
Ian Sims
David Sivyer
John Small

H.M. Smalley
Jeremy Smallwood
Conrad Smith
David Smith
Dermot Smith
Kevin Smith
L.N. Smith
Michael Smith
Richard Smith
Roy Smith
Troy Smith and the Bodnant
    gardeners
Steve Smithee
Anne Soper
Derek Sparkes
Barrie Spence
Ian M. Spence
Andrew Spottiswood
Dick Squires
I.A. Stachnicki
Ben Stammers
Emma Stansfield
Derek Stanyard
Les Starling
Lesley Staves
Rory Stewart
Sarah Stille
Helen Stone
Rob Strachan
Adrienne Stratford
Alan Straw
Caroline Street
D.K. Street
Peter Stuttard
R.A. Stuttard
Neil Sumner
Mark Sutton
Paul Sutton
Richard Sutton
Kerry Sutton-Spence
Robert Swift
Ann Swindale
Susan Dianne Swindells
Terence Sykes
Ian Taylor
Rachel Taylor
Stuart Taylor
Ray Teesdale
Andrew Thomas
Anet Thomas
David Thomas
Dawn Thomas
F.R. Thomas
Gerry Thomas
Richard Thomas
Barbara Thompson
Elizabeth Thompson
Julian Thompson
Megan Thorman

A.K. Thorne
David Thorpe
Reg Thorpe
George Tordoff
Charles Trollope
Nigel Troup
Mike Tubb
Irving Tucker
John Tucker
Jonathan Turner
Simon Twigger
Steph Tyler
Ros Tyrrell
J. Underwood
Edward Urbanski
James Vale
Derek Venables
Graham Vine
E.M. Wagstaff
Jon Wainwright
Andrew Walker
Carole Walker
I.R. Walker
William Angus Walker
Thomas Wall
Andrew Wallbank
I.R. Walsh
Maria Warburton
Stephen Ward
Debbie Wareham
Rachel Warren
Nigel Watson
Allison Webb
Spike Webb
Lizzy Webster
Peter Wellington
Colin Wells
Tom Wells
Anne Wheatcroft
Denzel White
Karin White
Richard White
Tony White
Elizabeth Whitehead
Raff Whitehead
Siân Whitehead
Mark Whitehouse
A. Whitfield
Edward Wilde
Colin Wilkinson
David Wilkinson
John Willdridge
Anne Williams
David Paul Williams
Delyth Williams
Eddie Williams
Graham Williams
Howard Williams
Ian Williams

| | | | |
|---|---|---|---|
| Jeff Williams | Nigel Willits | David Woodhouse | Neville Wright |
| John Williams | Gill Wilson | A.E.L. Woods | Oliver Wright |
| Lynn Williams | Kate Wilson | Stephen Woodward | Freda Wyn |
| Michael Hugh Williams | S. Wilson | Geoff Wookey | Chris Wynne |
| Nicholas Williams | Antony Witts | S.A. Woolfries | Richard Edward Yorke |
| Susan Williams | Susan Wolfendale | James Wren | Andrew James Young |
| Trevor Williams | A.J. Wood | Paul Wren | G.A. Young |
| C.S. Williamson | Betty Wood | Ian Wright | Stephen Young |
| Kate Williamson | John Wood | James Ronald Wright | |

We thank the following organisations:

Bardsey Bird and Field Observatory
Cheshire and Wirral Ornithological Society
Clwyd Bird Recording Group
Leeds Birdwatchers' Club
RSPB Cymru

RWE Npower Renewables Ltd
Tir Gofal, Welsh Government, Department for Rural Affairs
BTO Dataset (HERON)
BTO Dataset (NRS)
BTO Ringers

# Enabling the publication of results

## Funding

We are very grateful to the following:

Chester Zoo (for the funding to enable the start of the project).

The Countryside Council for Wales for its two grants: no. 17031 (for the employment of a fieldworker in 2011) and no. 19512 (towards publications costs).

The Welsh Ornithological Society for assistance with applying for the aforementioned grants.

RSPB Cymru, particularly Stephen Bladwell for arranging the employment of Chris Mellenchip.

Awards for All Wales.

Cambrian Ornithological Society.

Clwyd Bird Recording Group.

All the sponsors of species accounts who provided the bulk of the funds to enable the publication of this book:
All the corporate sponsors who provided a minimum of £200 per species.
All the individual sponsors who provided a minimum of £200 per species.
All the other individual sponsors of species.

The major sponsors of the book (i.e. those who provided £500 or more in cash or kind): Chester Zoo, Clwyd Bird Recording Group, Cambrian Ornithological Society, British Trust for Ornithology, RSPB Cymru, and the Countryside Council for Wales (now part of Natural Resources Wales).

## Collection and presentation of data

The BTO:
Dawn Balmer and Simon Gillings for providing the Atlas data and assisting us in many ways.
Peter Lack, for providing the data for our area for the 1968–72 and the 1988–91 Atlases from which we prepared distribution maps.
Kate Risely for Welsh and UK BBS data and advice about smoothed trends.

Alan J. Morton for his program DMAP with which all the distribution maps were prepared.

John Newnham for use of his QuickBASIC program and advice about DMAP.

© Nextperspectives for the 250m and 400m contour data.

Jonathan Rothwell, CCW, for assistance with contour data.

We thank Geo-Innovations for the base maps used for the main distribution maps.

## The book itself

We thank David Norman for papers he provided based on his experiences of publishing *Birds in Cheshire and Wirral: A breeding and wintering atlas* (Norman 2008). We thank Ian Francis, Martin Cook and Harry Scott, editors and photographic editor of *The Breeding Birds of North-East Scotland* (Francis & Cook 2011) for helpful information. We thank the members of the Publication Group for their oversight:

The Atlas Steering Group and
Jane Hemming

Julian Hughes
Rhion Pritchard

We thank the following people for their species accounts:

| | | | |
|---|---|---|---|
| Dave Anning | Richard Groves | Patrick Lindley | Ben Stammers |
| Anne Brenchley | Jane Hemming | Alastair Moralee | Adrienne Stratford |
| Tony Cross | Adrian Hibbert | Rhion Pritchard | Reg Thorpe |
| Andrew Dale | Julian Hughes | Ivor Rees | Steph Tyler |
| Peter Dare | Simon Hugheston Roberts | John Lawton Roberts | Siân Whitehead |
| Dave Elliott | Ifor Rhys Jones | David Smith | Geraint Williams |
| Richard Else | Kelvin Jones | Ian M. Spence | |
| Geoff Gibbs | David Lamacraft | Dick Squires | |

We thank all the proofreaders for their assistance:

| | | |
|---|---|---|
| Andrew Dale | Mandy Marsh | Peter Stuttard |
| Richard Groves | Trevor Payne | |

We thank the team who assisted Rhion Pritchard with the Welsh translations and Welsh proofreading:

| | | | |
|---|---|---|---|
| Ieuan Bryn | Marian Elias | Twm Elias | Haf Meredydd |

We thank Julian Thompson and the Pensychnant Foundation for the facilities provided during our project and editorial meetings.

We thank Philip Eden for providing information about the weather during the Atlas period.

Each habitat or species photograph is credited where it appears in the book, and we thank all the photographers who kindly provided copies of their images that help to make the book attractive to the reader:

| | | | |
|---|---|---|---|
| Mike Alexander | John Hawkins | Lynn Payne | North Wales Wildlife Trust |
| Barry Barnacal | Gareth Jones | Rhion Pritchard | Richard Walliker |
| Pat Bennett | Paul Lacey | Ivor Rees | Dave Williams |
| Anne Brenchley | Matt Latham | Christian J. Roberts | Keith Williams |
| Ashley Cohen | Hugh Linn | John Lawton Roberts | Ian and Betty Wood |
| Steve Culley | Derek Moore | Steve Roberts | Eric Woods |
| Malcolm Down | Jeremy Moore | Ian M. Spence | |
| Adrian Foster | Mike Nesbitt | Steve Stansfield | |
| Malcolm Griffith | Keith Offord | Les Starling | |

The following were courtesy of rspb-images.com:

| | | | |
|---|---|---|---|
| Chris Gomersall | David Kjaer | Chris Knights | Guy Rogers |
| Ben Hall | Steve Knell | Richard Revels | David Wootton |

We also thank Les Starling for his assistance in copying a large number of slides to digital format.

We thank the RSPB for permission to use some photographs of habitats and species from its library, RSPB Images.

We thank the Ordnance Survey for its Opendata map on the front end-papers, and Cosmographics and PlanetObserver for their satellite image on the rear end-papers.

We thank Philip Snow for his superb cover paintings.

If there is anyone missing from this list we apologise.

Lastly, we thank family and friends for their patience and support during this project.

*Diolch yn fawr iawn i bawb!*

Slopes of Snowdon, Llyn Glaslyn.
*Llethrau'r Wyddfa, Llyn Glaslyn.*

# Introduction
## Rhagarweiniad

## Why produce this Atlas?

North Wales is a wonderfully diverse area. Its birdlife attracts many people, both locals and visitors, to explore our mountains, lakes, moorlands, forests and coastline. Detailed studies of several individual bird species, predominantly those of conservation concern, have been undertaken by the RSPB, other conservation organisations, university academics and other individual ornithologists over the years. However, no comprehensive survey of all our breeding birds had been undertaken beyond that of the two Breeding Bird Atlases for Britain and Ireland (henceforth referred to as 'national' for the sake of brevity) organised by the BTO. These were produced on behalf of the partnership between the BTO, BirdWatch Ireland and the Scottish Ornithologists' Club. These national Atlases of 1968–72 (Sharrock 1976) and 1988–91 (Gibbons *et al.* 1993) were only able to provide part of the story of the status of the breeding birds in North Wales. This is because they were mapped at 10km square level which is too broad a level of detail to provide sufficient local information for conservation action in North Wales.

Maybe it is surprising, given the British history of undertaking national and local atlases since the late 1960s, that no detailed atlas of the breeding birds of all or part of North Wales has been attempted before but at last this has now been remedied. The survey unit for this Atlas is the tetrad, a 2km by 2km square based on the national grid established by Ordnance Survey (see Figure 1). This Atlas now establishes a baseline of information, using survey results from all 1,796 tetrads (covering exactly 100 10km squares) in the region. This is far more comprehensive than has been available hitherto. These results will help to inform conservation priorities and action until this exercise is repeated.

## Pam cynhyrchu'r Atlas hwn?

Mae Gogledd Cymru'n ardal ryfeddol o amrywiol ac mae ei hadar yn denu llu o bobl leol ac ymwelwyr i'w mynyddoedd, ei llynnoedd, ei rhostiroedd, ei choedwigoedd a'i glannau. Dros y blynyddoedd, cyhoeddwyd astudiaethau manwl o amryw o rywogaethau unigol – yn enwedig y rhai a oedd yn achosi pryder o ran cadwraeth – gan yr RSPB, cyrff cadwraeth eraill, ysgolheigion prifysgol ac adarwyr eraill. Fodd bynnag, ni chafwyd arolwg llawn o'r adar sy'n nythu yma heblaw am y ddau Atlas Cenedlaethol a drefnwyd gan Ymddiriedolaeth Adareg Prydain (BTO). Cynhyrchwyd y rhain drwy bartneriaeth rhwng y BTO, BirdWatch Iwerddon a Chlwb Adarwyr yr Alban (SOC). Dim ond darlun rhannol o sefyllfa'r adar a nythai yng Ngogledd Cymru a allai dau Atlas Cenedlaethol 1968–72 (Sharrock 1976) a 1988–91 (Gibbons *et al.* 1993) ei roi oherwydd iddynt ddefnyddio sgwariau 10 cilomedr na roddai wybodaeth leol a oedd yn ddigon manwl i ateb gofynion cadwraeth yng Ngogledd Cymru.

O ystyried sawl atlas cenedlaethol a lleol a gynhyrchwyd yng Ngwledydd Prydain ers diwedd y 1960au, efallai ei bod yn syndod na chynhyrchwyd atlas manwl o'r adar sy'n nythu yng Ngogledd Cymru (neu mewn rhan o'r ardal) cyn heddiw. Dyma unioni'r cam, o'r diwedd. Yr uned gofnodi a ddefnyddiwyd ar gyfer yr atlas hwn yw'r tetrad, sef sgwâr 2 gilomedr wedi'i seilio ar grid cenedlaethol yr Arolwg Ordnans (gweler Ffigur 1). Mae'r atlas yn darparu'r wybodaeth sylfaenol ac yn defnyddio canlyniadau o bob un o'r 1,796 tetrad sydd yn yr ardal. Mae hynny'n llawer manylach na dim a gyhoeddwyd yn y gorffennol a gellir defnyddio'r canlyniadau i bennu blaenoriaethau cadwraethol tan y cynhyrchir yr atlas nesaf.

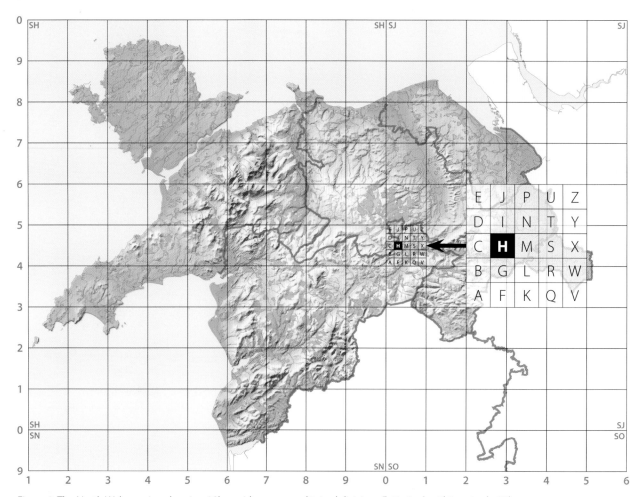

Figure 1. The North Wales region showing 10km grid squares and tetrad divisions (lettering) within a single 10km square. The highlighted tetrad is SJ04H that includes Craig Arthbry, near Maerdy.
*Ffigur 1. Ardal Gogledd Cymru yn dangos y grid 10 cilomedr a rhaniadau tetrad (llythrennau) o fewn un sgwâr 10 cilomedr. Y tetrad mewn lliw yw SJ04H, sy'n cynnwys Craig Arthbry, ger Maerdy.*

## The project area

For the purposes of this project, North Wales is the five Watsonian vice-counties of Anglesey, Caernarfon, Denbigh (including the two detached parts of Flint), Flint and Meirionnydd (Figure 2). These vice-counties are the standard recording areas for all biological taxa as they remain unchanged through the years. Choosing this area also ensured that the modern administrative boundaries of Anglesey, Conwy, Denbighshire, Flintshire, Gwynedd and Wrexham were encompassed within the final project area of 6,307km². The project area is, therefore, approximately one third of Wales (Figure 3).

The Atlas area of 1,796 tetrads (36% of the tetrads in Wales (Lucas *et al.* 2011)) was determined by excluding any tetrad which shares a land border with counties outside North Wales and has less than 5% of its area within our region. Some tetrads around the coast only include very small areas of land and these were excluded. Bardsey (Ynys Enlli) was treated as an exception as it comprised relatively small portions of four tetrads, so we decided to map them all as SH12A in order to keep this important island as an entity in its own right.

## Ardal y prosiect

At ddibenion yr atlas hwn, Gogledd Cymru yw'r pum Is-Sir Watsonaidd sef Môn, Caernarfon, Dinbych (sy'n cynnwys dwy ran wahanedig y Fflint), y Fflint a Meirionnydd (Ffigur 2). Yr Is-Siroedd hyn yw'r unedau safonol a ddefnyddir i gofnodi tacsonau biolegol am nad ydynt yn newid gyda threigl y blynyddoedd. Roedd dewis yr ardal hon hefyd yn golygu bod yr holl unedau gweinyddol presennol (sef siroedd Môn, Conwy, y Fflint, Dinbych, Gwynedd a Wrecsam) o fewn ffiniau'r ardal 6,307km². Felly, tua thraean arwynebedd Cymru yw ardal yr atlas (Ffigur 3).

Mae'r 1,796 tetrad sydd yn yr ardal yn cynrychioli 36% o'r tetradau a geir yng Nghymru (Lucas *et al.* 2011). Ni chynhwyswyd unrhyw detrad sy'n ffinio ar sir y tu allan i'r ardal neu sydd â llai na 5% o'i arwynebedd yn ardal yr atlas. Hefyd, hepgorwyd rhai tetradau arfordirol lle na cheir ond ychydig iawn o dir. Ymdriniwyd ag Ynys Enlli yn wahanol gan ei bod yn cynnwys cyfran fechan o bedwar tetrad ac, felly, penderfynwyd crynhoi ei holl gofnodion hi yn sgwaryn SH12A er mwyn cadw'r ynys bwysig hon yn uned ar ei phen ei hun.

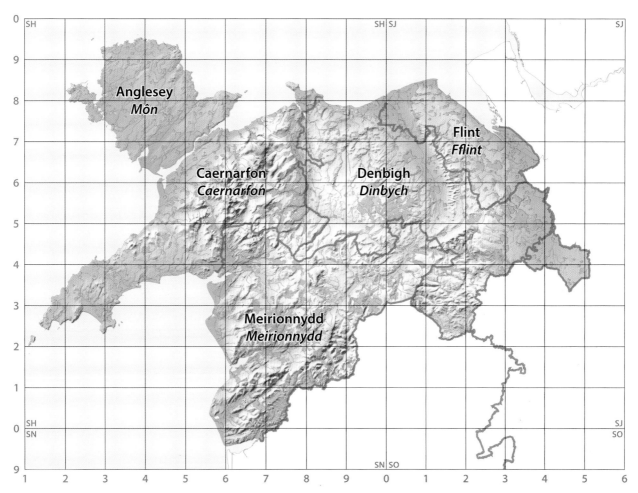

Figure 2. North Wales showing the five Watsonian vice-counties.
*Ffigur 2. Pum Is-Sir Watsonaidd Gogledd Cymru.*

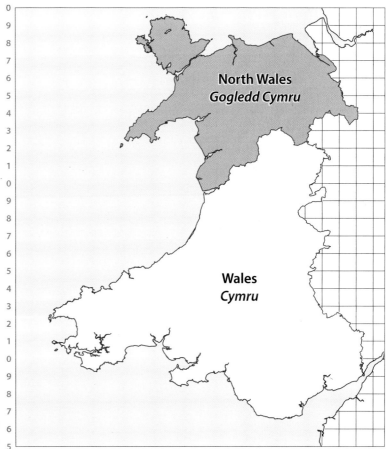

Figure 3. The Atlas area shown in the
context of Wales as a whole.
*Ffigur 3. Gogledd Cymru fel rhan o Gymru.*

## Background to the project

In the early 1980s the notion of an all-Wales tetrad atlas was discussed by Iolo Williams within WOS. However, at that time bird groups across Wales were not sufficiently well coordinated, nor did they have access to the technological facilities needed, to produce such an atlas. Some parts of Wales, notably Gwent (Tyler *et al.* 1987; Venables *et al.* 2008), West Glamorgan (Thomas 1992) and Pembroke (Donovan & Rees 1994; Rees *et al.* 2009) have completed one or more local tetrad atlases. The value of these has been enormous. In North Wales various avifauna or checklists have been published in the Atlas era: Anglesey (Jones & Whalley 2004); Caernarfon (Jones & Dare 1976; Barnes 1997); Denbigh (Jones & Roberts 1982); Flint (Birch *et al.* 1968); and Meirionnydd (Jones 1974; Pritchard 2012). These were based on previously published information (in county bird reports, etc) and on information obtained from local observers. These publications, however, could not give a complete picture of the current distribution of breeding birds and the potential value of a tetrad Atlas for the whole of North Wales became more apparent.

Two national Atlases (Sharrock 1976; Gibbons *et al.* 1993) have been undertaken to date. The BTO and partners were preparing for the next such Atlas (combining breeding and

## *Cefndir y prosiect*

Ddechrau'r 1980au, trafododd Iolo Williams gyda Chymdeithas Adarydda Cymru y syniad o lunio atlas tetrad i Gymru gyfan. Ond ar y pryd, nid oedd digon o drefn ar ein grwpiau adarydda ac nid oedd gennym y dechnoleg sydd ei hangen i gynhyrchu atlas o'r fath. Fe gyhoeddwyd un neu ddau o atlasau tetrad lleol gan siroedd Gwent (Tyler *et al.* 1987; Venables *et al.* 2008), Gorllewin Morgannwg (Thomas 1992) a Phenfro (Donovan a Rees 1994; Rees *et al.* 2009) a bu'r rhain yn hynod o ddefnyddiol. Yng Ngogledd Cymru, aed ati yn yr un cyfnod i gyhoeddi nifer o lyfrau ar adar y siroedd neu restri o'r adar lleol: Môn (Jones a Whalley 2004); Caernarfon (Jones a Dare 1976; Barnes 1997); Dinbych (Jones a Roberts 1982); y Fflint (Birch *et al.* 1968); a Meirionnydd (Jones 1974; Pritchard 2012). Seiliwyd y rhain ar wybodaeth a oedd wedi'i chyhoeddi'n barod (er enghraifft, mewn adroddiadau adar sirol) ac ar wybodaeth a geid gan adarwyr lleol. Ond o dipyn i beth, gwelwyd pa mor fuddiol y gallai atlas tetrad i Ogledd Cymru gyfan fod.

Hyd yma, cynhyrchwyd dau atlas adar nythu i Brydain ac Iwerddon (cyfeirir atynt yn yr atlas hwn fel rhai 'cenedlaethol' er mwyn arbed gofod). Dechreuodd y BTO a'i phartneriaid baratoi at yr atlas nesaf a fyddai'n cyfuno cofnodion am adar

Two volunteers surveying in typical Welsh landscape near Bala.
*Dau wirfoddolwr yn cynnal arolwg mewn tirlun nodweddiadol Gymreig ger y Bala.*

wintering information) for the years 2007–11. Technology had advanced exponentially since the 1988–91 Atlas and it was the BTO's intention to manage this next national Atlas on an Internet-based data collection system. This meant that progress within each 10km square or tetrad could be checked and validated online. As a result the whole management process improved substantially. This new development for Atlas data-gathering proved to be a crucial aspect of making our local Atlas a possibility.

In England, Scotland and other parts of Wales, local Atlases were organised, supported and in many cases financed by a local bird club. Another form of organisation was necessary in North Wales, because no single bird club covers all of our area. In the west, the Cambrian Ornithological Society with its bird recorders for Anglesey, Caernarfon and Meirionnydd produce the CBR annually. In the east a quite different situation has evolved with several bird clubs (notably the Clwyd Ornithological Society and Wrexham Birdwatchers) and the Deeside Naturalists' Society. As a result, bird recording systems in the east have also evolved in a quite different way. Whilst the Clwyd Ornithological Society produced local bird reports in the 1970s and early 1980s, these by no means covered north-east Wales as a whole. By the late 1980s no one group produced a bird report that covered all or part of north-east Wales and in 1989 this prompted a local birdwatcher, Peter Rathbone, to form the CBRG. This comprised representatives from the various bird clubs and conservation organisations in north-east Wales, bird ringers and others with an interest in bird recording. The CBRG produced an annual bird report for what was then Clwyd, subsequently Denbigh and Flint. Bird reports have been produced covering most years from 1989 to the present day.

Despite these organisational complexities, two BTO RRs in North Wales, Anne Brenchley and Geoff Gibbs, considered that the time was right to start discussions about the possibility of undertaking a local Atlas in North Wales, to coincide with the forthcoming national Atlas. The BTO encouraged this initiative as over 40 other counties/regions in the UK were also considering local atlas projects. It was essential that all five BTO RRs covering North Wales were willing to participate in the project, which would inevitably involve them in additional work over and above the coordination of the national Atlas work. Therefore, with the agreement of other BTO RRs in the region, Mel ab Owain (Clwyd West), Dave Anning (Meirionnydd) and Tony and Karin White (Anglesey), the project was able to begin.

## Project management

A small Atlas Steering Group formed to manage the project. In the absence of one organisation to take the lead, the two BTO RRs, along with three other volunteers (invited to contribute on the basis of their knowledge and experience with birds in the area) formed the initial group. The group members were: Anne Brenchley (Chair), Geoff Gibbs, Andrew

yn nythu â chofnodion am adar yn gaeafu yn ystod y cyfnod 2007–11. Roedd y dechnoleg wedi datblygu'n aruthrol ers atlas 1988–91 a bwriad y BTO wrth lunio'r Atlas Cenedlaethol newydd oedd defnyddio'r rhyngrwyd i gasglu data. Golygai hyn y gellid gweld a gwirio'r data ar-lein fesul sgwâr 10 cilometr ac y gellid rheoli'r prosiect yn llawer gwell. Roedd y datblygiad newydd hwn yn allweddol o ran gwireddu ein gobaith o gynhyrchu atlas lleol.

Yn Lloegr, yn yr Alban ac mewn rhannau eraill o Gymru, byddai'r clybiau adarydda lleol yn trefnu, yn cefnogi ac yn aml yn ariannu atlasau lleol. Roedd yn rhaid cael trefniant gwahanol yng Ngogledd Cymru gan nad oes yma glwb penodol sy'n ymwneud ag adar yr ardal gyfan. Ceir amryw o glybiau adarydda ac un gymdeithas naturiaethwyr yng Ngogledd Cymru. Yn y gorllewin, ceir Cymdeithas Adarydda y Cambrian a'i chofnodwyr ym Môn, Caernarfon a Meirionnydd yn cyhoeddi Adroddiad Adar y Cambrian bob blwyddyn. Yn y dwyrain, datblygodd pethau'n wahanol iawn. Yno, ceir nifer o glybiau adarydda (yn enwedig Cymdeithas Adarydda Clwyd ac Adarwyr Wrecsam) yn ogystal â Chymdeithas Naturiaethwyr Glannau Dyfrdwy ac, o ganlyniad, mae'r trefniadau cofnodi adar wedi datblygu'n wahanol. Er i Gymdeithas Adarydda Clwyd gyhoeddi adroddiadau adar lleol yn ystod y 1970au ac ar ddechrau'r 1980au, nid oedd y rhain yn ymdrin o bell ffordd â phob cwr o ogledd-ddwyrain Cymru. Erbyn diwedd y 1980au, ni chynhyrchai na chlwb na chymdeithas adroddiad adar mewn unrhyw ran o'r gogledd-ddwyrain. Ysgogodd hyn yr adarwr lleol, Peter Rathbone, i sefydlu Grŵp Cofnodi Adar Clwyd (CBRG) yn 1989. Ymysg yr aelodau, roedd cynrychiolwyr o'r gwahanol glybiau adarydda a'r gwahanol fudiadau cadwraeth yng ngogledd-ddwyrain Cymru, modrwywyr adar ac unigolion a hoffai gofnodi adar. Cyhoeddodd y CBRG adroddiad ar adar Clwyd yn gyntaf ac, yn nes ymlaen, ar adar Dinbych a'r Fflint. Yn wir, aethant ati i gyhoeddi adroddiadau adar bob blwyddyn bron – o 1989 hyd heddiw.

Er gwaethaf y cymhlethdodau trefniadol uchod, credai dau o Gynrychiolwyr Rhanbarthol y BTO yng Ngogledd Cymru, Anne Brenchley a Geoff Gibbs, ei bod hi'n bryd gwyntyllu'r syniad o gynhyrchu atlas lleol yng Ngogledd Cymru i gyd-fynd â'r Atlas Cenedlaethol. Cafwyd cefnogaeth y BTO gan fod dros 40 o siroedd neu ranbarthau eraill yn y Deyrnas Unedig yn ystyried cynhyrchu atlasau lleol hefyd. Byddai'n hanfodol i bob un o bum Cynrychiolydd Rhanbarthol y BTO yng Ngogledd Cymru gymryd rhan yn y prosiect er y byddai'n golygu mwy o waith iddynt ar ben y dasg enfawr o gydlynu'r Atlas Cenedlaethol. Ar ôl i weddill cynrychiolwyr lleol y BTO – Mel ab Owain (Gorllewin Clwyd), Dave Anning (Meirionnydd) a Tony a Karin White (Môn) – gytuno i wneud hynny, roedd modd dechrau ar y prosiect.

## *Rheoli'r prosiect*

Sefydlwyd Grŵp Llywio bychan i reoli'r prosiect. Gan nad oedd yr un corff penodol ar gael i arwain, aelodau'r grŵp cychwynnol oedd dau Gynrychiolydd Rhanbarthol y BTO a thri gwirfoddolwr arall, a wahoddwyd i gyfrannu ar sail eu gwybodaeth a'u profiad o adarydda yn yr ardal. Dyma'u henwau: Anne Brenchley (Cadeirydd), Geoff Gibbs, Andrew

Pensychnant
Conservation Centre.
*Canolfan Gadwraeth
Pensychnant.*

Dale (CBRG), Peter Stuttard (Bangor Bird Group) and Kelvin Jones (BTO Asst RR for Meirionnydd and Caernarfon).

The success of the project also depended on the involvement and support of several other key people, notably the other three BTO RRs in North Wales and key individuals within the main conservation organisations in North Wales: RSPB Cymru and CCW. Having determined the breadth and scope of the project, Anne Brenchley, Geoff Gibbs and Andrew Dale sought 'in principle' support from the main public and voluntary sector organisations involved in bird conservation in North Wales. Letters of support were subsequently received from organisations as acknowledged elsewhere in this book.

In 2008, Ian Spence became our Data Manager and project Treasurer. In 2010, we formed the Publications subgroup, chaired by Ian Spence, to scope the requirements for the final production. Early in 2012 the Steering Group and the Publications subgroup merged to oversee the final data collection, analysis and publication. The majority of our meetings were held at the Pensychnant Conservation Centre, near Conwy, a central location for most of the Project Management group. Without these facilities, regular meetings would have been difficult to organise.

The whole project was totally reliant on the central support from the BTO. The key people within the BTO were Dawn Balmer (National Atlas Coordinator) and Simon Gillings (Senior Research Ecologist). They provided support and guidance to all contributors and regional organisers, mainly BTO RRs. We thank them for their endless patience.

Dale (CBRG), Peter Stuttard (Grŵp Adar Bangor) a Kelvin Jones (Cynrychiolydd Rhanbarthol Cynorthwyol y BTO dros Feirionnydd a Chaernarfon).

Dibynnai llwyddiant y prosiect ar gefnogaeth amryw o bobl allweddol eraill, yn enwedig tri Chynrychiolydd Rhanbarthol arall y BTO yng Ngogledd Cymru a rhai o staff y prif gyrff cadwraeth yng Ngogledd Cymru, sef RSPB Cymru a Chyngor Cefn Gwlad Cymru (CCGC). Ar ôl penderfynu beth fyddai cwmpas y prosiect, aeth Anne Brenchley, Geoff Gibbs ac Andrew Dale ati i gael cefnogaeth amodol y prif gyrff cyhoeddus a gwirfoddol ym maes cadwraeth adar yng Ngogledd Cymru. Derbyniwyd llythyrau cefnogi gan y cyrff a gydnabyddir ymhellach ymlaen yn y gyfrol.

Yn 2008, daeth Ian Spence yn Rheolwr Data ac yn Drysorydd y prosiect. Yn 2010, ffurfiwyd Is-grŵp Cyhoeddiadau, dan gadeiryddiaeth Ian Spence, er mwyn ystyried y gofynion o ran cynhyrchu'r gyfrol derfynol ac, ar ddechrau 2012, cyfunwyd y Grŵp Llywio â'r Is-grŵp Cyhoeddiadau er mwyn goruchwylio'r gwaith o gasglu, dadansoddi a chyhoeddi'r data terfynol. Cynhaliwyd y rhan fwyaf o'n cyfarfodydd yng Nghanolfan Gadwraeth Pensychnant, ger Conwy, oedd yn leoliad canolog i'r grŵp Rheoli Prosiect. Heb y cyfleusterau yma, byddai trefnu cyfarfodydd rheolaidd wedi bod yn anodd.

Roedd y prosiect yn llwyr ddibynnol ar gefnogaeth ganolog y BTO. Dawn Balmer (Cydlynydd yr Atlas Cenedlaethol) a Simon Gillings (Uwch Ecolegydd Ymchwil) oedd unigolion allweddol y BTO. Rhoesant gefnogaeth ac arweiniad i'r cyfranwyr a'r trefnwyr rhanbarthol – yn enwedig i Gynrychiolwyr Rhanbarthol y BTO. Gwerthfawrogwn eu hamynedd di-ball.

## Our approach to an Atlas

Much of North Wales is sparsely populated. This meant that, unlike many English counties, the number of active bird-watchers and regular BTO survey volunteers who could be called on to help with the enormous task of surveying the 1,796 tetrads in the region was known to be quite limited. It was important to scope the depth and breadth of the project to ensure that the aims were achievable. We decided quite early on that, unlike the concurrent national Atlas, we would not attempt to gather wintering information. The next decision was whether to try and gather information on relative abundance, as was planned for the national Atlas, in addition to the basic distribution information. We thought that it was important to try and learn from other local Atlas organisational experience. Our neighbouring English county, Cheshire, had just completed a local Atlas, trialling some of the methods that were being proposed for the national Atlas. Dr Bob Harris[†] outlined to us how CAWOS had organised its Atlas and added further perspective from his knowledge of the organisation of the national Atlas. We learned that in order to gather relative abundance information in the form of TTVs, in addition to distribution data (with breeding evidence), we would have to ensure that we could find sufficient volunteers willing to spend a significant amount of time, involving several visits, in each one of our tetrads. We would also need to find funds for the quite complex data analysis and mapping process. Our conclusion was that to undertake the sample tetrad TTVs required for the national Atlas (minimum eight out of 25 tetrads in each 10km square) would be a sufficient challenge. Therefore, we decided to restrict our project scope to that of undertaking a breeding distribution atlas only, whilst also ensuring that all national data collection requirements were met.

## Volunteers – training and motivation

In the early stages the Steering Group engaged in three key endeavours: the production of regular newsletters to inform observers of progress, to encourage targeted effort where needed and the organisation of training sessions to introduce birdwatchers to Atlas fieldwork.

In addition to our regular volunteer workforce made up of existing BTO surveyors, many of whom lived in the more populated areas, we knew that we would need more fieldworkers to ensure complete survey coverage. Twelve training sessions were organised, several of which were held in quite rural locations to try to enlist new volunteers, with knowledge of their local birdlife and who would otherwise not have heard of the project. Approximately 110 participants attended these courses, which were well received, with many going on to contribute Atlas records.

When the need for targeting became apparent in Year 4, the RSPB also enabled those of their staff, who wished to be involved, to spend two work days recording in some of those targeted tetrads.

[†] Dr Harris is a member of Cheshire and Wirral Ornithological Society (CAWOS) Atlas Steering Group and also a member of the BTO 2007–11 National Atlas Working Group.

## Ein dull o fynd ati

Cymharol brin yw poblogaeth rhannau helaeth o Ogledd Cymru. O ganlyniad ac yn wahanol i lawer o siroedd Lloegr, dim ond nifer cymharol fychan o adarwyr selog a gwirfoddolwyr rheolaidd y BTO a oedd ar gael i ymgymryd â'r her enfawr o wneud arolwg o'r 1,796 tetrad sydd yn y rhanbarth. Roedd yn bwysig penderfynu ar hyd a lled y prosiect er mwyn sicrhau bod modd i ni gyflawni ein hamcanion a phenderfynwyd yn weddol gynnar na fyddem, fel yn achos yr Atlas Cenedlaethol, yn casglu gwybodaeth am adar yn gaeafu. Wedyn, roedd yn rhaid penderfynu a ddylem gasglu gwybodaeth am nifer cymharol yr adar yn ogystal â gwybodaeth sylfaenol am eu dosbarthiad. Credem hefyd y byddai'n bwysig i ni geisio dysgu o brofiad trefnu atlasau lleol eraill. Roedd sir agosaf Lloegr, sef Swydd Gaer, newydd gwblhau atlas lleol gan arbrofi gyda rhai o'r dulliau y bwriedid eu defnyddio wrth lunio'r Atlas Cenedlaethol. Eglurodd Dr Bob Harris[†] sut yr aeth CAWOS ati i drefnu eu hatlas hwy a rhoddodd i ni berspectif ychwanegol yn sgil ei wybodaeth am y trefniadau i gynhyrchu'r Atlas Cenedlaethol. Gwelsom y byddai'n rhaid i ni gael gwirfoddolwyr i ymgymryd ag Ymweliadau Amseredig â Thetradau (TTV) ym mhob un o'n tetradau os oeddem am gasglu gwybodaeth am niferoedd cymharol yr adar yn ogystal â gwybodaeth sylfaenol a thystiolaeth o nythu. Byddai hefyd angen digon o gyllid i fynd i'r afael â'r gwaith eithaf cymhleth o ddadansoddi data a mapio. Daethom i'r casgliad y byddai cyflawni targed TTV yr Atlas Cenedlaethol (sef o leiaf 8 o'r 25 tetrad ym mhob sgwâr 10 cilometr) yn ddigon o her i ni. Penderfynwyd, felly, y byddem yn cyfyngu ein prosiect i lunio atlas dosbarthiad adar nythu yn unig, gan ddarparu ar yr un pryd yr holl ddata yr oedd ei angen ar gyfer yr Atlas Cenedlaethol.

## Y gwirfoddolwyr – hyfforddi ac ysgogi

Yn y cyfnod cynnar, ceisiai'r Grŵp Llywio gyflawni tri pheth pwysig – cynhyrchu cylchlythyr rheolaidd er mwyn i'r gwirfoddolwyr gael gwybod sut yr oedd pethau'n datblygu, annog y gwirfoddolwyr i ganolbwyntio ar ardaloedd lle'r oedd eu hangen, a threfnu sesiynau i hyfforddi gwylwyr adar mewn gwaith maes yn ymwneud â llunio atlas adar.

Er mwyn cael cofnodion o'r ardal gyfan, gwyddem y byddai arnom angen gweithwyr maes ychwanegol at ein gwirfoddolwyr arferol, sef y rhai a oedd yn cyfrannu'n barod i arolygon y BTO ac yn byw, gan mwyaf, yn yr ardaloedd mwy poblog. Aethom ati, felly, i drefnu deuddeg sesiwn hyfforddi mewn ardaloedd gwledig, yn bennaf, er mwyn cael gwirfoddolwyr newydd a oedd yn adnabod eu hadar lleol ond na fyddai wedi clywed am y prosiect fel arall. Cafodd y cyrsiau dderbyniad da, mynychodd tua 110 o bobl hwy, ac aeth llawer o'r rhain ati i gyfrannu cofnodion i'r atlas hwn.

Pan welwyd yr angen ym Mlwyddyn 4 i dargedu tetradau penodol, cytunodd yr RSPB i ganiatau i aelodau staff a ddymunai wneud hynny dreulio dau ddiwrnod gwaith yn archwilio tetradau a oedd angen sylw.

[†] Aelod o Grŵp Llywio Atlas Cymdeithas Adarydda Swydd Gaer a Chilgwri (CAWOS) ac aelod o Weithgor Atlas Cenedlaethol 2007–11 y BTO.

## Publicity

With hindsight we know that we could have publicised this project far more widely within the existing birdwatching fraternity than we were actually able to do.

One initiative to increase the number of confirmed records for House Martin, Swallow and Swift, which by their nature can be hard to detect from casual walks, was organised by Julian Hughes with the *Daily Post*. Readers were encouraged to submit information about these species on a map on the *Daily Post* website. This enabled some people, who would not otherwise engage in bird atlas fieldwork, to provide records for our project. We are grateful to Julian and the *Daily Post* for this assistance.

Kelvin Jones created an Atlas website in order to make the work of the Steering Group available to as wide an audience as possible. The website (www.northwalesbirdatlas.co.uk) was used to clarify Atlas methods, show annual progress by means of draft maps for selected species that were updated each year, and generally promote the project. After the final year of fieldwork was over and the website had fulfilled its main function, it was closed down in 2013.

## Newsletters

Over the course of the project, eight newsletters were prepared and distributed by email or posted to all observers for whom we had contact details. We would like to think that they helped to maintain the momentum of the project, as we received positive feedback. Many volunteers took part in the annual mystery species competition, where the challenge was to identify a species from the draft distribution map of records received. This supplied a little incentive to ensure that newsletters were read and recorders' efforts were rewarded.

## Fieldwork methods

The aim of the project was for volunteers to visit each tetrad in the region at least twice during the breeding seasons between 2008 and 2011 (later extended to 2012). They were asked to record the presence of all the species within each tetrad and provide the highest appropriate level of breeding evidence. They were to use a coding system based on that approved by the European Bird Census Council and included in Hagemeijer & Blair (1997). There were three other codes for birds that were not breeding but either summering, flying over or were migrants. The codes that volunteers were asked to gather were as in Table 1.

Observers were encouraged to submit their data (Roving Records) online but the option to submit their data on paper forms was also available. The whole credibility of the Atlas process, both national and local, depends on the accuracy of the data submitted and all records needed to be validated. This involved, for example, checking that the records were likely in terms of species identification, their location and dates of observations. The bulk of this task fell to the BTO RRs (both in North Wales and in the neighbouring BTO regions) with help from accredited support such as the County Bird Recorders.

## Cyhoeddusrwydd

Wrth edrych yn ôl, gwyddom y gallem fod wedi rhoi llawer mwy o gyhoeddusrwydd nag a wnaethom i'r prosiect ymysg adarwyr.

Trefnodd Julian Hughes a'r *Daily Post* ymgyrch i gynyddu nifer y cofnodion nythu pendant yn achos y Wennol, Gwennol y Bondo a'r Wennol Ddu. Wrth grwydro yma ac acw'n cofnodi, anodd cadarnhau a yw'r rhywogaethau hyn yn nythu ai peidio. Anogwyd darllenwyr i roi manylion am y rhywogaethau penodol hyn ar fap a roddwyd ar wefan y *Daily Post* a thrwy i ni wneud hyn gallodd rhai pobl, na fyddai wedi gwneud y gwaith maes fel arall, gyfrannu cofnodion i'r atlas. Diolchwn i Julian a'r *Daily Post* am eu cymorth.

Creodd Kelvin Jones wefan i'r atlas er mwyn dwyn sylw cynifer o bobl â phosibl at waith y Grŵp Llywio. Defnyddiwyd y wefan (www.northwalesbirdatlas.co.uk) i egluro dulliau o wneud gwaith maes, i ddangos y cynnydd a wnaed ac i ddangos mapiau o rai o'r rhywogaethau. Byddem yn mynd ati i ddiweddaru'r mapiau bob blwyddyn. Erbyn diwedd y flwyddyn olaf o waith maes, roedd y safle we wedi gwneud ei gwaith, ac fe'i caewyd yn 2013.

## Cylchlythyrau

Dros gyfnod y prosiect, paratowyd wyth cylchlythyr a chafodd y rhain eu postio neu eu e-bostio at yr holl gofnodwyr y gwyddem eu manylion cyswllt. Hoffem feddwl i'r cylchlythyrau helpu i gynnal momentwm y prosiect oherwydd cafwyd ymateb cadarnhaol iddynt. Cymerodd amryw o'r gwirfoddolwyr ran yn y gystadleuaeth flynyddol 'Pa rywogaeth?' lle'r oedd gofyn iddynt ddyfalu pa rywogaeth a gynrychiolid ar fap o'r cofnodion. Roedd hyn yn ysgogiad bychan i ddarllen y cylchlythyr ac yn cydnabod ymdrechion y gwirfoddolwyr.

## Dulliau o gyflawni'r gwaith maes

Nod y prosiect oedd i'r gwirfoddolwyr ymweld â phob tetrad yn y rhanbarth o leiaf ddwywaith yn ystod pob tymor nythu rhwng 2008 a 2011 (ymestynnwyd hyn i 2012, yn ddiweddarach). Gofynnwyd iddynt gofnodi pob rhywogaeth a oedd yn y tetrad a darparu'r dystiolaeth nythu fwyaf posibl. Defnyddiwyd trefn godio Cyngor Cyfrifiad Adar Ewrop a ddiffiniwyd gan Hagemeijer a Blair (1997). Roedd yna hefyd dri chôd ychwanegol ar gyfer adar a oedd yn treulio'r haf yma heb nythu neu adar a oedd yn hedfan drosodd neu adar a oedd yn mudo. Rhestrir y codau y gofynnwyd i'r gwirfoddolwyr eu defnyddio yn Nhabl 1.

Anogwyd y gwirfoddolwyr i gyflwyno eu data ar-lein (h.y. Cofnodion Crwydrol); caent hefyd ddewis cyflwyno eu data ar ffurflenni papur. Gan fod dilysrwydd atlasau cenedlaethol a lleol yn dibynnu ar gywirdeb y data a dderbynnir, rhaid oedd gwirio pob cofnod o ran bod yn gredadwy o safbwynt y rhywogaeth, y lleoliad a'r dyddiad. Cynrychiolwyr Rhanbarthol y BTO yng Ngogledd Cymru ac yn y rhanbarthau cyfagos a aeth i'r afael â mwyafswm y dasg hon. Cafwyd cymorth gan eraill, megis y Cofnodwyr Adar Sirol, hefyd.

| | Non-breeder | Dim yn nythu |
|---|---|---|
| F | **F**lying over | Yn hedfan drosodd |
| M | **M**igrant | Yn mudo |
| U | S**U**mmering non-breeder | Yn treulio'r haf yma heb nythu |

| | Possible breeder | Yn nythu efallai |
|---|---|---|
| H | Observed in suitable nesting **H**abitat | Gwelwyd mewn cynefin nythu addas |
| S | **S**inging male | Ceiliog yn canu |

| | Probable breeder | Yn nythu'n fwy na thebyg |
|---|---|---|
| P | **P**air in suitable nesting habitat | Pâr mewn cynefin nythu addas |
| T | Permanent **T**erritory (defended for at least 1 week) | Tiriogaeth barhaol (yn cael ei hamddiffyn am o leiaf wythnos) |
| D | Courtship and **D**isplay | Yn caru ac arddangos |
| N | Visiting probable **N**est site | Yn ymweld â nythle tebygol |
| A | **A**gitated behaviour | Yn aflonydd iawn |
| I | Brood patch of **I**ncubating bird (from bird in the hand) | Llecyn deor aderyn sy'n gori |
| B | Nest **B**uilding or excavating nest-hole | Yn adeiladu nyth neu'n cafnio twll i nythu |

| | Confirmed breeder | Yn nythu'n bendant |
|---|---|---|
| DD | **D**istraction **D**isplay or injury feigning | Yn arddangos i fynd â sylw rhywun neu'n ffugio ei fod wedi anafu |
| UN | **U**sed **N**est or eggshells found from this season | Nyth wedi'i ddefnyddio neu blisg wyau o'r tymor cyfredol |
| FL | Recently **FL**edged young or downy young | Cywion newydd adael y nyth neu adar ifanc â manblu |
| ON | Adults entering or leaving nest site in circumstances indicating **O**ccupied **N**est | Oedolion yn mynd i nythle neu'n gadael, gan roi'r argraff bod y nyth yn cael ei ddefnyddio |
| FF | Adult carrying **F**aecal sac or **F**ood for young | Oedolion yn cludo coden ysgarthu neu'n mynd â bwyd i gywion |
| NE | **N**est containing **E**ggs | Nyth ac wyau ynddo |
| NY | **N**est with **Y**oung seen or heard | Nyth a chywion ynddo – wedi'u gweld neu eu clywed |

Table 1. The codes used in the Atlas project.
*Tabl 1. Y codau nythu a ddefnyddiwyd ar gyfer prosiect yr Atlas.*

## Other sources of data

Other records were supplied through BirdTrack, the BBS, the Nest Records Scheme and the Ringing Scheme, all of which formed part of the overall BTO dataset. Further additional records came from RSPB Cymru in Bangor and Tir Gofal data, courtesy of the Welsh Government, via RSPB Cymru.

## Monitoring progress

Much of the first two years of the project concentrated on achieving the minimum of eight TTVs in each 10km square, as required for the national Atlas, managed by an online allocation system. For the remaining 17 tetrads in each 10km square, for which we required surveys, each BTO RR managed a local system of allocating observers to tetrads to undertake Roving Records.

A couple of years into the project, it became apparent that many records in the 2008 and 2009 breeding seasons were submitted without breeding codes. We also found that not all participants were aware that we needed records to be entered at the tetrad level and many records in Year 1 were

## *Ffynonellau data eraill*

Derbyniwyd cofnodion eraill trwy BirdTrack, yr Arolwg Adar Nythu (BBS), Cynllun Cofnodion Nyth, Cynllun Modrwyo, oedd yn ffurfio rhan o ddata'r BTO. Daeth mwy o gofnodion ychwanegol oddi wrth RSPB Cymru ym Mangor a data Tir Gofal, oddi wrth Lywodraeth Cymru trwy RSPB Cymru.

## *Cadw golwg ar y datblygiadau*

Yn ystod dwy flynedd gyntaf y prosiect, canolbwyntiwyd ar gwblhau o leiaf wyth TTV ym mhob un o'r sgwariau 10 cilometr yr oedd eu hangen ar gyfer yr Atlas Cenedlaethol ac aed ati i wneud hyn drwy ddyrannu sgwariau ar-lein. O ran yr 17 tetrad a oedd ar ôl ym mhob sgwâr 10 cilometr, sefydlodd Cynrychiolwyr Rhanbarthol y BTO drefn leol o bennu tetradau i wirfoddolwyr er mwyn cael Cofnodion Crwydrol ganddynt.

Ddwy flynedd ar ôl dechrau ar y prosiect, daeth i'r amlwg bod llawer o gofnodion tymhorau nythu 2008 a 2009 wedi'u cyflwyno heb godau nythu. Daeth yn amlwg hefyd nad oedd rhai cyfranwyr wedi deall bod angen iddynt drefnu eu

submitted only at 10km level. Therefore, in subsequent years all observers were asked to submit records by tetrad, with breeding codes.

For Years 3 to 5, once much of the national TTV work was complete, we made it very clear to all contributors, in our newsletters and at feedback meetings to volunteers, that breeding codes were now crucial and that the focus of our efforts was to gather Roving Records.

It became apparent, after we received the data for Year 3, that a large number of tetrads (576) had fewer than 20 records of species with breeding codes, which local knowledge indicated was a result of underrecording. We therefore established a programme of targeted tetrad surveying for Year 4, actively directing individual observers to visit those tetrads to improve the breeding evidence within them. A core number of these tetrads were located in the more inaccessible parts of the uplands (mainly in Snowdonia) and we needed to ensure that these areas were adequately covered in a consistent manner. With the assistance of a grant from CCW, and management support from WOS and RSPB Cymru, Chris Mellenchip was employed as a fieldworker for the last few weeks of the 2011 breeding season. This allowed us to achieve coverage in these areas.

cofnodion fesul tetrad; dim ond fesul sgwâr 10 cilometr y derbyniwyd llawer o'r cofnodion ym Mlwyddyn 1. Yn y blynyddoedd dilynol, gofynnwyd i bawb gyflwyno eu cofnodion fesul tetrad a defnyddio'r codau nythu.

Yn ystod Blnyddoedd 3–5 pan oedd mwyafswm y gwaith TTV ar gyfer yr Atlas Cenedlaethol wedi'i gwblhau, eglurwyd i'r holl gyfranwyr – drwy gylchlythyrau ac mewn cyfarfodydd – ei bod yn hollbwysig iddynt gynnwys codau nythu ac mai casglu Cofnodion Crwydrol fyddai'r flaenoriaeth bellach.

Wedi i ni dderbyn data Blwyddyn 3, canfuwyd bod llai nag 20 cofnod o rywogaethau a chodau nythu ar eu cyfer er bod cynifer â 576 o sgwariau tetrad wedi'u harchwilio. Awgrymai gwybodaeth leol mai tan-gofnodi oedd yn cyfrif am hyn. Felly, ym Mlwyddyn 4, trefnwyd i dargedu tetradau arbennig ac annog y gwirfoddolwyr i gasglu gwell tystiolaeth o nythu yno. Roedd cryn nifer o'r tetradau yn rhannau mwyaf anhygyrch yr ucheldir (Eryri'n bennaf) ac roedd gwir angen eu harchwilio'n ddigonol mewn dull cyson. Gyda chymorth ariannol gan CCGC a chymorth rheoli gan Gymdeithas Adarydda Cymru ac RSPB Cymru, cyflogwyd Chris Mellenchip yn weithiwr maes yn ystod wythnosau olaf tymor nythu 2011. Sicrhaodd hynny fod gennym gofnodion digonol o'r mannau anhygyrch.

A view towards Tal y Llyn and the sea down the Dysynni valley.
*Golygfa i gyfeiriad Tal y Llyn a'r môr ar hyd dyffryn Dysynni.*

MIKE ALEXANDER

## Funding the project

Undertaking this large project could not have been done without funding for project management and subsequent publication of this book. We received initial funding to start the project from the Chester Zoo Conservation Research Fund. Subsequently, we were awarded a grant by Awards for All Wales and this was extremely helpful through Years 2 to 4 in assisting with project management costs such as photocopying, postage, provision of maps, training materials and advertising, meeting room hire, display boards etc.

## Publication costs

An initial concern of the Steering Group was that of raising sufficient money to publish a book at a time when the economy was taking a downturn. We were inspired by other local atlas projects to try a species sponsorship scheme. This scheme consisted of £200 guaranteed sole sponsorship for an organisation or individual, whilst a smaller sum (down to £25) was accepted for sponsorship by either one or two individuals. The bulk of the money needed came from this scheme, indicating the high level of support for the project. In addition to species sponsorship, in May 2010 we organised a Sponsored Bird Race, encouraging birders to target underrecorded tetrads. A prize was awarded for the most number of new Roving Records added. Finally, in June 2012, the Waitrose branch at Menai Bridge supported us by choosing our project as one of the monthly good causes for its Community Matters fund.

We considered that it was very important to promote the results of this project as widely as possible. The provision of copies of the book to every secondary and tertiary education facility and every library in North Wales was made possible through a grant from CCW.

## Publication process

A Publication subgroup of the Atlas Steering Group was set up in Year 3. This group included some extra personnel: Jane Hemming (BTO Asst RR Clwyd East), Julian Hughes and Rhion Pritchard (editor of the CBR) along with Anne Brenchley, Andrew Dale, Geoff Gibbs and Ian Spence from the Steering Group. Jane set up a database of bird photographs submitted by local photographers, and Andrew did likewise for habitat photographs. Together we created the publication specification and the group met regularly to ensure progress was made with the different aspects of the book.

The information for the majority of species is mapped at tetrad level but for several species mapping at this level of detail was too sensitive. We consulted CCW, RSPB Cymru and other interested parties who agreed that nine potentially sensitive species could safely be mapped at tetrad level: Barn Owl, Bearded Tit, Cetti's Warbler, Chough, Little Tern, Long-eared Owl, Quail, Ring Ouzel and Twite. Other sensitive species would be mapped only at 10km level: Black Grouse, Dunlin, Eider, Goshawk, Hen Harrier, Hobby, Honey-buzzard, Little Ringed Plover, Merlin, Osprey,

## *Ariannu'r prosiect*

Ni fyddai modd ymgymryd â thasg ar y raddfa hon heb gyllid i weinyddu'r prosiect ac i gyhoeddi'r gyfrol hon ar y terfyn. Cawsom arian i ddechrau ar y prosiect gan Gronfa Ymchwil Cadwraeth Sŵ Caer ac, yn nes ymlaen, cawsom gyllid gan Arian i Bawb Cymru. Bu'r cyllid hwn yn gaffaeliad mawr rhwng Blynyddoedd 2 a 4 o ran costau rheoli'r prosiect megis llun-gopïo, postio, darparu mapiau, cynhyrchu deunydd hyfforddi, hysbysebu, llogi ystafelloedd ar gyfer cyfarfodydd a darparu byrddau arddangos ac ati.

## *Costau cyhoeddi*

Pryderai'r Grŵp Llywio ar y cychwyn a fyddai modd codi digon o arian i gyhoeddi llyfr ar adeg pan oedd yr economi'n crebachu. Fe'n hysbrydolwyd gan brosiectau atlasau lleol eraill i roi cynnig ar gynllun noddi rhywogaethau. O dan gynllun o'r fath, byddai £200 yn gwarantu y câi sefydliad neu unigolyn fod yn unig noddwr rhywogaeth benodol ond byddid yn derbyn swm llai – cyn ised â £25 – i alluogi un person neu ddau i noddi rhywogaeth o'u dewis. Dyma o ble y daeth y rhan fwyaf o'r arian i gyllido'r prosiect ac mae'n brawf o faint y gefnogaeth a gafwyd iddo. Ar wahân i noddi rhywogaethau, trefnwyd Ras Adarydda Noddedig yn ystod Mai 2010, gan annog adarwyr i ganolbwyntio ar detradau lle nad oedd llawer o gofnodion wedi'u casglu, a rhoddwyd gwobr am y nifer mwyaf o Gofnodion Crwydrol newydd. Yn olaf, cefnogodd cangen Porthaethwy o Waitrose y prosiect drwy ddewis ein hatlas yn un o'u tri achos da ar gyfer Mehefin 2012.

Credem y byddai'n dra phwysig i ni ledaenu canlyniadau'r prosiect mor eang â phosibl ac, yn sgil grant a gawsom gan CCGC, bu modd i ni ddarparu un copi o'r gyfrol hon i bob sefydliad addysg uwchradd a thrydyddol ac i bob llyfrgell yng Ngogledd Cymru.

## *Y drefn gyhoeddi*

Penderfynodd Grŵp Llywio'r Atlas sefydlu Is-grŵp Cyhoeddi ym Mlwyddyn 3. Roedd y grŵp hwn yn cynnwys rhai aelodau ychwanegol, sef Jane Hemming (Cynrychiolydd Rhanbarthol Cynorthwyol y BTO dros Ddwyrain Clwyd), Julian Hughes a Rhion Pritchard (Golygydd Adroddiad Cymdeithas Adarydda y Cambrian), ynghyd ag Anne Brenchley, Andrew Dale, Geoff Gibbs ac Ian Spence o'r Grŵp Llywio. Creodd Jane gronfa ddata o luniau adar gan ffotograffwyr lleol a gwnaeth Andrew yr un fath er mwyn cael ffotograffau o gynefinoedd. Penderfynasom gyda'n gilydd ar gynnwys a diwyg y gyfrol a bu'r grŵp yn cyfarfod yn rheolaidd er mwyn sicrhau bod y gwaith ar y gwahanol agweddau arni'n mynd rhagddo fel y dymunem.

Yng nghyswllt y rhan fwyaf o'r rhywogaethau, dangosir y data fesul tetrad. Fodd bynnag, roedd y data'n rhy gyfrinachol i wneud hynny yn achos ambell rywogaeth. Ar ôl ymgynghori â CCGC a'r RSPB, cytunwyd y byddai'n ddiogel mapio presenoldeb y naw rhywogaeth led-sensitif ganlynol fesul tetrad: Brân Goesgoch, Llinos y Mynydd, Morwennol Fechan, Mwyalchen y Mynydd, Sofliar, Telor Cetti, Titw Barfog, Tylluan Gorniog a'r Dylluan Wen. Ond penderfynwyd mapio'r

Peregrine, Pochard, Red Kite, Roseate Tern, Short-eared Owl and Turtle Dove. The RBBP was consulted and agreed with these decisions.

In 2011, Liverpool University Press agreed to publish the book, which set the schedule for the remainder of the project. Accounts for each species were drafted in 2012 by a range of authors, many selected for their local expertise of particular species. The four editors completed the species accounts and, with the rest of the Atlas Steering Group, ensured that the book was completed to a standard that met our original ambitions set seven years previously.

*Anne Brenchley and Ian M. Spence*

rhywogaethau canlynol fesul sgwâr 10 cilometr yn unig: y Rugiar Ddu, Pibydd y Mawn, yr Hwyaden Fwythblu, y Gwalch Marth, y Bod Tinwen, Hebog yr Ehedydd, y Cwtiad Torchog Bach, y Cudyll Bach, Gwalch y Pysgod, yr Hebog Tramor, yr Hwyaden Bengoch, y Sofliar, y Barcud, y Forwennol Wridog, y Dylluan Glustiog, a'r Durtur. Trafodwyd y mater gyda'r Panel Adar Nythu Prin a chytunodd y panel â'r penderfyniadau uchod.

Yn 2011, cytunodd Gwasg Prifysgol Lerpwl i gyhoeddi'r gyfrol a phennodd hynny amserlen gweddill y prosiect. Yn ystod 2012, paratowyd manylion drafft ar bob rhywogaeth gan nifer o awduron a ddewiswyd, gan mwyaf, ar sail eu gwybodaeth leol am rywogaethau penodol. Aeth y pedwar golygydd ati wedyn i gwblhau'r adroddiadau ar y gwahanol rywogaethau gan sicrhau, gyda chymorth gweddill y Grŵp Llywio, y byddai safon y gyfrol yn unol â'r amcanion uchel a osodwyd saith mlynedd ynghynt.

*Anne Brenchley a Ian M. Spence*

Cadair Idris, great country for Ring Ouzel, Wheatear and Whinchat.
*Cader Idris, cynefin addas i Fwyalchen y Mynydd, Tinwen y Garn a Chrec yr Eithin.*

## North Wales – a portrait

North Wales (6,307km²) encompasses almost one third (30.4%) of the land area of the country as a whole. It is broadly a pastoral landscape with only 5.7% of land cover classified as urban or built-up land. The altitudinal range goes from sea level to the summit of Snowdon at 1,085m. The length of the coastline is approximately 625km, of which one third has been considerably modified by human structures, such as sea walls. Agriculture is the main land use. This usage is dominated by livestock production with permanent grasslands prevalent across the region. A wide range of habitats is present, influenced by altitude, geology, soil type and the intensity of land management. This creates varied opportunities for our breeding birds, many of which are clearly associated with particular habitat types.

## Physical geography and geology

North Wales has a landscape dominated by mountains and plateaux intersected by river valleys, notably those of the Dee, Clwyd, Conwy, Glaslyn, Mawddach and Dyfi. The highest peaks in Wales are found in the north-west of the region where Snowdon rises to 1,085m together with the Glyders (Glyder Fawr 1,000m), the Carneddau (Carnedd Llywelyn 1,064m), Moel Siabod (872m), Arenig Fawr (854m) and farther south the Rhinogau (Y Llethr 756m). These mountains are formed from our oldest rocks from the pre-Cambrian, Cambrian and Ordovician periods. To the south they are bordered by the escarpment of Cadair Idris (892m) and the Arans (Aran Fawddwy 907m) and to the east, Berwyn (Cadair Berwyn 827m). Moving eastwards, Silurian rocks give rise to the Clwydian Range and underlie much of the Denbigh Moors,

## *Darlun o Ogledd Cymru*

Mae Gogledd Cymru (6,307km²) yn cynnwys tua thraean (30.4%) o diriogaeth y wlad i gyd, Ar y cyfan, mae hi'n ardal amaethyddol, a dim ond 5.7% o'r tir sy'n cael ei ddosbarthu fel tir trefol. Amrywia uchder y tir o lefel y môr hyd at gopa'r Wyddfa, 1,085 medr o uchder, ac mae'r arfordir yn ymestyn am tua 625km, gyda dwy ran o dair yn cael ei ystyried yn arfordir naturiol. Amaethyddiaeth yw'r prif ddefnydd tir, cynhyrchu da byw yn bennaf, a phorfa barhaol sydd fwyaf cyffredin ar draws y rhanbarth. Ceir amrywiaeth o gynefinoedd, ac effeithir ar y rhain yn eu tro gan uchder, daeareg, y math o bridd a dwysedd rheolaeth y tir. Mae hyn yn creu amrywiaeth o gyfleoedd i'n hadar nythu, a chysylltir llawer ohonynt â mathau arbennig o gynefinoedd.

## *Daearyddiaeth ffisegol a daeareg*

Prif nodwedd tirlun Gogledd Cymru yw'r mynyddoedd a'r llwyfandiroedd, a wahenir gan ddyffrynnoedd afonydd megis Dyfrdwy, Clwyd, Conwy, Glaslyn, Mawddach a Dyfi. Ceir y copaon uchaf yn y gogledd-orllewin, lle mae'r Wyddfa yn 1,085 medr, ynghyd â'r Glyderau (Glyder Fawr 1,000m), y Carneddau (Carnedd Llywelyn 1,064m), Moel Siabod (872m), Arenig Fawr (854m) a'r Rhinogydd ymhellach i'r de (Y Llethr 754m). Ffurfir y mynyddoedd yma o'n creigiau hynaf, o'r cyfnodau Cyn-gambriaidd, Cambriaidd a Silwraidd. Ymhellach i'r de, ceir Cader Idris (892m) a'r Aran (Aran Fawddwy 907m), ac i'r dwyrain y Berwyn (Cadair Berwyn 827m). Yn y dwyrain, ffurfia creigiau Silwraidd Fryniau Clwyd, Mynydd Hiraethog a dyffryn afon Dyfrdwy o amgylch Llangollen. Nodwedd bwysig ar yr arfordir gogleddol yw

View from Bylchau towards the Vale of Clwyd with varied habitats for birds.
*Golygfa o'r Bylchau i gyfeiriad Dyffryn Clwyd gyda chynefinoedd amrywiol.*

Llantysilio Mountain and the Dee Valley around Llangollen. The Carboniferous limestone outcrops of the Great Orme and the Eglwyseg escarpment near Llangollen are notable landscape features of the north coast and the hills further east. The youngest rocks of the region are found in the east, where Permian geology underlies the Vale of Clwyd, and land in the north-east fringes which borders Cheshire and Shropshire. Anglesey has a very complex geological history, ranging from the oldest pre-Cambrian rocks to limestone outcrops on the north and east coast.

## Climate

There is a marked west–east contrast in climate. North Wales is exposed to the moist westerly air streams which rise and cool over the high mountains of Snowdonia, causing extensive precipitation. Much of Snowdonia receives over 200cm of rain each year. The annual average at Capel Curig is 260cm. Crib Goch is the wettest site in the UK with, on average, over 447cm recorded annually over the past 30 years. Low-lying coasts and land to the east of the mountain spine can receive as little as 120cm each year and the Vale of Clwyd as little as 70cm. Whilst the coastal lowlands tend to have mild winters and few frosts, those inland to the east generally have a greater temperature range.

carreg galch Garbonifferaidd y Gogarth, ac yn y dwyrain ceir yr un garreg ar Fynydd Eglwyseg ger Llangollen. Ceir creigiau ieuengaf y rhanbarth yn y dwyrain, lle ceir creigiau Permaidd islaw Dyffryn Clwyd a'r tir ar ymylon yr ardal yn y gogledd-ddwyrain, sy'n ffinio â Swydd Gaer a Swydd Amwythig. Mae gan Ynys Môn hanes daearegol cymhleth iawn, o'r creigiau Cyn-gambriaidd hynaf hyd at y garreg galch ar yr arfordir gogleddol.

## Hinsawdd

Ceir amrywiaeth hinsawdd rhwng y gorllewin a'r dwyrain. Mae gwyntoedd llaith o'r gorllewin yn cyrraedd Gogledd Cymru ac yn codi ac yn oeri uwch mynyddoedd Eryri, sy'n arwain at gryn dipyn o law. Ceir dros 200cm o law'r flwyddyn dros y rhan fwyaf o Eryri. Ar gyfartaledd, ceir 260cm yn flynyddol yng Nghapel Curig, a Chrib Goch yw'r safle gwlypaf yn y DU, gyda dros 447cm y flwyddyn ar gyfartaledd dros y 30 mlynedd diwethaf. Gall tir isel ger yr arfordir a'r tir i'r dwyrain o'r mynyddoedd dderbyn cyn lleied â 120cm y flwyddyn, a Dyffryn Clwyd cyn lleied â 70cm. Er bod y tir isel yn tueddu i gael gaeafau tyner ac ychydig o rew, ceir mwy o amrywiaeth tymheredd ymhellach o'r môr yn y dwyrain.

## Weather patterns during the Atlas period

The five years in which fieldwork was conducted for this Atlas saw some significant extremes in weather, which certainly had some influence on the survival and attainment of breeding condition of many resident bird species. The winters of 2009/10 and 2010/11 were amongst the harshest experienced in recent years, with significant snow falls and low temperatures. The 2009/10 winter, in particular, had several cold spells with a lowest temperature of −12.4°C at Hawarden on 8 January 2010, whilst some higher altitude areas experienced 12 consecutive subzero days. In the 2010/11 winter most of the extreme weather was in December, which was exceptionally cold, with quite prolonged snow cover, whilst the remainder of the winter was often mild. The lowest temperatures were −14.8°C at Mona on Anglesey, −17.5°C at Capel Curig on 20 December and then −14.0°C at Hawarden on Christmas Day. The springs were characterised by April weather that was often fine and dry. It is remarkable that the Atlas period contained two of the warmest Aprils on record (2009 and 2011). The rest of the breeding season weather was much nearer the climatological normal, although June 2008 was rather wet. In contrast, the final spring–summer season in 2012 differed from the other four years, in that apart from a near average May, it was often particularly dull, cool and very wet. According to Meteorological Office records, 2012 was the third wettest summer in Wales since records began in 1910.

## *Patrymau tywydd yng nghyfnod yr Atlas*

Yn ystod y pum mlynedd y gwnaed y gwaith maes ar gyfer yr Atlas, gwelwyd ysbeidiau o dywydd pur eithafol, a gafodd effaith ar oroesiad llawer o'n hadar preswyl a'u gallu i fod mewn cyflwr digon da i nythu. Roedd gaeafau 2009/10 a 2010/11 ymhlith yr oeraf a gafwyd yn y blynyddoedd diwethaf, gyda llawer o eira a chyfnodau o dymheredd isel. Yn ystod gaeaf 2009/10, yn enwedig, bu nifer o gyfnodau oer, gydag isafbwynt tymheredd o −12.4°C ym Mhenarlâg ar 8 Ionawr 2010. Ar dir uwch, cafodd rhai ardaloedd 12 diwrnod yn olynol o dymheredd islaw sero. Yng ngaeaf 2010/11, ym mis Rhagfyr y bu'r rhan fwyaf o'r tywydd eithafol. Roedd hwn yn fis eithriadol o oer gydag eira ar lawr am gyfnod hir, tra bu'r gweddill o'r gaeaf yn gymharol dyner. Yr isafbwyntiau tymheredd oedd −14.8°C ym Mona ar Ynys Môn a −17.5°C yng Nghapel Curig ar 20 Rhagfyr, yna −14.0°C ym Mhenarlâg ar ddydd Nadolig. Yn y gwanwyn, roedd mis Ebrill yn aml yn gynnes ac yn sych, ac roedd yn ddiddorol fod dau o'r misoedd Ebrill cynhesaf a gofnodwyd (2009 a 2011) wedi bod yng nghyfnod yr Atlas. Tueddai'r tywydd yn ystod y gweddill o'r tymor nythu i fod yn nes at yr hinsawdd arferol i'r cyfnod, er bod mis Mehefin 2008 yn anarferol o wlyb. Yn ystod gwanwyn a haf 2012, roedd y tywydd yn wahanol i'r blynyddoedd eraill. Roedd mis Mai yn weddol debyg i'r arfer, ond fel arall roedd y tymor yn aml yn nodedig o gymylog, oerllyd a gwlyb. Yn ôl cofnodion y Swyddfa Dywydd, 2012 oedd yr haf trydydd wlypaf yng Nghymru ers i gofnodion ddechrau yn 1910.

Looking west towards Cwm Dyli and Snowdon.
*Edrych tua'r gorllewin i gyfeiriad Cwm Dyli a'r Wyddfa.*

MIKE ALEXANDER

Conwy from the RSPB Conwy reserve, a regular breeding site for Water Rail, and for Bearded Tit in 2010.
*Conwy o warchodfa RSPB Conwy, lle mae Rhegen y Dŵr yn nythu'n rheolaidd, a'r Titw Barfog yn 2010.*

## Human geography

North Wales is a predominantly rural area, with the main settlements being found along the northern coastal strip, on the lowland plains and in the valleys. The region is administered by six unitary authorities: Anglesey, Gwynedd, Conwy, Denbighshire, Flintshire and Wrexham (see pp. 427–28). The Snowdonia NP falls entirely within Gwynedd and Conwy. The total population for these authorities is 687,800 (2011 Census). The largest single town in the region is Wrexham with a population of around 42,000, but the coastal towns of Abergele and Pensarn, Colwyn Bay, Conwy, Llandudno, Prestatyn and Rhyl together have a combined population of over 100,000 (2011 Census). Other notable towns with a population of between 9,000 and 14,000 in order of size are Denbigh, Caernarfon, Mold, Holyhead and Bangor. Over one third of the region's population resides in these 12 conurbations.

## *Daearyddiaeth ddynol*

Ardal wledig yw Gogledd Cymru yn bennaf, gyda'r prif drefi a phentrefi ar hyd yr arfordir gogleddol, ar y tir isel ac yn y dyffrynnoedd. Gweinyddir yr ardal gan bum awdurdod unedol: Ynys Môn, Gwynedd, Conwy, Sir Ddinbych, Sir Y Fflint a Wrecsam (gweler tt. 427–28). Saif Parc Cenedlaethol Eryri (PCE) yn llwyr o fewn Gwynedd a Chonwy. Cyfanswm poblogaeth yr awdurdodau hyn yw 687,800 (Cyfrifiad 2011). Y dref fwyaf yn yr ardal yw Wrecsam sydd â phoblogaeth o tua 42,000, ond gyda'i gilydd mae gan y trefi arfordirol, Abergele a Phensarn, Bae Colwyn, Conwy, Llandudno, Prestatyn a'r Rhyl, boblogaeth o dros 100,000 (Cyfrifiad 2011). Trefi eraill sydd â phoblogaeth rhwng 9,000 a 14,000, yn nhrefn eu maint, yw Dinbych, Caernarfon, Yr Wyddgrug, Caergybi a Bangor. Mae dros draean o boblogaeth yr ardal yn y deuddeg tref yma.

# Principal land cover types and their associated key bird species

In the following section a brief description of the principal habitats found in North Wales is given (Table 1). A detailed account of the vegetation and habitats of Wales is provided in Blackstock *et al.* (2010) and we would refer readers to this volume for a more comprehensive description. The habitat names broadly follow the UK Biodiversity Action Plan (UK Govt 1994) terminology. Only those habitats that have a special significance for birds have been included.

## Estuaries (including floodplain grazing marsh), sand dunes and saltmarsh

| Breeding birds of estuary, sand dune and saltmarsh habitats in North Wales |
|---|
| **Typical:** Shelduck, Red-breasted Merganser, Oystercatcher, Ringed Plover, Skylark, Meadow Pipit |
| **Localised or rare:** Redshank |

North Wales' estuaries of significance to birds are those of the rivers Dee (Afon Dyfrdwy), Clwyd, Conwy, Cefni, Braint, Glaslyn/Dwyryd, Mawddach, Dysynni and Dyfi; together with Foryd Bay and Traeth Lafan, an extensive area of sand and mudflats at the eastern end of the Menai Strait. The most ornithologically important of these, the Dee Estuary (14,292ha), and Traeth Lafan (2,643ha) are designated SPAs under the EU Directive on the Conservation of Wild Birds (79/409/EEC), for their large populations of migrating and wintering waterfowl. There are extensive dune systems, notably at Newborough Warren NNR (4,970ha) and Aberffraw

# *Prif gynefinoedd a'u rhywogaethau adar*

Yn yr adran sy'n dilyn, ceir disgrifiad byr o brif gynefinoedd Gogledd Cymru (Tabl 1). Rhoir disgrifiad manwl o lystyfiant a chynefinoedd Cymru yn Blackstock *et al.* 2010, a chyfeiriwn ddarllenwyr at y gyfrol yma am ddisgrifiad manylach. Mae'r rhan fwyaf o'r enwau cynefinoedd yn dilyn terminoleg Cynllun Gweithredu Bioamrywiaeth y DU (1994), a dim ond y cynefinoedd sydd o bwysigrwydd arbennig i adar a drafodir.

## *Aberoedd (yn cynnwys cors bori gorlifdir), twyni tywod a chors heli*

| Adar yn nythu ar aberoedd, twyni tywod a chorsydd heli Gogledd Cymru |
|---|
| **Nodweddiadol:** Hwyaden Frongoch, Ehedydd, Hwyaden yr Eithin, Corhedydd y Waun, Cwtiad Torchog, Pioden y Môr |
| **Lleol neu brin:** Pibydd Coesgoch |

Yr aberoedd pwysicaf i adar yng Ngogledd Cymru yw aberoedd Dyfrdwy, Clwyd, Conwy, Cefni, Braint, Glaslyn/Dwyryd, Mawddach, Dysynni, a Dyfi, ynghyd â'r Foryd a Thraeth Lafan, ardal eang o dywod a mwd ym mhen dwyreiniol afon Menai. Dynodwyd y pwysicaf o'r rhain, aber afon Dyfrdwy (14,292ha), a Thraeth Lafan (2,643ha) yn Ardal Gwarchodaeth Arbennig (AGA) dan Gyfarwyddyd ar Gadwraeth Adar Gwyllt (79/409/EEC) oherwydd y boblogaeth fawr o adar dŵr sydd yno adeg mudo neu'n gaeafu yno. Ceir ardaloedd helaeth o dwyni, megis GNG Twyni Niwbwrch (4,970ha) ac Aberffraw ar Ynys Môn, GNG

The dunes at Harlech. Ringed Plover still breed here.
*Twyni tywod Harlech. Mae'r Cwtiad Torchog yn dal i nythu yma.*

| Habitat type / Math o gynefin | Vice-county – Habitat types (ha) / Is sir – Math o gynefin (ha) | | | | | |
|---|---|---|---|---|---|---|
| | Meirionnydd / Meirionnydd | Caernarfon / Caernarfon | Denbigh / Dinbych | Flint / Fflint | Anglesey / Môn | Total / Cyfanswm |
| Estuaries, sand dunes, saltmarsh and floodplain grazing marsh / Aberoedd, twyni tywod, corsydd heli a chorsydd pori gorlifdir | 8630 | 8750 | 2720 | 2620 | 4560 | 27280 |
| Coastal cliffs and offshore rocky islands / Clogwyni arfordirol ac ynysoedd creigiog | <15 | 420 | 0 | 0 | 290 | 725 |
| Rocky shores and coastal shingle / Traethau creigiog a charegog | 40 | 180 | 30 | 40 | 150 | 440 |
| Farmland / *Tir amaethyddol*    Arable / *Tir âr*    Improved grassland / *Glaswellt wedi ei wella* | 45219 / 220 / 44999 | 52600 / 2000 / 50600 | 115500 / 5700 / 109800 | 34700 / 3900 / 30800 | 54700 / 2100 / 52600 | 302719 |
| Neutral and calcareous grassland and lowland heath (including maritime heath) / Glaswelltir niwtral a chalchog a rhostir iseldir (yn cynnwys rhostir arforol) | 110 | 1020 | 380 | 270 | 620 | 2400 |
| Lowland wetland (raised bog, fen and reedbed) / Gwlyptir yr iseldir (cromenni ynysig, mignen a gwelyau hesg) | 4550 | 3040 | 2380 | 80 | 620 | 10670 |
| Standing water (lakes, reservoirs and ponds) / Dŵr llonydd (llynnoedd, cronfeydd a phyllau) | 1700 | 1000 | 990 | 170 | 590 | 4450 |
| Running water (rivers and streams) / Dŵr rhedegog (afonydd a nentydd) | 530 | 290 | 530 | 220 | 10 | 1580 |
| Semi-natural and planted broadleaved and mixed woodland (including wet woodland 2720ha) / Coedwig lled-naturiol a phlanhigfeydd llydanddail a chymysg (yn cynnwys coedwig wlyb 2720ha) | 7670 | 5360 | 8170 | 3185 | 1170 | 25555 |
| Coniferous plantations / Planhigfeydd conwydd | 25090 | 8970 | 11770 | 1140 | 1320 | 48290 |
| Ffridd including continuous scrub and Bracken / Ffridd yn cynnwys prysgwydd a rhedyn | 8630 | 5270 | 4990 | 950 | 1210 | 21050 |
| Montane, moorland, blanket bog and dry acid grassland / Mynydd, rhostir, gorgors a glaswelltir sych asidig    *Blanket bog / Gorgorsydd*    *Dry acid heath / Rhostiroedd sych asidig*    *Wet heath / Rhostiroedd gwlyb*    *Dry acid grassland / Glaswelltir sych asidig* | 64900 / *10900 / 17300 / 3000 / 33700* | 46200 / *6100 / 13000 / 2400 / 24700* | 23040 / *5200 / 7900 / 340 / 9600* | 1180 / *60 / 670 / (<5) / 450* | 1220 / *0 / 710 / 100 / 410* | 136540 |
| Urban and built-up land including associated amenity parks, etc / Ardaloedd trefol yn cynnwys parciau ayyb. | 4380 | 7510 | 12740 | 9560 | 4680 | 38870 |
| Bare rock, scree and inland cliff / Craig, sgri a chlogwyni mynyddig | 1970 | 3650 | 220 | <30 | 40 | 5910 |
| Quarries, etc / Chwareli | 590 | 990 | 600 | 410 | 140 | 2730 |
| Other habitats of no significance to birds / Cynefinoedd eraill heb fod yn bwysig i adar | 496 | 150 | 340 | 345 | 180 | 1511 |
| **Total area (ha) / Cyfanswm arwynebedd (ha)** | **174520** | **145400** | **184400** | **54900** | **71500** | **630720** |

Table 1. Habitat types by vice-county (derived from Jones *et al.* 2003 and Blackstock *et al.* 2010).
*Tabl 1. Gwahanol gynefinoedd fesul Is Sir (o Jones et al. 2003 a Blackstock et al. 2010).*

IAN M. SPENCE

Dee Estuary from Connah's Quay Power Station with lagoons beside the River Dee.
*Aber afon Dyfrdwy o Orsaf Bŵer Cei Connah gyda morlynnoedd ar lan afon Dyfrdwy.*

IVOR REES

Dunes at Shell Island, Meirionnydd. Good habitat for Skylark and for warblers in the willow scrub.
*Twyni tywod ym Mochras, Meirionnydd. Cynefin addas i'r Ehedydd, ac i deloriaid yn y prysgwydd helyg.*

on Anglesey, Morfa Harlech NNR and Morfa Dyffryn NNR in Meirionnydd and smaller areas along the Denbigh and Flint coast from Pensarn to Point of Ayr.

In many cases these are only a remnant of more substantial areas of natural habitat which have been dramatically modified by man over the last 200 years. Substantial areas of the former intertidal flats of the estuaries have been enclosed by sea walls, drained and used initially for intensive agriculture, and often subsequently for industrial development. Similarly the dune systems have been reduced in extent by sand starvation attributed to coastal defence works and, from the landward side, agricultural reclamation and leisure development, with associated recreational pressure.

## Coastal cliffs including offshore islands

| Breeding birds of coastal cliff and offshore island habitats in North Wales |
| --- |
| **Typical: Cliffs:** Fulmar, Cormorant, Kittiwake, Herring Gull, Guillemot, Razorbill, Jackdaw, Rock Pipit. **Heath:** Stonechat, Linnet |
| **Localised or rare:** Manx Shearwater, Storm Petrel, Shag, Peregrine, Arctic and Common Tern, Black Guillemot, Puffin, Chough, Raven |

The north-west seaboard is dominated by cliff and rocky coast habitats, with 495ha of maritime heath. On the mainland there are a number of cliff sites from Abergele to Llanfairfechan, including the Little Orme with its flourishing Cormorant colony, and the Great Orme, which also hosts seabird colonies. Substantial areas of cliff are found on the coasts of Anglesey. Of particular note are South Stack in the west, with more colonies of various seabirds and in the east,

Morfa Harlech a GNG Morfa Dyffryn ym Meirionnydd ac ardaloedd llai ar hyd arfordir Fflint a Dinbych o Bensarn i'r Parlwr Du.

Yn aml, nid yw'r rhain ond gweddillion ardaloedd ehangach o gynefin naturiol sydd wedi eu newid yn ddramatig gan bobl dros y 200 mlynedd diwethaf. Amgaewyd rhannau helaeth o wastadedd rhynglanwol yr aberoedd gan gloddiau môr, eu draenio a'u defnyddio ar gyfer amaethyddiaeth ddwys ac yn aml wedyn ar gyfer datblygiad diwydiannol. Yn yr un modd, lleihawyd y twyni tywod gan ddiffyg tywod newydd oherwydd gwaith amddiffyn yr arfordir, ac o ochr y tir gan adennill tir ar gyfer amaethyddiaeth neu ddatblygiadau hamdden.

## *Clogwyni arfordirol ac ynysoedd*

| Adar yn nythu ar glogwyni arfordirol ac ynysoedd Gogledd Cymru |
| --- |
| **Nodweddiadol: Clogwyni:** Gwylog, Llurs, Gwylan Goesddu, Aderyn-drycin y Graig, Gwylan y Penwaig, Mulfran, Jac-y-do, Corhedydd y Graig. **Rhostir:** Clochdar y Cerrig, Llinos |
| **Lleol neu brin:** Morwennol y Gogledd, Morwennol Gyffredin, Brân Goesgoch, Pâl, Mulfran Werdd, Hebog Tramor, Cigfran, Gwylog Ddu, Aderyn-drycin Manaw, Pedryn Drycin |

Clogwyni a thraethau creigiog a welir yn bennaf ar arfordir y gogledd-orllewin, gyda 495ha o rostir arforol. Ar y tir mawr, ceir nifer o glogwyni rhwng Abergele a Llanfairfechan, yn cynnwys Rhiwledyn, lle mae nythfa Mulfrain lewyrchus, a'r Gogarth, lle ceir nythfeydd adar môr hefyd. Ceir cryn nifer o glogwyni ar arfordir Môn, yn enwedig Ynys Lawd yn y gorllewin lle ceir mwy o nythfeydd adar môr, ac yn y dwyrain Ynys Seiriol a Fedw Fawr, a ystyrid am flynyddoedd

MIKE ALEXANDER

Bardsey, home to breeding Manx Shearwater and Storm Petrel.
*Ynys Enlli, lle mae Aderyn-drycin Manaw a Phedryn Drycin yn nythu.*

STEVE CULLEY

The Skerries, now with the largest Arctic Tern colony in Britain.
*Ynysoedd y Moelrhoniaid, lle mae nythfa Morwennol y Gogledd fwyaf Prydain.*

RHION PRITCHARD

Carreg y Llam, Llŷn, the
largest cliff-nesting seabird
colony in North Wales.
*Carreg y Llam, Llŷn, y
nythfa adar môr fwyaf ar
glogwyni Gogledd Cymru.*

South Stack, Anglesey, with nesting auks, gulls, Raven and Chough.
*Ynys Lawd, Môn, lle mae Gwylog a Llurs, gwylanod, y Gigfran a'r Frân Goesgoch yn nythu.*

Puffin Island and Fedw Fawr, long regarded as Britain's most southerly Black Guillemot colony. Llŷn has substantial areas of cliff along its north coast and round its western tip, notable being Carreg y Llam with its large colony of Guillemots and Razorbills. The short-grazed grasslands close to the clifftops are vital feeding areas for Choughs. Further to the south, and somewhat inland, is Craig yr Aderyn or Bird Rock, with its substantial Cormorant colony and breeding Chough.

Arguably one of the most important coastal areas in the region is Bardsey with the adjacent Aberdaron coast on the mainland, which together are of European significance (SPA) for their populations of Manx Shearwaters and Chough. It also hosts several seabird colonies, including the region's only nesting Storm Petrels. Many seabirds are also found on other rock stacks and offshore islands, such as the Skerries.

yn nythfa fwyaf deheuol yr Wylog Ddu ym Mhrydain. Ceir clogwyni ar Benrhyn Llŷn hefyd, yn enwedig yn y gorllewin, ac mae clogwyn Carreg y Llam yn nodedig am ei nythfeydd Gwylogod a Llursod. Mae glaswellt byr y borfa uwchben y clogwyni yn bwysig fel man i'r Frân Goesgoch chwilio am fwyd. Ymhellach i'r de, ac ychydig ymhellach o'r môr, saif Craig yr Aderyn, lle ceir nythfa Mulfrain sylweddol a lle mae'r Frân Goesgoch yn nythu.

Efallai mai'r safle pwysicaf yn yr ardal o ran clogwyni arforol yw Ynys Enlli, gyda'i harsyllfa adar. Mae hon, gydag arfordir Aberdaron ar y tir mawr, o bwysigrwydd Ewropeaidd (AGA) oherwydd y boblogaeth o Adar-drycin Manaw a Brain Coesgoch. Mae yma nifer o nythfeydd adar môr, yn cynnwys y Pedryn Drycin, nad yw'n nythu'n unman arall yn yr ardal. Mae adar môr yn nythu ar nifer o staciau creigiog eraill ac ar ynysoedd megis Ynysoedd y Moelrhoniaid.

# Rocky shores and coastal shingle

| Breeding birds of rocky shore and coastal shingle habitats in North Wales |
| --- |
| **Typical:** Oystercatcher, Ringed Plover, Rock Pipit |
| **Localised or rare:** Little Tern, Sandwich Tern |

Our rocky shores are mainly to be found at Llŷn around Aberdaron, Moelfre, Anglesey and much of the north-west coast, especially the Great Orme.

In spite of the extensive cliffs and rocky shores in the region, shingle habitats are relatively rare. The most important examples are NWWT's Cemlyn Reserve, with its colony of Sandwich Terns, and Gronant, where Wales' only remaining colony of Little Terns is found. This site is monitored and protected by Denbighshire County Council. Other areas with this habitat can be found at Abergele and Kinmel Bay, Belan Point and locations further west along the Caernarfon and Meirionnydd coasts. However, the value of these sites as bird breeding habitat is often compromised by tourism and recreational pressure.

# *Traethau creigiog a charegog*

| Adar yn nythu ar draethau creigiog a charegog Gogledd Cymru |
| --- |
| **Nodweddiadol:** Cwtiad Torchog, Corhedydd y Graig, Pioden y Môr |
| **Lleol neu brin:** Morwennol Fechan, Morwennol Bigddu |

Mae ein traethau creigiog yn bennaf ar Benrhyn Llŷn yn ardal Aberdaron, o gwmpas Moelfre, Ynys Môn ac ar arfordir y gogledd-orllewin, yn arbennig y Gogarth.

Er bod llawer o glogwyni a thraethau creigiog yn yr ardal, mae traethau caregog yn brin. Ceir yr enghreifftiau pwysicaf yng ngwarchodfa YNGC Cemlyn gyda nythfa'r Forwennol Bigddu, a Gronant, lle ceir unig nythfa'r Forwennol Fechan yng Nghymru ar safle a warchodir gan Gyngor Sir Dinbych. Ardaloedd eraill lle ceir y cynefin yma yw Abergele a Bae Cinmel, Trwyn Belan a mannau eraill ar hyd arfordir Caernarfon a Meirionnydd. Oherwydd pwysau twristiaeth a hamdden, mae gwerth y rhain i adar yn nythu yn llai nag y gallai fod.

STEVE CULLEY

Gronant beach, site of the only Little Tern colony in Wales. *Traeth Gronant, lle mae unig nythfa'r Forwennol Fechan yng Nghymru.*

## Farmland and boundary features – hedges, walls, ditches and tracks

| Breeding birds of farmland and boundary feature habitats in North Wales |
| --- |
| **Typical:** Pheasant, Kestrel, Magpie, Jackdaw, Rook, Carrion Crow, Swallow, Whitethroat, Pied Wagtail, Linnet |
| **Localised or rare:** Grey Partridge, Oystercatcher, Lapwing, Stock Dove, Barn Owl, Skylark, Lesser Whitethroat, Tree Sparrow, Yellowhammer |

The enclosed agricultural land is dominated by improved grasslands, grazed primarily by sheep but with some cattle. Dairy cattle are largely confined to the richer lowland grasslands of Anglesey, Llŷn, Denbigh and Flint, whereas beef cattle are also found on higher rough grazing land. Only 4.6% of this farmland is classified as arable or cropped land. In 2010, approximately 8% of agricultural land in Wales was managed organically, 85% of this being pasture. Arable land is largely confined to the lowland landscapes of Anglesey, Denbigh and Flint. Crop types are dominated by cereals (spring and winter barley and wheat) with a smaller hectarage of root crops such as turnips, swedes and potatoes, Oil-seed Rape, vegetables (kale, cabbage, peas and beans) and maize. Many of these crops are grown as fodder for stock. This intensively cropped land provides limited feeding opportunities for birds and species typically associated with this habitat, such as Grey Partridge, Lapwing, Skylark, Tree Sparrow and Yellowhammer. They are all now localised in distribution and most populations are in decline. Environmental schemes

## *Tir amaethyddol a nodweddion ffiniol – gwrychoedd, waliau, ffosydd a thraciau*

| Adar yn nythu ar dir amaethyddol a nodweddion ffiniol Gogledd Cymru |
| --- |
| **Nodweddiadol:** Llinos, Ffesant, Gwennol, Siglen Fraith, Pioden, Cudyll Coch, Ydfran, Jac-y-do, Brân Dyddyn, Llwydfron |
| **Lleol neu brin:** Colomen Wyllt, Dylluan Wen, Cornchwiglen, Pioden y Môr, Petrisen, Ehedydd, Llwydfron Fach, Golfan y Mynydd, Bras Melyn |

Ar y tir amaethyddol wedi ei amgáu, porfa wedi ei gwella yw'r arwynebedd mwyaf, yn cael ei bori gan ddefaid yn bennaf ond rhywfaint o wartheg ar gyfer cig a llaeth. Dim ond 4.6% o'r tir yma a ystyrir yn dir âr. Yn 2010, roedd tua 8% o dir amaethyddol Cymru yn cael ei reoli'n organig, 85% ohono'n borfa organig. Cyfyngir tir âr i dir isel Môn, Dinbych a Fflint, a'r prif fathau o gnydau yw grawn (haidd a gwenith gwanwyn a gaeaf) a chanran is o gnydau gwraidd megis rwdins, erfin a thatws, rêp, llysiau (cêl, bresych, pys a ffa) ac indrawn. Tyfir llawer o'r cnydau hyn fel bwyd anifeiliaid. Cymharol ychydig o gyfle mae'r tir sy'n cael ei amaethu'n ddwys yn ei roi i adar, ac mae'r rhywogaethau a gysylltir â'r cynefin yma, megis y Betrisen, Cornchwiglen, Ehedydd, Golfan y Mynydd a'r Bras Melyn, i gyd erbyn hyn yn lleol a'u poblogaeth yn lleihau. Mae cynlluniau amgylchedd megis Tir Gofal, ac yn awr Glastir, yn ceisio gwrthdroi'r duedd yma, ond araf yw'r cynnydd ac ar y gorau mae'r poblogaethau wedi sefydlogi ond nid ydynt yn cynyddu eto.

Cattle grazing near Kinmel, Denbigh.
*Gwartheg yn pori ger Cinmel, Dinbych.*

Beeches Farm, Sandycroft, a lowland arable farm with breeding Tree Sparrow and Lapwing. *Beeches Farm, Sandycroft, fferm dir âr lle mae Golfan y Mynydd a'r Gornchwiglen yn nythu.*

IAN M. SPENCE

LES STARLING

A hedgerow in this state is good for finches and warblers.
*Mae gwrych fel hyn yn addas i bincod a theloriaid.*

Parkland; veteran trees with holes attractive to Barn Owl and Stock Dove.
*Parcdir, gyda choed hynafol lle mae'r tyllau'n denu Tylluan Wen a Cholomen Wyllt.*

LES STARLING

A dry-stone wall, providing nest sites for Wren and Pied Wagtail.
*Wal gerrig sych, sy'n cynnig mannau nythu i'r Dryw a'r Siglen Fraith.*

LES STARLING

LYNN PAYNE

Upland farmland near Bala. The ruined farm provides nest sites for tits, Redstart and Pied Wagtail.
*Tir amaeth yr ucheldir ger y Bala. Mae'r ffermdy adfeiliedig yn cynnig mannau nythu i ditwod, Tingoch a Siglen Fraith.*

PAUL LACEY

Isolated farmstead near Llyn Crafnant. The cliffs provide nest sites for Raven and Peregrine.
*Fferm unig ger Llyn Crafnant. Mae'r clogwyni yn cynnig mannau nythu i'r Gigfran a'r Hebog Tramor.*

Typical upland farmland. The rough grassland could still have breeding Curlew.
*Tir amaeth nodweddiadol o'r ucheldir. Efallai fod y Gylfinir yn dal i nythu ar y borfa arw.*

such as Tir Gofal, and now Glastir, are attempting to reverse these declines, but progress is slow. At best populations are stabilising but not yet recovering.

However, where feed is stored or when stock is housed and fed in farm buildings, these sites are very attractive for birds such as House Sparrow, Pied Wagtail, Swallow, Jackdaw and Collared Dove. Other specialist species such as Barn Owl, Little Owl and Stock Dove may also nest in these buildings. Farmed landscapes, particularly in Denbigh and Flint, have limited breeding opportunities for anything other than the more common and widespread species.

Field boundaries, such as hedgerows and dry-stone walls, can be important breeding habitats and sources of food. It is important that hedges are well managed and not excessively damaged by grazing stock. They add significantly to the diversity of the bird populations in these otherwise less interesting areas. For example, Lesser Whitethroats need tall, thick, wide hedgerows, like those frequently found in eastern parts of Flint and Denbigh. Dry-stone walls are more commonly found in the west. They offer cover for small mammals and breeding sites for Wheatear, Redstart and Pied Wagtail. Isolated hedgerow trees are often allowed to grow to maturity and provide refuge and nest sites for owls, crows and many of the smaller passerines.

Fodd bynnag, lle cedwir bwyd anifeiliaid neu lle cedwir y stoc mewn adeiladau ar y fferm, ceir cyfle i adar megis Aderyn y To, Siglen Fraith, Gwennol, Jac-y-do a'r Durtur Dorchog. Gall rhywogaethau arbenigol eraill megis y Dylluan Wen, Tylluan Fach a'r Golomen Wyllt hefyd nythu yn yr adeiladau hyn. Cymharol ychydig o gyfleoedd i nythu sydd ar dir amaethyddol, yn arbennig yn Ninbych a Fflint, i unrhyw rywogaethau heblaw'r rhai mwyaf cyffredin.

Gall ffiniau caeau, megis gwrychoedd a waliau cerrig sych, fod yn gynefin pwysig ar gyfer nythu a chwilio am fwyd, cyn belled â bod y gwrychoedd yn cael eu rheoli'n dda ac nad ydynt yn cael eu difrodi gan anifeiliaid pori. Gallant ychwanegu'n sylweddol at amrywiaeth poblogaeth adar ardaloedd na fyddai fel arall o ddiddordeb neilltuol. Er enghraifft, mae ar y Llwydfron Fach angen gwrychoedd uchel a thrwchus, fel y rhai a geir yn aml yn nwyrain Fflint a Dinbych. Mae waliau cerrig sych yn fwy cyffredin yn y gorllewin, ac mae'r rhain yn rhoi lloches i famaliaid bychain a mannau nythu i Dinwen y Garn, Tingoch a Siglen Fraith. Yn aml, caiff coed ar eu pennau eu hunain mewn gwrychoedd lonydd i gyrraedd eu llawn dwf, ac maent yn rhoi lloches a safleoedd nythu i dylluanod, brain a llawer o adar llai.

## Lowland neutral and calcareous semi-natural grasslands and heathland (including maritime heath)

| Breeding birds of lowland neutral and calcareous semi-natural grassland and heathland habitats in North Wales |
|---|
| **Typical:** Lapwing, Curlew, Skylark, Stonechat, Meadow Pipit, Linnet |
| **Localised or rare:** Dartford Warbler, Grasshopper Warbler, Whinchat |

These species-rich grasslands and heathlands are very restricted and fragmented in distribution. They are found on coastal headlands, inland escarpments and dry valley slopes. They develop on shallow soils and, in the case of calcareous grassland, on lime-rich substrates, which in themselves are restricted in distribution. Scattered gorse bushes are home to Linnets. The grasslands are usually managed as part of the pastoral farming system. Low-intensity grazing by sheep and horses favours many of the ground-nesting species such as Skylark, Meadow Pipit, Lapwing and Grasshopper Warbler. Several sites are in conservation management, such as Eyarth Rocks, a Butterfly Conservation reserve south of Rhuthun, the NWWT reserve at Mariandyrus, Anglesey and much of the Great Orme.

## *Glaswelltir lled-naturiol niwtral neu galchog a rhostiroedd yr iseldir (yn cynnwys rhostir arforol)*

| Adar yn nythu ar laswelltir lled-naturiol niwtral neu galchog a rhostiroedd iseldir Gogledd Cymru |
|---|
| **Nodweddiadol:** Ehedydd, Corhedydd y Waun, Cornchwiglen, Gylfinir, Clochdar y Cerrig, Llinos |
| **Lleol neu brin:** Telor Dartford, Troellwr Bach, Crec yr Eithin |

Mae'r glaswelltiroedd a rhostiroedd yma, sy'n llawn rhywogaethau, yn brin a gwasgaredig. Fe'u gwelir ar ambell benrhyn ar yr arfordir, llethrau bryniau a llethrau sych dyffrynnoedd. Maent yn datblygu ar bridd bâs, a cheir glaswelltir calchog ar garreg galch, sydd ei hun yn brin. Ymgartrefa'r Llinos yn y twmpathau eithin gwasgaredig. Fel rheol, rheolir y glaswelltiroedd fel porfa. Gall pori ysgafn gan ddefaid a cheffylau fod yn fanteisiol i lawer o rywogaethau sy'n nythu ar y ddaear, megis yr Ehedydd, Corhedydd y Waun, Cornchwiglen a'r Troellwr Bach. Rheolir sawl safle ar gyfer cadwraeth, megis Creigiau Euarth, gwarchodfa ar gyfer cadwraeth gloÿnnod byw i'r de o Ruthun, gwarchodfa YNGC Mariandyrus ar Ynys Môn a rhannau helaeth o'r Gogarth.

Ymhlith yr ardaloedd o rostir yr iseldir a rhostir arforol mae Comin Penrhosfeilw ger Ynys Lawd, y Gogarth a sawl

Coastal heath on Llŷn. Linnet and Stonechat are likely to be found here.
*Rhostir arforol ar Benrhyn Llŷn. Gellir gweld Llinos a Chlochdar y Cerrig yma.*

MIKE ALEXANDER

Looking from Maes y Facrell NNR on the Great Orme towards the Little Orme.
*Golygfa o warchodfa Maes y Facrell ar y Gogarth yn edrych tua Rhiwledyn.*

The main areas of maritime and lowland heath can be found in such areas as Penrhosfeilw Common at South Stack, the Great Orme and at various sites on Llŷn. Scrub, in the form of gorse and Broom, is a nesting habitat for Whinchat, Stonechat and Linnet.

## Lowland wetlands (raised bog, fens and reedbeds)

| Breeding birds of lowland wet habitats in North Wales |
| --- |
| **Typical:** Mallard, Snipe, Curlew, Willow Warbler, Sedge Warbler, Reed Bunting |
| **Localised or rare:** Water Rail, Cuckoo, Bearded Tit, Reed Warbler |

Lowland raised bog (510ha) is a rare habitat in North Wales. This is a peatland habitat, where rainfall supplies the water to create the peat, so that the bog is gradually raised above the influence of groundwater. The vegetation type is dominated by Cross-leaved Heath and many species of grass, sedge and *Sphagnum* moss. There is less than 100ha remaining in Snowdonia, with the rest almost entirely confined to the Denbigh–Shropshire border around the NNR at Fenn's Moss. This large peatland site, jointly owned and managed by

safle ar Benrhyn Llŷn. Mae'r prysgwydd, megis eithin a banadl, yn gynefin nythu i Grec yr Eithin, Clochdar y Cerrig a'r Llinos.

## Gwlyptiroedd yr iseldir (cromenni ynysig, mignenni a gwelyau hesg)

| Adar yn nythu yng ngwlyptiroedd iseldir Gogledd Cymru |
| --- |
| **Nodweddiadol:** Hwyaden Wyllt, Gïach Gyffredin, Gylfinir, Telor yr Hesg, Bras y Cyrs, Telor yr Helyg |
| **Lleol neu brin:** Rhegen y Dŵr, Cog, Telor y Cyrs, Titw Barfog |

Cynefin prin (510ha) yw cromenni ynysig yng Ngogledd Cymru. Cynefin mawnog ydyw, lle daw'r dŵr ar gyfer cynhyrchu'r mawn o law, fel bod y gors yn araf yn codi uwchben dylanwad dŵr daear. Y prif rywogaethau o blanhigion yw Grug Croesddail ac amrywiol rywogaethau o laswellt, hesg a mwsogl *Sphagnum*. Erys llai na 100ha yn weddill yn Eryri, gyda'r gweddill wedi ei gyfyngu bron yn llwyr i ardal y ffin rhwng Sir Ddinbych a Swydd Amwythig, o amgylch gwarchodfa Fenn's Moss. Mae'r safle mawnog

Valley Wetlands, important for breeding waterfowl.
*Gwlyptiroedd y Fali, safle bwysig i adar dŵr.*

Fenn's Moss NNR which has breeding Black-headed Gull and waders, and feeding Hobby.
*Gwarchodfa Fenn's Moss. Mae'r Wylan Benddu a rhydwyr yn nythu yma, a Hebog yr Ehedydd yn hel ei damaid.*

Natural Resources Wales and Natural England, is now being restored and is home to species such as Curlew, Snipe and Reed Bunting.

North Wales has 3000+ha of fen and reedbed habitats, which are found mainly in Anglesey, Caernarfon and Meirionnydd. Tall Reed swamp, typified by Common Reed, is also a particularly rare habitat in our region. The lack of substantial areas of pure Reed stands probably accounts for the absence of species such as Bittern and Marsh Harrier. In 1992–93, when Tyler (1995) looked at the extent and distribution of reedbeds in Wales, only four sites of over 10ha were present in North Wales, three of these being on Anglesey. However, in the past decade the RSPB has made considerable efforts to create and restore this habitat on several Anglesey sites. At the Malltraeth reserve, a 43ha reedbed now represents the largest single site in North Wales. Smaller areas are found along some of the lower reaches of rivers such as Afon Conwy and Afon Dysynni, and in some lowland lakes and ponds such as the Valley Lakes on Anglesey. This habitat may also occur in some of the mire sites, such as Cors Erddreiniog and Cors Goch, both on Anglesey, where water levels are sufficiently high.

mawr, sy'n eiddo i Gyfoeth Naturiol Cymru a Natural England ac yn cael ei reoli ganddynt, yn awr yn cael ei adfer ac yn gartref i rywogaethau megis y Gylfinir, Gïach Gyffredin a Bras y Cyrs.

Ceir 3,000+ha o gynefin mignenni a gwelyau hesg yng Ngogledd Cymru, yn bennaf ym Môn, Caernarfon a Meirionnydd. Mae siglennydd gyda chyrs tal, gyda'r Gorsen fel planhigyn nodweddiadol, yn gynefin prin yn ein hardal. Diffyg ardaloedd eang o Gyrs heb gymysgedd o blanhigion eraill, mae'n debyg, yw'r prif reswm am absenoldeb rhywogaethau megis Aderyn y Bwn a Bod y Gwerni. Yn 1992/93 pan edrychodd Tyler (1995) ar faint a lleoliad gwelyau cyrs Cymru, dim ond pedwar safle dros 10ha oedd yng Ngogledd Cymru, tair o'r rhain ar Ynys Môn. Fodd bynnag, yn y deng mlynedd diwethaf gwnaeth yr RSPB lawer i greu ac adfer y cynefin yma ar sawl safle ym Môn. Yng ngwarchodfa Malltraeth, ceir 43ha o welyau cyrs, y safle mwyaf yng Ngogledd Cymru. Ceir gwelyau llai o gwmpas rhannau isaf afonydd megis Conwy a Dysynni ac mewn rhai llynnoedd a phyllau yn yr iseldir, e.e. Llynnau'r Fali ar Ynys Môn. Gwelir y cynefin yma hefyd mewn corsydd megis Cors Erddreiniog a Chors Goch ar Ynys Môn, lle mae lefel y dŵr yn ddigon uchel.

Dysynni reedbed. Good nesting habitat for Reed Warbler.
*Gwely Cyrs Dysynni. Cynefin lle gall Telor y Cyrs nythu.*

STEVE CULLEY

Llyn Trawsfynydd. Breeding site for Little Ringed Plover, Herring and Lesser Black-backed Gulls.
*Llyn Trawsfynydd. Mae'r Cwtiad Torchog Bach, Gwylan y Penwaig a'r Wylan Gefnddu Leiaf yn nythu yma.*

## Lakes, reservoirs and ponds

| Breeding birds of lakes, reservoirs and pond habitats in North Wales |
| --- |
| **Typical:** Mute Swan, Canada Goose, Mallard, Little Grebe, Great Crested Grebe, Moorhen, Coot |
| **Localised or rare:** Teal, Pochard, Tufted Duck, Black-headed Gull |

There are many open waterbodies of a wide range of size and species richness. They range in size from Llyn Tegid (Bala Lake), at 484ha the largest lake in Wales, to the field ponds, mostly former marl pits, of east Denbigh. The water quality also varies from the nutrient-poor oligotrophic mountain lakes of Snowdonia and the Rhinogau, to the rich eutrophic lake on the eastern border at Hanmer Mere. Many of the region's largest waterbodies are artificially impounded reservoirs created for water supply. Of these, Llyn Trawsfynydd (477ha), Llyn Brenig (372ha), Llyn Celyn (329ha), Llyn Alaw (308ha), Llyn Alwen (150ha), and Llyn Cowlyd (108ha) are the largest in area. The outflow from Llyn Tegid, originally a natural lake, is now artificially controlled by a man-made dam and sluice.

The majority of the region's lakes tend towards the acid end of the chemical scale. This, combined with steep-sided topography, means that they have little aquatic vegetation and associated fauna for feeding, or marginal emergent vegetation for breeding habitat. This is reflected in the sparse distribution of such aquatic species as Great Crested and Little Grebes. By contrast these species are more common

## *Llynnoedd, cronfeydd a phyllau*

| Adar yn nythu ar lynnoedd, cronfeydd a phyllau Gogledd Cymru |
| --- |
| **Nodweddiadol:** Alarch Dof, Hwyaden Wyllt, Gŵydd Canada, Gwyach Fawr Gopog, Gwyach Fach, Iâr Ddŵr, Cwtiar |
| **Lleol neu brin:** Hwyaden Bengoch, Corhwyaden, Hwyaden Gopog, Gwylan Benddu |

Ceir nifer mawr o ddyfroedd llonydd, sy'n amrywiol iawn o ran maint ac o ran y nifer o rywogaethau sy'n eu defny-ddio. O ran maint, maent yn amrywio o Lyn Tegid (484ha), llyn mwyaf Cymru, i'r pyllau mewn caeau, y rhan fwyaf yn hen dyllau marl, yn nwyrain Dinbych. Amrywia safon y dŵr o lynnoedd mynyddig oligotroffig, prin eu maetholion, Eryri a'r Rhiniogydd hyd at lyn ewtroffig, cyfoethog ei faetholion, Hanmer Mere ger y ffin yn y dwyrain. Ceir hefyd lawer o gronfeydd a grëwyd er mwyn cyflenwi dŵr; y mwyaf yw Llyn Trawsfynydd (477ha), Llyn Brenig (372ha), Llyn Celyn (329ha), Llyn Alaw (308ha), Llyn Alwen (150ha), a Llyn Cowlyd (108ha). Er bod Llyn Tegid yn wreiddiol yn llyn naturiol, rheolir llif y dŵr o'r llyn erbyn hyn gan argae a llifddor.

Tuedda mwyafrif llynnoedd yr ardal fod yn asidig, ac oherwydd hyn a'r ffaith bod eu glannau'n aml yn serth, ychydig o lystyfiant a'r anifeiliaid a gysylltir ag ef sydd i'w gael yn y dŵr ar gyfer bwyd ac ychydig o lystyfiant sy'n tyfu yn y dŵr ger yr ymylon ar gyfer nythu. Dyma'r rheswm pam fod rhai rhywogaethau megis y Wyach Fawr Gopog a'r Wyach Fach yn gymharol brin. Mae'r rhywogaethau yma'n llawer mwy cyffredin ar lynnoedd mesotroffig ac ewtroffig mwy

Llyn Bod Bach, Gwydyr Forest. Common Sandpiper breeds nearby with Crossbill in the conifers.
*Llyn Bod Bach, Coedwig Gwydyr. Mae Pibydd y Dorlan yn nythu gerllaw a'r Gylfin Groes yn y conwydd.*

Llyn Crafnant, Gwydyr Forest,
home to grebes and wildfowl.
*Llyn Crafnant, Coedwig
Gwydyr, cartref i wyachod
ac adar dŵr.*

Farmland pond, providing nest sites for common waterbirds. *Pwll ar dir amaethyddol, lle gall adar dŵr cyffredin nythu.*

on the richer-feeding mesotrophic and eutrophic lakes of Anglesey and in the eastern lowland lakes and ponds of the Dee and Clwyd valleys.

The lakes of Anglesey are particularly notable for breeding wildfowl. Further east in Denbigh and Flint, Llyn Helyg, Gresford Flash and Hanmer Mere host varied breeding bird communities. Some are also important for post-breeding concentrations of Canada Geese and other waterfowl.

## Rivers and streams

| Breeding birds of riverine habitats in North Wales |
|---|
| **Typical:** Mallard, Goosander, Dipper, Grey Wagtail |
| **Localised or rare:** Common Sandpiper, Kingfisher |

The region's rivers (Figure 1) are similarly diverse, ranging from the rushing mountain streams of Snowdonia, such as the Ogwen, to the sluggish meanderings of the lower Dee, where Mandarin Duck and Kingfisher haunt bankside trees. In addition to the Dee, the longest at 110km, other notable rivers include the Clwyd, Conwy, Glaslyn, Mawddach and, on the southern boundary, the Dyfi.

The uplands provide the source of the Dee, Conwy, Mawddach and their tributaries. In these upper reaches the water quality is good. The rivers contain healthy populations of freshwater invertebrates and small fish. These support characteristic breeding species such as Dipper, Grey Wagtail and Common Sandpiper. As these rivers move into the lower reaches they widen and deepen, supporting populations of fish such as resident Brown Trout and migratory Salmon and Sea-trout. In turn these attract piscivorous species including Kingfisher, Grey Heron and Goosander.

Other rivers such as the Clwyd, its main tributary the Elwy and the Afon Alyn, a tributary of the Dee, arise in lower ground. For the most part they flow through lowland agricultural land where chemical run-off can enrich the water quality. In recent years our watercourses have been invaded by several non-native species such as Signal Crayfish,

maethlon Ynys Môn a llynnoedd a phyllau dyffryn Dyfrdwy a Dyffryn Clwyd.

Mae llynnoedd Môn yn arbennig o nodedig am yr adar dŵr sy'n nythu arnynt. Ymhellach tua'r dwyrain yn Ninbych a Fflint, mae Llyn Helyg, Fflas Gresffordd, a Hanmer Mere yn cynnal amrywiaeth o adar yn nythu ac mae rhai hefyd yn cynnal niferoedd pwysig o Wyddau Canada ac adar dŵr eraill wedi'r tymor nythu.

## Afonydd a nentydd

| Adar yn nythu ar afonydd a nentydd Gogledd Cymru |
|---|
| **Nodweddiadol:** Hwyaden Ddanheddog, Hwyaden Wyllt, Bronwen y Dŵr a Siglen Lwyd |
| **Lleol neu brin:** Pibydd y Dorlan, Glas y Dorlan |

Mae afonydd yr ardal (Ffigur 1) hefyd yn amrywiol, o lif cyflym nentydd mynydd Eryri, megis afon Ogwen, i lif araf rhan isaf afon Dyfrdwy, lle ceir Hwyaden Gribog a Glas y Dorlan o gylch y coed ar y glannau. Heblaw afon Dyfrdwy, yr hwyaf o'n hafonydd, 110 cilomedr o hyd, afonydd nodedig eraill yw Clwyd, Conwy, Glaslyn, Mawddach ac afon Dyfi ar ein ffin yn y de.

Yn yr ucheldir y ceir tarddle afonydd Dyfrdwy, Conwy a Mawddach a'u llednentydd, ac yn eu rhannau uchaf mae ansawdd y dŵr yn dda, a'r afonydd yn cynnal poblogaeth iach o anifeiliaid di-asgwrn-cefn a physgod bychain. Mae'r rhain yn fwyd i adar nodweddiadol megis Bronwen y Dŵr, Siglen Lwyd a Phibydd y Dorlan. Yn is i lawr, mae'r afonydd yma'n lledu ac yn dyfnhau, a cheir poblogaeth o Frithyll a physgod mudol fel yr Eog 'r Sewin. Mae'r pysgod yn denu adar megis Glas y Dorlan, y Crëyr Glas a'r Hwyaden Ddanheddog.

Ceir tarddle afonydd eraill, megis afon Clwyd, ei phrif lednant afon Elwy ac afon Alyn, sy'n un o lednentydd afon Dyfrdwy, ar dir is. Llifa'r rhain trwy dir amaethyddol ar yr iseldir, a gall cemegau lifo i mewn iddynt i gyfoethogi'r dŵr. Yn y blynyddoedd diwethaf mae nifer o rywogaethau estron wedi cyrraedd ein hafonydd, megis y Cimwch Afon

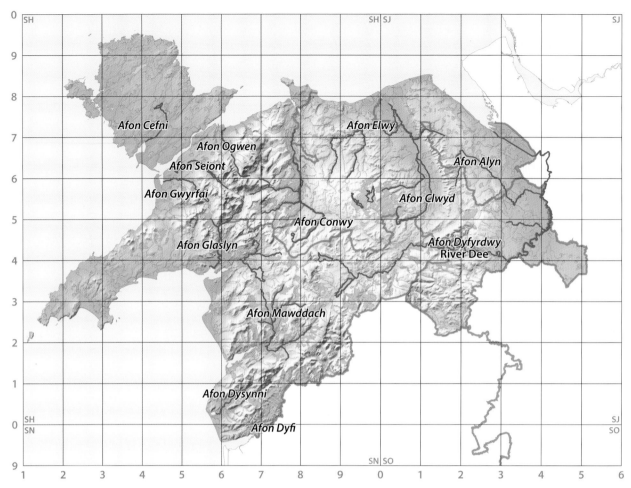

Figure 1. Map showing the main rivers of North Wales.
*Ffigur 1. Prif afonydd Gogledd Cymru.*

Afon Dwyryd near Plas Tan y Bwlch, with breeding Reed Bunting and Sand Martin.
*Afon Dwyryd ger Plas Tan y Bwlch, lle mae Bras y Cyrs a Gwennol y Glennydd yn nythu.*

Aber Valley, home for Dipper, Grey Wagtail and Goosander. *Afon Aber, cartref Bronwen y Dŵr, Siglen Lwyd a Hwyaden Ddanheddog.*

Afon Ogwen in Nant Ffrancon, a good site for Common Sandpiper and Dipper. *Afon Ogwen yn Nant Ffrancon, lle da i weld Pibydd y Dorlan a Bronwen y Dŵr.*

The River Dee near Corwen, a lowland river suitable for Goosander, Kingfisher and Sand Martin.
*Afon Dyfrdwy ger Corwen. Afon yr iseldir, addas i'r Hwyaden Ddanheddog, Glas y Dorlan a Gwennol y Glennydd.*

American Mink and Himalayan Balsam. All of these are having a detrimental effect on this ecosystem.

Riparian habitats can vary greatly, but those that remain damp all year such as wet woodland, reedbed, fens, swamp and wet meadows, are particularly important for birds.

## Broadleaved woodland

| Breeding birds of broadleaved woodland habitats in North Wales |
| --- |
| **Typical:** Sparrowhawk, Tawny Owl, Green Woodpecker, Great Spotted Woodpecker, Jay, Jackdaw, Great Tit, Willow Warbler, Nuthatch, Treecreeper, Spotted Flycatcher, Pied Flycatcher, Redstart, Tree Pipit |
| **Localised or rare:** Lesser Spotted Woodpecker, Marsh Tit, Wood Warbler |

Our semi-natural broadleaved woodlands, occurring on a variety of soil types, are one of the most characteristic habitats of North Wales. They would be the dominant land cover if human intervention was absent but this once extensive habitat is now fragmented and very variable in its quality for birds. The majority of broadleaved and mixed woodlands occur below 300m, which is the altitude beyond which most of the effects of land enclosure cease. Lowland woods are dominated by Sessile and Pedunculate Oak, Ash and Sycamore, with an understorey of Hazel, Rowan

Arwyddol, Minc a Jac y Neidiwr. Mae'r rhain i gyd yn cael effaith andwyol ar y cynefin a'r adar sydd ynddo.

Call y cynefinoedd ar hyd y glannau amrywio'n fawr, ond mae'r rhai sy'n parhau'n wlyb trwy'r flwyddyn, megis coedwig wlyb, gwelyau cyrs, siglen a meysydd gwlyb, o bwysigrwydd arbennig i adar.

## Coedwigoedd llydanddail

| Adar yn nythu yng nghoedwigoedd llydanddail Gogledd Cymru |
| --- |
| **Nodweddiadol:** Gwalch Glas, Cnocell Fraith Fwyaf, Cnocell Werdd, Delor y Cnau, Dringwr Bach, Titw Mawr, Ysgrech y Coed, Jac-y-do, Tylluan Frech, Gwybedog Mannog, Gwybedog Brith, Tingoch, Corhedydd y Coed, Telor yr Helyg |
| **Lleol neu brin:** Cnocell Fraith Leiaf, Titw'r Wern, Telor y Coed |

Ystyrir ein coedwigoedd llydanddail lled-naturiol, a saif ar amrywiol fathau o bridd, yn un o gynefinoedd mwyaf nodweddiadol Gogledd Cymru, a hwn fyddai'r prif gynefin oni bai am ymyrraeth ddynol. Erbyn hyn mae'r cynefin yma'n wasgaredig ac yn amrywiol iawn ei ansawdd ar gyfer adar. Ceir y rhan fwyaf o'n coedwigoedd llydanddail a chymysg islaw 300m, yr uchder lle mae'r rhan fwyaf o effeithiau amgáu tiroedd yn dod i ben. Y prif rywogaethau yng nghoedwigoedd yr iseldir yw'r Dderwen Ddigoes a'r Dderwen Mes Coesynnog gydag Onnen a Sycamorwydden ac is-haen o Goed Cyll, Criafol a Chelyn. I'r anghyfarwydd, ymddengys and Holly. Whilst these woodlands might appear not to have changed much in character since the Second World War, subtle changes have, in fact, occurred. These have affected woodland bird populations, in particular those with specialist habitat requirements such as Marsh Tit, Lesser Spotted Woodpecker and Wood Warbler. At higher altitudes, the woodland canopy is dominated by Sessile Oak followed by birch, Rowan and Ash. Much of this type of woodland is found within the Snowdonia NP. Woodland is widespread across our region. Some of the most luxuriant and extensive examples occur in the Vale of Ffestiniog, the Mawddach Valley and the Conwy Valley.

Parkland is open-grazed grassland where there are scattered groups of mature trees with little understorey. This is often associated with large estates and country houses. The trees are often allowed to grow to a considerable age and are classic sites for hole-nesting species such as woodpeckers, owls and Jackdaws. NT properties at Chirk and Erddig are particularly notable examples.

Structural diversity within our woods is thought to be a critical requirement of many woodland birds (Fuller *et al.* 2007). Many lowland woods have even-aged stands of trees because they were planted to replace the largest timber trees removed during the Second World War. Natural nesting holes, required by Pied Flycatcher, Redstart and tits in particular, are less abundant in these woodlands. Whilst

nad yw'r coedwigoedd hyn wedi newid fawr o ran eu natur ers yr Ail Ryfel Byd, ond bu newidiadau bychain. Effeithiodd y rhain ar boblogaeth adar y coedwigoedd, yn enwedig y rhai sydd ag anghenion arbenigol megis Titw'r Wern, Cnocell Fraith Leiaf a Thelor y Coed. Yn uwch ar y llethrau, yn enwedig o fewn Parc Cenedlaethol Eryri, y Dderwen Ddigoes yw'r goeden fwyaf gyffredin, gyda'r Fedwen, y Griafolen a'r Onnen. Ceir coedwigoedd ledled ein hardal, ond saif rhai o'r enghreifftiau gorau yn Nyffryn Ffestiniog, Dyffryn Mawddach a Dyffryn Conwy.

Cysylltir parcdir, lle ceir grwpiau gwasgaredig o goed ar eu llawn dwf heb fawr o is-haen, â thirluniau porfa'r stadau mawr a phlasau. Yma caiff y coed lonydd i gyrraedd cryn oedran, ac maent yn darparu lleoedd nythu gwych i rywogaethau sy'n nythu mewn tyllau, megis y cnocellod, tylluanod a Jac-y-do. Enghreifftiau nodedig yw eiddo'r Ymddiriedolaeth Genedlaethol yn Y Waun ac Erddig.

Credir fod amrywiaeth maint o fewn ein coedwigoedd yn elfen hanfodol ar gyfer llawer o'n hadar (Fuller *et al.* 2007). O fewn llawer o'n coedwigoedd tir isel, mae'r coed i gyd yr un oedran, oherwydd iddynt gael eu plannu i gymryd lle'r rhai a dorrwyd yn ystod yr Ail Ryfel Byd. Ceir llai o dyllau nythu naturiol ar gyfer y Gwybedog Brith, y Tingoch a'r titwod yn y coedydd hyn. Er i geirw gael effaith ddramatig ar ecoleg coedwigoedd llydanddail ar draws rhannau helaeth o'r Alban a Lloegr, lleol yw'r Carw Muntjac, Iwrch a Hydd Brith

Western oak woodland at Coed Cymerau, attractive to Pied Flycatcher and Redstart.
*Coedwig dderw orllewinol Coed Cymerau, cynefin y Gwybedog Brith a'r Tingoch.*

RHION PRITCHARD

Coedydd Aber NNR. Pied Flycatcher and Blackcap regularly breed here. *Gwarchodfa Coedydd Aber. Mae'r Gwybedog Brith a'r Telor Penddu'n nythu'n rheolaidd yma.*

STEVE CULLEY

Woodland with ungrazed understorey near Capel Curig, good for Chiffchaff and Blackcap. *Coedwig lle nad oes pori ger Capel Curig, addas i'r Siff-saff a'r Telor Penddu.*

LES STARLING

STEVE CULLEY

The Glaslyn at Pont Croesor, habitat for Mandarin Duck which nests in tree holes.
*Afon Glaslyn ger Pont Croesor, cynefin yr Hwyaden Gribog, sy'n nythu mewn tyllau mewn coed.*

deer have dramatically altered the ecology of broadleaved woodlands over most of Scotland and England, populations of Muntjac, Roe and Fallow Deer are still very localised and found at low densities in North Wales. Many areas have no deer at all. Where parkland deer are encouraged, localised overgrazing of the woodland understorey has occurred, such as at Bodelwyddan. In North Wales, sheep are much more likely to be the main cause of overgrazing, particularly where woodlands are not adequately fenced. In the west of the region, lack of management has resulted in invasive species such as Rhododendron becoming dominant in many woodland areas.

## Wet and riparian woodlands

| Breeding birds of wet and riparian woodland habitats in North Wales |
| --- |
| **Typical:** Long-tailed Tit, Willow Warbler, Blackcap, Garden Warbler, Treecreeper, Wren, Lesser Redpoll |
| **Localised or rare:** Lesser Spotted Woodpecker, Willow Tit |

Wet woodlands, dominated by Alder, willow and birch, are a scarce habitat and only 2,720ha remain in small patches across the region. They are found as fringing vegetation around existing wetlands, as mosaics with upland oak and Ash on valley sides or in floodplains and along river edges. These woodlands occur on poorly drained and seasonally wet soils and, because of this, are mostly found in the western half of the region, notably within the Snowdonia NP. The fragmented distribution of this habitat means it is extremely vulnerable to land-use change. Local biodiversity

yng Ngogledd Cymru ac nid yw eu nifer yn fawr. Nid oes ceirw o gwbl mewn llawer ardal. Lle hyrwyddwyd ceirw mewn parcdir, bu gor-bori is-haen y goedwig yn broblem, er enghraifft ym Modelwyddan. Yng Ngogledd Cymru, defaid sy'n gyfrifol am or-bori fel rheol, yn enwedig lle nad yw'r coedwigoedd wedi eu hamgau'n dda. Yn y gorllewin, o ganlyniad i ddiffyg rheolaeth ar goedwigoedd, daeth rhywogaethau estron megis *Rhododendron ponticum* yn bla mewn llawer o goedwigoedd.

## *Coedwigoedd gwlyb a choedwigoedd ar lannau afonydd*

| Adar yn nythu yng nghoedwigoedd gwlyb a choedwigoedd glannau afonydd Gogledd Cymru |
| --- |
| **Nodweddiadol:** Telor Penddu, Telor yr Ardd, Telor yr Helyg, Titw Cynffon-hir, Dryw, Dringwr Bach, Llinos Bengoch Leiaf |
| **Lleol neu brin:** Titw'r Helyg, Cnocell Fraith Leiaf |

Cynefin prin yw coedwig wlyb, gyda Gwern, helyg a Bedw fel y prif goed, a dim ond 2,720ha sy'n weddill ar wasgar dros yr ardal. Fe'i ceir ar ymylon gwlyptiroedd, yn gymysg â choed derw ac Ynn ar ochrau dyffrynnoedd, ar orlifdir a glannau afonydd. Tyf y coedwigoedd hyn ar dir heb ei ddraenio'n dda ac sy'n wlyb yn dymhorol, ac oherwydd hyn maent i'w cael yng ngorllewin yr ardal yn bennaf, yn enwedig o fewn Parc Cenedlaethol Eryri. Oherwydd bod y cynefin yma mor wasgaredig, mae'n cael ei effeithio'n hawdd gan unrhyw

Wet woodland, ideal for Willow Tit and Treecreeper.
*Coetir gwlyb, cynefin perffaith i Ditw'r Helyg a'r Dringwr Bach.*

Cors y Sarnau NWWT Reserve, Meirionnydd, showing open fen and wet woodland habitat.
*Gwarchodfa Cors y Sarnau, Meirionnydd, yn dangos cors agored a choetir gwlyb.*

targets have been set to maintain and restore some larger blocks of these wet woodlands. Woodland restoration will help to establish stable populations of the more sedentary and specialist woodland bird species. This woodland type is often characterised by the retention of senescent trees and frequent deadwood, which are favoured by Willow Tit and Lesser Spotted Woodpecker. The NWWT reserves at Traeth Glaslyn near Porthmadog and at Cors y Sarnau, Meirionnydd are good examples.

## Coniferous plantations

| Breeding birds of coniferous plantation habitats in North Wales |
| --- |
| **Typical:** Sparrowhawk, Buzzard, Tawny Owl, Goldcrest, Coal Tit, Willow Warbler, Wren, Tree Pipit, Chaffinch, Siskin, Crossbill |
| **Localised or rare:** Black Grouse, Goshawk, Long-eared Owl, Nightjar |

There is now over twice as much forest planted with non-native conifers in North Wales than native broadleaved woodland. The largest blocks of forest are owned and managed by NRW (incorporating the former Forestry Commission). They include Clocaenog (6,000ha), Gwydyr (7,520ha) and Coed y Brenin (3,600ha), with smaller blocks in private ownership. The predominant tree species is Sitka Spruce along with Norway Spruce followed by Japanese/hybrid Larch, Douglas Fir and Lodgepole Pine. Corsican Pine is more common on coastal plantations. An increasing area is now being replanted with native broadleaved species,

newid yn nefnydd tir. Gosodwyd targedau bioamrywiaeth lleol i gynnal ac adfer rhai o'r blociau mwyaf. Bydd adfer coedwigoedd yn gymorth i sefydlu poblogaethau sefydlog o'r rhywogaethau mwyaf sefydlog ac arbenigol ymhlith ein hadar coedwig. Yn aml, un o nodweddion y math yma o goedwig yw bod hen goed a choed marw'n cael eu cadw, sy'n fanteisiol i Ditw'r Helyg a'r Gnocell Fraith Leiaf. Mae gwarchodfeydd YNGC yn Nhraeth Glaslyn ger Porthmadog a Chors y Sarnau, Meirionnydd yn enghreifftiau da.

## *Planhigfeydd conwydd*

| Adar yn nythu ym mhlanhigfeydd conwydd Gogledd Cymru |
| --- |
| **Nodweddiadol:** Gwalch Glas, Bwncath, Ji-binc, Titw Penddu, Dryw Eurben, Pila Gwyrdd, Telor yr Helyg, Dryw, Corhedydd y Coed, Tylluan Frech, Gylfin Groes |
| **Lleol neu brin:** Grugiar Ddu, Tylluan Gorniog, Gwalch Marth, Troellwr Mawr |

Erbyn hyn mae mwy na dwywaith cymaint o blanhig-feydd conwydd estron yng Ngogledd Cymru nag sydd o goedwig llydanddail frodorol. Adnoddau Naturiol Cymru (sy'n cynnwys yr hen Gomisiwn Coedwigaeth) yw perch-ennog a rheolwr y blociau mwyaf, sy'n cynnwys Clocaenog (6,000ha), Gwydyr (7,520ha) a Choed y Brenin (3,600ha) gyda blociau llai mewn perchenogaeth breifat. Y prif rywoga-ethau coed yw Sbriwsen Sitca, ynghyd â Sbriwsen Norwy, Llarwydden Japan/Llarwydden groesryw, Ffynidwydden Douglas a Phinwydden Gamfrig. Mae Pinwydden Corsica

Newborough Forest, Anglesey, home to Crossbill and other woodland birds. *Coedwig Niwbwrch, Môn, cartref y Gylfin Groes ac adar coedwig eraill.*

Cwm Penmachno. Siskin, Lesser Redpoll and Tree Pipit occur here.
*Cwm Penmachno. Gwelir Pila Gwyrdd, Llinos Bengoch Leiaf a Chorhedydd y Coed yma.*

PAUL LACEY

Clocaenog Forest and Llyn Brenig. Clearfell areas are attractive to Tree Pipit and Nightjar. *Fforest Clocaenog a Llyn Brenig. Mae'r mannau lle cliriwyd y coed yn denu Corhedydd y Coed a'r Troellwr Mawr.*

Sunshine through the forest. Goldcrest and Coal Tit breed here. *Heulwen trwy'r goedwig. Mae'r Dryw Eurben a'r Titw Penddu'n nythu yma.*

CHRISTIAN J. ROBERTS

as more sympathetic management schemes are being introduced.

Until the twenty-first century, much of the management of these forests involved the clearfelling of large stands of trees, followed by replanting. For several years after their creation these 'clearfells' offer opportunities for breeding Nightjars and other birds requiring open habitats in which to breed and feed. Whilst the habitat characteristics of the replanted area change significantly over time, as the canopy gradually closes over, there is always a patchwork of clear-fells available in any one year. Plantation management now favours continuous cover forestry where only a proportion of the mature trees are felled and the tree canopy remains. This fairly recent change in management practice will inevitably have an impact on forest bird communities.

Publicly accessible forests have become regular bird-watching haunts. These are where Goshawk and Crossbill are most likely to be seen, with a Long-eared Owl a tanta-lising possibility. Many of the region's Nightjars can be found in clearfell areas within conifer forests. Black Grouse can be found around the margins of some conifer plantations such as those at Llandegla, Denbigh.

yn fwy cyffredin mewn planhigfeydd arfordirol. Bellach mae mwy o ail-blannu coed llydanddail brodorol a gweithredir cynlluniau rheoli mwy cydymdeimladol.

Hyd yr 21ain ganrif, y dull o reoli'r coedwigoedd hyn oedd torri ardal eang o goed ac yna ail-blannu. Am rai blynyddoedd wedyn, roedd y llecynnau hyn yn rhoi cyfle i'r Troellwr Mawr nythu, ac i adar eraill sy'n defnyddio cynefinoedd agored i nythu a chwilio am fwyd. Er bod nodweddion yr ardaloedd hyn yn newid yn sylweddol dros amser, fel mae'r canopi'n cau yn raddol, mae bob amser glytwaith o fannau agored ar gael, Heddiw, mae'r dull rheoli yn ffafrio coedwigaeth barhaol, lle torrir dim ond cyfran o'r coed ar eu llawn dwf fel bod y canopi'n parhau. Mae'r newid cymharol ddiweddar yma yn sicr o gael effaith ar gymunedau o adar coedwigoedd.

Daeth y coedwigoedd lle ceir mynediad cyhoeddus yn fannau gwylio adar rheolaidd, gan mai yma y mae siawns o weld y Gwalch Marth a'r Gylfin Groes, gyda phosibilrwydd bychan o weld y Dylluan Gorniog. Ceir llawr o barau Troellwr Mawr yr ardal yn y llecynnau agored o fewn coedwigoedd conwydd. Gellir gweld y Grugiar Ddu ar hyd ymylon rhai planigfeydd conwydd, megis y rhai ger Llandegla, Dinbych.

Nant Ffrancon, a U-shaped, glacial valley. Twite nest up on the slopes and feed in the valley bottom meadows.
*Nant Ffrancon, cwm rhewlifol ar ffurf U. Mae Llinos y Mynydd yn nythu ar y llethrau ac yn chwilio am fwyd ar y gwaelodion.* MIKE ALEXANDER

MIKE ALEXANDER

This clearly shows the demarcation between the 'improved' grassland, ffridd and the land above the mountain wall.
*Gwelir yma'n eglur y rhaniadau rhwng y borfa wedi ei 'gwella', y ffridd a'r tir uwchben wal y mynydd.*

## Ffridd including scrub and Bracken

| Breeding birds of scrub, Bracken and ffridd habitats in North Wales |
| --- |
| **Typical:** Willow Warbler, Whitethroat, Stonechat, Dunnock, Tree Pipit, Chaffinch, Linnet, Yellowhammer |
| **Localised or rare:** Cuckoo, Whinchat |

Ffridd is a specifically Welsh term for that habitat found on the upper slopes of hill farms where the soil quality is quite good but the terrain is not suitable for ploughing. It is found between the intensively managed enclosed fields on the lower areas of the holding and the open moorland grazings above the mountain wall. Ffridd is a mosaic of semi-natural grassland, sometimes with scattered rushes, heath, Bracken and trees. It is a vital habitat for many bird species including Cuckoo, Whinchat and Yellowhammer. It was formerly an important part of the farming system as it provided relatively extensive seasonal grazing for sheep or cattle when husbandry requirements or bad weather meant that stock could not be on the open moor, or when lower fields were growing hay. In the past, Black Grouse and Grey Partridge would find suitable nesting and brood-rearing conditions on the moorland edge. Barn Owls, often breeding in farm buildings, would hunt for voles amongst the rushes. Hen Harrier and Short-eared Owl would quarter the tussocky grass for voles, Meadow Pipits and other small birds.

Ffridd came about through a long history of relatively low intensity agricultural use (Johnstone *et al.* 2011a). Unfortunately, as agriculture has intensified, this habitat has

## *Ffridd yn cynnwys prysgwydd a rhedyn*

| Adar yn nythu ar ffridd yn cynnwys prysgwydd a rhedyn Gogledd Cymru |
| --- |
| **Nodweddiadol:** Bras Melyn, Llinos, Llwydfron, Telor yr Helyg, Ji-binc, Llwyd y Gwrych, Corhedydd y Coed, Clochdar y Cerrig |
| **Lleol neu brin:** Y Gog, Crec yr Eithin |

Term arbennig Cymreig yw ffridd, sef y cynefin a geir ar lethrau uchaf ffermydd mynydd lle mae ansawdd y pridd yn bur dda ond bod y dirwedd yn ei wneud yn anaddas ar gyfer aredig. Ceir y ffridd rhwng y caeau ar y tir isaf, a reolir yn ddwys, a'r borfa agored ar y rhostir uwchben wal y mynydd. Cymysgedd yw'r ffridd o laswelltir lled-naturiol, weithiau gyda brwyn gwasgaredig, rhostir, rhedyn a choed, ac mae'n gynefin pwysig i nifer o rywogaethau o adar, megis y Gog, Crec yr Eithin a'r Bras Melyn. Gynt, roedd yn rhan bwysig o'r drefn amaethyddol, yn darparu porfa dymhorol i ddefaid a gwartheg pan oedd anghenion ffermio neu dywydd drwg yn golygu na allai'r anifeiliaid bori allan ar y mynydd, neu pan oedd angen y caeau isaf ar gyfer tyfu gwair. Yn y gorffennol, gallai'r Rugiar Ddu a'r Betrisen ddod o hyd i leoedd addas i nythu a magu cywion ar ymylon y rhostir. Byddai'r Dylluan Wen, yn aml yn nythu yn adeiladau'r fferm, yn hela Llygod Pengrwn ymysg y brwyn. Byddai'r Bod Tinwen a'r Dylluan Glustiog yn chwilio'r tuswau glaswellt am lygod pengrwn a Chorhedyddion y Waun neu adar bychain eraill.

Crëwyd y ffridd gan gyfnod maith o ffermio o ddwyster cymharol isel (Johnstone *et al.* 2011a). Yn anffodus, wrth i disappeared from the majority of farms in North Wales. It has been lost either because of agricultural improvement via drainage, ploughing and reseeding with non-native grasses or because of intensive grazing. Those areas of ffridd not subjected to agricultural improvement or put to alternative uses, such as forestry plantations, have often been abandoned to Bracken and scrub encroachment. This has resulted in a major decline in available habitat for the characteristic birds of the moorland edge.

Whilst true ffridd has become a rare habitat on the modern hill farm, its place has, to some degree, been taken by those areas of a farm where the terrain is unsuitable for cultivation. As a consequence these areas have been abandoned for the present to Hawthorn and gorse scrub and Bracken. They provide a sanctuary from more intensive agriculture, where formerly common farmland birds, such as Yellowhammer, Stonechat and Whitethroat, can still find refuge.

## Montane, moorland, blanket bog and upland dry acid grassland

| Breeding birds of moorland and upland grassland habitats in North Wales |
| --- |
| **Typical:** Red Grouse, Snipe, Curlew, Skylark, Wheatear, Meadow Pipit |
| **Localised or rare:** Black Grouse, Hen Harrier, Merlin, Short-eared Owl, Golden Plover, Dunlin, Ring Ouzel, Whinchat, Twite |

True montane habitats, land above the natural tree line over 610m, are small, fragmented and more degraded than those in the Scottish Highlands. They are largely confined to the Snowdonia NP in the west (e.g. the Snowdon massif, Carneddau, Cadair Idris and Rhinogau) and the Berwyn in the east. These habitats are most notable for their botanical interest. Whilst true montane breeding species, such as the Dotterel, pass through on migration, there is no specific ornithological interest that is not otherwise found across the uplands as a whole.

Much of the bird interest of the uplands is found in the more extensive moorland, both dry acid and wet heath, bog and grassland including Purple Moor-grass and upland rush pasture. These are the most important semi-natural habitats in North Wales. They range from the dry limestone-influenced moors of the Clwydian Hills, Ruabon Mountain and north Berwyn in the north-east to the wet, blanket bog moors on the acid soils of the south and west (Figure 2).

Dry acid heath is characterised by vegetation dominated by *Calluna* heather with Bell Heather, Bilberry, Wavy Hair-grass and gorse. It is widespread across all our uplands and particularly extensive in the Berwyn, the exception being the Migneint area, which is a predominantly wetter habitat. Wet heath, often in a mosaic with blanket bog, is dominated by Cross-leaved Heath and Deer Grass. It is found on more western and southerly rolling uplands, particularly the Rhinogau and the Migneint. In both dry and acid heath, dwarf shrubs frequently form a mosaic with areas of grasses and sedges, dependent on local conditions and the management regime.

Blanket bog is found where impeded drainage has provided the conditions for the creation of peat. This is a

amaethyddiaeth ddwysau, diflannodd y cynefin yma o'r rhan fwyaf o ffermydd Gogledd Cymru. Fe'i collwyd oherwydd gwelliant amaethyddol, trwy ddraenio ac ail-hau gyda gweiriau estron, neu or-bori. Bellach, mae rhedyn neu brys-gwydd wedi meddiannu'r rhannau hynny o'r ffridd nad yw wedi ei wella'n amaethyddol neu ei ddefnyddio i bwrpas arall megis coedwigaeth. Canlyniad hyn fu gostyngiad mawr ym maint y cynefin addas oedd ar gael i adar nodweddiadol ymylon y rhostir.

Tra bod ffridd draddodiadol erbyn hyn yn gynefin prin ar ffermydd mynydd heddiw, cymerwyd ei le i raddau gan y rhannau hynny o'r fferm lle mae'r dirwedd yn anaddas ar gyfer amaethu. O ganlyniad, gadawyd y tir yma i brysgwydd Draenen Ddu ac eithin, gan greu mannau sydd heb eu heffeithio gan amaethyddiaeth ddwys, lle gall adar tir amaethyddol oedd unwaith yn gyffredin, megis y Bras Melyn, Clochdar y Cerrig a'r Llwydfron, gael noddfa.

## *Mynydd, rhostir, gorgors a glaswelltir asidig yr ucheldir*

| Adar yn nythu ar rostir a glaswelltir asidig ucheldir Gogledd Cymru |
| --- |
| **Nodweddiadol:** Grugiar, Gïach Gyffredin, Gylfinir, Ehedydd, Tinwen y Garn, Corhedydd y Waun |
| **Lleol neu brin:** Bod Tinwen, Cudyll Bach, Tylluan Glustiog, Grugiar Ddu, Pibydd y Mawn, Cwtiad Aur, Mwyalchen y Mynydd, Crec yr Eithin, Llinos y Mynydd |

Mae'r cynefinoedd mynyddig gwirioneddol, y tir uwchben y coedlin naturiol dros 600m, yn fychan a gwasgaredig, ac yn waeth eu hansawdd nag yn Ucheldiroedd yr Alban. Ceir y rhain ym Mharc Cenedlaethol Eryri yn y gorllewin (e.e. Yr Wyddfa, Carneddau, Cader Idris a'r Rhinogydd) a'r Berwyn yn y dwyrain. Mae'r cynefinoedd yma'n fwyaf nodedig am eu diddordeb i lysieuwyr, ac er bod rhywogaethau mynyddig megis Hutan y Mynydd yn galw heibio wrth fudo, nid oes unrhyw nodweddion adaryddol nas ceir ar yr ucheldiroedd yn gyffredinol.

Yr ardal fwyaf diddorol yn yr ucheldiroedd o ran adar yw'r rhostir, sych ac asidig neu wlyb, corsydd a glaswelltir (Glaswellt y Gweunydd a phorfa frwynog tir uchel). Y rhain yw cynefinoedd lled-naturiol pwysicaf Gogledd Cymru, yn amrywio o'r rhostiroedd sych dan ddylanwad carreg galch ar Fryniau Clwyd, Mynydd Rhiwabon a gogledd y Berwyn yn y gogledd-ddwyrain i'r rhostiroedd gwlyb a gorgorsydd ar briddoedd asidig yn y de a'r gorllewin (Ffigur 2).

Nodweddir rhostir sych asidig gan lystyfiant megis grug *Calluna* gyda Grug y Mêl, Llus, Brigwellt Main ac eithin. Fe'i ceir ym mhobman ar ein hucheldiroedd, ac mae'n arbennig o gyffredin ar y Berwyn. Yr unig eithriad yw ardal y Migneint, sydd gan fwyaf yn wlyb. Ceir rhostir gwlyb yn aml yn gymysg â gorgors, a'r prif blanhigion yw'r Grug Deilgroes a Chlwbfrwynen y Mawn. Ar yr ucheldiroedd yn y gorllewin a'r de y ceir hwn yn bennaf, yn enwedig ar y Rhinogydd a'r Migneint. Ar rostir sych a gwlyb fel ei gilydd, mae'r llwyni bychain yn gymysg â glaswellt a hesg, yn dibynnu ar y sefyllfa leol a'r dull rheoli.

Ceir gorgors mewn mannau lle mae diffyg draenio wedi creu cyflwr addas ar gyfer ffurfio mawn, sydd yn bridd gwlyb

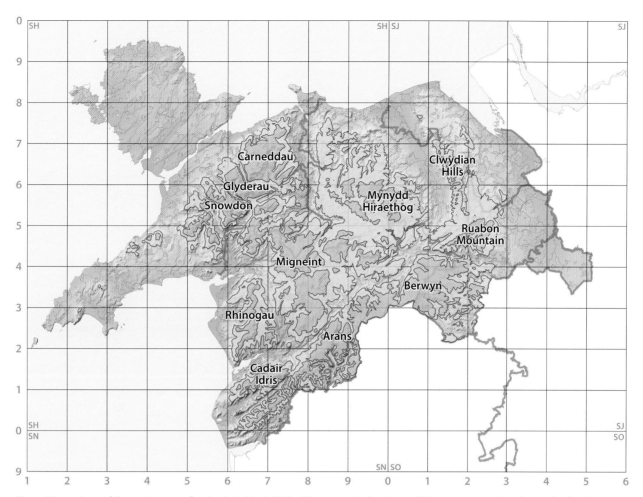

Figure 2. Locations of the main areas of uplands in North Wales. The paler shading is the 250m contour and the darker shading the 400m contour.
*Ffigur 2. Lleoliad prif ardaloedd ucheldir Gogledd Cymru. Y lliw golau yw'r gyfuchlin 250m a'r lliw tywyllach y gyfuchlin 400m.*

CHRISTIAN J. ROBERTS

The Snowdon Horseshoe (consisting of Crib Goch, Crib y Ddysgyl, Snowdon and Y Lliwedd) from the banks of Llyn Mymbyr.
*Pedol yr Wyddfa (Crib Goch, Crib y Ddysgyl, yr Wyddfa a'r Lliwedd) o lannau Llyn Mymbyr.*

STEVE CULLEY

Tryfan, home to Ring Ouzel and Raven.
*Tryfan, cartref i Fwyalchen y Mynydd a'r Gigfran.*

Blanket bog with a profusion of
cotton-grass. Curlew and Snipe
are possible breeders here.
*Gorgors gyda phlu'r gweunydd.*
*Gallai'r Gylfinir a'r Gïach*
*Gyffredin nythu yma.*

MIKE ALEXANDER

Hen Harrier habitat on
the dry heather moorland
of the Berwyn.
*Cynefin y Bod Tinwen ar
rostir grug sych y Berwyn.*

KEITH OFFORD

waterlogged soil composed of compacted, partially decom-posed vegetable matter, particularly of *Sphagnum* moss carpets. Blanket bogs are found on peat with a depth greater than 50cm and are fed exclusively by rainwater. The surface of these blanket bogs is dominated by a mixture of mosses, with heathers, cotton-grasses, Bilberry and other dwarf shrubs.

The open heather-dominated moorlands, which currently characterise the Welsh uplands, are substantially man-made and require active management to be main-tained. This is achieved by grazing and periodic burning to produce a matrix of heather of different ages and prevent the re-establishment of trees and scrub. This management can provide ideal conditions for Red Grouse, Whinchat, Meadow Pipit, Merlin and Hen Harrier. A few Golden Plover and Dunlin can be found on blanket bog. However, where this management is not undertaken, long, old heather becomes established. This is particularly noticeable in the Rhinogau. Eventually, upland scrub woodland of Rowan, birch and Hawthorn may form. An increase in this habitat, which has been substantially absent for many years, may bring with it a resurgence in such woodland-edge species as Black Grouse and Nightjar. Our moorlands are probably our most special habitats and it is important to maintain some large blocks of them for our wildlife. Some sites managed by conservation organisations, such as the NWWT reserve at Gors Maen-llwyd

yn cynnwys llystyfiant wedi ei gywasgu ac wedi hanner pydru, yn arbennig carpedi o fwsogl *Sphagnum*. Ffurfir gorgorsydd ar fawn sydd â dyfnder o fwy na 50cm a daw'r dŵr o'r glaw yn unig. Ar wyneb y gorgorsydd ceir cymysgedd o fwsogl, gyda grug, plu'r gweunydd, Llus a llwyni bychain eraill.

Crëwyd y rhostiroedd grugog sy'n gyffredin ar ucheldi-roedd Cymru gan ddyn yn bennaf, ac mae angen rheolaeth i'w gwarchod. Gwneir hyn trwy bori a llosgi yn ysbeidiol i gynhyrchu cymysgedd o rug o wahanol oedran ac i atal coed a llwyni rhag ail-dyfu. Gall y dull rheoli yma ddarparu cynefin perffaith i'r Rugiar, Crec yr Eithin, Corhedydd y Waun, Cudyll Bach a'r Bod Tinwen. Gwelir y Cwtiad Aur a Phibydd y Mawn ar y gorgorsydd. Lle nad oes rheolaeth, ceir grug hen a thal, a gwelir hyn yn y Rhinogydd yn arbennig. Ymhen amser, gall coedwig prysgwydd Criafolen, bedw a Draenen Ddu ffurfio. Byddai lledaeniad y cynefin yma, sydd wedi bod bron yn absennol ers blynyddoedd maith, yn arwain at gynnydd yn niferoedd rhywogaethau ymyl-coedwig megis y Rugiar Ddu a'r Troellwr Mawr. Mae'n debyg mai ein rhostiroedd yw ein cynefin mwyaf arbennig, ac mae'n bwysig cynnal blociau mawr ohonynt ar gyfer ein bywyd gwyllt. Rheolir rhai safleoedd gan gyrff cadwraeth, megis gwarchodfa YNGC Gors Maen Llwyd, Dinbych. Ers pasio Deddf Bywyd Gwyllt a Chefn Gwlad 1981, dynodwyd y rhan fwyaf o'r enghreifftiau gorau o'r cynefin yma fel SDdGA, ac mae gan lawer, megis y

STEVE CULLEY

The Migneint near the source of Afon Conwy. Suitable habitat for Teal, Dipper, Reed Bunting and Hen Harrier.
*Y Migneint ger tarddle afon Conwy. Cynefin addas i'r Gorhwyaden, Bronwen y Dŵr, Bras y Cyrs a'r Bod Tinwen.*

in Denbigh, are good examples. Since the passing of the Wildlife and Countryside Act in 1981 the majority of the best remaining examples of this habitat have been designated as SSSIs. Many, such as Berwyn and Migneint-Arenig-Dduallt, also have European status as SACs and SPAs. However, designation alone cannot protect these sites and it is important that they are appropriately managed. Many of the moorland and blanket bog habitat features on the upland SACs are not in favourable condition (CCW unpublished data). The reasons for this are complex. Whilst considerable efforts and resources are in place to implement appropriate management in large parts of these designated sites, it takes time for the consequences of past inappropriate maintenance to be reversed. External factors, such as climate change, air pollution and predation pressure also play a part.

Berwyn a Migneint-Arenig-Dduallt hefyd statws Ewropeaidd fel ACA neu AGA. Fodd bynnag, nid yw'r dynodiad ar ei ben ei hun yn ddigon i warchod y safle, ac mae'n bwysig eu bod yn cael eu rheoli mewn dull addas. Ni ystyrir fod pob un o'r cynefinoedd rhostir a gorgors ar safleoedd ACA yn yr ucheldir mewn cyflwr da (data CCGC heb ei gyhoeddi). Mae'r rhesymau yn gymhleth. Er yr holl ymdrechion ac adnoddau sydd mewn lle i reoli rhannau helaeth o'r safleoedd dynodedig hyn yn addas, cymer amser i wrthweithio canlyniadau rheolaeth anaddas yn y gorffennol. Gall bod ffactorau allanol, megis newid hinsawdd, difwyniad awyr a phwysau ysglyfaethu, yn rhannol gyfrifol hefyd.

## Residential areas including gardens

| Breeding birds of residential and garden habitats in North Wales |
|---|
| **Typical:** Collared Dove, Jackdaw, House Martin, Starling, House Sparrow and many common tits, thrushes and finches |
| **Localised or rare:** Swift |

Urban, suburban and rural residential areas sometimes have considerable ornithological interest. Several of our birds are very specifically associated with buildings and even more so with gardens, given the rise in the provision of food in recent decades. Swifts exclusively nest in buildings and almost all of our House Martins are now reliant on buildings for nesting, rather than the former more traditional sites in coastal cliffs. Living in close proximity to humans can provide opportunities for many birds, but is not without its issues. Not all householders welcome the springtime noise of House Sparrows or

## *Ardaloedd preswyl yn cynnwys gerddi*

| Adar yn nythu mewn ardaloedd trefol yn cynnwys gerddi Gogledd Cymru |
|---|
| **Nodweddiadol:** Gwennol y Bondo, Aderyn y To, Drudwen, Turtur Dorchog, Jac-y-do a nifer o ditwod, bronfreithod a philaod |
| **Lleol neu brin:** Gwennol Ddu |

Gall ardaloedd preswyl yn ein trefi, maestrefi a chefn gwlad weithiau fod o gryn ddiddordeb adaryddol. Mae gan nifer o'n hadar gysylltiad clos ag adeiladau ac yn fwy fyth â gerddi, o ystyried y cynnydd yn y ddarpariaeth o fwyd yn y degawdau diwethaf. Dim ond ar adeiladau y mae'r Wennol Ddu yn nythu, ac mae Gwennol y Bondo yn awr yn dibynnu bron yn llwyr ar adeiladau am safleoedd nythu yn hytrach na'r safleoedd mwy traddodiadol ar glogwyni'r arfordir. Gall byw yn agos at bobl gynnig sawl cyfle i adar, ond mae problemau hefyd. Nid yw pob perchennog tŷ yn gwerthfawrogi sŵn Adar y

IAN AND BETTY WOOD · IAN A BETTY WOOD

Rural award-winning wildlife garden at Y Felin, in the heart of Llŷn.
*Gardd fywyd gwyllt a enillodd wobr yn Y Felin yng nghanolbarth Llŷn.*

droppings from the nests of House Martins under the eaves. Building renovations and improvements can also exclude birds, although the planning system is now more conscious of this issue and biodiversity considerations are often part of planning permissions.

Many of our gardens have become havens for wildlife, particularly as we become more aware of how to attract birds to our gardens, not just to feed when the weather is bad but also to nest and stay in for much of the year.

Gardens, collectively, provide green corridors of varied habitat. The diversity of management and variety of species grown offer abundant nectar, fruit, seeds and invertebrate food for birds, in addition to food at feeding stations. Wildlife gardening is by no means universally accepted but there is certainly more awareness now. Schemes such as the Wildlife Gardening Project, which operates throughout the Snowdonia NP, Gwynedd and Conwy, encourage local communities and schools to provide for wildlife throughout the Park. Information on wildlife gardening is readily available from NWWT, RSPB and gardening organisations, such as the Royal Horticultural Society.

To yn y gwanwyn neu'r baw o ganlyniad i nythod Gwennol y Bondo ar eu tai. Gall adfer a gwella adeiladau gadw adar draw, er bod y system gynllunio yn awr yn fwy ymwybodol o'r broblem ac ystyriaethau bioamrywiaeth yn awr yn aml yn rhan o'r broses gynllunio.

Datblygodd llawer o'r gerddi i fod yn noddfa i fywyd gwyllt, yn enwedig wrth i ni ddod yn fwy ymwybodol o ddulliau i ddenu adar i'n gerddi, nid yn unig i fwydo mewn tywydd oer ond i nythu ynddynt ac aros am ran helaeth o'r flwyddyn.

Gyda'i gilydd, gall gerddi ddarparu coridorau gwyrdd o amrywiol gynefinoedd, ac mae'r gwahanol ddulliau rheoli a'r amrywiaeth o rywogaethau a dyfir yn darparu digonedd o neithdar, ffrwythau, hadau ac anifeiliaid di-asgwrn-cefn i'r adar, yn ogystal â'r bwyd a roddir iddynt yn fwriadol. Nid yw garddio ar gyfer bywyd gwyllt yn syniad sydd wedi ei dderbyn ym mhobman, ond yn sicr mae mwy o ymwybyddiaeth erbyn hyn. Gall cynlluniau megis Prosiect Garddio Bywyd Gwyllt Eryri annog cymunedau lleol ac ysgolion i ddarparu ar gyfer bywyd gwyllt o fewn y Parc Cenedlaethol, a cheir gwybodaeth am arddio ar gyfer bywyd gwyllt gan YNGC, yr RSPB a chyrff garddio megis y Gymdeithas Arddio Frenhinol.

## Industrial and postindustrial habitats including quarries

| Breeding birds of industrial and quarry habitats in North Wales |
| --- |
| **Typical:** Raven, Sand Martin, wildfowl (where there is wetland) |
| **Localised or rare:** Chough, Peregrine, Little Ringed Plover |

Despite the rural nature of North Wales, much of the region has had an industrial past, whether this was slate quarrying in the north-west, mining for coal in the north-east, copper in Anglesey and the Great Orme or widespread small-scale mining for lead and zinc. Much of this activity has now ceased, although aggregate (sand and gravel) quarries are still in operation across the region. Chough find suitable breeding habitat around the slate quarries of Blaenau Ffestiniog, whilst disused quarries such as Minera, Denbigh and Fagl Lane, Flint, are now filled with water and offer further nesting opportunities for some of our more interesting and specialist species. Other areas can, however, become overgrown by scrub without active management, and it is good to know that sites such as the NWWT reserves at Marford, Bryn Pydew and Y Ddôl are now in conservation management. Peregrines and Ravens nest on disused quarry cliffs whilst near the coast, Fulmars have taken to nesting on artificial cliffs, for example, at Old Colwyn.

Modern industrial sites such as Shotton Paper, Shotton Steelworks, Padeswood cement works and Connah's Quay power station on Deeside provide nesting opportunities for exciting birds, such as Peregrine and Little Ringed Plovers. These sites have restricted access, offering protection from disturbance. At Shotton Steelworks, there was a large Common Tern colony until very recently.

## *Cynefinoedd diwydiannol ac ôl-ddiwydiannol, yn cynnwys chwareli*

| Adar yn nythu yn safleoedd diwydiannol a chwareli Gogledd Cymru |
| --- |
| **Nodweddiadol:** Cigfran, Gwennol y Glennydd, gwyddau a hwyaid (lle ceir gwlyptiroedd) |
| **Lleol neu brin:** Brân Goesgoch, Cwtiad Torchog Bach, Hebog Tramor |

Er mai ardal wledig yw Gogledd Cymru yn bennaf, mae gorffennol diwydiannol gan lawer rhan o'r rhanbarth, boed hynny'n byllau glo yn y gogledd-ddwyrain, mwynfeydd copr ar Ynys Môn a'r Gogarth neu fwyngloddio plwm a sinc ar raddfa fechan mewn llawer man. Erbyn hyn, daeth llawer o'r gweithgareddau yma i ben, er bod rhai chwareli tywod a graean yn parhau i gael eu gweithio. Caiff y Frân Goesgoch gynefin addas ar gyfer nythu o gwmpas chwareli llechi Blaenau Ffestiniog. Mae chwareli eraill, megis Minera, Dinbych a Lôn Fagl, Fflint, yn awr yn llawn dŵr, sy'n rhoi cyfle i rai o'n rhywogaethau mwyaf arbenigol a diddorol nythu. Gall prysgwydd dyfu ar safleoedd eraill os nad ydynt dan reolaeth. Mae'n dda gwybod fod safleoedd megis gwarchodfeydd YNGC ym Marford, Bryn Pydew a'r Ddôl bellach yn cael eu rheoli ar gyfer cadwraeth er mwyn sicrhau'r fioamrywiaeth mwyaf. Nytha'r Hebog Tramor a'r Gigfran ar glogwyni hen chwareli, ac ar yr arfordir mae Aderyn-drycin y Graig yn nythu ar glogwyni chwareli, megis yn Hen Golwyn.

Gall safleoedd diwydiannol modern megis Papur Shotton, Gwaith Dur Shotton, gwaith sment Padeswood a gorsaf bŵer Cei Connah ddarparu mannau nythu ar gyfer rhywogaethau cyffrous megis yr Hebog Tramor a'r Cwtiad Torchog Bach. Cyfyngir mynediad i'r safleoedd hyn, ac felly gwarchodir yr adar rhag ymyrraeth. Hyd yn ddiweddar, roedd pyllau Gwaith Dur Shotton yn gartref i nythfa fawr o'r Forwennol Gyffredin.

LES STARLING

Fagl Lane lake, a flooded sand quarry, with Hope Mountain in the background. A wide range of wildfowl use this site. *Llyn Lôn Fagl, pwll tywod wedi llenwi â dŵr, gyda Mynydd yr Hob yn y cefndir. Mae amrywiaeth o adar dŵr yn defnyddio'r safle.*

IAN M. SPENCE

LES STARLING

RHION PRITCHARD

Connah's Quay Power
Station, the Flintshire
bridge, the River Dee and
Deeside Industrial park
in the distance. There are
nesting Peregrine and Little
Ringed Plover in the vicinity.
*Gorsaf Bŵer Cei Connah,
Pont Sir y Fflint, afon
Dyfrdwy a Pharc
Diwydiannol Glannau
Dyfrdwy yn y pellter.
Mae Hebog Tramor a
Chwtiad Torchog Bach
yn nythu gerllaw.*

Wrexham Industrial Estate,
with surprisingly varied
breeding bird habitats.
*Stad Ddiwydiannol Wrecsam,
gyda chryn amrywiaeth o
gynefinoedd lle gall adar nythu.*

Dinorwig quarry, Caernarfon,
habitat for Chough and Raven.
*Chwarel Dinorwig,
Caernarfon, cynefin y Frân
Goesgoch a'r Gigfran.*

# Major changes in bird habitats from the time of Forrest to the present day

Throughout the species accounts there is reference to H.E. Forrest's book, *The vertebrate fauna of North Wales* (1907). Welsh habitats and their associated bird species have changed dramatically since Forrest's time. This section aims to provide the context for these changes in bird populations, but with specific emphasis on habitat changes since the first national Atlas (1968–72). However, this is only a brief overview. We would refer the reader to other literature for further detail if required, for example, Shrubb *et al.* (1997) and Wilson *et al.* (2009).

## 1800 to 1900

In the mid-nineteenth century as much as 25% of lowland farmed land in Wales was put down to arable crops compared with 2% today. These crops were required for both domestic and livestock consumption, because imports were banned to protect the domestic economy in the UK. This was probably the heyday for many of our typical farmland birds. However, reliance on domestic food production became increasingly more difficult as the population grew during this industrialised era. Occasional crop failures brought food shortages and famine, notably in Ireland. The repeal of the Corn Laws in 1846 meant that food could be imported on a large scale and from then on the mixed farming system was in decline.

In the uplands, stock grazing including sheep, cattle and goats has been the predominant land use for at least the last millennium. Semi-natural habitats have been modified as a result. Starting in the latter part of the nineteenth century, extensive areas, particularly on Ruabon Mountain and the Berwyn, were intensively managed as shooting estates for the production of Red Grouse. This created a patchwork of heather-dominated vegetation of varying ages and heights, which benefited various other upland birds. Shooting provided the justification for the cost and effort necessary to maintain this open habitat.

## 1900 to the 1940s

In the early twentieth century some arable land, mostly in the lowlands, was abandoned. This would have benefited a wide range of bird species. Gradually livestock production intensified and became more specialised, leading to arable land being replaced by grassland.

Before the Second World War, livestock farming in the uplands had been based largely on a system of grazing with sheep and also some cattle. The sheep were usually maintained as a 'hefted' flock, territorially linked and adapted to its own area of the open unfenced mountain, with relatively regular shepherding. This created an evenly grazed sward which ensured that rushes and rank grass species did not dominate the heather-clad moors. As the labour force declined, sheep grazed at will, choosing some areas over others and a different mosaic of habitats developed, not all of which benefited upland birds. Overgrazing then became a more serious problem later in the century.

# Newidiadau i gynefinoedd adar o gyfnod Forrest hyd heddiw

Yn y testun am bob rhywogaeth unigol ceir llawer cyfeiriad at gyfrol H.E. Forrest *The vertebrate fauna of North Wales* (1907). Mae cynefinoedd Cymru a'r adar a gysylltir â hwy wedi newid yn ddramatig ers cyfnod Forrest. Yn yr adran yma, ceir ymgais i roi'r newidiadau ym mhoblogaeth yr adar mewn cyswllt, gyda phwyslais arbennig ar newidiadau cynefin ers yr Atlas cenedlaethol cyntaf (1968–72). Fodd bynnag, dim ond arolwg byr yw hwn. Am fwy o fanylion, hoffem gyfeirio'r darllenydd at ffynonellau eraill megis Shrubb *et al.* (1997) a Wilson *et al.* (2009).

## 1800 hyd 1900

Tua canol y 19[eg] ganrif roedd cymaint â 25% o dir amaethyddol Cymru ar y tir isel yn dir âr, o'i gymharu â 2% heddiw. Roedd angen y cnydau hyn ar gyfer bwyd dynol a bwyd anifeiliaid, ac yn y DU gwaherddid mewnforio er mwyn amddiffyn yr economi leol. Y cyfnod yma, mae'n debyg, oedd oes aur llawer o'n hadar tir amaethyddol. Daeth dibynnu ar y bwyd a gynhyrchid yn lleol yn fwyfwy anodd wrth i faint y boblogaeth gynyddu yn y cyfnod diwydiannol. Weithiau byddai methiant y cnydau yn dod a phrinder bwyd a newyn, yn enwedig yn Iwerddon. Wedi diddymu'r Deddfau Ŷd ym 1846, gellid mewnforio bwyd ar raddfa fawr, ac o hynny ymlaen dirywiodd y system o ffermio cymysg.

Ar yr ucheldir, cadw anifeiliaid, yn cynnwys defaid, gwartheg a geifr, fu'r prif ddefnydd tir ers o leiaf mil o flynyddoedd, ac effeithiwyd ar gynefinoedd lled-naturiol o ganlyniad. Yn ystod rhan olaf y 19[eg] (a hanner cyntaf yr 20[fed]) ganrif, rheolid rhannau helaeth, yn enwedig ar Fynydd Rhiwabon a'r Berwyn, fel stadau saethu ar gyfer y Rugiar. Roedd y rheolaeth yma yn creu clytwaith o lystyfiant, grug yn bennaf, o wahanol oedran ac uchder, ac roedd hyn yn fanteisiol i lawer o adar yr ucheldir. Roedd saethu yn cyfiawnhau'r gost a'r ymdrech oedd yn angenrheidiol i gynnal cynefin agored o'r math yma.

## 1900 hyd y 1940au

Yn gynnar yn yr 20[fed] ganrif, gadawyd peth tir âr, ar y tir isel yn bennaf, i dyfu'n wyllt, a byddai hyn wedi bod o fantais i lawer o wahanol rywogaethau o adar. Yn raddol, dwysawyd dulliau cynhyrchu da byw a daeth yn fwy arbenigol. Daeth porfa'n lle'r tiroedd âr.

Cyn yr Ail Ryfel Byd, sylfaen ffermio yn yr ucheldir oedd system o bori gyda defaid yn bennaf a rhai gwartheg hefyd. Cedwid y defaid fel diadell wedi ei 'chynefino' i ardal arbennig ar y mynydd agored, gyda bugeilio cymharol gyson. Crëodd hyn borfa wedi ei phori'n gymharol unffurf, oedd yn sicrhau nad oedd brwyn a gweiriau tal yn dod yn gyffredin ar y rhostir grugog. Wrth i'r gweithlu leihau, gallai'r defaid bori lle y mynnent, a datblygodd clytwaith gwahanol o gynefinoedd, rhai ohonynt yn anaddas i adar yr ucheldir. Daeth gor-bori yn broblem yn ddiweddarach yn y ganrif.

## 1940s to 1970s

As agriculture became more intensive, particularly after 1945, the trend of livestock production moved away from cattle on the open hill to a solely sheep orientated regime. Many areas of open moorland were fenced. Heavy grazing pressure and uncontrolled burning resulted in the loss of many areas of heather-dominated moor, which subsequently became grassland dominated by Purple Moor-grass and Bracken.

After the Second World War and continuing into the 1990s, alongside the loss of heather moor due to changes in upland agriculture and to conifer planting, there was a dramatic reduction in the extent of management on the remaining areas of moorland. Grouse shooting became harder to sustain at lower latitudes, especially as the subsidies offered for sheep and conifer production made the alternatives more attractive to landowners.

Visually, landscape changes in the uplands were very obvious, but less apparent was the impact of agricultural intensification in the lowlands. There, the switch from arable to grassland accelerated, which reduced the supply of arable weeds. Dairy farming became concentrated in the Vale of Clwyd and Dee Valley. Fences replaced hedgerows and as a consequence field headlands became less common. Mixed farming, favoured by so much of our wildlife, was no longer predominant.

## 1970s to 1980s

Pressure on the upland habitats intensified with moves to reclaim open moorland for more productive agriculture and conifer forestry. Techniques for 'upland agricultural improvement', developed at Pwllpeiran Research Centre in mid-Wales, saw the reclamation of much moorland to 'improved' ryegrass pastures. Substantial tracts, including much of Ruabon Mountain, were planted with Sitka Spruce. The loss of suitable habitat for upland bird communities as a result of these changes contributed to the major decline in bird populations such as Merlin, Hen Harrier, Golden Plover and Curlew. The impact of Britain joining the European Economic Community in 1973 started to become evident. Headage payments, introduced through the Common Agricultural Policy, encouraged a major increase in stocking rates, particularly relevant for sheep in Wales. The numbers of cattle noticeably declined during this period. Other incentives for agricultural 'improvement', combined with technical and mechanical developments available to farmers, drove rapid change during these decades. Whilst important legislative protection for habitats and species came at this time, notably the 1981 Wildlife and Countryside Act, many bird populations continued to decline markedly. This highlighted the urgent need for appropriate management and financial incentives to support less intensive farming.

## 1990s to the present day

Heightened awareness of the changes in bird populations in Wales became more apparent during this period. National legislation was enhanced by additional European protection, as SPAs and SACs were designated. Targeted biodiversity action by conservation organisations was better funded and coordinated. In addition to this, a whole

## 1940au hyd y 1970au

Gyda datblygiad amaethyddiaeth fwy dwys, yn enwedig wedi 1945, y duedd oedd cynhyrchu llai o wartheg ar y llethrau agored a chadw defaid yn unig. Ffensiwyd llawer ardal o rostir agored, a chollwyd y grug oherwydd gor-bori a llosgi direol. Daeth llawer ardal o rostir yn laswelltir, gyda Glaswellt y Gweunydd a Rhedyn y llystyfiant mwyaf cyffredin.

Wedi'r Ail Ryfel Byd a hyd at y 1990au, ynghyd â'r lleihad yn arwynebedd y rhostir oherwydd newidiadau mewn ffermio ar yr ucheldir a phlannu coed conwydd, bu llai o reoli ar yr ardaloedd o rostir oedd yn weddill. Daeth saethu Grugieir yn anodd ei gynnal ymhellach i'r de, yn enwedig gan fod y grantiau oedd ar gael ar gyfer cynhyrchu defaid neu gonwydd yn gwneud y rhain yn fwy atyniadol i dirfeddianwyr.

Yn weledol, roedd y newidiadau yn nhirwedd yr ucheldir yn amlwg, ond roedd effeithiau amaethu mwy dwys ar y tir isel yn llai amlwg. Yno, cyflymodd y newid o dir âr i borfa, a lleihaodd hyn y cyflenwad o hadau chwyn tir âr. Cyfyngwyd ffermio llaeth i raddau helaeth o Ddyffryn Clwyd a dyffryn Dyfrdwy. Newidiwyd gwrychoedd am ffensiau ac o ganlyniad daeth tir heb ei ddefnyddio ar ymylon caeau yn llai cyffredin. Daeth ffermio cymysg, sy'n fanteisiol i gymaint o'n bywyd gwyllt, yn llai cyffredin.

## 1970au hyd y 1980au

Cynyddodd y pwysau ar gynefinoedd yr ucheldir yn y 1970au a'r 1980au, gyda mwy o rostir yn cael ei ddefnyddio ar gyfer amaethu a choedwigoedd conwydd. Defnyddiwyd technegau 'gwella'r ucheldir yn amaethyddol' a ddatblygwyd yng Nghanolfan Ymchwil Pwllpeiran yng nghanolbarth Cymru at droi llawer o rostir yn borfa rygwellt wedi ei 'wella'. Plannwyd Sbriwsen Sitca ar ardaloedd helaeth, yn cynnwys llawer o Fynydd Rhiwabon. Collwyd llawer o gynefin addas i adar yr ucheldir oherwydd y newidiadau hyn, a chyfrannodd hyn at y lleihad mawr ym mhoblogaeth adar megis y Cudyll Bach, Bod Tinwen, Cwtiad Aur a'r Gylfinir. Ymunodd Prydain â'r Gymuned Economaidd Ewropeaidd yn 1973 a dechreuwyd teimlo'r effeithiau. Cyflwynwyd taliadau yn ôl y pen o stoc trwy'r Polisi Amaethyddol Cyffredin, ac arweiniodd hyn at gynnydd sylweddol mewn graddfeydd stocio, yn enwedig defaid yng Nghymru. Bu newid cyflym yn ystod y degawdau hyn oherwydd taliadau anogaeth eraill ar gyfer 'gwelliannau' amaethyddol, ynghyd â datblygiadau technegol a mecanyddol oedd ar gael i ffermwyr. Cafwyd amddiffyniad statudol pwysig i gynefinoedd a rhywogaethau yn y cyfnod yma, yn enwedig Deddf Bywyd Gwyllt a Chefn Gwlad 1981, ond roedd poblogaeth llawer rhywogaeth o aderyn yn parhau i leihau, yn tanlinellu'r angen mawr am reolaeth addas ac anogaeth ariannol i gefnogi ffermio llai dwys.

## 1990au hyd heddiw

Daeth yn fwy amlwg yn y cyfnod yma fod gwell ymwybyddiaeth o'r newidiadau ym mhoblogaeth adar yng Nghymru. Yn ychwanegol at ddeddfwriaeth genedlaethol, rhoddwyd mwy o amddiffyniad Ewropeaidd i ardaloedd a ddynodwyd fel Ardal Gwarchodaeth Arbennig (AGA) ac Ardaloedd Cadwraeth Arbennig (ACA). Erbyn hyd roedd gweithredu farm agri-environment scheme (Tir Cymen) and a targeted scheme (Tir Gofal), both of which preceded those introduced in England, were introduced. These schemes helped to ensure that sites could be appropriately managed.

The foot-and-mouth outbreak in 2001 was devastating for agriculture and closed much of the countryside to public access. The outcome of this was a total rethink by government on the role of agriculture within the wider economy, including its impact on the environment. The introduction of new English agri-environment schemes was one positive outcome. Welsh-specific schemes such as Tir Gofal, which had already been introduced in 1999, helped to support less intensive farming. By 2007 over 20% of land in Wales was in this scheme. One of the four core objectives of Tir Gofal was to protect and enhance habitats of importance for wildlife. Therefore, it was hoped that this scheme would help meet the Welsh Government's targets for increasing populations of farmland birds. A survey was made of 70 Tir Gofal farms which had used the root crop and stubble options in the winter of 2002/03. It found that the abundance of granivorous passerines increased in root crops where a high percentage of broadleaved weeds had been allowed to set seed and had not been pretreated with glyphosate weedkiller (Williams 2004). The same survey showed that Skylarks preferred large open fields whilst many insectivores and corvids favoured well-maintained, thick hedges. Barley stubble seemed to be preferred to that of oats. On these farms, the targeted options appeared to help many farmland bird species to survive the winter and for breeding populations to be able to increase as a result. A subsequent National Assembly for Wales Audit Committee report into the effectiveness of Tir Gofal (NAWAC 2008), indicated that the benefits for wildlife were far from conclusive. Long-term monitoring programmes were required and the report made recommendations for improvements that should be transferred into the successor schemes such as Glastir.

## Future predictions

There is a general view that Glastir, the latest Welsh agri-environment scheme introduced in 2012, which replaces Tir Cymen and Tir Gofal, is too generic and not sufficiently detailed in its targeting to help halt or reverse declines in wildlife, despite the recommendations in the 2008 audit report. The Glastir scheme also encompasses targets for increased woodland cover and provides grants for management in existing woodlands. There is a risk that important habitats, including ffridd, will now be lost to a new wave of tree planting.

Other conservation programmes on a landscape scale are being developed by the NWWT and RSPB, working in partnership with landowners and other organisations (see 'Future conservation measures', pp. 90–92). These projects have the potential to integrate a variety of land uses across large areas of North Wales for the benefit of wildlife. Such initiatives are to be welcomed.

It is hoped that conservation organisations will have the resources to monitor the impacts of these schemes on wildlife and our bird communities in particular. We anticipate that information from monitoring will influence change for the better, before more birds become Red-listed or extinct in Wales.          *Anne Brenchley and Andrew Dale*

ar fioamrywiaeth gan gyrff cadwraeth wedi eu hariannu a'u cyd-drefnu'n well. Heblaw hyn, cyflwynwyd cynllun amaethyddol-amgylcheddol fferm gyfan (Tir Cymen) a chynllun wedi ei dargedu (Tir Gofal), ill dau o flaen y cynlluniau tebyg yn Lloegr. Bu'r cynlluniau hyn yn gymorth i sicrhau fod safleoedd yn cael eu rheoli mewn dull addas.

Cafodd clwyf y traed a'r genau yn 2001 effaith andwyol ar amaethyddiaeth, a chaewyd rhan helaeth o gefn gwlad i fynediad cyhoeddus. Un canlyniad oedd i'r llywodraeth ail-feddwl am ran amaethyddiaeth o fewn yr economi ac am ei effaith ar yr amgylchedd. Roedd dechrau'r cynlluniau amaethyddol-amgylcheddol yn Lloegr yn un canlyniad. Roedd cynlluniau Cymreig, megis Tir Gofal, eisoes wedi eu cyflwyno yn 1999, a bu'r rhain yn gymorth i gefnogi amaethu llai dwys. Gosodwyd targedau i gynyddu poblogaeth llawer o adar tir amaeth yn arbennig. Cynhaliwyd arolwg o 70 fferm Tir Gofal oedd yn defnyddio'r opsiwn cnydau gwraidd a sofl yn ystod gaeaf 2002/03. Casgliad yr arolwg oedd bod nifer yr adar oedd yn bwyta grawn wedi cynyddu mewn cnydau gwraidd lle'r oedd canran uchel o chwyn llydanddail wedi cael cyfle i hadu a lle nad oedd chwynladdwr Glyffosffad wedi ei ddefnyddio ymlaen llaw (Williams 2004). Dangosodd yr un arolwg fod yn well gan yr Ehedydd gaeau mawr agored, a bod llawer o'r adar oedd yn bwyta pryfed a theulu'r brain yn hoffi gwrychoedd trwchus wedi eu cynnal yn dda. Roedd yn ymddangos bod yr adar yn hoffi sofl haidd yn fwy na cheirch. Ar y ffermydd hyn, roedd yr opsiynau a dargedwyd i bob golwg yn gymorth i lawer o adar tir amaethyddol fyw trwy'r gaeaf, ac i'r nifer o adar oedd yn nythu gynyddu o ganlyniad. Dangosodd adroddiad diweddarach gan Bwyllgor Cyfrifon Cyhoeddus Llywodraeth Cymru ar effeithiolrwydd Tir Gofal, yn 2008, nad oedd y manteision i fywyd gwyllt yn sicr o bell ffordd. Roedd angen rhaglen fonitro hir dymor, ac awgrymodd yr adroddiad nifer o welliannau y dylid eu trosglwyddo i gynlluniau megis Glastir.

## Y dyfodol

Cred llawer fod Glastir, y cynllun amaethyddol-amgylcheddol Cymreig diweddaraf a gyflwynwyd yn 2012 i gymryd lle Tir Cymen a Thir Gofal, yn rhy gyffredinol ac nad yw'n targedu'n ddigon manwl i wneud cyfraniad at atal y lleihad ym mywyd gwyllt, er gwaethaf argymhellion y Pwyllgor Cyfrifon Cyhoeddus yn 2008. Mae cynllun Glastir hefyd yn cynnwys targedau ar gyfer cael mwy o goedwig ac yn rhoi grantiau ar gyfer rheoli coedwigoedd. Mae perygl y gall cynefinoedd pwysig, yn cynnwys ffridd, gael eu colli dan don newydd o blannu coed.

Mae cynlluniau defnydd tir ar gyfer cadwraeth ar raddfa tirlun yn cael eu datblygu gan YNGC a'r RSPB, yn gweithio mewn partneriaeth â thirfeddianwyr a chyrff eraill (gweler 'Camau pellach mewn cadwraeth', tt. 90–92). Fe allai'r prosiectau hyn fod yn fodd i integreiddio amrywiaeth o ddefnydd tir mewn ardaloedd eang o Ogledd Cymru er budd bywyd gwyllt. Rhaid croesawu'r cynlluniau hyn.

Gobeithir y bydd ein sefydliadau cadwraeth yn parhau i fonitro effeithiau'r cynlluniau hyn ar fywyd gwyllt, yn enwedig ein hadar. Gobeithir hefyd y bydd yr wybodaeth o'r monitro hwn yn arwain at newid er gwell, cyn i fwy o adar gael eu rhoi ar y Rhestr Goch neu hyd yn oed ddiflannu o Gymru.      *Anne Brenchley ac Andrew Dale*

RSPB Conwy reserve, where there is a diverse range of breeding birds.
*Gwarchodfa RSPB Conwy, lle mae amrywiaeth o adar yn nythu.*

## Distribution patterns and species richness – implications for conservation

### Introduction

In North Wales, 169 species of bird were recorded, with validated breeding codes, between 2008 and 2012. Of these, 165 were 'wild' birds (i.e. in BOU Categories A or C) and a further four species, Black Swan, Muscovy Duck, Reeves's Pheasant and Indian Peafowl, were in BOU Category E. A total of 154 were Confirmed, with a further 15 species as Possibly or Probably breeding. Another 105 species (not including separate subspecies), were seen during the breeding season, but were not thought to have bred (see Table 6, p. 82). As this is the first tetrad Atlas undertaken in North Wales, we have no previous data at this scale with which to compare our 2008–12 fieldwork. However, we are able to compare distribution at the 10km level between our 2008–12 fieldwork and the previous two national Atlases. We have also been able to examine patterns of distribution for specific groups of birds and discuss the merits of existing conservation designations and protection measures for birds in North Wales in the light of our results.

All our data sourced from the BTO are being made available to NRW, RSPB Cymru and BTO Cymru, by being stored with Cofnod, the Local Biological Records Centre for North Wales.

## Patrymau dosbarthiad a chyfoeth rhywogaethau – oblygiadau ar gyfer cadwraeth

### Cyflwyniad

Cofnodwyd 169 o rywogaethau gyda chodau nythu dilys yng Ngogledd Cymru rhwng 2008 a 2012. Roedd 165 o'r rhain yn adar 'gwyllt', a phedair rhywogaeth arall, sef yr Alarch Du, Hwyaden Fwsg, Paun a Ffesant Reeves, yn rhywogaethau yng nghategori E y BOU. Cadarnhawyd fod 154 rhywogaeth yn nythu, a chofnodwyd 15 rhywogaeth arall gyda statws nythu Tebygol neu Bosibl. Gwelwyd 105 rhywogaeth arall (heb gynnwys isrywogaethau) yn ystod y tymor nythu, ond ni chredir eu bod wedi nythu (gweler Tabl 6, t. 82). Gan mai hwn yw'r Atlas tetrad cyntaf yng Ngogledd Cymru, nid oes gennym ddata i'w gymharu â'n gwaith maes 2008–12. Fodd bynnag, gallwn gymharu canlyniadau gwaith maes 2008–12 ar lefel 10 cilomedr â chanlyniadau'r ddau Atlas cenedlaethol blaenorol. Rydym hefyd wedi medru edrych ar batrymau presenoldeb ac absenoldeb grwpiau arbennig o adar, ac yng ngoleuni ein canlyniadau rydym yn trafod addasrwydd y dynodiadau cadwraeth presennol a'r camau a gymerwyd i warchod adar yng Ngogledd Cymru.

Bydd yr holl ddata a ddaeth trwy'r BTO ar gael i Gyfoeth Naturiol Cymru, RSPB Cymru a BTO Cymru. Fe fydd ym meddiant Cofnod, y Ganolfan Cofnodion Biolegol Lleol ar gyfer Gogledd Cymru.

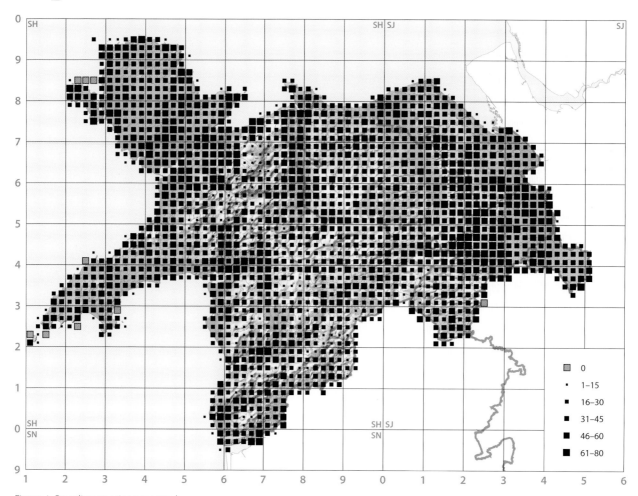

Figure 1. Breeding species per tetrad.
*Ffigur 1. Y nifer o rywogaethau oedd yn nythu ymhob tetrad.*

## Overall species richness – bird diversity hotspots

The number of breeding species per tetrad reflects the species richness of the different habitats across North Wales (Figure 1). Of those tetrads with the most species recorded (Table 1), seven out of 12 included land in RSPB management, which shows that these are good sites for birds and are also amongst the best recorded, given the presence of both staff and high visitor numbers.

The nine tetrads with no species recorded breeding were located around the region's periphery. They were all tetrads with little land area in total or with little land area within North Wales. In general, these small areas of land made no significant difference to our overall results and the patterns of distribution.

The tetrads with 15 or fewer species were mostly above 400m, where species diversity would naturally be expected to be low. Whilst more site visits might have resulted in improved breeding evidence, it was unlikely that many additional species would have been recorded. Lowland tetrads in this category were either at coastal locations with little land, or inland tetrads with only a small proportion of land in North Wales. Further effort there would not have added significantly to our overall results.

Figure 2 shows that 75% of tetrads held between 31 and 60 species with breeding evidence. The median number of species was 39. Only 75 tetrads had more than 60 species.

## Cyfoeth rhywogaethau – y prif fannau ar gyfer amrywiaeth adar

Mae'r nifer o rywogaethau sy'n nythu ymhob tetrad yn adlewyrchu'r cyfoeth rhywogaethau yn y gwahanol gynefinoedd yng Ngogledd Cymru (Ffigwr 1). O'r deuddeg tetrad lle cofnodwyd y nifer fwyaf o rywogaethau (Tabl 1), mae saith dan reolaeth yr RSPB, sy'n dangos eu bod yn safleoedd da ar gyfer adar a'u bod hefyd yn cael eu cofnodi'n drylwyr, gan staff a chan nifer fawr o ymwelwyr.

Mae pob un o'r naw tetrad lle na chofnodwyd unrhyw rywogaeth yn nythu ar gyrion yr ardal, ac yn sgwariau sydd un ai heb fawr ddim tir o'u mewn neu heb fawr o'u harwynebedd o fewn Gogledd Cymru. Nid yw'r ardaloedd bychain yma o dir yn gwneud fawr o wahaniaeth i'n canlyniadau.

Mae'r rhan fwyaf o'r tetradau lle cofnodwyd pymtheg neu lai o rywogaethau dros 400 medr o uchder, lle byddid yn disgwyl i'r amrywiaeth rhywogaethau fod yn isel. Tra gallai ymweliadau ychwanegol i'r rhain fod wedi arwain at well tystiolaeth o nythu, mae'n annhebygol y byddai llawer mwy o rywogaethau wedi eu cofnodi. Mae'r tetradau iseldir yn y categori yma un ai ar yr arfordir a heb lawer o dir ynddynt neu'n detradau heb lawer o'u harwynebedd o fewn Gogledd Cymru. Ni fyddai mwy o ymdrech yn y rhain wedi ychwanegu llawer at ein canlyniadau.

Dengys Ffigur 2 fod 75% o'r tetradau yn cynnal rhwng 31 a 60 o rywogaethau gyda thystiolaeth o nythu. Y nifer canolrif oedd 39. Dim ond 75 tetrad oedd yn cynnal mwy

| Tetrad | Location | Lleoliad | Number of breeding species *Nifer o rywogaethau oedd yn nythu* |
|--------|----------|----------|---|
| SJ37B | *Burton Mere Wetlands (Welsh part) | * Gwlyptiroedd Burton Mere (y rhan Gymreig) | 80 |
| SH37D | *Valley Wetlands, Anglesey | *Gwlyptiroedd y Fali, Môn | 76 |
| SH63E | Penrhyndeudraeth/Dwyryd Estuary | Penrhyndeudraeth/Aber afon Dwyryd | 74 |
| SJ24I | Eglwyseg Mountain, Llangollen | Mynydd Eglwyseg, Llangollen | 72 |
| SH77Y | *RSPB Conwy/Benarth Hall | *RSPB Conwy/Benarth Hall | 72 |
| SH37I | *Llyn Traffwll, Anglesey | *Llyn Traffwll, Môn | 72 |
| SH28G | *Holyhead Mountain, east | *Mynydd Twr, dwyrain | 72 |
| SJ25Z | Fagl Lane lake, Hope | Llyn Lôn Fagl, gorllewin | 71 |
| SJ14X | Llandynan, Llangollen | Llandynan, Llangollen | 71 |
| SH87D | *RSPB Conwy, east | *RSPB Conwy, dwyrain | 71 |
| SH63J | Penrhyndeudraeth, east | Penrhyndeudraeth, dwyrain | 71 |
| SH28B | *South Stack/North Stack | *Ynys Lawd/Ynys Arw | 71 |

Table 1. The 12 tetrads with the most species recorded with breeding evidence (Confirmed, Probable and Possible). Tetrads that include RSPB-managed sites are marked with an asterisk (*).
*Tabl 1. Y deuddeg tetrad lle cofnodwyd y nifer fwyaf o rywogaethau gyda chodau nythu (Cadarnhawyd, Tebygol neu Bosibl). Nodir y tetradau sydd dan reolaeth yr RSPB gyda (*).*

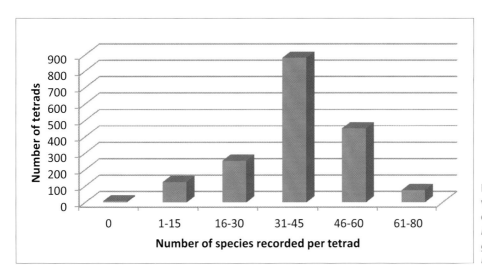

Figure 2. The numbers of tetrads with each numerical grouping of breeding species.
*Ffigur 2. Nifer o detradau gyda gwahanol niferoedd o rywogaethau'n nythu.*

Most of these were to be found at altitudes below 250m and reflect areas of high habitat diversity and good accessibility for observers. The most notable areas were the Dee Valley and the smaller valleys around Ruabon Mountain, parts of the Conwy valley, the Vale of Ffestiniog, the Alyn valley between Mold and Wrexham, much of the lowland between Bangor and Caernarfon, and north Llŷn. The coastal hotspots were around Anglesey and between the rivers Dyfi and Mawddach. Species richness clearly decreases with increasing altitude. Even apparently less interesting lowland farmed areas in Denbigh support at least 31 to 45 species, whereas in the uplands the majority of tetrads over 400m support fewer than 15 species. However, it should be noted that many of these upland tetrads, with few species, are home to the majority of our important specialist birds, such as Ring Ouzel. In these instances low biodiversity does not necessarily mean low importance.

na 60 rhywogaeth. Roedd y rhan fwyaf o'r rhain islaw 250 medr o uchder ac mewn ardaloedd lle'r oedd amrywiaeth o gynefinoedd a mynediad hawdd i gofnodwyr. Yr ardaloedd mwyaf nodedig oedd dyffryn afon Dyfrdwy a'r dyffrynnoedd llai yn ardal Mynydd Rhiwabon, rhannau o Ddyffryn Conwy, dyffryn afon Dwyryd, dyffryn afon Alyn rhwng yr Wyddgrug a Wrecsam, llawer o'r tir isel rhwng Bangor a Chaernarfon a gogledd Penrhyn Llŷn. Roedd y prif ardaloedd arfordirol ar Ynys Môn a rhwng afonydd Dyfi a Mawddach. Mae'n amlwg fod cyfoeth rhywogaethau yn lleihau wrth fynd yn uwch. Roedd hyd yn oed yr ardaloedd amaethyddol llai diddorol yn Ninbych yn cynnal o leiaf rhwng 31 a 45 rhywogaeth, ond ar yr ucheldir roedd y rhan fwyaf o'r tetradau oedd yn uwch na 400 medr yn dal llai na 15 rhywogaeth. Dylid nodi, fodd bynnag, fod llawer o'r tetradau uchel yma yn gartref i'r rhan fwyaf o'n hadar arbenigol pwysig, megis Mwyalchen y Mynydd, ac nad yw bioamrywiaeth isel o angenrheidrwydd yn golygu eu bod yn llai pwysig.

## Biodiversity planning and its relevance for birds

The United Nations Convention on Biological Diversity held in Rio de Janeiro in 1992 was a momentous occasion for anyone interested in the future of our natural world. The consequences of the meeting for UK conservation were significant and led to the production of the UK Biodiversity Action Plan (UK Govt 1994). Priority habitats and species were identified and action plans written. A wealth of work programmes, requiring both the statutory and non-governmental sectors to work in an integrated manner, was devised. These action plans, many of which would be delivered at a local level through the Local Biodiversity Action Plans (LBAPs), aimed to reverse declines in many of our special habitats and species that had occurred in the decades after the Second World War. It became clear that statutory protection alone would not prevent habitats from decreasing in quality and extent, or species from declining. However, progress was slow and action was often quite complex to implement. This meant that many of the challenging targets set for 2010 were not achieved and, in many cases, target deadlines have been extended to 2020.

## Cynllunio bioamrywiaeth a'i bwysigrwydd i adar

Roedd Cynhadledd y Cenhedloedd Unedig ar Amrywiaeth Biolegol, a gynhaliwyd yn Rio de Janeiro yn 1992, yn achlysur pwysig i unrhyw un a diddordeb yn nyfodol ein byd naturiol. Roedd canlyniadau'r cyfarfod yma yn bwysig i gadwraeth yng ngwledydd Prydain, gan arwain at gynhyrchu Cynllun Gweithredu Bioamrywiaeth y DU yn 1994. Nodwyd y cynefinoedd a'r rhywogaethau oedd i gael blaenoriaeth, ac ysgrifennwyd cynlluniau gweithredu. Dyfeisiwyd cyfoeth o raglenni gwaith oedd yn gofyn i'r sectorau statudol a phreifat weithio mewn dull integredig. Nod y cynlluniau gweithredu hyn, llawer ohonynt yn gweithredu ar lefel leol trwy'r Cynlluniau Gweithredu Bioamrywiaeth Lleol (LBAP), oedd gwrthdroi dirywiad a lleihad llawer o'n cynefinoedd a rhywogaethau arbennig, rhywbeth oedd wedi digwydd yn y degawdau wedi'r Ail Ryfel Byd. Daeth yn eglur na allai gwarchodaeth statudol yn unig atal cynefinoedd rhag dirywio a lleihau, na rhywogaethau rhag prinhau. Fodd bynnag, roedd y cynnydd yn araf a'r gweithredu yn aml yn gymhleth. Ni chyrhaeddwyd llawer o'r targedau uchelgeisiol ar gyfer 2010. Ymestynnwyd amser cyrraedd llawer o'r targedau hyd 2020.

World's End, Ruabon Mountain. Mixed woodland attractive to many species.
*Pen Draw'r Byd, Mynydd Rhiwabon. Coedwig gymysg, yn denu llawer o rywogaethau.*

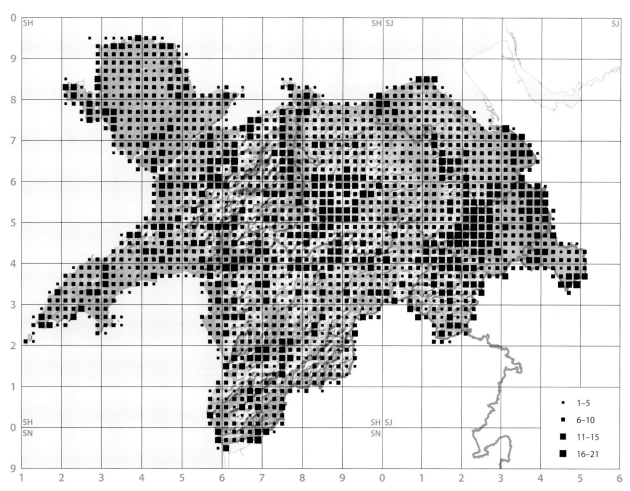

Figure 3. Map showing the overall distribution of the Principal Biodiversity Bird Species found breeding in North Wales (Black Grouse, Black-headed Gull, Bullfinch, Chough, Corncrake, Cuckoo, Curlew, Dunnock, Golden Plover, Grasshopper Warbler, Grey Partridge, Hawfinch, Hen Harrier, Herring Gull, House Sparrow, Kestrel, Lapwing, Lesser Redpoll, Lesser Spotted Woodpecker, Linnet, Marsh Tit, Nightjar, Pied Flycatcher, Red Grouse, Reed Bunting, Ring Ouzel, Ringed Plover, Roseate Tern, Skylark, Song Thrush, Spotted Flycatcher, Starling, Tree Pipit, Tree Sparrow, Turtle Dove, Twite, Willow Tit, Wood Warbler, Yellow Wagtail, Yellowhammer).

*Ffigur 3. Map yn dangos y Prif Rywogaethau Adar Bioamrywiaeth sy'n nythu yng Ngogledd Cymru (Aderyn y To, Bod Tinwen, Brân Goesgoch, Bras Melyn, Bras y Cyrs, Bronfraith, Cnocell Fraith Leiaf, Coch y Berllan, Cog, Corhedydd y Coed, Cornchwiglen, Cudyll Coch, Cwtiad Aur, Cwtiad Torchog, Drudwen, Ehedydd, Golfan y Mynydd, Grugiar, Grugiar Ddu, Gwybedog Brith, Gwybedog Mannog, Gwylan Benddu, Gwylan y Penwaig, Gylfinbraff, Gylfinir, Llinos, Llinos Bengoch Leiaf, Llinos y Mynydd, Llwyd y Gwrych, Morwennol Wridog, Mwyalchen y Mynydd, Petrisen, Rhegen yr Ŷd, Siglen Felen, Telor y Coed, Titw'r Helyg, Titw'r Wern, Troellwr Bach, Troellwr Mawr, Turtur).*

## Biodiversity planning in Wales

Devolution has meant that each country forming the United Kingdom now has its own biodiversity process in place. Species of principal biodiversity importance received legislative recognition when a list, as required under Section 42 (S42) of the Natural Environment and Rural Communities (NERC) Act 2006, was published by the Welsh Government in 2007. The NERC Act required all public bodies to take these species into account as part of their statutory duties. Forty-nine of the UK priority bird species occur in Wales. A further two species recognised as Welsh priorities go to make up a list of 51 species of principal importance in Wales, referred to as the S42 list. We have only referred to those 40 species which are known to breed in North Wales.

Clusters of Principal Biodiversity Species, those darker parts of Figure 3, are found in the southern Clwydians, Ruabon Mountain, northern Berwyn, Mynydd Hiraethog, the Migneint, Gwydyr Forest, western Conwy Valley and the north-west fringe of Snowdonia. Some clusters have a strong

## *Cynllunio bioamrywiaeth yng Nghymru*

Yn dilyn datganoli, mae gan bob un o wledydd Prydain yn awr ei phroses bioamrywiaeth ei hun. Cafodd rhywogaethau o bwysigrwydd bioamrywiaeth arbennig gydnabyddiaeth gyfreithiol pan gyhoeddwyd rhestr gan Lywodraeth Cymru yn 2007, yn ôl gofynion Adran 42 o Ddeddf Amgylchedd Naturiol a Chymunedau Gwledig 2006. Roedd yn ddeddf yma'n galw ar bob corff cyhoeddus i gymryd y rhywogaethau yma i ystyriaeth fel rhan o'u dyletswyddau statudol. Gellir gweld 49 o rywogaethau blaenoriaeth y DU yng Nghymru, ac mae dwy rywogaeth arall sydd wedi eu dynodi fel blaenoriaethau Cymreig yn gwneud rhestr o 51 rhywogaeth o bwysigrwydd arbennig yng Nghymru. Cyfeirir at y rhestr yma fel y rhestr S42. Rydym yn trafod y 40 rhywogaeth y gwyddom eu bod yn nythu yng Ngogledd Cymru.

Gwelir clystyrau o Brif Rywogaethau Bioamrywiaeth, y rhannau tywyll o Ffigur 3, yn rhan ddeheuol Bryniau Clwyd, Mynydd Rhiwabon, gogledd y Berwyn, Mynydd Hiraethog, y Migneint, Coedwig Gwydyr, gorllewin Dyffryn Conwy

CHRISTIAN J. ROBERTS

A panorama of Snowdonia from Nebo, Denbigh, including (from the left) Moel Siabod, Snowdon and the Glyderau.
*Golygfa ar Eryri o Nebo, Dinbych, yn cynnwys (o'r chwith) Moel Siabod, yr Wyddfa a'r Glyderau.*

association with existing good-quality habitat. The current condition of these areas should be maintained. Others are located where the habitat is degraded and the special species are struggling to survive. Such degraded habitats should be a priority for management, otherwise the relevant S42 species will be lost. The paler areas identify where birds need the greatest help. The reason for this distribution needs to be fully understood so that targeted land management action can be put in place.

## The population status of birds in Wales

There have been several attempts to analyse the population status of all the birds occurring in the UK, Channel Islands and the Isle of Man (Batten *et al.* 1990, Gregory *et al.* 2002). The terminology 'Birds of Conservation Concern' first appeared when Gregory *et al.* (2002) placed all regularly occurring species into one of three lists, Red, Amber or Green, depending on their current known status. Those species that were either globally threatened, or had historically, or recently, shown severe declines of greater than 50% (in both numbers and range), were placed on the Red list. Birds on the Amber list showed moderate declines and were therefore still of conservation concern whereas the populations of those species on the Green list had declined by less than 25% or were either stable or increasing. Further work to

ac ymylon gogledd-orllewin Eryri. Mae gan rai clystyrau gysylltiad cryf â chynefin sydd mewn cyflwr da, a dylid cynnal cyflwr y mannau hyn. Mae eraill mewn mannau lle mae'r cynefin wedi dirywio a'r rhywogaethau arbennig yn ymdrechu i ddal eu tir. Dylai cynefinoedd sydd wedi dirywio fod yn flaenoriaeth ar gyfer rheoli, neu gellid colli'r rhywogaethau S42. Dengys y mannau goleuach yr ardaloedd lle mae ar yr adar angen fwyaf o gymorth, ac mae angen deall yn llawn y rhesymau am hyn er mwyn sefydlu rheolaeth tir wedi ei dargedu.

## *Statws poblogaeth adar yng Nghymru*

Bu nifer o ymdrechion i ddadansoddi statws poblogaeth holl rywogaethau adar y DU, Ynysoedd y Sianel ac Ynys Manaw (Batten *et al.* 1990, Gregory *et al.* 2002). Defnyddiwyd y term 'Adar o Bwysigrwydd Cadwraeth' pan osododd Gregory *et al.* (2002) bob rhywogaeth a welir yn rheolaidd ar un o dair rhestr, Coch, Oren neu Wyrdd, yn dibynnu ar yr hyn a wyddid am eu statws. Gosodwyd y rhywogaethau oedd mewn perygl yn fyd-eang, neu oedd wedi dioddef gostyngiad hanesyddol neu ddiweddar o fwy na 50% (yn eu nifer ac yn eu dosbarthiad) ar y Rhestr Goch. Roedd yr adar ar y Rhestr Oren yn dangos gostyngiad canolig ac felly o lai o bwysigrwydd cadwraeth, tra'r oedd poblogaeth yr adar ar y Rhestr Werdd wedi gostwng o lai na 25%, yn sefydlog neu'n cynyddu. Gwnaed mwy o waith i adolygu'r rhestrau yma gan

review and revise these lists was undertaken by Gibbons *et al.* (2007), leading to the current UK list of Birds of Conservation Concern.

Conservationists in Wales thought that a Welsh version of the UK list would help prioritise the needs of the birds in Wales and have more influence with Welsh politicians. Thorpe and Young (2002) first assessed the population status of birds in Wales, subsequently revised by Johnstone *et al.* (2010b). In 2002, 27 species were placed on the Red list, 69 on the Amber list and 125 on the Green list. By 2010, 45 species were placed on the Red list, 100 were on the Amber list and 68 on the Green list. The population status of 13 breeding species now merited Red-listing in Wales, compared to a

Gibbons *et al.* (2007) gan arwain at y rhestr bresennol o Adar o Bwysigrwydd Cadwraeth yn y DU.

Credai cadwraethwyr yng Nghymru y byddai fersiwn Gymreig o restr y DU yn gymorth i roi blaenoriaeth i angh-enion adar yng Nghymru ac yn cael mwy o ddylanwad ar wleidyddion Cymru. Gwnaed yr asesiad cyntaf o statws poblogaeth adar yng Nghymru gan Thorpe a Young (2002) ac adolygwyd y rhestr gan Johnstone *et al.* (2010b). Yn 2002, gosodwyd 27 rhywogaeth ar y Rhestr Goch, 69 ar y Rhestr Oren a 125 ar y Rhestr Werdd. Erbyn 2010, roedd 45 rhywogaeth ar y Rhestr Goch, 100 ar y Rhestr Oren a 68 ar y Rhestr Werdd. Roedd statws poblogaeth 13 rhywogaeth yn galw am eu gosod ar y Rhestr Goch yng Nghymru er eu bod

ANNE BRENCHLEY

The lower Conwy Valley looking west towards Dolgarrog from Cadair Ifan Goch.
*Rhan isaf Dyffryn Conwy yn edrych tua'r gorllewin i gyfeiriad Dolgarrog o Gadair Ifan Goch.*

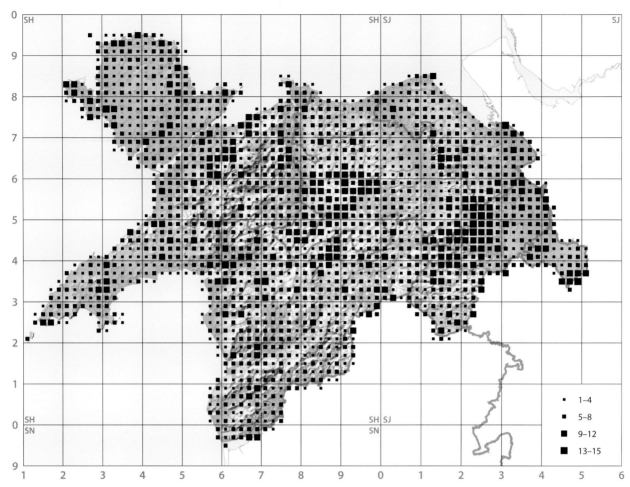

Figure 4. Species richness distribution of the birds on the Red List: Arctic Tern, Black Grouse, Black-headed Gull, Bullfinch, Corncrake, Cuckoo, Curlew, Dunlin, Golden Plover, Grasshopper Warbler, Great Black-backed Gull, Grey Partridge, Hen Harrier, Herring Gull, Kestrel, Lapwing, Lesser Redpoll, Lesser Spotted Woodpecker, Linnet, Little Tern, Marsh Tit, Pied Flycatcher, Pochard, Puffin, Red Grouse, Ring Ouzel, Roseate Tern, Short-eared Owl, Spotted Flycatcher, Starling, Tree Sparrow, Turtle Dove, Twite, Willow Tit, Willow Warbler, Wood Warbler, Yellow Wagtail, Yellowhammer.

*Ffigur 4. Cyfoeth rhywogaethau adar ar y Rhestr Goch: Bod Tinwen, Bras Melyn, Cnocell Fraith Leiaf, Coch y Berllan, Cog, Cornchwiglen, Cudyll Coch, Cwtiad Aur, Drudwen, Golfan y Mynydd, Grugiar, Grugiar Ddu, Gwybedog Brith, Gwybedog Mannog, Gwylan Benddu, Gwylan Gefnddu Fwyaf, Gwylan y Penwaig, Gylfinir, Hwyaden Bengoch, Llinos, Llinos Bengoch Leiaf, Llinos y Mynydd, Morwennol Fechan, Morwennol Wridog, Morwennol y Gogledd, Mwyalchen y Mynydd, Pâl, Petrisen, Pibydd y Mawn, Siglen Felen, Rhegen yr Ŷd, Telor y Coed, Telor yr Helyg, Titw'r Helyg, Titw'r Wern, Troellwr Bach, Turtur, Tylluan Glustiog.*

lower listing in the UK. The Welsh Red list now contained species such as Red Grouse, Golden Plover, Curlew, Little Tern, Puffin and Bullfinch. Whilst the Principal Biodiversity Species and the Birds of Conservation Concern lists were produced for slightly different purposes, not discussed in detail here, there is a high degree of overlap. Both lists highlight the plight of many of our Welsh breeding bird species.

These lists serve to inform policies and programmes within both national and local government. They also inform non-governmental organisations about which species require priority action in order to maintain or increase populations. Such lists can also help to prioritise funding for action, where appropriate. The Welsh Birds of Conservation Concern list is updated every five years. It is based on the latest population information, much of which is derived from the national BBS and targeted species surveys, provided through schemes such as the Statutory Conservation Agency/RSPB Annual Breeding Bird Scheme (SCARABBS). It is also vital that population monitoring is undertaken regularly. This would

ar restr is yn y DU. Roedd y Rhestr Goch Gymreig yn awr yn cynnwys rhywogaethau megis Grugiar, Cwtiad Aur, Gylfinir, Morwennol Fechan, Pâl a Choch y Berllan. Er bod amcanion y rhestr Prif Rywogaethau Bioamrywiaeth a'r rhestr 'Adar o Bwysigrwydd Cadwraeth' yn wahanol, rhywbeth nad ydym yn ei drafod yn fanwl yma, maent yn bur debyg i'w gilydd. Mae'r ddwy restr yn dangos fod llawer o'n hadar nythu Cymreig mewn helbul.

Mae'r rhestri yma'n dylanwadu ar bolisïau a rhaglenni o fewn llywodraeth genedlaethol a lleol o ran penderfynu pa rywogaethau sy'n cael blaenoriaeth ar gyfer gweithredu i gynnal neu gynyddu'r boblogaeth. Gall y fath restri hefyd fod yn gymorth i benderfynu ar flaenoriaethau ar gyfer ariannu gweithredu addas. Caiff y rhestr Adar o Bwysigrwydd Cadwraeth Cymreig ei diweddaru bob pum mlynedd ar sail y wybodaeth ddiweddaraf am y boblogaeth. Daw llawer o'r wybodaeth yma o'r Arolwg Adar Nythu (BBS) ac arolygon yn targedu rhywogaethau arbennig trwy gynlluniau megis Cynllun Adar Nythu Blynyddol yr Asiantaeth Gadwraeth

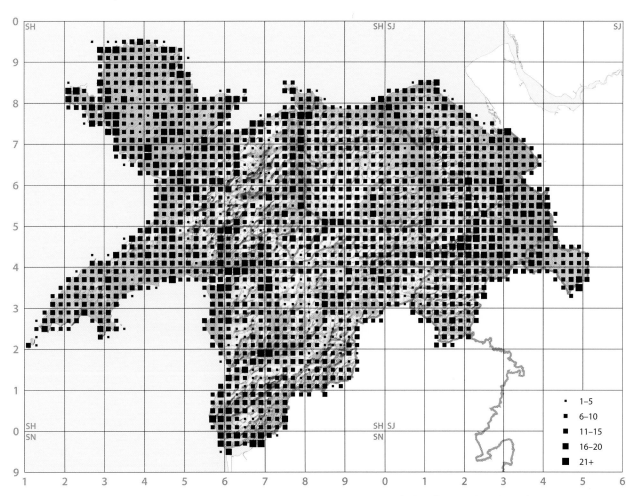

Figure 5. Species richness of breeding birds on the Amber list: Barn Owl, Bearded Tit, Black Guillemot, Chough, Coal Tit, Cormorant, Dartford Warbler, Dipper, Eider, Firecrest, Gadwall, Garden Warbler, Garganey, Goldcrest, Green Woodpecker, Guillemot, Hawfinch, Hobby, Honey-buzzard, Hooded Crow, House Martin, House Sparrow, Kingfisher, Lesser Black-backed Gull, Long-eared Owl, Long-tailed Tit, Mallard, Manx Shearwater, Marsh Harrier, Meadow Pipit, Mediterranean Gull, Merlin, Mute Swan, Nightjar, Osprey, Oystercatcher, Quail, Red Kite, Red-breasted Merganser, Redshank, Redstart, Reed Bunting, Ringed Plover, Sand Martin, Sandwich Tern, Shelduck, Shoveler, Skylark, Snipe, Song Thrush, Storm Petrel, Swallow, Swift, Teal, Tree Pipit, Tufted Duck, Wheatear, Whitethroat, Wigeon, Woodcock.

*Ffigur 5. Cyfoeth rhywogaethau adar ar y Rhestr Oren: Aderyn y To, Aderyn-drycin Manaw, Alarch Dof, Barcud, Bod y Gwerni, Bod y Mêl, Brân Goesgoch, Brân Lwyd, Bras y Cyrs, Bronfraith, Bronwen y Dŵr, Cnocell Werdd, Corhedydd y Coed, Corhedydd y Waun, Corhwyaden, Cudyll Bach, Cwtiad Torchog, Cyffylog, Chwiwell, Dryw Eurben, Dryw Penfflamgoch, Ehedydd, Gïach Gyffredin, Glas y Dorlan, Gwalch y Pysgod, Gwennol, Gwennol Ddu, Gwennol y Bondo, Gwennol y Glennydd, Gwylan Gefnddu Leiaf, Gwylan Môr y Canoldir, Gwylog, Gwylog Ddu, Gylfinbraff, Hebog yr Ehedydd, Hwyaden Addfain, Hwyaden Frongoch, Hwyaden Fwythblu, Hwyaden Gopog, Hwyaden Lwyd, Hwyaden Lydanbig, Hwyaden Wyllt, Hwyaden yr Eithin, Llwydfron, Morwennol Bigddu, Mulfran, Pedryn Drycin, Pibydd Coesgoch, Pioden y Môr, Sofliar, Telor Dartford, Telor yr Ardd, Tingoch, Tinwen y Garn, Titw Barfog, Titw Cynffon-hir, Titw Penddu, Troellwr Mawr, Tylluan Gorniog, Tylluan Wen.*

highlight whether populations are responding to specific action, overall continuing land-use change or other determining factors.

Figure 4 clearly shows that many of our special birds are concentrated in areas above 250m. Those upland areas of particular note are the Berwyn, Mynydd Hiraethog, the Migneint, Ruabon Mountain and the lower east and north-western slopes of Snowdonia. However, some lowland areas do stand out: parts of the Anglesey coast, the lower Dee Valley, Fenn's Moss, the Mawddach and the Glaslyn/Dwyryd valleys.

The species composition of the Amber list (Figure 5) is so varied that it is difficult to highlight many particular locations of interest. However, in the lowlands there are some clusters of species in areas not specifically under conservation

Statudol/RSPB (SCARABBS). Mae hefyd yn hanfodol fod monitro cyson i weld a yw'r poblogaethau yn ymateb i weithrediad arbennig, newidiadau mewn defnydd tir neu ffactorau eraill.

Dengys Ffigur 4 yn eglur bod llawer o'n hadar arbennig i'w cael yn yr ardaloedd sy'n uwch na 250 medr. Yr ucheldiroedd pwysicaf yw'r Berwyn, Mynydd Hiraethog, y Migneint, Mynydd Rhiwabon a'r llethrau is yn nwyrain a gogledd-orllewin Eryri. Fodd bynnag, mae rhai ardaloedd o dir isel yn amlwg hefyd, sef rhannau o arfordir Môn, rhan isaf dyffryn Dyfrdwy, Fenn's Moss a dyffrynnoedd afonydd Mawddach a Glaslyn/Dwyryd.

Oherwydd bod y rhywogaethau ar y Rhestr Oren (Ffigur 5) mor amrywiol, mae'n anodd nodi llawer o arda-loedd sydd o ddiddordeb arbennig. Ar y tir isel, mae rhai

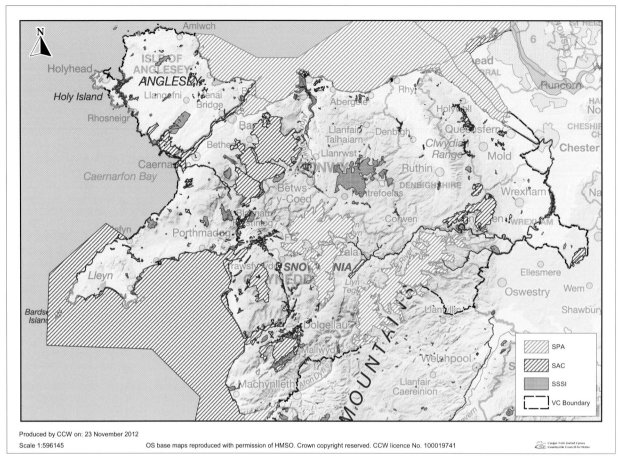

Figure 6. The SPAs, SACs and SSSIs in North Wales.
*Ffigur 6. AGA, ACA a SDdGA yng Ngogledd Cymru.*

protection, such as the lower reaches of the Conwy Valley, and the valleys of the Dyfi, Mawddach, Glaslyn and Dwyryd. Detailed analyses of the species found in these locations may be useful in helping to target action within the agri-environment schemes such as Glastir.

It is interesting to compare the geographic areas that have most species per tetrad (Figure 1) with the areas designated by CCW for conservation reasons in North Wales (Figure 6), the distribution of Principal Biodiversity Species (Figure 3) and the Red List of Birds of Conservation Concern (Figure 4). Large parts of the land area of North Wales, notably upland areas, are designated as SSSIs, usually for their habitat characteristics. All the terrestrial areas marked on Figure 6 are SSSIs though some have additional European designations. There are two types of relevant European legislative protection: SPAs and SACs. SPAs are specifically designated for their bird interest under the EU Directive on the Conservation of Wild Birds (79/409/EEC), usually referred to as the Birds Directive; SACs are specifically for habitats and for taxa other than birds.

Details of the SPAs in North Wales are given in Table 2, where designated sites usually indicate good habitat quality. In the uplands these generally coincide with the distribution of our special upland bird populations, e.g. waders, raptors and owls (Figures 9–11). Land in the lowlands is farmed more intensively. Site designations are not necessarily the most appropriate means of ensuring that a broad

clystyrau o rywogaethau mewn ardaloedd nad ydynt yn cael eu gwarchod, megis rhannau isaf Dyffryn Conwy a dyffryn-noedd afonydd Dyfi, Mawddach, Glaslyn a Dwyryd. Gallai dadansoddiad manwl o'r rhywogaethau sydd i'w gweld yn y mannau hyn fod o ddefnydd o ran targedu gweithredu o fewn cynlluniau amaethyddol-amgylcheddol megis Glastir.

Mae'n ddiddorol cymharu'r ardaloedd lle cofnodwyd y nifer fwyaf o rywogaethau ym mhob tetrad (Ffigur 1) â'r ardaloedd a ddynodir gan y CCGC am resymau cadwraeth yng Ngogledd Cymru (Ffigur 6), y mannau lle cofnodwyd y Prif Rywogaethau Bioamrywiaeth (Ffigur 3) a hefyd â'r Rhestr Goch o Adar o Bwysigrwydd Cadwraeth (Ffigur 4). Dynodwyd rhannau sylweddol o arwynebedd Gogledd Cymru fel Safleoedd o Ddiddordeb Gwyddonol Arbennig (SDdGA), y rhan fwyaf oherwydd nodweddion y cynefin. Mae pob un o'r safleoedd a nodir yn Ffigur 6 yn SDdGA, ond mae gan rai ohonynt ddynodiad Ewropeaidd yn ychwanegol at hyn. Mae dau fath o warchodaeth gyfreithiol Ewropeaidd yn berthnasol. Dynodwyd Ardaloedd Gwarchodaeth Arbennig (AGA) yn arbennig oherwydd eu pwysigrwydd i adar dan Orchymyn y Gymuned Ewropeaidd ar Warchod Adar Gwyllt (79/409/EEC), sy'n fwy adnabyddus fel y Gorchymyn Adar. Dynodwyd Ardaloedd Cadwraeth Arbennig (ACA) oherwydd pwysigrwydd y cynefin ac oherwydd rhywogaethau heblaw adar.

Gwelir manylion am bob AGA yng Ngogledd Cymru yn Nhabl 2. Mae'r dynodiad yma fel rheol yn golygu fod y

| Name of SPA<br>*Enw'r AGA* | Breeding species for which site is primarily designated (birds which are mentioned, but are not the prime reason for designation, are shown in brackets) | Rhywogaethau nythu sy'n brif reswm am ddynodiad y safle (dangosir adar a grybwyllir, ond nad ydynt yn brif reswm am y dynodiad, mewn cromfachau) |
|---|---|---|
| Berwyn | Hen Harrier, Peregrine Falcon, Merlin and Red Kite (upland bird assemblage including Golden Plover, Short-eared Owl, Curlew, Dunlin, Raven, Ring Ouzel, Snipe, Red Grouse and Black Grouse) | Bod Tinwen, Hebog Tramor, Cudyll Bach a Barcud Coch (adar ucheldir yn cynnwys Cwtiad Aur, Tylluan Glustiog, Gylfinir, Pibydd y Mawn, Cigfran, Mwyalchen y Mynydd, Giach, Grugiar a Grugiar Ddu) |
| Craig yr Aderyn – Bird Rock | Chough | Brân Goesgoch |
| Dee Estuary | Common Tern and Little Tern | Morwennol Gyffredin a Morwennol Fechan |
| Glannau Aberdaron and Ynys Enlli – Aberdaron coast and Bardsey | Chough, Manx Shearwater (Cormorant, Shag, Herring Gull, Peregrine Falcon and Puffin) | Brân Goesgoch, Aderyn-drycin Manaw (Mulfran, Mulfran Werdd, Gwylan y Penwaig, Hebog Tramor a Pâl) |
| Glannau Ynys Gybi – Holy Island coast | Chough (Raven, seabirds and coastal passerines such as Linnet, Yellowhammer, Wheatear and Stonechat) | Brân Goesgoch (Cigfran, adar môr a golfanod y glannau megis Llinos, Bras Melyn, Tinwen y Garn a Chlochdar y Cerrig) |
| Migneint – Arenig – Dduallt | Hen Harrier, Peregrine Falcon, Merlin (upland bird assemblage including Golden Plover, Dunlin, Curlew, Red Grouse and Black Grouse) | Bod Tinwen, Hebog Tramor, Cudyll Bach (adar yr ucheldir yn cynnwys Cwtiad Aur, Pibydd y Mawn, Gylfinir, Grugiar a Grugiar ddu) |
| Mynydd Cilan Trwyn y Wylfa ac Ynysoedd Sant Tudwal – includes Cilan Head and the St Tudwal's Islands | Chough (seabirds) | Brân Goesgoch (adar môr) |
| Ynys Feurig – Cemlyn Bay and the Skerries | Arctic Tern, Common Tern, Roseate Tern, Sandwich Tern (seabirds) | Morwennol y Gogledd, Morwennol Gyffredin, Morwennol Wridog, Morwennol Bigddu (adar môr) |
| Ynys Seiriol – Puffin Island | Cormorant (seabirds and Eider) | Mulfran (adar môr a Hwyaden Fwythblu) |

Table 2. SPAs of North Wales with breeding bird interest.
*Tabl 2. Ardaloedd Gwarchodaeth Arbennig yng Ngogledd Cymru a'u hadar nythu pwysig.*

Bird Rock SPA, Meirionnydd, our only inland Cormorant colony.
*AGA Craig yr Aderyn, Meirionnydd, ein hunig nythfa Fulfrain fewndirol.*

RHION PRITCHARD

spectrum of wildlife thrives in these farmed landscapes. Agri-environment schemes and landscape-scale conservation measures are more appropriate for the lowlands.

SPA designation has strict qualifying criteria. A site can only qualify if species that are 'rare, threatened or otherwise vulnerable' in a European context are present. Our SPAs have been designated for either Chough, birds of prey, seabirds or upland birds. This means that many of our areas of high bird diversity cannot be considered to be of European importance. However, their national importance does need to be recognised and breeding bird assemblages are qualifying criteria for SSSI designation. Our Atlas results indicate that maybe additional protected areas are required in North Wales. This will be discussed in more detail later in this chapter.

cynefin mewn cyflwr da, ac ar yr ucheldir mae fel rheol yn cyfateb i'r ardaloedd lle mae ein hadar ucheldir arbennig yn nythu, megis rhydwyr, adar ysglyfaethus a thylluanod (Ffigurau 9–11). Ar y tir isel, mae'r amaethu yn fwy dwys ac efallai nad dynodi safleoedd yw'r dull gorau o sicrhau fod ystod eang o fywyd gwyllt yn llwyddo yn y tirluniau amaethyddol hyn. Mae cynlluniau amaethyddol-amgylcheddol a mesurau cadwraeth ar lefel tirlun yn fwy addas yn yr iseldir.

Mae gofynion manwl ar gyfer dynodiad AGA. I gael y dynodiad yma, rhaid i safle gynnwys adar sy'n 'brin, dan fygythiad neu mewn perygl am reswm arall' yng nghyddestun Ewrop. Dynodwyd ein safleoedd AGA ni oherwydd presenoldeb y Frân Goesgoch, adar ysglyfaethus, adar môr neu adar yr ucheldir. Oherwydd hyn, ni ellir ystyried llawer o'r ardaloedd lle cofnodwyd amrywiaeth fawr o rywogaethau yn ardaloedd o bwysigrwydd Ewropeaidd. Fodd bynnag, mae angen cydnabod eu pwysigrwydd cenedlaethol, ac mae casgliadau o adar nythu yn un o'r meini prawf ar gyfer dynodi SDdGA. Awgryma ein canlyniadau ni fod angen gwarchod ardaloedd ychwanegol yng Ngogledd Cymru. Trafodir hyn yn fwy manwl yn ddiweddarach yn y bennod hon.

## Which were the most widespread breeding species?

No single species bred in every one of our 1,796 tetrads. The list in Table 3 shows the top 20 most widespread species, with the number of tetrads in which these species were recorded at each level of breeding. The table also shows a

## *Pa rai oedd yr adar nythu mwyaf cyffredin?*

Nid oedd yr un rhywogaeth yn nythu ym mhob un o'r 1,796 tetrad. Dengys y rhestr yn Nhabl 3 yr ugain rhywogaeth fwyaf cyffredin a'r nifer o detradau lle cofnodwyd y rhain gyda gwahanol lefelau o dystiolaeth nythu. Mae'r tabl hefyd yn dangos eu trefn yn nhermau'r nifer o sgwariau lle cofnodwyd y rhywogaeth ledled Cymru yn yr Arolwg Adar Nythu (BBS)

Gresford Flash, near Wrexham, where many common waterbirds breed, including Tufted Duck.
*Fflach Gresffordd ger Wrecsam, lle mae nifer o adar dŵr cyffredin, yn cynnwys yr Hwyaden Gopog, yn nythu.*

| Most widespread species | Rhywogaethau mwyaf cyffredin | Atlas Rank *Trefn Atlas* | BBS rank *Trefn BBS* | Possible *Posibl* | Probable *Tebygol* | Confirmed *Cadarn-hawyd* | Total *Cyfanswm* | % |
|---|---|---|---|---|---|---|---|---|
| Carrion Crow | Brân Dyddyn | 1 | 1 | 276 | 558 | 838 | 1672 | 93 |
| Wren | Dryw | 2 | 4 | 384 | 668 | 608 | 1660 | 92 |
| Chaffinch | Ji-binc | 3 | 2 | 166 | 699 | 768 | 1633 | 91 |
| Blackbird | Mwyalchen | 4 | 3 | 204 | 315 | 1058 | 1577 | 88 |
| Buzzard | Bwncath | 5 | 14 | 571 | 537 | 445 | 1553 | 86 |
| Robin | Robin Goch | 6 | 5 | 268 | 364 | 907 | 1539 | 86 |
| Willow Warbler | Telor yr Helyg | 7 | 12 | 367 | 582 | 565 | 1514 | 84 |
| Swallow | Gwennol | 8 | 8 | 190 | 372 | 946 | 1508 | 84 |
| Woodpigeon | Ysguthan | 9 | 6 | 372 | 792 | 315 | 1479 | 82 |
| Blue Tit | Titw Tomos Las | 10 | 7 | 152 | 193 | 1131 | 1476 | 82 |
| Dunnock | Llwyd y Gwrych | 11 | 13 | 406 | 522 | 496 | 1424 | 79 |
| Great Tit | Titw Mawr | 12 | 9 | 236 | 280 | 904 | 1420 | 79 |
| Pied Wagtail | Siglen Fraith | 13 | 20 | 370 | 348 | 698 | 1416 | 79 |
| Magpie | Pioden | 14 | 11 | 331 | 465 | 590 | 1386 | 77 |
| Goldfinch | Nico | 15 | 17 | 264 | 666 | 426 | 1356 | 76 |
| Song Thrush | Bronfraith | 16 | 10 | 495 | 342 | 510 | 1347 | 75 |
| Chiffchaff | Siff-saff | 17 | 16 | 432 | 585 | 324 | 1341 | 75 |
| House Sparrow | Aderyn y To | 18 | 18 | 108 | 267 | 901 | 1276 | 71 |
| Blackcap | Telor Penddu | 19 | 19 | 466 | 532 | 230 | 1228 | 68 |
| Raven | Cigfran | 20 | 26 | 416 | 394 | 365 | 1175 | 65 |

Table 3. The 20 most widespread breeding bird species in North Wales between 2008 and 2012.
*Tabl 3. Yr ugain rhywogaeth fwyaf cyffredin o adar nythu yng Ngogledd Cymru rhwng 2008 a 2012.*

ranking derived from the number of BBS squares in which each species was recorded, across the whole of Wales in the breeding seasons of 2008–11 (Risely *et al.* 2009, 2010, 2011, 2012).

Upland squares are not well represented in the BBS in Wales. Therefore, the Atlas ranking probably presents a more accurate picture, as our coverage was more comprehensive. This probably accounts for the differences in the relative position of Buzzard and Raven. Nineteen species feature in both rankings as Raven does not feature in the BBS list but is replaced by Jackdaw, ranked fifteenth in the Welsh BBS.

## Distribution patterns of specific groups of species

Many species with similar ecology or habitat requirements can be viewed as a group. Such groupings can help to identify particular habitat locations favoured by these birds. They can also identify other areas that may appear superficially suitable but are not occupied by these species. These group distribution patterns can highlight environmental conditions such as habitat diversity or water quality and also help to target future conservation work. There may be other species groupings which researchers may wish to explore. Our data will be available for such work in the future.

yn ystod tymhorau nythu 2008–11 (Risely *et al.* 2009, 2010, 2011, 2012).

Nid oes cynrychiolaeth dda o sgwariau ucheldir yn y BBS yng Nghymru, felly mae'n debyg fod y drefn yn ôl yr Atlas yn rhoi darlun mwy cywir, gan ein bod ni wedi arolygu'r ardal i gyd. Mae'n debyg mai dyma'r rheswm am y mân wahaniaethau yn safleoedd y Bwncath a'r Gigfran. Gwelir 19 rhywogaeth yn y ddwy restr. Y gwahaniaeth rhyngddynt yw nad yw'r Gigfran ar restr y BBS, a Jac-y-do yn cymryd ei lle, yn bymthegfed ar restr Gymreig y BBS.

## Patrymau dosbarthiad grwpiau arbennig o rywogaethau

Gellir ystyried nifer o rywogaethau sydd ag ecoleg neu ofynion cynefin tebyg i'w gilydd fel grŵp. Gall creu grwpiau fel hyn fod yn gymorth i ddarganfod mannau arbennig lle mae'r cynefin yn ffafriol i'r adar hyn. Yn ogystal, gellir darganfod ardaloedd eraill sydd i bob golwg yn addas, ond lle nad yw'r rhywogaethau yma i'w gweld. Mae'r patrymau yn medru dangos cyflwr yr amgylchedd, megis amrywiaeth cynefin ac ansawdd y dŵr, ac yn gymorth i dargedu gwaith cadwraeth yn y dyfodol. Efallai fod grwpiau eraill o rywogaethau yr hoffai ymchwilwyr edrych arnynt, a bydd ein data ar gael ar gyfer gwaith fel hyn yn y dyfodol.

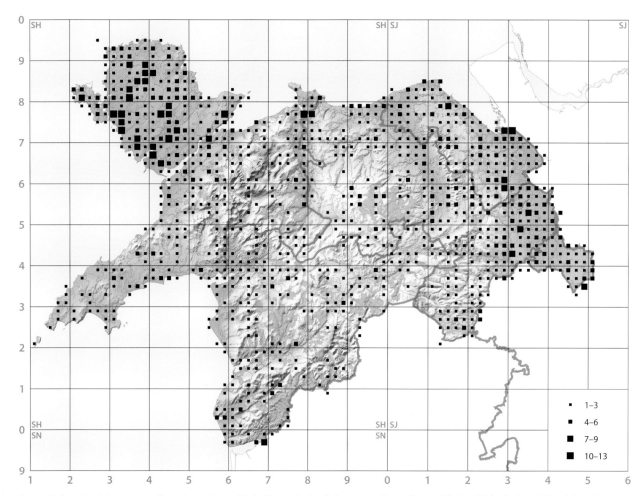

Figure 7. Species richness map for selected waterbirds (Coot, Gadwall, Garganey, Great Crested Grebe, Little Grebe, Mallard, Moorhen, Mute Swan, Pochard, Shoveler, Teal, Tufted Duck).
*Ffigur 7. Map cyfoeth rhywogaethau adar dŵr (Alarch Dof, Corhwyaden, Cwtiar, Gwyach Fach, Gwyach Fawr Gopog, Hwyaden Addfain, Hwyaden Bengoch, Hwyaden Gopog, Hwyaden Lwyd, Hwyaden Lydanbig, Hwyaden Wyllt, Iâr Ddŵr).*

## Waterbirds

This suite of birds includes those that are found almost exclusively on inland freshwater bodies. The rapid increase in distribution of both Canada and Greylag Goose across our region indicates these species' very general wetland habitat requirements. These two species are often dominant over other waterbird species, with the exception of Mute Swan. For this reason these species have been excluded from this analysis.

Figure 7 clearly identifies the importance of the wetland sites on Anglesey. Other sites that have a wide variety of wetland breeding birds include: RSPB Conwy, Fagl Lane lake and other gravel pit lakes along the River Alyn (SJ25Z and SJ26V), Fenn's Moss NNR and various sites south and east of Wrexham, such as SJ34J (Erddig) and SJ35L (Gresford Flash). These are all accessible sites, visited regularly by local birdwatchers. It would appear that many of the reservoir sites in the Wrexham area, such as Nant-y-Frith, Tŷ Mawr, Cae Llwyd and Pendinas, hold more winter waterbird interest and are of less importance for our breeding birds. Many of the upland lakes do not hold many bird species at any time of year.

## *Adar dŵr*

Mae'r grŵp yma o adar yn cynnwys rhywogaethau sydd bron yn llwyr gyfyngedig i ddŵr croyw. Dengys cynnydd cyflym Gŵydd Canada a'r Ŵydd Wyllt yn ein hardal mor gyffredinol yw anghenion y rhywogaethau hyn. Maent yn aml yn dominyddu rhywogaethau eraill o adar dŵr, ac eithrio'r Alarch Dof. Oherwydd hyn, nid ydynt wedi eu cynnwys yn y dadansoddiad yma.

Dengys Ffigur 7 yn glir bwysigrwydd gwlyptiroedd Môn, gwarchodfa RSPB Conwy, Llyn Lôn Fagl a llynnoedd pyllau gro eraill ar hyd afon Alyn (SJ25Z a SJ26V), Gwarchodfa Natur Genedlaethol Fenn's Moss a nifer o safleoedd i'r de ac i'r dwyrain o Wrecsam megis SJ34J (Erddig) a SJ35L (Flach Gresffordd) lle mae amrywiaeth o adar dŵr yn nythu. Mae'r rhain yn safleoedd hawdd cyrraedd atynt ac mae gwylwyr adar lleol yn ymweld yn rheolaidd. Ymddengys nad yw llawer o'r cronfeydd dŵr yn ardal Wrecsam, megis Nant-y-Frith, Tŷ Mawr, Cae Llwyd a Phendinas, mor bwysig ar gyfer nythu, er bod niferoedd da o adar yno yn y gaeaf. Nid oes llawer o adar ar lynnoedd yr ucheldir ar unrhyw adeg o'r flwyddyn.

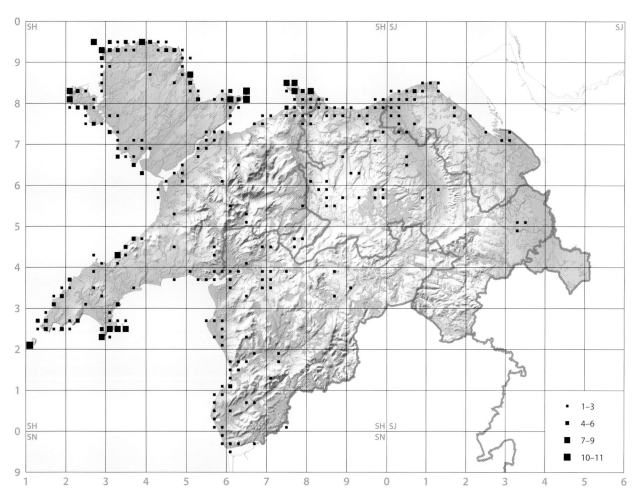

Figure 8. Species richness map for seabirds (Arctic Tern, Black Guillemot, Common Tern, Fulmar, Great Black-backed Gull, Guillemot, Herring Gull, Kittiwake, Lesser Black-backed Gull, Manx Shearwater, Puffin, Razorbill, Sandwich Tern, Shag, Storm Petrel).
*Ffigur 8. Map cyfoeth rhywogaethau adar môr (Aderyn-drycin Manaw, Aderyn-drycin y Graig, Gwylan Gefnddu Fwyaf, Gwylan Gefnddu Leiaf, Gwylan Goesddu, Gwylan y Penwaig, Gwylog, Gwylog Ddu, Llurs, Morwennol Bigddu, Morwennol Gyffredin, Morwennol y Gogledd, Mulfran Werdd, Pâl, Pedryn Drycin).*

## Seabirds

In general this group of species has a localised distribution around the coast, related to the restricted nature of suitable breeding habitats (Figure 8). Great Black-backed Gulls are an exception to this, where inland breeding is on the increase. Most seabirds forage either out at sea or in inshore waters close to breeding sites. Gull species can, however, move large distances inland to feed and many non-breeders remain inland for the whole of the summer. This is indicated by triangular symbols on the maps in the individual species accounts. The major seabird colonies are on the Little and Great Orme, the coast of Anglesey from Puffin Island round to the Skerries and South Stack, the northern coast of Llŷn at Carreg y Llam, Bardsey, the south coast of Llŷn at Cilan Head and the St Tudwal's Islands.

## *Adar môr*

Gan mwyaf, gwelir yr adar yn y grŵp yma mewn rhai mannau ar yr arfordir yn unig, oherwydd mai dim ond yno y mae cynefin nythu addas (Ffigur 8). Un eithriad yw'r Wylan Gefnddu Fwyaf, sy'n awr yn fwy tueddol i nythu ymhell o'r môr. Mae'r rhan fwyaf o adar môr yn chwilio am fwyd ar y môr, un ai ymhell o'r glannau neu'n agos i'r safleoedd nythu. Gall gwylanod, fodd bynnag, chwilio am fwyd ymhell o'r môr, ac mae llawer o adar nad ydynt yn nythu yn aros yn yr ardaloedd hyn trwy gydol yr haf. Dangosir y rhain gan y symbolau triongl ar fapiau'r rhywogaethau unigol. Mae'r prif nythfeydd adar môr ar y Gogarth a Rhiwledyn, arfordir Môn o Ynys Seiriol hyd Ynysoedd y Moelrhoniaid ac Ynys Lawd, arfordir gogleddol Penrhyn Llŷn megis Carreg y Llam, Ynys Enlli ac arfordir deheuol Llŷn megis Pen Cilan ac Ynysoedd Sant Tudwal.

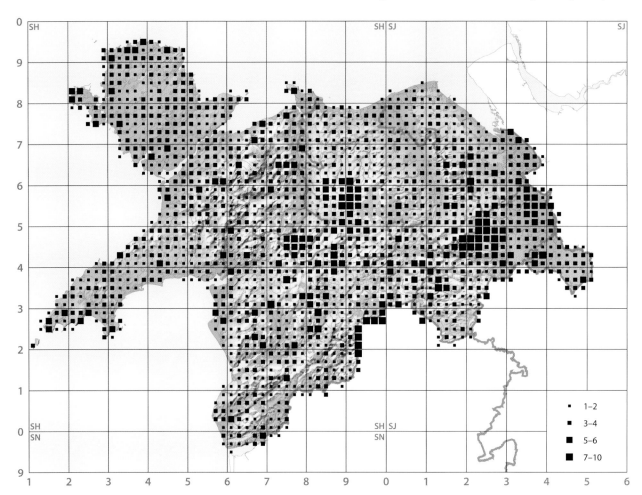

Figure 9. Species richness map for raptors and owls (Barn Owl, Buzzard, Goshawk, Hen Harrier, Hobby, Honey-buzzard, Kestrel, Little Owl, Long-eared Owl, Marsh Harrier, Merlin, Osprey, Peregrine, Short-eared Owl, Sparrowhawk, Tawny Owl).
*Ffigur 9. Map cyfoeth rhywogaethau adar ysglyfaethus a thylluanod (Bod Tinwen, Bod y Gwerni, Bod y Mêl, Bwncath, Cudyll Bach, Cudyll Coch, Gwalch Glas, Gwalch Marth, Gwalch y Pysgod, Hebog Tramor, Hebog yr Ehedydd, Tylluan Fach, Tylluan Glustiog, Tylluan Gorniog, Tylluan Frech, Tylluan Wen).*

## Raptors and owls

Whilst the monitoring of the rarer raptors and Barn Owls is reasonably well coordinated and few breeding sites would have been missed during the 2008–12 fieldwork, the other species are almost certainly underrecorded. Clearly the land over 400m has the highest diversity of species in this group (Figure 9). The dots in the lowland locations refer to the more widespread species such as Buzzard, Sparrowhawk, Tawny and Barn Owl with scattered Kestrel, Peregrine and Little Owl records.

Figure 9 identifies several areas where the dedicated effort of Raptor Study Group fieldworkers, with years of association with particular locations, has produced high-quality results. It is possible that if this level of effort had been repeated in other 10km squares further clusters would have been identified. Nocturnal species, notably the owls, were definitely underrecorded. Some fieldworkers were reluctant to provide detailed location information for sensitive species. For example, there were no records of Goshawk in Gwydyr Forest, but we have had indications from fieldworkers that this species does indeed occur there. This map may indicate where future monitoring and/or conservation action for this grouping of species could be concentrated.

## *Adar ysglyfaethus a thylluanod*

Tra bod gwaith monitro'r adar ysglyfaethus prinnaf a'r Dylluan Wen yn cael ei gydlynu'n bur dda, a'r rhan fwyaf o'u safleoedd nythu wedi eu cofnodi yn ystod gwaith maes 2008–12, mae'n debyg fod y rhywogaethau eraill wedi eu tan-gofnodi. Gwelir mai ar y tir sy'n uwch na 400 medr y mae'r amrywiaeth mwyaf o rywogaethau o fewn y grŵp yma. (Ffigur 9). Y rhywogaethau mwy cyffredin, megis y Bwncath, Gwalch Glas, y Dylluan Frech a'r Dylluan Wen, a gofnodwyd yn bennaf ar y tir isel, gyda rhai cofnodion o'r Cudyll Coch, Hebog Tramor a'r Dylluan Fach.

Dengys Ffigur 9 sawl ardal lle mae ymdrechion ymroddedig gweithwyr maes y Grŵp Astudio Adar Ysglyfaethus, rhai ohonynt a blynyddoedd o brofiad o ardal arbennig, wedi darparu canlyniadau o safon uchel. Efallai y buasai'r lefel yma o ymdrech yn y sgwariau 10 cilomedr eraill wedi datgelu clystyrau eraill. Yn sicr, tan-gofnodwyd adar nos megis y tylluanod, ac nid oedd rhai gweithwyr maes yn awyddus i roi manylion lleoliad ar gyfer rhai rhywogaethau sensitif. Er enghraifft, ni chawsom unrhyw gofnod o'r Gwalch Marth yng Nghoedwig Gwydyr, er y gwyddom fod y rhywogaeth yno. Efallai bod y map yma'n dangos lle y gellid monitro neu weithredu ar gyfer cadwraeth yn y dyfodol.

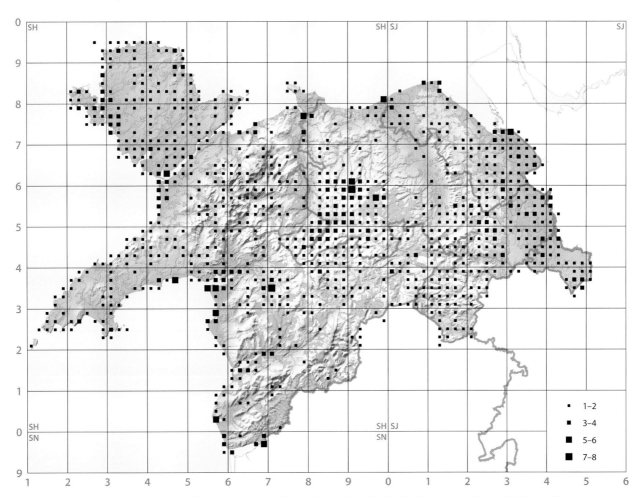

Figure 10. Species richness map for waders (Common Sandpiper, Curlew, Dunlin, Golden Plover, Lapwing, Little Ringed Plover, Oystercatcher, Redshank, Ringed Plover, Snipe).
*Ffigur 10. Map cyfoeth rhywogaethau rhydwyr (Cornchwiglen, Cwtiad Aur, Cwtiad Torchog, Cwtiad Torchog Bach, Gïach Gyffredin, Gylfinir, Pibydd Coesgoch, Pibydd y Dorlan, Pibydd y Mawn, Pioden y Môr).*

## Wading birds

Lapwing, Snipe and Redshank were once a common sight on lowland farms in the breeding season, but this is no longer the case. Figure 10 shows that large areas of our lowlands, particularly those with heavily grazed pastures, no longer support any populations of breeding waders. These areas include most of central Anglesey, Llŷn and lowland Caernarfon bordering the Menai Strait, lowland Denbigh, particularly the Vale of Clwyd, and northern Flint. The best sites are now almost exclusively in conservation management. Hotspots include the RSPB reserves at Conwy and Burton Mere Wetlands.

The upland area with the highest diversity of breeding waders is Mynydd Hiraethog. Several upland areas, notably the Arans, the Rhinogau and Cadair Idris, appear not to support many wader species. Others now support fewer species than in the past. Curlew and Lapwing, in particular, have been lost from many upland areas in the west over the past 20 years.

## *Rhydwyr*

Ar un adeg roedd y Gornchwiglen, y Gïach Gyffredin a'r Pibydd Coesgoch yn olygfa gyffredin ar ffermydd yr iseldir yn ystod y tymor nythu, ond nid yw hynny'n wir erbyn hyn. Dengys Ffigur 10 nad oes rhydwyr yn nythu bellach mewn rhannau eang o'r iseldir, yn enwedig lle mae llawer o bori. Mae'r ardaloedd yma'n cynnwys canolbarth Môn a'r tir isel ger afon Menai yng Nghaernarfon, iseldir Dinbych, yn enwedig Dyffryn Clwyd, a gogledd Fflint. Yn awr mae'r safleoedd gorau bron bob un yn cael eu rheoli'n arbennig ar gyfer cadwraeth (megis gwarchodfeydd yr RSPB yng Nghonwy a Gwlyptiroedd Burton Mere) ac mae llawer llai o gyfle i weld yr adar hyn yng nghefn gwlad.

Yr ardal o ucheldir lle mae'r amrywiaeth fwyaf o rydyddion yn nythu yw Mynydd Hiraethog. Ymddengys nad yw rhai ardaloedd o dir uchel, megis yr Aran, y Rhinogydd a Chader Idris, yn gartref i lawer o rywogaethau, ac mae eraill yn cynnal llai o rywogaethau nag yn y gorffennol. Collwyd y Gylfinir a'r Gornchwiglen, yn enwedig, o lawer rhan o'r ucheldir yn y gorllewin yn ystod yr ugain mlynedd diwethaf.

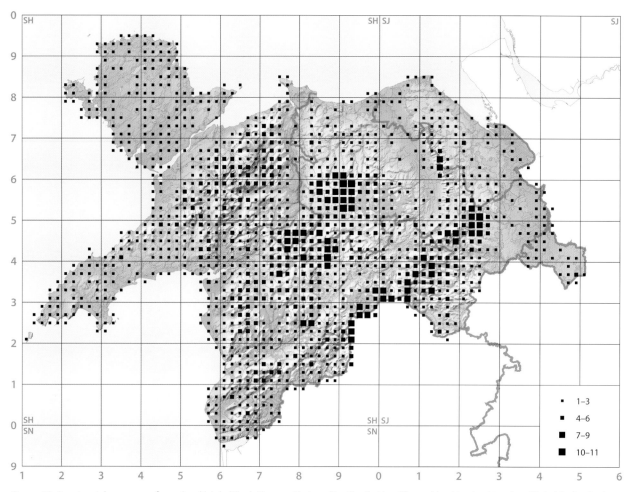

Figure 11. Species richness map for upland birds (Black Grouse, Curlew, Dunlin, Golden Plover, Hen Harrier, Meadow Pipit, Merlin, Red Grouse, Ring Ouzel, Short-eared Owl, Snipe, Wheatear, Whinchat).
*Ffigur 11. Map cyfoeth rhywogaethau adar yr ucheldir (Bod Tinwen, Corhedydd y Waun, Crec yr Eithin, Cudyll Bach, Cwtiad Aur, Gïach Gyffredin, Grugiar, Grugiar Ddu, Gylfinir, Mwyalchen y Mynydd, Pibydd y Mawn, Tinwen y Garn, Tylluan Glustiog).*

## Upland birds

The more rocky uplands of Snowdonia, our highest land, offer very little in terms of habitat variety. Hence the species diversity is low but a few very specialist species thrive there (Figure 11). The upland areas with the highest diversity of bird species are Mynydd Hiraethog, northern Migneint, Ruabon Mountain and the Berwyn. Most of the land in these areas has been designated, in a European context, for habitat and or bird assemblage reasons. The exception to this is Mynydd Hiraethog, which has a SSSI citation that includes the diverse upland breeding bird community, but does not have the additional European protection.

## *Adar yr ucheldir*

Cymharol ychydig o amrywiaeth o gynefinoedd a geir ar ucheldir creigiog Eryri, ein tir uchaf, ac felly dim ond ychydig o rywogaethau arbenigol sy'n ymgartrefu yno. Dengys Ffigur 11 fod cyfoeth rhywogaethau yn isel yma. Yr ardaloedd o ucheldir lle mae'r amrywiaeth fwyaf o rywogaethau yw Mynydd Hiraethog, gogledd y Migneint, Mynydd Rhiwabon a'r Berwyn. Dynodwyd y rhan fwyaf o dir yr ardaloedd hyn fel ardaloedd o bwysigrwydd Ewropeaidd, oherwydd eu cynefin neu oherwydd eu hadar. Yr eithriad yw Mynydd Hiraethog, sy'n SDdGA oherwydd fod amrywiaeth o adar yr ucheldir yn nythu yno, ond sydd heb warchodaeth ychwanegol ar lefel Ewropeaidd.

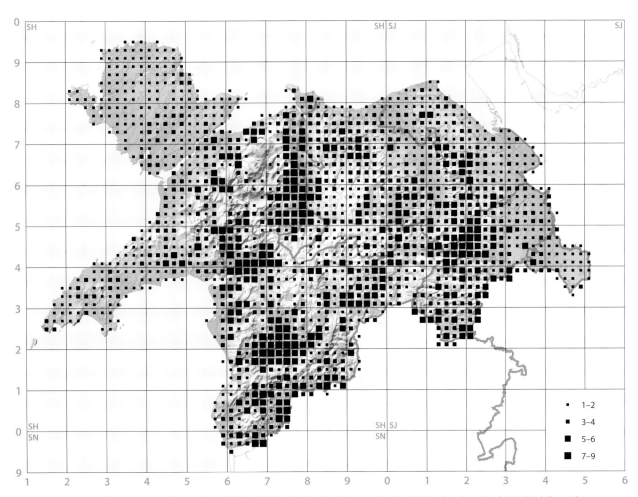

Figure 12. Species richness maps for woodland birds (Bullfinch, Hawfinch, Lesser Spotted Woodpecker, Marsh Tit, Pied Flycatcher, Redstart, Song Thrush, Spotted Flycatcher, Tree Pipit, Willow Tit, Wood Warbler).
*Ffigur 12. Map cyfoeth rhywogaethau adar coedwig (Bronfraith, Cnocell Fraith Leiaf, Coch y Berllan, Corhedydd y Coed, Gwybedog Brith, Gwybedog Mannog, Gylfinbraff, Telor y Coed, Tingoch, Titw'r Helyg, Titw'r Wern).*

## Woodland birds

This group of birds includes the woodland specialists, those species most strongly associated with our semi-natural native broadleaved and mixed woodland. Some species are excluded from this section. They are the most common and widespread woodland species, such as Great Spotted Woodpecker and Nuthatch, and those generalist species that breed in a wide variety of habitats, such as Robin and Blackbird. Some areas of concentration show the locations of large woodland blocks such as Gwydyr Forest, Coed y Brenin and the Meirionnydd oakwoods. Clusters of woodland bird specialists also appear around World's End and Ruabon Mountain in the east, and in the west along much of the Conwy valley and part of the Mawddach valley, where woodland habitat is more fragmented (Figure 12).

Woodland management and changes in structure are thought to have contributed to the decline of many woodland species, in addition to issues outside the UK affecting long-distance migrants. Glastir is the latest Welsh Environmental Management scheme which has been running since January 2012. It replaces Tir Gofal, Tir Cynnal, Tir Mynydd, the Organic farming schemes and Better Woodlands for Wales. There are targets to increase woodland cover and to provide specific management advice to landowners. However, there are concerns within

## *Adar coedwig*

Mae'r grŵp yma yn cynnwys yr arbenigwyr coedwig, sef y rhywogaethau a gysylltir yn arbennig â'n coedwigoedd llednaturiol llydanddail a chymysg. Nid ydym yn cynnwys yr adar coedwig mwyaf cyffredin, megis y Gnocell Fraith Fwyaf a Delor y Cnau, na'r rhywogaethau sy'n medru nythu mewn amrywiol gynefinoedd yn cynnwys coedwigoedd, megis y Robin Goch a'r Fwyalchen. Dengys y darnau tywyll ar y map leoliad rhai o'r coedwigoedd mawr, megis Coedwig Gwydyr, Coed y Brenin a choedwigoedd derw Meirionnydd. Gwelir clystyrau o adar arbenigol y coedwigoedd hefyd o amgylch Pen Draw'r Byd, Mynydd Rhiwabon yn y dwyrain, ac yn y gorllewin ar hyd rhan helaeth o Ddyffryn Conwy a rhan o Ddyffryn Mawddach, lle mae'r coedydd yn fwy tameidiog (Ffigur 12).

Credir fod dulliau rheoli coedwigoedd a newidiadau yn eu strwythur wedi cyfrannu tuag at leihad yn niferoedd llawer o'r rhywogaethau a welir mewn coedwigoedd, yn ogystal â phroblemau tu allan i'r DU sy'n effeithio ar rai adar mudol. Glastir yw'r cynllun Cymreig newydd ar gyfer rheoli'r amgylchedd, ac mae wedi bod yn weithredol er Ionawr 2012. Mae'n cymryd lle Tir Gofal, Tir Cynnal, Tir Mynydd a'r cynlluniau Amaethu Organig a Choetiroedd Gwell i Gymru. Gosodwyd targedau i ychwanegu at yr arwynebedd dan goedwigoedd a hefyd i roi cyngor i dirfeddianwyr sut i rheoli coedwigoedd er mwyn cynnal a chynyddu poblogaethau

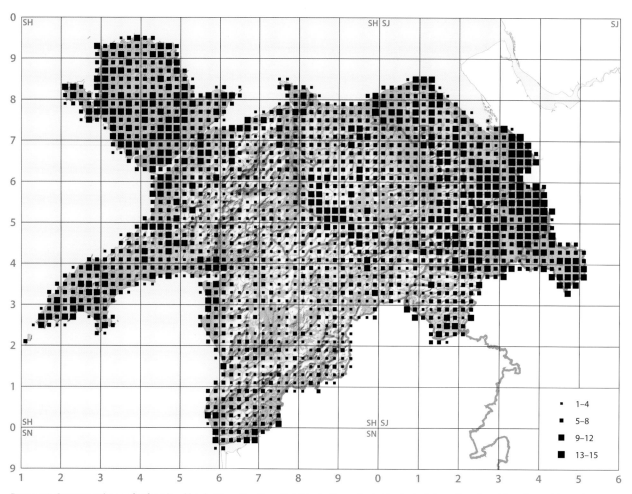

Figure 13. Species richness for farmland birds (Corn Bunting, Goldfinch, Greenfinch, Rook, Jackdaw, Grey Partridge, Kestrel, Lapwing, Linnet, Reed Bunting, Skylark, Stock Dove, Tree Sparrow, Whitethroat, Woodpigeon, Yellow Wagtail, Yellowhammer).
*Ffigur 13. Map cyfoeth rhywogaethau adar tir amaethyddol (Bras Melyn, Bras y Cyrs, Bras yr Ŷd, Colomen Wyllt, Cornchwiglen, Cudyll Coch, Ehedydd, Golfan y Mynydd, Jac-y-do, Llinos, Llinos Werdd, Llwydfron, Nico, Petrisen, Siglen Felen, Ydfran, Ysguthan).*

the conservation organisations that the prescriptions are not sufficiently detailed to meet the requirements of our woodland birds. Only time and the quality of woodland management advice will determine whether the dramatic decline in the populations of woodland bird specialists can be halted and numbers again recover to sustainable levels.

## Farmland birds

The geographic areas that stand out the most for this group of species are much of Anglesey, western Llŷn and the eastern fringes of Denbigh and Flint, particularly around Trevalyn Meadows (Figure 13). The smaller, less intensively managed fields of Anglesey are particularly attractive to our farmland passerines, as are the more mixed farms of the lower Dee valley. The lack of habitat diversity in the Vale of Clwyd and the intensive management of pasture, for cattle and sheep, may be the main reasons why many farmland species are absent there. Despite the plight of many of our farmland birds being known for many years, conservation action to date has been unable to reverse the declines of many of these species. Landscape-scale conservation action, such as that being proposed by NWWT and RSPB, may make a difference.

llawer o'r adar coedwig arbenigol sydd wedi lleihau yn ddramatig yn y blynyddoedd diwethaf. Ar y llaw arall mae pryder o fewn y cyrff cadwraeth nad yw'r gofynion yn ddigon manwl i ddelio ag anghenion ein hadar coedwig. Dim ond amser a safon rheolaeth coedwigoedd a ddengys a ellir atal lleihad adar arbenigol y coedwigoedd ac adfer eu poblogaethau i lefel gynaliadwy.

## Adar tir amaethyddol

Yr ardaloedd sy'n tynnu sylw o ran adar tir amaeth yw rhan helaeth o Ynys Môn, gorllewin Llŷn a chyrion dwyreiniol Dinbych a Fflint, yn enwedig o gwmpas Meysydd Trefalun (Ffigur 13). Mae caeau llai Môn, sy'n cael eu rheoli'n llai dwys, yn ddeniadol i'r adar clwydo sydd i'w gweld ar dir amaethyddol, ac mae'r un peth yn wir am ffermydd mwy cymysg rhan isaf dyffryn Dyfrdwy. Efallai mai diffyg amrywiaeth cynefin yn Nyffryn Clwyd a'r rheoli dwys ar y borfa ddefaid yw'r prif reswm na cheir llawer o rywogaethau tir amaethyddol yno. Er bod helbul llawer o'n hadar tir amaethyddol yn wybyddus ers blynyddoedd, hyd yma ni lwyddwyd i atal lleihad poblogaeth llawer o'r rhywogaethau hyn. Efallai y gall gweithredu ar lefel tirlun, megis y cynlluniau sydd gan YNGC a'r RSPB, wneud gwahaniaeth.

## Comparison with the 1968–72 and 1988–91 national Atlases

In order to compare our results with the two previous national Atlases, but particularly with the first, our results are presented at the 10km level in the data tables in the individual species accounts. There have been some very notable changes in distribution, as highlighted below.

## Declining species

The distributions of many species have contracted dramatically in the last 40 years. Table 4 shows those species that have shown more than a 20% decrease in distribution and

## *Cymhariaeth ag Atlasau cenedlaethol 1968–72 a 1988–91*

Er mwyn medru cymharu ein canlyniadau ni â chanlyniadau'r ddau Atlas cenedlaethol blaenorol, yn enwedig yr Atlas cyntaf, rydym yn dangos ein canlyniadau ar lefel 10 cilomedr yn y tablau data ar gyfer pob rhywogaeth unigol. Bu rhai newidiadau nodedig iawn rhwng y ddau Atlas blaenorol a heddiw. Nodir y newidiadau mwyaf isod.

## *Adar sy'n lleihau*

Mae nifer o rywogaethau wedi lleihau yn ddramatig dros y deugain mlynedd diwethaf, ac mae Tabl 4 yn dangos y rhain. Yn y tabl yma rhestrir y rhywogaethau sydd wedi

| Species | Rhywogaeth | 10km occupied 1968–72 *10km ag adar 1968–72* | 10km occupied 2008–12 *10km ag adar 2008–12* | Difference between 1968–72 and 2008–12 *Gwahaniaeth rhwng 1968–72 a 2008–12* | % decrease in distribution since 1968–72 *% lleihad mewn dosbarthiad er 1968–72* |
|---|---|---|---|---|---|
| Turtle Dove | Turtur | 45 | 1 | 44 | 98 |
| Corncrake | Rhegen yr Ŷd | 24 | 2 | 22 | 92 |
| Little Tern | Morwennol Fechan | 10 | 2 | 8 | 80 |
| Yellow Wagtail | Siglen Felen | 20 | 6 | 14 | 70 |
| Grey Partridge | Petrisen | 69 | 21 | 48 | 70 |
| Redshank | Pibydd Coesgoch | 46 | 17 | 29 | 63 |
| Woodcock | Cyffylog | 43 | 16 | 27 | 63 |
| Arctic Tern | Morwennol y Gogledd | 10 | 4 | 6 | 60 |
| Tree Sparrow | Golfan y Mynydd | 53 | 24 | 29 | 55 |
| Black-headed Gull | Gwylan Benddu | 47 | 24 | 23 | 49 |
| Willow Tit | Titw'r Helyg | 37 | 19 | 18 | 49 |
| Nightjar | Troellwr Mawr | 29 | 15 | 14 | 48 |
| Lesser Spotted Woodpecker | Cnocell Fraith Leiaf | 38 | 20 | 18 | 47 |
| Common Tern | Morwennol Gyffredin | 13 | 8 | 5 | 39 |
| Whinchat | Crec yr Eithin | 74 | 49 | 25 | 34 |
| Black Grouse | Grugiar Ddu | 30 | 20 | 10 | 33 |
| Green Woodpecker | Cnocell Werdd | 88 | 59 | 29 | 33 |
| Snipe | Gïach Gyffredin | 74 | 50 | 24 | 32 |
| Ring Ouzel | Mwyalchen y Mynydd | 45 | 32 | 13 | 29 |
| Red Grouse | Grugiar | 42 | 30 | 12 | 29 |
| Lapwing | Cornchwiglen | 94 | 68 | 26 | 28 |
| Tree Pipit | Corhedydd y Coed | 70 | 51 | 19 | 27 |
| Curlew | Gylfinir | 91 | 67 | 24 | 26 |
| Yellowhammer | Bras Melyn | 96 | 72 | 24 | 25 |
| Marsh Tit | Titw'r Wern | 46 | 35 | 11 | 24 |
| Razorbill | Llurs | 13 | 10 | 3 | 23 |
| Kingfisher | Glas y Dorlan | 54 | 43 | 11 | 20 |
| Wood Warbler | Telor y Coed | 64 | 51 | 13 | 20 |

Table 4. Species that have shown a decrease of 20% or more in distribution since 1968–72.
*Tabl 4. Rhywogaethau a gofnodwyd mewn o leiaf 20% yn llai o sgwariau nag yn 1968–72.*

| Species | Rhywogaeth | 10km occupied 1968–72 *10km ag adar 1968–72* | 10km occupied 2008–12 *10km ag adar 2008–12* | Difference between 1968–72 and 2008–12 *Gwahaniaeth rhwng 1968–72 a 2008–12* | % increase in distribution since 1968–72 *% cynnydd mewn dosbarthiad er 1968–72* |
|---|---|---|---|---|---|
| Common Crossbill | Gylfin Groes | 0 | 48 | 48 | – |
| Goosander | Hwyaden Ddanheddog | 1 | 53 | 52 | 5200 |
| Greylag Goose | Gŵydd Wyllt | 2 | 63 | 61 | 3050 |
| Mandarin Duck | Hwyaden Gribog | 1 | 18 | 17 | 1700 |
| Red Kite | Barcud | 4 | 51 | 47 | 1175 |
| Red-legged Partridge | Petrisen Goesgoch | 7 | 46 | 39 | 557 |
| Siskin | Pila Gwyrdd | 16 | 85 | 69 | 431 |
| Canada Goose | Gŵydd Canada | 22 | 85 | 63 | 286 |
| Ruddy Duck | Hwyaden Goch | 2 | 6 | 4 | 200 |
| Peregrine | Hebog Tramor | 25 | 71 | 46 | 184 |
| Reed Warbler | Telor y Cyrs | 16 | 41 | 25 | 156 |
| Lesser Whitethroat | Llwydfron Fach | 28 | 63 | 35 | 125 |
| Hen Harrier | Bod Tinwen | 13 | 28 | 15 | 115 |
| Twite | Llinos y Mynydd | 4 | 8 | 4 | 100 |
| Chough | Brân Goesgoch | 20 | 40 | 20 | 100 |
| Quail | Sofliar | 10 | 20 | 10 | 100 |
| Feral Pigeon | Colomen Ddof | 39 | 72 | 33 | 85 |
| Great Crested Grebe | Gwyach Fawr Gopog | 23 | 42 | 19 | 83 |
| Cormorant | Mulfran | 19 | 32 | 13 | 68 |
| Pochard | Hwyaden Bengoch | 6 | 10 | 4 | 67 |
| Lesser Black-backed Gull | Gwylan Gefnddu Leiaf | 24 | 39 | 15 | 63 |
| Herring Gull | Gwylan y Penwaig | 42 | 66 | 24 | 57 |
| Great Black-backed Gull | Gwylan Gefnddu Fwyaf | 25 | 39 | 14 | 56 |
| Little Grebe | Gwyach Fach | 38 | 56 | 18 | 47 |
| Stonechat | Clochdar y Cerrig | 60 | 88 | 28 | 47 |
| Tufted Duck | Hwyaden Gopog | 32 | 46 | 14 | 44 |
| Shelduck | Hwyaden yr Eithin | 38 | 54 | 16 | 42 |
| Buzzard | Bwncath | 69 | 98 | 29 | 42 |
| Mute Swan | Alarch Dof | 43 | 61 | 18 | 42 |
| Oystercatcher | Pioden y Môr | 45 | 61 | 16 | 36 |
| Collared Dove | Turtur Dorchog | 72 | 96 | 24 | 33 |
| Red-breasted Merganser | Hwyaden Frongoch | 28 | 36 | 8 | 29 |
| Hawfinch | Gylfinbraff | 8 | 10 | 2 | 25 |
| Rock Pipit | Corhedydd y Graig | 29 | 35 | 6 | 21 |

Table 5. Species with more than 20% gain in distribution since 1968–72.
*Tabl 5. Rhywogaethau a gofnodwyd mewn o leiaf 20% yn fwy o sgwariau nag yn 1968–72.*

were recorded in at least five 10km squares in one or other of the Atlases.

This table masks the issue of population size and density within 10km squares. For example, Common Tern numbers are not thought to have decreased significantly, but their colonies are now concentrated into fewer sites than recorded previously. Such concentration makes this species' population, and that of Little Tern, more at risk of chance extirpation within the region. The reverse of this situation is shown by the Cuckoo, which does not feature on this list. Cuckoos are now recorded in almost as many 10km squares as in 1968–72, but there is a real concern over the population size, which has dramatically declined across the whole of Wales. This emphasises the value of regular monitoring between Atlas periods for widespread but low-density populations. It is quite likely that the next Atlas will see species such as Turtle Dove, Lesser Spotted Woodpecker, Yellow Wagtail and Willow Tit added to the list of species lost as breeding birds in North Wales.

## Species no longer breeding in North Wales (since 1968–72 and since 1988–91)

The list of species that are thought to have become extinct as breeding species since 1968–71 is thankfully quite small. Amongst those species that were either regular or frequent breeding species up to the 1968–72 Atlas, but have now gone are: Bittern, which bred on Anglesey until the mid-1980s; Common Gull, which bred on several occasions from 1963 to 1985 at one site on Anglesey; Nightingale and Woodlark, which were last recorded breeding during the 1968–72 Atlas; and finally Corn Bunting, which ceased breeding very recently. In addition, Golden Pheasant, which is a naturalised introduced species, had two small populations on Anglesey from the 1960s to the late 1990s.

Some were only sporadic breeding species, even in the time of the first Atlas. These included Cirl Bunting, Montagu's Harrier and Ruff, although Jones and Whalley (2004) suggest that the evidence for the Ruff in the 1968–72 Atlas was not conclusive.

Other species, such as Dotterel and several species of duck, are merely occasional breeders in our region.

## Increasing species

There are 34 species that have increased their distribution at the 10km level by 20% or more over the last 40 years (Table 5). This excludes those with records in fewer than five 10km squares in both the Atlases. The recent colonists are dealt with in the next section. Although Common Crossbills were not recorded breeding in the 1968–72 Atlas, these birds had bred sporadically in previous years. Notably, they stayed to breed after the 1962 irruption, but subsequently were not recorded breeding on an annual basis. Regular breeding occurred from the 1980s onwards and the Common Crossbill is now a well-established part of the breeding bird communities of our coniferous forests.

lleihau o fwy nag 20% o ran y nifer o sgwariau 10 cilomedr lle cofnodwyd hwy, heb gynnwys y rhai a gofnodwyd mewn llai na phump sgwâr 10 cilomedr yn y ddau Atlas.

Fodd bynnag, nid yw'r tabl yma yn dangos maint y boblogaeth o fewn y sgwariau 10 cilomedr. Er enghraifft, ni chredir fod niferoedd y Forwennol Gyffredin wedi lleihau rhyw lawer, ond bellach nid oes cynifer o nythfeydd ag o'r blaen. Gall hyn olygu fod poblogaeth y forwennol yma a'r Forwennol Fechan mewn mwy o berygl o ddiflannu o'n hardal o ganlyniad i ryw anhap. I'r gwrthwyneb, nid yw'r Gog yn ymddangos ar y rhestr yma. Fe'i cofnodir yn ymron yr un nifer o sgwariau 10 cilomedr yn awr ag yn 1968–72 ond mae maint y boblogaeth yn achosi cryn bryder. Mae wedi lleihau'n ddramatig ledled Cymru. Dengys hyn bwysigrwydd monitro rheolaidd rhwng Atlasau ar gyfer poblogaethau sydd i'w gweld ar hyd ardal eang ond mewn niferoedd cymharol fychan. Mae'n bosibl y bydd yr Atlas nesaf yn ychwanegu rhywogaethau megis Cnocell Fraith Leiaf, Siglen Felen, Turtur a Thitw'r Helyg at restr y rhywogaethau sydd wedi diflannu o Ogledd Cymru fel adar nythu.

## *Rhywogaethau nad ydynt bellach yn nythu yng Ngogledd Cymru (er 1968–72 ac er 1988–91)*

Yn ffodus, mae'r rhestr o rywogaethau sydd wedi diflannu fel adar nythu er 1968–72 yn un weddol fer. Ymhlith y rhywogaethau oedd yn nythu'n rheolaidd neu'n aml hyd at gyfnod Atlas 1968–72 ond sy'n awr wedi diflannu mae: Aderyn y Bwn, oedd yn nythu ar Ynys Môn hyd ganol y 1980au, Gwylan y Gweunydd, a nythodd sawl gwaith rhwng 1963 a 1985 ar un safle ym Môn, yr Eos ac Ehedydd y Coed, a gofnodwyd yn nythu am y tro diwethaf yn ystod Atlas 1968–72 a Bras yr Ŷd, a fu'n nythu hyd yn ddiweddar iawn. Yn ogystal, roedd dwy boblogaeth fechan o'r Ffesant Euraid, rhywogaeth a fewnforiwyd yn fwriadol, ar Ynys Môn rhwng y 1960au a diwedd y 1990au.

Dim ond yn ysbeidiol yr oedd rhai rhywogaethau'n nythu hyd yn oed yng nghyfnod yr Atlas cyntaf. Mae'r rhain yn cynnwys Bras Ffrainc, Pibydd Torchog (er bod Jones a Whalley (2004) yn awgrymu nad yw'r dystiolaeth o nythu yn Atlas 1968–72 yn hollol sicr) a Bod Montagu. Anfynych iawn y mae ambell rywogaeth arall megis Hutan y Mynydd a rhai hwyaid yn nythu yn ein hardal.

## *Rhywogaethau sydd ar gynnydd*

Cofnodwyd 34 o rywogaethau mewn o leiaf 20% yn fwy o sgwariau 10 cilomedr dros y deugain mlynedd diwethaf, heb gynnwys y rhai a gofnodwyd mewn llai na phump sgwâr 10 cilomedr yn y ddau Atlas. Dengys Tabl 5 y rhywogaethau hyn, yn cynnwys rhai sydd wedi cyrraedd y DU yn gymharol ddiweddar. Trafodir y rhain yn yr adran nesaf. Er na chofnodwyd y Gylfin Groes yn Atlas 1968–72, roedd adar wedi nythu'n ysbeidiol cyn hynny. Arhosodd rhai adar i nythu wedi mewnfudiad 1962, ond ni chofnodwyd hwy'n nythu'n flynyddol wedyn. Cofnodwyd nythu rheolaidd o'r 1980au ymlaen ac mae'r Gylfin Groes yn awr wedi dod yn rhan nodweddiadol o adar nythu ein coedwigoedd conwydd.

| Winter Visitors | Ymwelwyr Gaeaf | |
|---|---|---|
| Whooper Swan | Alarch y Gogledd | *Cygnus cygnus* |
| Pink-footed Goose | Gŵydd Droedbinc | *Anser brachyrhynchus* |
| Brent Goose (Dark-bellied and Light-bellied) | Gŵydd Ddu (Bolddu a Bolwyn) | *Branta bernicla* |
| Pintail | Hwyaden Lostfain | *Anas acuta* |
| Scaup | Hwyaden Benddu | *Aythya marila* |
| Long-tailed Duck | Hwyaden Gynffon-hir | *Clangula hyemalis* |
| Common Scoter | Môr-hwyaden Ddu | *Melanitta nigra* |
| Surf Scoter | Môr-hwyaden yr Ewyn | *Melanitta perspicillata* |
| Velvet Scoter | Môr-hwyaden y Gogledd | *Melanitta fusca* |
| Goldeneye | Hwyaden Lygad Aur | *Bucephala clangula* |
| Red-throated Diver | Trochydd Gyddfgoch | *Gavia stellata* |
| Black-throated Diver | Trochydd Gyddfddu | *Gavia arctica* |
| Great Northern Diver | Trochydd Mawr | *Gavia immer* |
| Red-necked Grebe | Gwyach Yddfgoch | *Podiceps grisegena* |
| Slavonian Grebe | Gwyach Gorniog | *Podiceps auritus* |
| Black-necked Grebe | Gwyach Yddfddu | *Podiceps nigricollis* |
| Grey Plover | Cwtiad Llwyd | *Pluvialis squatarola* |
| Knot | Pibydd yr Aber | *Calidris canutus* |
| Sanderling | Pibydd y Tywod | *Calidris alba* |
| Purple Sandpiper | Pibydd Du | *Calidris maritima* |
| Jack Snipe | Gïach Fach | *Lymnocryptes minimus* |
| Black-tailed Godwit | Rhostog Gynffonddu | *Limosa limosa* |
| Bar-tailed Godwit | Rhostog Gynffonfrith | *Limosa lapponica* |
| Spotted Redshank | Pibydd Coesgoch Mannog | *Tringa erythropus* |
| Greenshank | Pibydd Coeswerdd | *Tringa nebularia* |
| Turnstone | Cwtiad y Traeth | *Arenaria interpres* |
| Common Gull | Gwylan y Gweunydd | *Larus canus* |
| Yellow-legged Gull | Gwylan Goesmelyn | *Larus michahellis* |
| Iceland Gull | Gwylan yr Arctig | *Larus glaucoides* |
| Glaucous Gull | Gwylan y Gogledd | *Larus hyperboreus* |
| Great Grey Shrike | Cigydd Mawr | *Lanius excubitor* |
| Woodlark | Ehedydd y Coed | *Lullula arborea* |
| Waxwing | Cynffon Sidan | *Bombycilla garrulus* |
| Fieldfare | Socan Eira | *Turdus pilaris* |
| Redwing | Coch Dan-aden | *Turdus iliacus* |
| Brambling | Pinc y Mynydd | *Fringilla montifringilla* |
| Water Pipit | Corhedydd y Dŵr | *Anthus spinoletta* |
| Snow Bunting | Bras yr Eira | *Plectrophenax nivalis* |
| Lapland Bunting | Bras y Gogledd | *Calcarius lapponicus* |

| Regular throughout the year | Rheolaidd trwy'r flwyddyn | |
|---|---|---|
| Gannet | Hugan | *Morus bassanus* |

| Introductions/Escapees (non-natives) | Adar wedi eu rhyddhau neu ddianc (estron) | |
|---|---|---|
| Snow Goose | Gŵydd yr Eira | *Anser caerulescens* |
| Ross's Goose | Gŵydd Ross | *Anser rossii* |
| Bar-headed Goose | Gŵydd yr India | *Anser indicus* |
| Swan Goose (Chinese Goose) | Gŵydd Alarch (Gŵydd China) | *Anser cygnoides* |
| Egyptian Goose | Gŵydd yr Aifft | *Alopochen aegyptiaca* |
| Ruddy Shelduck | Hwyaden Goch yr Eithin | *Tadorna ferruginea* |
| Wood Duck | Hwyaden y Coed | *Aix sponsa* |
| Helmeted Guineafowl | Iâr Gini Helmog | *Numida meleagris* |
| Sacred Ibis | Crymanbig y Deml | *Threskiornis aethiopicus* |
| Purple Gallinule | Iâr Ddŵr America | *Porphyrio martinica* |

Table 6. Non-breeding species and subspecies observed during the breeding seasons 2008–12.
*Tabl 6. Rhywogaethau ac israywogaethau a welwyd yn ystod tymhorau nythu 2008–12 ond heb dystiolaeth o nythu.*

| Passage Migrants | Ymwelwyr wrth ymfudo | |
|---|---|---|
| White-fronted Goose | Gŵydd Dalcen-wen | *Anser albifrons* |
| Sooty Shearwater | Aderyn-drycin Du | *Puffinus griseus* |
| Balearic Shearwater | Aderyn-drycin Môr y Canoldir | *Puffinus mauretanicus* |
| Leach's Petrel | Pedryn Gynffon-fforchog | *Oceanodroma leucorhoa* |
| Dotterel | Hutan y Mynydd | *Charadrius morinellus* |
| Little Stint | Pibydd Bach | *Calidris minuta* |
| Temminck's Stint | Pibydd Temminck | *Calidris temminckii* |
| Curlew Sandpiper | Pibydd Cambig | *Calidris ferruginea* |
| Ruff | Pibydd Torchog | *Philomachus pugnax* |
| Green Sandpiper | Pibydd Gwyrdd | *Tringa ochropus* |
| Whimbrel | Coegylfinir | *Numenius phaeopus* |
| Wood Sandpiper | Pibydd y Graean | *Tringa glareola* |
| Pomarine Skua | Sgiwen Frech | *Stercorarius pomarinus* |
| Arctic Skua | Sgiwen y Gogledd | *Stercorarius parasiticus* |
| Long-tailed Skua | Sgiwen Lostfain | *Stercorarius longicaudus* |
| Great Skua | Sgiwen Fawr | *Stercorarius skua* |
| Sabine's Gull | Gwylan Sabine | *Xema sabini* |
| Little Gull | Gwylan Fechan | *Hydrocoloeus minutus* |
| Black Tern | Corswennol Ddu | *Chlidonias niger* |
| Black Redstart | Tingoch Du | *Phoenicurus ochruros* |
| Wheatear (Greenland subspecies) | Tinwen y Garn (is-rywogaeth yr Ynys Las) | *Oenanthe oenanthe leucorhoa* |
| White Wagtail | Siglen Wen | *Motacilla alba alba* |

| Vagrants | Crwydriaid | |
|---|---|---|
| Lesser White-fronted Goose | Gŵydd Dalcenwen Leiaf | *Anser erythropus* |
| Green-winged Teal | Corhwyaden Asgell-werdd | *Anas carolinensis* |
| Black Duck | Hwyaden Ddu | *Anas rubripes* |
| Cattle Egret | Crëyr y Gwartheg | *Bubulcus ibis* |
| Great White Egret | Crëyr Mawr | *Ardea alba* |
| Purple Heron | Crëyr Porffor | *Ardea purpurea* |
| White Stork | Ciconia Gwyn | *Ciconia ciconia* |
| Glossy Ibis | Crymanbig Ddu | *Plegadis falcinellus* |
| Spoonbill | Llwybig | *Platalea leucorodia* |
| Black Kite | Barcud Du | *Milvus migrans* |
| Montagu's Harrier | Bod Montagu | *Circus pygargus* |
| American Golden Plover | Corgwtiad Aur | *Pluvialis dominica* |
| Pectoral Sandpiper | Pibydd Cain | *Calidris melanotos* |
| Ring-billed Gull | Gwylan Fodrwybig | *Larus delawarensis* |
| Whiskered Tern | Corswennol Farfog | *Chlidonias hybrida* |
| Bee-eater | Gwybedog y Gwenyn | *Merops apiaster* |
| Hoopoe | Copog | *Upupa epops* |
| Wryneck | Pengam | *Jynx torquilla* |
| Golden Oriole | Euryn | *Oriolus oriolus* |
| Red-backed Shrike | Cigydd Cefngoch | *Lanius collurio* |
| Woodchat Shrike | Cigydd Pengoch | *Lanius senator* |
| Short-toed Lark | Ehedydd Llwyd | *Calandrella brachydactyla* |
| Red-rumped Swallow | Gwennol Dingoch | *Cecropis daurica* |
| Greenish Warbler | Telor Gwyrdd | *Phylloscopus trochiloides* |
| Subalpine Warbler | Telor Brongoch | *Sylvia cantillans* |
| Icterine Warbler | Telor Aur | *Hippolais icterina* |
| Melodious Warbler | Telor Pêr | *Hippolais polyglotta* |
| Rose-coloured Starling | Drudwen Wridog | *Pastor roseus* |
| Bluethroat | Bronlas | *Luscinia svecica* |
| Yellow Wagtail (Blue-headed, Grey-headed and Spanish subspecies) | Siglen Felen (is-rywogaethau Penlas, Penlwyd a Phenddu) | *Motacilla flava* |
| Citrine Wagtail | Siglen Sitraidd | *Motacilla citreola* |
| Richard's Pipit | Corhedydd Richard | *Anthus novaeseelandiae* |
| Rustic Bunting | Bras Gwledig | *Emberiza rustica* |

## Recent colonists of North Wales

One recent colonist, the Collared Dove, arrived in North Wales in 1959, only four years after first being recorded in the UK. It is now a very common sight across much of our region. Little Ringed Plovers have bred in most years since they were first recorded in our region in 1970. Cetti's Warblers were first seen in North Wales on Bardsey in 1973, but were not confirmed breeding until 2000. This species, which is vulnerable to cold winters, has bred in most years since. Another warbler species that has a hold in the southern part of the UK but is now expanding westwards and northwards is the Dartford Warbler. Its breeding was first proven in North Wales in 2011 and is the most recent addition to our avifauna. The Little Egret, which first bred in 2002, has spread dramatically and is now a common sight around our coastal areas, with several well-established breeding colonies. Amongst some of the more exciting new arrivals are three birds of prey: Hobby, Osprey and Honey-buzzard. None of these species was recorded breeding in North Wales in the previous two Atlases. Goshawks have been with us for a little longer, since the early 1980s. Finally, there are three species that had just colonised the region at the time of the first Atlas, but whose populations have increased considerably since then. These are Goosander, Greylag Goose and Mandarin Duck.

## Species that may return to North Wales and potential colonists

The impacts of climate change and targeted conservation action mean that a few bird species may move back to former haunts, whilst new species may colonise North Wales.

Species-specific conservation action, combined with agri-environment schemes, have the potential to provide the right habitats for Corn Buntings to stage a small population recovery. In recent years Bitterns have been regularly recorded in the region (CBR) but none have stayed to breed. In the past, several pairs bred on Anglesey and wetland habitat restoration may encourage these birds to return. Woodlarks may return to breed in woodland glades or forestry clearfell areas.

Wetland birds are particularly likely to colonise because their habitat can be created and managed relatively easily. Avocet and Spoonbill bred at sites in England very close to our border during 2008–12. Several species in the heron family, such as Cattle Egret, Great White Egret and Purple Heron, are now breeding in England and could well move into Wales in the near future. The Marsh Harrier is a relatively common breeder in other parts of the UK. This species could colonise North Wales as more reedbed habitat is created and matures. Bearded Tits also have the potential to become regular breeders. Some exotic species, more associated with a Mediterranean climate, are a distinct possibility such as Hoopoe and Bee-eater. Only time and regular bird recording will tell whether these predictions come to fruition.

## Adar sydd wedi dechrau nythu yng Ngogledd Cymru yn ddiweddar

Gwelwyd y Durtur Dorchog yng Ngogledd Cymru am y tro cyntaf yn 1959, dim ond pedair blynedd wedi iddi gael ei chofnodi am y tro cyntaf yn y DU. Erbyn hyn mae'n aderyn cyffredin ledled ein hardal. Mae'r Cwtiad Torchog Bach wedi nythu yn y rhan fwyaf o flynyddoedd ers iddo gael ei gofnodi yma am y tro cyntaf yn 1970. Cofnodwyd Telor Cetti yng Ngogledd Cymru am y tro cyntaf ar Ynys Enlli yn 1973 ond ni chadarnhawyd nythu hyd 2000. Gall y rhywogaeth yma ddioddef yn ystod gaeafau caled, ond mae wedi nythu yma bron bob blwyddyn er 2000. Telor arall sy'n fwy cyffredin yn ne'r DU ond sy'n awr yn ymestyn tua'r gorllewin a'r gogledd yw Telor Dartford. Profwyd nythu am y tro cyntaf yng Ngogledd Cymru yn 2011. Hwn yw'r ychwanegiad diweddaraf at restr ein hadar nythu. Dechreuodd y Crëyr Bach nythu yn 2002. Mae wedi cynyddu'n ddramatig ac yn awr yn olygfa gyffredin o gwmpas ein harfordir, gyda nifer o nythfeydd wedi eu sefydlu. Ymhlith y mwyaf cyffrous o'r adar sydd wedi dechrau nythu yma'n ddiweddar mae tri aderyn ysglyfaethus nad oeddynt wedi eu cofnodi'n nythu yn y ddau Atlas blaenorol: Hebog yr Ehedydd, Gwalch y Pysgod a Bod y Mêl. Mae'r Gwalch Marth wedi bod gyda ni am gyfnod ychydig yn hwy, er y 1980au cynnar. Yn olaf, mae tair rhywogaeth oedd newydd gyrraedd yr ardal yng nghyfnod yr Atlas cyntaf ond sydd wedi cynyddu'n sylweddol ers hynny. Y rhain yw'r Hwyaden Ddanheddog, yr Ŵydd Wyllt ac, i raddau llai, yr Hwyaden Gribog.

## Rhywogaethau newydd a rhywogaethau a allai ddychwelyd i Ogledd Cymru

Oherwydd effaith newid hinsawdd a gweithredu wedi ei dargedu ar gyfer cadwraeth, mae'n debyg y bydd rhai rhywogaethau o adar yn dychwelyd i'w hen gynefinoedd yng Ngogledd Cymru, tra bydd eraill efallai yn nythu yma am y tro cyntaf.

Gall gweithredu arbennig er budd y rhywogaeth, ynghyd â chynlluniau amaethyddol-amgylcheddol, greu cynefinoedd addas i sicrhau y gall Bras yr Ŷd ddychwelyd ar raddfa fechan. Cofnodwyd Aderyn y Bwn yn rheolaidd yng Ngogledd Cymru yn y blynyddoedd diwethaf (AYC), ond nid oes yr un wedi aros i nythu. Yn y gorffennol, nythai nifer o barau ar Ynys Môn, a gallai adfer cynefinoedd gwlyb eu perswadio i ddychwelyd. Gallai Ehedydd y Coed ddychwelyd i nythu mewn llennyrch neu mewn mannau lle torrwyd coed conwydd a'u clirio.

Gallai nifer o rywogaethau gwlyptiroedd ddechrau nythu yma, gan fod modd creu a rheoli'r cynefin yma'n weddol hawdd. Mae'r Cambig a'r Llwybig wedi nythu ar safleoedd sy'n agos iawn at ein ffin â Lloegr yn ystod 2008–12. Erbyn hyn mae nifer o rywogaethau yn nheulu'r crëyr, megis Crëyr y Gwartheg, Crëyr Mawr a Chrëyr Porffor, yn nythu yn Lloegr, a gallent symud i mewn i Gymru yn y dyfodol agos. Mae Bod y Gwerni yn aderyn nythu gweddol gyffredin mewn rhai rhannau eraill o'r DU, a gallai ddechrau nythu yma fel y mae mwy o gynefin gwelyau Cyrs yn cael ei greu ac yn aeddfedu. Gallai'r Titw Barfog hefyd ddechrau nythu'n rheolaidd yma. Efallai y gallai ambell rywogaeth fwy egsotig, a gysylltir yn fwy â hinsawdd Ganoldirol, ddechrau nythu, megis y Copog a Gwybedog y Gwenyn. Dim ond amser, a chofnodi adar yn rheolaidd, a ddengys a fydd y daroganau hyn yn gywir.

## Birds seen in the breeding season which did not breed

Many of the birds listed in Table 6 were wintering or passage birds, whose stay extended into the breeding season. Others were accidentals, which occurred in very small numbers. In addition there were a number of records of introduced birds and those birds that had probably escaped from collections. In some cases records were submitted for this latter group without breeding codes, possibly because observers did not realise that such information could be valuable.

## How we achieved our results

### Observer effort

In the main, records were gathered by two methods: TTVs and Roving Records. Over 720 individual volunteers contributed records with breeding codes that we could use for our maps. The involvement of so many people was an amazing achievement and all their efforts were much appreciated. Over 50% of the records used for the mapping work in this project were gathered by fewer than 50 of these volunteers. More details of the breakdown of volunteer effort are given on pp. 423–24.

We are certain that 1,787 out of our total of 1,796 tetrads were visited at least once during one of the five breeding

## *Adar a welwyd yn ystod y tymor nythu ond heb dystiolaeth o nythu*

Adar yn gaeafu neu'n galw heibio wrth fudo oedd llawer o'r rhai yn Nhabl 6, ond eu bod wedi aros yma hyd ddechrau'r tymor nythu. Roedd eraill yn adar ddaeth yma ar ddamwain, mewn niferoedd bychan iawn neu ddim ond un aderyn. Roedd nifer o gofnodion o adar tramor a rhai oedd yn ôl pob tebyg wedi dianc; rhai ohonynt efallai wedi bod yn rhydd yn ddigon hir i nythu. Daeth y cofnodion hyn i mewn heb godau nythu, efallai am nad oedd y cofnodwyr yn sylweddoli y gallai'r fath wybodaeth fod yn werthfawr.

## *Sut y cawsom ein canlyniadau*

### *Ymdrech cofnodwyr*

Casglwyd y rhan fwyaf o'r cofnodion mewn dau ddull, sef Ymweliadau Tetrad Amseredig (TTV) a Chofnodion Crwydrol. Cyfrannodd dros 720 o wirfoddolwyr gofnodion gyda chodau nythu y gallem eu defnyddio ar gyfer ein mapiau. Roedd cael cymaint o bobl yn cymryd rhan yn gamp syfrdanol, ac rydym yn gwerthfawrogi eu hymdrechion yn fawr. Casglwyd dros 50% o'r cofnodion a ddefnyddiwyd ar gyfer y mapiau gan lai na 50 o'r gwirfoddolwyr hyn. Mae mwy o fanylion a dadansoddiad o ymdrechion y gwirfoddolwyr ar tt. 423–24.

Gwyddom i'n cofnodwyr ymweld â 1,787 tetrad o leiaf unwaith yn ystod un o'r pum tymor nythu, er bod y cyfnod o

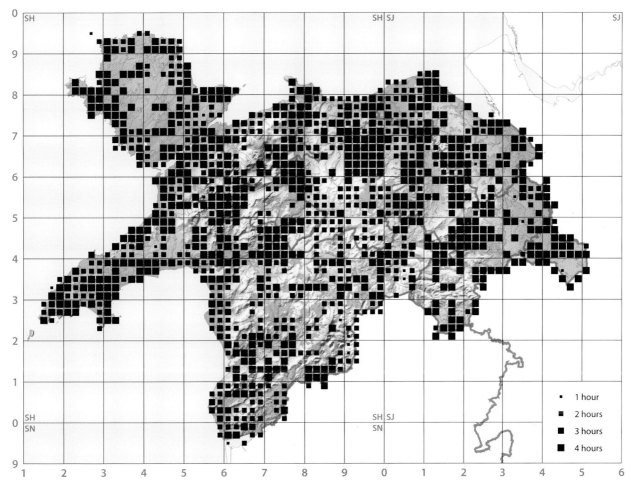

Figure 14. Tetrads where TTVs of between one and four hours were undertaken.
*Ffigur 14. Tetradau lle ymgymerwyd ag ymweliadau TTV o rhwng un a phedair awr.*

Volunteers crossing Afon Hirnant, near Bala. Good habitat for Dipper and Grey Wagtail.
*Gwirfoddolwyr yn croesi afon Hirnant ger y Bala. Cynefin addas i Fronwen y Dŵr a'r Siglen Lwyd.*

seasons though the amount of observer time spent in each tetrad varied considerably. The only definitive information available on the time spent in each tetrad comes from the TTV data. The national Atlas 2007–11 required that a minimum of eight tetrads per 10km square were surveyed using the TTV method. Observers had to count the number of birds encountered and these figures contributed towards the national analysis of relative abundance. Time spent gathering this information during the breeding season was limited to a maximum of four hours per tetrad. Across North Wales, TTVs were undertaken in 1,133 tetrads (63%) but of these only 587 (32.7%) had 'full' four-hour coverage (Figure 14).

Additional time spent gathering Roving Records, which provided much of the critical breeding evidence, was not recorded. Knowing that closely observing birds is a time-consuming exercise and that the majority of our 1,796 tetrads were visited by more than one observer on separate dates, we can reasonably assume that the time spent on Roving Records vastly exceeded that undertaken on TTVs. In the latter stages of the project, effort was targeted on

amser a dreuliwyd ym mhob tetrad yn amrywio'n fawr. Daw'r unig wybodaeth sicr am yr amser a dreuliwyd ymhob tetrad o'r data TTV. Un o ofynion Atlas cenedlaethol 2007–11 oedd bod o leiaf wyth tetrad ym mhob sgwâr 10 cilomedr yn cael ei archwilio yn ôl y dull TTV. Roedd y cofnodwyr yn cyfri'r nifer o adar a welent neu a glywent, a chyfrannodd y ffigyrau yma at asesiad cenedlaethol o niferoedd cymharol. Cyfyngid yr amser a dreulid yn casglu'r wybodaeth yma i ddim mwy na phedair awr y tetrad. Yng Ngogledd Cymru, gwnaed arolwg TTV mewn 1,133 tetrad (63%) ond dim ond yn 587 (32.7%) o'r rhain y treuliwyd y pedair awr 'llawn' (Ffigur 14).

Ni chofnodwyd yr amser ychwanegol a dreuliwyd yn casglu Cofnodion Crwydrol, a roddodd i ni lawer o'r cofnodion nythu hanfodol. Gan wybod fod gwylio adar yn fanwl yn rhywbeth sy'n golygu treulio cryn amser, a bod y rhan fwyaf o'n 1,796 tetrad wedi cael ymweliad gan fwy nag un cofnodwr ar wahanol ddyddiadau, casglwn fod llawer mwy o amser wedi ei dreulio ar gasglu Cofnodion Crwydrol nag ar arolygon TTV. Tua diwedd y prosiect, targedwyd yr ymdrech tuag at y tetradau lle'r oedd y cofnodion yn brin, er mwyn gwella'r dystiolaeth o nythu. Roedd cydlynu'r ymdrech yma

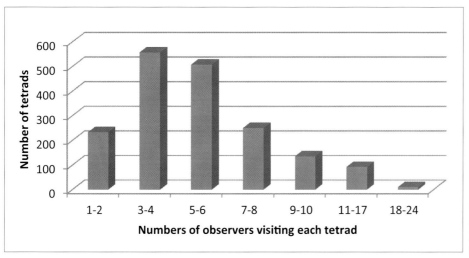

Figure 15. Tetrads visited by different numbers of observers. *Ffigur 15. Tetradau a gafodd ymweliad gan niferoedd gwahanol o gofnodwyr.*

the most underrecorded tetrads, in order to improve breeding evidence. The coordination of this effort was a complex process. Inevitably recorders duplicated results, so that different levels and types of breeding evidence were provided by several observers in some cases.

On the positive side, over half of our tetrads were visited by three to six different observers during the 2008–12 field-work (Figure 15). This would have helped increase the likelihood of detecting different species and also provided several opportunities to gather breeding evidence. A tiny minority (ten) were visited by 18–24 different contributing observers. Not one of these most-visited tetrads features in Table 1, the top 12 list by numbers of species recorded. Each, however, is a visitor hotspot (Table 7). Many of these sites are well visited as they are near car parks and other public facilities or are regular meeting points for birdwatchers. Surprisingly, RSPB Conwy does not feature in this list, the reason being that although a total of 55 observers supplied records for the reserve area, only 16 of these supplied records with breeding codes.

yn waith cymhleth, ac yn anochel bu rhywfaint o ddyblygu ymdrech rhwng cofnodwyr, fel bod lefelau gwahanol a mathau gwahanol o dystiolaeth nythu wedi dod i mewn gan nifer o gofnodwyr.

Ar yr ochr bositif, ymwelwyd â mwy na hanner ein tetradau gan rhwng tri a chwe gwahanol gofnodwr yn ystod gwaith maes 2008–12 (Ffigur 15). Roedd hyn yn ei gwneud yn fwy tebygol fod presenoldeb gwahanol rywogaethau'n cael ei gofnodi a hefyd yn rhoi sawl cyfle i gasglu tystiolaeth o nythu. Ymwelwyd â lleiafrif bychan (10) gan 18–24 o wahanol gofnodwyr. Nid yw'r un o'r rhain yn ymddangos yn y rhestr o'r tetradau lle cafwyd y nifer fwyaf o rywogaethau (Tabl 1). Mae pob un ohonynt, fodd bynnag, yn gyrchfan boblogaidd i ymwelwyr (Tabl 7). Caiff llawer ohonynt nifer fawr o ymwelwyr oherwydd eu bod gerllaw meysydd parcio neu gyfleusterau cyhoeddus eraill neu'n fannau cyfarfod rheolaidd i wylwyr adar. Yn annisgwyl, nid yw gwarchodfa RSPB Conwy ar y rhestr yma. Cyfrannodd 55 o bobl gofnodion ar gyfer ardal y warchodfa, ond dim 16 o'r rhain a gyfrannodd gofnodion gyda chodau nythu.

| Tetrad | Location | Lleoliad | Number of visiting observers *Nifer o gofnodwyr* |
|---|---|---|---|
| SH39G | Cemlyn Bay, Anglesey | Cemlyn, Môn | 24 |
| SH66K | Ogwen Cottage, Llyn Ogwen | Bwthyn Ogwen, Llyn Ogwen | 22 |
| SH64K | Llyn Mair/Plas Tan y Bwlch | Llyn Mair/Plas Tan y Bwlch | 22 |
| SJ43X | (mainly Whixall Moss) | (Whixall Moss yn bennaf) | 20 |
| SH67Q | Aber Falls | Rhaeadr Fawr (Aber) | 20 |
| SJ37B | Shotwick/Inner Marsh Farm | Shotwick/Inner Marsh Farm | 19 |
| SH77N | Sychnant Pass/Pensychnant | Pensychnant | 19 |
| SH75Y | Betws-y-coed | Betws-y-coed | 18 |
| SH65F | Bethania/Nantgwynant | Bethania/Nantgwynant | 18 |
| SH56Q | Llanberis/Llyn Padarn | Llanberis/Llyn Padarn | 18 |

Table 7. Tetrads where 18 or more observers submitted records with breeding codes.
*Tabl 7. Tetradau lle derbyniwyd cofnodion gyda chodau nythu gan ddeunaw neu fwy o gofnodwyr.*

## Fieldworker skills

Most volunteers have excellent identification skills, but it became evident that gathering breeding evidence was not always easy. Compared to the previous two national Atlases, the proportion of Confirmed breeding records for many species was noticeably less. For example, the proportion of Confirmed records, compared to Possible and Probable, was far less for Woodcock, Curlew, Cuckoo, Grasshopper Warbler, Dipper, Yellowhammer and Reed Bunting than in the first national Atlas. In some cases this may be because species are less numerous now in comparison to the time of the 1968–72 Atlas. However, the BTO has recognised a widespread loss of nest-finding skills, highlighted by the considerable reduction in the submission of records of open nest species to the Nest Records Scheme. This reduced nest-finding ability is now being addressed by the BTO providing training courses, which will hopefully improve the recording of breeding activity in future national Atlases. Our own local Atlas training courses attempted to improve the practical field skills of volunteers. This was done through slide presentations showing examples of breeding evidence followed by practical fieldwork, during which breeding behaviour could be observed and interpreted. Our 12 training sessions, organised between 2008 and 2011, reached 110 participants.

## *Sgiliau gweithwyr maes*

Roedd y rhan fwyaf o'r gweithwyr maes yn gallu adnabod gwahanol rywogaethau yn dda, ond daeth yn amlwg nad oedd casglu tystiolaeth o nythu bob amser yn hawdd. O gymharu'r canlyniadau â chanlyniadau'r ddau Atlas cenedlaethol o'r blaen, gwelir fod y ganran o gofnodion oedd yn cadarnhau nythu yn amlwg yn is i lawer rhywogaeth. Er enghraifft, roedd canran lawer is o gofnodion oedd yn cadarnhau nythu, yn hytrach na chofnodion o nythu tebygol neu bosibl, i'r Cyffylog, y Gylfinir, y Gog, y Troellwr Bach, Bronwen y Dŵr, Bras Melyn a Bras y Cyrs nag yn yr Atlas cenedlaethol cyntaf. Gall hyn fod yn rhannol oherwydd bod rhai o'r rhywogaethau hyn yn llai niferus yn awr nag yng nghyfnod Atlas 1968–72. Fodd bynnag, mae'r BTO wedi cydnabod nad oes gan gofnodwyr heddiw gystal sgiliau darganfod nythod. Nodwyd gostyngiad sylweddol yn y nifer o gofnodion o nythod rhywogaethau nad ydynt yn nythu mewn tyllau oedd yn cael eu gyrru i'r Cynllun Cofnodi Nythod. Cynhelir cyrsiau hyfforddi wedi eu targedu yn awr i geisio delio â'r diffyg sgiliau darganfod nythod. Roedd ein cyrsiau hyfforddi Atlas ni yn ceisio gwella sgiliau gwaith maes y gwirfoddolwyr trwy gyflwyniadau sleid yn rhoi enghreifftiau o wahanol fathau o dystiolaeth nythu, ac wedyn sesiynau yn y maes lle gellid gweld gweithgareddau nythu a'u dehongli. Trefnwyd deuddeg sesiwn hyfforddi rhwng 2008 a 2011, a mynychwyd hwy gan 110 o wirfoddolwyr.

Anne Brenchley leading a training event at Rhydymwyn, Flint.
*Anne Brenchley yn arwain cwrs hyfforddi yn Rhydymwyn, Fflint.*

IAN M. SPENCE

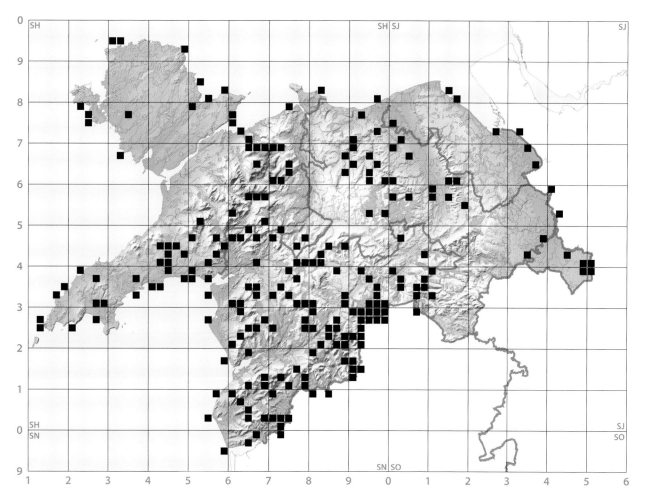

Figure 16. Tetrads which had more than 50% of the breeding species recorded with evidence of Possible breeding only.
*Ffigur 16. Tetradau lle cofnodwyd mwy na 50% o'r rhywogaethau gyda thystiolaeth o nythu posibl yn unig.*

## Final coverage

At the end of the 2012 breeding season, which was unusually wet and not conducive to fieldwork, 228 tetrads (12.7% of the total) remained where Probable or Confirmed breeding evidence for over 50% of the breeding bird species had not been achieved (Figure 16). We do not believe, however, that this has significantly affected our overall results as the majority of these tetrads either contained small areas of land or were in remote upland tetrads with just a few species.

Overall the proportion of species Confirmed as breeding in each tetrad is shown in Figure 17. The low percentage of species recorded with Confirmed breeding records in these tetrads was mainly the result of insufficient time spent in them, particularly later in the breeding season. Difficulty of access was probably the main factor for some upland tetrads. In the lowlands, targeting observers to under-recorded tetrads should have begun earlier in the project.

## Population estimates

We did not have sufficient volunteers to gather consistent and comprehensive abundance data for all our tetrads. It is therefore difficult to produce population estimates for many of our more common and widespread species without intro-ducing many assumptions that would endanger the validity of any figures produced. However, for our more localised or

## *Diwedd y prosiect*

Ar ddiwedd tymor nythu 2012, tymor anarferol o wlyb ac anffafriol ar gyfer gwaith maes, roedd 228 tetrad yn weddill lle nad oeddem wedi medru cael cofnodion o nythu tebygol neu wedi ei gadarnhau ar gyfer dros 50% o'r rhywogaethau adar oedd yn bresennol (Ffigur 16). Nid ydym yn credu fod hyn wedi effeithio'r canlyniadau, oherwydd roedd y rhan fwyaf o'r sgwariau hyn un ai'n cynnwys ond ychydig o dir neu'n ucheldir anghysbell lle nad oedd ond ychydig o rywogaethau'n bresennol.

Dangosir y gyfran o'r rhywogaethau ym mhob tetrad a gadarnhawyd yn nythu yn Ffigur 17. Roedd y ganran isel o rywogaethau a gadarnhawyd yn nythu mewn rhai tetradau yn bennaf oherwydd na threuliwyd digon o amser yn y sgwariau hyn, yn enwedig yn hwyrach yn y tymor nythu. Mae'n debyg mai anhawster cyrraedd y tetrad oedd y prif reswm yn yr ucheldir. Ar y tir isel, gellid bod wedi dechrau cyfeirio cofnodwyr at detradau oedd wedi eu tan-gofnodi yn gynt.

## *Amcangyfrifon poblogaeth*

Nid oedd gennym ddigon o wirfoddolwyr i fedru casglu data cyson a llawn am niferoedd yr adar ym mhob un o'n tetradau. Heb y wybodaeth yma, mae'n anodd amcangyfrif maint poblogaeth llawer o'n hadar mwyaf cyffredin, heb ddyfalu nifer o bethau fyddai'n gwneud gwerth y ffigyrau yn ansicr. Gallwn fod yn fwy sicr o nifer y parau o rai o'r rhywogaethau

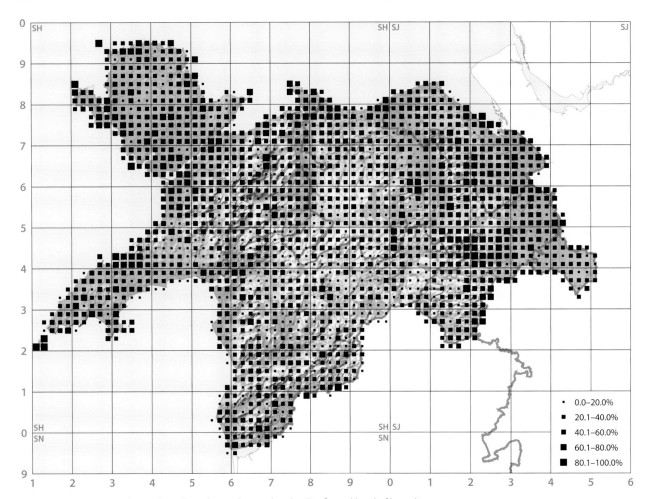

Figure 17. Percentage of records gathered in each tetrad at the Confirmed level of breeding.
*Ffigur 17. Y ganran o gofnodion ym mhob tetrad oedd yn cadarnhau nythu.*

rarer species, we can be more certain about the number of breeding pairs. Where we have access to reliable information (from our own tetrads, survey results and other data from the RSPB, and published work), we have attempted to include some figures of population size.

Clearly we do have relative abundance data from the TTVs undertaken in North Wales. These were widely distributed across our region (Figure 14) and there is the possibility that this information could be used for future analyses.

## Future conservation measures

In Wales, our birds are subject to a range of environmental factors such as land management, human disturbance and climate change, which can affect their population status. Many of these are interlinked and it is not always possible to identify specific factors that could determine future population trends. However, it is important that consideration is given to interventions that can help our birds to survive and adapt to change. Whilst site designation alone cannot help our birds, it can help to target monitoring and management effort. It is important that governmental and non-governmental conservation organisations continue to receive sufficient funding to manage nature reserves and undertake or commission monitoring programmes. The results of the 2008–12 fieldwork indicate that the breeding bird criteria of some existing SSSIs may need to be reviewed. This is because there have been major changes in breeding

mwy lleol neu fwy prin sy'n nythu. Lle'r oedd gennym wybodaeth ddibynadwy, un ai o'n tetradau ein hunain, o ganlyniadau arolygon neu o ddata arall o'r RSPB neu waith a gyhoeddwyd, rydym wedi ceisio cynnwys amcangyfrif o faint y boblogaeth.

Yn amlwg, mae gennym wybodaeth am niferoedd o'r arolygon TTV a wnaed yng Ngogledd Cymru. Roedd y rhain ledled ein hardal (Ffigur 14). Mae posibilrwydd y gellid defnyddio'r wybodaeth yma yn y dyfodol.

## *Camau pellach mewn cadwraeth*

Mae nifer o ffactorau yn yr amgylchedd yn effeithio ar adar Cymru ac yn arwain at newid yn eu niferoedd, megis rheolaeth tir, ymyrraeth ddynol a newid hinsawdd. Mae cysylltiad rhwng llawer o'r rhain, ac nid yw bob amser yn bosibl nodi ffactorau arbennig a allai ddylanwadu ar faint y boblogaeth yn y dyfodol. Fodd bynnag, mae'n bwysig ystyried camau a allai gynorthwyo ein hadar i oroesi ac i addasu eu hunain i newidiadau. Er na all gwarchod safleoedd ar ei ben ei hun helpu ein hadar, gall dynodiadau fod yn gymorth i dargedu ymdrech rheoli, ac mae'n bwysig bod cyrff cadwraeth, boed yn rhan o'r llywodraeth neu'n annibynnol, yn parhau i gael eu hariannu'n ddigonol i fedru rheoli gwarchodfeydd natur a chynnal neu gomisiynu rhaglenni monitro. Dengys canlyniadau gwaith maes 2008–12 fod angen adolygu meini prawf adar nythu rhai safleoedd SDdGA. Mae hyn oherwydd newidiadau sylweddol yn nifer a dosbarthiad bird numbers and distribution since sites were designated. There may be existing SSSIs that now need breeding bird assemblage information added to their designations. A few further sites should be considered for SSSI designation. In addition, one upland site, Mynydd Hiraethog SSSI, should be considered for designation as an SPA.

A brief history of the changes in agriculture since the time of Forrest (1907) is presented on pp. 56–58. It is hoped that modern agri-environment schemes, such as Glastir, will help to ameliorate the negative impacts of past agricultural intensification. Glastir is not designed to take a holistic view of land management across land holdings but it could be a valuable mechanism within a landscape-scale approach to land use. Such an approach is being led by the Wildlife Trusts and the RSPB. This seeks to integrate the needs of wildlife with the aims of farming, forestry, water management, business and leisure activities. Demonstrations of the Wildlife Trusts' Living Landscapes vision are appearing all over the UK. In North Wales the catchment of the Anglesey fens and upper Alyn and Wheeler Valleys (Alun/Chwiler) have been selected. Both these areas have a number of unconnected sites managed for biodiversity and conservation. One of the key challenges is to enable the better movement of wildlife by the sympathetic management of the surrounding landscape. Underlying this is a need to improve the resilience of the environment to climatic change.

In Anglesey, steps toward this type of landscape management have included acquisition of fields at Rhuddlan Fawr to link Cors Erddreiniog and Cors Goch, sympathetic management of adjacent fields and hedgerows, and small-scale tree planting. The CCW-led Anglesey & Llŷn Fens EU LIFE project has also enabled large-scale habitat restoration on the key statutory sites. The Wildlife Trust is currently developing work with landowners, focusing on the improvement of water quality within the catchment of the fens.

In the north-east, the NWWT is working in a partnership with local authorities, government agencies, other organisations and landowners, to rid the River Alyn of Himalayan Balsam. It is also helping to develop a project to tackle invasive species within the entire Dee catchment. These are long-term projects and in time will benefit birds and whole habitats.

The RSPB's Futurescapes programme has similar objectives to that of Living Landscapes. The RSPB's project in North Wales is 'The North Wales Moors' covering the land from Blaenau Ffestiniog in the west, across to Wrexham in the east and as far south as the Berwyn. Work includes management for Black Grouse, restoration of blanket bogs and managing an extensive organic hill farm around the RSPB reserve at Lake Vyrnwy. This programme relies on partnership working.

The detailed impact of climate change on the population numbers and distribution of our breeding birds in North Wales is difficult to predict. There is overwhelming evidence that global warming is responsible for changes in our weather patterns and this can be expected to have an effect on our birds. Gathering more detail for those species that are declining may help to target specific land management actions that can be considered to ameliorate the impacts of climate change. Support for conservation action abroad, in

adar nythu ers i'r safleoedd yma gael eu dynodi. Efallai bod angen ychwanegu gwybodaeth am gasgliad o adar nythu at ddynodiad rhai safleoedd SDdGA presennol. Dylid ystyried ychydig o safleoedd eraill ar gyfer dynodiad SDdGA. Hefyd, dylid ystyried dynodi un safle ucheldir, SDdGA Mynydd Hiraethog, fel AGA.

Gellir darllen hanes byr y newidiadau mewn amaethyddiaeth er cyfnod Forrest (1907) ar tt. 56–58. Heddiw gobeithir y bydd cynlluniau amaethyddol-amgylcheddol modern, megis Glastir, yn gymorth i leihau effeithiau dwysau amaethyddiaeth yn y gorffennol. Nid yw cynllun Glastir yn edrych ar reolaeth tir ar lefel uwch na'r fferm unigol, ond gall fod yn elfen werthfawr o fewn cynlluniau rheoli tir ar lefel tirlun. Datblygwyd cynlluniau ar y lefel yma gan yr Ymddiriedolaethau Natur a'r RSPB. Mae'r rhain yn ceisio cyfuno anghenion bywyd gwyllt ag amcanion amaethyddiaeth, coedwigaeth, rheolaeth dŵr, busnes a gweithgareddau hamdden. Mae arddangosfeydd o weledigaeth Tirluniau Byw yr Ymddiriedolaethau Natur i'w gweld ledled y DU. Yng Ngogledd Cymru, mae dalgylchoedd gwlyptiroedd Môn a rhan uchaf dyffrynnoedd Alyn/Chwiler wedi eu dewis. Yn y ddwy ardal yma mae nifer o safleoedd a reolir ar gyfer bioamrywiaeth a chadwraeth ond heb gysylltiad rhyngddynt. Un o'r prif amcanion yw sicrhau fod bywyd gwyllt yn medru symud o le i le yn haws trwy reoli'r tir o gwmpas y safleoedd hyn mewn dull addas. Y rheswm am hyn yw'r angen i wella hydwythedd yr amgylchedd yn wyneb newid hinsawdd.

Ar Ynys Môn, cymerwyd camau tuag at reoli'r tirlun sy'n cynnwys prynu caeau yn Rhuddlan Fawr i gysylltu Cors Erddreiniog a Chors Goch, rheolaeth addas ar gaeau a gwrychoedd a phlannu coed ar raddfa fechan. Mae Prosiect LIFE Corsydd Môn a Llŷn, dan arweiniad CCGC, hefyd wedi arwain at adfer cynefin ar raddfa fawr ar y prif safleoedd statudol. Ar hyn o bryd mae'r Ymddiriedolaeth Natur yn datblygu gwaith gyda thirfeddianwyr yn canolbwyntio ar wella ansawdd y dŵr yn nalgylch y corsydd.

Yn y gogledd-ddwyrain, mae YNGC yn gweithio mewn partneriaeth ag awdurdodau lleol, asiantaethau'r llywodraeth, cyrff eraill a thirfeddianwyr i geisio dileu Jac y Neidiwr o afon Alyn, ac mae'n cynorthwyo i ddatblygu prosiect i ddelio â rhywogaethau mewnlifol o fewn holl ddalgylch afon Dyfrdwy. Prosiectau tymor hir yw'r rhain, ac ymhen amser byddant o fudd i adar ac i'r holl gynefinoedd.

Mae amcanion cynllun Tirwedd y Dyfodol yr RSPB yn debyg i amcanion Tirluniau Byw. Ardal prosiect yr RSPB yng Ngogledd Cymru yw Rhostiroedd Gogledd Cymru, o Flaenau Ffestiniog yn y gorllewin hyd Wrecsam yn y dwyrain, a chyn belled i'r de â'r Berwyn. Mae'r gwaith yn cynnwys rheoli er budd y Rugiar Ddu, adfer gorgorsydd a rheoli fferm fynydd fawr ger gwarchodfa RSPB Llyn Efyrnwy. Dibynna'r rhaglen yma ar weithio mewn partneriaeth.

Mae'n anodd darogan effeithiau manwl newid hinsawdd ar niferoedd a chynefinoedd yr adar sy'n nythu yng Ngogledd Cymru. Fodd bynnag, ni ddylid dibrisio ei bwysigrwydd. Nodwyd tystiolaeth gref iawn o newidiadau ym mhatrymau ein tywydd oherwydd newid hinsawdd, a gellir disgwyl i hyn gael effaith ar ein hadar. Gallai casglu mwy o fanylion am y rhywogaethau sy'n lleihau fod yn gymorth i dargedu dulliau rheoli tir a allai leihau effeithiau newid hinsawdd. Mae hefyd those areas where our summer migrants stop off or over-winter, is also vital.

The human population of North Wales has not increased as much over the last century as the population of some other parts of the UK. However, recreational access to many of our special sites, that were once considered very remote, has increased considerably. In the early twentieth century there were very few cars and public transport by road was extremely limited. Many people used the train system, which was more extensive than it is now, but reached far fewer places than are now accessible by car. Disturbance of wildlife has undoubtedly grown over the latter part of the twentieth century, as people are much more mobile and have a lot more time to spend on leisure activities.

The future of all our breeding birds in North Wales relies on the positive action of humans, both at home and abroad. Conservation organisations will undoubtedly take a lead on such actions, but the critical role of volunteers, in assisting with action and participating in key monitoring programmes, must not be underestimated. Everyone interested in the vision of a sustainable environment, in which our breeding birds can thrive, should encourage and support an increasing range of conservation actions across North Wales. Ongoing bird recording is an essential element in safeguarding the future of our work.

## Lessons learned from this project that should be considered for any future, similar survey

### Planning before fieldwork begins

- Begin the project 3–5 years in advance of fieldwork.
- Engage with as many resident birdwatchers as possible, to seek their agreement to participate well before fieldwork begins. Make the most of all modern forms of social media communication. Employ more communication and publicity before the project starts. Ensure that all observers, both within and outside the area, know that a local Atlas is being undertaken. Make sure they know that tetrad-level records are wanted, rather than just those for the 10km level, by using whatever media are available. Ensure that the BTO promotes local Atlases on their website, so that all fieldworkers, and particularly those who are visitors to our area, are aware of local projects.
- Appoint a data manager in the planning stages, before the data collection stage begins.
- Create a website at an early stage in project planning and make more use of it to inform volunteers and potential contributors. Use the website for a tetrad booking system. Regularly update coverage maps.
- Devise ways of covering less populous or harder to reach areas, possibly engaging with Ramblers Cymru or local hillwalking groups.
- Ideally, TTVs and Roving Records are required in all tetrads. Also ideally up to three Roving Record visits, to gather breeding evidence, should be undertaken, in addition to TTVs. Visits should be spread throughout

yn hanfodol cefnogi cynlluniau cadwraeth mewn gwledydd tramor, yn yr ardaloedd lle mae'n hadar mudol yn aros i orffwys neu'n treulio'r gaeaf.

Nid yw'r boblogaeth ddynol wedi cynyddu gymaint yng Ngogledd Cymru ag yn rhai rhannau eraill o wledydd Prydain yn ystod y ganrif ddiwethaf. Fodd bynnag, mae cyrraedd llawer o'n safleoedd arbennig a ystyrid unwaith yn anghysbell wedi dod yn haws. Yn gynnar yn yr 20[fed] ganrif, ychydig iawn o geir modur oedd ar gael ac roedd trafnidiaeth gyhoeddus ar y ffyrdd yn gyfyngedig iawn. Roedd llawer o bobl yn defnyddio'r rheilffordd, oedd yn rhwydwaith llawer mwy nag ydyw heddiw ond yn rhoi mynediad at lawer llai o leoedd na cheir modur heddiw. Mae ymyrraeth â bywyd gwyllt yn sicr wedi cynyddu dros ran olaf yr 20[fed] ganrif, gan fod pobl yn awr yn symud o gwmpas fwy a chanddynt lawer mwy o amser ar gyfer gweithgareddau hamdden.

Mae dyfodol ein hadar nythu yng Ngogledd Cymru yn dibynnu ar weithredu positif gan bobl, yma a thramor. Bydd cyrff cadwraeth yn sicr yn arwain yn y cyswllt yma, ond ni ddylid dibrisio rhan hanfodol y gwirfoddolwyr sy'n cynorthwyo i weithredu ac yn cymryd rhan mewn cynlluniau monitro pwysig. Dylai pawb sydd â diddordeb yn y weledigaeth o amgylchedd cynaliadwy, lle gall ein hadar nythu ffynnu, gefnogi'r ystod o weithgareddau cadwraeth sy'n digwydd yng Ngogledd Cymru. Mae cofnodi adar yn rheolaidd yn elfen hanfodol yn y dasg o sicrhau dyfodol ein gwaith.

## Gwersi o'r prosiect yma y dylid eu hystyried ar gyfer unrhyw arolwg tebyg yn y dyfodol

### Cynllunio cyn dechrau'r gwaith maes

- Dechrau'r prosiect 3–5 mlynedd cyn dechrau'r gwaith maes.
- Cysylltu â chymaint ag sydd modd o'r gwylwyr adar lleol a'u hannog i gymryd rhan ymhell cyn i'r gwaith maes ddechrau. Dylid defnyddio dulliau cyfathrebu cymdeithasol modern. Mae angen mwy o gyfathrebu a chyhoeddusrwydd cyn dechrau'r prosiect. Rhaid sicrhau fod cofnodwyr o fewn yr ardal ac o'r tu allan yn gwybod fod Atlas lleol ar y gweill, a bod angen cofnodion ar lefel tetrad, nid ar lefel sgwâr 10 cilomedr yn unig, gan ddefnyddio pob cyfrwng sydd ar gael. Dylai'r BTO hyrwyddo'r atlasau lleol ar eu safle we, fel bod pob gweithiwr maes, yn enwedig y rhai sy'n ymwelwyr i'n hardal, yn gwybod am brosiectau lleol.
- Dewis rheolwr data yn ystod y cyfnod cynllunio, cyn dechrau casglu'r data.
- Creu safle we'n gynnar yn y prosiect a gwneud mwy o ddefnydd o'r safle i drosglwyddo gwybodaeth i wirfoddolwyr ac i bobl a allai gyfrannu. Defnyddio'r safle we ar gyfer system neilltuo tetradau. Dylai'r mapiau sy'n dangos faint o waith a wnaed eisoes gael eu hadnewyddu'n rheolaidd.
- Dyfeisio dulliau o gael cofnodion o ardaloedd llai poblog neu anodd eu cyrraedd. Efallai cysylltu â Cherddwyr Cymru neu grwpiau cerdded mynyddoedd lleol.
- Yn ddelfrydol, mae angen cofnodion TTV a Chofnodion Crwydrol ym mhob tetrad, Hefyd, yn ddelfrydol, dylid

the season to capture Confirmed breeding records from species that breed early, in the main season and later. Target people to different tetrads to do Roving Records from Year 1.

- Plan and arrange a programme of training courses in Atlasing skills to run throughout the project but particularly in the early years. Start these courses in the year before the formal Atlas begins. Concentrate on Atlas methods and interpreting and recording breeding evidence. Spend more time explaining the codes such as 'H' and 'FL' and when they should be used.

- Decide at an early stage how the results will be disseminated. New technology may mean that a formal publication is not required.

- Planning the photographic requirements of the project should be started from the outset. Not all the photographs required will already be in existence. A selection of good quality photographs will be required for all the major breeding bird habitats. Photographs should be taken in the Atlas area. Where possible a selection should have readily identifiable landmarks in the picture to illustrate the Atlas area.

- The role of gathering in the photographs should be given to a dedicated member of the organising group. It is important to identify potential photographers at an early stage and also to establish a good working relationship with them. Photographers must be licensed to undertake any nest photography. Local camera clubs and online websites may provide a good source of habitat photographs. Publication is a good incentive for many people to showcase their work. Clear cataloguing of the photographs is critical.

## During the fieldwork period

- Consider tetrad targeting early in the project: impress on observers that when doing TTVs breeding codes should be collected where possible. Where time is limited, additional Roving Record visits are required.

- Try to ensure that the main effort of the project does not rest on too few shoulders. Consider announcing early in the project that a prize draw will be undertaken for those observers who provide 1,000+ non-duplicate breeding code records.

- Encourage much Roving Record gathering of breeding codes in late May to early July in all tetrads. Depending on the number of observers, it may be necessary to direct people to cover areas (e.g. particular 10km squares) in turn.

- Explicitly encourage getting the highest number of records at Confirmed breeding level.

- Place more emphasis on colony counts. There could have been more population estimates for Rook, for example, if almost everyone had counted the number of nests seen in March/April.

trefnu hyd at dri ymweliad i gasglu Cofnodion Crwydrol gyda thystiolaeth o nythu, yn ychwanegol at yr ymweliadau TTV. Dylid ymweld ar adegau gwahanol yn ystod y tymor nythu er mwyn cael cofnodion pendant o nythu ar gyfer rhywogaethau sy'n nythu'n gynnar, yn y prif dymor neu'n hwyr. Dylid targedu gwirfoddolwyr i gasglu Cofnodion Crwydrol o wahanol detradau o Flwyddyn 1 ymlaen.

- Trefnu rhaglen o gyrsiau hyfforddi mewn sgiliau casglu cofnodion i wirfoddolwyr trwy gydol cyfnod y prosiect, ond yn arbennig yn y blynyddoedd cynnar. Dylid dechrau'r cyrsiau yn ystod y flwyddyn cyn i'r Atlas ddechrau'n ffurfiol. Canolbwyntio ar ddulliau'r Atlas a sut i ddadansoddi a chofnodi tystiolaeth o nythu. Treulio mwy o amser yn egluro codau megis 'H' ac 'FL' a pha bryd y dylid eu defnyddio.

- Penderfynu'n gynnar yn y prosiect sut y bydd y canlyniadau'n cael eu cyflwyno. Oherwydd technoleg newydd, efallai na fydd angen cyfrol ffurfiol.

- Mae angen dechrau cynllunio anghenion ffotograffig y prosiect o'r dechreuad. Ni fydd pob un o'r lluniau angenrheidiol eisoes ar gael. Bydd angen dewis o ffotograffau o safon uchel ar gyfer pob un o'r prif gynefinoedd lle mae adar yn nythu. Dylai'r lluniau fod o ardal yr Atlas. Lle mae'n bosibl, dylai rhai lluniau ddangos nodweddion arbennig ardal yr Atlas. Mae'n hanfodol cysylltu â ffotograffwyr lleol yn gynnar yn y prosiect. Rhaid i ffotograffwyr fod yn berchen trwydded ar gyfer ffotograffiaeth ar y nyth. Gallai clybiau camera lleol ddarparu lluniau da, ac mae cael cyhoeddi eu cynnyrch mewn llyfr yn symbyliad da i lawer sy'n dymuno arddangos eu gwaith.

- Dylid rhoi'r gwaith o gasglu ffotograffau i aelod arbennig o'r grŵp trefnu. Mae'n bwysig darganfod ffotograffwyr a allai gyfrannu at y prosiect yn gynnar, a chynnal perthynas dda â hwy. Gallai clybiau camera lleol neu safleoedd gwe gyfrannu ffotograffau o gynefinoedd. Mae catalogio'r lluniau'n fanwl ac eglur yn hanfodol.

## *Yn ystod cyfnod y gwaith maes*

- Ystyried targedu ar lefel tetrad yn gynnar yn y prosiect. Egluro i gofnodwyr fod angen casglu codau nythu lle mae modd wrth wneud arolygon TTV hefyd. Os yw amser yn brin, dylid trefnu ymweliadau ychwanegol i gasglu Cofnodion Crwydrol.

- Ceisio sicrhau nad yw prif ymdrech y prosiect yn dibynnu ar rhy ychydig o bobl. Ystyried cyhoeddi'n gynnar yn y prosiect y bydd gwobr ar gael i'r sawl y tynnir ei enw o het ymysg y rhai sy'n darparu 1,000 neu fwy o gofnodion nythu nad ydynt yn ddyblygiadau.

- Annog casglu cymaint ag sydd modd o Gofnodion Crwydrol rhwng diwedd Mai a dechrau Gorffennaf ym mhob tetrad. Yn dibynnu ar y nifer o gofnodwyr, efallai y bydd angen cyfeirio pobl at wahanol ardaloedd (e.e. sgwariau 10 cilomedr arbennig) yn eu tro.

- Annog y gwirfoddolwyr i gasglu'r nifer fwyaf posibl o gofnodion ar lefel sy'n cadarnhau nythu.

- Rhoi mwy o bwyslais ar gyfrif nythfeydd. Gallem fod wedi cael gwell syniad o boblogaeth yr Ydfran, er enghraifft, petai'r holl gofnodwyr wedi cyfrif y nifer o nythod yn ystod Mawrth/Ebrill.

- It is important to go out in March for species such as Rooks, Magpies, Ravens and Grey Herons. Volunteers need to be out even earlier for Crossbills. Some volunteers did not fully appreciate that March records counted for the Atlas, because the official recording period was 1 April to 31 July.
- Send emails to volunteers each month, reminding them of key recording opportunities, such as which species to look out for and maybe other tips and hints. Do this right from beginning of the project and not in Year 3 as we did, which proved to be too late.
- Encourage crepuscular visits from early in the project.
- When surveying rivers treat them as a separate entity, particularly those with limited access to the riverbanks from public footpaths or which have few river crossings. Have a small team of volunteers to walk whole lengths of rivers, where possible at least twice in one year. Obtain landowner access permissions well in advance of survey seasons. Also contact local canoe clubs or individual fishermen or canoeists, who may be willing to obtain records along rivers and from other waterbodies.
- Try to validate new records within a week of submission, throughout the project, so that errors can be picked up quickly and avoided in the future. This will also mean that records can, if necessary, be queried, whilst the memory is fresh.

## Monitoring

- Monitor the number of species records per tetrad from the start of the project. Review the situation at the end of each year and produce an annual targeting plan from Year 1 onwards.
- Update the tetrads to target each year, informing observers of what is needed. Encourage close cooperation with area coordinators, who may, or may not, be the BTO RRs.

*Anne Brenchley*

- Mae'n bwysig mynd allan ym mis Mawrth i chwilio am rywogaethau megis Ydfran, Pioden, Cigfran a Chrëyr Glas. Nytha'r Gylfin Groes ynghynt na hynny hyd yn oed! Nid oedd y gwirfoddolwyr yn llawn ymwybodol fod cofnodion ym mis Mawrth yn cyfrif tuag at yr Atlas, gan mai 1 Ebrill hyd 31 Gorffennaf oedd y cyfnod cofnodi swyddogol.
- Gyrru e-bostion misol i'r gwirfoddolwyr i'w hatgoffa am y prif gyfleoedd i gofnodi adar, pa rywogaethau y dylid canolbwyntio arnynt ac efallai awgrymiadau eraill. Dylid gwneud hyn o ddechrau'r prosiect ac nid o Flwyddyn 3 ymlaen fel y gwnaethom ni. Roedd hynny'n rhy hwyr.
- Annog cofnodwyr i ymweld â safleoedd gyda'r nos neu gyda'r wawr o gyfnod cynnar yn y prosiect.
- Dylid trin afonydd fel unedau ar wahân, yn enwedig y rhai lle mae mynediad i'w glannau ar hyd llwybrau cyhoeddus neu fannau croesi yn gyfyngedig. Dylid cael tîm bychan o wirfoddolwyr i gerdded rhannau o afonydd lle mae hyn y bosibl o leiaf ddwywaith y flwyddyn. Rhaid cael caniatâd y tirfeddianwyr ymhell cyn tymor yr arolwg. Gellid hefyd cysylltu â chlybiau canŵio neu bysgotwyr a chanŵwyr unigol a allai fod yn barod i gasglu cofnodion ar hyd afonydd neu lynnoedd.
- Dylid ceisio gwirio cofnodion newydd cyn pen wythnos trwy gydol y prosiect, fel bod modd sylwi ar unrhyw gamgymeriadau yn syth a'u hosgoi yn y dyfodol, a bod modd holi am y cofnod, os oes angen, tra mae'r cof yn dal yn fyw.

## Monitro

- Monitro'r nifer o rywogaethau a gofnodwyd ym mhob tetrad o ddechrau'r prosiect. Adolygu'r sefyllfa ar ddiwedd pob blwyddyn a chreu cynllun targedu blynyddol o Flwyddyn 1 ymlaen.
- Diweddaru'r rhestr o detradau i'w targedu bob blwyddyn, gan roi gwybod i gofnodwyr beth sydd angen ei wneud a hyrwyddo cydweithrediad agos gyda'r cydlynwyr lleol (boed yn Gynrychiolwyr Rhanbarthol y BTO neu eraill).

*Anne Brenchley*

Black Grouse, calling.
*Grugiar Ddu, yn galw.*

## Introduction to the species accounts

We have followed the taxonomic order used for the British List, published by the BOU on their website (www.bou.org. uk) in December 2011. We have used the British (English) vernacular and scientific names from that checklist. The Welsh names are those used in Lewis (2006).

We present details of 167 'wild' species (i.e. in BOU Categories A or C), of which 165 had some evidence of breeding in North Wales during the years 2008 to 2012. We also cover four species, Black Swan, Muscovy Duck, Reeves's Pheasant and Indian Peafowl, which are classified as Category E by the BOU and are therefore not considered to be 'wild' species. Further detail of the BOU categories is found on pp. 426–28. Accounts for two other Category A species, Honey-buzzard and Corn Bunting, were included to show their different statuses at the time of this Atlas.

## Breeding status and Welsh conservation status

At the top of each main species account are the English name, scientific name, a description of the species' status in North Wales, its Welsh conservation status (in the Red, Amber or Green list – see Johnstone, I.G. *et al.* 2011) and its Welsh name.

## Historical information about species

Where possible, the results of the 2008–12 fieldwork have been placed in historical context. Comparisons between our results and those from the two previous national Atlases in 1968–72 (Sharrock 1976) and 1988–91 (Gibbons *et al.* 1993)

## *Cyflwyniad*

Rydym wedi dilyn y drefn dacsonomig a ddefnyddir yn y Rhestr Brydeinig a gyhoeddwyd gan Undeb yr Adaryddion Prydeinig (BOU) ar eu safle we (www.bou.org.uk) yn Rhagfyr 2011. Rydym wedi defnyddio'r enwau Saesneg (Prydeinig) a'r enwau gwyddonol o'r rhestr honno. Daw'r enwau Cymraeg o Lewis (2006).

Ceir yma fanylion am 167 o rywogaethau 'gwyllt', yn cynnwys 165 lle mae tystiolaeth o nythu yng Ngogledd Cymru rhwng 2008 a 2012. Rydym hefyd yn cynnwys pedair rhywogaeth, Alarch Du, Hwyaden Fwsg, Paun a Ffesant Reeves, nad ystyrir yn rhywogaethau 'gwyllt'. Ceir mwy o wybodaeth am gategorïau'r BOU ar dudalennau 426–28. Rydym wedi cynnwys hanesion dwy rywogaeth arall sydd yng Nghategori A, Bod y Mêl a Bras yr Ŷd, i ddangos eu gwahanol statws yng nghyfnod yr Atlas yma.

## *Statws nythu a statws cadwraeth yng Nghymru*

Uwchben pob prif adroddiad am rywogaeth, ceir yr enw Saesneg, yr enw gwyddonol, disgrifiad o statws y rhywogaeth yng Ngogledd Cymru, ei statws cadwraeth yng Nghymru (ar y rhestr Goch, Oren neu Wyrdd – gweler Johnstone, I.G. *et al.* 2011) a'i enw Cymraeg.

## *Gwybodaeth hanesyddol am y rhywogaethau*

Lle'r oedd modd, rhoddwyd canlyniadau gwaith maes 2008–12 yn eu cyd-destun hanesyddol. Ar gyfer pob rhywogaeth, ceir cymhariaeth rhwng ein canlyniadau ni a chanlyniadau'r ddau Atlas cenedlaethol blaenorol yn are given for all species. Information prior to these atlases and between Atlas periods is patchy. However, most of what is available has been summarised by Lovegrove *et al.* (1994) and as updated by Green (2002). Reference is also made to the first avifauna for North Wales written by Forrest (1907), which gives a fascinating insight into the distribution of birds around the turn of the twentieth century. This work, which covered our region plus Montgomery, provides a general impression of abundance but only gave limited quantitative information on bird numbers.

## Vice-county names within the text

To avoid confusion with the contemporary political boundaries, in the text we refer to the vice-county names without the suffix 'shire', e.g. Flint (not Flintshire), etc.

## ❶ The main map

Most of these maps are at tetrad level resulting from fieldwork conducted during the breeding seasons of 2008 to 2012. Some sensitive species are plotted at the 10km level.

## ❷ The small maps at 10km level

There are three small maps for most species. There are two maps that can be directly compared: the results of the 1968–72 Atlas and the results from the 2008–12 fieldwork presented at the 10km level. Also shown is a map with the 10km distribution from the second national Atlas of 1988–91, which was based on a different method of data gathering. Only one size of dot appears on the map of the 1988–91 Atlas. This shows the combined records of Probable and Confirmed breeding, which were treated as a single category for mapping the results in that Atlas.

## ❸ Data table

The table included in the main species accounts shows the basic data for each species.

The columns which contain data at the 10km level are shaded in blue. Only the data for 1968–72 and 2008–12 are directly comparable for the usual three levels of breeding for which records were collected – Possible, Probable and Confirmed breeding. We have included a summed figure for Probable and Confirmed breeding to enable some comparison between all three of the Atlas periods and these figures are in the yellow-shaded cells. The bottom line has two figures shown in pale grey. Under 1968–72 is either the figure 100 (=100%) or no figure at all if the species was not recorded during that Atlas. Under the 2008–12 column is the total of 10km squares in which the species was recorded during this project, expressed as a percentage of the total of 10km squares recorded in 1968–72. Thus 96/95 = 101.1%. If there were no records in 1968–72 there is no percentage figure for 2008–12.

The columns that are shaded in green show the tetrad-level data collected during this project between 2008 and 2012. In total there were 1,796 tetrads included in our survey area and the tetrad information shows the numbers of tetrads

1968–72 (Sharrock 1976) a 1988–91 (Gibbons *et al.* 1993). Tameidiog yw'r wybodaeth am y cyfnod cyn y ddau atlas yma ac am y cyfnod rhyngddynt. Fodd bynnag, crynhowyd y rhan fwyaf o'r wybodaeth sydd ar gael gan Lovegrove *et al.* (1994). Diweddarwyd y gyfrol yma gan Green (2002). Cyfeirir hefyd at y llyfr cyflawn cyntaf ar adar Gogledd Cymru, gan Forrest (1907), sy'n rhoi manylion diddorol am sefyllfa gwahanol adar tua dechrau'r ugeinfed ganrif. Roedd y llyfr hwn yn ymdrin â'n hardal ni i gyd yn ogystal â Sir Drefaldwyn. Mae'n rhoi syniad o ba mor gyffredin oedd pob rhywogaeth, ond ychydig o fanylion am eu niferoedd a geir ynddo.

## *Enwau'r is-siroedd yn y testun*

Er mwyn osgoi cymysgu gyda'r siroedd gweinyddol presennol, rydym yn cyfeirio at yr is-siroedd heb ddefnyddio 'Sir', e.e. Fflint, nid Sir y Fflint.

## ❶ *Y prif fap*

Mae'r rhan fwyaf o'r mapiau yma ar lefel tetrad, yn dangos canlyniadau gwaith maes yn ystod tymhorau nythu 2008 hyd 2012. Dangosir rhai rhywogaethau sensitif ar lefel sgwariau 10 cilomedr.

## ❷ *Y mapiau bach ar lefel 10 cilomedr*

Ar gyfer y rhan fwyaf o rywogaethau, ceir tri map bychan. Gellir cymharu dau o'r mapiau hyn yn uniongyrchol. Y rhain yw canlyniadau Atlas 1968–72 a chanlyniadau gwaith maes 2008–12 yn cael eu dangos ar lefel 10 cilomedr. Ceir hefyd fap yn dangos canlyniadau Atlas cenedlaethol 1988–91 ar lefel 10 cilomedr. Seiliwyd hwn ar ddull gwahanol o gasglu data. Dim ond dotiau o un maint a welir ar fap Atlas 1988–91. Mae'r rhain yn dangos cofnodion o nythu wedi ei gadarnhau a chofnodion o nythu tebygol gyda'i gilydd. Cafodd y rhain eu trin fel un categori ar gyfer mapio'r canlyniadau yn yr Atlas hwnnw.

## ❸ *Y tabl data*

Mae'r tabl yn y prif adroddiadau am y rhywogaethau yn dangos y data sylfaenol ar gyfer pob rhywogaeth.

Dangosir y colofnau sy'n cynnwys data ar lefel 10 cilomedr mewn glas. Dim ond data 1968–72 a 2008–12 sy'n rhoi cymhariaeth uniongyrchol o'r tri lefel o dystiolaeth nythu, Cadarnhawyd, Tebygol neu Bosibl. Rydym wedi cynnwys cyfanswm y cofnodion o nythu tebygol a'r cofnodion o nythu wedi ei gadarnhau, fel bod modd cymharu data'r tri Atlas i ryw raddau, ac mae'r ffigyrau yma yn y cellau melyn. Ar y llinell waelod, mae dau ffigwr mewn llwyd golau. Yng ngholofn 1968–72 ceir un ai'r ffigwr 100 (=100%) neu ddim ffigwr os na chofnodwyd y rhywogaeth yn Atlas 1968–72. Yng ngholofn 2008–12 ceir cyfanswm y sgwariau 10 cilomedr lle cofnodwyd y rhywogaeth yn ystod y prosiect yma, yn cael ei gyflwyno fel canran o'r cyfanswm o sgwariau 10 cilomedr lle cofnodwyd y rhywogaeth yn 1968–72. Felly 96/95 = 101.1%. Os na chofnodwyd y rhywogaeth yn 1968–72 nid oes canran yng ngholofn 2008–12.

Dengys y colofnau gwyrdd y data ar lefel tetrad a gasglwyd yn ystod y prosiect yma rhwng 2008 a 2012. Roedd 1,796 tetrad yn yr ardal dan sylw, ac mae'r golofn werdd ar y

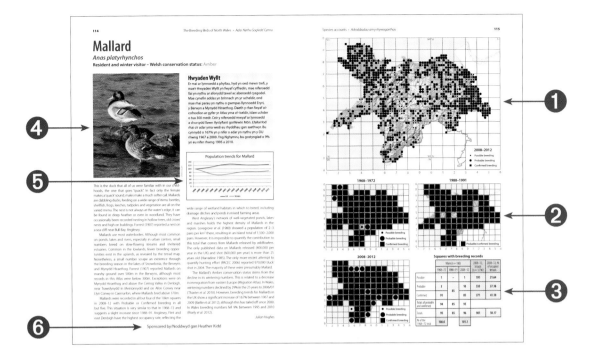

in which each level of breeding was obtained for the species. The total number of tetrads with breeding information recorded is shown in the left-hand cell, shaded pale orange. In the far right column, in pale green, is shown the percentage of occupied tetrads for the species at which each level of breeding was recorded. In the example above, 335/901 = 37.18%. The right-hand figure in the pale orange shading shows the percentage of the total number of tetrads in which the species was recorded. In the example 901/1,796 = 50.17%.

chwith yn dangos y nifer o detradau lle cofnodwyd pob lefel o dystiolaeth nythu ar gyfer y rhywogaeth. Ceir cyfanswm y tetradau lle cafwyd unrhyw dystiolaeth o nythu yn y gell liw oren ar y chwith. Yn y golofn ar y dde, mewn gwyrdd golau, ceir y ganran o detradau lle cofnodwyd pob lefel o dystiolaeth nythu ar gyfer y rhywogaeth. Yn yr esiampl uchod, 335/901 = 37.18%. Mae'r ffigwr ar y dde mewn oren yn dangos y ganran o'r tetradau lle cofnodwyd y rhywogaeth. Yn yr esiampl, 901/1,796 = 50.17%.

## ❹ Photographs

We have included a wide selection of photographs, wherever possible showing birds in their breeding plumage, juvenile plumage or undertaking breeding activity. The vast majority of photographs have been taken by local photographers in North Wales and we are very grateful to them for the provision of these images. We are delighted to be able to display their work in this way.

## ❹ *Lluniau*

Rydym wedi cynnwys dewis da o ffotograffau. Lle mae modd mae'r rhain yn dangos yr adar yn eu plu nythu, plu ieuenctid neu wrthi'n nythu. Mae'r mwyafrif mawr o'r ffotograffau yn waith ffotograffwyr lleol yng Ngogledd Cymru, ac rydym yn ddiolchgar iawn iddynt am adael i ni eu defnyddio. Rydym yn falch iawn o fedru arddangos eu gwaith fel hyn.

## ❺ Population trend graphs

In the Annual Report for the BBS (e.g. Risely *et al.* 2012), there is a section showing population trends (indices) for Wales. These are currently available for 53 species that are found on an average of at least 30 BBS squares in Wales per year. For these species we show the annual Wales trend, with the UK trend for comparison. The trends plotted are the smoothed trends that do not show each annual fluctuation. These show more clearly whether the overall trend is no change, increase or decrease. Further details are available on pp. 427–28.

## ❺ *Graffiau'n dangos tueddiadau'r boblogaeth*

Yn Adroddiad Blynyddol yr Arolwg Adar Nythu (BBS), ceir adran yn dangos tueddiadau poblogaeth ar gyfer Cymru. Ar hyn o bryd mae'r rhain ar gael i 53 rhywogaeth, sy'n bresennol mewn o leiaf 30 sgwâr BBS y flwyddyn yng Nghymru ar gyfartaledd. Rydym yn dangos y duedd flynyddol i Gymru, a'r duedd yn y DU fel cymhariaeth. Yr hyn a ddangosir yw'r duedd wedi ei lefelu, nad yw'n dangos y newidiadau blynyddol. Fel hyn, mae'r graff yn dangos yn eglurach a yw'r duedd yn dangos cynnydd, yn dangos lleihad neu'n aros yr un fath. Ceir mwy o fanylion ar tt. 427–28.

## ❻ Sponsorship

At the end of the species accounts are the names of those who provided sponsorship to support this publication. Those names in **bold** paid at least £200.

*Ian M. Spence*

## ❻ *Noddwyr*

Ar ddiwedd pob adroddiad am rywogaeth, ceir enwau'r rhai a dalodd i noddi'r gyfrol yma. Talodd yr enwau mewn **du** o leiaf £200.

*Ian M. Spence*

# Mute Swan

## *Cygnus olor*

### Resident – Welsh conservation status: Amber

The majestic and beautiful Mute Swan is a bird that arouses passions in many of those who come into contact with it. Originally brought into semi-domestication during medieval times, it is now reverting to a wild state despite living in close proximity to humans. The Mute Swan is confined to lowland North Wales, favouring lakes, ponds, coastal wetlands and slow-moving sections of the larger rivers. Many live in or near populated areas with readily available hand-outs of bread. Their massive nests of roots and vegetation are a prominent feature on many waterbodies, and the extra food from humans makes rearing large families a little easier. Many of these families stay together in wintering herds at favoured sites, with resident males driving off the immature birds the following spring when they start to moult into their white plumage.

In 1907 Forrest considered all the Mute Swans in North Wales to be domesticated ('Alarch Dof = Tame or domesticated swan') and commented that there were some 'wild swans' living "in a perfectly wild state on Whixall Moss, Flintshire, on a portion of the moss which is an impassable morass" and in a "more or less wild state" near Pwllheli. They were subsequently introduced onto ornamental lakes and ponds which led to an expansion in the breeding population (Lovegrove *et al.* 1994). A number of surveys over the years have recorded this increase. Lead shot used as weights for fishing was a major cause of mortality in Mute Swans, which ingested the shot whilst feeding. Following a ban on its use the population increased noticeably (Lovegrove *et al.* 1994).

In addition to the breeding birds a moult migration occurs into North Wales every summer. Non-breeding birds gather together to moult, and as they are flightless for a short while there appears to be safety in numbers. The origin of the moulting flock seems to be the Dee catchment, with birds which have bred on the Welshpool canals flying northwards

## Alarch Dof

Dofwyd yr Alarch Dof yn y canol oesoedd, ac mae'n awr yn dychwelyd i fod yn aderyn gwyllt, er ei fod yn aml yn byw'n agos at bobl. Cyfyngir yr alarch yma i'r tir isel yng Ngogledd Cymru, a'i hoff gynefin yw llynnoedd, pyllau, corsydd ger yr arfordir a rhannau tawelaf yr afonydd mwyaf. Ystyriai Forrest yn 1907 mai adar dof oedd bron holl elyrch Gogledd Cymru, heblaw rhai gwyllt ar Whixall Moss yn Sir Fflint, ac efallai rai ger Pwllheli. Yn ddiweddarach, rhyddhawyd niferoedd ar lynnau a phyllau, ac o ganlyniad bu cynnydd yn y boblogaeth. Gwelir o'r mapiau 10 cilomedr fod yr Alarch Dof wedi lledaenu ar hyd arfordir ac iseldiroedd Gogledd Cymru dros y deugain mlynedd diwethaf.

to join the non-breeders on the lower Dee. All these birds then move westwards along the north coast to their favoured moulting areas, particularly Aberogwen. Depending on the presence and territorial behaviour of the resident birds, this flock can summer at a number of locations. A similar gathering takes place either at Porthmadog or Pwllheli for birds from the south-west. Much of our knowledge of the origins of these birds came from a series of round-ups of moulting birds at Porthmadog, Caernarfon and Aberogwen, where up to 60 birds were caught at one time (Jones *et al.* 1995).

At the 10km level the maps from the 1968–72 and 1988–91 Atlases, compared with the results of the 2008–12 fieldwork, indicate that over the last 40 years Mute Swans have spread more widely around the coasts and the relatively low-lying areas around the mountains of North Wales. There are currently no reasons to be concerned for their conservation status.

*Kelvin Jones*

Sponsored by/Noddwyd gan Emily Ross

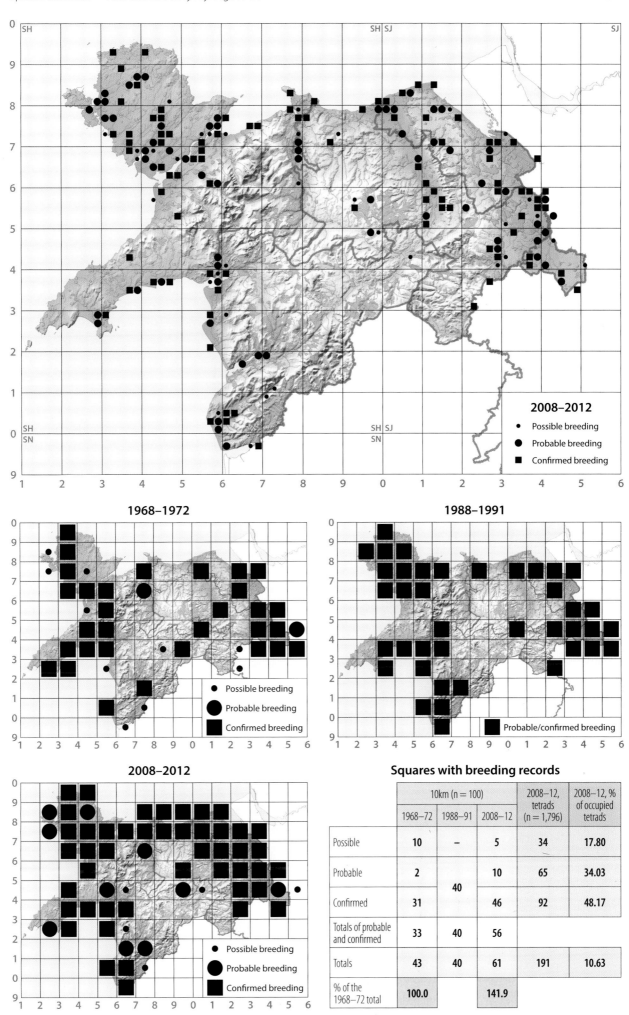

**1968–1972**

- Possible breeding
- Probable breeding
- Confirmed breeding

**1988–1991**

- Probable/confirmed breeding

**2008–2012**

- Possible breeding
- Probable breeding
- Confirmed breeding

**2008–2012**

- Possible breeding
- Probable breeding
- Confirmed breeding

## Squares with breeding records

| | 10km (n = 100) | | | 2008–12, tetrads (n = 1,796) | 2008–12, % of occupied tetrads |
|---|---|---|---|---|---|
| | 1968–72 | 1988–91 | 2008–12 | | |
| Possible | 10 | – | 5 | 34 | 17.80 |
| Probable | 2 | 40 | 10 | 65 | 34.03 |
| Confirmed | 31 | | 46 | 92 | 48.17 |
| Totals of probable and confirmed | 33 | 40 | 56 | | |
| Totals | 43 | 40 | 61 | 191 | 10.63 |
| % of the 1968–72 total | 100.0 | | 141.9 | | |

# Greylag Goose

*Anser anser*

**Resident, increasing naturalised population – Welsh conservation status: Green**

STEVE CULLEY

Many non-birdwatchers glance at the honking skeins of grey geese passing overhead in autumn in southern Anglesey and comment that the wild geese are back for the winter. In reality, these geese are feral Greylag, and their movements are purely local. Although some of the birds breeding in the east of our area may have spread from across the border, most of the Greylag nesting in North Wales are probably the descendants of birds released on Anglesey by wildfowlers from 1960 onwards (Jones & Whalley 2004). They found the area to their liking and by 1986 the RSPB estimated a population of 50–80 pairs breeding on the island (Lovegrove *et al.* 1994). Flocks of up to 1,000 birds can sometimes be seen on Anglesey or around the Menai Strait in the autumn.

The only truly wild Greylags breeding in Britain nest on heather moorland near lochs in parts of northern Scotland. Although similar habitat is available in North Wales, the feral birds prefer to nest near well-vegetated lowland lakes, with grassland nearby. They can also nest along rivers, with breeding recorded on Afon Ogwen in Nant Ffrancon, Caernarfon. Islands in lakes are particularly favoured for nesting since they provide protection from predators. Greylags do not usually breed until they are three years old, so a considerable number of non-breeding birds are likely to be present.

The map of our 2008–12 fieldwork shows that Anglesey remains the stronghold of the Greylag in North Wales. However,

## Gŵydd Wyllt

Bydd llawer o adarwyr yn rhannau deheuol Môn, pan glywan nhw glegar llinellau o wyddau llwydion yn hedfan uwchben yn yr hydref yn datgan bod y Gwyddau Gwylltion yn eu holau am y gaeaf. Mewn gwirionedd Gwyddau Gwylltion lled-wyllt yw y rhain a lleol yw eu symudiadau; maent yn aros yn yr ardal drwy'r flwyddyn. Er bod rhai adar yn nwyrain ein hardal wedi ymledu yma o du draw i'r ffin mae'n debyg bod y mwyafrif o'r Gwyddau Gwylltion sy'n nythu yng Ngogledd Cymru yn ddisgynyddion o adar a ollyngwyd ym Môn gan helwyr o 1960 ymlaen (Jones a Whalley 2004). Roeddent yn hoffi eu lle ac erbyn 1986 roedd yr RSPB yn amcangyfrif bod poblogaeth o 50–80 pâr yn nythu ar yr ynys (Lovegrove *et al.* 1994). Weithiau gwelir heidiau o hyd at 1,000 o adar ym Môn neu o amgylch y Fenai yn yr hydref. Nytha unig Wyddau Gwylltion gwir wyllt Ynysoedd Prydain ar rostiroedd grugog ger llynnoedd mewn rhannau o ogledd yr Alban, ond er bod cynefin tebyg i'w gael yng Ngogledd Cymru, mae'r adar lled-wyllt yn dewis nythu mewn llystyfiant trwchus o gwmpas llynnoedd ar lawr gwlad gyda thir pori gerllaw. Maent hefyd yn nythu ar lannau afonydd

**Sponsored by/Noddwyd gan Cymdeithas Ted Breeze Jones**

BEN HALL (RSPB-IMAGES.COM)

Valley Wetlands, Anglesey.
Good habitat for Greylag Goose.
*Gwlyptiroedd y Fali, Ynys Môn.*
*Cynefin addas i'r Ŵydd Wyllt.*

MALCOLM GRIFFITH

there are also smaller populations around Mynydd Hiraethog, the Vale of Clwyd and in the lowlands around the lower Dee and its tributaries in the extreme east of our area. Unlike the Canada Goose, it is seldom found breeding on mountain tarns over about 350m and it is still far from common along the upper Dee valley and in the south-west. Comparison of our map with the maps from the 1968–72 and 1988–91 Atlases shows the spread of this goose over North Wales from the west and the east towards the centre. For Britain as a whole, Owen *et al.* (1986) calculated that the reintroduced birds increased at an average rate of 13% per annum between the late 1970s and 1986, falling to 9.4% per annum between 1991 and 2000 (Austin *et al.* 2007). Our results suggest that there may well now be 400–600 pairs in North Wales, indicating that the rate of increase here since 1972 has been at least comparable to that in Britain as a whole.

The population in North Wales feeds mainly in fields on grass and waste grain. Greylag may legally be shot during the open season in autumn and winter but these losses, and predation by Red Fox, have apparently had little effect on the population increase.

Before the releases in the 1960s, the Greylag was apparently unknown as a breeding species in North Wales (Lovegrove *et al.* 1994). When Forrest wrote in 1907, it was an occasional winter visitor to the Dyfi estuary and rare elsewhere.

*Rhion Pritchard*

a cheir cofnodion ohonynt yn magu ger Afon Ogwen yn Nant Ffrancon, Arfon. Caiff ynysoedd eu ffafrio i nythu am eu bod yn ddiogelach rhag rheibwyr. Ni fydd Gwyddau Gwylltion yn magu tan y byddant yn dair blwydd oed, felly mae'n debyg y bydd nifer sylweddol o adar yn bresennol nad ydynt yn magu.

Dengys y map o waith maes 2008–12 bod Môn yn dal yn gadarnle i'r Ŵydd Wyllt yng Ngogledd Cymru, ond ceir poblogaethau llai o gwmpas Mynydd Hiraethog, Dyffryn Clwyd a'r tiroedd gwaelod yn rhannau isaf Afon Dyfrdwy a'i mân ganghennau yn nwyrain eithaf ein hardal. Yn wahanol i Ŵydd Canada anaml y'i gwelir ar lynnoedd mynyddig dros tua 350m ac mae'n dal ymhell o fod yn gyffredin yn rhannau uchaf Dyffryn Dyfrdwy ac yn y de-orllewin. Dengys cymhariaeth rhwng ein map ni a'r mapiau o Atlasau 1968–72 a 1988–91 ei hymlediad o'r gorllewin a'r dwyrain tua'r canol. Ar gyfer Ynysoedd Prydain yn gyffredinol amcangyfrifodd Owen *et al.* (1986) bod yr adar oedd wedi eu hailgyflwyno yn cynyddu ar raddfa o 13% ar gyfartaledd bob blwyddyn rhwng diwedd y 1970au a 1986, tra amcangyfrifodd Austin *et al.* (2007) gynnydd blynyddol rhwng 1991 a 2000 o 9.4%. Cynigia ein canlyniadau ni y gall fod 400–600 pâr yng Ngogledd Cymru a bod graddfa'r cynnydd er 1972 yn gymharol.

Mae'r boblogaeth yng Ngogledd Cymru yn bwydo'n bennaf mewn caeau ar borfa a lloffion ŷd. Gellir saethu Gwyddau Gwylltion yn gyfreithlon yn ystod y tymor saethu yn yr hydref a'r gaeaf, ond ni chafodd hyn na cholledion i lwynogod fawr o effaith ar y cynnydd yn y boblogaeth.

Cyn eu cyflwyno yn y 1960au ni cheir sôn iddynt fagu yng Ngogledd Cymru (Lovegrove *et al.* 1994). Pan ysgrifennodd Forrest yn 1907, roeddent yn ymwelwyr gaeaf achlysurol ag aber Afon Dyfi a phrin ym mhobman arall.

MALCOLM GRIFFITH

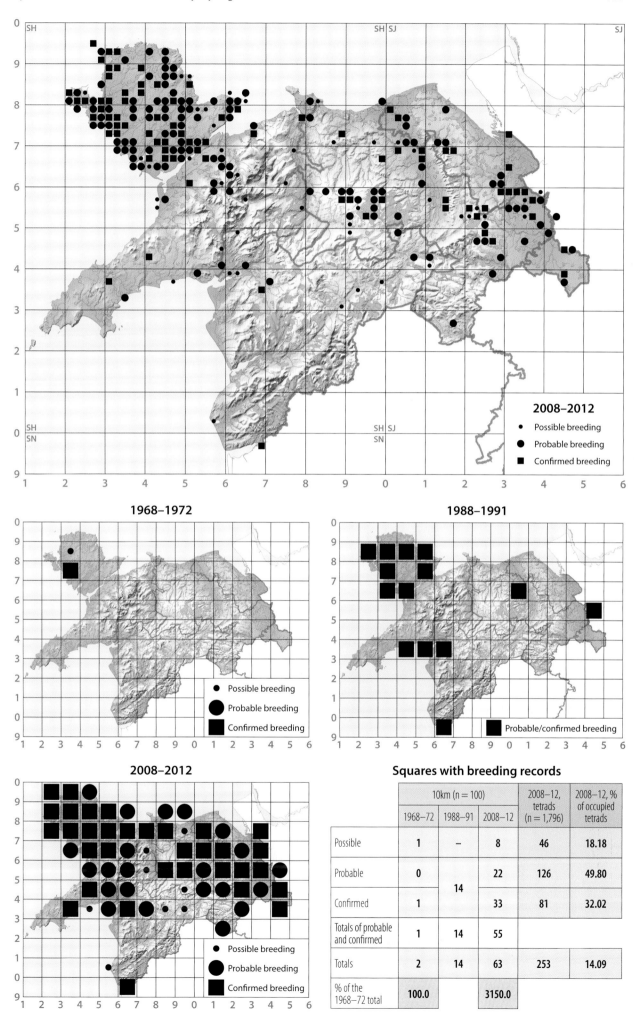

**2008–2012**
- Possible breeding
- Probable breeding
- Confirmed breeding

**1968–1972**
- Possible breeding
- Probable breeding
- Confirmed breeding

**1988–1991**
- Probable/confirmed breeding

**2008–2012**
- Possible breeding
- Probable breeding
- Confirmed breeding

**Squares with breeding records**

| | 10km (n = 100) | | | 2008–12, tetrads (n = 1,796) | 2008–12, % of occupied tetrads |
|---|---|---|---|---|---|
| | 1968–72 | 1988–91 | 2008–12 | | |
| Possible | 1 | – | 8 | 46 | 18.18 |
| Probable | 0 | 14 | 22 | 126 | 49.80 |
| Confirmed | 1 | | 33 | 81 | 32.02 |
| Totals of probable and confirmed | 1 | 14 | 55 | | |
| Totals | 2 | 14 | 63 | 253 | 14.09 |
| % of the 1968–72 total | 100.0 | | 3150.0 | | |

# Canada Goose
## *Branta canadensis*
### Resident – Welsh conservation status: Green

The bold brown-and-white plumage and noisy honking of Canada Geese divides opinion between those who consider them an attractive feature of a town park and others who regard them as an avian pariah that should 'be dealt with'. They were introduced to south-east England from North America in the seventeenth century but, until the late nineteenth century, birds were restricted to the ornamental waters of country houses and rare in Wales (Historical Atlas). There were several introductions to Anglesey lakes in the 1950s, with breeding here from 1957 (Jones & Whalley 2004) and around Pwllheli from 1965. However, it was 1981 before breeding was first recorded in Denbigh, near Rhuthun (Lovegrove *et al.* 1994). The species has adapted well to life on sheltered freshwaters, from large natural lakes to artificial pools. Its spread has been aided by the abandoned mineral workings that were a feature of twentieth-century land use and by deliberate translocations (Austin *et al.* 2007). Canada Geese now nest on tiny patches of water, farm ditches and ponds that are barely discernible on the map.

There is seasonal movement within and probably beyond North Wales, with large numbers on the Dyfi and Dee estuaries in late summer. The Dyfi has a WeBS five-year mean to 2010/11 of 2,966, making it Britain's second most important site in winter, whilst the Dee ranks third with a five-year mean of 2,688 (Holt *et al.* 2012). Elsewhere, gatherings are more

## Gŵydd Canada
Aderyn o Ogledd America yw Gŵydd Canada. Gollyngwyd rhai ar nifer o lynnoedd ym Môn yn y 1950au, a chofnodwyd nythu am y tro cyntaf ar yr ynys yn 1957. Erbyn hyn mae'n gartrefol iawn yng Ngogledd Cymru, yn byw ar ddŵr croyw yn cynnwys pyllau bychain. Ceir symudiadau tymhorol o fewn yr ardal, ac mae aberoedd Dyfi a Dyfrdwy ymhlith y safleoedd pwysicaf ym Mhrydain, gyda dros 2,000 o adar yno ddiwedd yr haf. Dengys canlyniadau'r Atlas yma mor llwyddiannus ydyw'r wydd hon yng Ngogledd Cymru. Mae ymhlith y deg rhywogaeth sydd wedi ymledu fwyaf er cyfnod Atlas 1968–72, ac mae wedi cyrraedd hyd yn oed i ucheldir Eryri. Yn Fflint a dwyrain Dinbych y cofnodwyd adar yn y ganran uchaf o sgwariau.

modest but counts of several hundred birds on the lakes in Anglesey and the estuaries of Meirionnydd, are regular, and increasing.

BBS results show a significant 73% increase in Canada Geese numbers in the UK between 1995 and 2010 (Risely *et al.* 2012). No BBS trend is available for Wales, but the results of the 2008–12 fieldwork show a large increase in their distribution compared to the previous two national Atlases. They were absent from only ten of the 100 10km squares surveyed, though found in less than a quarter of the tetrads. The most notable feature of their distribution is the species' colonisation inland. Since the 1988–91 Atlas, the bird's status has changed from being a bird of town park, gravel pit and lowland farm to one that occurs almost wherever there is still water. This is found even at altitude in central Snowdonia, for example on Llyn Glas at 630m on Snowdon. Despite the original introductions being in the north and far west of the region, it is Flint and east Denbigh that provide the most densely filled 10km squares.

Canada Geese can legally be shot during autumn and winter. They can also be killed under licence in spring and summer to protect crops, preserve air safety or conserve other wild birds. No data exist to determine how many are killed, but it is clearly doing little to stop their population growth or increase in distribution. Concerns about this species usually stem from their messy droppings in amenity areas, overgrazing marginal plants, competition with other nesting waterbirds or their impact on water quality. In lowland Wales, a variety of other pollutants compromise water quality, but now as the birds colonise Snowdonia's oligotrophic glacial lakes there could be more calls for population control.

*Julian Hughes*

JOHN LAWTON ROBERTS

Sponsored by/Noddwyd gan Sabine Nouvet

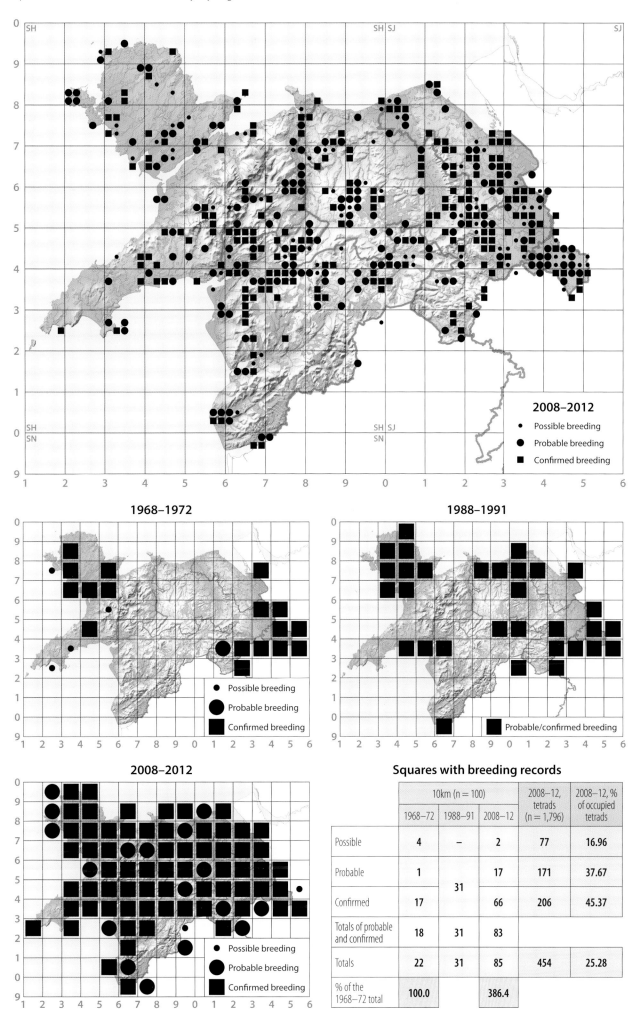

**1968–1972**

Possible breeding
Probable breeding
Confirmed breeding

**1988–1991**

Probable/confirmed breeding

**2008–2012**

Possible breeding
Probable breeding
Confirmed breeding

**2008–2012**

Possible breeding
Probable breeding
Confirmed breeding

### Squares with breeding records

| | 10km (n = 100) | | | 2008–12, tetrads (n = 1,796) | 2008–12, % of occupied tetrads |
|---|---|---|---|---|---|
| | 1968–72 | 1988–91 | 2008–12 | | |
| Possible | 4 | – | 2 | 77 | 16.96 |
| Probable | 1 | 31 | 17 | 171 | 37.67 |
| Confirmed | 17 | | 66 | 206 | 45.37 |
| Totals of probable and confirmed | 18 | 31 | 83 | | |
| Totals | 22 | 31 | 85 | 454 | 25.28 |
| % of the 1968–72 total | 100.0 | | 386.4 | | |

# Shelduck

## *Tadorna tadorna*

**Resident – Welsh conservation status:** Amber

The striking white, black and chestnut plumage of the Shelduck enlivens many an otherwise drab coastal mudflat. Our area is important for this species, because Wales holds 2% of the western European breeding population (Johnstone *et al.* 2010b) and North Wales holds a high proportion of the Welsh breeding birds (Lovegrove *et al.* 1994). Though some birds can be seen all year, most adults leave our area in July to moult. Many move to the Helgoland Bight in north-west Germany whilst others moult at large estuaries within Britain (Migration Atlas). Once moulting is completed, birds return gradually to their breeding areas, with peak numbers not recorded until February or March. Shelducks normally breed close to salt or brackish water, with only a few breeding near fresh water. They need mud or sand flats of high productivity for feeding. Here they also need suitable nesting sites, which are usually near the water, but may be up to 1km away. The nest is usually in a hole, either in the ground or sometimes up to 8m above ground, though it may be sited in thick vegetation (BWP). Disused Rabbit burrows are particularly favoured. The many burrows in the sand dunes close to sheltered muddy shores around Newborough Warren in south-west Anglesey provide an ideal breeding habitat. One pair nested in an old badger sett near Llanystumdwy, in 2011 (Dafydd Thomas pers. obs.).

Our map shows breeding birds widely distributed along the coast, particularly estuaries. There is Confirmed breeding some distance up the Clwyd and Conwy valleys, but no inland Confirmed breeding elsewhere. Breeding Shelduck are absent from most of the more exposed and rocky areas of coast,

## Hwyaden yr Eithin

O gwmpas yr arfordir y mae'r rhan fwyaf o barau o Hwyaid yr Eithin yn nythu, ond mae ambell bâr yn nythu'n weddol bell o'r môr. Maent yn nythu ar y ddaear neu mewn tyllau, yn enwedig tyllau cwningod. Wedi iddynt orffen nythu, mae llawer o'r oedolion yn gadael i fwrw'u plu, gan adael ambell i hwyaden ar ôl i ofalu am y cywion. Dengys ein map eu bod yn nythu o amgylch yr aberoedd yn bennaf, gydag ychydig yn nythu ymhellach o'r môr yn nyffrynnoedd Clwyd a Chonwy. Efallai bod rhai rhannau o'r arfordir bellach yn anaddas ar gyfer nythu oherwydd eu poblogrwydd fel ardaloedd gwyliau. Roedd 979 pâr yng Ngogledd Cymru yn 1992; fe allai'r nifer fod ychydig yn llai erbyn hyn.

though up to ten pairs breed on Bardsey. They are also absent from some areas of high human disturbance.

The Shelduck is Amber-listed in Wales on the basis of a moderate recent population decline, but our results do not suggest any reduction in range. Compared to the 1968–72 Atlas and the 1988–91 Atlas, our distribution map shows no great change, although there may be a modest range expansion inland in the east. There have been inland breeding records elsewhere in the past: for example, three pairs bred on Llyn Alaw in Anglesey in 1997 (Jones & Whalley 2004). A full survey of breeding Shelduck in 1992 found 979 territories in North Wales. Thus out of a total of 1,317 territories in Wales nearly three quarters were in our area (Lovegrove *et al.* 1994).

Forrest (1907) described the Shelduck as being common on all coasts and estuaries, particularly in the west. This remains true, although numbers may not be as large as in Forrest's time. Breeding numbers in recent years cannot match the two colonies of 40–50 birds each that Forrest found south of Aberffraw, Anglesey in 1900. The level of predation of ducklings probably has the greatest effect on numbers. On Bardsey in 2010, for example, six pairs nested, but no young were fledged. Predation of adults by Red Fox may also be a factor, and human disturbance may have reduced numbers in some areas.

*Rhion Pritchard*

STEVE CULLEY

**Sponsored by/Noddwyd gan Deeside Naturalists' Society**

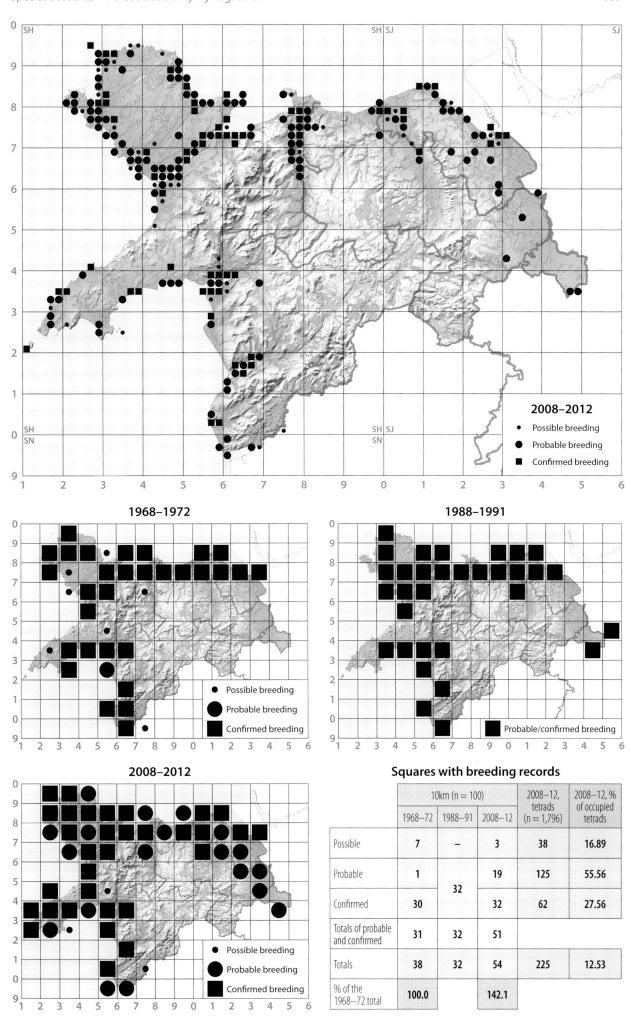

2008–2012

- Possible breeding
- Probable breeding
- Confirmed breeding

**1968–1972**

- Possible breeding
- Probable breeding
- Confirmed breeding

**1988–1991**

- Probable/confirmed breeding

**2008–2012**

- Possible breeding
- Probable breeding
- Confirmed breeding

## Squares with breeding records

| | 10km (n = 100) | | | 2008–12, tetrads (n = 1,796) | 2008–12, % of occupied tetrads |
|---|---|---|---|---|---|
| | 1968–72 | 1988–91 | 2008–12 | | |
| Possible | 7 | – | 3 | 38 | 16.89 |
| Probable | 1 | 32 | 19 | 125 | 55.56 |
| Confirmed | 30 | | 32 | 62 | 27.56 |
| Totals of probable and confirmed | 31 | 32 | 51 | | |
| Totals | 38 | 32 | 54 | 225 | 12.53 |
| % of the 1968–72 total | 100.0 | | 142.1 | | |

# Mandarin Duck

## *Aix galericulata*

**Resident naturalised population – Welsh conservation status:** Green

The Mandarin drake is amongst the most striking and beautiful of ducks, hence the popularity of the species in wildfowl collections. Native to the Far East (principally Japan, China, Korea and the former USSR), Mandarins were first imported into Britain before 1745 and a few feral birds became established here in the early twentieth century. Escaped birds and deliberate releases provided the pioneers of this population. The UK's total population in the wild appears to be slowly increasing. This mirrors the situation in the Far East. In Japan, for example, the population has risen significantly in recent years, particularly on artificial waterbodies (Holt *et al.* 2011).

Mandarin Ducks nest in holes in trees, their preferred habitat being mature woodland adjacent to quiet rivers and streams. Such habitat is found quite widely in North Wales. During the breeding season they can be very difficult to find, with the females sitting on clutches of 9–12 eggs, and the male remaining quietly near the nest. Ducklings leave the nest as soon as they hatch and form family parties, which are very shy and unobtrusive. Mandarins will use nestboxes placed close to the water and above ground level. At least two pairs have used boxes provided along the Glaslyn during the last few years.

The tetrad map shows a breeding population in the Porthmadog area and in the Dee valley. Birds are also regularly seen on the rivers Conwy and Clwyd. In 2012 a male was recorded on the Eden, just north of Dolgellau, during a Waterways BBS visit.

*Kelvin Jones*

## Hwyaden Gribog

Brodor o'r Dwyrain Pell, yn enwedig Japan, China, Corea a'r hen Undeb Sofietaidd yw'r Hwyaden Gribog. Mewnforiwyd rhai adar i Brydain cyn 1745. Sefydlwyd poblogaeth wyllt yn gynnar yn yr ugeinfed ganrif, o ganlyniad i adar yn dianc neu'n cael eu rhyddhau'n fwriadol. Maent yn nythu mewn tyllau mewn coed, a'u hoff gynefin yw coedwig aeddfed ger afonydd a nentydd tawel. Yn ystod y tymor nythu, gallant fod yn anodd eu gweld. Mae'r cywion yn gadael y nyth yn syth ar ôl deor ac yn cadw o'r golwg. Dengys y map tetrad fod nifer yn nythu yn ardal Porthmadog ac yn nyffryn yr afon Dyfrdwy, a gwelir adar yn rheolaidd ar rai afonydd eraill.

Sponsored by/Noddwyd gan Bethan Wynne-Cattanach

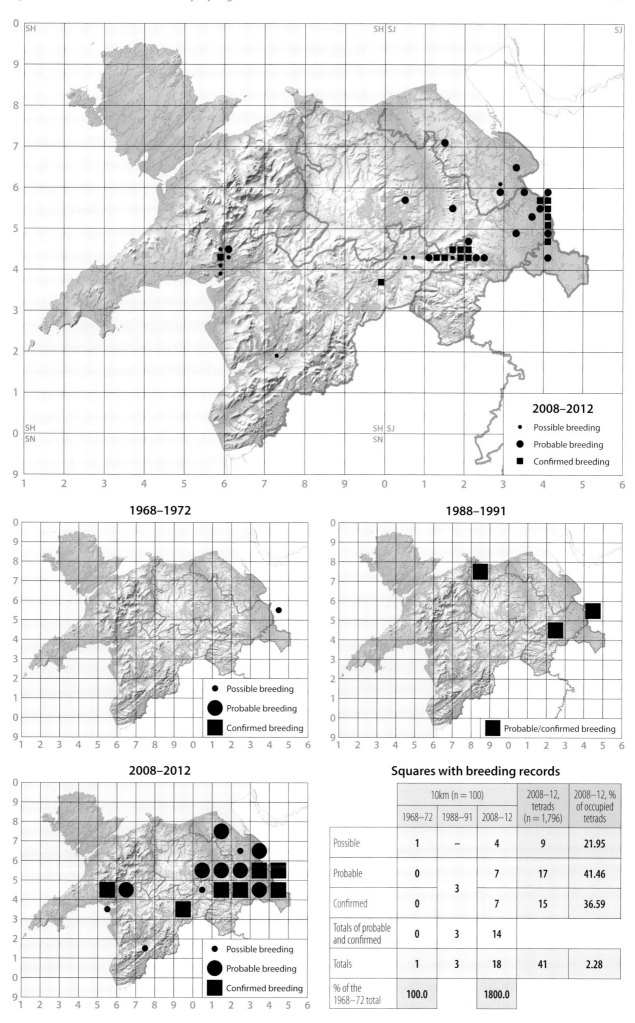

**1968–1972**

**1988–1991**

Possible breeding

Probable breeding

Confirmed breeding

Probable/confirmed breeding

**2008–2012**

- Possible breeding
- Probable breeding
- Confirmed breeding

2008–2012

- Possible breeding
- Probable breeding
- Confirmed breeding

**Squares with breeding records**

| | 10km (n = 100) | | | 2008–12, tetrads (n = 1,796) | 2008–12, % of occupied tetrads |
|---|---|---|---|---|---|
| | 1968–72 | 1988–91 | 2008–12 | | |
| Possible | 1 | – | 4 | 9 | 21.95 |
| Probable | 0 | 3 | 7 | 17 | 41.46 |
| Confirmed | 0 | | 7 | 15 | 36.59 |
| Totals of probable and confirmed | 0 | 3 | 14 | | |
| Totals | 1 | 3 | 18 | 41 | 2.28 |
| % of the 1968–72 total | 100.0 | | 1800.0 | | |

# Gadwall

## *Anas strepera*

**Resident – Welsh conservation status:** Amber

The Gadwall is, perhaps, the birdwatcher's duck. Less showy and much quieter than the rest of its family, females look similar to female Mallards and even males can easily be over-looked. However, with careful scrutiny, the prominent feature in both sexes, namely the white speculum on the wing and the black stern of the male, become evident. A dabbling duck, the Gadwall favours eutrophic shallow waterbodies, rich in emergent green vegetation. They often build their nests some distance from the shore.

Introduced to Norfolk in 1850 but probably augmented by winter migrants that stayed to breed, the increase in distribution since previous Atlases is marked. Anglesey is the regional hub for the species, with just a handful of breeding records in other parts of North Wales. The Gadwall was first recorded in Anglesey in 1909 and it was only a winter visitor prior to 1976, when a pair nested at Llyn Pen-y-Parc and possibly two other lakes (Jones & Whalley 2004). Outside Atlas fieldwork, breeding is rarely confirmed but since 2000 between 30 and 60 pairs have been present in North Wales (Holling & RBBP 2011b). The distribution of Gadwall on the tetrad map matches that of medium-size waterbodies on Anglesey.

During the 2008–12 fieldwork there were no breeding birds on the western mainland, which has few low-altitude waterbodies. The spread in the eastern part of the region is likely to be an extension of the Cheshire population, which has been expanding along the Mersey valley since the 1980s. During the 2008–12 fieldwork, pairs bred at Shotton Steelworks and on pools near Gresford.

*Julian Hughes*

## Hwyaden Lwyd

Hoff gynefin yr Hwyaden Lwyd yw llynnoedd ewtroffig bâs gyda llawer o lystyfiant yn tyfu allan o'r dŵr. Môn yw cadarnle'r rhywogaeth yma yn ein hardal, ac anaml y ceir cofnod o nythu yn unman arall. Cofnodwyd hwy ar Ynys Môn am y tro cyntaf yn 1909, ond dim ond ymwelwyr gaeaf oeddynt hyd 1976, pan nythodd un pâr. Ers 2000, mae 30–60 pâr wedi bod yn bresennol yng Ngogledd Cymru. Efallai fod yr adar yn nwyrain yr ardal, o gwmpas Shotton a Gresffordd, yn deillio o'r boblogaeth yn Swydd Gaer.

Sponsored by/Noddwyd gan Ray Eades

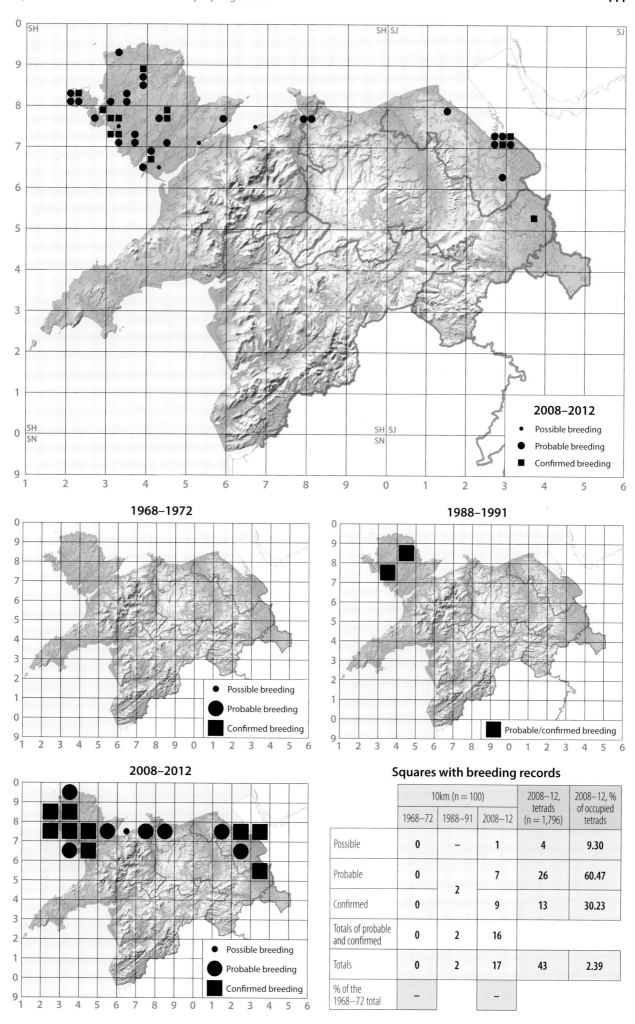

**2008–2012**
- Possible breeding
- Probable breeding
- Confirmed breeding

**1968–1972**
- Possible breeding
- Probable breeding
- Confirmed breeding

**1988–1991**
- Probable/confirmed breeding

**2008–2012**
- Possible breeding
- Probable breeding
- Confirmed breeding

### Squares with breeding records

| | 10km (n = 100) | | | 2008–12, tetrads (n = 1,796) | 2008–12, % of occupied tetrads |
|---|---|---|---|---|---|
| | 1968–72 | 1988–91 | 2008–12 | | |
| Possible | 0 | – | 1 | 4 | 9.30 |
| Probable | 0 | 2 | 7 | 26 | 60.47 |
| Confirmed | 0 | | 9 | 13 | 30.23 |
| Totals of probable and confirmed | 0 | 2 | 16 | | |
| Totals | 0 | 2 | 17 | 43 | 2.39 |
| % of the 1968–72 total | – | | – | | |

# Teal

## *Anas crecca*

### Resident and winter visitor – Welsh conservation status: Amber

Although familiar as a winter visitor, Teal are scarce as a breeding species in North Wales. Their secretive nature leads them to nest in thick vegetation. The chicks have a habit of staying in cover and when alarmed, diving under water. This makes them hard to record and means that some breeding may be missed. An additional complicating factor is that Teal can remain into May before departing for breeding areas elsewhere. Of the Atlas records received, 60% were for the months of March and April; these birds probably did not stay locally to breed. The earliest confirmed breeding date was in mid-June.

It is hard to discern any obvious pattern of breeding from the three Atlases. The number of 10km squares in which Teal were Probable or Confirmed breeders was higher in this Atlas period than in the previous two Atlases. This may surprise birdwatchers who regularly visit suitable habitat and might have expected a decline. However, a much smaller proportion of this total was of Confirmed breeding compared to 1968–72, so perhaps their fears of decline are justified. The distribution was more widespread during 2008–12, with a move away from upland areas and a marked spread within Anglesey, Flint and east Denbigh. This continues a trend across Britain between the 1968–72 and 1988–91 Atlases, where most gains in England and Wales were at lowland sites, against a backdrop of serious contraction in distribution overall. The tetrad map shows that the Teal is very thinly distributed across North Wales.

## Corhwyaden

Er bod y Gorhwyaden yn bur gyffredin yng Ngogledd Cymru yn y gaeaf, dim ond ambell bâr sy'n nythu yma. Efallai fod rhai parau yn osgoi sylw, gan eu bod yn nythu mewn llystyfiant trwchus a'r cywion yn cadw o'r golwg. Roedd y rhan fwyaf o'r cofnodion yn ystod misoedd Mawrth ac Ebrill; mae'n debyg mai ymwelwyr gaeaf oedd llawer o'r rhain. Cofnodwyd y Gorhwyaden mewn mwy o sgwariau nag yn y ddau atlas blaenorol. Yn ôl Forrest (1907) roedd y rhan fwyaf o'r parau yn nythu ger pyllau a chorsydd mynyddig. Ganrif yn ddiweddarach, dim ond dyrnaid o safleoedd o gwmpas Eryri oedd yn cael eu defnyddio, ond cofnodwyd rhai nythod ger yr arfordir.

Forrest (1907) implied that the greater proportion of breeding Teal in the early twentieth century occurred around bogs and pools in the mountains. A hundred years on, only a handful of sites around Snowdonia were occupied and only one, on the Migneint, was above 400m. The Teal is now just a sporadic breeder across North Wales.

*Julian Hughes*

Sponsored by/Noddwyd gan Heather Kidd

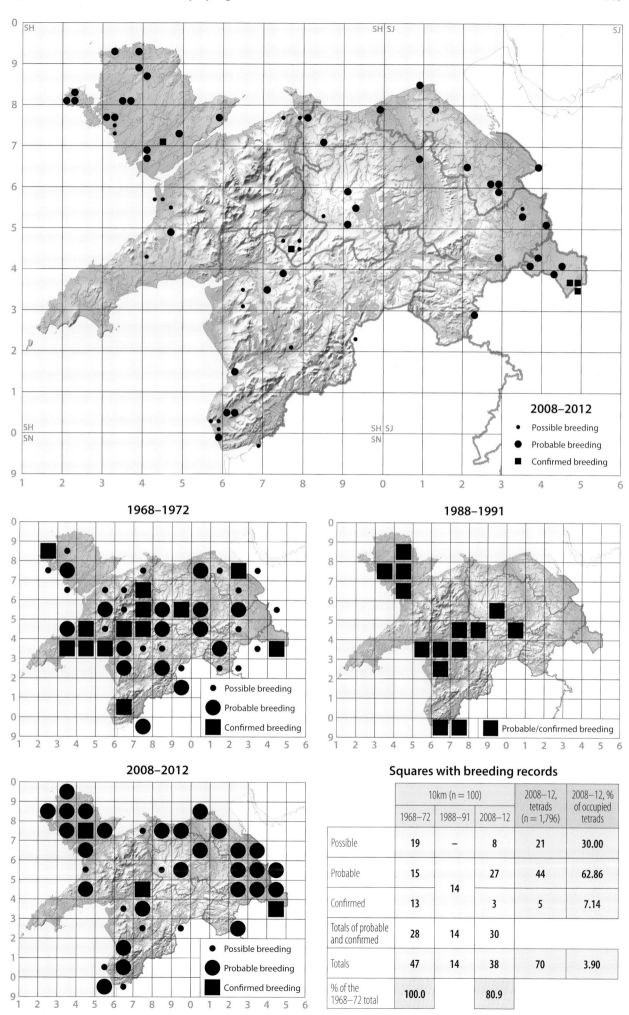

**2008–2012**

Possible breeding
Probable breeding
Confirmed breeding

**1968–1972**

Possible breeding
Probable breeding
Confirmed breeding

**1988–1991**

Probable/confirmed breeding

**2008–2012**

Possible breeding
Probable breeding
Confirmed breeding

## Squares with breeding records

| | 10km (n = 100) | | | 2008–12, tetrads (n = 1,796) | 2008–12, % of occupied tetrads |
|---|---|---|---|---|---|
| | 1968–72 | 1988–91 | 2008–12 | | |
| Possible | 19 | – | 8 | 21 | 30.00 |
| Probable | 15 | 14 | 27 | 44 | 62.86 |
| Confirmed | 13 | | 3 | 5 | 7.14 |
| Totals of probable and confirmed | 28 | 14 | 30 | | |
| Totals | 47 | 14 | 38 | 70 | 3.90 |
| % of the 1968–72 total | 100.0 | | 80.9 | | |

# Mallard

## *Anas platyrhynchos*

**Resident and winter visitor – Welsh conservation status: Amber**

STEVE CULLEY

### Hwyaden Wyllt

Er mai ar lynnoedd a phyllau, hyd yn oed mewn trefi, y mae'r Hwyaden Wyllt yn fwyaf cyffredin, mae niferoedd llai yn nythu ar afonydd tawel ac aberoedd cysgodol. Mae cynefin addas yn brinnach yn yr ucheldir, ond mae rhai parau yn nythu o gwmpas llynnoedd Eryri, y Berwyn a Mynydd Hiraethog. Daeth y rhan fwyaf o'r cofnodion ar gyfer yr Atlas yma o'r iseldir, islaw uchder o tua 300 medr. Ceir y niferoedd mwyaf ar lynnoedd a chorsydd llawn llystyfiant gorllewin Môn. Efallai fod rhai o'r adar yma wedi eu rhyddhau gan saethwyr. Bu cynnydd o 167% yn y nifer o adar yn nythu yn y DU rhwng 1967 a 2009. Yng Nghymru, bu gostyngiad o 9% yn eu nifer rhwng 1995 a 2010.

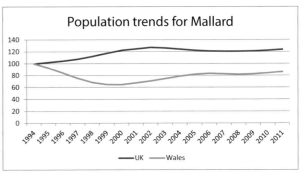

Population trends for Mallard

— UK — Wales

This is the duck that all of us were familiar with in our child-hoods, the one that goes "quack". In fact only the female makes a 'quack' sound; males make a much softer call. Mallards are dabbling ducks, feeding on a wide range of items: beetles, shellfish, frogs, leeches, tadpoles and vegetation are all on the varied menu. The nest is not always at the water's edge, it can be found in deep heather or even in woodland. They have occasionally been recorded nesting in hollow trees, old crows' nests and high on buildings. Forrest (1907) reported a nest on a sea-cliff near Bull Bay, Anglesey.

Mallards use most waterbodies. Although most common on ponds, lakes and rivers, especially in urban centres, small numbers breed on slow-flowing streams and sheltered estuaries. Common in the lowlands, fewer breeding opportunities exist in the uplands, as revealed by the tetrad map. Nonetheless, a small number scrape an existence through the breeding season in the lakes of Snowdonia, the Berwyns and Mynydd Hiraethog. Forrest (1907) reported Mallards on marshy ground over 500m in the Berwyns, although most records in this Atlas were below 300m. Exceptions were on Mynydd Hiraethog and above the Ceiriog Valley in Denbigh, near Trawsfynydd in Meirionnydd and on Afon Conwy near Llyn Conwy in Caernarfon, where Mallards bred above 370m.

Mallards were recorded in all but four of the 10km squares in 2008–12 with Probable or Confirmed breeding in all but five. This situation is very similar to that in 1968–72 and suggests a slight increase since 1988–91. Anglesey, Flint and east Denbigh have the highest occupancy rate, reflecting the

wide range of wetland habitats in which to breed, including drainage ditches and ponds in mixed farming areas.

West Anglesey's network of well-vegetated ponds, lakes and marshes holds the highest density of Mallards in the region. Lovegrove *et al.* (1980) showed a population of 2–3 pairs per km$^2$ there, resulting in an island total of 1,500–2,000 pairs. However, it is impossible to quantify the contribution to this total that comes from Mallards released by wildfowlers. The only published data on Mallards released (400,000 per year in the UK) and shot (600,000 per year) is more than 25 years old (Harradine 1985). The only more recent attempt to quantify hunting effort (PACEC 2006) reported 970,000 'duck' shot in 2004. The majority of these were presumably Mallard.

The Mallard's Amber conservation status stems from the decline in its wintering numbers. This is related to a decrease in immigration from eastern Europe (Migration Atlas). In Wales, wintering numbers declined by 29% in the 25 years to 2006/07 (Thaxter *et al.* 2010). However, breeding trends for Mallards in the UK show a significant increase of 167% between 1967 and 2009 (Baillie *et al.* 2012), although this has tailed off since 2000. In Wales breeding numbers fell 9% between 1995 and 2010 (Risely *et al.* 2012).

*Julian Hughes*

Sponsored by/Noddwyd gan Heather Kidd

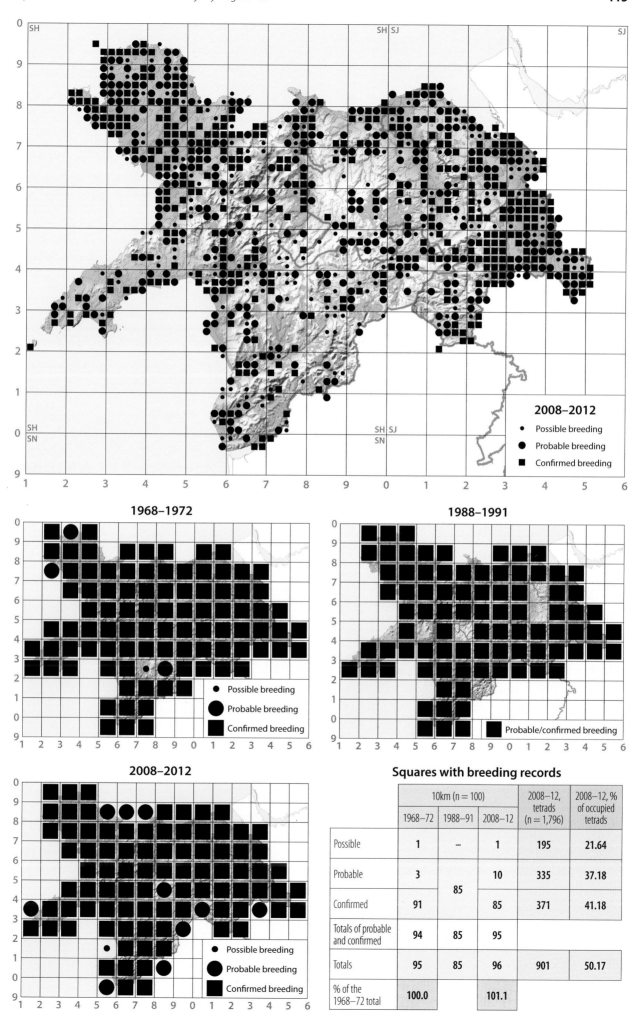

**1968–1972**

- Possible breeding
- Probable breeding
- Confirmed breeding

**1988–1991**

■ Probable/confirmed breeding

**2008–2012**

- Possible breeding
- Probable breeding
- Confirmed breeding

**2008–2012**

- Possible breeding
- Probable breeding
- Confirmed breeding

## Squares with breeding records

| | 10km (n = 100) | | | 2008–12, tetrads (n = 1,796) | 2008–12, % of occupied tetrads |
|---|---|---|---|---|---|
| | 1968–72 | 1988–91 | 2008–12 | | |
| Possible | 1 | – | 1 | 195 | 21.64 |
| Probable | 3 | 85 | 10 | 335 | 37.18 |
| Confirmed | 91 | | 85 | 371 | 41.18 |
| Totals of probable and confirmed | 94 | 85 | 95 | | |
| Totals | 95 | 85 | 96 | 901 | 50.17 |
| % of the 1968–72 total | 100.0 | | 101.1 | | |

# Shoveler
## *Anas clypeata*
**Resident and winter visitor – Welsh conservation status:** Amber

The spatulate bill of the Shoveler is unique amongst European wildfowl. It is used to strain invertebrates as the bird upends in shallow water or to skim crustaceans or plankton from the water surface. Our breeding population of Shovelers departs to winter in south-west Europe. This is then replaced by a modest wintering population which arrives from eastern Europe and then departs in early spring (Migration Atlas).

Over 1,000 pairs of Shoveler breed in Britain, favouring pools with muddy bottoms and emergent vegetation. Hence the localised distribution in North Wales, as such habitat is largely restricted to Anglesey and the Marches. The nest is usually well hidden within tall grass or at the base of a bush close to water. As with other dabbling ducks, breeding is unlikely to be confirmed unless a brood of ducklings is seen.

Shovelers bred on Anglesey throughout the twentieth century, with up to 34 pairs in recent years (Jones & Whalley 2004; Holling & RBBP 2011b). However, the only record of confirmed breeding on the island during 2008–12 fieldwork was on Llyn Penrhyn at the Valley Wetlands reserve in 2011. There have been very few records of confirmed breeding on this reserve in recent years (Ian Simms pers. comm.), suggesting a genuine decline here. They have bred at RSPB Inner Marsh Farm, Flint/Cheshire, since the 1930s and sporadically elsewhere on freshwater pools adjacent to the Dee Estuary. This

### Hwyaden Lydanbig

Defnyddia'r Hwyaden Lydanbig ei phig anarferol i hidlo anifeiliaid di-asgwrn-cefn wrth i'r aderyn chwilio am fwyd mewn dŵr bas, ac i bigo cramenogion neu blancton o wyneb y dŵr. Ei hoff gynefin yw pyllau sydd â gwaelod mwdlyd a llystyfiant yn codi yn uwch nag wyneb y dŵr. Yng Ngogledd Cymru, mae'r cynefin yma wedi ei gyfyngu i Ynys Môn a'r Mers. Mae hyd at 34 pâr yn nythu ym Môn, ac mae ychydig barau yn nythu'n ysbeidiol ar byllau ger aber afon Dyfrdwy. Yn ystod cyfnod gwaith maes 2008–12, cofnodwyd nythu ger Gresffordd, Dinbych ac yn Whixall Moss, ar y ffin â Swydd Amwythig.

includes Shotton Pools, where breeding was recorded in 2009. During 2008–12, Shovelers also bred near Gresford, Denbigh, and at Whixall Moss, though on the Shropshire side of the border.

*Julian Hughes*

ASHLEY COHEN

Sponsored by/Noddwyd gan Lynn Davies

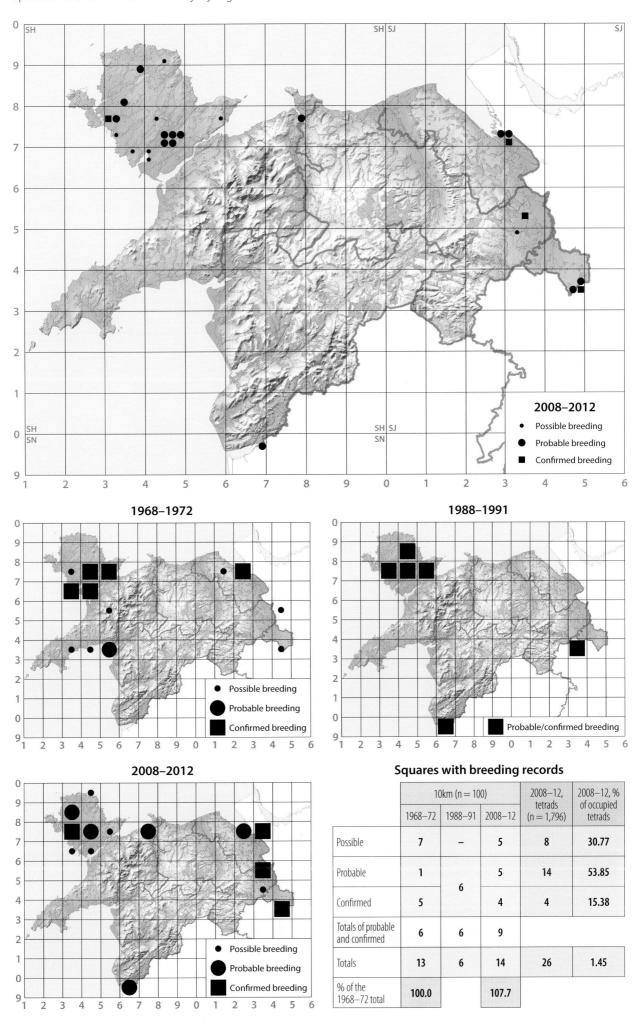

**2008–2012**

- Possible breeding
- Probable breeding
- Confirmed breeding

**1968–1972**

- Possible breeding
- Probable breeding
- Confirmed breeding

**1988–1991**

- Probable/confirmed breeding

**2008–2012**

- Possible breeding
- Probable breeding
- Confirmed breeding

## Squares with breeding records

| | 10km (n = 100) | | | 2008–12, tetrads (n = 1,796) | 2008–12, % of occupied tetrads |
|---|---|---|---|---|---|
| | 1968–72 | 1988–91 | 2008–12 | | |
| Possible | 7 | – | 5 | 8 | 30.77 |
| Probable | 1 | 6 | 5 | 14 | 53.85 |
| Confirmed | 5 | | 4 | 4 | 15.38 |
| Totals of probable and confirmed | 6 | 6 | 9 | | |
| Totals | 13 | 6 | 14 | 26 | 1.45 |
| % of the 1968–72 total | 100.0 | | 107.7 | | |

# Pochard
## *Aythya ferina*
### Resident and winter visitor – Welsh conservation status: Red

The male Pochard with its domed, copper-coloured head is a familiar sight bobbing on a freshwater lake on a cold winter day. Wintering birds in Britain have declined dramatically since the mid-1990s (Holt *et al.* 2012) but there are still many more in winter than during the breeding season. There is hardly any information on the whereabouts of British breeders outside the breeding season. Many appear to remain within Britain and Ireland, although few are resident on the breeding waters. There is evidence that some move to winter in France and Spain (Migration Atlas).

By contrast to the winter population, numbers breeding in Britain have increased since 2000, with 339–700 pairs by 2009 (Holling & RBBP 2012). This has been driven largely by increases in England. All the Confirmed nesting that occurred in our region during the 2008–12 fieldwork was on Anglesey, which remains the local stronghold for this species. Away from the island, breeding Pochard are rare. There were no records in 2008–12 from the mosses on the Denbigh/Shropshire border, where breeding was confirmed in 1968–72 and 1988–91. Pochard possibly bred on Llŷn in 1986–87 (RSPB unpublished), but there were no breeding season records here in any of the Atlases.

Pochard favour lowland eutrophic lakes and pools with dense emergent vegetation. In North Wales, this habitat is almost completely restricted to Anglesey, where up to 40

### Hwyaden Bengoch

Mae Hwyaid Pengoch sy'n nythu yng ngorllewin Rwsia yn gaeafu yn ein hardal, er bod eu nifer wedi gostwng yn sylweddol ers canol y 1990au. Cynyddodd y nifer sy'n nythu ym Mhrydain ers 2000, yn bennaf oherwydd y cynnydd yn Lloegr. Môn yw cadarnle'r Hwyaden Bengoch yn ein hardal ni. Dechreuodd nythu ar yr ynys yn y 1970au, ac erbyn hyn mae tua 40 pâr yn nythu yno. Ym mhobman arall yng Ngogledd Cymru, mae ei hoff gynefin – llynnoedd ewtroffig yn yr iseldir, gyda llystyfiant trwchus – yn gymharol brin.

pairs nest annually (Holling & RBBP 2011b). Pochard are late breeders, with most clutches laid in June so one brood on Llyn Traffwll, Anglesey, on 17 May 2008 was particularly early. Almost 30% of the 2008–12 fieldwork records were in April and although they were in suitable habitat or paired-up, these birds would not necessarily have gone on to breed locally.

The first recorded breeding in Wales was on Llyn Tegid, Meirionnydd, in 1905 (Bolam 1913). Although breeding on Anglesey was suspected from time to time, with proved breeding in 1925, it did not occur regularly until the 1970s (Jones & Whalley 2004).

*Julian Hughes*

**Sponsored by/Noddwyd gan Waitrose Community Matters Fund**

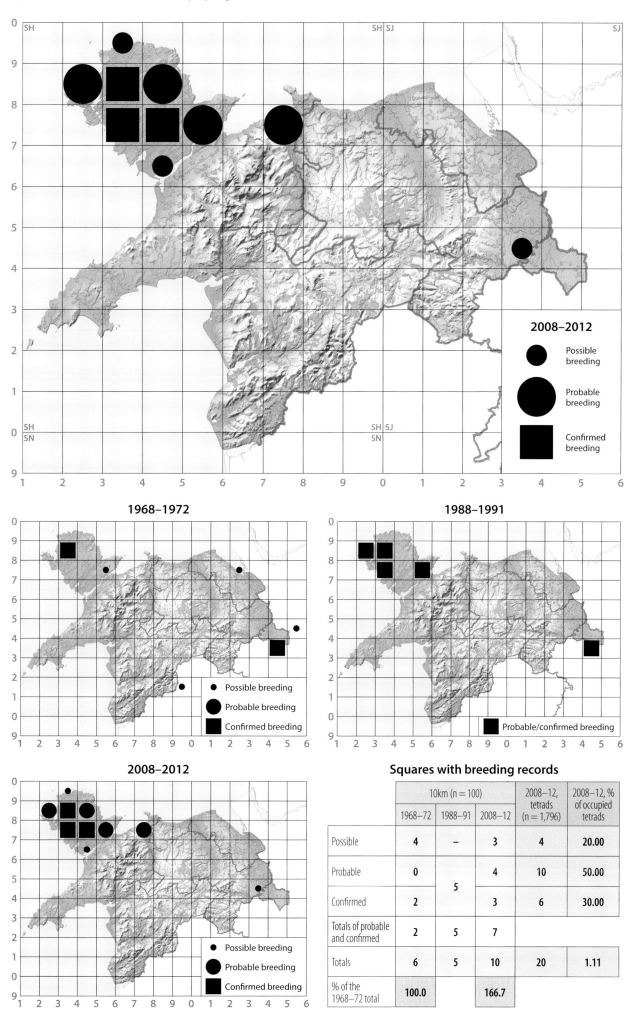

**2008–2012**

- ● Possible breeding
- ⬤ Probable breeding
- ■ Confirmed breeding

**1968–1972**

- • Possible breeding
- ● Probable breeding
- ■ Confirmed breeding

**1988–1991**

- ■ Probable/confirmed breeding

**2008–2012**

- • Possible breeding
- ● Probable breeding
- ■ Confirmed breeding

## Squares with breeding records

| | 10km (n = 100) | | | 2008–12, tetrads (n = 1,796) | 2008–12, % of occupied tetrads |
|---|---|---|---|---|---|
| | 1968–72 | 1988–91 | 2008–12 | | |
| Possible | 4 | – | 3 | 4 | 20.00 |
| Probable | 0 | 5 | 4 | 10 | 50.00 |
| Confirmed | 2 | | 3 | 6 | 30.00 |
| Totals of probable and confirmed | 2 | 5 | 7 | | |
| Totals | 6 | 5 | 10 | 20 | 1.11 |
| % of the 1968–72 total | 100.0 | | 166.7 | | |

# Tufted Duck
## *Aythya fuligula*
**Resident and winter visitor – Welsh conservation status:** Amber

The bold black-and-white pattern of the drake Tufted Duck stands out on many lowland lakes, although the female's brown plumage is less striking. It is the most common of the diving ducks breeding in Britain but is not very common as a breeding bird in most of our area. Larger numbers are seen in winter, when birds move in from Scandinavia, north-west Russia and Iceland (Migration Atlas). The Tufted Duck breeds mainly by well-vegetated and fairly shallow lowland lakes, often on islands if these are available, although it can also nest by slow-flowing rivers. It requires dense vegetation, close to the water, to conceal the nest from predators. Many of our mainland lakes are not suitable but Anglesey offers better breeding habitat. The Tufted Duck could be underrecorded, as the nest is usually well hidden and the bird breeds later than most duck species, with some broods not emerging until early August.

Our tetrad map shows a patchy distribution, with a good population on Anglesey and in the eastern lowlands but few elsewhere. Breeding was Confirmed on Llyn Trawsfynydd at 198m above sea level but generally the species seems to be scarce at altitudes higher than this. There was Probable breeding as high as 437m on Llyn Brân in the Mynydd Hiraethog area, where the species was confirmed breeding prior to 2008. Though most pairs are on the larger lakes, breeding was recorded on some quite small ponds in the lowlands. Both the 1988–91 Atlas and the 1968–72 Atlas show

## Hwyaden Gopog
Er bod niferoedd da o'r Hwyaden Gopog i'w gweld ar lynnoedd Gogledd Cymru yn y gaeaf, cymharol ychydig sy'n nythu yma. Ar lynnoedd sydd â dŵr gweddol fâs a digon o lystyfiant y mae'n nythu fel rheol, er y gall nythu ger afonydd os yw'r llif yn araf. Mae angen tyfiant trwchus ger y glannau i guddio'r nyth, felly nid yw llawer o'n llynnoedd yn addas. Gan fod yr Hwyaden Gopog yn nythu'n hwyr, a rhai cywion yn deor cyn hwyred â dechrau Awst, gall fod gweithwyr maes heb sylwi ar rai parau. Dengys ein map fod poblogaeth dda ym Môn ac yn y dwyrain, ond mae'n aderyn prin uwchben tua 200 medr.

the same general pattern as our map, with Anglesey and the eastern lowlands around the lower Dee valley being the strongholds. However, the species seems to have become more widespread in our area since 1988–91. The Tufted Duck is Amber-listed in Wales, because of its unfavourable conservation status in Europe generally (Johnstone *et al.* 2010b), but seems to be doing quite well in this country.

The Tufted Duck was not definitely proved to breed in Britain until 1849 (Historical Atlas). The first recorded breeding in Wales was on Llyn Maelog, Anglesey in 1892 (Forrest 1907). Lovegrove *et al.* (1980) estimated the breeding population in Wales to be about 80 pairs, with 40–60 of these on Anglesey, and since then there has been a gradual increase in the population. Jones and Whalley (2004) estimated 69–80 pairs on Anglesey in 1986 and Lovegrove *et al.* (1994) a total of 100–120 pairs for Wales. Our results suggest that although the species is still doing well on Anglesey, the increase in records elsewhere means that the island probably no longer accounts for as high a proportion of the total breeding population of North Wales as it did 30 years ago.

*Rhion Pritchard*

STEVE CULLEY

Sponsored by/Noddwyd gan David Lee

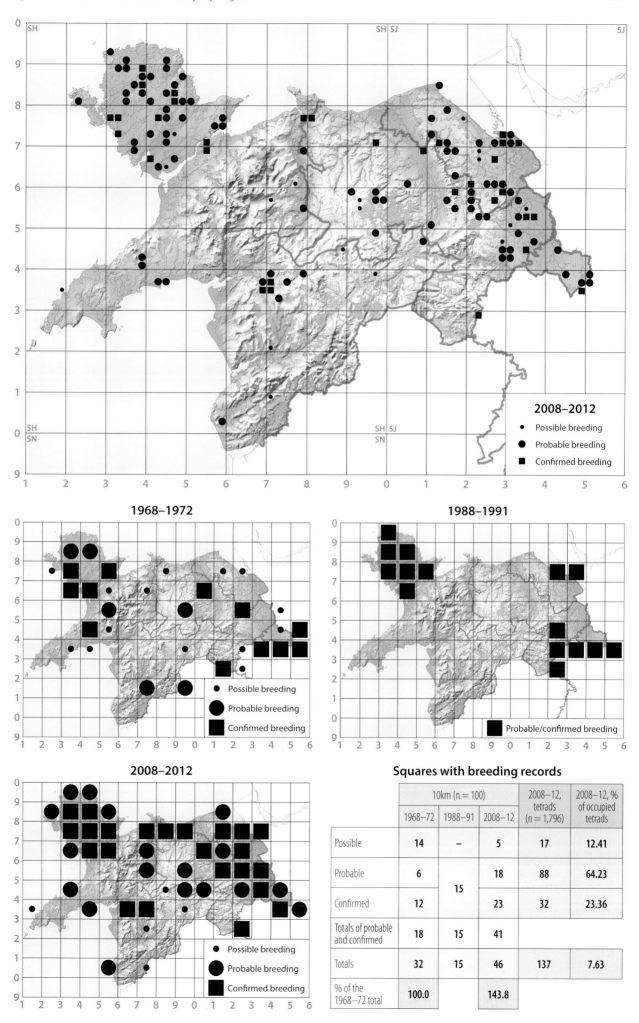

**2008–2012**

- • Possible breeding
- ● Probable breeding
- ■ Confirmed breeding

**1968–1972**

- • Possible breeding
- ● Probable breeding
- ■ Confirmed breeding

**1988–1991**

- ■ Probable/confirmed breeding

**2008–2012**

- • Possible breeding
- ● Probable breeding
- ■ Confirmed breeding

**Squares with breeding records**

| | 10km (n = 100) | | | 2008–12, tetrads (n = 1,796) | 2008–12, % of occupied tetrads |
|---|---|---|---|---|---|
| | 1968–72 | 1988–91 | 2008–12 | | |
| Possible | 14 | – | 5 | 17 | 12.41 |
| Probable | 6 | 15 | 18 | 88 | 64.23 |
| Confirmed | 12 | | 23 | 32 | 23.36 |
| Totals of probable and confirmed | 18 | 15 | 41 | | |
| Totals | 32 | 15 | 46 | 137 | 7.63 |
| % of the 1968–72 total | 100.0 | | 143.8 | | |

# Eider

## *Somateria mollissima*

**Resident – Welsh conservation status:** Amber

A small boy unwittingly added Eider to Wales' breeding list when he told the Bangor Bird Group on Puffin Island, Anglesey, on 25 May 1997, that "there was a duck on a nest" (Arnold *et al.* 1997). Two nests were found south of Llangelynnin in Meirionnydd in 1998 (Reg Thorpe pers. comm.), whilst a brood of very young ducklings at Aberogwen, Caernarfon, on 18 May 2002 almost certainly hatched there (CBR). In recent years, there has been frequent nesting in all three of these areas.

Eiders were once rare in North Wales (Forrest 1907, "Obtained once … in 1884–85"). There has been a southerly spread of range and, particularly in the last 20 years, a considerable increase in population (Hagemeijer & Blair 1997). Eiders feed on Blue Mussels, other shellfish and small crustaceans, obtained mainly by diving. Their food supply may have increased because of rising sea temperatures and greater productivity. They are now a not uncommon sight throughout the year in north-west Wales, favouring shallow inshore waters with varied substrata to provide food and with suitable nesting habitat nearby. They prefer small islands and remote strands for nesting, away from mammal predators. The ducks are as demure as the drakes are flamboyant and sit tightly when brooding, relying on their camouflage to escape notice.

Those two island-loving saints, Cuthbert and Seiriol, are surely in seventh heaven knowing that the former's duck chose the latter's island for its first Welsh nesting site.

*Richard Arnold*

## Hwyaden Fwythblu

Ar un adeg roedd yr Hwyaden Fwythblu yn brin yng Ngogledd Cymru, ond mae wedi dod yn fwy niferus yn ystod yr ugain mlynedd diwethaf. Cofnodwyd nythu yng Nghymru am y tro cyntaf ar Ynys Seiriol, Môn, ar 25 Mai 1997. Cafwyd hyd i ddau nyth ar y traeth i'r de o Langelynnin, Meirionnydd yn 1998, a gwelwyd cywion bychain yn Aberogwen, Caernarfon yn 2002. Yn y blynyddoedd diwethaf, mae wedi nythu droeon yn y tri lle yma. Mae'n nythu ar ynysoedd bychain a thraethau anghysbell, ymhell o gyrraedd mamaliaid rheibus. Prif fwyd yr Hwyaden Fwythblu yw'r Gragen Las, pysgod cregyn eraill a chramenogion bychain, a ddelir yn bennaf trwy blymio. Efallai fod mwy o fwyd ar gael iddi oherwydd i ddŵr y môr gynhesu.

KEITH OFFORD

**Sponsored by/Noddwyd gan Sir Richard Williams-Bulkeley Bt**

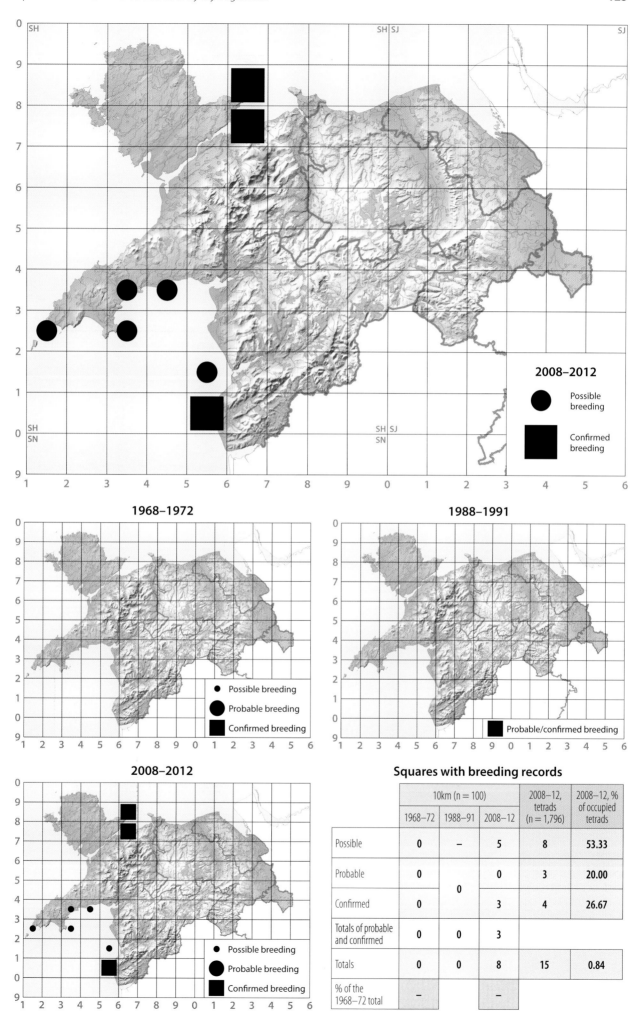

2008–2012

● Possible breeding

■ Confirmed breeding

**1968–1972**

● Possible breeding
● Probable breeding
■ Confirmed breeding

**1988–1991**

■ Probable/confirmed breeding

**2008–2012**

● Possible breeding
● Probable breeding
■ Confirmed breeding

### Squares with breeding records

| | 10km (n = 100) | | | 2008–12, tetrads (n = 1,796) | 2008–12, % of occupied tetrads |
|---|---|---|---|---|---|
| | 1968–72 | 1988–91 | 2008–12 | | |
| Possible | 0 | – | 5 | 8 | 53.33 |
| Probable | 0 | 0 | 0 | 3 | 20.00 |
| Confirmed | 0 | | 3 | 4 | 26.67 |
| Totals of probable and confirmed | 0 | 0 | 3 | | |
| Totals | 0 | 0 | 8 | 15 | 0.84 |
| % of the 1968–72 total | – | | – | | |

# Red-breasted Merganser

## *Mergus serrator*

### Resident – Welsh conservation status: Amber

Although superficially similar to our other breeding sawbill, the Goosander, the grey flanks, 'punk' headgear and lower profile are distinctive features of Red-breasted Merganser, even at a distance. As with its larger relative, males have a dark green head and females are reddish brown. It is generally only early in the season that you see the pair together. Once the eggs are laid, the drake leaves the female to bring up the large brood of young, which frequently reaches double figures. Red-breasted Mergansers nest on the ground, usually in rank grass, but sometimes in coastal Rabbit burrows. The male is one of our most easily recognisable ducks, although the females can be confused with female Goosanders. This means that there could be a few false dots on the tetrad maps for either species.

Whilst both species can be found on upland streams and lakes, Red-breasted Mergansers also breed around rocky coasts, with pairs scattered around Anglesey, although they have not spread around Llŷn or east of Afon Conwy. The pairs in south Meirionnydd are close to the southern edge of the species' European range. The number of 10km squares in which Red-breasted Mergansers were recorded in 2008–12 has increased over the previous two Atlases. However, a smaller proportion of breeding pairs were confirmed during this fieldwork, particularly in Anglesey. Inland, Mergansers are very scattered, with few records away from northern Snowdonia. There were fewer occupied squares in the upper Dee valley than in 1988–91. The general impression held by observers is that this species has declined in the upstream sections of rivers in North Wales, although it is still present on estuaries. Goosanders have colonised many of these rivers at

## Hwyaden Frongoch

Dim ond ar ddechrau'r tymor nythu y gwelir y ceiliog a'r iâr Hwyaden Frongoch gyda'i gilydd. Wedi dodwy'r wyau, yr iâr sy'n edrych ar ôl y cywion, yn aml deg neu fwy ohonynt. Nytha'r Hwyaden Frongoch ar y ddaear ger nentydd a llynnoedd yn yr ucheldir neu ar arfordiroedd creigiog, er nad yw wedi cyrraedd arfordiroedd Llŷn nac i'r dwyrain o Afon Conwy. Cofnodwyd y rhywogaeth yma mewn mwy o sgwariau 10 cilomedr yn 2008–12 nag yn y ddau Atlas blaenorol, ond cadarnhawyd nythu mewn canran is o'r sgwariau. Dim ond yn 1953 y nythodd yr Hwyaden Frongoch yng Nghymru am y tro cyntaf. Yn y 1960au a'r 70au, tyfodd y boblogaeth yn sylweddol, a bu cwynion gan bysgotwyr, ond lleihaodd ei niferoedd yn y 1980au.

the same time, but there is no evidence for any link between these changes. Traeth Lafan, Caernarfon, hosts a flock of moulting birds in late summer, with numbers of UK national importance. It is not known if these include local breeders.

Red-breasted Mergansers nested in Wales for the first time in 1953, when a nest was found at Traeth Dulas, Anglesey. The first Meirionnydd and Caernarfon breeding was recorded in 1957 and 1958 respectively (Lovegrove *et al.* 1994). The 1960s and 1970s saw considerable growth in the population, leading to complaints from anglers about their impact on fish stocks. However, numbers fell in the 1980s. Lovegrove *et al.* (1994) speculated that the rapidly expanding Goosander population was perhaps out-competing its smaller cousin. It is worth noting, however, that numbers also declined dramatically in Ireland during the 1980s, and Goosanders are essentially absent as breeders there. Feeding studies show that Red-breasted Mergansers nesting in the uplands can consume significant volumes of Salmon parr and Brown Trout. However, their mobility along rivers means that attempts to reduce damage to fish stocks in Scotland by shooting Mergansers have proved largely futile. The scale of control necessary to reduce the depredation of fish would negatively impact on the Merganser's population status (Marquiss & Carss 1997). No licences to kill this species in North Wales have been issued in 2011–12 (information provided by Natural Environment & Agriculture Team, Welsh Government). We hope that this continues to be the case.

*Julian Hughes*

HUGH LINN

Sponsored by/Noddwyd gan Mel ab Owain

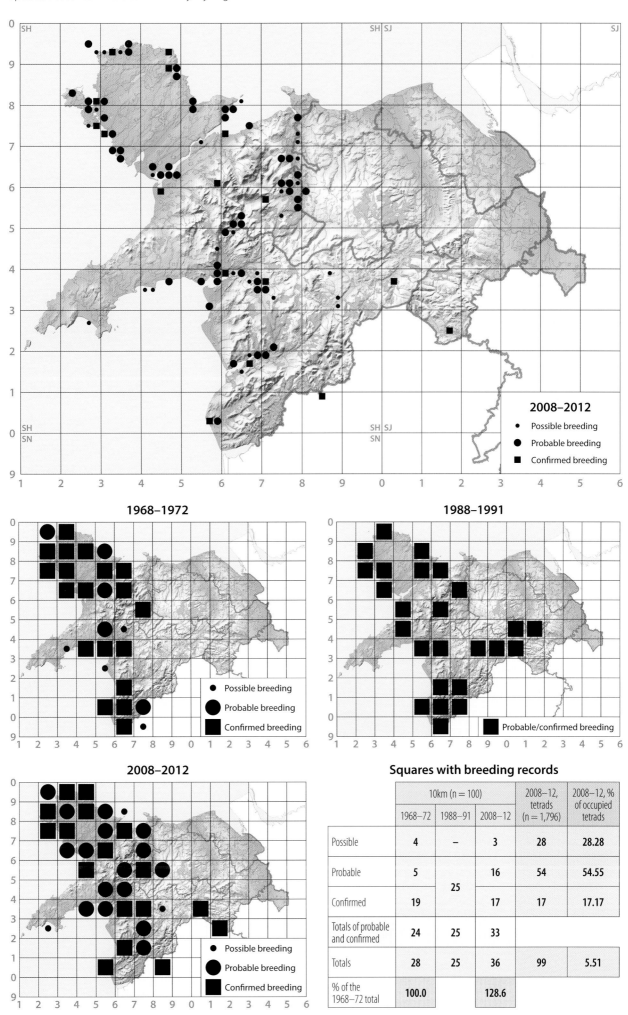

2008–2012

- Possible breeding
- Probable breeding
- Confirmed breeding

**1968–1972**

- Possible breeding
- Probable breeding
- Confirmed breeding

**1988–1991**

- Probable/confirmed breeding

**2008–2012**

- Possible breeding
- Probable breeding
- Confirmed breeding

**Squares with breeding records**

| | 10km (n = 100) | | | 2008–12, tetrads (n = 1,796) | 2008–12, % of occupied tetrads |
|---|---|---|---|---|---|
| | 1968–72 | 1988–91 | 2008–12 | | |
| Possible | 4 | – | 3 | 28 | 28.28 |
| Probable | 5 | 25 | 16 | 54 | 54.55 |
| Confirmed | 19 | | 17 | 17 | 17.17 |
| Totals of probable and confirmed | 24 | 25 | 33 | | |
| Totals | 28 | 25 | 36 | 99 | 5.51 |
| % of the 1968–72 total | 100.0 | | 128.6 | | |

# Goosander
## *Mergus merganser*
### Resident – Welsh conservation status: Green

To see a pair of Goosanders on a fast-flowing river or upland lake in North Wales is a real treat, particularly the handsome male with his salmon-pink body in early spring. They colonised Wales as a breeding species in the last century, with breeding first proved in 1970 after pairs had been present on the Vyrnwy in spring from 1952. Sadly, they are persecuted on some Welsh rivers, because as fish-eaters they take young Salmon and Brown Trout. A typical nest site is in a tree hole or hollow trunk, often up to 7.5m above the ground and sometimes 1km from water. In hatching, the ducklings tumble out of the hole and are led to the nearest water by the female.

The 2008–12 tetrad map shows Goosanders breeding on many rivers in North Wales, including the Dee, Clwyd, Conwy, Mawddach, Dwyryd, Seiont and Dwyfach. They also breed around lakes and reservoirs such as Llynnau Tegid, Brenig, Tal-y-llyn and Padarn. Breeding has never been confirmed on Anglesey and the species is no further west on Llŷn than the Dwyfor. Although the male Goosander is very distinctive, the female could be mistaken for the female Red-breasted Merganser. A few misidentifications may have occurred if the male was not present to help clinch the record.

Forrest (1907) reported that the Goosander was only a winter visitor, and that most birds seen were females. At that time it was much less common than Red-breasted Merganser. The first suggestion of breeding in North Wales came in 1968, when a female and juvenile were present on the Dyfi in July. A major spread took place in the 1980s, with Confirmed breeding in Meirionnydd in 1982, followed by birds prospecting the Conwy and a family party there in 1987. The 1988–91 Atlas map shows Probable or Confirmed breeding in 19 10km squares. In 1990 the National Rivers Authority funded a survey of Goosanders on Welsh rivers (RSPB unpublished).

## Hwyaden Ddanheddog

Dechreuodd yr Hwyaden Ddanheddog nythu yng Nghymru yn yr ugeinfed ganrif. Gwelwyd iâr ac aderyn ieuanc ar afon Dyfi ym mis Gorffennaf 1968, a chafwyd y prawf cyntaf o nythu yn 1970. Twll mewn coeden neu geubren yw safle'r nyth fel rheol. Gall fod hyd at 7.5 medr uwchben y ddaear ac weithiau un cilomedr o'r dŵr. Wedi deor, mae'r cywion yn neidio o'r twll a'r iâr yn eu harwain tua'r dŵr. Dengys map tetrad 2008–12 fod yr Hwyaden Ddanheddog yn nythu ar lawer o afonydd, llynnoedd a chronfeydd Gogledd Cymru. Ni chofnodwyd nythu erioed ar Ynys Môn, ac yng Ngwlad Llŷn nid yw'n nythu i'r gorllewin o afon Dwyfor.

This survey revealed that numbers of birds and (in brackets) estimated pairs in North Wales were as follows: Dyfi 25 (2), Mawddach 4 (0), Conwy 4 (1), Dee/Alwen 34 (6). They were also present on the Dwyfor and Clwyd. The CBR/Gwynedd Bird Report for 1990 also records breeding on the Conwy.

At some sites Goosanders have started taking bread as well as fish. This allows very close views, for example at a car park beside Llyn Padarn (Llanberis). This habit apparently started after 1995, at a loch near Glasgow, where bread was used by anglers to attract fish (Zonfrillo 2009). The Goosanders first came close after fish, and then unexpectedly began to eat the bread as well as the fish. It will be interesting to see if this habit spreads to other lakeside locations in North Wales.

*Geoff Gibbs*

ASHLEY COHEN

Sponsored by/Noddwyd gan Wrexham Birdwatchers

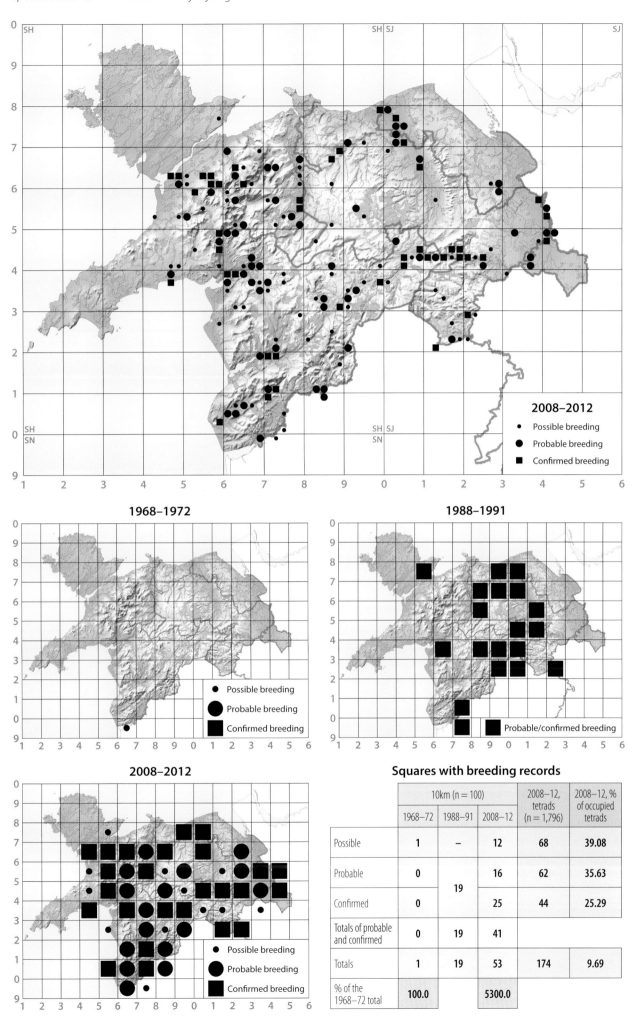

2008–2012

- • Possible breeding
- ● Probable breeding
- ■ Confirmed breeding

**1968–1972**

- • Possible breeding
- ● Probable breeding
- ■ Confirmed breeding

**1988–1991**

■ Probable/confirmed breeding

**2008–2012**

- • Possible breeding
- ● Probable breeding
- ■ Confirmed breeding

**Squares with breeding records**

| | 10km (n = 100) | | | 2008–12, tetrads (n = 1,796) | 2008–12, % of occupied tetrads |
|---|---|---|---|---|---|
| | 1968–72 | 1988–91 | 2008–12 | | |
| Possible | 1 | – | 12 | 68 | 39.08 |
| Probable | 0 | 19 | 16 | 62 | 35.63 |
| Confirmed | 0 | | 25 | 44 | 25.29 |
| Totals of probable and confirmed | 0 | 19 | 41 | | |
| Totals | 1 | 19 | 53 | 174 | 9.69 |
| % of the 1968–72 total | 100.0 | | 5300.0 | | |

# Ruddy Duck
## *Oxyura jamaicensis*
**Resident – Welsh conservation status: Green**

The Ruddy Duck, easily identified by its stiff black tail, the white cheek patch and powder-blue bill of the male, has featured in all three Atlases. However, this is likely to be its final appearance. Unlike other species at risk of disappearing from the map of North Wales, this one is by design. In suggesting a significant increase since 1968–72, the table does not tell the whole story. In fact the population grew rapidly until the late 1990s and has since fallen dramatically as a result of a targeted eradication programme by the UK Government. This was to prevent the threat of hybridisation posed by naturalised North American Ruddy Ducks to Eurasia's globally threatened White-headed Duck population, which is well documented (e.g. Lever 2009).

During 2008–12 Atlas fieldwork, there were just three confirmed breeding records: one in 2008 and two in 2010. Most sightings were on Anglesey. The effectiveness of the eradication programme is clear, as records declined from eight tetrads in 2008, to just four in 2009, two in 2010 and none in 2011.

From the first British nesting record, near Bristol in 1960, Ruddy Ducks spread north quickly, colonising Cheshire and Anglesey, where they favoured small lakes and meres, particularly those with wide fringes of Reed. The first confirmed breeding in North Wales was at Llyn Llywenan, Anglesey, in 1978. By the summer of 1994 there were 60 females at 23 sites on the island, the highest total of any county in the UK (Hughes *et al.* 1998).

Although Ruddy Duck bred on the English side of the Denbigh border in 1968–72, it was during the period covered by the 1988–91 Atlas that it first bred in the eastern counties at Llyn Helyg, Flint, in 1990. A small number bred at two sites on Llŷn, in the early 1990s, and at RSPB Conwy, Denbigh. However, a lack of suitable pools means that the species never really colonised areas away from Anglesey and the Marches.

Between 1993 and 2004, extensive research was undertaken to determine the most effective techniques for controlling Ruddy Ducks. A pilot scheme on Anglesey from 1999, shooting birds in summer and winter, greatly reduced the island population. The pilot scheme confirmed that eradication of Ruddy Ducks was feasible, and shooting was undertaken from 2005, mostly at sites in England where large flocks wintered. The UK population peaked at 6,000 pairs in 2000, but was reduced to 50 birds by 2012. With similar controls underway in western Europe, eradication of the Ruddy Duck across Europe is expected to be complete by 2015 (Musgrove *et al.* 2011).

*Julian Hughes*

## Hwyaden Goch

Yn ôl pob tebyg, dyma'r tro olaf i'r Hwyaden Goch ymddangos mewn Atlas adar nythu. Mae ei niferoedd wedi gostwng yn ddramatig oherwydd rhaglen ddifa wedi ei thargedu gan lywodraeth y DU. Ni chafwyd ond tri chofnod pendant o nythu yn ystod yr Atlas yma, un yn 2008 a dau yn 2010, ill tri ar Ynys Môn. Cadarnhawyd nythu am y tro cyntaf yng Ngogledd Cymru ar Lyn Llywenan, Môn, yn 1978, ac erbyn haf 1994 roedd 60 iâr ar 23 safle ar yr ynys. Oherwydd diffyg llynnoedd addas, ni lwyddodd erioed i wladychu yn iawn yng ngweddill Gogledd Cymru. Cyrhaeddodd poblogaeth y DU uchafbwynt o 6,000 pâr yn 2000, ond roedd wedi gostwng i 50 aderyn erbyn 2012.

DEREK MOORE

Sponsored by/Noddwyd gan Mel ab Owain

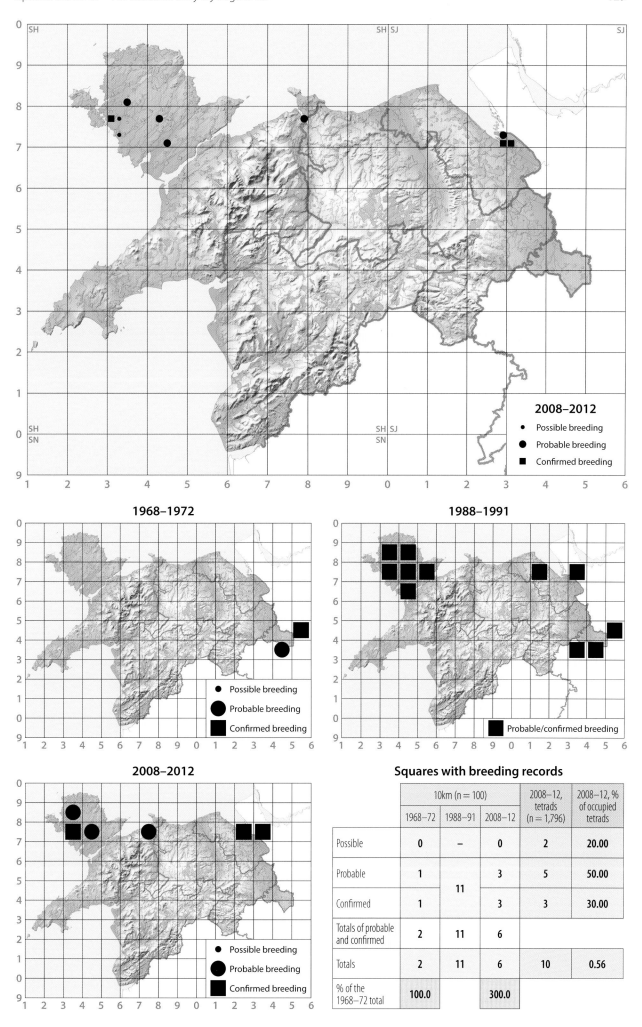

2008–2012

• Possible breeding

● Probable breeding

■ Confirmed breeding

**1968–1972**

• Possible breeding

● Probable breeding

■ Confirmed breeding

**1988–1991**

■ Probable/confirmed breeding

**2008–2012**

• Possible breeding

● Probable breeding

■ Confirmed breeding

## Squares with breeding records

| | 10km (n = 100) | | | 2008–12, tetrads (n = 1,796) | 2008–12, % of occupied tetrads |
|---|---|---|---|---|---|
| | 1968–72 | 1988–91 | 2008–12 | | |
| Possible | 0 | – | 0 | 2 | 20.00 |
| Probable | 1 | 11 | 3 | 5 | 50.00 |
| Confirmed | 1 | | 3 | 3 | 30.00 |
| Totals of probable and confirmed | 2 | 11 | 6 | | |
| Totals | 2 | 11 | 6 | 10 | 0.56 |
| % of the 1968–72 total | 100.0 | | 300.0 | | |

# Red Grouse
## *Lagopus lagopus*
**Resident – Welsh conservation status: Red**

MIKE NESBITT

### Grugiar
Mae'r Rugiar yn ddibynnol iawn ar rostir grugog lle y bydd yn ymborthi ar egin grug a phlanhigion eraill yr ucheldir. Ar un adeg, byddai perchnogion y stadau saethu mawr, yn enwedig yn y Fflint a Dinbych, yn rheoli'r grug ac yn cyfyngu ar nifer y creaduriaid rheibus er mwyn sicrhau bod digon o Rugieir ar gael i'w saethu. Pery'r arfer o saethu Grugieir hyd heddiw ond ar raddfa lawer llai. Dengys ein gwaith maes ar gyfer yr atlas hwn fod niferoedd ein Grugieir wedi gostwng. Fe'u gwelir mewn ardal eang lle y ceir cynefin addas ond lleol a gwasgaredig yw'r boblogaeth bellach. Y Berwyn a Mynydd Rhiwabon, Mynydd Hiraethog a'r Migneint yw'r cadarnleoedd a cheir niferoedd llai mewn ardaloedd uchel eraill megis y Carneddau.

The Red Grouse is the characteristic game-bird of the heather moors of upland Britain. Its call of "go back, go back, go back" and the sight of 'coveys' (family groups) bursting unexpectedly from the heather, are welcome features of walks in some North Wales uplands. The fortunes of this species are dependent on the rolling, heather-dominated moorland habitat where it is a resident, feeding on young heather shoots and other upland plants. Formerly, large shooting estates, especially in Flint and Denbigh, managed heather and controlled predators to increase population densities. Grouse shooting in our area is now on a much smaller scale, and fieldwork for the present Atlas confirms that as heather moorland and grouse shooting have declined, the former high densities of grouse in these areas are a thing of the past. Current populations, while still relatively widespread in suitable habitat, are now much more scattered and localised.

The 2008–12 fieldwork indicates that the species is relatively widely, but somewhat sparsely, distributed on most of the few remaining heather-dominated uplands. The core areas are the Berwyn, Ruabon Mountain, Mynydd Hiraethog and the Migneint with outlying populations in other upland areas including the Carneddau. Breeding was only confirmed in a few tetrads, but the species may well have been under-recorded in some areas.

Both the 1968–72 and 1988–91 Atlases showed the species to be relatively widely distributed in the region but

both also recognised that a long-term decline in numbers had set in around the 1940s. Lovegrove *et al.* (1994) attributed this to the loss of heather moorland to afforestation, agricultural improvement and overgrazing. Another contributory factor was a deterioration in heather quality, linked to a reduction in the number of gamekeepers managing grouse moors. In the winter of 1991 an RSPB survey estimated a Welsh population of no more than 4,800 birds. Over 60% were on the four major keepered moors, with almost 40% on the Berwyn (Lovegrove *et al.*1994). Winter counts on Ruabon Mountain from 1978 to 2005 showed that a major decline in Red Grouse numbers occurred between 1978 and 1993 (Roberts 2010). After 1993, counts remained very low.

Forrest (1907) related that "there are few finer grouse moors in the kingdom than those which stretch across the broad back of the Berwyn range" and "on the further side of the Dee is another extensive tract of country (embracing almost the whole of Denbighshire and part of Flint) which is almost equally famous for its Grouse. The bird is found, too, in fair numbers in the adjoining parts of Caernarfon and west Merioneth wherever the mountains are not too rugged and bare". During the period up to the First World War, large areas of the Berwyn, Ruabon Mountain and other upland estates were managed for this species. The drier moors of the north-east were renowned for grouse shooting, and on the Ruabon estate "an average of 4,658 birds were shot each year between 1900 and 1913" (Lovegrove *et al.* 1994). Unless the management of heather moorland in North Wales is drastically altered, it seems unlikely that this species will regain such numbers.

*Andrew Dale*

**Sponsored in memory of/Noddwyd er cof am Julia Lawton Roberts, 1979–2011**

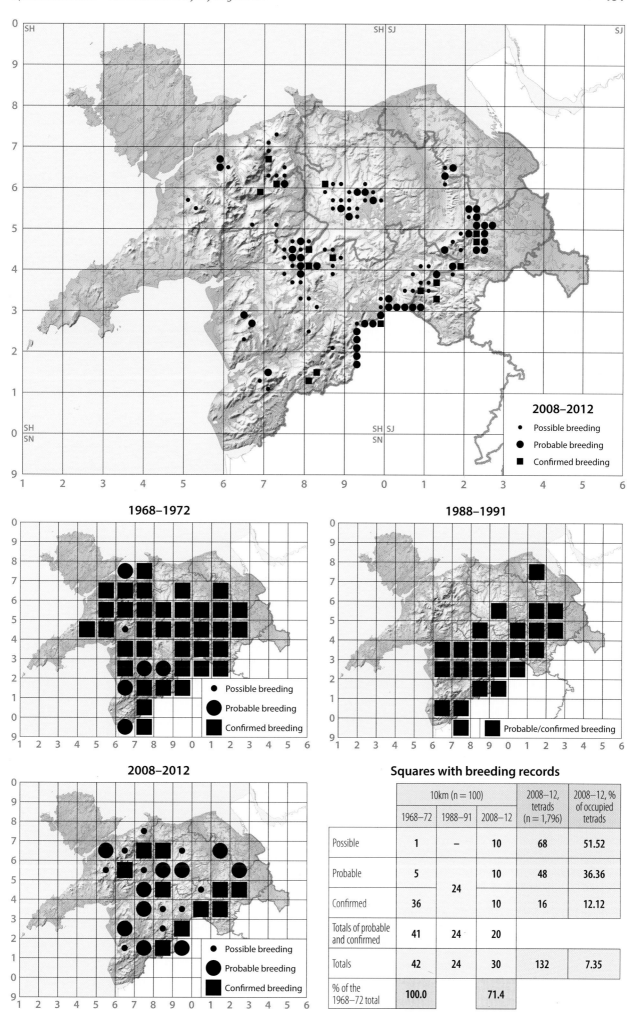

**1968–1972**

**1988–1991**

Possible breeding
Probable breeding
Confirmed breeding

Probable/confirmed breeding

**2008–2012**

2008–2012
Possible breeding
Probable breeding
Confirmed breeding

Possible breeding
Probable breeding
Confirmed breeding

**Squares with breeding records**

| | 10km (n = 100) | | | 2008–12, tetrads (n = 1,796) | 2008–12, % of occupied tetrads |
|---|---|---|---|---|---|
| | 1968–72 | 1988–91 | 2008–12 | | |
| Possible | 1 | – | 10 | 68 | 51.52 |
| Probable | 5 | 24 | 10 | 48 | 36.36 |
| Confirmed | 36 | | 10 | 16 | 12.12 |
| Totals of probable and confirmed | 41 | 24 | 20 | | |
| Totals | 42 | 24 | 30 | 132 | 7.35 |
| % of the 1968–72 total | 100.0 | | 71.4 | | |

# Black Grouse

*Tetrao tetrix*

**Resident – Welsh conservation status: Red**

KEITH OFFORD

## Grugiar Ddu

Er y bydd Grugieir Duon yn ymguddio rhagom, fel rheol, gwelir y ceiliogod yn eu plu du a gwyn trawiadol, ar doriad gwawr neu yn y cyfnos yn ystod Ebrill, yn cystadlu am sylw'r ieir gwinau. Maent i'w gweld mewn cynefinoedd grugog, yn enwedig ar ymylon rhostir lle y ceir coed gwasgaredig. Cuddir y nythod mewn tyfiant uchel – grug a brwyn, gan amlaf. Mae'r mapiau'n dangos fod yr adar ar y rhostir grugog, uchel ar gyrion coedwigoedd conwydd. Ar un adeg, roedd y Rugiar Ddu'n gyffredin yng Nghymru ond fe'i collwyd o sawl ardal yn ystod yr ugeinfed ganrif. Erbyn 1995, dim ond 139 ceiliog oedd ar ôl yn ein gwlad ond, yn sgil rhaglen gadwraeth, cynyddodd y nifer i tua 328 yn 2011. Serch hynny, mae'r adar wedi diflannu o rannau deheuol a gorllewinol ardal yr Atlas.

The Black Grouse is one of our most iconic and charismatic upland birds. Those lucky enough to witness the sight and sounds of a Black Grouse 'lek' (display area) on a cold, still, frosty morning, will not forget such an experience. Though secretive for much of the year, it is at first light or late evening in April when 'blackcocks' (males), in their striking black-and-white plumage, gather to compete with other males to court the camouflaged brown 'greyhens' (females). The lek, typically an open area, is often a short sward of grass or heather, a rushy field, a forest clearing or a moorland mire. The male uses two calls during displays: a 'rookooing' (resonant bubbling) that can be audible some distance away, and a hiss that is associated with both self-advertisement and confrontation with another male.

Black Grouse were once widespread in Wales, even present at sea level on some areas of raised mires (e.g. Cors Fochno in Ceredigion), but their range contracted markedly during the twentieth century. This species is now a scarce breeding resident of the Welsh uplands, with fragmented populations. In our area, Black Grouse are found on heather-dominated landscapes with a preference for areas with scattered trees on the moorland edge. The species has a more varied and seasonal diet than Red Grouse. Nests are concealed in tall vegetation, particularly heather and rushes. Confirming breeding for this species is difficult unless nests or broods are found. The breeding distribution maps mirror the distribution of upland heather moorlands which adjoin coniferous forest plantations.

The fortunes of Black Grouse in North Wales have varied over time. A useful summary is found in Jones (1989). Forrest (1907) reported that the Black Grouse in North Wales were almost all introduced, and then mostly unsuccessfully. Jones (1974) reported that there was an increase in the first half of the twentieth century in Meirionnydd, possibly in conjunction with the spread of coniferous forests. There were increases

during 1940 to 1975, followed by a period of decline. In 1986 there were 233 males in North Wales (Jones 1989; Williams 1996). By 1995 there were just 139 blackcock remaining. The only area that retained a stable population was Ruabon Mountain (Williams 1996).

A conservation programme for this species commenced in the late 1990s, which has seen numbers in North Wales increase to an estimated population of 306 males in 2011 (unpublished RSPB counts in identified key areas). Unfortunately, although Black Grouse numbers have increased, there has been a substantial contraction of this species' range from the south and the west towards the north and east. The response of Black Grouse populations to management initiatives provides cause for optimism and with continuing conservation effort the numbers of this species in Wales can probably be maintained. However, increasing the species' range appears more difficult and challenging. To re-establish them in former parts of their range, 2km 'stepping-stones' of good-quality upland heath and adjacent woodland will be required. Given the current fragmented nature of these resources it may prove very difficult, if not impossible, to achieve this aim.

*Patrick Lindley*

**Sponsored by/Noddwyd gan the Clwyd Bird Recording Group**

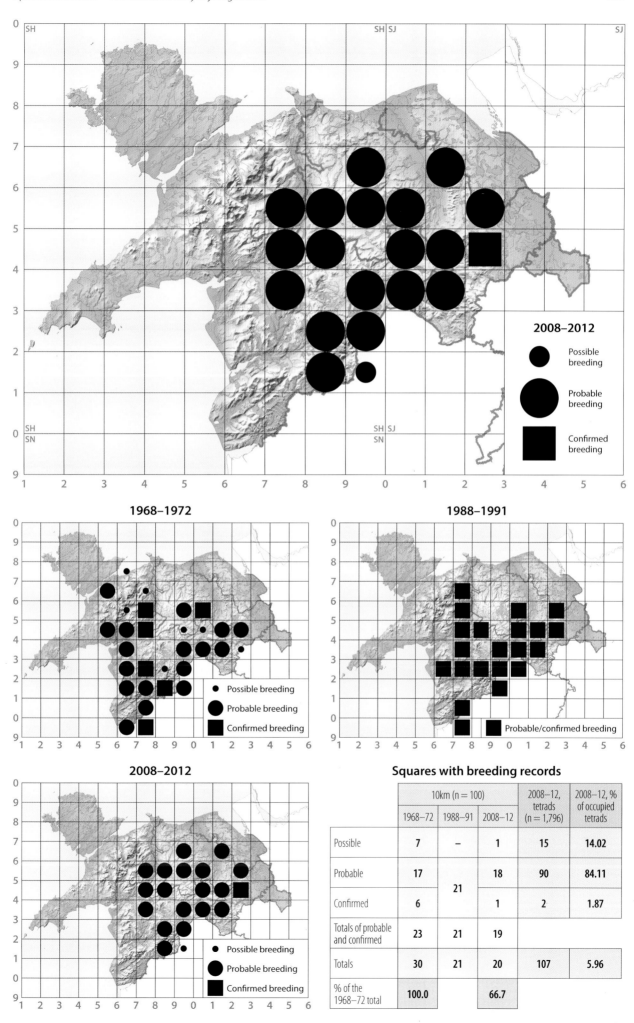

**2008–2012**

● Possible breeding

● Probable breeding

■ Confirmed breeding

**1968–1972**

● Possible breeding

● Probable breeding

■ Confirmed breeding

**1988–1991**

■ Probable/confirmed breeding

**2008–2012**

● Possible breeding

● Probable breeding

■ Confirmed breeding

## Squares with breeding records

| | 10km (n = 100) | | | 2008–12, tetrads (n = 1,796) | 2008–12, % of occupied tetrads |
|---|---|---|---|---|---|
| | 1968–72 | 1988–91 | 2008–12 | | |
| Possible | 7 | – | 1 | 15 | 14.02 |
| Probable | 17 | 21 | 18 | 90 | 84.11 |
| Confirmed | 6 | | 1 | 2 | 1.87 |
| Totals of probable and confirmed | 23 | 21 | 19 | | |
| Totals | 30 | 21 | 20 | 107 | 5.96 |
| % of the 1968–72 total | 100.0 | | 66.7 | | |

# Red-legged Partridge

## *Alectoris rufa*

**Resident naturalised population – Welsh conservation status:** Green

This handsome game-bird is not indigenous to Wales, and was introduced as shooting quarry from continental Europe, hence its nickname of the 'Frenchman'. In its native habitat it is resident in dry farmland with hedges and scrub areas, feeding on insects such as sawfly larvae and seeds. It lives for much of the year in 'coveys' (family groups) of up to 15 individuals, led by an adult pair, until the coveys split up to breed. Males have a distinctive call and can be located by their habit of calling to gather the covey at dusk.

The 2008–12 fieldwork shows distribution to be concentrated in Flint and Denbigh and in particular around Ruabon Mountain where large numbers are released annually. Lesser concentrations are found in the Maelor area of Denbigh and in mid-Anglesey, with scattered records on Llŷn and in other areas where releases have occurred. Although most commonly recorded in lowland farmland, in this region it is often introduced in moorland-edge habitats and will wander from these areas to look for food or more favourable breeding habitat. It can occur in unexpected locations and one was recorded at 1,065m on Carnedd Ugain on the Snowdon ridge in May 2008, on the summit of Snowdon later that year and again in July 2009.

From the account in Forrest (1907) it appears that this species was first introduced to North Wales at some time in the late nineteenth century, but did not prosper. Forrest reported it as "met with in all counties except Caernarvon; rare". On its origins he wrote: "Although it is not in every case known how the birds reached the localities in which they were found, there is no doubt that all Red-legged Partridges in North Wales are derived from introduced birds, or from eggs imported and reared under Common Partridges or domestic fowls." It was recorded as scarce until the 1970s in Meirionnydd (Jones 1974), Anglesey (Jones & Whalley 2004), Caernarfon (Barnes 1997), Denbigh (Jones & Roberts 1982) and Flint (Birch *et al.* 1968), after which the decline of the Grey Partridge led to increased releasing of 'red legs' for shooting and their establishment as a regular breeder (Lovegrove *et al.* 1994). The 10km maps show that since the 1968–72 Atlas the species has become more widespread in the east of the region, across Anglesey and at the tip of Llŷn, such that it is now our most commonly recorded partridge. Nevertheless, there are relatively few instances of confirmed breeding in relation to the total number of sightings. It is questionable whether the species would be self-sustaining in the absence of continued releases.

*Andrew Dale*

## Petrisen Goesgoch

Nid yw'r Betrisen Goesgoch yn frodorol i Gymru; fe'i mewnforiwyd o gyfandir Ewrop ar gyfer ei saethu. Dengys gwaith maes 2008–12 ei bod fwyaf cyffredin o gwmpas Mynydd Rhiwabon, lle rhyddheir nifer fawr bob blwyddyn, ardal Maelor a chanolbarth Môn. Er mai ar dir amaethyddol isel y cofnodir hwy fel rheol, gollyngir hwy'n aml ar gyrion rhostir, a gallant grwydro oddi yno i chwilio am well cynefin. Dengys y mapiau 10 cilomedr eu bod wedi ymledu er cyfnod Atlas 1968–72. Dyma'n petrisen fwyaf cyffredin bellach, er mai cymharol ychydig o gofnodion o nythu pendant a dderbyniwyd. Mae'n amheus a allai'r Betrisen Goesgoch ei chynnal ei hun yn yr ardal oni bai fod yr adar hyn yn cael eu rhyddhau.

MALCOLM GRIFFITH

Sponsored by/Noddwyd gan Jane and Ian Hemming

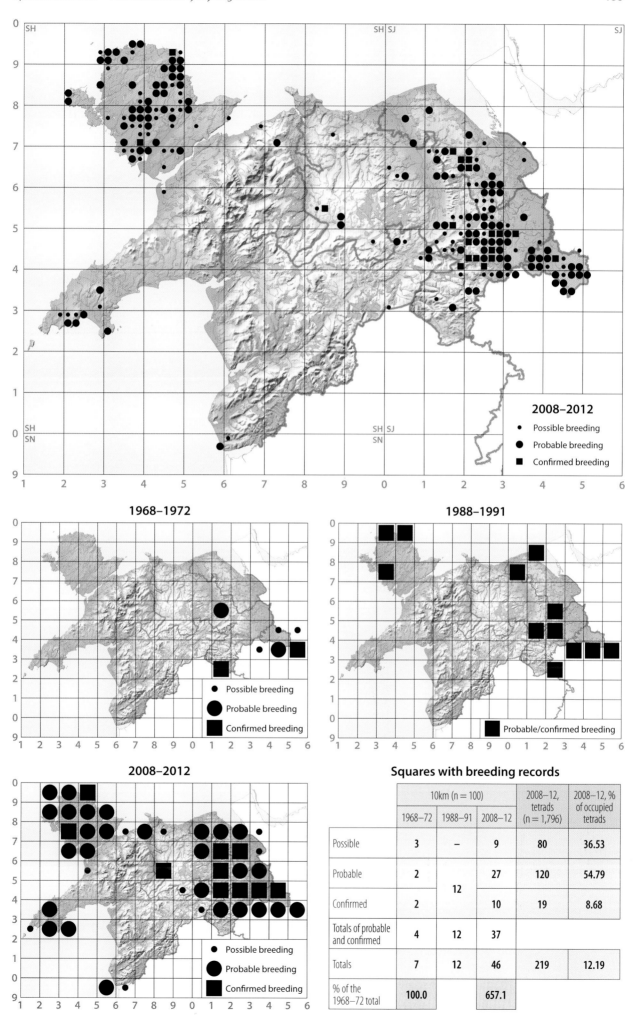

**2008–2012**

- Possible breeding
- Probable breeding
- Confirmed breeding

**1968–1972**

- Possible breeding
- Probable breeding
- Confirmed breeding

**1988–1991**

- Probable/confirmed breeding

**2008–2012**

- Possible breeding
- Probable breeding
- Confirmed breeding

### Squares with breeding records

| | 10km (n = 100) | | | 2008–12, tetrads (n = 1,796) | 2008–12, % of occupied tetrads |
|---|---|---|---|---|---|
| | 1968–72 | 1988–91 | 2008–12 | | |
| Possible | 3 | – | 9 | 80 | 36.53 |
| Probable | 2 | 12 | 27 | 120 | 54.79 |
| Confirmed | 2 | | 10 | 19 | 8.68 |
| Totals of probable and confirmed | 4 | 12 | 37 | | |
| Totals | 7 | 12 | 46 | 219 | 12.19 |
| % of the 1968–72 total | 100.0 | | 657.1 | | |

# Grey Partridge
*Perdix perdix*
**Resident – Welsh conservation status: Red**

GARETH JONES

## Petrisen

Ar un adeg, y Betrisen oedd aderyn helwriaeth mwyaf cyffredin Cymru ar dir amaethyddol hyd uchder o tua 500 medr. Mae hi yma gydol y flwyddyn, yn nythu ar borfa arw ac yng ngwaelod gwrychoedd. Fe'i ceir mewn grwpiau teuluol, yn enwedig lle mae caeau o rawn neu wreiddlysiau yn cynnig bwyd a chysgod. Mae sofl yn arbennig o bwysig. Yn 1907, fe'i disgrifiwyd fel aderyn cyffredin trwy Ogledd Cymru, a chyffredin iawn ar Ynys Môn. Bu gostyngiad o 80% yn y DU rhwng 1967 a 2000, ac adlewyrchwyd hyn yng Ngogledd Cymru. Y prif resymau oedd amaethu dwysach, y lleihad mewn amaethu cymysg, newid o ydau gwanwyn i rai gaeaf a diffyg caeau sofl yn y gaeaf, lleihad mewn chwyn a phryfed a'r cynnydd mewn ysglyfaethu.

The species is now extremely rare and there are few if any areas where it can be searched for with any confidence. It is probable that the very few pairs remaining are the last remnants of releases by shooting interests. Grey Partridges of released origin are seldom successful breeders in the wild, and released birds are of very limited value in the conservation of this species (Buner *et al.* 2011). The vast majority of partridges released by shooting interests are now Red-legged Partridges and the Wales office of the British Association for Shooting and Conservation is unaware of any estates releasing Grey Partridges in our region in recent years.

*Andrew Dale*

The Grey Partridge was once Wales' most common lowland game-bird and was formerly widespread on farmland up to about 500m. A resident species, breeding in rough grassland and hedge bottoms, it is usually found in small 'coveys' (family groups), particularly where fields of arable crops such as cereals and root crops provide valuable feeding and cover, winter corn stubbles being a particularly important feeding habitat. Sadly this species has suffered a dramatic population decline nationally, particularly in Wales where it now barely retains a foothold. Of the few records received, the majority are from Flint, Denbigh, and Anglesey, with only a single record from Llŷn. It appears that this species is now extinct in Meirionnydd.

The fortunes of this species are well documented with a decline of 86% in the UK between 1967 and 2000 (GWCT 2013). This trend is mirrored in North Wales. Described by Forrest (1907) as "common in all suitable country throughout North Wales" and especially Anglesey where it was described as abundant. Its peak in population was probably about 1900 when mixed farming provided suitable habitat and there was intensive control of predators. The 10km maps from the 1968–72 Atlas and our 2008–12 fieldwork show the dramatic reduction in distribution across North Wales that has occurred in the past 40 years. The key factors in its decline have been: the intensification of farming, with the loss of mixed cropping; the switch from spring to winter cereals with the loss of winter stubbles; the elimination of the weeds and insects upon which partridges are reliant; and the increase in predation.

Sponsored by/Noddwyd gan Andrew Dale

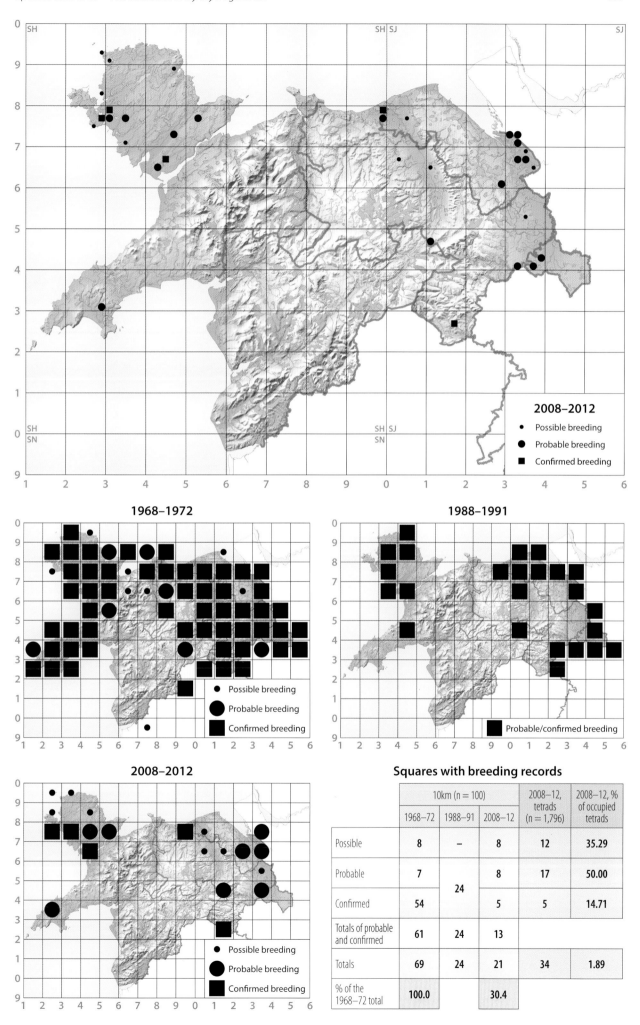

**2008–2012**

• Possible breeding

● Probable breeding

■ Confirmed breeding

**1968–1972**

• Possible breeding

● Probable breeding

■ Confirmed breeding

**1988–1991**

■ Probable/confirmed breeding

**2008–2012**

• Possible breeding

● Probable breeding

■ Confirmed breeding

**Squares with breeding records**

| | 10km (n = 100) | | | 2008–12, tetrads (n = 1,796) | 2008–12, % of occupied tetrads |
|---|---|---|---|---|---|
| | 1968–72 | 1988–91 | 2008–12 | | |
| Possible | 8 | – | 8 | 12 | 35.29 |
| Probable | 7 | 24 | 8 | 17 | 50.00 |
| Confirmed | 54 | | 5 | 5 | 14.71 |
| Totals of probable and confirmed | 61 | 24 | 13 | | |
| Totals | 69 | 24 | 21 | 34 | 1.89 |
| % of the 1968–72 total | 100.0 | | 30.4 | | |

# Quail

## *Coturnix coturnix*

**Summer visitor and passage migrant – Welsh conservation status: Amber**

The "whit, whit, whit" call of the Quail, our only migratory game-bird, is a rare sound in North Wales. There are perhaps half-a-dozen records in a good year and none at all in some years. This small, rotund bird stays deep in cover, usually in a crop field or in long grass, so that this species is rarely seen and confirming breeding is very difficult. However, one lucky observer saw a brood on Anglesey in 2012. Some breeding attempts must fail due to silage cutting as is well documented for Corncrakes, which nest in similar habitats.

Quail are usually heard at dawn or dusk so there may be some underrecording. Unmated calling males can be very mobile but four territories were recorded during the 2008–12 fieldwork. A pair was seen near Hawarden, Flint, in 2008 and three males held territory in 2009: one near St Asaph, Denbigh and birds in adjacent tetrads near Holt, Denbigh. The remaining records were scattered across Llŷn, Anglesey and around the uplands but most birds were possibly on migration to other parts of the UK.

Quail is Amber-listed for its historic decline, having been more abundant in centuries past, although Forrest (1907) reported it was an "irregular summer migrant met with in all counties; numerous in 1870 and 1893". It was recorded from all the lowland areas of North Wales. Numbers in Britain reflect spring weather and south-east winds over mainland Europe,

## Sofliar

Y Sofliar yw'r unig un o'n hadar helwriaeth sy'n aderyn mudol, ond mae'n brin yng Ngogledd Cymru. Mae'r nifer sy'n cyrraedd Prydain yn dibynnu ar y tywydd a'r gwyntoedd dros gyfandir Ewrop, sydd weithiau'n peri i'r adar fudo'n rhy bell wrth ddychwelyd o Affrica. Nid yw'n syndod na phrofwyd nythu yn 2008–12. Nodwyd pedwar ceiliog yn dal tiriogaeth yn y cyfnod yma, ond symudodd adar eraill ymlaen yn syth.

as birds overshoot on their way from Africa. Remarkably, some are probably young birds hatched earlier the same spring in the Mediterranean or North Africa. In our region, most of the tetrads containing Quail were occupied after 10 June, so these could well have been young birds ready to breed just weeks after fledging farther south.

*Julian Hughes*

MALCOLM GRIFFITH

Sponsored by/Noddwyd gan Ian M. Spence

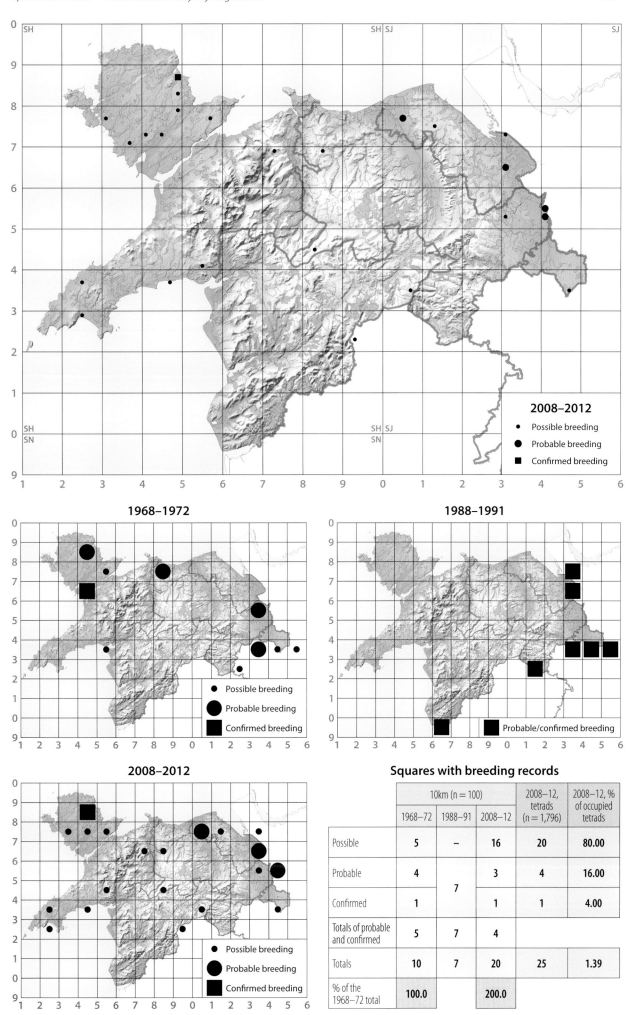

### 1968–1972

### 1988–1991

### 2008–2012

2008–2012
- Possible breeding
- Probable breeding
- Confirmed breeding

Possible breeding
Probable breeding
Confirmed breeding

Probable/confirmed breeding

Possible breeding
Probable breeding
Confirmed breeding

### Squares with breeding records

| | 10km (n = 100) | | | 2008–12, tetrads (n = 1,796) | 2008–12, % of occupied tetrads |
|---|---|---|---|---|---|
| | 1968–72 | 1988–91 | 2008–12 | | |
| Possible | 5 | – | 16 | 20 | 80.00 |
| Probable | 4 | 7 | 3 | 4 | 16.00 |
| Confirmed | 1 | | 1 | 1 | 4.00 |
| Totals of probable and confirmed | 5 | 7 | 4 | | |
| Totals | 10 | 7 | 20 | 25 | 1.39 |
| % of the 1968–72 total | 100.0 | | 200.0 | | |

# Pheasant
## *Phasianus colchicus*
**Resident – Welsh conservation status: Green**

STEVE CULLEY

The Pheasant is one of the most familiar birds of our countryside and its large size, gaudy plumage and raucous calls make it hard to overlook. Though not a native species here, having been imported from the Far East, it is found as a naturalised breeding resident throughout most lowland habitats including woodland, farmland and wetlands. It is an important quarry for shooters and the numbers of wild birds in the UK are supplemented annually by up to 40 million reared birds released by sporting interests.

The 2008–12 fieldwork indicates that this remains a widespread species throughout much of the eastern part of the region, together with Anglesey and Llŷn, where the greatest densities correspond to large keepered shooting estates that release many birds annually. It tends to be much more sparsely distributed in Meirionnydd and Snowdonia where more mountainous habitats above 400m are not favoured. However, a male was seen at 410m in June 2011 below Llyn Lliwbran in the Aran range (Rhion Pritchard pers. obs.). Jones (1974) remarked that in Meirionnydd "it is a fairly common breeder and resident in the eastern lowlands (and into the foothills where cover allows), but scarcer in the west where small populations may be unable to sustain themselves unless reinforced by numbers of released birds". The inability to maintain a population in most of Meirionnydd seems to be still true today. Commercial conifer afforestation has benefited this species by providing suitable places for release schemes, allowing colonisation of areas at higher altitude which were previously unsuitable habitat.

Probably first introduced to Wales in about the sixteenth century, by the early 1800s Pheasants were widely released

## Ffesant

Brodor o'r Dwyrain Pell yw'r Ffesant, a chyrhaeddodd Gymru tua'r 16eg ganrif. Mae'n awr yn bur gartrefol yma, ac fe'i ceir yn y rhan fwyaf o gynefinoedd ar dir isel, yn cynnwys coedwigoedd, tir amaethyddol a gwlyptiroedd. Rhyddheir tua 40 miliwn o adar ar gyfer eu saethu yn y DU bob blwyddyn. Dengys gwaith maes 2008–12 fod y Ffesant yn gyffredin yn y rhan fwyaf o ddwyrain yr ardal, Ynys Môn a Llŷn. Ceir y nifer fwyaf lle mae stadau saethu mawr yn gollwng nifer fawr o adar bob blwyddyn. Oni bai am yr adar sy'n cael eu rhyddhau, mae'n debyg y byddai'r Ffesant yn llawer llai cyffredin yn ein hardal, gan nad yw'n nythu'n llwyddiannus iawn yn y gorllewin.

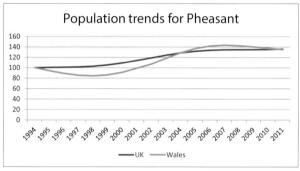

**Population trends for Pheasant**

━━ UK    ━━ Wales

and formed the majority of the game bag recorded. Forrest (1907) records the species as more or less common in places where it is preserved, but only up to a moderate altitude. Lovegrove *et al.* (1994) noted that numbers in Britain declined markedly during the Second World War and continued to decline in Wales until the 1970s, as fewer estates released birds into the wild. This was in contrast to what happened in the rest of Britain where numbers increased between 1950 and 1970. The distribution suggested by the 2008–12 fieldwork corresponds in large measure to that documented in the previous Atlases, indicating that the species' distribution is broadly stable. However, actual numbers present are to a large extent related to releases for shooting and the BBS Wales trend for 1995–2010 showed a 46% increase of the species compared with an increase of 35% for the UK as a whole (Risely *et al.* 2012). Many of the Pheasants in North Wales are of released origin and are not very successful breeders in the wild. Without continued releases, Pheasants would be unlikely to remain as widely distributed as they are currently.

*Andrew Dale*

Sponsored by/Noddwyd gan Ivor Mclean

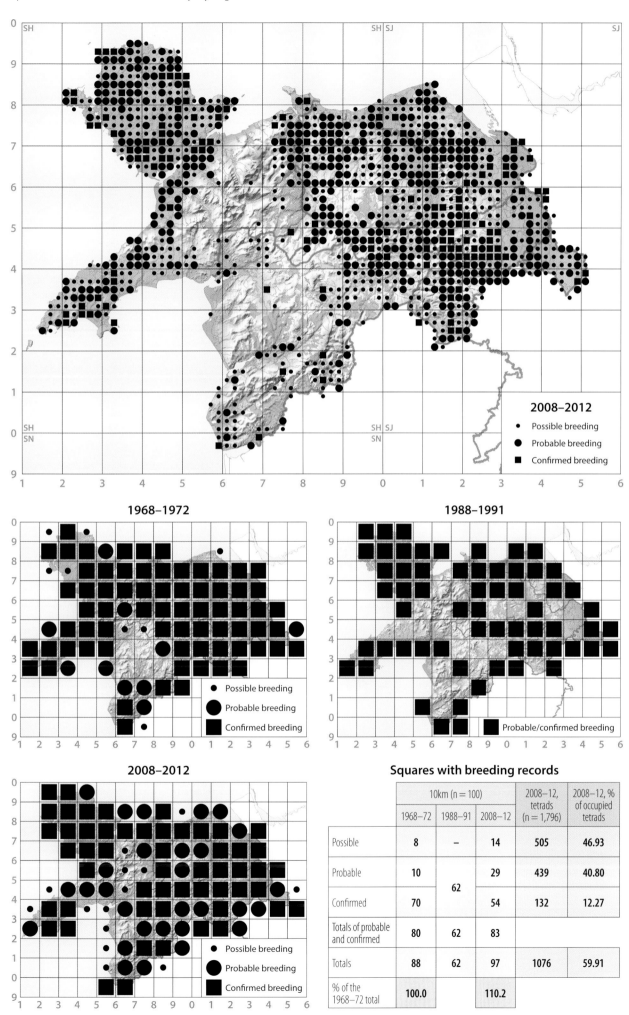

2008–2012

- Possible breeding
- Probable breeding
- Confirmed breeding

1968–1972

- Possible breeding
- Probable breeding
- Confirmed breeding

1988–1991

- Probable/confirmed breeding

2008–2012

- Possible breeding
- Probable breeding
- Confirmed breeding

## Squares with breeding records

| | 10km (n = 100) | | | 2008–12, tetrads (n = 1,796) | 2008–12, % of occupied tetrads |
|---|---|---|---|---|---|
| | 1968–72 | 1988–91 | 2008–12 | | |
| Possible | 8 | – | 14 | 505 | 46.93 |
| Probable | 10 | 62 | 29 | 439 | 40.80 |
| Confirmed | 70 | | 54 | 132 | 12.27 |
| Totals of probable and confirmed | 80 | 62 | 83 | | |
| Totals | 88 | 62 | 97 | 1076 | 59.91 |
| % of the 1968–72 total | 100.0 | | 110.2 | | |

# Fulmar

*Fulmarus glacialis*

**Summer visitor – Welsh conservation status: Green**

ASHLEY COHEN

## Aderyn-drycin y Graig

Fel rheol mae Aderyn-drycin y Graig yn nythu mewn nythfeydd ar glogwyni neu mewn chwareli ger y môr. Defnyddir yr un mannau yn rheolaidd, ac mae'r rhan fwyaf o nythfeydd Gogledd Cymru yn adnabyddus. Nid yw'r oedolion yn nythu bob blwyddyn, ac nid yw pob aderyn a welir ar siliau'r graig yn nythu yno. Oherwydd hyn, dim ond dangos y gallai'r adar fod yn nythu y mae'r cofnodion o 'bresenoldeb nyth'. Ar ddechrau'r ugeinfed ganrif, anaml y gwelid Aderyn-drycin y Graig yng Ngogledd Cymru. Gwelwyd adar yn chwilio am leoedd nythu ar glogwyni'r Gogarth yn 1937, a chofnodwyd yr ŵy cyntaf yn 1945. Erbyn 1985–87 roedd 1,000 o barau ar glogwyni Gogledd Cymru. Ymddengys i'r cynnydd dramatig yng Nghymru ddod i ben cyn 1990.

Fulmars nest in loose colonies mainly on sea-cliff ledges, with some in quarries near the coast. Even when birds on ledges are not immediately visible, colonies are readily apparent from birds patrolling the cliffs on characteristically straight wings and from the cackling interactions as they land. The same locations are used regularly and most of those in North Wales are well known. This is one of the longest-lived British seabirds, with a mean age at first breeding of nine years and a typical life span of 44 years (Baillie *et al.* 2012). Some records of tetrads showing Confirmed or Probable breeding should be treated with caution because suitable ledges can be occupied by prospecting immature birds or by mature birds not breeding in that particular year. The 2008–12 tetrad map shows most breeding sites were on the coastal cliffs from Llŷn round to Old Colwyn, with outliers at a quarry near Prestatyn and by the railway at Friog cliff in Meirionnydd.

At the beginning of the twentieth century the Fulmar was a rare vagrant in North Wales (Forrest 1907, 1919). Details of the colonisation of Irish Sea coasts, including Wales, up to 1959 were tabulated by Fisher (1966). They were first noticed prospecting the cliffs of the Great Orme in 1937 and the first egg was seen in 1945. By 1948 they were also nesting on the Little Orme and at Penmon. Several other locations on Anglesey and Llŷn were colonised in the late 1940s and 1950s. By 1969–70 there were 465 pairs occupying ledges in the North Wales counties (Cramp *et al.* 1974), reaching 1,009

pairs by 1985–87 (Lloyd *et al.* 1991). Such rapid increases in colonies and numbers must have been by immigration from elsewhere, considering their delayed maturity and that only 6% return to breed in their natal colonies (Dunnet & Ollason 1978). Differences by 10km squares in North Wales between the 1968–72 and 1988–91 Atlases were minimal. The dramatic increase round Wales seems to have come to a halt sometime before about 1990 (Green 2002). Moreover the 2008–12 field-work did not find prospecting birds at any new sites or at several places where prospecting birds had previously been recorded. JNCC seabird monitoring indicates that in recent years fledging rates per pair have fallen by 50%. Even with their longevity, the lower productivity of the Fulmar was reflected in the 1998–2002 count of 555 pairs on ledges in North Wales (Mitchell *et al.* 2004).

The initial impetus for the dramatic spread of the Fulmar was ascribed to the availability of waste from whaling and fisheries (Fisher 1952), though other marine and even slight genetic changes have been suggested. Tracking shows that the foraging range from colonies can reach over 500km (Thaxter *et al.* 2012). Most of the species' food comes from plankton with the amount of scavenging undertaken varying between sea areas (Philips *et al.* 1999). The fledging rate decline coincided with decreases in fishery discards, especially fish livers. It would be sad if the Fulmar, after its spectacular spread around the coast, should go into even steeper decline.

*Ivor Rees*

Sponsored by/Noddwyd gan Peter Milner

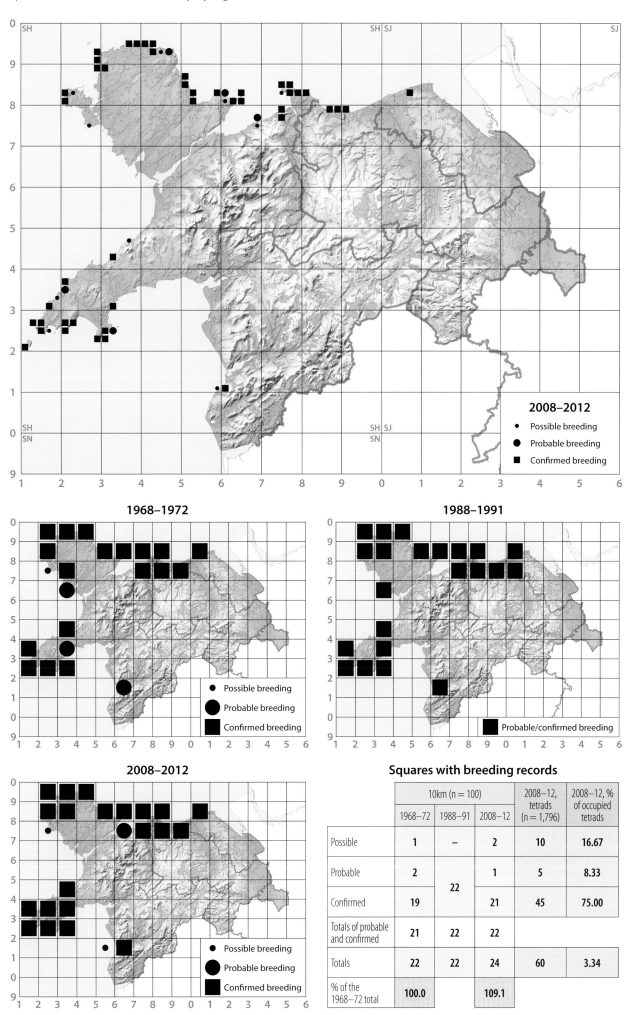

2008–2012

• Possible breeding

● Probable breeding

■ Confirmed breeding

**1968–1972**

• Possible breeding

● Probable breeding

■ Confirmed breeding

**1988–1991**

■ Probable/confirmed breeding

**2008–2012**

• Possible breeding

● Probable breeding

■ Confirmed breeding

## Squares with breeding records

| | 10km (n = 100) | | | 2008–12, tetrads (n = 1,796) | 2008–12, % of occupied tetrads |
|---|---|---|---|---|---|
| | 1968–72 | 1988–91 | 2008–12 | | |
| Possible | 1 | – | 2 | 10 | 16.67 |
| Probable | 2 | 22 | 1 | 5 | 8.33 |
| Confirmed | 19 | | 21 | 45 | 75.00 |
| Totals of probable and confirmed | 21 | 22 | 22 | | |
| Totals | 22 | 22 | 24 | 60 | 3.34 |
| % of the 1968–72 total | 100.0 | | 109.1 | | |

# Manx Shearwater

## *Puffinus puffinus*

**Summer visitor – Welsh conservation status:** Amber

A night-time visit to a dense Manx Shearwater colony is a spellbinding and surreal wildlife encounter that, once experienced, can never be forgotten. Under the complete darkness of a new moon, the air resounds with the raucous cacophony of strange, cackling cries and the whirring of unseen wings. It is said that superstitious travellers fled their camps in panic, rather than face the invisible beings responsible for this diabolic frenzy.

Britain provides the breeding sites for about 80% of the world's 'Manxies', who return from their South Atlantic winter quarters to their nest-burrows each spring. They are an extremely long-lived species. A bird caught on Bardsey in May 2008 had been ringed there as an adult in May 1957, making it at least 51 years old. This species only visits land in the breeding season, and then only after dark, to avoid predation by gulls. Large 'rafts' of adults can be seen just offshore at dusk, waiting for complete darkness before they come ashore to visit their burrows.

Once hatched, chicks are left alone underground until visited by night to be fed regurgitated globs of nourishing seafood. A wide range of burrow sites and habitats are accepted but absence of land predators, particularly Brown Rats, is the *sine qua non*. For this reason, the Manx Shearwater is almost exclusively confined to offshore islands. It is a notoriously difficult species to survey but a couple of reasonably consistent methods have been developed. One is counting 'apparently occupied' burrows in known colonies. These are burrows which display claw scrapes and excrement stains in the entrance or emanate the subtle, musty odour characteristic of these birds. The other method is playing recorded Manx Shearwater calls into burrows, which causes incubating birds to respond vociferously.

In our region, the species is known to breed at just one location: the island of Bardsey, at the tip of Llŷn. This was also the only site with confirmed breeding in both previous Atlases. It is home to a population of between 9,000 and 16,000 pairs, the actual figure depending on which of the two survey methods is followed and the higher figure coming from the 'apparently occupied' burrows count. The population would appear to have remained stable between 2001 and 2010 (Else 2011). Unsociable home hours and a subterranean abode mean that small numbers of Shearwaters in remote locations could easily go undetected. High nest-site fidelity limits the species' potential for range expansion but colonisation of new areas does occur occasionally. Unconfirmed breeding reports from Anglesey and Llŷn over the years suggest that new colonies could become established if pioneering birds were able to find suitable predator-free sites.

The only attempt to census the whole British population was carried out in 1998–2002, when a total of 299,700

### Aderyn-drycin Manaw

Mae tua 80% o Adar-drycin Manaw'r byd yn nythu ym Mhrydain. Treuliant gyn lleied o amser ag sy'n bosibl ar y tir; liw nos yn unig y deuant i'r lan i wneud tyllau ar gyfer nythu ac yna i fwydo'r cywion. Dim ond ar Ynys Enlli y maent yn nythu yn ein hardal ni, a dim ond yno y cadarnhawyd nythu yn y ddau Atlas blaenorol hefyd. Mae poblogaeth yr ynys rhwng 9,000 a 16,000 o barau, heb fawr o newid yn y deng mlynedd diwethaf. Gallant wladychu safleoedd newydd ambell dro, ac mae ambell gofnod heb ei gadarnhau o nythu mewn mannau eraill ar Ynys Môn a Llŷn yn awgrymu y gallai nythfeydd newydd ddatblygu mewn mannau lle nad oes anifeiliaid rheibus.

JOHN LAWTON ROBERTS

apparently occupied sites was estimated (Mitchell *et al.* 2004). Little information on the species' nationwide population trend is available yet but periodic surveys using the above methods should allow changes to be detected in the future. Given this species' very specific breeding habitat requirements, further range expansion in North Wales seems unlikely.

*Richard Else*

**Sponsored by/Noddwyd gan Bardsey Bird and Field Observatory**

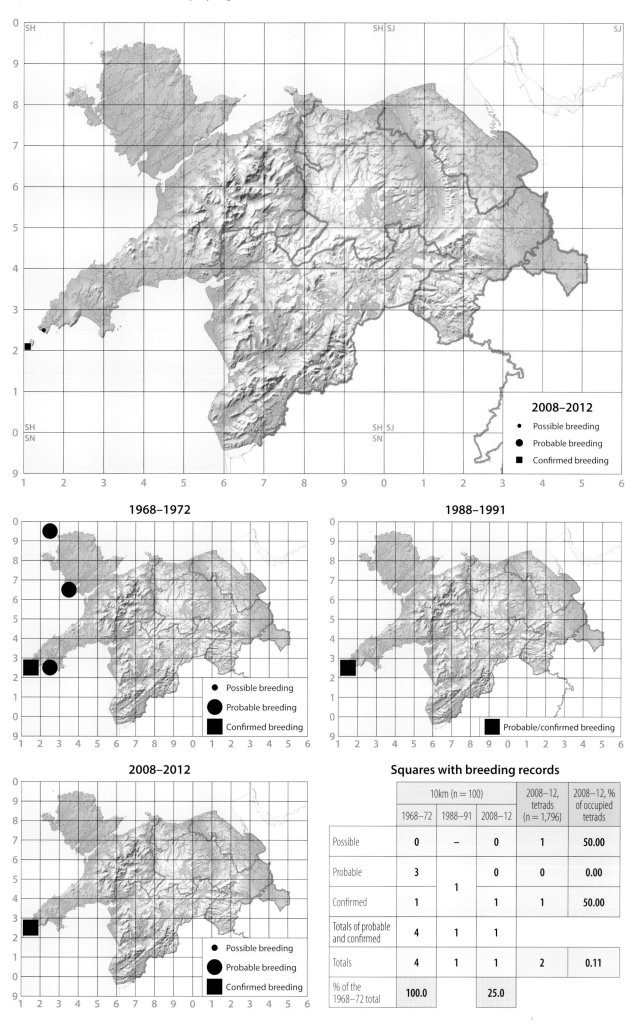

2008–2012

• Possible breeding

● Probable breeding

■ Confirmed breeding

1968–1972

• Possible breeding

● Probable breeding

■ Confirmed breeding

1988–1991

■ Probable/confirmed breeding

2008–2012

• Possible breeding

● Probable breeding

■ Confirmed breeding

**Squares with breeding records**

| | 10km (n = 100) | | | 2008–12, tetrads (n = 1,796) | 2008–12, % of occupied tetrads |
|---|---|---|---|---|---|
| | 1968–72 | 1988–91 | 2008–12 | | |
| Possible | 0 | – | 0 | 1 | 50.00 |
| Probable | 3 | 1 | 0 | 0 | 0.00 |
| Confirmed | 1 | | 1 | 1 | 50.00 |
| Totals of probable and confirmed | 4 | 1 | 1 | | |
| Totals | 4 | 1 | 1 | 2 | 0.11 |
| % of the 1968–72 total | 100.0 | | 25.0 | | |

# Storm Petrel

*Hydrobates pelagicus*

**Summer visitor – Welsh conservation status:** Amber

JOHN LAWTON ROBERTS

## Pedryn Drycin

Mae'r Pedryn Drycin yn nythu mewn cilfachau bychain o'r neilltu ar arfordir creigiog ynysoedd anghysbell, ac yn dychwelyd i'r nythfa liw nos. Ar Ynys Enlli y mae'r unig nythfa sy'n wybyddus yng Ngogledd Cymru. Roedd hyd at 75 oedolyn i bob golwg yn deor wyau yno yn ystod cyfrifiad yn 2004. Nid oedd y cyfrifiad yma'n cynnwys pob safle addas ar gyfer nythu ar yr ynys, ac ystyrid y gallai'r nifer oedd yn nythu yno fod dros 100 pâr. Byddai'n hawdd i adar yn nythu mewn mannau eraill yn yr ardal osgoi sylw. Dim ond ar ynysoedd y mae'r rhywogaeth yma yn nythu, oherwydd mai dim ond yno y mae'n ddiogel rhag anifeiliaid rheibus.

Nesting deep within tiny and secluded crevices on the craggy coastlines of remote islands, with all colony activity carried out under cover of darkness, the Storm Petrel is a strange and fascinating little seabird of extremely unobtrusive breeding habits. Its nocturnal behaviour and well-concealed subterranean abode make it one of the most difficult of all British birds to survey accurately. Wandering non-breeding Storm Petrels can be attracted into mist-nets for ringing by playing recordings of their song at night. Twenty birds ringed on Bardsey have been recovered or controlled elsewhere, including Calf of Man, Skokholm, Kintyre and Sule Skerry (Orkney).

Storm Petrels nest on many suitable islands around the north and west coasts of the British Isles. The total UK breeding population was estimated to be 25,700 pairs (Mitchell *et al.* 2004). The only large colony of this species in Wales is on Skokholm, where around 1,000 pairs were estimated in 2003 (Thompson 2005), with smaller numbers on several other islands off the coast of Pembroke. The only confirmed breeding colony in North Wales is on Bardsey, Caernarfon, where a fairly recent attempt to census the population found 75 apparently incubating adults in 2004 (BBFOR 2004). This was not, however, a complete survey of all possible nest sites on the island and it was considered that the actual number of nesting birds could have been well in excess of 100 pairs. Breeding elsewhere within the region could easily go undetected or unconfirmed; the species is almost exclusively restricted to offshore islands, where it is safe from land predators.

The Storm Petrel's nocturnal habits help it to avoid predation by gulls but there has been some evidence of predation by Little Owls on Bardsey. This has also occurred on Skomer, Pembroke where a study of Little Owl pellets in 2002–03 found

that Storm Petrels formed 14–27% of their diet by biomass. Concerns about possible predation on the Storm Petrel colony on Skokholm led to the removal of the island's Little Owls in 1954 (Green & Cross 2007).

Interestingly, Forrest (1907) was unaware of breeding on Bardsey but one of his correspondents suspected breeding at "the far end" of Llŷn. Current trends in the populations of Storm Petrel are unknown and future survey work is recommended to reveal any changes that may have occurred. As with Manx Shearwater, the possibilities for range expansion in North Wales are extremely limited.

*Richard Else*

Sponsored by/Noddwyd gan Peter Hope Jones

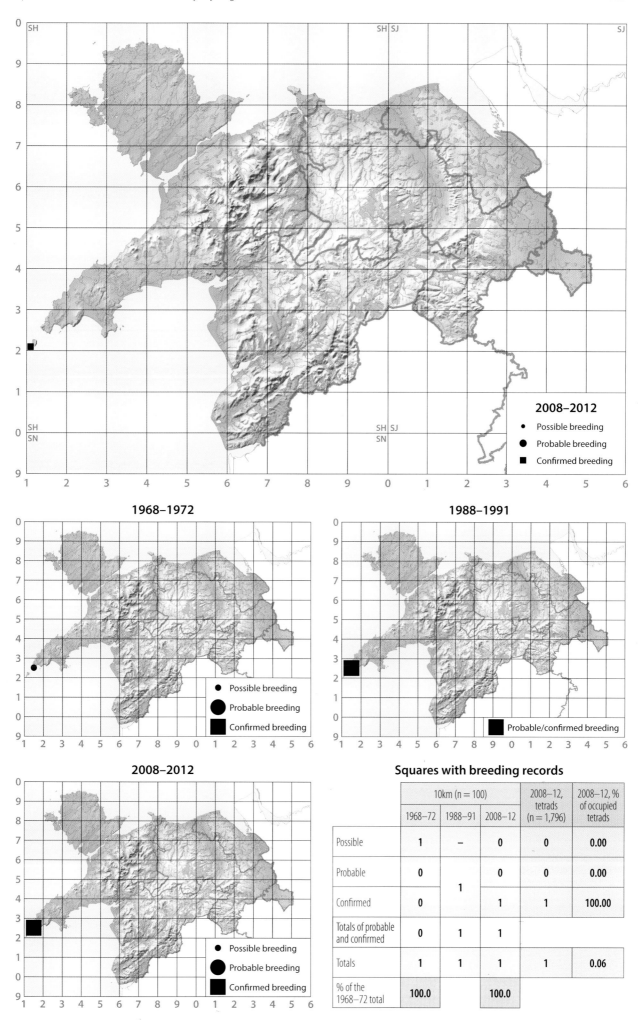

**2008–2012**

- • Possible breeding
- ● Probable breeding
- ■ Confirmed breeding

**1968–1972**

- • Possible breeding
- ● Probable breeding
- ■ Confirmed breeding

**1988–1991**

- ■ Probable/confirmed breeding

**2008–2012**

- • Possible breeding
- ● Probable breeding
- ■ Confirmed breeding

**Squares with breeding records**

| | 10km (n = 100) | | | 2008–12, tetrads (n = 1,796) | 2008–12, % of occupied tetrads |
|---|---|---|---|---|---|
| | 1968–72 | 1988–91 | 2008–12 | | |
| Possible | 1 | – | 0 | 0 | 0.00 |
| Probable | 0 | 1 | 0 | 0 | 0.00 |
| Confirmed | 0 | | 1 | 1 | 100.00 |
| Totals of probable and confirmed | 0 | 1 | 1 | | |
| Totals | 1 | 1 | 1 | 1 | 0.06 |
| % of the 1968–72 total | 100.0 | | 100.0 | | |

# Cormorant

*Phalacrocorax carbo*

**Resident – Welsh conservation status:** Amber

ASHLEY COHEN

## Mulfran

Mae'r Fulfran yn aderyn cyfarwydd sydd i'w weld yn aml ar ein glannau creigiog yn sefyll a'i adenydd ar led. Yn y ddau atlas blaenorol ac yn ôl y cyfrifiad llawn diwethaf o Fulfrain yn 1999–2002, dim ond yn y tair sir orllewinol y daethpwyd o hyd i Fulfrain yn nythu. Ni chafwyd tystiolaeth o'r un Fulfran yn nythu i'r dwyrain o Riwledyn. Cynyddodd nifer y nythod 50% yng Ngogledd Cymru rhwng 1969–70 a 1999–2002, gan gyfrif am 10% o holl nythod Gwledydd Prydain. Yn Rhiwledyn (428 nyth) ac ar Ynys Seiriol (353 nyth) yr oedd y nythfeydd mwyaf. Gwelwyd adar yn chwilio am safleoedd addas i nythu yng nghyffiniau aber afon Dyfrdwy, cronfeydd dŵr ar Fynydd Hiraethog a llynnoedd ar Ynys Môn. Bydd yn ddiddorol gweld a fydd nythfeydd yn datblygu yn yr ardaloedd hyn.

Standing upright, with its wings spread, the Cormorant is a familiar bird of our rocky coasts and inland waters. Its angular shape and clumsy plodding gait on land is transformed into a sleek and effective swimmer underwater, hunting fish by sight. Most of our Cormorants are of the race *P.c. carbo*, which is found on the Atlantic coasts of Europe. There have also been a few records of birds of the continental race, *P.c. sinensis*, in North Wales and this race may be underrecorded here. Though the Cormorant is mainly a coastal bird, since the 1980s it has been seen increasingly at our inshore reservoirs and gravel pits. Whilst there are tree-nesting colonies in other parts of the UK, in North Wales it only nests on cliffs and islets.

The 1968–72 and 1988–91 Atlas maps show nesting colonies around the north-west coasts of Wales. The last full survey of Cormorants in 1999–2002 (Mitchell *et al.* 2004) also found nesting only in the three western counties, with none east of the Little Orme. The number of nests in North Wales was 1,366, an increase of 50% since the Operation Seafarer survey in 1969–70. North Wales held 84% of the Welsh population in 1999–2002 following substantial declines in Ceredigion and Pembroke during the 1990s. Indeed, one in ten Cormorant nests in Britain and Ireland were in North Wales, with two of the largest colonies in the UK being the Little Orme, Caernarfon

(428 nests) and Puffin Island, Anglesey (353 nests). A count in 2009 produced 760 AON on Puffin Island (CBR).

Our results indicate an expansion in range since the previous Atlases. The number of 10km squares with Probable or Confirmed breeding has increased from 17 in 1968–72 to 19, with infilling along the coast of north Anglesey and Llŷn. Non-breeding birds have been seen in the breeding season on the Dee Estuary and inland, both at reservoirs on Mynydd Hiraethog and at lakes in Anglesey. It will be interesting to see whether tree-nesting colonies develop at any of these locations. Meirionnydd has hosted a famous 'inland' Cormorant colony for generations. This colony at Craig yr Aderyn (Bird Rock), mentioned by Thomas Pennant in 1778, lies about 7km from the sea, and the birds may have been nesting there "since the sea lapped at its base in prehistoric times" (Lovegrove *et al.* 1994). In 2009 there were 51 occupied nests there (CBR).

In England, Cormorants spread inland through the 1990s and 2000s. Stocked reservoirs and former gravel pits provided a draw for migratory *sinensis* from continental Europe, seeking open water during the winter months. Anglers were incensed about the impact on fish stocks and there were rumours of illegal persecution by fishery managers. Inland tree nesting was already common in countries such as the Netherlands and the killing of birds at the English sites, both illegally and under government licence, did not deter wintering *sinensis* from staying to breed. This in turn encouraged *carbo* to join these colonies. Ringing studies show that Welsh-breeding Cormorants visit these inland sites, though it is not known what impact the efforts to control the number of birds at these sites may have on our breeding population.

*Julian Hughes*

**Sponsored by/Noddwyd gan Waitrose Community Matters Fund**

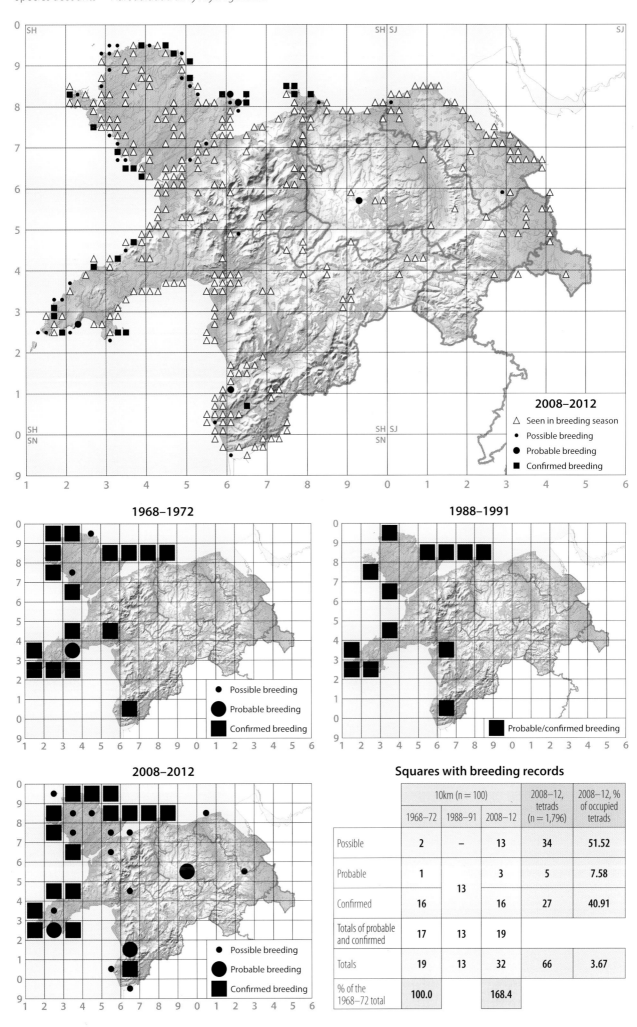

**2008–2012**

△ Seen in breeding season
• Possible breeding
● Probable breeding
■ Confirmed breeding

**1968–1972**

• Possible breeding
● Probable breeding
■ Confirmed breeding

**1988–1991**

■ Probable/confirmed breeding

**2008–2012**

• Possible breeding
● Probable breeding
■ Confirmed breeding

## Squares with breeding records

| | 10km (n = 100) | | | 2008–12, tetrads (n = 1,796) | 2008–12, % of occupied tetrads |
|---|---|---|---|---|---|
| | 1968–72 | 1988–91 | 2008–12 | | |
| Possible | 2 | – | 13 | 34 | 51.52 |
| Probable | 1 | 13 | 3 | 5 | 7.58 |
| Confirmed | 16 | | 16 | 27 | 40.91 |
| Totals of probable and confirmed | 17 | 13 | 19 | | |
| Totals | 19 | 13 | 32 | 66 | 3.67 |
| % of the 1968–72 total | 100.0 | | 168.4 | | |

# Shag
## *Phalacrocorax aristotelis*
**Resident – Welsh conservation status:** Green

A smaller relative of the Cormorant, the Shag is more restricted in its distribution by habitat, staying inshore close to rocky cliffs and rarely venturing inland unless by accident during a storm. Shags feed on fish in relatively shallow water, less than 40m deep. They nest in loose colonies amongst boulders on lower coastal slopes or just inside small sea caves and have the longest breeding season of any British seabird, with chicks in the nest from April to late October. During the 1960s, birds breeding on islets off Llanddwyn, Anglesey, displayed an abnormal breeding cycle, with eggs being laid in November 1966 and January 1967 (Lovegrove *et al.* 1994). More than 90% of young Shags that survive to breeding age (four years old) are recruited into the same or a nearby colony less than 12km away (Aebischer 1995). Britain is internationally important for this species, holding more than one-third of the world population, with about 80% of these in Scotland.

Fieldwork for this Atlas shows a nearly 17% increase in occupied 10km squares compared to 1968–72. Almost all Confirmed breeding records were from Caernarfon and Anglesey, with the distribution stretching from the Little Orme in the east, around Anglesey, to Abersoch in the south-west. There was one Confirmed breeding record in Meirionnydd, at Friog cliffs in May 2008, which was the first breeding record for the vice-county. Shags recorded around other coasts and on estuaries with little suitable nesting habitat were probably non-breeding birds. The largest colony is on Puffin Island, Anglesey, where there were 401 pairs in 2010, numbers having almost quadrupled since 1986 (PISR 2013).

## Mulfran Werdd

Gwelir y Fulfran Werdd ger yr arfordir, lle y mae'n ymborthi ar bysgod mewn dyfroedd gweddol fas. Mae Gwledydd Prydain o bwys rhyngwladol i'r rhywogaeth hon am mai yma y ceir oddeutu traean cyfanswm y byd. Lleihaodd y niferoedd ym mhob rhan o'r Deyrnas Unedig ers y 1970au, yn sgil y gostyngiad yn nifer y llymrïaid a geir o gwmpas yr Alban wrth i dymheredd wyneb y môr godi. Hyd yn hyn, cafwyd llai o ostyngiad yn nifer y llymrïaid sydd o amgylch arfordir Cymru ac mae niferoedd y Fulfran Werdd wedi cynyddu yma. Dengys yr atlas hwn fod 33% o gynnydd yn nifer y sgwariau ers 1968–72. Roedd y nython i gyd ym Môn a Chaernarfon heblaw am un ger y Friog, y cyntaf erioed ym Meirionnydd. Ceir y nythfa fwyaf ar Ynys Seiriol lle y mae 400 o barau'n nythu.

The Shag is Amber-listed at a UK level but Green-listed in Wales. Seabird 2000 counts (1998–2002) showed that Shags in Wales were faring better than in Britain as a whole. There were 683 AON in North Wales, a 95% increase on the 350 nests found in the 1969–70 count, compared with a 7% decline in Britain over the same period (Mitchell *et al.* 2004). Throughout Britain, the 1998–2002 counts found that this species was four times as numerous as the Cormorant but in our area there were only half as many Shags nesting as Cormorants. Shags in Wales have been the most productive in the UK in recent years, fledging an average 1.75 chicks per pair each year between 1987 and 2011 (JNCC 2011), with 2.27 chicks per nest on Ynysoedd Gwylan, Llŷn in 2009.

This species relies heavily on the Lesser Sandeel during the breeding season and food shortages are likely to have contributed to periodic low productivity and population decline in the UK (Wanless *et al.*1998). Sandeel abundance is thought to have declined around Scotland as sea surface temperature has increased. This has changed the abundance and composition of plankton and reduced sandeel populations but to date this has been less significant around Wales. Shags struggle to feed during stormy weather, reliant as they are on hunting by sight around inshore waters. Predictions of increased storminess resulting from climate change are a concern, especially for those colonies facing the prevailing south-west wind (Frederiksen *et al.* 2008).

*Julian Hughes*

STEVE CJLLEY

Sponsored by/Noddwyd gan Ian and Maggie Wright

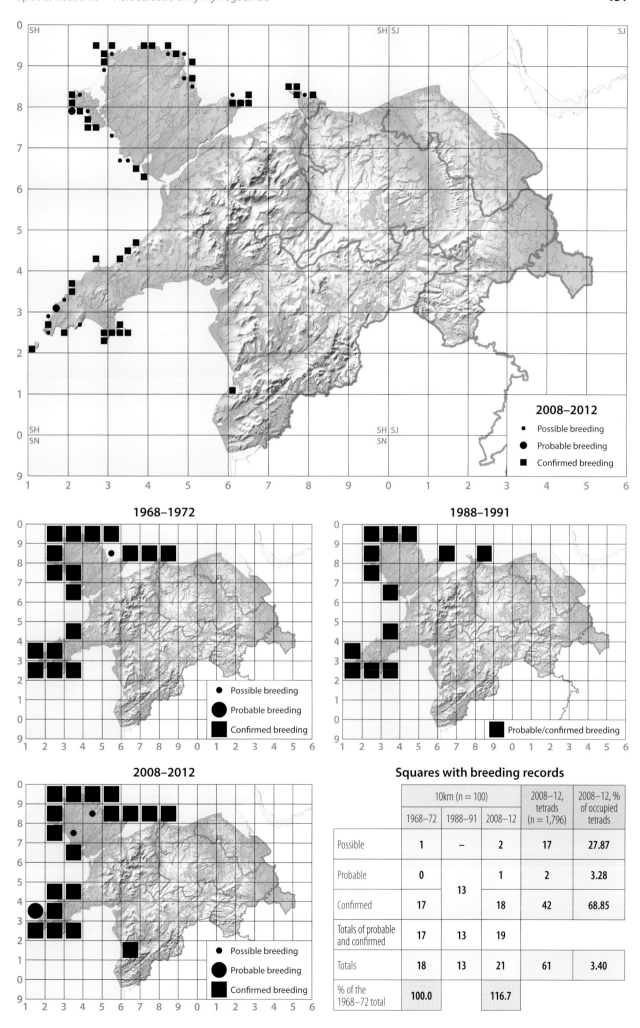

2008–2012

- Possible breeding
- Probable breeding
- Confirmed breeding

1968–1972

- Possible breeding
- Probable breeding
- Confirmed breeding

1988–1991

- Probable/confirmed breeding

2008–2012

- Possible breeding
- Probable breeding
- Confirmed breeding

**Squares with breeding records**

| | 10km (n = 100) | | | 2008–12, tetrads (n = 1,796) | 2008–12, % of occupied tetrads |
|---|---|---|---|---|---|
| | 1968–72 | 1988–91 | 2008–12 | | |
| Possible | 1 | – | 2 | 17 | 27.87 |
| Probable | 0 | 13 | 1 | 2 | 3.28 |
| Confirmed | 17 | | 18 | 42 | 68.85 |
| Totals of probable and confirmed | 17 | 13 | 19 | | |
| Totals | 18 | 13 | 21 | 61 | 3.40 |
| % of the 1968–72 total | 100.0 | | 116.7 | | |

# Little Egret
## *Egretta garzetta*
**Resident – Welsh conservation status: Green**

Little did we know in the late 1980s that this stunning (but at that point rare) member of the heron family would by 2012 become a widespread and regular sight in North Wales. By the year 2000 there were regular records of them in small numbers around our coastline, with a maximum count of six on the October WeBS count at Traeth Lafan, Caernarfon. In 2002 breeding was confirmed in the region with one pair fledging four young on the small island of Ynys Welltog in the Menai Strait; they bred here again in 2003. By 2006 the colony had moved, with six pairs in a heronry near Bangor, increasing to 11 pairs the following year, when there was also a breeding pair near Conwy.

In 2009 fledglings from the main colony near Bangor were ringed, with a conservative estimate made of in excess of 40 active pairs. In 2010, 97 young were ringed and the estimate increased to more than 60 pairs. The nests are very difficult to count from below and so, unless each and every tree is climbed, exact numbers cannot be obtained. The severe winter of 2010/11 is thought to have impacted on numbers because the colony was much smaller the following spring, about 30 pairs being estimated. Predation by Ravens was noted at this colony in 2011, whilst in 2012 the colony split into two parts, about 1km apart and in different tetrads. The number of colonies has increased in recent years, with confirmed breeding on Anglesey at a site in the south-west of the island in 2010 and nests found at another site nearby the following year.

### Crëyr Bach

Ddiwedd y 1980au, roedd y Crëyr Bach yn aderyn prin yng Ngogledd Cymru ond erbyn y flwyddyn 2000, ceid cofnodion cyson o niferoedd bychain ar ein harfordir. Yn 2002, cadarnhawyd y nyth cyntaf pan fagodd un pâr bedwar o gywion ar Ynys Welltog yn afon Menai. Nythwyd ar yr ynys fechan hon eto yn 2003. Erbyn 2006, roedd yr adar wedi symud i grëyrfa ger Bangor. Roedd chwe phâr yno'r flwyddyn honno ac 11 pâr y flwyddyn ddilynol. Erbyn 2010, roedd dros 60 pâr yn y grëyrfa – y nifer mwyaf yng Nghymru. Mae ychydig Grehyrod Bach yn nythu gerllaw Conwy, a chadarnhawyd bod yna rai wedi nythu yn ne-orllewin Môn yn 2010.

Recoveries from colour-ringed birds show a northward dispersal from the colony near Bangor with birds being recorded in the Isle of Man, Northern Ireland and southern Scotland within weeks of fledging. One young bird ringed in 2010 moved in a different direction: it was seen and photographed by a party of Bangor University students in Tenerife in the middle of the cold period in 2010/11. We can expect Little Egret to spread and breed in other places across the region in future years.

*Kelvin Jones*

Sponsored by/Noddwyd gan the Laspen Trust

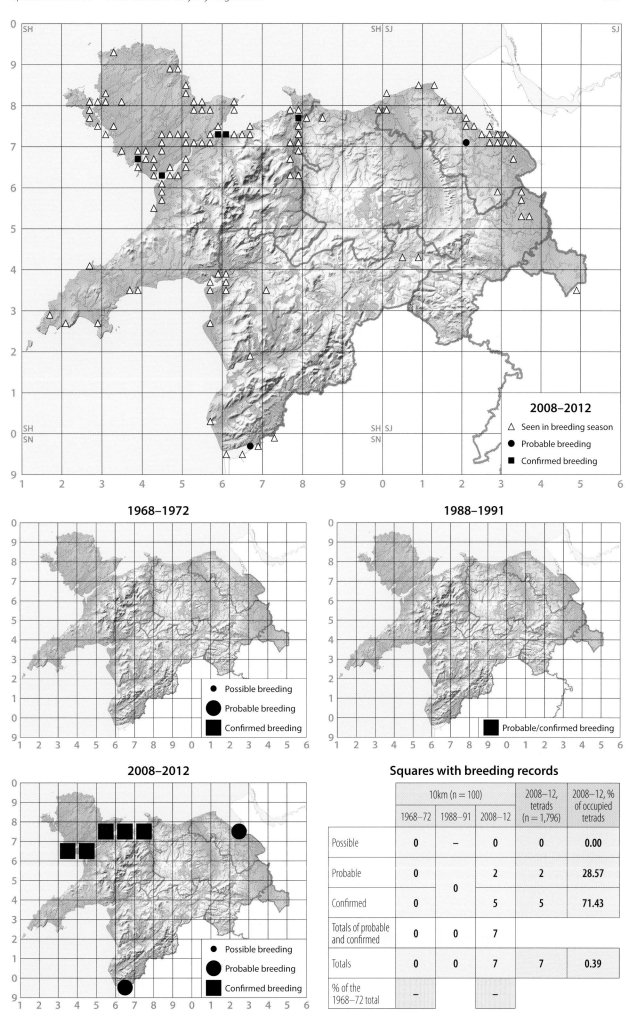

**2008–2012**

△ Seen in breeding season

● Probable breeding

■ Confirmed breeding

**1968–1972**

● Possible breeding

● Probable breeding

■ Confirmed breeding

**1988–1991**

■ Probable/confirmed breeding

**2008–2012**

● Possible breeding

● Probable breeding

■ Confirmed breeding

**Squares with breeding records**

| | 10km (n = 100) | | | 2008–12, tetrads (n = 1,796) | 2008–12, % of occupied tetrads |
|---|---|---|---|---|---|
| | 1968–72 | 1988–91 | 2008–12 | | |
| Possible | 0 | – | 0 | 0 | 0.00 |
| Probable | 0 | 0 | 2 | 2 | 28.57 |
| Confirmed | 0 | | 5 | 5 | 71.43 |
| Totals of probable and confirmed | 0 | 0 | 7 | | |
| Totals | 0 | 0 | 7 | 7 | 0.39 |
| % of the 1968–72 total | – | | – | | |

# Grey Heron
## *Ardea cinerea*
### Resident – Welsh conservation status: Green

The Grey Heron is familiar to everyone as a tall, stately figure standing motionless by a river, estuary or lake, waiting for fish or frogs to come within range of its formidable bill. It also eats small mammals and young birds. Herons normally breed in colonies, with most nests at a height of up to 25m in tall trees (BWP). The majority of the heronries in North Wales are in conifers such as Scots Pine, spruce and larch, but at the colony in Pwllheli some of the nests are in low scrub and can be no more than a metre from the ground. Large heronries are difficult to miss, with the 'chacking' of chicks calling for food audible from a considerable distance but groups of just a few nests are not so easy to find. Nesting is early, with the clutch of 3–5 eggs sometimes started in February.

This species presents something of a problem for a breeding Atlas, as many of the birds recorded as being in suitable habitat during fieldwork are unlikely to be breeding nearby. Some will be non-breeding birds, as Herons are long-lived and do not breed until they are two years of age (Robinson 2005), whilst breeding birds can range at least 10km from their nesting site when searching for food (Lowe 1953). Records of Possible breeding therefore have not been included in the species' tetrad distribution map.

The BTO's Heronries Census began in 1928 and several of the heronries counted in North Wales that year are still active today. Some sites have been in use since at least the eighteenth century and it is interesting that many of our heronries are in the grounds of old mansions. One site, abandoned when the nesting trees were blown down in a gale, was reoccupied many years later when new trees had grown to a sufficient height. Though most heronries are well known, the 2008–12 fieldwork revealed several new colonies and individual nests. Many of the heronries are around estuaries

## Crëyr Glas

Er bod ambell aderyn yn nythu ar ei ben ei hun, fel rheol mae Crehyrod Glas yn nythu gyda'i gilydd mewn crëyrfeydd. Mae'r crëyrfeydd mwyaf yn ddigon amlwg, ond gall fod yn anodd dod o hyd i rai llai. Gan amlaf, ceir y nythod mewn coed tal, hyd at 25 medr o'r llawr, ond mae eithriadau. Gall Crehyrod Glas gwydro o leiaf 10 cilomedr o'u nythod i chwilio am fwyd, a gellir eu gweld mewn llawer o sgwariau lle nad ydynt yn nythu. Dengys ein map mai ar dir isel y mae'r mwyafrif o'r crëyrfeydd, y rhan fwyaf ger aberoedd neu ar hyd y dyffrynnoedd mwyaf. Credir fod tua 210–240 pâr yn nythu yng Ngogledd Cymru, gyda 22–27 nyth yn y grëhyrfa fwyaf.

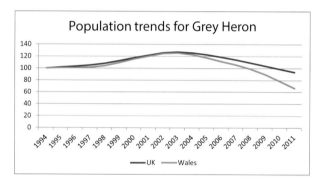

Population trends for Grey Heron

— UK  — Wales

and sheltered coasts, with others along the larger river valleys. Although most colonies are in the lowlands, there was confirmed breeding near Llyn Brenig at around 380m. There has not been a great deal of change in distribution over the years, though a few heronries have been abandoned and a few new colonies founded since the 1968–72 Atlas. Numbers can be reduced by severe winters but overall there seems to have been a modest increase in North Wales, with about 210–40 nests in recent years. The largest heronry in our area, Coed Benarth, by the Conwy estuary, held 22–27 nests during 2008–12 fieldwork though a few heronries have contained 30 or more nests at times in the past. This is far fewer than in neighbouring Cheshire, where 180 nests have been counted in a single heronry (Norman 2008).

Forrest (1907) described heronries as being most numerous around the western estuaries and on Anglesey and the pattern seems to have remained relatively unchanged. Thomas Pennant in the late eighteenth century recorded Herons nesting on the sea cliffs at South Stack, Anglesey. Eyton in 1838 also recorded nests here, but there have been no further records since then. It is a puzzle why we do not have more breeding Grey Herons and maybe this deserves further investigation.

*Rhion Pritchard*

ASHLEY COHEN

Sponsored by/Noddwyd gan Nigel Brown

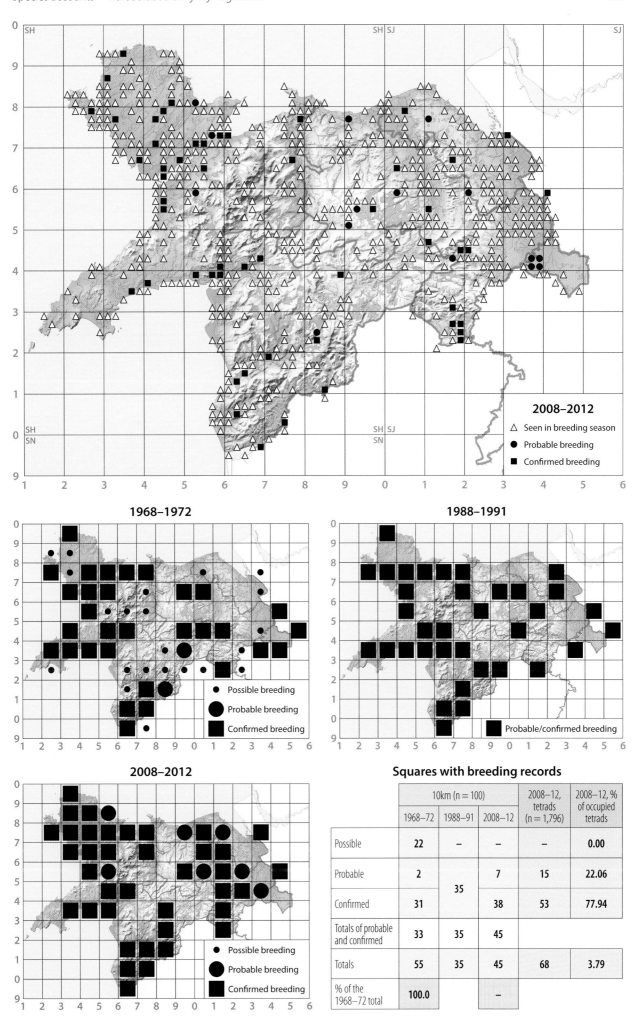

**2008–2012**

△ Seen in breeding season

● Probable breeding

■ Confirmed breeding

**1968–1972**

● Possible breeding

● Probable breeding

■ Confirmed breeding

**1988–1991**

■ Probable/confirmed breeding

**2008–2012**

● Possible breeding

● Probable breeding

■ Confirmed breeding

### Squares with breeding records

| | 10km (n = 100) | | | 2008–12, tetrads (n = 1,796) | 2008–12, % of occupied tetrads |
|---|---|---|---|---|---|
| | 1968–72 | 1988–91 | 2008–12 | | |
| Possible | 22 | – | – | – | 0.00 |
| Probable | 2 | 35 | 7 | 15 | 22.06 |
| Confirmed | 31 | | 38 | 53 | 77.94 |
| Totals of probable and confirmed | 33 | 35 | 45 | | |
| Totals | 55 | 35 | 45 | 68 | 3.79 |
| % of the 1968–72 total | 100.0 | | – | | |

# Little Grebe

*Tachybaptus ruficollis*

**Resident – Welsh conservation status: Green**

The Little Grebe is our smallest waterbird, the size of a Blackbird. Breeding in freshwater pools, its response to threat is to dive and remain underwater for up to a minute. It will often 'tread water', just emerging enough for its eyes and nostrils to be above the surface, until it is satisfied that the danger has passed. Like other grebes, it is ungainly on land but is a strong swimmer, hunting for small fish and invertebrates.

Little Grebes need well-vegetated lakes and ponds. This means that many of Wales' upland waters are unsuitable, being oligotrophic, with little emergent greenery. Lovegrove *et al.* (1994) suggested that the Welsh population declined during the twentieth century but a recovery in North Wales now seems to be underway. The number of 10km squares with Confirmed or Probable breeding remained stable between 1968–72 and 1988–91. It then increased 60% by 2008–12, although some changes in distribution between each of the Atlases are notable.

The Little Grebe is a scarce breeding bird in most of North Wales, with only Anglesey and eastern Denbigh having reasonable populations. The species has been able to take advantage of new farm ponds created in the last two decades. Such ponds are relatively free from disturbance and their presence may well have contributed to the range expansion since the 1988–91 Atlas. Another factor affecting recording of this species is that their nests are not easy to detect. The peak hatching period is from the middle of July to the middle of August (Vinicombe 1982), by which time many Atlas observers would have almost finished their field visits. Some underrecording is therefore likely.

Forrest (1907) reported Little Grebes as "resident and generally distributed, but somewhat local", nesting at up to 390m altitude. Nesting at this altitude seems scarce nowadays although a pair was recorded in a Meirionnydd square at 290m. Upland birds move to the lowlands but otherwise little is known about where our nesting Little Grebes spend the winter. Vinicombe (1982) showed that numbers on Anglesey lakes fell by 70% in January compared to the previous August and that only a modest proportion of 'missing' birds were found on the island's estuaries.

As a small waterbird, Little Grebes are susceptible to prolonged cold winter weather, denying them access to fresh water. It is believed that particularly hard winters in 1928/29, 1939/40, 1947/48 and 1962/63 took their toll. Following the 1962/63 winter, there were no Little Grebes recorded breeding in North Wales for at least two years (Marchant *et al.* 1990). The run of milder winters during the 1990s and 2000s may explain the recovery in breeding range by 2008–12.

*Julian Hughes*

## Gwyach Fach

Dim ond maint Mwyalchen yw'r Wyach Fach, ein haderyn dŵr lleiaf. Fe'i ceir ar byllau dŵr croyw, ac mae'n nofiwr cryf, yn dal pysgod bychain ac anifeiliaid di-asgwrn-cefn. Ei hoff gynefin yw llynnoedd a phyllau lle ceir digon o lystyfiant. Nid yw llawer o lynnoedd ucheldir Cymru'n addas, gan eu bod yn oligotroffig ac yn brin o lystyfiant. Bu cynnydd o 60% yn y nifer o sgwariau 10 cilomedr lle cofnodwyd nythu pendant neu debygol er 1988–91, y rhan fwyaf yn ffosydd a phyllau Môn a dwyrain Dinbych. Efallai i'r boblogaeth ostwng yng Nghymru yn ystod yr ugeinfed ganrif, ond ymddengys ei bod yn awr ar gynnydd. Efallai fod gaeafau cymharol dyner y 1990au a 2000au wedi bod o gymorth.

JOHN LAWTON ROBERTS

Sponsored by/Noddwyd gan Neil Hughes, Hilary Nash

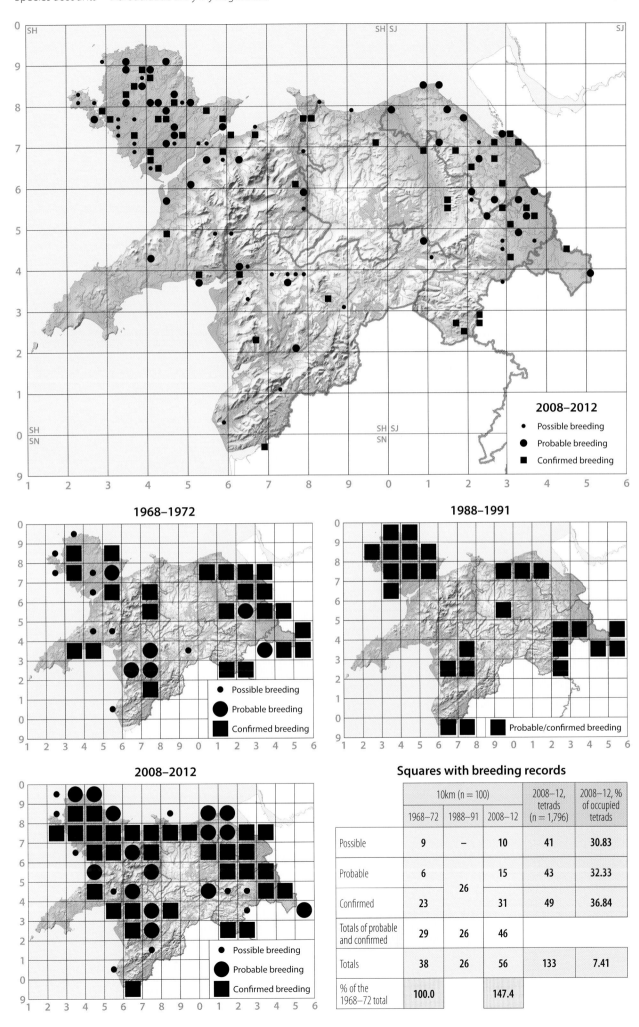

2008–2012

- Possible breeding
- Probable breeding
- Confirmed breeding

1968–1972

- Possible breeding
- Probable breeding
- Confirmed breeding

1988–1991

- Probable/confirmed breeding

2008–2012

- Possible breeding
- Probable breeding
- Confirmed breeding

**Squares with breeding records**

| | 10km (n = 100) | | | 2008–12, tetrads (n = 1,796) | 2008–12, % of occupied tetrads |
|---|---|---|---|---|---|
| | 1968–72 | 1988–91 | 2008–12 | | |
| Possible | 9 | – | 10 | 41 | 30.83 |
| Probable | 6 | 26 | 15 | 43 | 32.33 |
| Confirmed | 23 | | 31 | 49 | 36.84 |
| Totals of probable and confirmed | 29 | 26 | 46 | | |
| Totals | 38 | 26 | 56 | 133 | 7.41 |
| % of the 1968–72 total | 100.0 | | 147.4 | | |

# Great Crested Grebe
## *Podiceps cristatus*
**Resident – Welsh conservation status: Green**

A byword for waterbird elegance, Great Crested Grebes have long captured the attention of visitors to lakes, not least for their showy courtship display.

They favour moderate to large, shallow lakes with well-vegetated edges. Nests are often obvious: a floating island of vegetation and conspicuous stripy young chicks, often riding on the backs of their parents. This has resulted in breeding being confirmed in a good proportion of occupied tetrads. In the eastern part of the region, nesting tends to be associated with disused sand and gravel pits whilst in Anglesey, Great Crested Grebes occur on natural lakes. This county may still be the stronghold for the species in Wales.

The favoured choice of breeding habitat appears to limit the distribution of the Great Crested Grebe in North Wales, for they typically breed on lakes up to 300m in altitude (BWP). However, whilst this remains a scarce breeding bird in Meirionnydd, the 10km maps show that the population has extended its distribution since the 1988–91 Atlas, particularly in Denbigh and Caernarfon. Interestingly the tetrad map shows that Great Crested Grebes are moving into higher altitude sites. Pairs were confirmed nesting at 370m in the Carneddau and 380m in the Glyderau. A pair also displayed at 550m in the southern Carneddau. These are probably the highest altitudes recorded for this species in Britain. These

## Gwyach Fawr Gopog

Mae carwriaeth yr Wyach Fawr Gopog yn cynnwys arddangosiad o foesymgrymu ac ysgwyd pen, ac mae'r pâr yn plymio gyda'i gilydd a dod i'r wyneb gyda llond pig o lystyfiant. Ei hoff gynefin yw llynnoedd bâs, gweddol fawr a chyda digonedd o lystyfiant. Mae hyn yn cyfyngu ei ddosbarthiad yng Ngogledd Cymru, gan fod y rhan fwyaf o lynnoedd yr ucheldir yn rhy lwm. Yn y dwyrain, ceir nythu yn hen safleoedd diwydiannol dyffryn Dyfrdwy, tra ar Ynys Môn fe'i ceir ar lynnoedd naturiol. Dengys y gwaith maes i'r Atlas hwn fod yr Wyach Fawr Gopog wedi dechrau nythu ar lynnoedd uwch, sy'n codi'r cwestiwn a yw newid hinsawdd yn gwneud y llynnoedd hyn yn fwy addas i'r gwyachod.

records raise questions about whether the climate or other factors are changing the nutrient-poor status of these lakes, making them more suitable for grebes.

The 10km maps, however, risk overemphasising this species' abundance. The 2008–12 fieldwork illustrates that Great Crested Grebes are thinly scattered, particularly on the mainland. The total of 72 tetrads with Confirmed or Probable breeding is far lower than the 110 in neighbouring Cheshire and Wirral (Norman 2008), which together are 60% smaller than North Wales, but with far more suitable habitat.

Egg collecting, persecution by fishery owners and killing to meet the demand for their plumage from the fashion trade, reduced the number of Great Crested Grebes in the UK to fewer than 100 pairs by 1860. These factors similarly exterminated the species from Wales (Historical Atlas).

After the species gained protection from such activities in the 1880s, numbers began to increase, with breeding birds first reported in Wales at Llyn Maelog, Anglesey in 1885 (Jones & Whalley 2004). This gradual return, building up from the 1890s, is thought to have stemmed from the few birds that survived in Cheshire. Forrest (1907) reported that breeding only occurred occasionally on Anglesey and on the meres of Flint. Census data from 1931 and 1965 showed small numbers of Great Crested Grebes in Anglesey, Denbigh and Flint. However, by the time of the 1968–72 Atlas, numbers had more than doubled in these areas, adding up to over 75 adult birds in North Wales by 1975 (Lovegrove *et al.* 1994). Further increases in range were noted in the 1988–91 Atlas and beyond. Today this species would appear to occupy most of the suitable habitat available and the population is thought to be stable.

*Julian Hughes*

ASHLEY COHEN

Sponsored by/Noddwyd gan Maureen and Michael Hemming

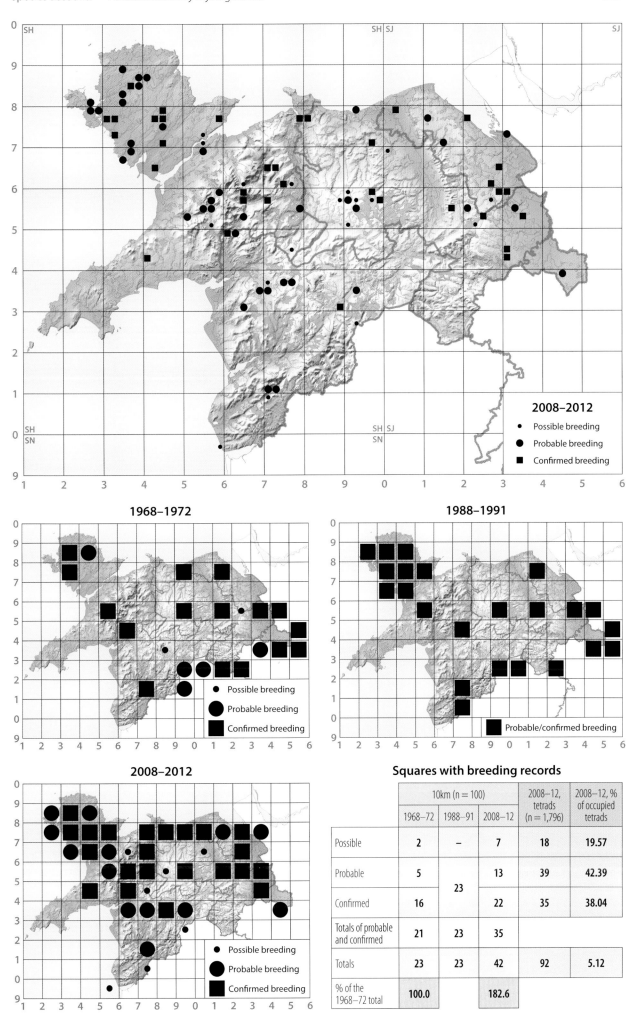

**1968–1972**

**1988–1991**

2008–2012

Possible breeding

Probable breeding

Confirmed breeding

Possible breeding

Probable breeding

Confirmed breeding

Probable/confirmed breeding

**2008–2012**

Possible breeding

Probable breeding

Confirmed breeding

### Squares with breeding records

| | 10km (n = 100) | | | 2008–12, tetrads (n = 1,796) | 2008–12, % of occupied tetrads |
|---|---|---|---|---|---|
| | 1968–72 | 1988–91 | 2008–12 | | |
| Possible | 2 | – | 7 | 18 | 19.57 |
| Probable | 5 | 23 | 13 | 39 | 42.39 |
| Confirmed | 16 | | 22 | 35 | 38.04 |
| Totals of probable and confirmed | 21 | 23 | 35 | | |
| Totals | 23 | 23 | 42 | 92 | 5.12 |
| % of the 1968–72 total | 100.0 | | 182.6 | | |

# Honey-buzzard
## *Pernis apivorus*
**Summer visitor – Welsh conservation status: Amber**

KEITH OFFORD

### Bod y Mêl

Ymwelydd haf yw Bod y Mêl yng Nghymru, ac efallai ei fod yn cael ei dan-gofnodi oherwydd ei debygrwydd i'r Bwncath, sy'n niferus iawn yma. Er bod ei hedfan arddangos uwchben safle'r nyth yn amlwg yn y gwanwyn cynnar, mae'n anodd ei weld yn ystod y tymor nythu. Cynefin Bod y Mêl yw tiriogaeth goediog ond gyda digon o dir agored. Mae planhigfeydd conwydd yr ucheldir, hyd at uchder o 500m, lawn mor addas â choedwigoedd llydanddail, cyn belled â bod digon o fwyd ar gael. Dibynna ar larfaod gwenyn, gydag amffibiaid ac adar ieuainc os ydynt ar gael, i fagu cywion. Dim ond yn 1992 y cofnodwyd Bod y Mêl yn nythu am y tro cyntaf yng Nghymru.

This species can be difficult to locate and even when a nest has been found, concerns about disturbance or threats from egg-collecting have resulted in information on its status being difficult to access. Forrest (1907) reported that the Honey-buzzard was seen "chiefly on the autumn migration; very rare". He wrote that none had ever been known to nest in the region. It is only since 1992 that Honey-buzzards have been proven to breed in Wales, with the first breeding attempt being in North Wales following the presence of a summering pair in 1991. Although this species has been recorded breeding at several localities since 1992, only four records of possible breeding were submitted to this Atlas.

*Reg Thorpe*

Can there be a more interesting species of raptor than the Honey-buzzard? A summer visitor to the UK, it is likely to be underrecorded, especially in areas like Wales where it is easily overlooked amongst high numbers of Common Buzzard. Although it performs flamboyant display flights over its breeding sites, the Honey-buzzard remains inconspicuous for most of its breeding season. The older texts indicate that this species has a preference for larger blocks of broadleaved woodland; more recent work has shown that it is less specific in its requirements. The Honey-buzzard needs a woodland-dominated landscape, which contains plenty of open ground. Upland conifer plantations at up to 500m altitude are just as much to their liking if they support the required food resources (Roberts *et al.* 1999). To breed successfully, the Honey-buzzard is dependent on a good supply of wasp larvae, supplemented when available with amphibians and young birds. Satellite tracking and ringing recoveries indicate that both adults and young spend the winter months in the forested and wooded regions of tropical Africa. There has been one ringing recovery of a bird, ringed as a nestling in North Wales, which was shot in Ghana on 9 February 2001. The letter, accompanying the recovery details, stated that the "eagle" had "taken" all of the shooter's hens and ducks and wished us to send him some compensation for his losses! So far as is known, the winter diet of Honey-buzzards is similar to that in the breeding season, so attacking hens and ducks is highly unlikely.

Sponsored by/Noddwyd gan Joe Fleming

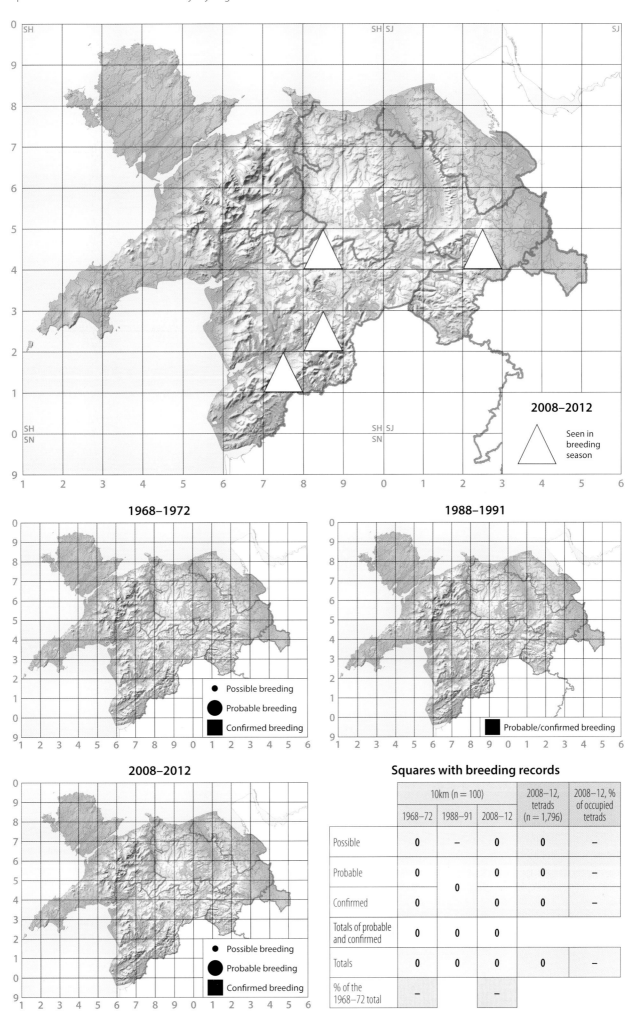

1968–1972

1988–1991

2008–2012

Squares with breeding records

# Red Kite

*Milvus milvus*

**Resident – Welsh conservation status:** Amber

GARETH JONES

The Red Kite, with its five-foot wingspan, distinctive russet plumage and forked tail needs no introduction to anyone birdwatching in Wales. It was recently voted Wales' favourite bird and was the BTO's bird of the twentieth century. For most of that century it bred nowhere else in Britain. In the 1930s and 1940s the population was fewer than ten breeding pairs, all in remote locations in mid-Wales around the upper Cothi and Tywi Valleys (Cross & Davis 2005). A prolonged and successful conservation initiative led to a dramatic increase such that by 2000 there were an estimated 259 pairs, the most northern of these near Ysbyty Ifan in the upper Conwy valley. By 2011 the Welsh population had increased to over 1,000 breeding pairs (Cross 2011). Reintroduction schemes in England and Scotland began in 1989 and populations have now been established in both countries.

Red Kites are often associated with remote upland valleys, largely due to the protection these sites gave from past

## Barcud

Nid oes raid cyflwyno'r Barcud, a lled ei adenydd yn bum troedfedd, a'i blu browngoch nodweddiadol a'i gynffon fforchog, i unrhyw un sy'n adarydda yng Nghymru. Dangosodd pleidlais yn ddiweddar mai hwn yw hoff aderyn Cymru ac aderyn yr 20[fed] ganrif i'r BTO. Am y rhan fwyaf o'r ganrif ni fagodd yn unlle arall yng ngwledydd Prydain. Yn y 1930[au] a'r 1940[au] roedd y nifer yn llai na 10 pâr yn magu, i gyd mewn mannau diarffordd yng nghanolbarth Cymru a rhannau uchaf Dyffrynnoedd Cothi a Thywi (Cross & Davies 2005). Bu i ymgyrch warchod hir a llwyddiannus arwain at gynnydd trawiadol. Erbyn 2000 ceid amcangyfrif o 259 pâr, gyda'r mwyaf gogleddol ohonynt ger Ysbyty Ifan yn Nyffryn Conwy. Erbyn 2011 amcanir bod y boblogaeth wedi codi i dros 1,000 o barau'n magu (Cross 2011). Fe'u

**Sponsored by/Noddwyd gan Cymdeithas Ted Breeze Jones**

JOHN HAWKINS

Oakwoods near Bird
Rock, Meirionnydd.
Good Red Kite habitat.
*Coedwig Dderw ger Craig
yr Aderyn, Meirionnydd.
Cynefin addas i'r Barcud.*

MIKE ALEXANDER

ASHLEY COHEN

persecution. They are better suited to more rolling landscapes incorporating a patchwork of small woods and copses where they can nest, and open grassland, farmland or moorland over which to forage. Carrion and earthworms are the major items in the diet of adults and the young are fed preferentially on live prey, including Common Frogs, voles, Rabbits and young corvids (Cross & Davis 2005). The core area for Red Kites is still mid-Wales, with Ceredigion, Montgomery, Brecon, Radnor and Carmarthen holding the bulk of the population. Young birds have a strong tendency to nest within 20km of where they were reared and so the occupation of new areas is a relatively slow process (Cross & Davis 2005).

The 2008–12 fieldwork showed that the northwards extension of the breeding range has indeed been slow and restricted mainly to the south-western and central parts of North Wales. Just 11 tetrads had Confirmed breeding, so there is still much room for expansion, considering there is a great deal of suitable habitat across our region. Kites can be remarkably unobtrusive whilst nesting so there were likely to be more nesting pairs than were recorded. Prior to the 2008–12 fieldwork there had been at least two breeding attempts as far north as Afonwen near Pwllheli, one of which raised a single fledged young. Consequently some of the Probable breeding records east of the Conwy valley and in Llŷn could indicate other breeding pairs.

Forrest (1907) reported that the Red Kite had essentially disappeared from North Wales as a breeding species by the 1850s. After this, there were only occasional visitors, which were often shot. Kites returned to nest in southern Meirionnydd in 1963 (Reg Thorpe pers. comm.). They have been breeding on and off in north-east Wales since the early 1980s but owing to illegal poisoning and egg-collecting didn't really take hold. The increasing number of sightings in our area, both east and west, since 2009 (NEWBR; CBR) indicates that further expansion of the known breeding population can be expected in the near future.

*Tony Cross*

hailgyflwynwyd i Loegr a'r Alban yn 1989 a sefydlwyd poblogaethau ohonynt yn y ddwy wlad erbyn hyn.

Cysylltir Barcutiaid yn aml â chymoedd anghysbell yr ucheldir, sydd yn safleodd a roddodd noddfa iddynt rhag erledigaeth. Gallant ffynnu'n well ar dir bryniog lle ceir clytwaith o goedlannau bychain iddynt nythu a thir pori agored, ffermdir a gweundir iddynt hel eu tamaid. Celanedd a phryfed genwair yw prif fwyd yr oedolion a phrae byw, yn cynnwys llyffantod, llygod pengrwn, cwningod a brain ifainc i'r cywion (Cross & Davis 2005). Mae ardal greiddiol y Barcud Coch yn dal i fod yng nghanolbarth Cymru, gyda'r rhelyw o'r boblogaeth yng Ngheredigion, Maldwyn, Brycheiniog, Maesyfed a Chaerfyrddin. Ceir tuedd gref mewn adar ifainc i nythu o fewn 20km i'r lle y'u magwyd, felly mae ymledu i ardaloedd newydd yn broses weddol araf (Cross & Davies 2005).

Dengys gwaith maes 2008–12 fod ehangu'r diriogaeth nythu i'r gogledd wedi bod yn weddol araf ac yn gyfyngedig i ganol a de-orllewin Gogledd Cymru yn bennaf. Dim ond mewn 11 tetrad y cadarnhawyd bridio, felly mae llawer o le ar ôl i ehangu iddo a digon o gynefin addas drwy'r ardal. Gall Barcutiaid fod yn hynod ochelgar tra byddant yn nythu a'r tebygolrwydd yw fod rhagor o barau ohonynt wedi magu nag a gofnodwyd. Cyn gwaith maes 2008–12 bu o leia ddwy ymgais i nythu cyn belled i'r gogledd ag Afon-wen ger Pwllheli a magodd un o'r rhain un cyw a lwyddodd i hedfan. Felly gall rhai o'r cofnodion magu tebygol i'r dwyrain o Ddyffryn Conwy ac yn Llŷn arwyddo bod parau eraill wedi magu.

Adroddodd Forest (1907) fod y Barcud i bob pwrpas wedi diflannu o Ogledd Cymru fel aderyn magu ers yr 1850au. Wedi hynny ni chafwyd ond ymwelwyr achlysurol, fyddai'n aml yn cael eu saethu. Dychwelodd Barcutiaid i nythu yn ne Meirionnydd yn 1963 (Reg Thorpe, sylw personol). Buont yn nythu o bryd i'w gilydd yng ngogledd-ddwyrain Cymru ers y 1980au cynnar, ond yn aflwyddiannus oherwydd gwenwyno anghyfreithlon a lladrata eu hwyau. Yr argraff a geir o'r nifer cynyddol o gofnodion yng ngorllewin a dwyrain ein hardal er 2009 (NEWBR, CBR) yw y gallwn ddisgwyl i'r boblogaeth nythu bresennol ymledu ymhellach yn y dyfodol agos.

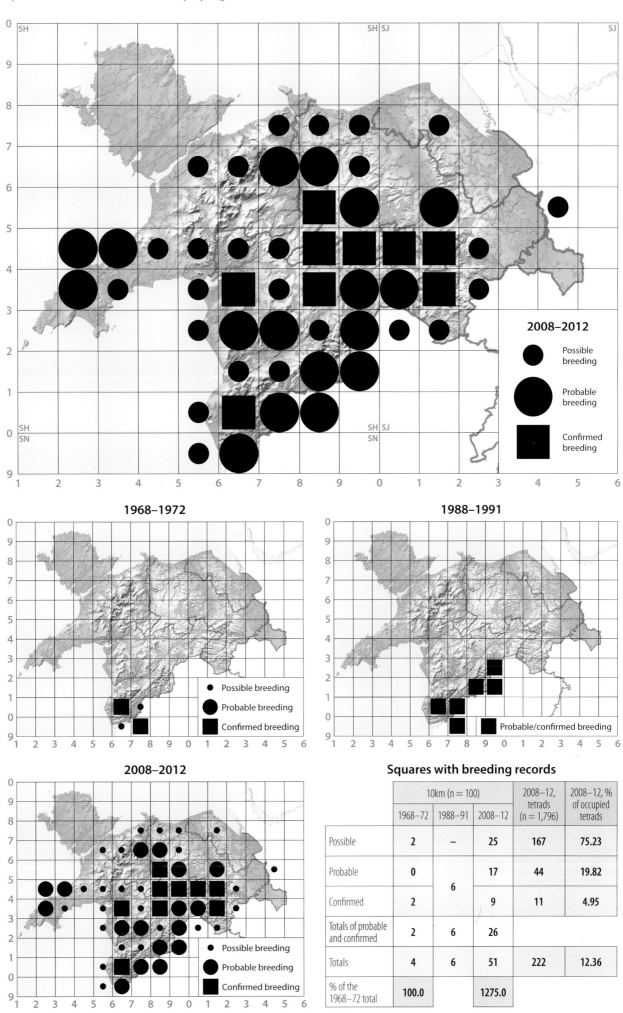

2008–2012

- ● Possible breeding
- ● Probable breeding
- ■ Confirmed breeding

**1968–1972**

- • Possible breeding
- ● Probable breeding
- ■ Confirmed breeding

**1988–1991**

■ Probable/confirmed breeding

**2008–2012**

- • Possible breeding
- ● Probable breeding
- ■ Confirmed breeding

## Squares with breeding records

| | 10km (n = 100) | | | 2008–12, tetrads (n = 1,796) | 2008–12, % of occupied tetrads |
|---|---|---|---|---|---|
| | 1968–72 | 1988–91 | 2008–12 | | |
| Possible | 2 | – | 25 | 167 | 75.23 |
| Probable | 0 | 6 | 17 | 44 | 19.82 |
| Confirmed | 2 | | 9 | 11 | 4.95 |
| Totals of probable and confirmed | 2 | 6 | 26 | | |
| Totals | 4 | 6 | 51 | 222 | 12.36 |
| % of the 1968–72 total | 100.0 | | 1275.0 | | |

# Hen Harrier

## *Circus cyaneus*

### Resident and winter visitor – Welsh conservation status: Red

There can be few more exhilarating experiences in the uplands of North Wales than watching a displaying male Hen Harrier performing its sky-dance over the moors. As a breeding species it has always been associated with upland heath and blanket bog in North Wales, with only the occasional pair using other habitats like rush beds or Bog Myrtle stands. More recently pairs have been reported from grass-dominated moorland and also a few in young conifer plantations. Although primarily a resident species, breeding pairs wander away from their nesting areas during the autumn and winter months, although they may occasionally return to them. Young birds from Wales often move to East Anglia and the south-east of England in winter, with a few reaching the coasts around the Bay of Biscay (Migration Atlas).

Occupation of nesting areas in spring is linked to weather conditions and the abundance of suitable prey, important species here being Meadow Pipit and Skylark. Adults seek food over a wide area, often including a mosaic of grass and heather, as these are habitats with the prey densities necessary for successful breeding. In Wales the Hen Harrier's nest is typically situated on the ground amongst mature heather. Unlike other areas, such as Northern Ireland, there have been no records of tree nesting. Breeding success varies between years and areas, with food supply, weather and predation on

### Bod Tinwen

Ar rostiroedd a chorsydd yr ucheldir y mae'r Bod Tinwen yn nythu yng Ngogledd Cymru, er bod ambell bâr yn gwneud hynny mewn cynefin gwahanol. Fel rheol mae'r nyth ar y ddaear, ymysg grug tal. Crwydra'r oedolion dros ardal eang i chwilio am ysglyfaeth, sy'n cynnwys Corhedydd y Waun a'r Ehedydd. Cymysgedd o laswellt a grug yn cynnwys digon o brae yw'r cynefin gorau i nythu llwyddiannus. Dychwelodd y Bod Tinwen i Gymru yn y 1950au, ac ar y Berwyn y cofnodwyd y nyth cyntaf. Cynyddodd yn raddol, ac mae'n debyg bod ambell bâr wedi nythu yn unrhyw gynefin addas. Ei gadarnleoedd yw ucheldir y Berwyn, Migneint-Arenig-Dduallt a Mynydd Hiraethog. Roedd tua 57 pâr yn dal tiriogaeth yng Nghymru yn 2010, y rhan fwyaf yn y gogledd.

both eggs and young, all being significant even if such factors do not appear to be limiting population growth. However, wet weather during the nestling period severely depressed numbers of young fledged in 2011 and 2012.

Forrest (1907) reported that the Hen Harrier was "resident; now very rare; occurs chiefly on moorlands". This was largely because at that time adults were shot and nests destroyed whenever they were encountered and the species subsequently became extinct in mainland Britain. Hen Harriers recolonised Wales in the late 1950s with the first nesting attempts on the Berwyn. Gradually both numbers and range increased and all apparently suitable locations have probably had occasional breeding pairs. The favoured locations now are the largest upland blocks of the Berwyn, Migneint-Arenig-Dduallt and Mynydd Hiraethog. The European importance of the first two areas is shown by their designation as SPAs for birds, including the Hen Harrier.

The distribution maps clearly portray the change in status of this species and its gradual spread from the Berwyn over time. A further increase since the late 1990s has been linked to an increase in productivity (Whitfield *et al.* 2009). The last survey of Hen Harriers in Wales in 2010 found 57 territorial pairs (9% of the UK population) of which almost all were in North Wales (Hayhow *et al.* in press). This was an increase of 33% since the previous survey in 2004. A recent report suggested that there is suitable habitat in Wales to support 246–60 pairs of Hen Harrier (Fielding *et al.* 2011). However, given the uncertain weather during the breeding season leading to low productivity in some years, it appears unlikely that the population will reach this level in the near future.

*Reg Thorpe*

JOHN LAWTON ROBERTS

**Sponsored by/Noddwyd gan the Wales Raptor Study Group – North-East Wales**

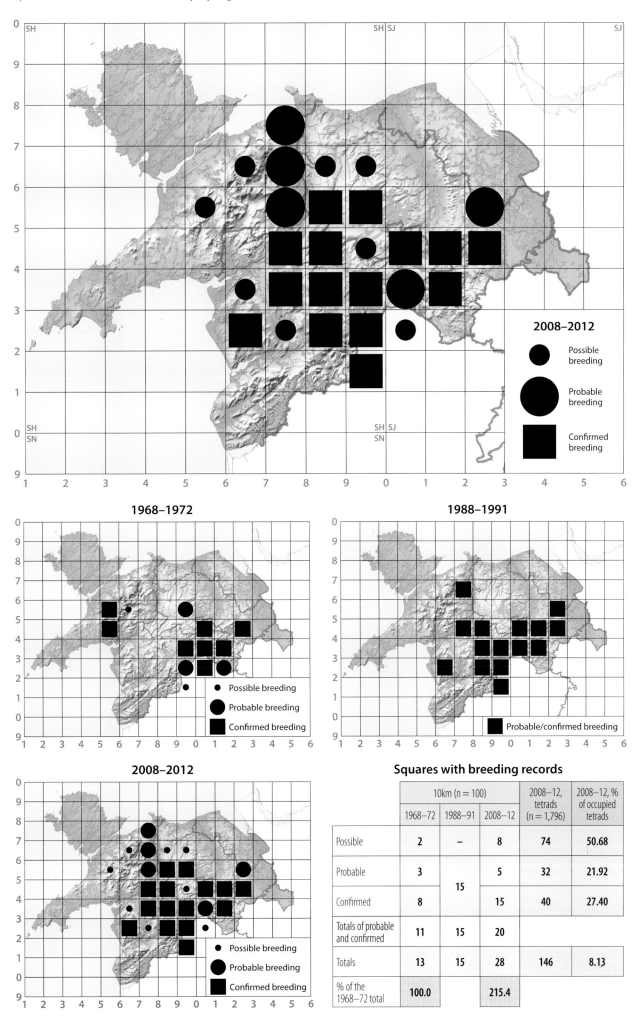

**2008–2012**

Possible breeding

Probable breeding

Confirmed breeding

**1968–1972**

Possible breeding
Probable breeding
Confirmed breeding

**1988–1991**

Probable/confirmed breeding

**2008–2012**

Possible breeding
Probable breeding
Confirmed breeding

**Squares with breeding records**

| | 10km (n = 100) | | | 2008–12, tetrads (n = 1,796) | 2008–12, % of occupied tetrads |
|---|---|---|---|---|---|
| | 1968–72 | 1988–91 | 2008–12 | | |
| Possible | 2 | – | 8 | 74 | 50.68 |
| Probable | 3 | 15 | 5 | 32 | 21.92 |
| Confirmed | 8 | | 15 | 40 | 27.40 |
| Totals of probable and confirmed | 11 | 15 | 20 | | |
| Totals | 13 | 15 | 28 | 146 | 8.13 |
| % of the 1968–72 total | 100.0 | | 215.4 | | |

# Goshawk

*Accipiter gentilis*

**Resident – Welsh conservation status: Green**

JOHN HAWKINS

## Gwalch Marth

Aderyn swil ac anodd ei weld yw'r Gwalch Marth, ac mae'n bosibl methu gweld ei nyth hyd yn oed yn ei ymyl. Mae canlyniadau'r gwaith maes yn cadarnhau ei hoffter o blanigfeydd conwydd yr ucheldir. Y diffyg planigfeydd mawr heb ymyrraeth dyn sy'n egluro'r diffyg nythod yn y rhan fwyaf o'r tir isel. O fewn y fforestydd y mae'r Gwalch Marth yn dal y rhan fwyaf o'i brae, sy'n creu rhai problemau cadwraeth. Dengys ein canlyniadau gynnydd rhyfeddol yr aderyn hwn. Ni chofnodwyd y Gwalch Marth yn Atlas 1968–72, ac ni chadarnhawyd nythu yn 1988–91. Does dim amheuaeth na fethwyd rhai parau yn ystod gwaith maes 2008–12, ac nad ydynt yn gyfyngedig i'r 60 tetrad lle cofnodwyd hwy.

This superb raptor remains a shy and elusive bird with breeding pairs notoriously difficult to locate. They are often found in more remote, undisturbed tracts of coniferous forest, where they are less likely to be subject to human interference (Rutz *et al.* 2006). It is possible to overlook their presence even when the observer is close to an occupied nest and this presents a challenge to surveyors. However, birds are often revealed by Carrion Crow alarm calls or the characteristic haunting "kak-kak-kak" call of the adults.

Fieldwork confirms the species' preference for upland conifer plantations. There is a clear absence of breeding from most of the lowlands, mainly because of the lack of large undisturbed plantations at these lower elevations. Goshawks obtain much of their food within and close to forests. There has been some unease that Goshawks prey on several other species of conservation concern, such as Kestrel and Black Grouse. However, a study of Goshawk diet in Welsh forests in the early 1990s reported that their main prey species were pigeons, corvids, thrushes, Grey Squirrels and Rabbits, and only 22 of 1,276 (1.7%) prey items were other raptors (Toyne 1998). During a study from 1992 to 2006, Squires *et al.* (2009) found that Woodpigeons were the most frequent prey remains found in mid and North Wales. Only five out of 297 prey items were of raptors, namely four of other Goshawk and one of Kestrel, where the Goshawk remains were thought to be of nestlings killed by larger siblings in the same brood. More recently, Haffield (2012) has reported Goshawk predating young Merlin.

Results from the 2008–12 fieldwork at the 10km level show a remarkable increase since the two national Atlases, when no breeding Goshawks were recorded at all in 1968–72

and Probable or Confirmed breeding was recorded in just eight squares in 1988–91. In the 2008–12 fieldwork there were undoubtedly some pairs that were missed and the overall total of 64 tetrads is certainly an underestimate of their true distribution. Squires *et al.* (2009) found a breeding density of 11 pairs per 100km$^2$, suggesting that the population in North Wales could be at least 26 pairs. There are two factors that are most likely to affect the growth of the population: first, the degree of interference or killing by humans; secondly, the impact of the weather during the nestling period and the following autumn, with prolonged wet weather being unhelpful. In the absence of Eagle Owls (*Bubo bubo*), there are unlikely to be any predators in North Wales that would kill Goshawks (Rutz *et al.* 2006).

Goshawks have come a long way since becoming extinct in Wales as a breeding species during the early nineteenth century (Lovegrove *et al.* 1994); they also have scant mention in Forrest (1907). Whilst their recolonisation, originally by birds that escaped from captivity or were deliberately released, is now secure, their breeding distribution will always be limited by the effects of human disturbance.

*Dick Squires*

Sponsored by/Noddwyd gan Andrew Dale

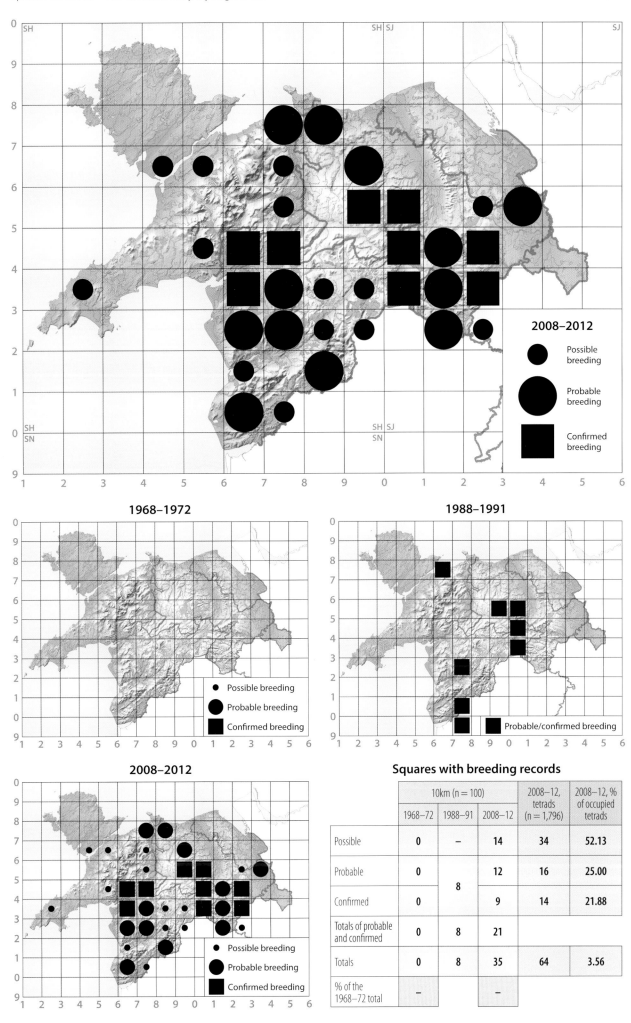

2008–2012

Possible breeding

Probable breeding

Confirmed breeding

**1968–1972**

• Possible breeding

Probable breeding

Confirmed breeding

**1988–1991**

Probable/confirmed breeding

**2008–2012**

• Possible breeding

Probable breeding

Confirmed breeding

## Squares with breeding records

| | 10km (n = 100) | | | 2008–12, tetrads (n = 1,796) | 2008–12, % of occupied tetrads |
|---|---|---|---|---|---|
| | 1968–72 | 1988–91 | 2008–12 | | |
| Possible | 0 | – | 14 | 34 | 52.13 |
| Probable | 0 | 8 | 12 | 16 | 25.00 |
| Confirmed | 0 | | 9 | 14 | 21.88 |
| Totals of probable and confirmed | 0 | 8 | 21 | | |
| Totals | 0 | 8 | 35 | 64 | 3.56 |
| % of the 1968–72 total | – | | – | | |

# Sparrowhawk
*Accipiter nisus*
**Resident – Welsh conservation status:** Green

A resident and largely sedentary species, the Sparrowhawk is one of our most common diurnal birds of prey. It has suffered persecution over the last two or three centuries from game preservation interests. This was followed in the 1960s by the effects of poisoning from organochlorine seed dressings eaten by small birds, in turn eaten by Sparrowhawks. Once these chemicals were banned in the late 1960s the population increased and means they can now be encountered in the countryside, suburban gardens or even in towns. Most people probably see a Sparrowhawk, however briefly, when it attempts to capture small birds at garden feeding stations.

Our tetrad map probably shows a degree of under-recording across North Wales. In part this will be because it is a much more secretive bird than, for instance, a Buzzard. It spends more time in woodland where it is far harder to see, although a practised eye will note the signs that the birds leave. Newton (1986) found that in the 1980s most were likely to be found in conifer rather than broadleaved forests, with tree spacing of 2–4m and an overall area of more than 20ha. There are ample areas of planted forest such as this in North Wales. In SJ24, which was intensively surveyed by one observer, some breeding activity was seen in 18 of 25 tetrads. This particular 10km square has a mix of habitats that are encountered across North Wales: lowland, upland including coniferous forest and other mixed or broadleaved woodland, with large areas of moorland on Ruabon Mountain. There are other 10km squares with similar habitat components that did not have this level of breeding activity recorded. Most breeding records were from relatively low altitudes, below 250m. Areas dominated by pasture have few recorded Sparrowhawk breeding attempts, perhaps due to fewer suitable nest sites and fewer small birds for them to eat. In some less dense forests its success may be restricted because of predation by Goshawks.

Since the 1968–72 Atlas there has been an 11% increase in the number of 10km squares occupied in North Wales, despite possible underrecording. In England there was a 147% increase in population between 1975 and 1992 after which the population stabilised until 2005. The 2004 to 2009 trend for the UK has been a decline of 14% (Baillie *et al.* 2012). Unfortunately the sample size is too small to calculate a Welsh trend.

Forrest (1907) wrote as his summary: "Resident, common in most wooded districts; not numerous in Lleyn or Anglesey." This is still probably reasonable as far as habitat goes, although Llŷn and Anglesey probably have more birds now. Forrest also reported that on one estate near Betws-y-coed, 738 Sparrowhawks were killed in 28 years up to 1902. Such persecution, on that scale, is unlikely now and we may therefore expect the Sparrowhawk to continue to be one of our common raptor species.

*Ian M. Spence*

**Sponsored by/Noddwyd gan Firdous Raja**

## Gwalch Glas
Mae'r Gwalch Glas ymhlith y mwyaf cyffredin o'n hadar ysglyfaethus. Yn y gorffennol, roeddent yn cael eu herlid gan giperiaid. Yn y 1960au, bu gostyngiad yn eu nifer oherwydd gwenwyno gan achlesiadau hadau organoclorin, a fwyteid gan adar bychain, a fwyteid yn eu tro gan y Gwalch. Cynyddodd y boblogaeth yn y 1960au pan waharddwyd y cemegau hyn. Gellir eu gweld yn y wlad, mewn gerddi maestrefol a hyd yn oed mewn trefi. Mae'n debyg bod ein map tetrad yn ei dangofnodi ledled Gogledd Cymru, oherwydd mai aderyn swil ydyw, sy'n cadw i'r goedwig. Er cyfnod Atlas 1968–72 bu cynnydd o bron 11% yn y nifer o sgwariau 10 cilomedr lle cofnodwyd ef yng Ngogledd Cymru.

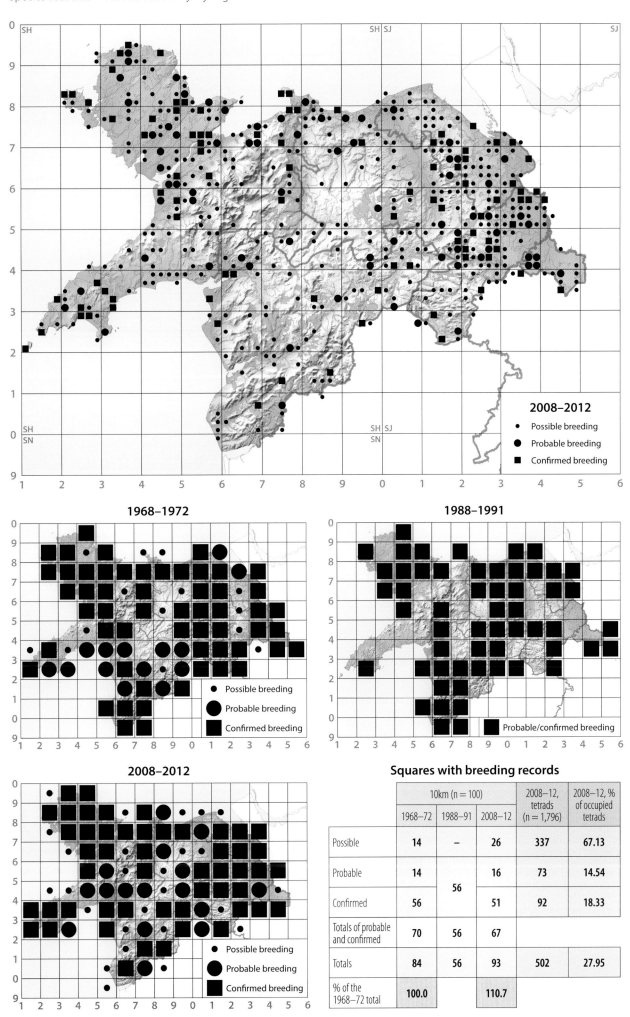

**2008–2012**

- • Possible breeding
- ● Probable breeding
- ■ Confirmed breeding

**1968–1972**

- • Possible breeding
- ● Probable breeding
- ■ Confirmed breeding

**1988–1991**

- ■ Probable/confirmed breeding

**2008–2012**

- • Possible breeding
- ● Probable breeding
- ■ Confirmed breeding

### Squares with breeding records

| | 10km (n = 100) | | | 2008–12, tetrads (n = 1,796) | 2008–12, % of occupied tetrads |
|---|---|---|---|---|---|
| | 1968–72 | 1988–91 | 2008–12 | | |
| Possible | 14 | – | 26 | 337 | 67.13 |
| Probable | 14 | 56 | 16 | 73 | 14.54 |
| Confirmed | 56 | | 51 | 92 | 18.33 |
| Totals of probable and confirmed | 70 | 56 | 67 | | |
| Totals | 84 | 56 | 93 | 502 | 27.95 |
| % of the 1968–72 total | 100.0 | | 110.7 | | |

# Buzzard

## *Buteo buteo*

### Resident – Welsh conservation status: Green

JOHN LAWTON ROBERTS

The Buzzard is a common and widespread resident throughout North Wales, having recovered from near-extinction caused by more than a century of intense persecution by gamekeepers and farmers. This adaptable raptor prefers country with a mosaic of woods, fields, rough grassland, scrub and boggy ground but is at home also in wilder landscapes of high moors and rugged mountainsides. In spring, the Buzzards' effortless soaring flights and noisy aerobatic displays are an exhilarating sight as pairs court and defend their territories. They are versatile and opportunistic hunters, in North Wales taking mainly Rabbits and small mammals, together with birds, reptiles, amphibians, carrion of all kinds, and even earthworms and beetles (Dare 1989).

Buzzards nest predominantly in trees, whether in woods, hedgerows or isolated on moorlands; those in the mountains select ledges on crags, up to high levels, and in disused quarries. Very few use sea cliffs. Confirmation of breeding is easier when Buzzards feeding broods become demonstrative and hungry, large nestlings and juveniles call loudly for food. Depending on habitat, breeding Buzzards in the region hold territories of 2–6km², but these may contain several alternative nest sites. Neighbouring occupied nests are usually spaced 0.8–2.5km apart, occasionally only 500m. Thus, tetrads may contain more than one breeding pair whereas sightings in two adjoining tetrads may refer to just one pair. One territorial pair per tetrad is therefore an acceptable average density estimate.

The 10km maps show that Buzzards have spread across Anglesey since the 1968–72 Atlas, and have also extended eastwards through Flint as well as north-east and south-east Denbigh. Confirmed or Probable breeding occurred in 63% of occupied tetrads. They breed successfully on the outskirts of many towns and close to habitations in the hinterland. Areas of high concentration, as along the Menai Strait and in east Denbigh, may reflect better coverage in these districts. Likewise, the patchy pattern of Possible breeding registrations, especially in Meirionnydd, may be due to locally inadequate coverage rather than absence of breeding birds.

Forrest (1907) reported the Buzzard to be a "not uncommon resident in the west; occasional autumn visitor to

## Bwncath

Ar ddechrau'r ugeinfed ganrif, roedd y Bwncath yn aderyn prin yng Ngogledd Cymru ar ôl bron ganrif o erlid. Erbyn hyn, mae'n aderyn cyffredin ymhobman. Mae'n hoffi cynefin lle mae cymysgedd o goedwigoedd, caeau, glaswellt garw, prysgwydd a chorsydd, ond mae hefyd yn gartrefol ar rostiroedd uchel a mynyddoedd creigiog. Cwningod a mamaliaid bychain yw ei brif brae yma, ond mae hefyd yn bwyta adar, ymlusgiaid, amffibiaid, burgynnod a hyd yn oed bryfed genwair a chwilod. Dengys y mapiau 10 cilomedr fod y Bwncath wedi ymestyn dros Ynys Môn er cyfnod Atlas 1968–72, a hefyd wedi ymestyn i'r dwyrain trwy Fflint a gogledd-ddwyrain a de-ddwyrain Dinbych. Awgryma'r map tetrad fod yng Ngogledd Cymru yn awr rhwng 900 a 1,200 o barau.

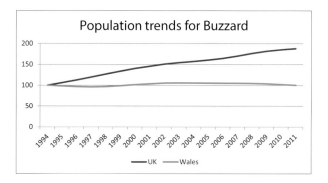

**Population trends for Buzzard**

— UK  — Wales

the east; almost unknown in Anglesey". Lovegrove *et al.* (1994) stated that by 1910 prolonged persecution had exterminated all but a few crag-nesting pairs in the mountains of Caernarfon and Meirionnydd. Localised killing is still suspected, whilst some Buzzards are vulnerable to poisoned baits set illegally for Red Fox and corvids. The recovery of numbers and range began slowly in the 1920s, as persecution gradually eased, and has accelerated since the 1960s. In Snowdonia, for example, numbers have increased twentyfold since 1910, and doubled between 1984 and 2004 (Driver & Dare 2009). Abundant sheep carrion has been a recent major factor. By contrast, in game-preserving areas, notably Anglesey and parts of east Denbigh, the return did not begin until the 1990s (Jones & Whalley 2004; Roberts & Jones 2009). Over the last 20 years the Buzzard has spread across North Wales to such an extent that it is now our fifth most widespread species. This contrasts with the stable BBS index for Wales between 1995 and 2010 (Risely *et al.* 2012). The tetrad map suggests a current North Wales population of 900–1,200 pairs. The Buzzard is now probably found in all suitable habitat across North Wales.

*Peter Dare*

Sponsored by/Noddwyd gan Kate Gibbs, Peter Dare

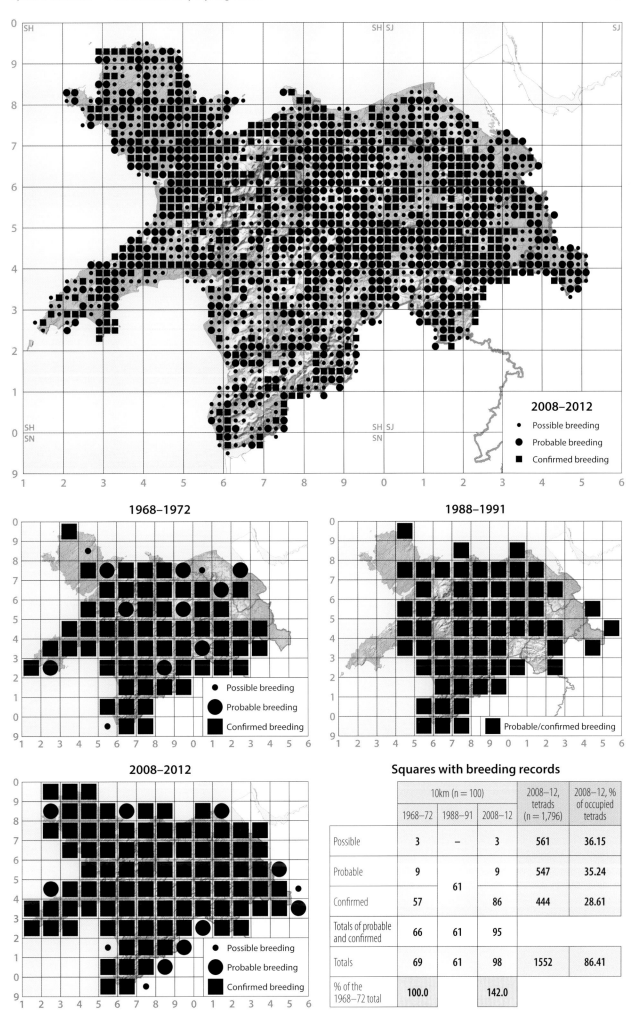

**2008–2012**

- • Possible breeding
- ● Probable breeding
- ■ Confirmed breeding

**1968–1972**

- • Possible breeding
- ● Probable breeding
- ■ Confirmed breeding

**1988–1991**

- ■ Probable/confirmed breeding

**2008–2012**

- • Possible breeding
- ● Probable breeding
- ■ Confirmed breeding

## Squares with breeding records

| | 10km (n = 100) | | | 2008–12, tetrads (n = 1,796) | 2008–12, % of occupied tetrads |
|---|---|---|---|---|---|
| | 1968–72 | 1988–91 | 2008–12 | | |
| Possible | 3 | – | 3 | 561 | 36.15 |
| Probable | 9 | 61 | 9 | 547 | 35.24 |
| Confirmed | 57 | | 86 | 444 | 28.61 |
| Totals of probable and confirmed | 66 | 61 | 95 | | |
| Totals | 69 | 61 | 98 | 1552 | 86.41 |
| % of the 1968–72 total | 100.0 | | 142.0 | | |

# Osprey
## *Pandion haliaetus*
**Summer visitor and passage migrant – Welsh conservation status:** Amber

In recent years the Osprey has become a well-known bird in Wales, with public viewing points set up at two nests: one in our area and the other just outside. Ospreys are migratory, spending the winter in West Africa (Migration Atlas) and returning to their nesting sites in mid or late March. They feed on fish, which they catch in their talons after a shallow dive and normally nest in trees, close to a good food source.

There is no proof that Ospreys bred in Wales prior to 2004. In Britain, the species was confined to Scotland after about 1840 and probably became extinct there in 1916. They returned to breed in Scotland in 1954 and, as the Scottish population increased, there has recently been a spread into northern England. By 2010, there were thought to be over 200, possibly 250, breeding pairs in the UK (Holling & RBBP 2012). From 1996, chicks from Scotland were translocated to Rutland Water in the English Midlands and the first pair bred in 2001.

As the Scottish population declined in the nineteenth century, records of Ospreys migrating through North Wales fell but increased again from the mid-1970s. Single birds over-summered in Wales from the late 1990s but it was not until 2004 that two pairs were found to be nesting: one in the Glaslyn Valley, north-east of Porthmadog and the other near Welshpool. The Glaslyn male bore a ring showing he was a Scottish-hatched chick translocated to Rutland in 1998 but the female was unringed. The RSPB and community groups set up a nest protection and public viewing scheme at Pont Croesor but in July a storm blew the nest from the tree and the young died. The pair near Welshpool reared one chick that year. The Glaslyn pair returned annually and by 2012 had reared 21 chicks. To date, only one of these has been proven to nest in Britain: a 2006-hatched bird that nested at Threave Castle, Dumfries, from 2008. The Glaslyn pair tends to arrive early, often laying eggs in the second week of May, with fledging at the end of June, ahead of most other UK Ospreys. The diet of the young is mostly freshwater fish for the first two weeks then primarily saltwater fish caught in the Porthmadog Cob area.

In 2011, a pair bred at Cors Dyfi, just outside the boundary of North Wales, and a public viewing area has been established there. Several other pairs have shown breeding activity in the west of our area and one pair fledged a chick in 2012. The map is presented at 10km scale in order to protect these birds. We are grateful to the dedicated raptor fieldworkers in north-west Wales for supplying this information.

With Ospreys now established in north-west Wales, amid plenty of suitable feeding and nesting habitat, the outlook for one of our newest colonisers looks good. Over the coming decades, we might expect to see nesting in many of the valleys around Snowdonia.

*Geraint Williams*

## Gwalch y Pysgod

Hyd y gwyddom, yn 2004 y nythodd Gweilch y Pysgod yng Nghymru am y tro cyntaf. Y flwyddyn honno, roedd un o ddau bâr yn ein hardal ni – i'r gogledd-ddwyrain o Borthmadog ger afon Glaslyn. Aeth yr RSPB a'r gymuned leol ati i sefydlu cynllun i warchod y nyth a chreu safle i wylio'r adar ger Pont Croesor ond, fis Gorffennaf, dinistriwyd y nyth mewn storm a bu farw'r cywion. Dychwelodd yr adar y flwyddyn ddilynol a magu dau gyw'n llwyddiannus. Erbyn 2012, roeddynt wedi magu 21 o gywion. Bydd y Gweilch yn bwydo eu cywion ar bysgod dŵr croyw am y bythefnos gyntaf a'u bwydo wedyn ar bysgod môr a ddelir ganddynt yng nghyffiniau Cob Porthmadog. Mae amryw o barau eraill wedi ceisio nythu yng ngorllewin ein hardal, a magodd un pâr gyw yn 2012.

STEVE ROBERTS

Sponsored by/Noddwyd gan the Glaslyn Osprey Supporters

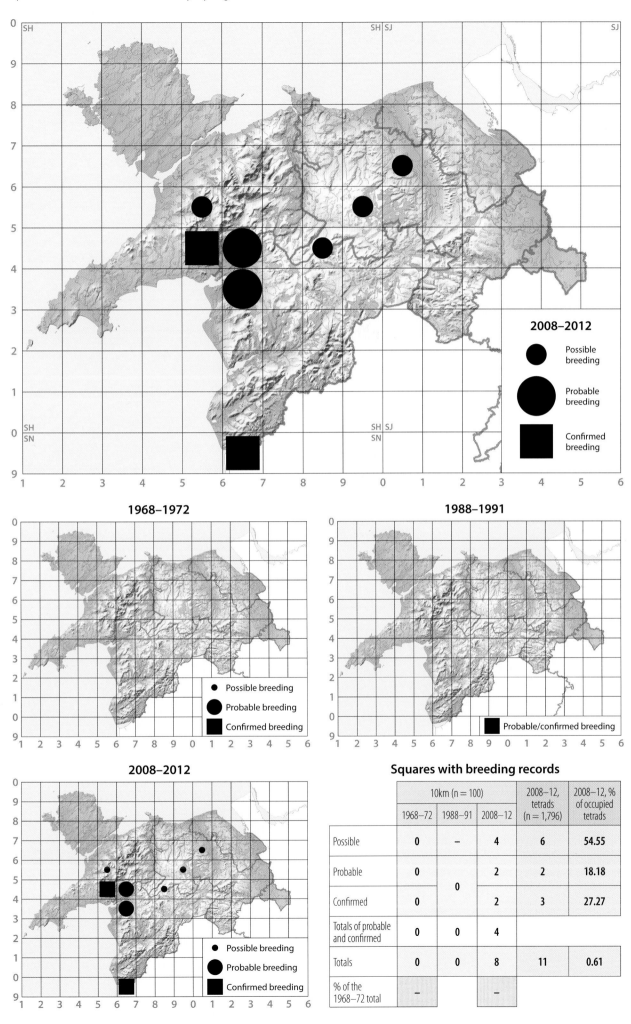

**2008–2012**

Possible breeding

Probable breeding

Confirmed breeding

**1968–1972**

• Possible breeding

● Probable breeding

■ Confirmed breeding

**1988–1991**

■ Probable/confirmed breeding

**2008–2012**

• Possible breeding

● Probable breeding

■ Confirmed breeding

## Squares with breeding records

| | 10km (n = 100) | | | 2008–12, tetrads (n = 1,796) | 2008–12, % of occupied tetrads |
|---|---|---|---|---|---|
| | 1968–72 | 1988–91 | 2008–12 | | |
| Possible | 0 | – | 4 | 6 | 54.55 |
| Probable | 0 | 0 | 2 | 2 | 18.18 |
| Confirmed | 0 | | 2 | 3 | 27.27 |
| Totals of probable and confirmed | 0 | 0 | 4 | | |
| Totals | 0 | 0 | 8 | 11 | 0.61 |
| % of the 1968–72 total | – | | – | | |

# Kestrel
## *Falco tinnunculus*
### Resident – Welsh conservation status: Red

JOHN LAWTON ROBERTS

## Cudyll Coch

Gall y Cudyll Coch fwyta amrywiaeth o brae: mamaliaid bychain, adar, madfallod, pryfed mawr a phryfed genwair, ond y Llygoden Bengron yw ei brif brae ym Mhrydain. Fe'i ceir mewn amrywiaeth o gynefinoedd, yn yr ucheldir, yr iseldir ac ar yr arfordir. Dangosodd Atlas 1988–91 ei fod wedi gostwng mewn nifer ar ucheldir Cymru ac yng ngorllewin Lloegr. Credir mai'r rheswm am hyn yw newidiadau yn y cynefin, megis effaith mwy o ddefaid yn pori ar gynefin y Llygoden Bengron. Nid yw gwaith maes 2008–12 yn dangos newid mawr ar lefel 10 cilomedr er 1988–91, ond efallai fod y nifer sy'n nythu yn llai. Amcangyfrifwyd fod rhwng 800 a 1,000 o barau yn nythu yng Nghymru yn 1994, ond erbyn 2002 amcangyfrifwyd mai dim ond rhwng 530 a 850 pâr oedd yn weddill.

Instantly recognisable and highly visible, Kestrels are widespread and may be seen foraging over a wide range of open agricultural, woodland and urban habitats. Their relatively long wings and tail can make Kestrels appear larger than they really are. Their hovering flight distinguishes them from other British birds of prey, apart from the much larger Buzzard. Kestrels are adaptable predators with a varied diet that consists of small mammals, birds, lizards, large insects and earthworms; the Field Vole is the main prey item in Britain (Village 1990). Kestrels occupy a wide geographic range and live in a variety of upland, lowland and coastal habitats.

The 1988–91 Atlas showed there had been local decreases in many areas of upland Wales and western England. The reason is unclear but may have been related to habitat change, such as increased sheep densities adversely affecting vole-rich habitats (Lovegrove *et al.* 1994). The 2008–12 fieldwork suggests there has been no range contraction at 10km level since 1988–91, although this masks an overall decline in the breeding population.

As with other British raptors, it is easier to get an estimate of population density by locating active nests than by recording individuals. Breeding density and spacing between pairs is likely to be controlled by food abundance and the supply of suitable sites for nesting. Village (1990) found that Kestrel breeding density in Scotland and England varied between habitat types from 32 pairs per 100km$^2$ on grassland sites in good vole years, to ten pairs per 100km$^2$ on intensive farmland. Dare (1986a) estimated much lower densities in an area of mainly mountainous terrain in Snowdonia between 1979 and 1982, ranging from 3.6 to 6.9 pairs per 100km$^2$.

There has probably been a considerable decline in numbers in North Wales since Forrest (1907) described the Kestrel as "generally distributed and common, especially on precipitous coasts". Lovegrove *et al.* (1994) estimated the Welsh population to be between 800 and 1,000 pairs. Shrubb (2003) reported the results of a survey, conducted by WOS during 1997–2002, and concluded that the population had fallen to between 530 and 850 pairs. Several reasons have been suggested for the Kestrel's decline. Dare (1986a) and Shrubb (2003) suggested that competition with the Buzzard was reducing Kestrel numbers and, in a subsequent paper drawing on studies in Kielder Forest, Shrubb (2004) suggested that predation by Goshawks could also be an important factor. More recently, a reduction in the number of breeding pairs in North Wales may be related to the severity of the winters of 2009/10 and 2010/11, which had prolonged snow cover and persistently low temperatures. Such conditions would have made capture of voles and other prey very difficult. In conclusion, the Kestrel is a species that would merit further detailed studies in North Wales.

*Patrick Lindley*

**Sponsored by/Noddwyd gan Iolo Williams**

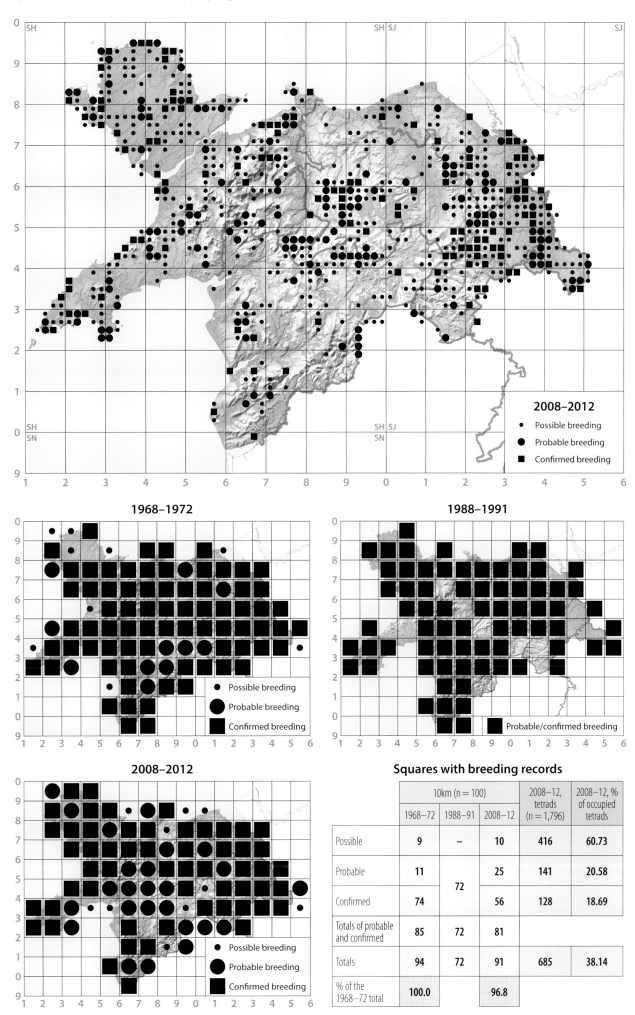

2008–2012

· Possible breeding

● Probable breeding

■ Confirmed breeding

**1968–1972**

· Possible breeding

● Probable breeding

■ Confirmed breeding

**1988–1991**

■ Probable/confirmed breeding

**2008–2012**

· Possible breeding

● Probable breeding

■ Confirmed breeding

### Squares with breeding records

| | 10km (n = 100) | | | 2008–12, tetrads (n = 1,796) | 2008–12, % of occupied tetrads |
|---|---|---|---|---|---|
| | 1968–72 | 1988–91 | 2008–12 | | |
| Possible | 9 | – | 10 | 416 | 60.73 |
| Probable | 11 | 72 | 25 | 141 | 20.58 |
| Confirmed | 74 | | 56 | 128 | 18.69 |
| Totals of probable and confirmed | 85 | 72 | 81 | | |
| Totals | 94 | 72 | 91 | 685 | 38.14 |
| % of the 1968–72 total | 100.0 | | 96.8 | | |

# Merlin
## *Falco columbarius*
### Resident and winter visitor – Welsh conservation status: Amber

This, our smallest falcon, now only breeds close to open moorland, mostly in small valleys (Roberts & Jones 1999). After the breeding season the birds move away and usually spend the winter at lower altitudes, by the coast or in farmland (Lovegrove *et al.* 1994). They tend to hunt from low perches, catching small passerines in dashing, 'ambush' flights. It used to be a relatively widespread breeder across North Wales but sadly no longer.

Overall, in the 2008–12 fieldwork it was recorded in 20% fewer 10km squares than in the 1968–72 Atlas. However, there has been little change in the number of 10km squares with Probable or Confirmed breeding since 1968–72. The 2008–12 tetrad map shows that Confirmed and Probable breeding of Merlins is now confined to upland areas, usually of at least 400m in altitude. In 1993 a survey across Wales found 42 occupied territories in North Wales with just 32 breeding pairs, of which 23 (71.9%) were in Meirionnydd (Williams & Parr 1995). A review of the breeding status of Merlins across the UK in 2008 found just 18 breeding pairs in all of Wales (Ewing *et al.* 2011), of which at least 13 were in North Wales (figures from the WRBBRSG and RBBP). Problems were first reported by Roberts & Green (1983) who attributed the collapse of the Ruabon Mountain population, from eight pairs to just one, to a range of factors. These included poor breeding success because of human predation, a fire in 1980 (which destroyed the prime nesting sites), poor weather and pesticides. For a while there seemed to be a possibility that Merlins may have

## Cudyll Bach
Dim ond gerllaw rhostir agored, fel rheol mewn dyffrynnoedd bychain, y mae'r Cudyll Bach yn nythu bellach. Mae'n dal adar mân, yn aml yn hela o glwyd isel. Ar un adeg roedd yn gymharol gyffredin yng Ngogledd Cymru, ond nid felly bellach. Yn ystod gwaith maes 2008–12, fe'i cofnodwyd mewn 20% yn llai o sgwariau 10 cilomedr nag yn Atlas 1968–72, er na fu llawer o newid yn y nifer o sgwariau lle'r oedd nythu pendant neu debygol. Cyfyngir nythu i'r ucheldir yn awr, fel rheol dros 400 medr. Mewn arolwg yn 1993, cafwyd hyd i 32 o barau yn nythu yng Ngogledd Cymru, 23 o'r rhain ym Meirionnydd. Erbyn 2008, dim ond 18 pâr a gofnodwyd yng Nghymru; roedd o leiaf 13 o'r rhain yng Ngogledd Cymru.

been faring better than previously thought, because they were found to be nesting in conifers at the edge of plantations and moorland (Parr 1991) and did so for a while on Mynydd Hiraethog, at least. However, in North Wales, there are now no known nests in conifers. This could be linked to the increase in the number of Goshawks, which are known to include smaller raptors amongst their prey items (Haffield 2012). In their Ruabon Mountain study, Roberts & Jones (1999) found changes in the Merlins' prey species. They postulated that burgeoning numbers of Peregrine, which have been known to kill Merlins, may have inhibited any return to their traditional nest sites once the heather had reached the required depth for breeding, about 12–15 years after the fire. However, the recent sharp declines on Berwyn and Mynydd Hiraethog (none bred on the latter in 2012) remain unexplained.

Forrest (1907) reported that Merlins were "not at all uncommon in North Wales" but commoner on Anglesey than anywhere else, where they nested in heather on flat ground near the coast and once on a cliff. Merlins no longer breed on Anglesey and though the number of 10km squares with breeding attempts in North Wales has hardly changed since the 1968–72 Atlas, the actual number of breeding pairs in those squares has dramatically declined. There is concern that the Merlin may become extinct as a breeding species in North Wales in the relatively near future. To prevent this, urgent conservation action is required, although exactly what this should entail remains elusive.

*Ian M. Spence and John Lawton Roberts*

**Sponsored by/Noddwyd gan the Wales Raptor Study Group – North-East Wales**

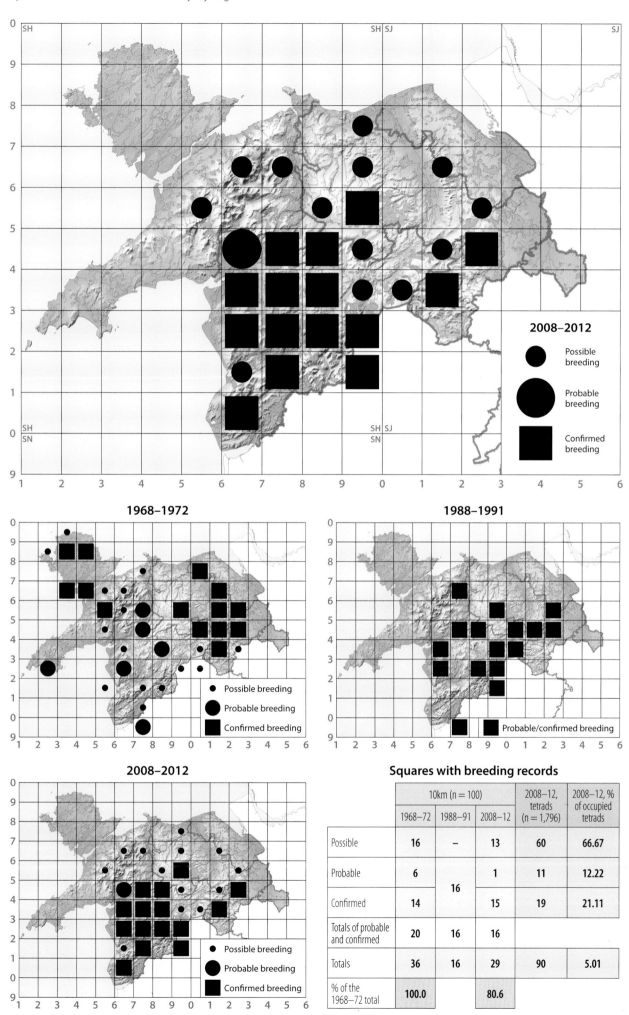

2008–2012

● Possible breeding

● Probable breeding

■ Confirmed breeding

**1968–1972**

● Possible breeding
● Probable breeding
■ Confirmed breeding

**1988–1991**

■ Probable/confirmed breeding

**2008–2012**

● Possible breeding
● Probable breeding
■ Confirmed breeding

**Squares with breeding records**

| | 10km (n = 100) | | | 2008–12, tetrads (n = 1,796) | 2008–12, % of occupied tetrads |
|---|---|---|---|---|---|
| | 1968–72 | 1988–91 | 2008–12 | | |
| Possible | 16 | – | 13 | 60 | 66.67 |
| Probable | 6 | 16 | 1 | 11 | 12.22 |
| Confirmed | 14 | | 15 | 19 | 21.11 |
| Totals of probable and confirmed | 20 | 16 | 16 | | |
| Totals | 36 | 16 | 29 | 90 | 5.01 |
| % of the 1968–72 total | 100.0 | | 80.6 | | |

# Hobby
## *Falco subbuteo*
### Summer visitor – Welsh conservation status: Amber

Masters of the air, these small raptors hunt on the wing, grabbing their prey and thrusting their talons forward to eat as they fly. This species is a summer visitor that winters in southern Africa. It normally breeds relatively late in our summer, in the old nests of other species, particularly Carrion Crow. Its usual diet is a mixture of hirundines and dragonflies. Breeding birds become much more conspicuous when they start carrying food to large young in the nest and after fledging.

2008–12 fieldwork suggests that the Hobby may be beginning to spread westwards from the eastern edge of North Wales. Breeding was Confirmed in two very different landscapes: one pair in forestry and sheep pasture at 250m in eastern Meirionnydd; another in lowland mixed farmland north of Wrexham in Denbigh. Records in nearby tetrads suggest that either the nesting pairs have been travelling widely to seek food or, even more exciting, that additional pairs could possibly be breeding.

Forrest (1907) reported that the Hobby did not breed in North Wales and was only "occasionally" encountered as an autumn migrant. In 1912, a pair nested in a solitary tree on open moorland near Dolgellau but the adult bird was shot off the nest (Lovegrove *et al.* 1994). The Hobby was not recorded in North Wales in either the 1968–72 or 1988–91 Atlas and sightings in the region were usually of a few dozen passage birds each year. By 2000, pairs were breeding in Denbigh and Flint (Green 2002).

## Hebog yr Ehedydd
Efallai fod y gwaith maes ar gyfer yr Atlas yma wedi dal Hebog yr Ehedydd ar fin ymsefydlu yng Ngogledd Cymru. Ni chofnodwyd y rhywogaeth yma o gwbl yn y ddau Atlas blaenorol. Y tro hwn cadarnhawyd fod parau yn nythu mewn coedwig ar ucheldir Meirionnydd ac ar dir amaethyddol i'r gogledd o Wrecsam. Mae Hebog yr Ehedydd wedi dod yn fwy cyffredin ledled Canoldir Lloegr, efallai oherwydd bod rhywogaethau o was y neidr wedi ymledu a bod mwy o hen nythod brain ar gael. Mae pyllau gro yn cynnig cynefin addas i chwilio am damaid, ac efallai fod hinsawdd addas i Hebog yr Ehedydd i'w gael ymhellach i'r gogledd yn awr.

Their arrival is an unsurprising extension of the species' move across the English Midlands and southern Wales in recent decades. This is perhaps due to a combination of the expanding range of several dragonfly species (Prince & Clarke 1993) and more corvid nests being available (Chapman 1999). The increase in gravel pits has provided more foraging habitat and it may be that increasing temperatures are enabling the Hobby to breed further north. Hopefully, we will see more of these fantastic falcons in our region in the future.

*Julian Hughes*

Sponsored by/Noddwyd gan Ian Evans

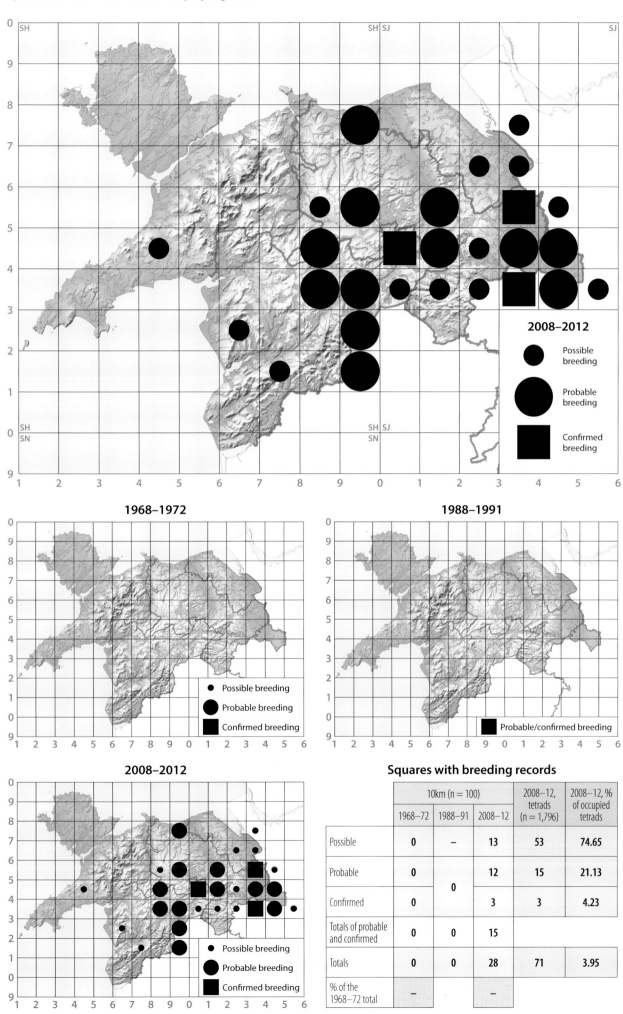

**1968–1972**

**1988–1991**

**2008–2012**

**Squares with breeding records**

| | 10km (n = 100) | | | 2008–12, tetrads (n = 1,796) | 2008–12, % of occupied tetrads |
|---|---|---|---|---|---|
| | 1968–72 | 1988–91 | 2008–12 | | |
| Possible | 0 | – | 13 | 53 | 74.65 |
| Probable | 0 | 0 | 12 | 15 | 21.13 |
| Confirmed | 0 | | 3 | 3 | 4.23 |
| Totals of probable and confirmed | 0 | 0 | 15 | | |
| Totals | 0 | 0 | 28 | 71 | 3.95 |
| % of the 1968–72 total | – | | – | | |

# Peregrine
## *Falco peregrinus*
**Resident – Welsh conservation status:** Green

JOHN HAWKINS

## Hebog Tramor

Fel rheol, ar glogwyni a chwareli ym mynyddoedd ac ar arfordir Gogledd Cymru y nytha'r Hebog Tramor. Yn ddiweddar, mae hefyd wedi dechrau nythu ar adeiladau mewn trefi a gerllaw'r arfordir. Ddiwedd y 1950au, roedd niferoedd yr Hebog Tramor yng Ngogledd Cymru ar eu hisaf oherwydd effaith plaladdwyr organoclorin. Dengys mapiau Atlas 1968–72 a 1988–91 gynnydd yn y boblogaeth. Roedd adar yn bresennol ar 121 tiriogaeth yng Ngogledd Cymru yn 1991. Yn ystod gwaith maes 2008–12 roedd yr adar yn absennol o rai sgwariau 10 cilomedr lle cofnodwyd hwy yn y gorffennol. Efallai fod y gostyngiad mewn colomennod rasio, a rhai adar eraill megis yr Wylan Benddu, yn gyfrifol am ostyngiad yr hebog yng Ngogledd Cymru.

A Peregrine stooping in pursuit of its prey must be one of the most exciting wildlife sights one could hope to see. However, most views of Peregrines are less dramatic but still memorable, especially when encountering one sitting regally above a dramatic nesting site surveying the landscape. The Peregrine is a resident and until recently breeding birds were associated with the cliffs, crags and quarries of both coastal and inland North Wales. It has now extended its range by using man-made structures in towns and low-lying coastal areas. These include towers (e.g. Wrexham Police Station), pylons on the Dee Estuary and a chimney-mounted nestbox at Connah's Quay Power Station.

The history of the Peregrine as a breeding species in North Wales is well documented. Forrest (1907) stated that it was "Resident and breeds in fair numbers amongst the mountains and on precipitous coasts." Numbers were at an all-time low in the late 1950s and early 1960s because of the impact of organochlorine pesticides ingested through their prey (Ratcliffe 1980). The gradual recovery from that period is well illustrated by the change in distribution between the 1968–72 Atlas and 1988–91 Atlas maps. There were 121 occupied territories in North Wales in 1991 (Williams 1991). A population in north-east Wales showed an increase from one breeding pair in 1973 to seven pairs by 1996, with nearest neighbour distance declining to about 3km as the population increased. This improvement in numbers was attributed to: a reduction in organochlorine pollution; reduced persecution; ample food supply and broadening choice of nest sites (Roberts & Jones 2004). The 2002 survey of breeding Peregrines in Wales found

113–16 pairs in North Wales, although poor weather affected coverage (Thorpe & Young 2004). Extensive work in south-central Wales (Dixon *et al.* 2008) indicated that the methods used in the 2002 survey underestimated the actual numbers of breeding Peregrines, which could also be true of previous surveys and of our region. However, the results of the 2008–12 fieldwork show absence from some 10km squares previously occupied.

Domestic and racing pigeons have been identified as major food resources of Peregrines in South Wales. Recent changes by pigeon-fanciers from their use of traditional racing routes and the general decline in the popularity of pigeon racing has led to a reduction in availability of this favoured prey resource. This resulted in a 38% decline in the number of Peregrine territories within a study population in south-central Wales between 2005 and 2009 (Dixon *et al.* 2010). In north-east Wales, domestic pigeons formed a similar proportion of prey remains (Roberts & Jones 2004). Reduced availability of racing pigeons together with a decrease in other upland prey species such as Black-headed Gull, may also be causing declines in the number of Peregrines in North Wales, as has been reported by Driver (2011) for the Snowdonia area in particular.

The data in the accompanying table indicate that the Peregrine is faring well, having been recorded in many more 10km squares than 40 years ago. This species may be over-recorded in the tetrad totals as, for example, recently fledged young can move considerable distances. However, the data from the 2008–12 fieldwork probably mask a decline that appears to have started during the Atlas fieldwork period, if not slightly before. It is uncertain at what level the North Wales population will stabilise.

*Reg Thorpe*

**Sponsored by/Noddwyd gan E-On UK**

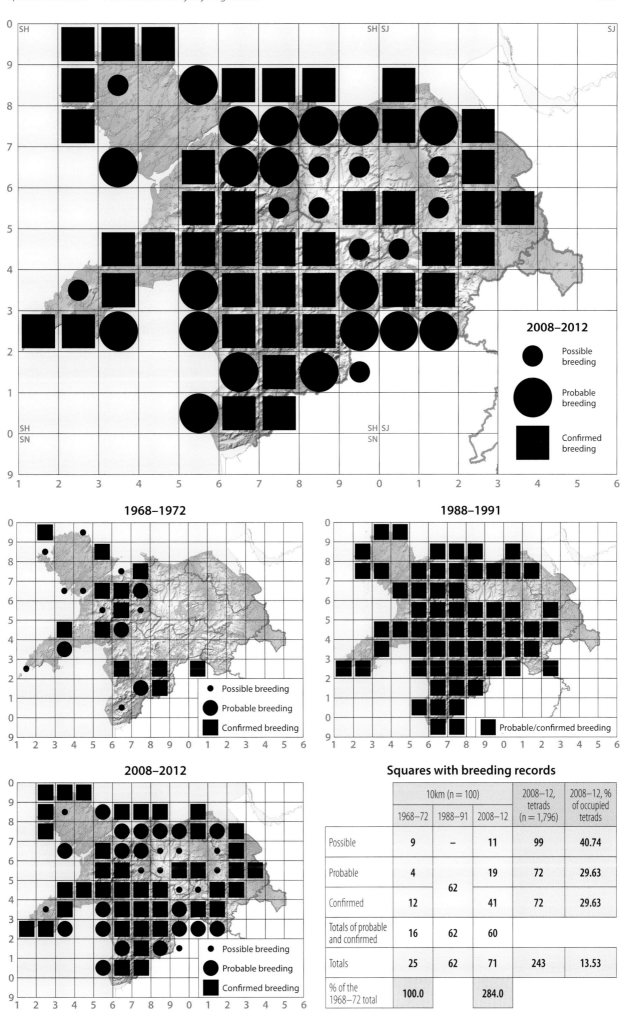

2008–2012

Possible breeding

Probable breeding

Confirmed breeding

**1968–1972**

Possible breeding
Probable breeding
Confirmed breeding

**1988–1991**

Probable/confirmed breeding

**2008–2012**

Possible breeding
Probable breeding
Confirmed breeding

### Squares with breeding records

| | 10km (n = 100) | | | 2008–12, tetrads (n = 1,796) | 2008–12, % of occupied tetrads |
|---|---|---|---|---|---|
| | 1968–72 | 1988–91 | 2008–12 | | |
| Possible | 9 | – | 11 | 99 | 40.74 |
| Probable | 4 | 62 | 19 | 72 | 29.63 |
| Confirmed | 12 | | 41 | 72 | 29.63 |
| Totals of probable and confirmed | 16 | 62 | 60 | | |
| Totals | 25 | 62 | 71 | 243 | 13.53 |
| % of the 1968–72 total | 100.0 | | 284.0 | | |

# Water Rail
## *Rallus aquaticus*
### Resident and winter visitor – Welsh conservation status: Green

Both this species and its relative the Corncrake (sometimes known as the Land Rail) are more easily heard than seen. Sadly, the latter is now virtually extinct as a breeding bird in North Wales but the Water Rail can still be heard calling from many of our larger wetlands. It breeds in static or slow-flowing fresh-water sites with fairly thick aquatic vegetation: reedbeds, willow scrub, fens, sedge and rush bogs. Considerably commoner in winter and on passage than in the breeding season, records from Bardsey suggest that wintering or passage birds linger until early April.

Most breeding season records are from sites with large reedbeds. Recent studies using playback of territorial Water Rail duet calls have been found to be a useful way of surveying for their presence (Jenkins & Ormerod 2002). This method has been used on RSPB reserves where at least 14 pairs were found at Valley Wetlands, 17 pairs at Malltraeth Marsh and eight pairs at Conwy. Other occupied sites with apparently fewer pairs include: Cors Goch, Cors Bodeilio and Cors Erddreiniog on Anglesey; Cors Geirch, west of Pwllheli; and Cors Gyfelog, Caernarfon. Further east, there have been breeding season records at Erddig Pool and Fenn's Moss since 2004 (NEWBR).

It seems likely that breeding took place at many of the sites where birds were recorded in 2008–12. However, breeding is difficult to confirm, with the best chance being a sight of the jet-black young which remain with the parents for 20–30 days after hatching. The extent of the difficulty is perhaps indicated by the fact that Meirionnydd lacks even a single published case of definite breeding (Pritchard 2012).

### Rhegen y Dŵr
Ceir Rhegen y Dŵr yn nythu lle mae dŵr croyw sy'n llonydd neu'n llifo'n araf gyda llystyfiant gweddol drwchus: corsleoedd, siglennydd a chorsydd hesg a brwyn. Mae'n fwy cyffredin yn y gaeaf ac wrth fudo nag ydyw yn y tymor nythu, a gall adar sy'n gaeafu neu fudo aros hyd ddechrau Ebrill. Daw'r rhan fwyaf o'r cofnodion o gorsleoedd mawr. Awgryma archwiliadau diweddar yng ngwarchodfeydd yr RSPB, yn defnyddio recordiad o alwadau'r aderyn, fod 14+ o barau yng Ngwlyptiroedd y Fali, 17 pâr yng Nghors Ddyga ac 8 pâr yng Nghonwy. Mae'n anodd profi nythu, ond mae'n debygol mewn llawer o'r safleoedd lle cofnodwyd adar yn 2008–12. Yn nwyrain Fflint a Dinbych, diflannodd yr adar o rai sgwariau 10 cilomedr lle cofnodwyd hwy yn 1968–72.

It is difficult to be certain about trends with this elusive species but there appear to be some losses in occupied 10km squares in east Flint and Denbigh in 2008–12 compared with the 1968–72 Atlas. Going further back, Forrest (1907) suggested that many pairs probably bred in North Wales but the 2007 NEWBR considered that it was by then less common as a breeding species. In view of the widespread drainage of wetland sites last century, this seems extremely likely to be the case.

*Geoff Gibbs*

Sponsored by/Noddwyd gan Isle of Anglesey Council

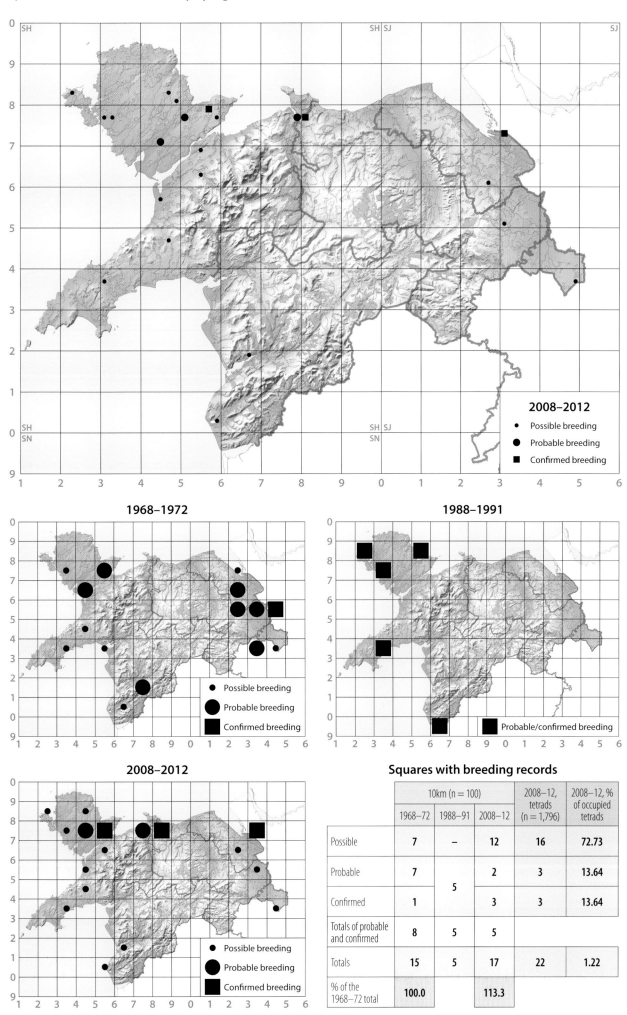

2008–2012

- Possible breeding
- Probable breeding
- Confirmed breeding

1968–1972

- Possible breeding
- Probable breeding
- Confirmed breeding

1988–1991

- Probable/confirmed breeding

2008–2012

- Possible breeding
- Probable breeding
- Confirmed breeding

### Squares with breeding records

| | 10km (n = 100) | | | 2008–12, tetrads (n = 1,796) | 2008–12, % of occupied tetrads |
|---|---|---|---|---|---|
| | 1968–72 | 1988–91 | 2008–12 | | |
| Possible | 7 | – | 12 | 16 | 72.73 |
| Probable | 7 | 5 | 2 | 3 | 13.64 |
| Confirmed | 1 | | 3 | 3 | 13.64 |
| Totals of probable and confirmed | 8 | 5 | 5 | | |
| Totals | 15 | 5 | 17 | 22 | 1.22 |
| % of the 1968–72 total | 100.0 | | 113.3 | | |

# Corncrake

*Crex crex*

**Passage migrant – Welsh conservation status: Red**

STEVE KNELL (RSPB-IMAGES.COM)

## Rhegen yr Ŷd

Cuddia Rhegen yr Ŷd mewn twmpathau gellesg neu laswelltir gwlyb, lle mae'n canu ei chân 'crex crex'. Roedd yn gyffredin yng Ngogledd Cymru yn 1907, yn enwedig ar Ynys Môn, ond wedi datblygiad dulliau mecanyddol o ladd gwair a silwair, lleihaodd y boblogaeth. Mae ar yr aderyn yma angen tyfiant gweddol uchel, a phrinhaodd cynefin o'r math yma gyda datblygiad amaethyddiaeth fwy dwys. Roedd wedi lleihau erbyn Atlas 1968–72, a dim ond un ceiliog yn galw a gofnodwyd yng Nghymru gan archwiliad yn 1978–9, ar benrhyn Llŷn. Yn ystod ein gwaith maes ni, cofnodwyd un aderyn yn canu ac un arall yn dal tiriogaeth am rai dyddiau. Mae'n annhebygol y gwelwn Regen yr Ŷd yn dychwelyd i nythu'n rheolaidd yn y dyfodol agos.

In order to encounter breeding Corncrakes in the UK it is now necessary to visit Scotland or the Nene Washes in East Anglia, where there has been a successful reintroduction programme in recent years. Slightly smaller than a Moorhen, the Corncrake skulks in hay meadows and damp grassy places often where Yellow Iris is found (Lovegrove *et al.* 1994). From there it sings its noisy and grating "crex-crex" call. The population declined across Europe after the Second World War, largely due to the introduction of "a mechanised hay harvest, exacerbated by earlier cutting (and more recently, silage taking)" (Lovegrove *et al.* 1994), although there were other factors. Most importantly, Corncrakes use a wide range of relatively tall vegetation in which to find their invertebrate food and such habitat became increasingly rare as agriculture intensified (Cadbury 1980). It is also important that hay should be cut in such a way that young birds are not forced into an ever-decreasing area in the centre of the field, with frequently fatal results when the last area of vegetation is mown (Tyler *et al.* 1998).

Forrest (1907) reported that it was a "summer migrant, common in all counties (especially Anglesey) in lowlands, and on hillsides up to 1,000 feet [300m] elevation". There had been a severe contraction in distribution by the time of the 1968–72

Atlas and a near total collapse by the 1988–91 Atlas. A survey conducted in 1978–79 reported just one calling male in Wales; this bird was found on Llŷn (Cadbury 1980). The history of the demise of the Corncrake in North Wales is documented by Lovegrove *et al.* (1994). In Flint the last positive breeding was recorded in 1959 with calling birds heard up to 1968. The last proven breeding in Meirionnydd was in 1973 although calling birds were heard at the same site in 1974 and 1988. Suspected breeding occurred in Caernarfon until 1991 but the last known breeding in North Wales happened at two sites in 1992 when single pairs bred in Anglesey and in Denbigh. Our 2008–12 fieldwork found one bird singing and another bird on territory for several days, both on Anglesey. It is highly unlikely Corncrakes will return to breed on a regular basis in the near future, unless a programme similar to the Nene Washes project, of breeding in captivity and release into the wild, is undertaken. This would also require sufficient habitat to be managed in a manner sympathetic for Corncrakes.

*Ian M. Spence*

Sponsored by/Noddwyd gan Julian Hughes

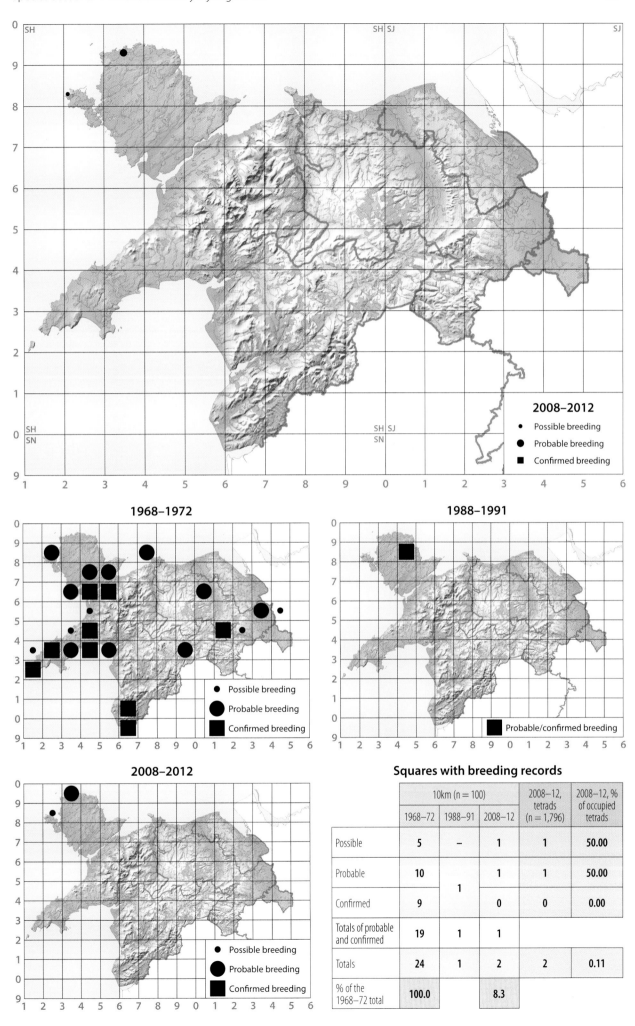

2008–2012

- Possible breeding
- Probable breeding
- ■ Confirmed breeding

**1968–1972**

- Possible breeding
- Probable breeding
- ■ Confirmed breeding

**1988–1991**

- ■ Probable/confirmed breeding

**2008–2012**

- Possible breeding
- Probable breeding
- ■ Confirmed breeding

**Squares with breeding records**

| | 10km (n = 100) | | | 2008–12, tetrads (n = 1,796) | 2008–12, % of occupied tetrads |
|---|---|---|---|---|---|
| | 1968–72 | 1988–91 | 2008–12 | | |
| Possible | 5 | – | 1 | 1 | 50.00 |
| Probable | 10 | | 1 | 1 | 50.00 |
| Confirmed | 9 | 1 | 0 | 0 | 0.00 |
| Totals of probable and confirmed | 19 | 1 | 1 | | |
| Totals | 24 | 1 | 2 | 2 | 0.11 |
| % of the 1968–72 total | 100.0 | | 8.3 | | |

# Moorhen

*Gallinula chloropus*

**Resident – Welsh conservation status: Green**

Moorhens can be found on eutrophic waterbodies of virtually any size, from ditches to lakes, as long as there is sufficient vegetation for feeding and nesting. They avoid fast-flowing streams and rivers and may nest near water level or in hedges or even trees. They raise two or three broods each year, with young from the earlier broods helping to feed those hatched later (Ferguson-Lees *et al.* 2011). Moorhens are largely resident and sedentary, although there may be immigration from colder parts of Europe in the winter months (Migration Atlas).

Our tetrad map shows that most Moorhens nest below 250m altitude. The majority of Confirmed breeding records are on Anglesey and the eastern lowlands towards the border with England. No records were obtained in the wholly 'upland' 10km squares (SH84 and SH95), though there was a record of nesting at up to 525m in Ceredigion in 1927 (Lovegrove *et al.* 1994). They are not averse to islands and up to 12 pairs have nested on Bardsey.

The 10km maps show a 9% reduction in distribution in the last 40 years. The 1968–72 Atlas showed evidence of Confirmed breeding across most of North Wales even in the upland squares. The main exception was the part of Meirionnydd around Dolgellau. A withdrawal towards lower altitudes was evident from the 1988–91 Atlas. Since then there has been a near complete move to the lowlands although it is not clear why this has happened. Acidification of upland waters and the spread of introduced American Mink (possible predators of Moorhens) may be two factors that would merit further research.

Forrest (1907) reported the Moorhen as "so common and generally distributed in North Wales that details are unnecessary". At that time it was recorded in "ponds and marshy places". It is possible that with changes from small, mixed farms to larger, intensified, largely pasture-dominated farms, some of the ponds and marshy places have been lost. Currently, there does not seem to be any particular concern about its conservation status, although the spread of American Mink to Anglesey would be highly detrimental. Further development of what some people call 'waste' land may reduce nesting opportunities for the Moorhen.

*Ian M. Spence*

## Iâr Ddŵr

Ceir yr Iâr Ddŵr ar ddyfroedd ewtroffig o unrhyw faint, o ffosydd i lynnoedd, cyn belled â bod digon o lystyfiant i fwydo a nythu. Dengys ein map fod y rhan fwyaf yn nythu yn is na 250m, a bod y mwyafrif o'r cofnodion nythu pendant ar Ynys Môn neu'r iseldir tua'r ffin â Lloegr. Dengys y mapiau 10 cilomedr ei bod wedi ei chofnodi mewn 9% yn llai o sgwariau nag yn 1968–72. Dangosodd Atlas 1968–72 nythu lledled Gogledd Cymru, hyd yn oed mewn sgwariau ucheldir. Roedd ymgiliad tua'r iseldir i'w weld yn Atlas 1988–91 ac mae wedi parhau ers hynny; mae bron yn gyfyngedig i'r iseldir bellach. Nid yw'r rheswm yn sicr; efallai fod asideiddio'r dŵr yn yr ucheldir a'r cynnydd yn nifer Minc wedi cael effaith.

JOHN LAWTON ROBERTS

Sponsored by/Noddwyd gan Janet Bord

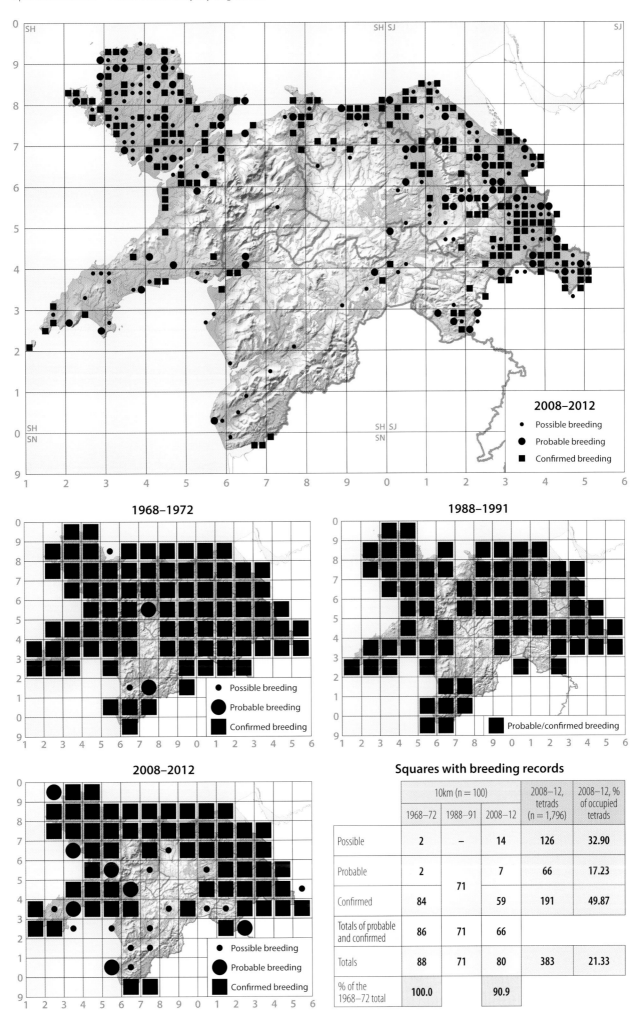

## 2008–2012

- Possible breeding
- Probable breeding
- Confirmed breeding

### 1968–1972

- Possible breeding
- Probable breeding
- Confirmed breeding

### 1988–1991

- Probable/confirmed breeding

### 2008–2012

- Possible breeding
- Probable breeding
- Confirmed breeding

### Squares with breeding records

| | 10km (n = 100) | | | 2008–12, tetrads (n = 1,796) | 2008–12, % of occupied tetrads |
|---|---|---|---|---|---|
| | 1968–72 | 1988–91 | 2008–12 | | |
| Possible | 2 | – | 14 | 126 | 32.90 |
| Probable | 2 | 71 | 7 | 66 | 17.23 |
| Confirmed | 84 | | 59 | 191 | 49.87 |
| Totals of probable and confirmed | 86 | 71 | 66 | | |
| Totals | 88 | 71 | 80 | 383 | 21.33 |
| % of the 1968–72 total | 100.0 | | 90.9 | | |

# Coot

## *Fulica atra*

### Resident and winter visitor – Welsh conservation status: Green

Although our breeding Coots are resident, the population increases in winter when immigrants arrive from eastern Europe, or even from as far away as Russia (Migration Atlas) – individual Anglesey lakes have occasionally held over 1,000 Coots at this time of year. As they are vegetarian and feed on submerged plants in relatively shallow water, they are usually found on large freshwater bodies that are rich in nutrients. Coots are pugnacious with a loud, piping call, either single or repeated, and so readily advertise their presence on a lake. They are usually double-brooded, but may occasionally raise three broods. Their nests are made from mounds of vegetation held in place by some living plant material (Castell & Castell 2009). It is fairly easy to confirm breeding once the young have hatched, particularly as they are fed by the adults for up to 30 days afterwards.

The 2008–12 fieldwork shows that they are found mainly on lowland waters, particularly on Anglesey and near the English border in Flint and south-east Denbigh. They are largely absent from all the higher land (generally over 250m) as well as the Meirionnydd coast and Llŷn. There has been a slight decrease in distribution at the 10km level, particularly since the 1988–91 Atlas. At that time there were records of Probable or Confirmed breeding in ten more squares in Meirionnydd than were found during the 2008–12 fieldwork. By then, breeding in Meirionnydd was confirmed in only three tetrads, plus an additional tetrad which was mostly in Ceredigion. The breeding records in these three tetrads were all on small lakes or ponds in the Dee Valley and two of these were lakes near Llandderfel, a location where they had started to breed in 1894 (Forrest 1907).

In SH48 on Anglesey the status of the species has changed as a result of the construction of the Llyn Alaw reservoir, which was completed in 1966. The north-eastern end lies in SH48 and had evidently not been colonised at the time of the 1968–72 Atlas. Breeding evidence was recorded in SH48 during the 1988–91 Atlas and up to 50 pairs were breeding on the reservoir by 1993 (Jones & Whalley 2004).

The current distribution of Coot seems to be much as described in Forrest (1907): "found on most of the larger sheets of water in all the six counties of North Wales, chiefly in the lowlands". Despite the potential for predation by both American Mink and Otter, there are currently no major threats to species numbers and we can expect the Coot to remain "locally common" in the north-east (NEWBR 2010) and "common" in the north-west (CBR 2010). Although included in WeBS surveys, this species is perhaps otherwise rather ignored by birdwatchers and could be a suitable subject for more detailed investigation in the future.

*Ian M. Spence*

## Cwtiar

Ceir y Gwtiar ar lynnoedd mawr sy'n gyfoethog mewn bwyd. Gall fagu dau, weithiau dri, nythaid o gywion. Mae'r nyth yn bentwr o lystyfiant wedi ei angori gan blanhigion byw. Fe'i ceir yn awr yn bennaf ar y llynnoedd ewtroffig mwyaf. Dengys canlyniadau gwaith maes 2008–12 mai ar y tir isel y ceir y rhan fwyaf, yn enwedig ar Ynys Môn a ger y ffin â Lloegr yn Sir Fflint a de-ddwyrain Dinbych. Maent bron yn absennol o'r tir uchaf, dros 250m, ar hyd arfordir Meirionnydd ac ar benrhyn Llŷn. Ar lefel 10 cilomedr, maent wedi diflannu o ambell sgwâr, yn enwedig yn yr ugain mlynedd er cyfnod Atlas 1988–91. Gwelir hyn ym Meirionnydd yn arbennig.

ASHLEY COHEN

Sponsored by/Noddwyd gan Glen Heaton

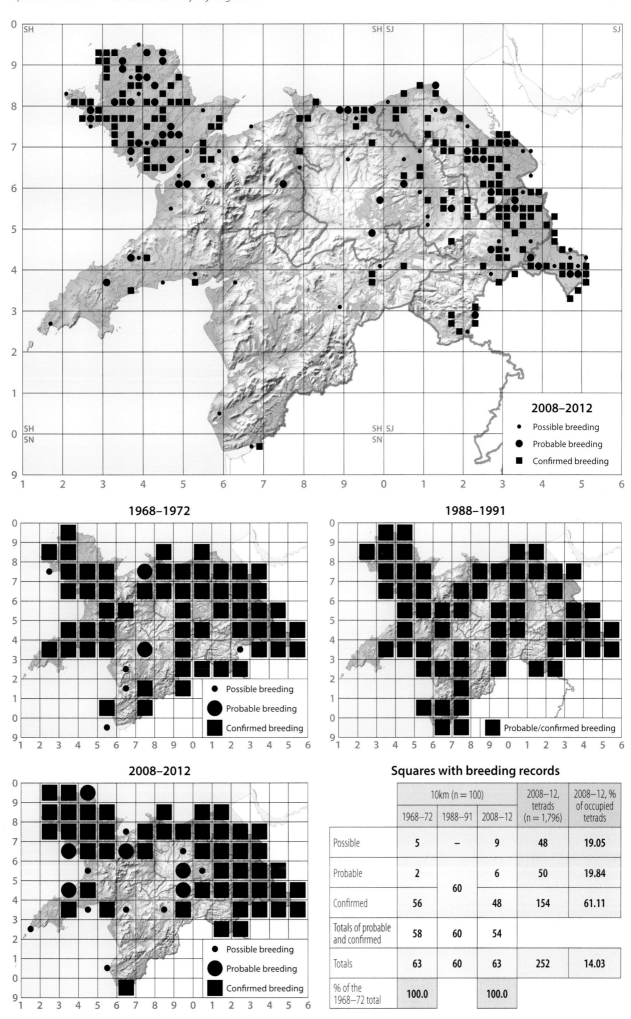

2008–2012

- Possible breeding
- Probable breeding
- Confirmed breeding

1968–1972

- Possible breeding
- Probable breeding
- Confirmed breeding

1988–1991

■ Probable/confirmed breeding

2008–2012

- Possible breeding
- Probable breeding
- Confirmed breeding

### Squares with breeding records

| | 10km (n = 100) | | | 2008–12, tetrads (n = 1,796) | 2008–12, % of occupied tetrads |
|---|---|---|---|---|---|
| | 1968–72 | 1988–91 | 2008–12 | | |
| Possible | 5 | – | 9 | 48 | 19.05 |
| Probable | 2 | 60 | 6 | 50 | 19.84 |
| Confirmed | 56 | | 48 | 154 | 61.11 |
| Totals of probable and confirmed | 58 | 60 | 54 | | |
| Totals | 63 | 60 | 63 | 252 | 14.03 |
| % of the 1968–72 total | 100.0 | | 100.0 | | |

# Oystercatcher
## *Haematopus ostralegus*
### Resident and winter visitor – Welsh conservation status: Amber

Oystercatchers are conspicuous birds, making frequent noisy flights to defend territories. Incubating birds can often be seen from a distance, nests are relatively easy to find and agitated distraction displays indicate chicks nearby. In North Wales most nests are coastal in a variety of situations from shelves at the top of low-lying rocky shores and adjoining clifftops, to shingle banks, beaches and saltmarshes. A few may be found on lake shores, wet meadows or arable fields inland. Unlike most other waders, the chicks are fed by the parents after they leave the nest, sometimes with larger prey that the chicks would be unable to obtain for themselves. The chicks only become self-sufficient after about 80 days (Goss-Custard 1996). Nesting territories can be at a distance from foraging areas or in places where chicks could not self-feed. Some nests have been discovered on top of flat-roofed buildings and others between railway tracks, though this fairly recently acquired behaviour may not be a very successful evolutionary strategy. The Oystercatcher is a long-lived species, with some reaching over 40 years of age. Though sexually mature at two, first breeding is seldom before three or four and in some not until ten years old. Non-breeders comprise 46% of the population (Goss-Custard 1996) and some sightings given a breeding code of 'P' in 2008–12 fieldwork were probably non-breeders.

Tetrad mapping shows the predominance of coastal nesting, with the greatest numbers round Anglesey and the north coast of Llŷn where the rocky shores often have wide shelves. Saltmarshes in the Dee, Mawddach and Dwyryd estuaries were also favoured. The gap on the Liverpool Bay coast east of Llandudno probably relates to disturbance, as may the scarcity on the south side of Llŷn. Unlike Scotland and northern England, Oystercatchers have been slow to spread inland here.

## Pioden y Môr

Mae'n gymharol hawdd cael hyd i nyth Pioden y Môr, ac mae ei harddangosfeydd i dynnu sylw ati ei hun yn dangos bod cywion gerllaw. Dengys y map tetrad fod yr aderyn hwn yn nythu ger yr arfordir yn bennaf, yn enwedig arfordir Ynys Môn a gogledd Llŷn, lle mae silffoedd llydain ar draethau creigiog yn gyffredin. Defnyddir morfeydd heli yn aberoedd Dyfrdwy, Mawddach a Dwyryd hefyd. Mae'n debyg mai ymyrraeth dyn sy'n gyfrifol am ei habsenoldeb o'r traethau i'r dwyrain o Landudno, ac efallai hefyd o arfordir deheuol Llŷn. Nid yw nythu ymhell o'r môr mor gyffredin yma ag yn yr Alban a gogledd Lloegr. Dengys cofnodion o ran isaf afon Dyfrdwy ei bod yn nythu ymhellach i'r dwyrain nag yr oedd ar ddechrau'r ugeinfed ganrif.

Most inland breeding in 2008–12 was at the biggest reservoirs such as Trawsfynydd. On the Denbigh/Shropshire border they nest in the Fenn's Moss area and the few other inland locations were mainly along the river Dee.

WeBS and Waterways Breeding Bird Survey data showed an increase along linear waterways between 1974 and 1986 as the Oystercatcher colonised inland sites across England and Wales, but now shows a decline (Baillie *et al.* 2010). BBS results, covering a wider range of habitats, show a 14% decline in the UK between 1995 and 2010, with a 48% increase in England but a 29% decrease in Scotland; a trend for Wales cannot be calculated. An increase in nest failure rates during the egg stage is thought to be due to the spread of the species into less favourable habitats, where losses through predation or trampling may be more likely (Baillie *et al.* 2012). In Wales, inland nesting cannot have made up for losses in progressively more disturbed coastal locations.

Forrest (1907) described the Oystercatcher as "resident, common on coasts". It did not nest inland in North Wales, except in estuaries, and rarely bred east of the Point of Ayr. The 1968–72 Atlas shows a similar distribution but the heavily disturbed north coast between Colwyn Bay and the Point of Ayr had been vacated. The map from the 2008–12 fieldwork shows inland breeding at several places, whilst breeding around the lower Dee indicates an eastward expansion since the start of the twentieth century.

*Ivor Rees*

STEVE CULLEY

**Sponsored by/Noddwyd gan SCAN Ringing Group**

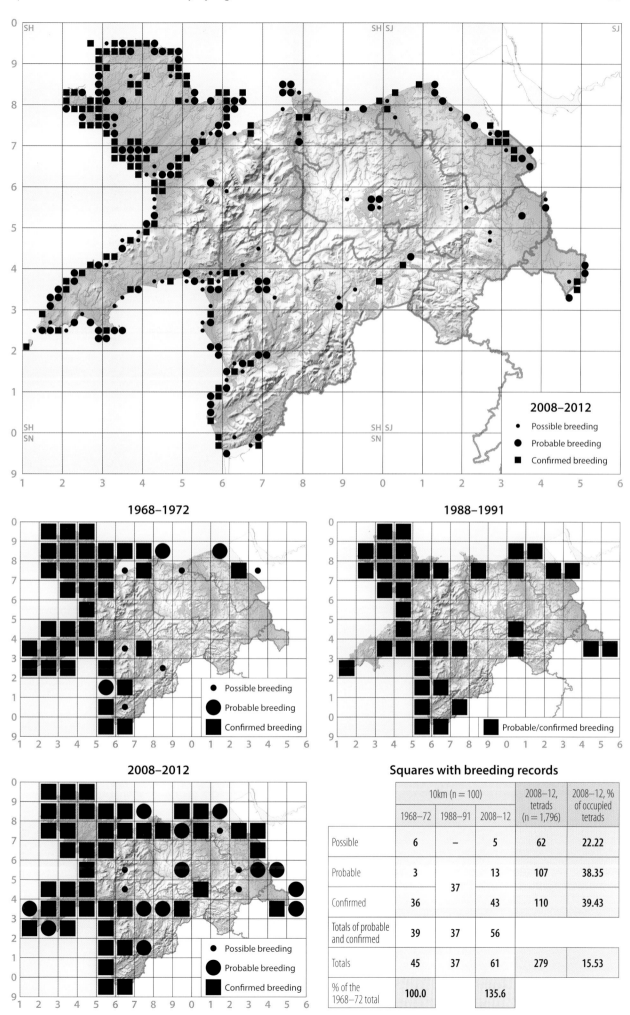

**1968–1972**

**1988–1991**

Possible breeding

Probable breeding

Confirmed breeding

Probable/confirmed breeding

**2008–2012**

Possible breeding

Probable breeding

Confirmed breeding

**2008–2012**

Possible breeding

Probable breeding

Confirmed breeding

### Squares with breeding records

| | 10km (n = 100) | | | 2008–12, tetrads (n = 1,796) | 2008–12, % of occupied tetrads |
|---|---|---|---|---|---|
| | 1968–72 | 1988–91 | 2008–12 | | |
| Possible | 6 | – | 5 | 62 | 22.22 |
| Probable | 3 | 37 | 13 | 107 | 38.35 |
| Confirmed | 36 | | 43 | 110 | 39.43 |
| Totals of probable and confirmed | 39 | 37 | 56 | | |
| Totals | 45 | 37 | 61 | 279 | 15.53 |
| % of the 1968–72 total | 100.0 | | 135.6 | | |

# Little Ringed Plover

## *Charadrius dubius*

### Summer visitor – Welsh conservation status: Green

This is a dainty summer migrant that winters in west Africa south of the Sahara (Migration Atlas). Though we are at the western edge of its breeding range, it does regularly breed at a few sites across North Wales.

This species was first recorded breeding in the UK in 1938 at Tring Reservoirs in Hertfordshire (1968–72 Atlas). The first Welsh breeding record was in Flint in 1970 and in 1971 five pairs bred in Flint and Denbigh (Lovegrove *et al.* 1994). Consequently, the changes shown in our maps cover the full history of breeding in North Wales. Most breeding sites continue to be in Flint and Denbigh, near the border with England, where they have bred in shingle within a power station, at a disused sand quarry and other such sites. The spread in the west appears to have been assisted by the construction of lagoons at RSPB Conwy where, when the water levels are low, there is suitable habitat for breeding. They are also regularly recorded breeding at Llyn Trawsfynydd, which continues to be used as the reservoir for the hydroelectric power station at Maentwrog, operated by Magnox North. The company endeavours to manage the water levels in spring so that there is enough exposed shingle for this species to breed at the south-east end of the lake. In some parts of Wales this species breeds in totally natural sites on river shingle shoals, with as many as 70–75 pairs on the Tywi, Carmarthen and its tributaries in 2010 (Welsh Bird Report). A single pair has been present in this habitat on the Dyfi in recent years (CBR), and it will be interesting to see if this population increases in future.

## Cwtiad Torchog Bach

Ymwelydd haf yw'r Cwtiad Torchog Bach, sy'n gaeafu yn Affrica i'r de o'r Sahara. Cofnodwyd ef yn nythu yn Fflint yn 1970, y cofnod cyntaf o nythu yng Nghymru. Mae'n mapiau ni felly'n dangos ei holl hanes fel aderyn yn nythu yng Ngogledd Cymru. Erbyn hyn mae'n nythu'n rheolaidd mewn ambell fan yma. Yn Fflint a Dinbych y mae'r mwyafrif o'r safleoedd nythu, ger y ffin â Lloegr, lle mae'n nythu ar raean o fewn gorsaf bŵer, mewn hen chwarel dywod ac ar safleoedd eraill. Ymddengys i'w ledaeniad tua'r gorllewin gael ei gynorthwyo pan adeiladwyd pyllau ar warchodfa RSPB Conwy. Cofnodwyd nythu rheolaidd ar Lyn Trawsfynydd, ac mae wedi nythu ar afon Dyfi yn ddiweddar.

The number of sites with habitat suitable for breeding is rather limited across North Wales so there is unlikely to be much more than one pair per tetrad with confirmed breeding, giving a total population of probably no more than 20 pairs. During the 2007 BTO survey of this species, only eight breeding pairs were found in North Wales (Greg Conway pers. comm.).

*Ian M. Spence*

**Sponsored by/Noddwyd gan Magnox North and the North Wales Wildlife Trust**

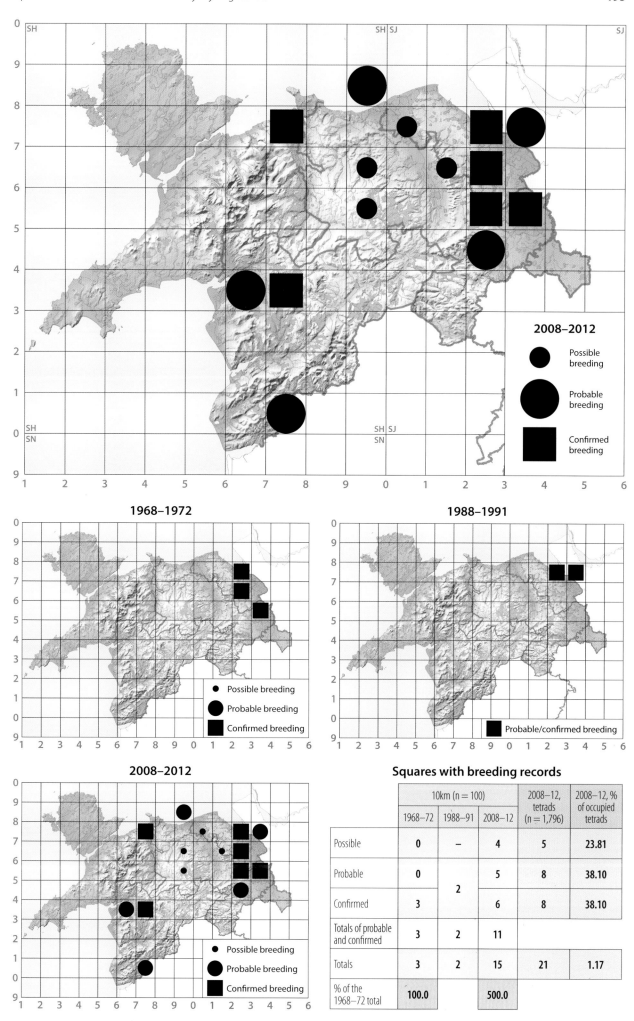

2008–2012

- ● Possible breeding
- ● Probable breeding
- ■ Confirmed breeding

**1968–1972**

- ● Possible breeding
- ● Probable breeding
- ■ Confirmed breeding

**1988–1991**

- ■ Probable/confirmed breeding

**2008–2012**

- ● Possible breeding
- ● Probable breeding
- ■ Confirmed breeding

## Squares with breeding records

| | 10km (n = 100) | | | 2008–12, tetrads (n = 1,796) | 2008–12, % of occupied tetrads |
|---|---|---|---|---|---|
| | 1968–72 | 1988–91 | 2008–12 | | |
| Possible | 0 | – | 4 | 5 | 23.81 |
| Probable | 0 | 2 | 5 | 8 | 38.10 |
| Confirmed | 3 | | 6 | 8 | 38.10 |
| Totals of probable and confirmed | 3 | 2 | 11 | | |
| Totals | 3 | 2 | 15 | 21 | 1.17 |
| % of the 1968–72 total | 100.0 | | 500.0 | | |

# Ringed Plover
## *Charadrius hiaticula*
**Resident and winter visitor – Welsh conservation status:** Amber

STEVE STANSFIELD

### Cwtiad Torchog

Mae'r rhydyddion bychain yma yn nythu ar draethau tywodlyd neu garegog. Er bod llawer o draethau Gogledd Cymru yn cynnig cynefin addas iddynt nythu, mae ymyrraeth gan bobl a chŵn yn eu hatal rhag nythu'n llwyddiannus mewn llawer man. Dengys map tetrad 2008–12 hyn yn amlwg. Daeth y rhan fwyaf o'r cofnodion pendant o nythu o draethau caregog, lle ceir llai o ymyrraeth. Yn gyffredinol, roeddynt yn absennol o draethau tywodlyd poblogaidd yr arfordir gogleddol. Mae nythu ymhell o'r môr yn llai cyffredin yma nag ydyw mewn rhai rhannau eraill o Brydain, er bod cofnod pendant o nythu ger Llyn Brenig. Darganfu archwiliad yn 2007 fod 162 o barau yng Ngogledd Cymru, allan o 214 pâr ledled Cymru.

In spite of the striking black-and-white head and neck rings, these small waders can be surprisingly cryptic when nesting on sandy or stony shores. A low piping call and a bird creeping down from above the strandline will often be the first signs that a pair may have a nest. Later in the season, agitated distraction displays by the adults indicate the presence of chicks. Most pairs are on territory by mid-March so recorders walking beaches during April–July had a good chance of locating them. The subspecies *C.h. hiaticula* nests here but in late April and early May substantial numbers of the *C.h. tundraea* often stop over on North Wales beaches as they migrate to northern breeding grounds (Prater 1981). Sightings given breeding codes such as 'H', 'P' and even 'D' may not have been of breeders, as passage birds sometimes display and were perhaps mistakenly recorded as potential breeders.

Large stretches of the low-lying sandy and shingly coasts of North Wales have physical habitats suitable for Ringed Plovers to nest. However, disturbance by humans and dogs now prevents successful breeding in many places. The 2008–12 distribution map shows this well. Most of the Confirmed breeding was where the shores are mainly stony and hence less disturbed, as around southern Caernarfon Bay and Tremadog Bay between Pwllheli and Criccieth. In general they were absent from the popular sand beaches along the north coast. Fewer than might be expected were recorded on the Meirionnydd coast between Barmouth and Mochras where there are several large caravan sites as well as hard coast protection works. Inland nesting is far less common in North Wales than in some other parts of Britain. During 2008–12 breeding was confirmed at Llyn Brenig and displaying birds were recorded at Llyn Trawsfynydd.

Specific surveys, as most recently in 2007 (Conway *et al.* 2008), give clearer impressions of changing Ringed Plover populations than presence/absence by grid squares. A survey in 1984 (Prater 1989) found a total of 126 pairs in Anglesey, Caernarfon and Meirionnydd but no counts from

either Denbigh or Flint. In 2007 there were 162 pairs in all of North Wales out of a total of 214 pairs in the whole of Wales. Notable concentrations from Caernarfon reported by Gibbs *et al.* (2008) were 37 pairs between Fort Belan and Trefor and 23 pairs between Pwllheli and Criccieth. In general, disturbance by humans is undoubtedly the key factor depressing successful nesting. Prater (1981) considered it likely that some parts of the coast were population 'sinks' with pairs attracted to beaches but repeatedly failing to fledge any young. Most losses are at the egg stage, some clutches being taken by Red Fox.

Forrest (1907) described the Ringed Plover as common on the coast everywhere, with a distinct preference for flat shores with a mixture of sand and pebbles. Although now absent from many stretches of coast, this species should continue to be a valued part of our breeding avifauna for years to come, providing there is no further increase in disturbance.

*Ivor Rees*

Sponsored by/Noddwyd gan Jane and Ivor Rees

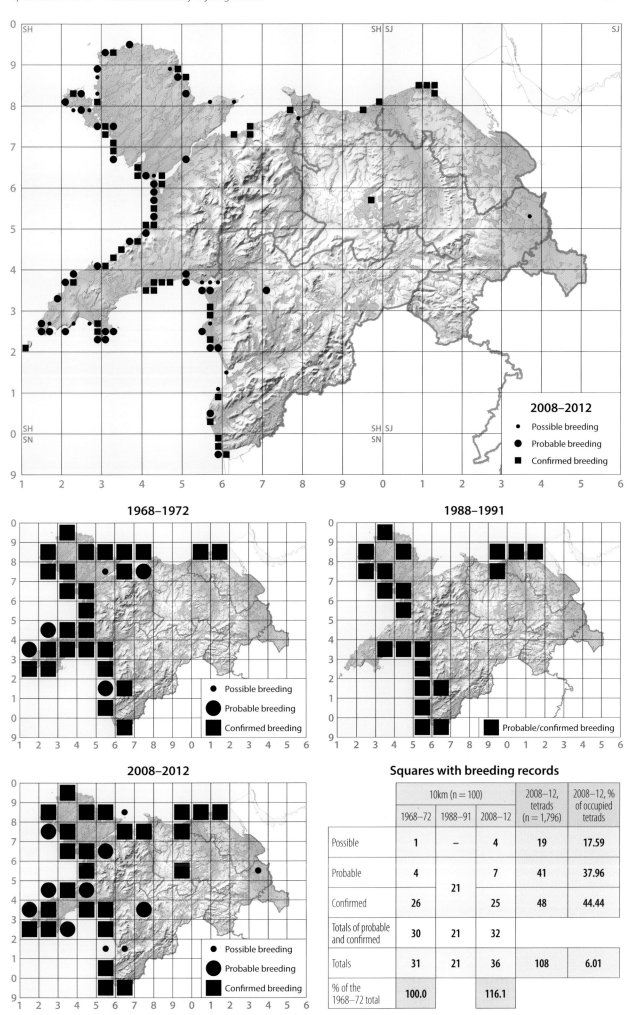

1968–1972

1988–1991

2008–2012

**Squares with breeding records**

| | 10km (n = 100) | | | 2008–12, tetrads (n = 1,796) | 2008–12, % of occupied tetrads |
|---|---|---|---|---|---|
| | 1968–72 | 1988–91 | 2008–12 | | |
| Possible | 1 | – | 4 | 19 | 17.59 |
| Probable | 4 | 21 | 7 | 41 | 37.96 |
| Confirmed | 26 | | 25 | 48 | 44.44 |
| Totals of probable and confirmed | 30 | 21 | 32 | | |
| Totals | 31 | 21 | 36 | 108 | 6.01 |
| % of the 1968–72 total | 100.0 | | 116.1 | | |

# Golden Plover

## *Pluvialis apricaria*

**Summer visitor and winter visitor – Welsh conservation status: Red**

With its preference for cool, misty and often windy uplands for breeding, the Golden Plover should do well in Wales. However, although it is a frequent winter visitor and passage migrant, a breeding survey in 2007 estimated a total Welsh breeding population of just 36 pairs, a significant decline over a 25-year period. There was a decline of 88% to just 11 pairs in the species' Welsh stronghold of the Elenydd, Radnor between 1982 and 2007. The most likely driver of this decline, on Elenydd at least, is considered to be increasing vegetation height and density (Johnstone *et al.* 2008). Anecdotal evidence suggests that this is also likely to be the case in North Wales. Recent work suggests that climatic change may also play a role through an impact on the availability of crane-fly larvae (leatherjackets), one of the key food items for Golden Plover chicks

Forrest (1907) reported that the Golden Plover "occurs in flocks autumn and spring; often numerous; many breed on the moors", listing sites in Denbigh, Caernarfon and Meirionnydd where breeding was recorded. Barnes (1997) reported breeding in Caernarfon in the late nineteenth and early twentieth centuries around Capel Curig and Dolwyddelan. However, breeding here in recent years has been confined to part of the Migneint, suggesting some range contraction. A more general range contraction has steadily continued since the 1968–72 Atlas, with fewer 10km squares occupied on the Berwyn and none recorded on Ruabon Mountain during the 2008–12 Atlas fieldwork. They are now concentrated on the high blanket bogs of the Berwyn, the Migneint and Mynydd

### Cwtiad Aur

Gan ei fod yn hoffi ucheldiroedd oer, niwlog a gwyntog ar gyfer nythu, fe ddylai'r Cwtiad Aur wneud yn dda yng Nghymru. Fodd bynnag, amcangyfrifodd archwiliad yn 2007 mai dim ond 36 pâr oedd yn nythu yng Nghymru, gostyngiad sylweddol dros 25 mlynedd. Bu gostyngiad o 88% ar yr Elenydd, lle mae'r rhan fwyaf yn nythu, rhwng 1982 a 2007, gostyngiad a briodolir i'r ffaith fod y llystyfiant yn awr yn dalach a mwy trwchus. Yng Ngogledd Cymru, mae'r Cwtiad Aur wedi prinhau er cyfnod Atlas 1968–72, gyda nythu yn awr yn gyfyngedig i orgorsydd uchel y Berwyn, y Migneint a Mynydd Hiraethog. Fel Pibydd y Mawn, mae'r rhai sy'n weddill yn nythu yn y rhannau gwlypaf.

Hiraethog and as with Dunlin, the 'plover's page', the areas where they remain are typically the wettest. This is very similar to the distribution found by the 2007 survey (Johnstone *et al.* 2008). Recent survey work by RSPB Cymru also suggests the current population size is similar to that of 2007, with an estimate of about 10–12 pairs in the region during the current Atlas period, the majority of these on the Migneint.

Trial habitat management has been underway on the Elenydd to reduce vegetation height and density by cutting and grazing. This work, undertaken by the NT, Elan Valley Trust and CCW has had encouraging results with adults and young using the managed areas. Similar management was undertaken on Ruabon Mountain in winter 2011/12 by the RSPB, CCW and the Wynnstay Estate. This resulted in a pair of Golden Plovers holding territory and successful breeding was suspected. Furthermore, recent experimental work on the Berwyn (Carroll *et al.* 2011) has demonstrated that increasing the wetness of moorland habitats can increase the abundance of crane-flies and their larvae. The potential to combine vegetation management and 'wetting-up' gives hope that Golden Plovers will continue to remain a feature of the uplands of North Wales for years to come.

*Dave Lamacraft*

Sponsored by/Noddwyd gan Bill Owens, Chris Mellenchip

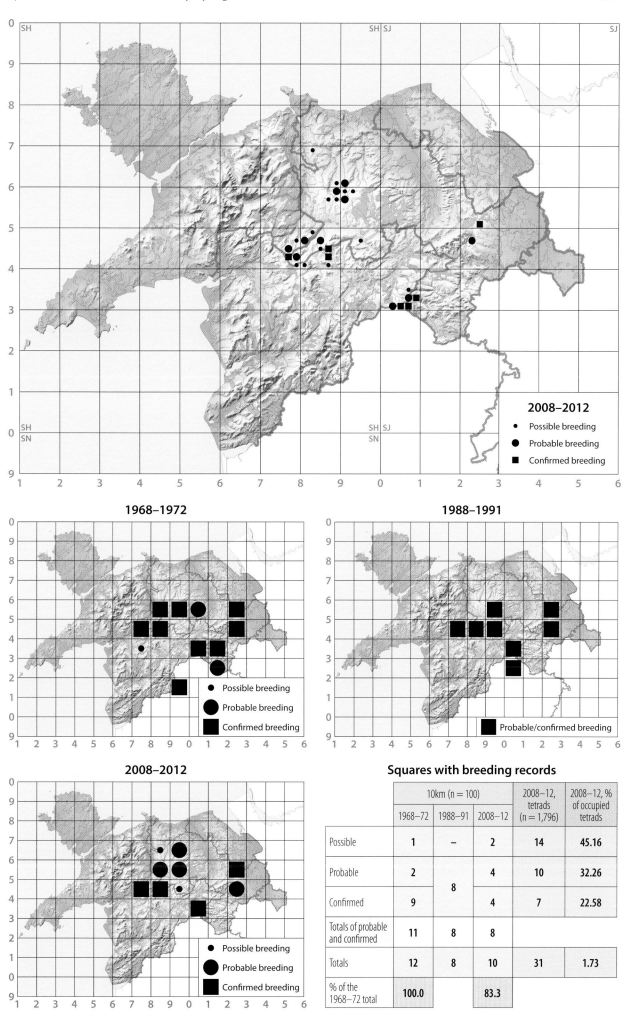

**1968–1972**

**1988–1991**

Possible breeding

Probable breeding

Confirmed breeding

Probable/confirmed breeding

**2008–2012**

Possible breeding

Probable breeding

Confirmed breeding

**2008–2012**

Possible breeding

Probable breeding

Confirmed breeding

## Squares with breeding records

| | 10km (n = 100) | | | 2008–12, tetrads (n = 1,796) | 2008–12, % of occupied tetrads |
|---|---|---|---|---|---|
| | 1968–72 | 1988–91 | 2008–12 | | |
| Possible | 1 | – | 2 | 14 | 45.16 |
| Probable | 2 | 8 | 4 | 10 | 32.26 |
| Confirmed | 9 | | 4 | 7 | 22.58 |
| Totals of probable and confirmed | 11 | 8 | 8 | | |
| Totals | 12 | 8 | 10 | 31 | 1.73 |
| % of the 1968–72 total | 100.0 | | 83.3 | | |

# Lapwing
## *Vanellus vanellus*
### Resident and winter visitor – Welsh conservation status: Red

Although the Lapwing is still a familiar bird, its tumbling, aerobatic, spring display flight is not so widely encountered now. In our area, it breeds mostly on pastures, rough grazings and mires, preferably moist and with a scattering of tufted taller plants, and on spring-sown arable or other bare ground. It prefers short swards or bare soil, with good all-round visibility and easy access to abundant invertebrate prey, on or near the surface. It nests on the ground, often in loose colonies, giving it a more effective 'aerial umbrella' against predators. Chicks fend for themselves from hatching and use taller plants, or broken ground, for cover. The best chick-rearing areas often contain shallow water margins (including water-filled hoof prints) providing plenty of food.

In North Wales, the Lapwing breeds below about 450m. The tetrad map shows an association with arable farmland in the plains around the Clwyd estuary, in parts of Anglesey and especially in the area around the lower Dee. Elsewhere, it breeds on higher, more open, flat or gently sloping land, the most notable being the area between Mynydd Hiraethog and north Migneint, where 60–80 pairs were recorded in recent RSPB studies. The species is also found on the damp ground in or near the larger wetlands, such as on Anglesey and in the Fenn's Moss area.

Forrest (1907) reported that the Lapwing was "Resident; very common, not only on the lowlands, but on moors and hillsides." It has undergone a considerable contraction in range and numbers in North Wales since then. The 1988–91 Atlas revealed notable losses since the 1968–72 Atlas, with a retreat from the uplands, especially in the west and from much of Llŷn. Both 2008–12 maps indicate continued declines in the uplands with further losses also in the lowlands – an alarming situation indeed. The Lapwing is now only a widespread breeding species in a band about 20km wide on our eastern boundary. Elsewhere it is confined to discrete areas or quite isolated locations, many on or near nature reserves, particularly in the west. Even at 10km level, a much lower proportion of squares now have confirmed breeding, suggesting that a fair proportion of Lapwings seen in suitable habitat may be failing at an early stage in their breeding attempts.

Less intensive mixed farming once offered this species many suitable breeding opportunities but this is now scarce. Arable cultivations have generally become much less widespread, although the growing of maize for livestock feed has increased. Silage has largely replaced hay and many damper fields have been drained and reseeded. Sheep numbers have risen (despite recent decreases) whilst cattle numbers are declining and livestock reductions on some rough grazings have resulted in taller, denser vegetation. Suitable niches for Lapwings on many farms are now greatly reduced in extent

## Cornchwiglen

Mae'r Gornchwiglen yn nythu ar borfa arw a chorsydd, a hefyd ar dir âr os caiff ei hau yn y gwanwyn. Ar y ddaear y bydd y nyth, a hynny yn aml mewn nythfeydd. Yng Ngogledd Cymru, nythir islaw tua 450 medr. Dengys y map tetrad nythu ar dir âr yng ngogledd Dyffryn Clwyd, rhannau o Fôn ac yn enwedig rhan isaf dyffryn Dyfrdwy. Ceir nythu hefyd ar dir agored, gweddol wastad, megis yr ardal o Fynydd Hiraethog i ogledd y Migneint, dwyrain y Berwyn a Mynydd Rhiwabon, a nythir ger gwlyptiroedd mawr Ynys Môn ac yn ardal Fenn's Moss. Bu'r boblogaeth yng Nghymru yn gostwng ers dros ganrif, ac mae'n debyg nad yw'n fwy na 600 pâr bellach. Ceir cyfran sylweddol o'r rhain yn ein hardal ni.

ASHLEY COHEN

and distribution, whilst numbers of many predators of adults, eggs and young have increased.

Lovegrove *et al.* (1994) noted that the Lapwing had been declining in Wales for nearly 100 years and estimated the Welsh population at fewer than 1,000 pairs. Breeding Lapwings were recorded in too few 1km squares during the RSPB 2006 repeat Welsh wader survey to generate a reliable population estimate. The Welsh population now probably numbers no more than 600 pairs (using extrapolated rates of decline) with our area making a significant contribution to this total.

*Dave Elliott*

**Sponsored by/Noddwyd gan Flintshire County Council**

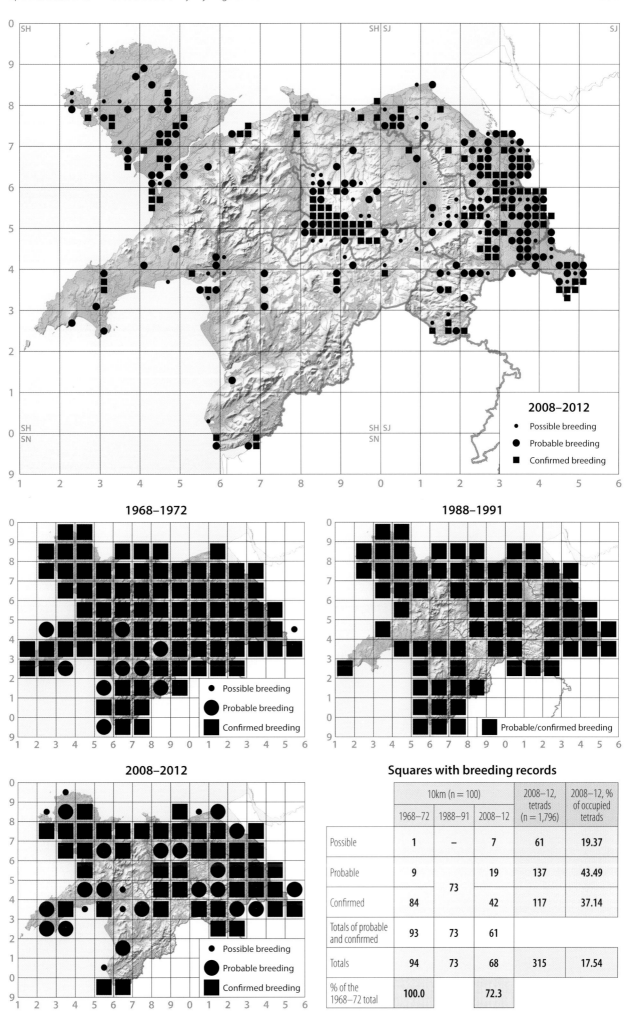

2008–2012

- Possible breeding
- Probable breeding
- Confirmed breeding

**1968–1972**

- Possible breeding
- Probable breeding
- Confirmed breeding

**1988–1991**

- Probable/confirmed breeding

**2008–2012**

- Possible breeding
- Probable breeding
- Confirmed breeding

**Squares with breeding records**

| | 10km (n = 100) | | | 2008–12, tetrads (n = 1,796) | 2008–12, % of occupied tetrads |
|---|---|---|---|---|---|
| | 1968–72 | 1988–91 | 2008–12 | | |
| Possible | 1 | – | 7 | 61 | 19.37 |
| Probable | 9 | 73 | 19 | 137 | 43.49 |
| Confirmed | 84 | | 42 | 117 | 37.14 |
| Totals of probable and confirmed | 93 | 73 | 61 | | |
| Totals | 94 | 73 | 68 | 315 | 17.54 |
| % of the 1968–72 total | 100.0 | | 72.3 | | |

# Dunlin

## *Calidris alpina*

**Resident and winter visitor – Welsh conservation status: Red**

Dunlin is a scarce breeding species in Wales, confined largely to the wettest, and often remotest, parts of our upland blanket bogs. Numbers of breeding Dunlin seem to fluctuate annually but they do not appear to have undergone as large a decline in population or range as other breeding waders (Johnstone *et al.* 2008). However, Lovegrove *et al.* (1994) suggested there may have been a more historic decline. Their distribution in the region appears to reflect this: they were present in six upland 10km squares during 2008–12 fieldwork, one less than in the 1968–72 Atlas. Breeding was only Confirmed in one tetrad on the Berwyn; this and the Migneint are the two main areas where Dunlin would now be expected to breed, as long as the habitat is sufficiently wet (Thorpe 2003).

Although the Dunlin is found in large numbers on our coasts in autumn and winter, it seems never to have been a common breeding bird. Forrest (1907) reported that it "breeds sparingly on the Denbigh and Merioneth moors, and formerly nested on the Dee marshes". The last record on the Dee marshes was reported as 1871 and since then lowland breeding has been unusual. However, coastal breeding has been proven in the past, for example in Flint in 1961 (Lovegrove *et al.* 1994). Three pairs held territory at Morfa Madryn near Llanfairfechan in 2003, including at least one bird thought to be incubating. Birds were then observed displaying or holding territory there every year until 2007 (CBR). Birds seen

### Pibydd y Mawn

Dim ond ychydig barau o Bibydd y Mawn sy'n nythu yng Nghymru, wedi eu cyfyngu i'r darnau gwlypaf a mwyaf anghysbell o orgorsydd yr ucheldir. Amrywia'r nifer sy'n nythu, ond ymddengys eu bod wedi lleihau, fel llawer o'r rhydyddion sy'n nythu yma. Cadarnhawyd nythu mewn un tetrad ar y Berwyn. Y Berwyn a'r Migneint yw'r prif ardaloedd lle disgwylid nythu, cyn belled â bod y cynefin yn ddigon gwlyb. Cadarnhawyd nythu ar yr arfordir yn y gorffennol, ond ni chredir fod yr adar a welwyd ar yr arfordir yn ystod gwaith maes 2008–12 wedi ceisio nythu.

on the coast in the breeding season during 2008–12 fieldwork were not thought to be breeding, although birds had been recorded as possibly breeding at three coastal sites in the 1968–72 Atlas. Two of these records came from Holy Island, Anglesey but this location seems extremely improbable breeding habitat. Indeed Dunlin have never been proved to breed on Anglesey (Jones & Whalley 2004; CBR). Dunlin regularly breed on coastal habitat in the north of their range, with this habit apparently becoming more common to the south (BWP). However, the possibility remains that coastal records merely reflect summering individuals.          *Dave Lamacraft*

Sponsored by/Noddwyd gan Marc Hughes and family, Lochlan Jackson

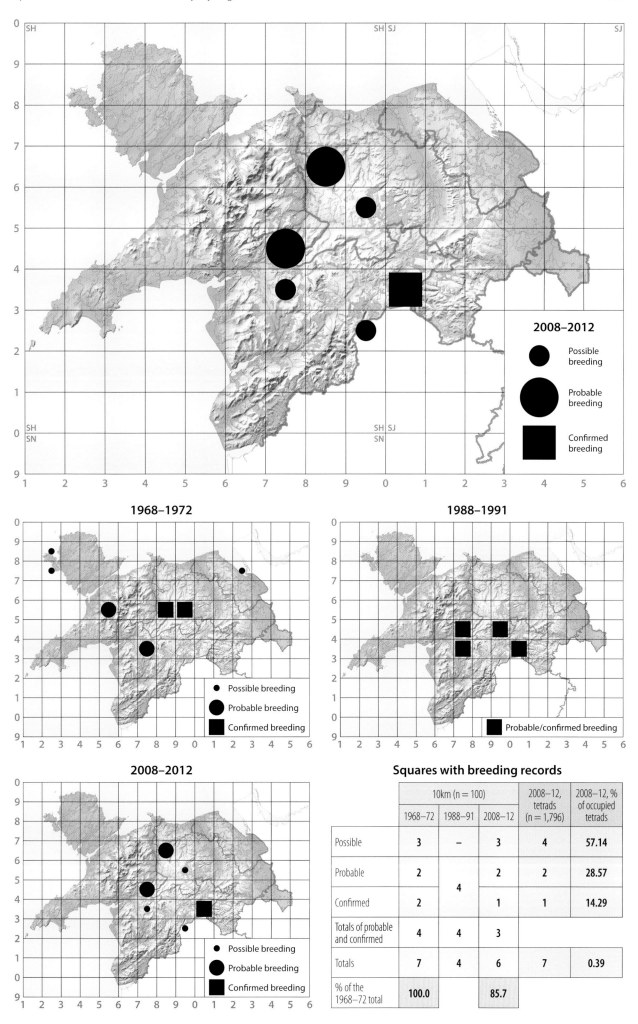

**2008–2012**

Possible breeding

Probable breeding

Confirmed breeding

**1968–1972**

• Possible breeding

● Probable breeding

■ Confirmed breeding

**1988–1991**

■ Probable/confirmed breeding

**2008–2012**

• Possible breeding

● Probable breeding

■ Confirmed breeding

**Squares with breeding records**

| | 10km (n = 100) | | | 2008–12, tetrads (n = 1,796) | 2008–12, % of occupied tetrads |
|---|---|---|---|---|---|
| | 1968–72 | 1988–91 | 2008–12 | | |
| Possible | 3 | – | 3 | 4 | 57.14 |
| Probable | 2 | 4 | 2 | 2 | 28.57 |
| Confirmed | 2 | | 1 | 1 | 14.29 |
| Totals of probable and confirmed | 4 | 4 | 3 | | |
| Totals | 7 | 4 | 6 | 7 | 0.39 |
| % of the 1968–72 total | 100.0 | | 85.7 | | |

# Snipe
## *Gallinago gallinago*
**Resident and winter visitor – Welsh conservation status: Amber**

MALCOLM GRIFFITH

## Gïach Gyffredin

Aderyn anodd ei weld yw'r Gïach, yn gorffwys neu'n cuddio mewn llystyfiant yn ystod y dydd, a dod allan i fwydo liw nos. Yr adeg orau i chwilio amdani yw rhyw awr cyn codiad haul, mewn cynefinoedd megis corsydd yn yr ucheldir, siglenni neu borfa wlyb. Mae'r ceiliog yn plymio i lawr yn yr awyr i gynhyrchu sŵn tebyg i ddrymio neu frefu â phlu allanol ei gynffon. Ni wyddom hynt a helynt y boblogaeth sy'n nythu yma, er bod llawer yn credu ei bod yn lleihau. Cadarnheir hyn gan waith maes 2008–12. Collwyd parau o rai sgwariau, yn arbennig ar yr arfordir a'r ucheldir. Fodd bynnag, tan-gofnodwyd y Gïach, gan mai'n anaml yr âi gweithwyr maes allan gyda'r wawr neu wedi nos.

Snipe are elusive birds, often resting or skulking in the cover of vegetation during the day and feeding in open habitats at night. Their presence may only be revealed when they are accidentally disturbed, as they explode away in a rapid zig-zagging flight, circling high before plummeting to cover, usually some distance away. Snipe are best surveyed about an hour before sunrise, across favoured breeding habitats including upland bogs, mires and marshy pasture. Hearing their characteristic display calls breaking the silence of a spring dawn is always a joy. The female's call is a monosyllabic "chick", whilst the male has a repeated "chip-per" call and a diving display flight that produces a drumming or bleating sound in the outer tail feathers during the bird's aerial plunge.

Compared with other breeding waders in Wales that have been in serious decline, the health of breeding Snipe populations is not really understood, though many suspect there has been a downturn in the species' fortunes, declining in both numbers and range across all counties. The 2008–12 fieldwork supports these views suggesting that, in North Wales, Snipe are showing signs of contraction in the distribution of breeding pairs, with the greatest losses appearing to have occurred in coastal and upland habitats. However, there are complications in determining Snipe trends owing to the difficulty in monitoring this species, particularly in those upland habitats. It appears that the species was seriously under-recorded during routine visits by Atlas fieldworkers, who were seldom out at dawn or dusk. Many of the records obtained were from observers engaged in other activities, including looking for crepuscular species such as Nightjars, fieldwork for

the BTO/CCW Ffridd Survey, or RSPB/CCW surveys of upland areas such as the Migneint.

Examination of the figures for the three breeding Atlases shows one startling fact: breeding was proved in 41 squares in 1968–72, but in only 4 squares in 2008–12. This suggests either that a major contraction in both range and numbers took place over that period or there has been a marked change in observers' ability to detect Confirmed breeding of Snipe. It is likely that both factors are to some extent involved. The totals of squares with Probable and Confirmed breeding show that the main decline occurred between the first and second atlases, with no major losses since then. Drainage of lowland and upland breeding sites seems the most likely cause.

Forrest (1907) recorded as many as five drumming Snipe at the same time over a boggy tract high up in the Berwyn. He considered that it nested in fair numbers in suitable habitats throughout North Wales. In recent years up to five drumming birds were at Cors Erddreiniog, Anglesey sporadically to 1996 (Jones & Whalley 2004). Birds have been found breeding at other sites across North Wales between 2000 and 2007 where they have not been recorded during the Atlas fieldwork (CBR; NEWBR). Despite these recent records there has been a considerable decline in the fortunes of Snipe in North Wales since Forrest's time. Without a better understanding of their habitat requirements for breeding and appropriate management of the land, their prospects for the future are not good.

*Patrick Lindley*

Sponsored by/Noddwyd gan Glyn Neville Roberts

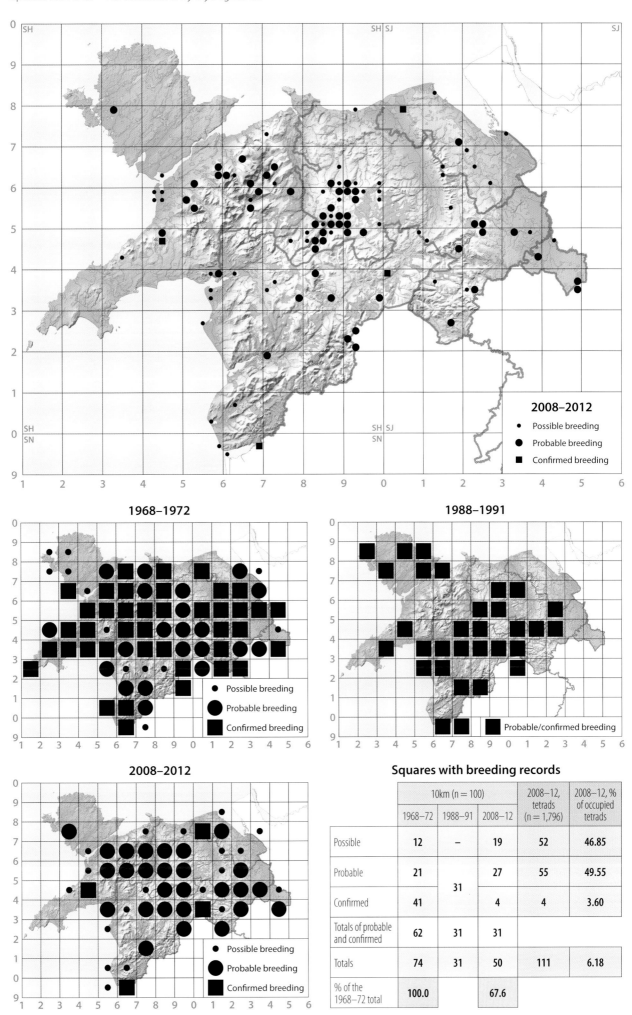

2008–2012

Possible breeding
Probable breeding
Confirmed breeding

1968–1972

Possible breeding
Probable breeding
Confirmed breeding

1988–1991

Probable/confirmed breeding

2008–2012

Possible breeding
Probable breeding
Confirmed breeding

**Squares with breeding records**

| | 10km (n = 100) | | | 2008–12, tetrads (n = 1,796) | 2008–12, % of occupied tetrads |
|---|---|---|---|---|---|
| | 1968–72 | 1988–91 | 2008–12 | | |
| Possible | 12 | – | 19 | 52 | 46.85 |
| Probable | 21 | 31 | 27 | 55 | 49.55 |
| Confirmed | 41 | | 4 | 4 | 3.60 |
| Totals of probable and confirmed | 62 | 31 | 31 | | |
| Totals | 74 | 31 | 50 | 111 | 6.18 |
| % of the 1968–72 total | 100.0 | | 67.6 | | |

# Woodcock

## *Scolopax rusticola*

### Resident and winter visitor – Welsh conservation status: Amber

A truly enigmatic bird in both its character and habits, the 'cock of the woods' is usually seen as a chunky owl-like shape, flitting away as it is flushed from wet woodland in the winter months. Its solitary, shy, crepuscular behaviour and cryptic plumage make it easy to overlook and its habits are relatively poorly understood. Many birds move into our area from northern Europe in winter but the resident breeding population is much smaller. The Woodcock prefers wet, undisturbed woodland with a diverse undergrowth of bramble and Bracken for daytime cover, and areas where it can probe for worms and insects in the leaf litter during the evening and night. This type of woodland habitat can be found in both deciduous (Alder, willow and birch) and pre-thicket coniferous woodlands. It is usually only by a sighting of a male 'roding' at last light, usually in May and June, when it undertakes its strange display flights and its 'squeak and croak' call, that breeding birds are recognised. This species is certainly under-recorded by Atlas fieldwork, as few evening or night-time visits were made by surveyors. Proving breeding is extremely difficult, and even Probable requires two or more visits at dusk to record roding. During the 2008–12 fieldwork there were no Confirmed breeding records for this species.

The 2008–12 fieldwork shows that Woodcock are sparsely distributed in the breeding season across North Wales. Comparison with the 1968–72 and 1988–91 Atlases shows a decline in all parts of our area. A survey in 2003 suggested

## Cyffylog

Bydd y Cyffylog yn cadw ynghudd, gan amlaf, ac ni wyddom ryw lawer am ei arferion. Yn y gaeaf, bydd sawl Cyffylog yn mudo i'n hardal o ogledd Ewrop, ond mae'r niferoedd sy'n nythu yma'n llawer llai. Mae'r Cyffylog yn hoff o goetir gwlyb a thawel lle mae yna ddrain a rhedyn iddo lechu yn ystod y dydd, a thir addas iddo chwilota am bryfed genwair a phryfed liw nos. Un o'r dulliau gorau o ganfod Cyffylog sy'n nythu yw chwilio am geiliog sy'n arddangos fin nos – yn ystod Mai a Mehefin, fel arfer. Gwyddom fod y rhywogaeth hon wedi'i than-gofnodi, gan mai ychydig iawn o waith maes a wnaed wedi iddi nosi. Ymddengys ei bod wedi prinhau ym mhob rhan o'n hardal ers dau atlas 1968–72 a 1988–91.

that the number of breeding Woodcock in Wales was relatively low, probably in the region of 2,000 males (Hoodless *et al.* 2009). Higher densities were found in Scotland and northern England, where large areas of suitable woodland were available. Wales' small and scattered deciduous woodlands may be rather poor breeding habitat: most of the Welsh conifer plantations are now mature and as such are relatively unattractive to this species. In the UK as a whole, CBC results showed a rapid and significant decline, with a 76% decrease between 1974 and 1999. However, it was noted that CBC plots were concentrated in lowland Britain and included few coniferous forests, so that it was uncertain how well this trend represented the whole UK population (Baillie *et al.* 2012). Reasons suggested for the decline include recreational disturbance, the drying out of natural woodlands, overgrazing by deer, declining woodland management and the maturation of new plantations (Fuller *et al.* 2005).

Forrest (1907) recorded instances of breeding during the late nineteenth and early twentieth centuries in all counties except Anglesey. Jones (1974) recorded that summer sightings in Meirionnydd indicated a widely spaced distribution of small numbers of breeding pairs. Similarly Barnes (1997) recorded pairs in various locations. Though the status of breeding Woodcock in our area is still not sufficiently well known, our results suggest that this species could be a candidate for Red-listing in Wales.

*Andrew Dale*

JOHN HAWKINS

### Sponsored by/Noddwyd gan Brian Iddon

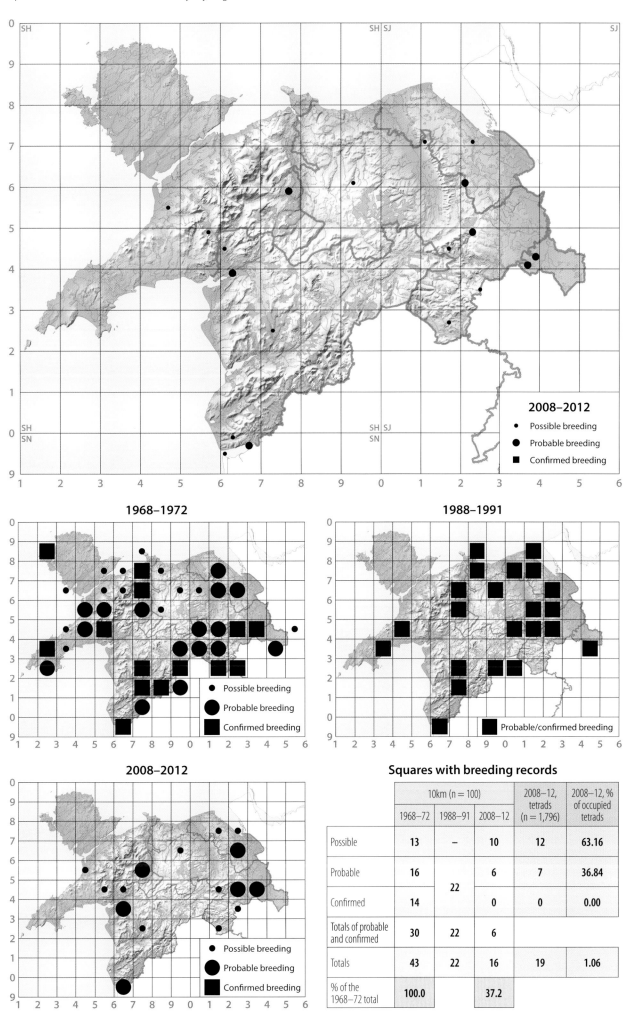

2008–2012

- Possible breeding
- Probable breeding
- Confirmed breeding

**1968–1972**

- Possible breeding
- Probable breeding
- Confirmed breeding

**1988–1991**

- Probable/confirmed breeding

**2008–2012**

- Possible breeding
- Probable breeding
- Confirmed breeding

### Squares with breeding records

| | 10km (n = 100) | | | 2008–12, tetrads (n = 1,796) | 2008–12, % of occupied tetrads |
|---|---|---|---|---|---|
| | 1968–72 | 1988–91 | 2008–12 | | |
| Possible | 13 | – | 10 | 12 | 63.16 |
| Probable | 16 | 22 | 6 | 7 | 36.84 |
| Confirmed | 14 | | 0 | 0 | 0.00 |
| Totals of probable and confirmed | 30 | 22 | 6 | | |
| Totals | 43 | 22 | 16 | 19 | 1.06 |
| % of the 1968–72 total | 100.0 | | 37.2 | | |

# Curlew

*Numenius arquata*

**Resident and winter visitor – Welsh conservation status: Red**

Though our largest wading bird is still widespread around our coasts in winter, its undulating spring display flights and 'bubbling' song are much less commonly witnessed these days. Breeding Curlews use a range of upland and lowland habitats, including hay and silage fields, mires, managed moorland, rough grazings and damp pastures. Although adults often feed on open, short, invertebrate-rich grasslands, Curlews prefer a liberal scattering of taller herbaceous vegetation in their breeding territories, as long as visibility is not compromised such that adults and young can move freely. There seems to be a strong preference for high water-tables and/or shallow surface water. Curlews nest on the ground and their young feed themselves from hatching, the adults keeping a careful watch over them.

Most of our breeding Curlews are on the central and eastern upland plateaux, broader ridges and wider upland valleys up to about 600m but they are also still found on some lower hills. Often occupying slightly higher ground than Lapwings, they can be found together in some places, including low-lying and wetland areas such as the lower Dee, around Fenn's Moss, the Cefni Levels and Morfa Harlech. Records from areas including Llŷn and parts of Anglesey represent mere remnants of the Curlew's former more widespread distribution on lowland farmland.

A widespread breeder in North Wales during the 1968–72 Atlas, by the 1988–91 Atlas the Curlew had almost vanished as a confirmed breeder in many areas, particularly in the north-west. Whilst some of these losses could have been the result of the species' withdrawal from suboptimal habitat in the uplands, the declines in lowland areas probably had different causes. Hay and silage fields, once very suitable breeding habitat, are now generally cut much earlier, and often more than once on lowland farms, leading to loss of eggs or young. Like Lapwings, the vulnerability of the eggs and young to predation is also thought to have contributed to their decline.

Though the 2008–12 fieldwork shows that some formerly deserted upland and lowland areas have been recolonised,

## Gylfinir

Nytha'r Gylfinir mewn amrywiaeth o gynefinoedd ar yr ucheldir a'r iseldir, megis caeau gwair a silwair, corsydd, rhostir, porfeydd garw a chaeau gwlyb. Hoffa lefel trwythiad uchel neu ddŵr bâs ar yr wyneb. Mae'r mwyafrif yn nythu ar ucheldiroedd y canolbarth a'r dwyrain, ac yn y dyffrynnoedd uchel lletaf, hyd at uchder o tua 600 medr. Yn ystod Atlas 1968–72, roeddynt yn nythu ymhobman yng Ngogledd Cymru. Erbyn Atlas 1988–91 roedd y Gylfinir wedi diflannu o lawer ardal, yn enwedig yn y gogledd-orllewin. Dengys gwaith maes 2008–12 golledion pellach, er bod adar wedi ceisio nythu yn rhai o'r ardaloedd lle nad oeddynt i'w cael yn 1988–91. Efallai nad yw llawer o'r adar a gofnodir yn y gwanwyn yn mynd ymhell iawn gyda'u hymgais i nythu.

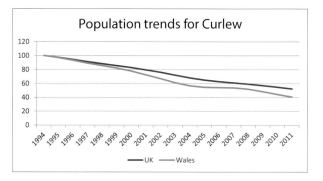

**Population trends for Curlew**

overall the picture is one of continuing decline. The Curlew's current patchy distribution shows only two main breeding areas: the uplands east of the Conwy Valley and the northern Migneint, and the south Denbigh uplands. Only 34.3% of 10km records for the species were of Confirmed breeding compared with 82.4% in the 1968–72 Atlas. This suggests that many Curlews do not progress very far with their breeding attempts nowadays.

Forrest (1907) reported that the Curlew was "common, breeding on all the moorlands and on some lowland bogs" in North Wales. In the late nineteenth and early twentieth centuries, it may even have expanded or transferred into lowland areas (Historical Atlas). An RSPB survey in 1993 reported a total of 10,763 pairs in Wales (O'Brien *et al.* 1998) though this was later revised to 5,713 pairs (Johnstone *et al.* 2007). Another survey in 2006 found 1,099 pairs (Johnstone *et al.* 2007) highlighting a dramatic decline in the breeding population. The BBS results show a similar trend, with a 54% decline in Wales between 1995 and 2010 (Risely *et al.* 2012). Without more widespread conservation action in North Wales the prospects for the Curlew do not look good. *Dave Elliott*

**Sponsored by/Noddwyd gan Conwy County Borough Council**

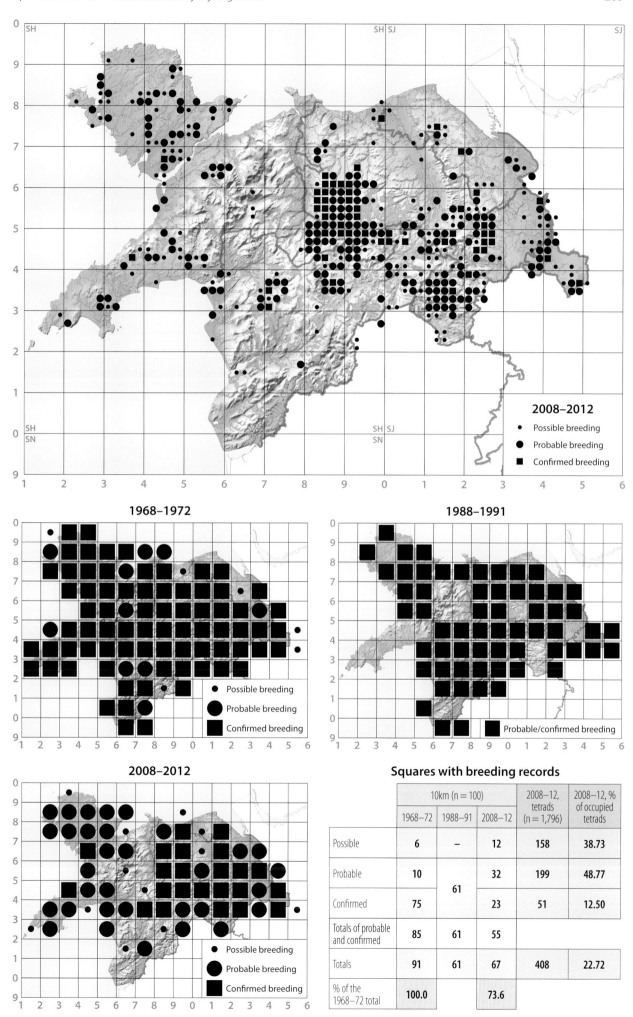

**1968–1972**

Possible breeding

Probable breeding

Confirmed breeding

**1988–1991**

Probable/confirmed breeding

**2008–2012**

Possible breeding

Probable breeding

Confirmed breeding

2008–2012

Possible breeding

Probable breeding

Confirmed breeding

## Squares with breeding records

| | 10km (n = 100) | | | 2008–12, tetrads (n = 1,796) | 2008–12, % of occupied tetrads |
|---|---|---|---|---|---|
| | 1968–72 | 1988–91 | 2008–12 | | |
| Possible | 6 | – | 12 | 158 | 38.73 |
| Probable | 10 | 61 | 32 | 199 | 48.77 |
| Confirmed | 75 | | 23 | 51 | 12.50 |
| Totals of probable and confirmed | 85 | 61 | 55 | | |
| Totals | 91 | 61 | 67 | 408 | 22.72 |
| % of the 1968–72 total | 100.0 | | 73.6 | | |

# Common Sandpiper

*Actitis hypoleucos*

**Summer visitor – Welsh conservation status:** Amber

The song of the Common Sandpiper, which sounds rather like a sewing machine, can be heard from a distance around many upland lakes and streams in North Wales in late spring and early summer. A closer approach may reveal the bird itself, bobbing its tail as it perches on a boulder or flying on stiff wings across a lake. It is a summer visitor, with most of our breeding birds thought to winter in west Africa, south of the Sahara (Migration Atlas). A few winter in our area but it is not known whether these are birds that breed locally. The breeding season is an unusually short one, with territories established in the last week of April and sites are deserted by mid-July, once the young are independent. Care has to be taken not to record as potential breeders those birds on passage in April or on return passage in late June and July. It breeds on rivers, streams, lakes and reservoirs where there are pebbly shores, providing food and cover for the chicks. The nest is hidden in vegetation up to about 100m from the shore. It is quite a conspicuous species, unlikely to be under-recorded, and pairs with chicks are very vocal if the young are approached.

Our tetrad map shows it to be mainly an upland breeder, though there are a number of records around the estuaries in the west, notably the Conwy, Dwyryd, Mawddach and Dyfi. Llyn Conwy and Llyn Trawsfynydd are particularly good sites for this species, with the highest Confirmed breeding in our survey on Llyn Edno at 548m. In the east, most records are around the Dee valley. At the 10km square level, there has

## Pibydd y Dorlan

Gellir clywed cân Pibydd y Dorlan ger glannau llynnoedd a nentydd yn yr ucheldir. Er bod ambell aderyn yn gaeafu yn ein haberoedd, yn Affrica y mae'r rhan fwyaf yn treulio'r gaeaf. Mae'r tymor nythu yn fyr, rhwng diwedd Ebrill a chanol Gorffennaf, ac mae'n nythu lle ceir graean ar y glannau. Cuddir y nyth mewn tyfiant ychydig bellter o'r dŵr. Dengys ein map mai ar dir uchel y mae'r rhan fwyaf yn nythu, er bod nifer o gofnodion o amgylch yr aberoedd yn y gorllewin. Ar lefel 10 cilomedr, dim ond lleihad bychan a welir er cyfnod y ddau Atlas blaenorol, ond mae'r ganran is o sgwariau lle cadarnhawyd nythu yn awgrymu gostyngiad yn ei niferoedd.

been only a slight contraction in range since the previous Atlases but the lower percentage of squares with Confirmed breeding in our survey may also indicate a decline in numbers. A survey of the Migneint and Moelwyn uplands in 1976 produced an estimate of 50 pairs breeding on all lakes and along larger rivers (RSPB unpublished). Llyn Trawsfynydd held 19 pairs along 14km of shoreline in the 1980s (Lovegrove *et al.* 1994). Our results suggest that the population is no longer at these levels. Results from BTO surveys indicate a 38% decline in the UK as a whole between 1975 and 2008, with a decline also noted in Europe generally. This could be at least partly caused by problems on the wintering grounds or on migration but human disturbance at the breeding sites could also be a factor. The areas favoured by Common Sandpipers for breeding are often also popular with walkers and anglers.

Forrest in 1907 reported it as more or less common everywhere in North Wales except on the Llŷn peninsula, breeding from around 600m to sea level, including a nest actually on the beach close to the high tide mark in Meirionnydd in 1904.

*Rhion Pritchard*

ADRIAN FOSTER

Sponsored by/Noddwyd gan Sally Marshall

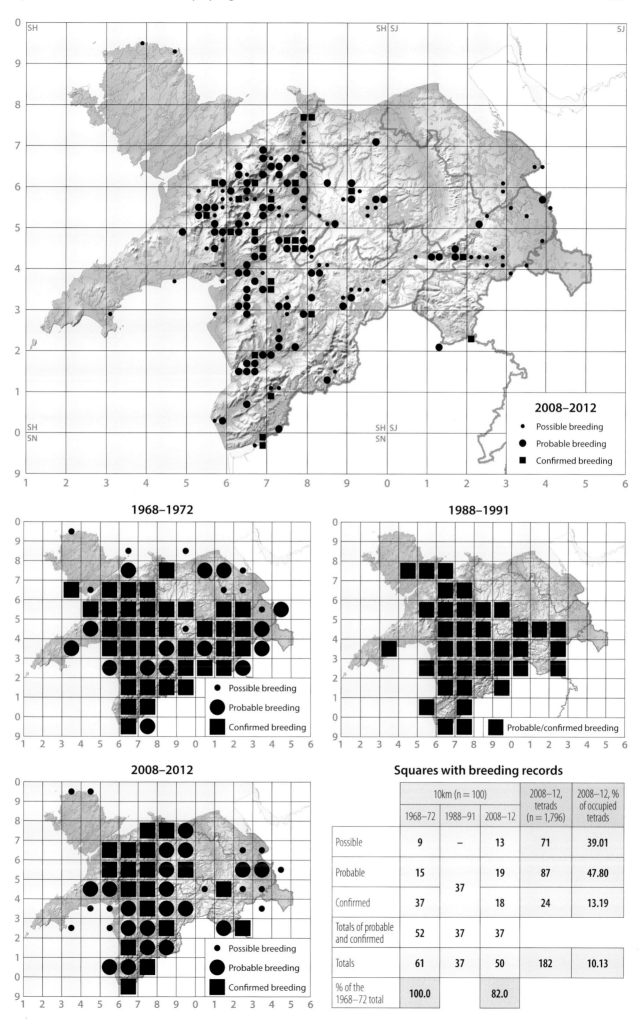

2008–2012

- • Possible breeding
- ● Probable breeding
- ■ Confirmed breeding

1968–1972

- • Possible breeding
- ● Probable breeding
- ■ Confirmed breeding

1988–1991

- ■ Probable/confirmed breeding

2008–2012

- • Possible breeding
- ● Probable breeding
- ■ Confirmed breeding

**Squares with breeding records**

| | 10km (n = 100) | | | 2008–12, tetrads (n = 1,796) | 2008–12, % of occupied tetrads |
|---|---|---|---|---|---|
| | 1968–72 | 1988–91 | 2008–12 | | |
| Possible | 9 | – | 13 | 71 | 39.01 |
| Probable | 15 | 37 | 19 | 87 | 47.80 |
| Confirmed | 37 | | 18 | 24 | 13.19 |
| Totals of probable and confirmed | 52 | 37 | 37 | | |
| Totals | 61 | 37 | 50 | 182 | 10.13 |
| % of the 1968–72 total | 100.0 | | 82.0 | | |

# Redshank
## *Tringa totanus*
### Resident and winter visitor – Welsh conservation status: Amber

STEVE CULLEY

## Pibydd Coesgoch

Nytha'r Pibydd Coesgoch ar y ddaear, ar dir agored gwlyb, lle nad yw'r tyfiant yn rhy drwchus. Nifer cymharol fychan sy'n nythu yng Ngogledd Cymru, er bod llawer mwy yn dod yma o'r gogledd i dreulio'r gaeaf. Ger y glannau a'r aberoedd y mae'r rhan fwyaf yn nythu, ond yng nghyfnod Atlas 1968–72 roedd hefyd nifer yn nythu ymhell o'r môr. Dengys ein map ni mai dim ond ar yr arfordir y ceir nythu erbyn hyn, a hyd yn oed yma, yr unig ardaloedd lle cadarnhawyd nythu oedd o gwmpas aberoedd Dyfrdwy, Artro a Dyfi. Mewn arolwg yn 1991 cafwyd hyd i 91–94 pâr yn nythu yng Ngogledd Cymru, ond mae'n debyg fod y nifer yn llai erbyn hyn.

The Redshank is a very wary species on its breeding grounds. It is known as 'the sentinel of the marshes' because it is usually the first species to sound the alarm when a potential threat approaches. Breeding begins early, with eggs laid in the first half of April. It requires open areas with a high water-table and locally saturated soil, where the vegetation is not too dense (BWP). The nest is on the ground, often on or next to a tussock and, as befits a sentinel, the Redshank uses posts or trees as lookout points. On the coast, breeding is usually in saltmarsh or coastal grassland, with the presence of shallow pools of particular importance for feeding (Ausden *et al.* 2003). During the spring passage period, those birds breeding elsewhere, particularly in Iceland, are also present on the coast (Migration Atlas).

Our tetrad map shows breeding only on the coasts and estuaries, with no inland records. The only areas with confirmed breeding are around the estuaries of the Dee, Artro (Meirionnydd) and Dyfi, although the Glaslyn/Dwyryd estuary complex has several records of probable breeding. This is a major change from the 1968–72 Atlas, which found breeding fairly widespread inland. By 1988–91 there were losses in inland areas, thought to be linked to agricultural changes (1988–91 Atlas). A survey of the Mynydd Hiraethog area (RSPB unpublished) showed that breeding Redshanks here were confined to damp pasture or meadow in the valley bottoms, a type of habitat which has been reduced by drainage and improvement of pasture. A 2002 survey of lowland wet grassland sites

in England and Wales showed that breeding Redshank had decreased by 29% since 1982 (Wilson *et al.* 2005). A decline in the number of pairs breeding on the coast is also evident and is in line with trends for pairs breeding on saltmarshes in Wales and in Britain as a whole. Surveys show a fall of 53% in the number of breeding pairs on saltmarshes in Britain between 1985 and 2011, which is thought to be linked to increases in grazing pressure (RSPB unpublished). The Dee estuary showed a particularly marked decline between 1996 and 2011.

The story of the Redshank in our area over the last century is of an increase followed by a decline. Forrest (1919) noted that it had greatly increased as a breeding species in recent years in Anglesey and Caernarfon. This was apparently part of a west and southwards spread in Britain during the late nineteenth and early twentieth centuries, particularly in the period 1893–1915 (Historical Atlas). A decline followed, with the last full survey in Wales in 1991 locating only 91–94 pairs in North Wales, though some of the 20 pairs recorded around the Dyfi estuary were probably also in our area. The Flint part of the Dee estuary was the most important site with 55 pairs (Lovegrove *et al.* 1994). Our results suggest that this species is a strong candidate for upgrading to Red-listing. Numbers can be increased on nature reserves by appropriate management of grazing, as achieved for example by the RSPB in the Dyfi estuary area.

*Rhion Pritchard*

**Sponsored by/Noddwyd gan Jim Marshall**

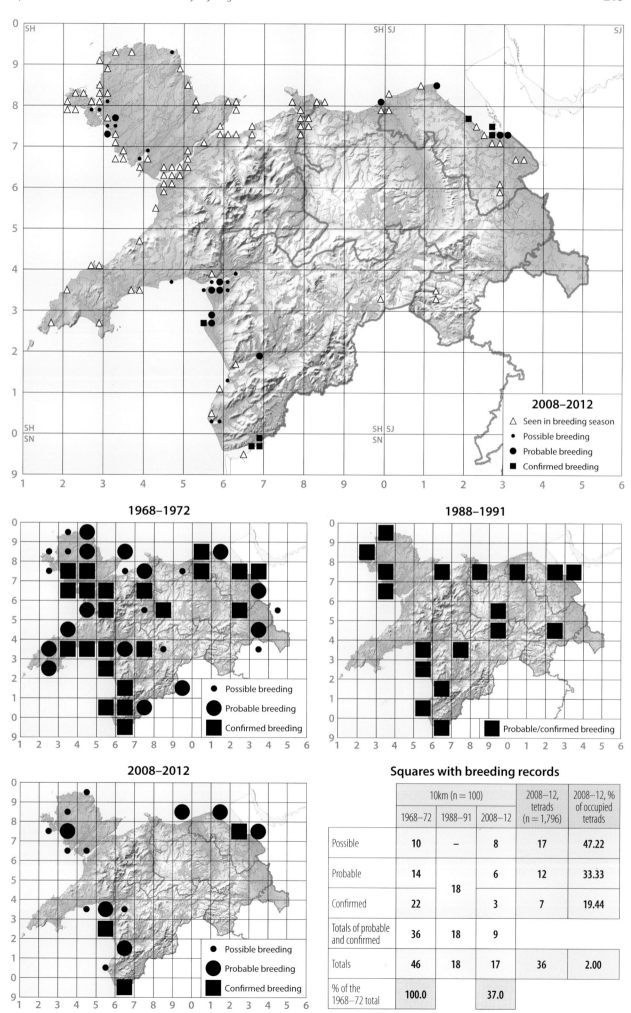

2008–2012

△ Seen in breeding season
• Possible breeding
● Probable breeding
■ Confirmed breeding

**1968–1972**

• Possible breeding
● Probable breeding
■ Confirmed breeding

**1988–1991**

■ Probable/confirmed breeding

**2008–2012**

• Possible breeding
● Probable breeding
■ Confirmed breeding

## Squares with breeding records

| | 10km (n = 100) | | | 2008–12, tetrads (n = 1,796) | 2008–12, % of occupied tetrads |
|---|---|---|---|---|---|
| | 1968–72 | 1988–91 | 2008–12 | | |
| Possible | 10 | – | 8 | 17 | 47.22 |
| Probable | 14 | 18 | 6 | 12 | 33.33 |
| Confirmed | 22 | | 3 | 7 | 19.44 |
| Totals of probable and confirmed | 36 | 18 | 9 | | |
| Totals | 46 | 18 | 17 | 36 | 2.00 |
| % of the 1968–72 total | 100.0 | | 37.0 | | |

# Kittiwake

## *Rissa tridactyla*

**Summer visitor – Welsh conservation status: Green**

Kittiwakes are the most graceful of our breeding gulls. The distinctive calls which give the species its English name usually indicate the presence of a colony. Found on sheer cliffs, stacks and in caves, the nests are built on tiny ledges, and at some locations are in danger of being washed away by unseasonable storm waves. Elsewhere, they are increasingly occupying coastal buildings and structures such as Mumbles Pier in Glamorgan and an unmanned platform in the Morecambe Gas Field, but similar sites have not yet been used in our area. They feed on small fish, such as sandeels, Sprats and young Herring (Mitchell *et al.* 2004), and marine invertebrates snatched from the surface, as well as taking fragments of waste from behind fishing vessels. Recent tracking studies at Puffin Island have revealed that one bird foraged as far as 100km from its nest site. The upwelling areas of the western Irish Sea front are within range of the North Wales colonies and birds are also often seen feeding in tidally turbulent areas.

Adults start breeding when three or four years old. Birds return to the colonies in February or March, eggs are laid from mid-May and they vacate the cliffs in August after breeding is completed. They are mainly pelagic outside the breeding season but are present in the Irish Sea throughout the year. Colonies in Caernarfon include St Tudwal's, Pencilan, Bardsey, Carreg y Llam, Little Orme and Great Orme. The main Anglesey colonies are on Puffin Island and at South Stack (Jones & Whalley 2004).

Numbers are known to fluctuate at colonies, though accurate counts can be difficult as some young pairs build nests without actually breeding. In Britain as a whole there was a marked increase between 1900 and the mid-1980s. Numbers then began to fall from the early 1990s, and JNCC population monitoring suggested a continued decline in the UK since the Seabird 2000 census. The Operation Seafarer counts in 1969–70 found 3,253 AON in North Wales. By the time of the repeat survey for the Seabird Colony Register in 1985–88 (Lloyd *et al.* 1991), there had been an increase to 4,259 AON in North Wales, but the Seabird 2000 counts in 1998–2002 (Mitchell *et al.* 2004) found 3,880 AON, a decline of 9%. In Wales as a whole, there was a decline of 17% between the Seabird Colony Register and Seabird 2000 censuses (Mitchell *et al.* 2004).

Many of the colonies listed by Forrest (1907) are still in existence. There is little difference on the 10km square maps for the three Atlases, the main change being the establishment of the South Stack colony, which took place after the 1968–72 Atlas.

*Simon Hugheston-Roberts*

## Gwylan Goesddu

Ceir nythfeydd yr Wylan Goesddu ar glogwyni serth ac mewn ogofeydd. Mae'n adeiladu'r nyth ar silff gul, a gall fod mewn perygl oddi wrth y tonnau pan fo storm. Ei bwyd yw pysgod bychain, megis llymrïod, corbenwaig a phenwaig bychain, a chreaduriaid di-asgwrn-cefn, sy'n cael eu cipio o wyneb y môr. Mae hefyd yn cymryd gwastraff tu ôl i gychod pysgota. Y prif nythfeydd yng Nghaernarfon yw Ynysoedd Tudwal, Pen Cilan, Ynys Enlli, Carreg y Llam, Rhiwledyn a'r Gogarth, a cheir prif nythfeydd Môn ar Ynys Seiriol ac Ynys Lawd. Roedd 3,253 o nythod yng Ngogledd Cymru pan wnaed cyfrifiad yn 1969–70. Erbyn y cyfrifiad nesaf yn 1985–88, roedd y nifer wedi cynyddu i 4,259 nyth, ond dangosodd cyfrifiad 1998–2002 ostyngiad o 9%, i 3,880 nyth.

DAVID KJAER (RSPB-IMAGES.COM)

Sponsored by/Noddwyd gan Isle of Anglesey Council

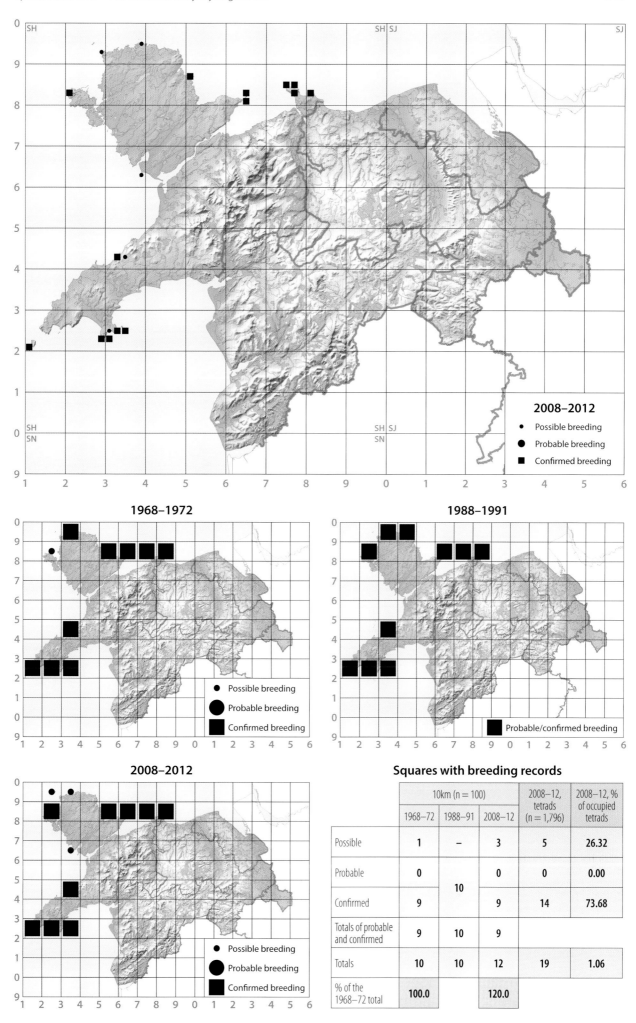

## 1968–1972

## 1988–1991

### 2008–2012

Possible breeding
Probable breeding
Confirmed breeding

2008–2012
Possible breeding
Probable breeding
Confirmed breeding

Possible breeding
Probable breeding
Confirmed breeding

Probable/confirmed breeding

### Squares with breeding records

| | 10km (n = 100) | | | 2008–12, tetrads (n = 1,796) | 2008–12, % of occupied tetrads |
|---|---|---|---|---|---|
| | 1968–72 | 1988–91 | 2008–12 | | |
| Possible | 1 | – | 3 | 5 | 26.32 |
| Probable | 0 | 10 | 0 | 0 | 0.00 |
| Confirmed | 9 | | 9 | 14 | 73.68 |
| Totals of probable and confirmed | 9 | 10 | 9 | | |
| Totals | 10 | 10 | 12 | 19 | 1.06 |
| % of the 1968–72 total | 100.0 | | 120.0 | | |

# Black-headed Gull
*Chroicocephalus ridibundus*
**Resident and winter visitor – Welsh conservation status: Red**

## Gwylan Benddu

Mae nythfeydd yr Wylan Benddu yn amlwg ac yn swnllyd rhwng diwedd Mawrth a Gorffennaf. Ar y ddaear neu ar dwmpathau mewn cors y mae'r nythod fel rheol, ond gall nythu ar rafftiau neu ar goed yn y dŵr. Ceir y nythfeydd ar gorsydd gerllaw llynnoedd, cronfeydd neu byllau ar rostir, neu ar forfeydd heli. Ambell dro, mae rhai yn nythu ymysg morwenoliaid ar ynysoedd creigiog, megis ar Ynysoedd y Moelrhoniaid. Yn ystod gwaith maes 2008–12, cadarnhawyd nythu ar Ynys Môn, corsydd afon Dyfrdwy, a safleoedd ymhellach o'r môr ar y Migneint, Mynydd Hiraethog a Fenn's Moss ger y ffin â Lloegr. Cofnodwyd nythu mewn llai o sgwariau nag yn 1968–72 a 1988–91. Y ddwy nythfa fwyaf oedd Cemlyn a Fenn's Moss.

Sporting dark chocolate-coloured hoods in summer, these attractive small gulls nest in substantial, noisy and conspicuous colonies from late March to July. Most nests are on the ground or on marsh tussocks, but they will build on rafts and flooded trees. Colonies are usually in marshes next to lakes, reservoirs and moorland pools, or on saltmarshes. Occasionally some nest amongst terns on offshore rocky islands, such as the Skerries.

The 2008–12 fieldwork showed confirmed breeding in 18 tetrads in North Wales. Most of these were grouped in five clusters: on Anglesey (Cemlyn lagoon and Valley Lakes); Dee marshes (Shotton steelworks pools); inland sites around the Migneint, Meirionnydd; on Mynydd Hiraethog, Denbigh; and Fenn's Moss on the English border. Comparison with the 10km maps of distribution in the 1968–72 and 1988–91 Atlases shows a gradual decline in occupied squares. Where the numbers of nests or individuals were noted by fieldworkers, most of the colonies were small. The largest colonies were at Cemlyn, where the median number of pairs nesting was 337 between 1988 and 2011 and at Fenn's Moss NNR, where around 200 pairs were recorded during the 2008–12 fieldwork (Natural England records).

The Anglesey colonies typify the patterns of site use over time. The biggest Anglesey colony used to be at Llyn Llywenan, typically with 300–400 pairs before 1973. When the Alaw Reservoir was created it attracted about 300 pairs for a few years. A colony then formed at Cemlyn, after weir modifications made the saltmarsh islands more suitable. On the

mainland several sites, which formerly held large colonies in the 1970s, have now been deserted. These include one at Llyn y Dywarchen, near Rhyd-ddu in Caernarfon (Barnes 1997) and one west of Cerrigydrudion, Denbigh (Ian Spence pers. obs.). The few colonies remaining in Caernarfon and Meirionnydd are small.

The population was at a low ebb in the late nineteenth century, due to excessive egg harvesting and persecution (Gurney 1919). However, Forrest (1907) was aware of sizeable colonies in North Wales. A census in 1973 found 25 colonies in the region, containing an estimated 4,104 to 4,808 pairs (Gribble 1976). Most of the birds were in Meirionnydd and Denbigh, with the largest colony at Llyn Trawsfynydd. There were 1,116 nests here, making it one of the two largest colonies in Wales at the time but it was subsequently deserted in the 1980s. There has been a large decline in North Wales since then, with Seabird 2000 counts (1998–2002) recording a total of 1,288 AON (Mitchell *et al.* 2004). Our results suggest that numbers have declined further with a maximum of 900 pairs thought to breed now.

There are several possible factors for this decline. The young chicks need to be guarded by a parent, which limits the foraging range from the colonies. The viability of colonies can, therefore, be influenced by agricultural or other land-use changes nearby. Predation plays a part, because it is known that large gulls take some chicks at the Cemlyn colony. Pressure from the ever-increasing Canada Goose population has also been suggested as a possible factor for the decline. Currently it appears that Black-headed Gull colonies are unlikely to return to their former glory.

*Ivor Rees*

**Sponsored by/Noddwyd gan Liverpool University Press**

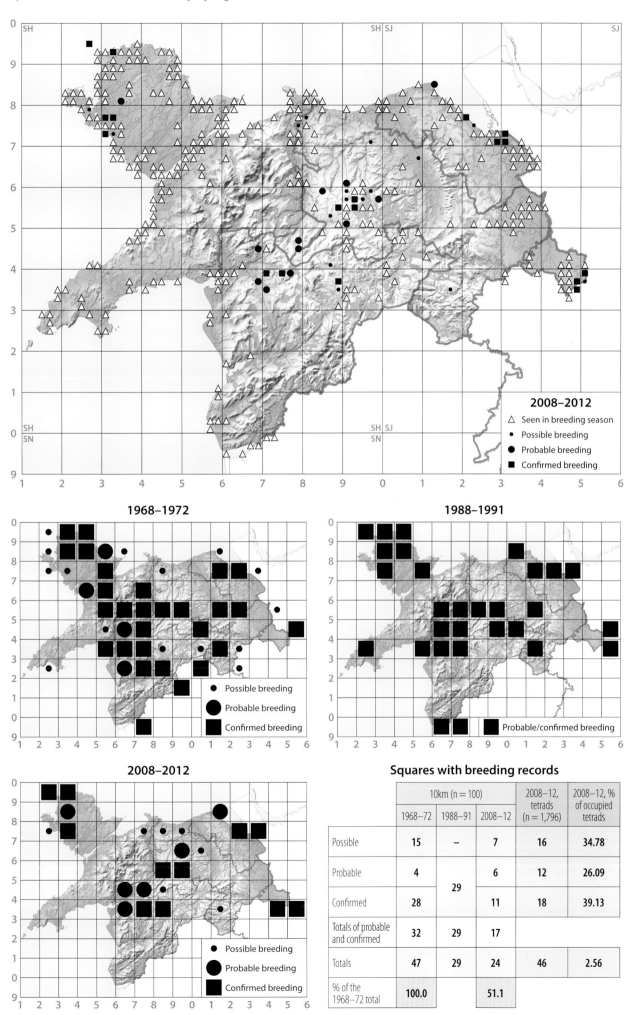

2008–2012

△ Seen in breeding season
• Possible breeding
● Probable breeding
■ Confirmed breeding

**1968–1972**

• Possible breeding
● Probable breeding
■ Confirmed breeding

**1988–1991**

■ Probable/confirmed breeding

**2008–2012**

• Possible breeding
● Probable breeding
■ Confirmed breeding

### Squares with breeding records

| | 10km (n = 100) | | | 2008–12, tetrads (n = 1,796) | 2008–12, % of occupied tetrads |
|---|---|---|---|---|---|
| | 1968–72 | 1988–91 | 2008–12 | | |
| Possible | 15 | – | 7 | 16 | 34.78 |
| Probable | 4 | 29 | 6 | 12 | 26.09 |
| Confirmed | 28 | | 11 | 18 | 39.13 |
| Totals of probable and confirmed | 32 | 29 | 17 | | |
| Totals | 47 | 29 | 24 | 46 | 2.56 |
| % of the 1968–72 total | 100.0 | | 51.1 | | |

# Mediterranean Gull

## *Larus melanocephalus*

**Summer visitor – Welsh conservation status:** Amber

The first Welsh record of the Mediterranean Gull, an adult at Bardsey, was as recent as June 1964. Since then it has gradually become a relatively widespread winter visitor and passage migrant. This gull is now a welcome addition to the region's breeding bird list. Slightly larger than Black-headed Gulls, summer adults are distinctive with all-white wingtips, bright red bills and pure black hoods. Around the breeding grounds their nasal call is also characteristic and can draw attention to their presence. Their winter plumage and that of immature birds poses more of an identification challenge, but despite this they are recorded regularly, mostly at coastal locations. Partly because their nesting habitat requirements are similar, Mediterranean Gulls are drawn to existing colonies of Black-headed Gulls.

Individuals of breeding age have occasionally been noted during the breeding season amongst the lagoon island colonies at the NWWT Cemlyn Reserve since the 1990s. In 2006 two adults were seen together here on one date, and an adult male was present for much of the breeding seasons of 2008 and 2009. In the case of the latter, it was observed attempting to mate with a Black-headed Gull. In 2010 successful breeding by a pair of second-summer birds was recorded with two fledglings raised, to the delight of the wardens and many visitors. This was the first record of successful breeding in Wales. Unsuccessful attempts were recorded in Carmarthen in 2009, 2010 and 2011. In 2011, a pair of second-summer birds, one of which had been ringed at Calais, bred again at Cemlyn. One chick was seen, but subsequently died. Another second-summer bird partnered a Black-headed Gull that year, but the chicks that were produced from the nest appeared to be 100% Black-headed.

The north-westward spread of breeding Mediterranean Gulls through Britain is part of a general range expansion from their stronghold in eastern Europe. Given their Cemlyn foothold, it seems possible that they may in time start to build a viable population in North Wales.

*Ben Stammers*

## Gwylan Môr y Canoldir

Dim ond ym mis Mehefin 1964, ar Ynys Enlli, y cofnodwyd Gwylan Môr y Canoldir yng Nghymru am y tro cyntaf. Erbyn hyn mae wedi dod yn weddol gyffredin fel ymwelydd gaeaf ac aderyn mudol. Gan ei bod yn nythu yn yr un math o gynefinoedd â'r Wylan Benddu, mae Gwylan Môr y Canoldir yn aml i'w gweld yn nythfeydd yr wylan honno. Sylwyd ar unigolion yng ngwarchodfa Cemlyn yn ystod y tymor nythu o'r 1990au ymlaen. Yn 2010, nythodd pâr o adar ail-haf yno, gan fagu dau gyw. Hwn oedd y nythu llwyddiannus cyntaf yng Nghymru. Ymhen amser, efallai y gwelwn yr wylan hon yn nythu'n rheolaidd yng Ngogledd Cymru.

STEVE KNELL (RSPB-IMAGES.COM)

Sponsored on behalf of/Noddwyd ar ran Cara Elizabeth White

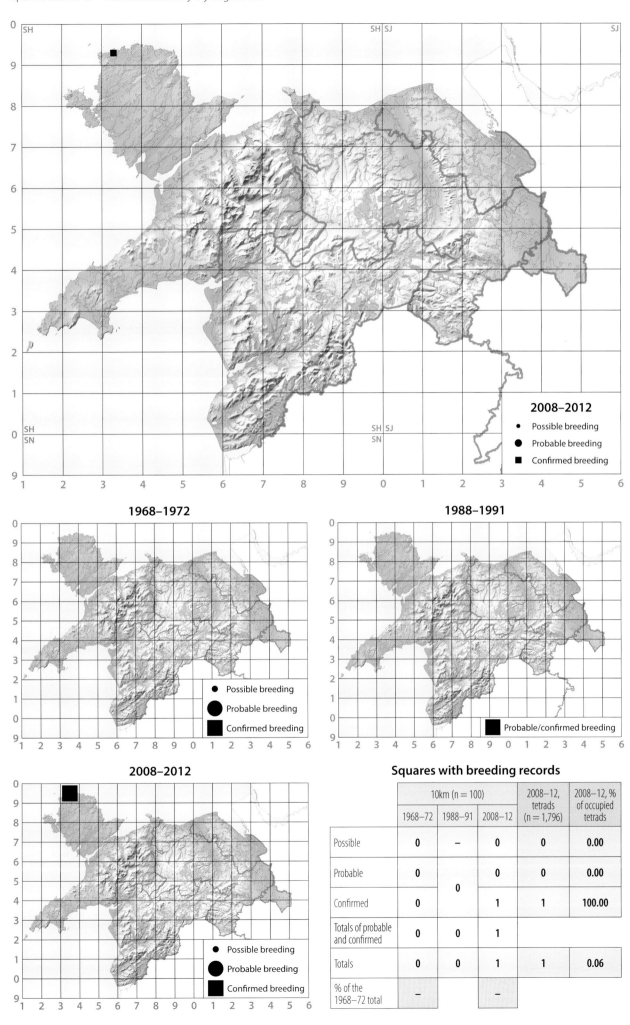

**1968–1972**

**1988–1991**

**2008–2012**

2008–2012

- Possible breeding
- Probable breeding
- Confirmed breeding

Possible breeding
Probable breeding
Confirmed breeding

Probable/confirmed breeding

Possible breeding
Probable breeding
Confirmed breeding

## Squares with breeding records

| | 10km (n = 100) | | | 2008–12, tetrads (n = 1,796) | 2008–12, % of occupied tetrads |
|---|---|---|---|---|---|
| | 1968–72 | 1988–91 | 2008–12 | | |
| Possible | 0 | – | 0 | 0 | 0.00 |
| Probable | 0 | 0 | 0 | 0 | 0.00 |
| Confirmed | 0 | | 1 | 1 | 100.00 |
| Totals of probable and confirmed | 0 | 0 | 1 | | |
| Totals | 0 | 0 | 1 | 1 | 0.06 |
| % of the 1968–72 total | – | | – | | |

# Lesser Black-backed Gull
## *Larus fuscus*
**Summer visitor (some resident) – Welsh conservation status: Amber**

MALCOLM GRIFFITH

## Gwylan Gefnddu Leiaf
Mewn nythfeydd ar wasgar ar hyd yr arfordir y mae'r Wylan Gefnddu Leiaf yn nythu fel rheol. Mae hefyd yn nythu ar doeau mewn trefi, ac ymhell o'r môr ar ynysoedd mewn llynnoedd ar dir uchel. Dengys gwaith maes 2008–12 ei bod yn awr yn nythu ymhellach i'r dwyrain. Mae'r nifer o sgwariau 10 cilomedr lle cofnodwyd adar wedi bron ddyblu er cyfnod Atlas 1968–72. Dangosodd cyfrifiad o'r nythfeydd arfordirol fod 3,736 nyth yng Ngogledd Cymru yn 1969–70. Erbyn y cyfrifiad nesaf yn 1985–88, nid oedd ond 1,890 nyth. Bu gostyngiad pellach, i 1,583 nyth, yn 1998–2002. Roedd y prif nythfeydd yn 2011 ar Ynysoedd y Moelrhoniaid, lle'r oedd 359 nyth, ac ar Ynys Enlli, gyda 209 nyth.

in autumn and winter down the western coasts of Europe and Africa, especially Spain, Portugal and Morocco.

The tetrad map shows that the Lesser Black-backed Gull can be seen almost anywhere during the breeding season, but is not quite as widespread as the Herring Gull. It breeds at suitable places around the coast and reveals a patchy occurrence, with a few tetrads occupied on Llŷn and along the coast from Anglesey to the Dee Estuary. It also breeds inland, mainly on islands in upland lakes and reservoirs, such as Llyn Brenig, Llyn Trawsfynydd and Llyn Elsi near Betws y Coed. The number of occupied squares has nearly doubled since the 1968–72 Atlas and the 2008–12 fieldwork reveals a range expansion further east and inland.

Forrest (1907) described the Lesser Black-backed Gull as "Fairly common on the coasts as a resident or partial migrant; few breeding places" and stated that they were rarely found inland except when on passage. Since Forrest's time, there seems to have been an increase but more recently there has been a large decline in the number of birds nesting around the coast. A total of 3,733 AON were found in 1969–70 but there were only 1,583 during the Seabird 2000 survey in 1998–2002 (Mitchell *et al.* 2004). There were 51 roof-nesting pairs in 1998–2000. The largest colonies are now on the Skerries, where there were 498 AON in 2012, and on Bardsey, which had 209 AON in 2011. There has been a large fall in the number nesting on dunes and on clifftops in Anglesey. There were around 2,000 pairs at Newborough Warren in 1969 and about 2,000 pairs at Pen-y-parc, Bodorgan, in 1986 (Jones & Whalley 2004). The disappearance of these colonies may be linked to the increase of Red Fox on Anglesey since the late 1960s. It seems unlikely that this species can recover its former breeding numbers in North Wales.

*Simon Hugheston-Roberts*

Lesser Black-backed Gulls are a harbinger of spring when they appear *en masse* in ploughed fields and on estuaries in late February and early March. The adult is impressively smart with its dark grey wings and back in contrast to its white body. This species is mainly a summer migrant, but an increasing number are overwintering and small numbers now occur in North Wales in January and February. Like the Herring Gull, it gets a mixed reception in coastal towns where it is often considered a pest. Lesser Black-backed Gulls do not breed until they are at least four years old, and nest in loose colonies scattered around the coast, often within or near Herring Gull colonies. They nest on the flatter parts of small islands and grassy slopes, and also on coastal structures and urban rooftops. They forage on a wide variety of marine food, especially fish, and are more likely to be found feeding out at sea than the Herring Gull. Lesser Black-backed Gulls also take terrestrial prey, such as earthworms, and often scavenge for food waste from refuse tips and urban areas.

They tend to vacate the colonies from August onwards; at the end of the breeding season there is a general southward movement with adults appearing to leave first followed by the juveniles. The non-breeding immature birds that visit colonies and feeding sites tend to migrate south earlier than the adults, though some now winter in the UK. Birds ringed as chicks at Bardsey and Llyn Trawsfynydd have been recovered

Sponsored by/Noddwyd gan Ian M. Spence

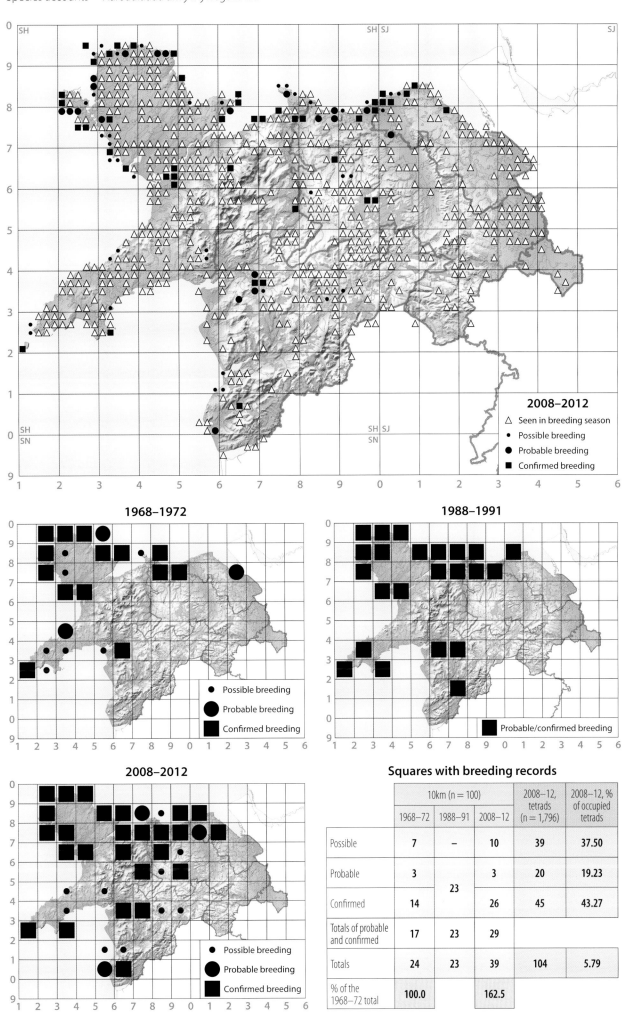

2008–2012

△ Seen in breeding season
● Possible breeding
● Probable breeding
■ Confirmed breeding

**1968–1972**

● Possible breeding
● Probable breeding
■ Confirmed breeding

**1988–1991**

■ Probable/confirmed breeding

**2008–2012**

● Possible breeding
● Probable breeding
■ Confirmed breeding

## Squares with breeding records

| | 10km (n = 100) | | | 2008–12, tetrads (n = 1,796) | 2008–12, % of occupied tetrads |
|---|---|---|---|---|---|
| | 1968–72 | 1988–91 | 2008–12 | | |
| Possible | 7 | – | 10 | 39 | 37.50 |
| Probable | 3 | 23 | 3 | 20 | 19.23 |
| Confirmed | 14 | | 26 | 45 | 43.27 |
| Totals of probable and confirmed | 17 | 23 | 29 | | |
| Totals | 24 | 23 | 39 | 104 | 5.79 |
| % of the 1968–72 total | 100.0 | | 162.5 | | |

# Herring Gull
## *Larus argentatus*
### Resident – Welsh conservation status: Red

STEVE CULLEY

## Gwylan y Penwaig

Ceir Gwylan y Penwaig yn nythu mewn nythfeydd gwasgaredig, mewn grwpiau bychain neu'n barau unigol ar hyd yr arfordir, ar draethau creigiog, clogwyni a graean. Mae hefyd yn nythu ar ynysoedd mewn llynnoedd, ac ar doeau tai ac adeiladau eraill. Dengys y map tetrad ei bod yn nythu ymhobman ar yr arfordir, yn arbennig ar hyd yr arfordir gogleddol. Dangosodd gwaith maes 2008–12 ei bod yn awr yn nythu ymhellach i'r dwyrain, sy'n gysylltiedig â nythu ar doeau. Er i'r nifer yn nythu ar doeau gynyddu rhwng 1969–70 a 1998–2002, bu gostyngiad yn nifer y nythod ar yr arfordir yn yr un cyfnod. Gallai'r rhesymau am y gostyngiad gynnwys llai o gyfle i fwydo ar domennydd gwastraff oherwydd dulliau rheoli gwahanol, effeithiau botwliaeth a lleihad mewn gwastraff pysgota.

Herring Gulls and their evocative calls are ubiquitous along the rocky coasts and seaside towns of North Wales. Majestic seabirds or 'rats with wings', the new phenomenon of the urban gull gets a mixed reception from the general public. Herring Gulls take four years to mature and nest in loose colonies, small groups or sometimes lone pairs. Some colonies are shared with Lesser Black-backed Gulls. The nests are typically located on rocky shorelines, coastal stacks, cliffs, grassy areas and shingle whereas inland sites are often on islands in lakes. Roofs and other man-made structures are used in both coastal and inland areas. The diet is varied as they are opportunists, taking marine and terrestrial prey as well as scavenging scraps from refuse tips and urban streets.

Some birds remain in the vicinity of their breeding colony for most of the year. Attendance at the colony increases in the spring when territories are established and nest building takes place in April. Both young and adults, especially females, move south outside the breeding season. Recoveries of birds ringed in North Wales have mainly been around the Irish Sea with a few in the Severn Estuary, as far south as Cornwall, across to the west coast of Ireland and along the English Channel coast, with a scattering of inland records (Migration Atlas).

Forrest (1907) stated that this species was "Abundant on coasts; breeds on islands and coasts of Anglesey and Carnarvon", adding that "the Herring Gull has no breeding station in Merioneth, Denbigh or Flint, though the bird is common enough". In contrast, the tetrad map shows the greater concentration of nesting is now along the north coast, from the north of Anglesey eastwards to the Dee. The roof-nesting population has increased in recent years and spread to more towns. They may be seen virtually anywhere inland during the breeding season. Some breeding occurs by waterbodies in the interior of Anglesey and the uplands of the mainland. The two previous Atlases show a northern and western bias in distribution associated with traditional natural coastal sites and seaside towns. The 2008–12 fieldwork reveals a range expansion further east which is associated with increased occurrence of roof-nesting.

The Operation Seafarer (1969–70) totals in Mitchell *et al.* (2004) show that there were 32,387 AON at coastal sites, equating to 66.7% of the Welsh total. There was a dramatic decline by the time of the Seabird Colony Register (1985–88) to 5,171 AON in North Wales and a further drop to 4,622 AON at the time of Seabird 2000 (1998–2002) which was 33.2% of the Welsh total. In contrast the number of roof-nesting pairs has increased from 267 in 1969–70 to 874 by 1999–2002, which was 47.8% of the Welsh total of roof-nesting Herring Gulls. Not only has there been a large decline in the North Wales breeding population but productivity has also declined from an average of about two young per pair to 0.5 young per pair. Factors causing these declines could include fewer feeding opportunities at refuse tips due to changes in management, the effects of botulism as a result of feeding on such refuse tips (where they still exist) and a reduction in discards from fisheries. Herring Gull numbers may well be returning to more natural levels for a species that was originally a shoreline scavenger.

*Simon Hugheston-Roberts*

Sponsored in memory of/Noddwyd er cof am Christine Hartley

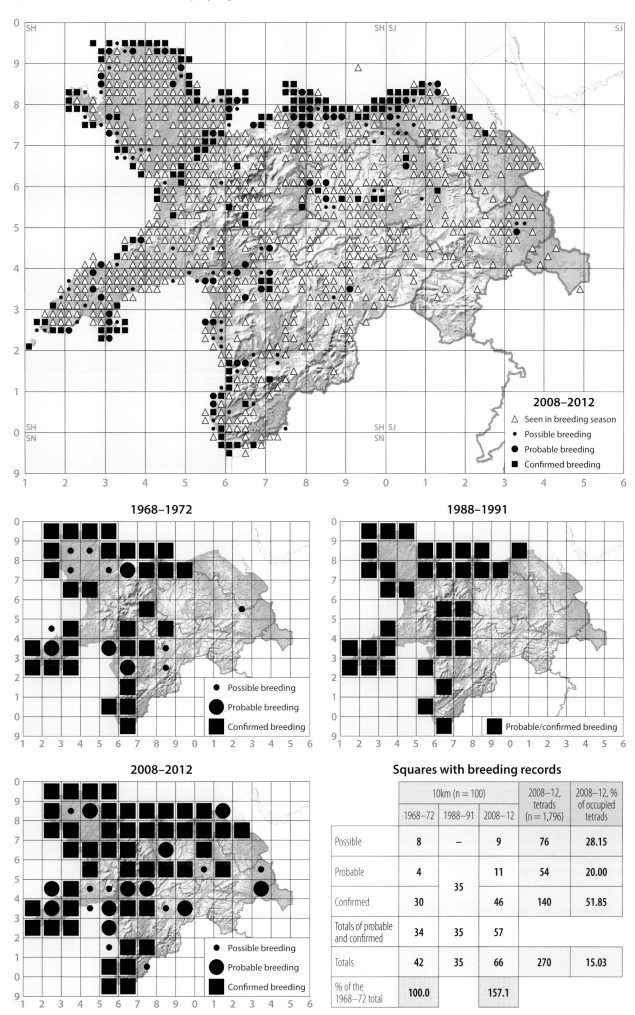

2008–2012
△ Seen in breeding season
• Possible breeding
● Probable breeding
■ Confirmed breeding

1968–1972
• Possible breeding
● Probable breeding
■ Confirmed breeding

1988–1991
■ Probable/confirmed breeding

2008–2012
• Possible breeding
● Probable breeding
■ Confirmed breeding

## Squares with breeding records

| | 10km (n = 100) | | | 2008–12, tetrads (n = 1,796) | 2008–12, % of occupied tetrads |
|---|---|---|---|---|---|
| | 1968–72 | 1988–91 | 2008–12 | | |
| Possible | 8 | – | 9 | 76 | 28.15 |
| Probable | 4 | 35 | 11 | 54 | 20.00 |
| Confirmed | 30 | | 46 | 140 | 51.85 |
| Totals of probable and confirmed | 34 | 35 | 57 | | |
| Totals | 42 | 35 | 66 | 270 | 15.03 |
| % of the 1968–72 total | 100.0 | | 157.1 | | |

# Great Black-backed Gull

## *Larus marinus*

### Resident – Welsh conservation status: Red

Great Black-backed Gulls are the largest of the world's gulls. They are the least numerous of our regular breeding gulls, mainly nesting singly or in small groups, favouring open nest sites on top of sea stacks, small headlands and prominent ridges; a few nest inland on islands in lakes. Occasionally, they nest on buildings in urban areas next to the coast. This is a fairly recent development in Wales, the first record of roof-nesting being a pair that bred on a chimney stack of the Old College, Aberystwyth in 1998 (Green 2002). Great Black-backed Gulls are opportunist omnivores and predators. Heavily built with a strong bill, they are capable of taking quite large prey. At breeding sites they predate the eggs, chicks and sometimes adults of the smaller gulls and other seabirds, including Manx Shearwater. They will force other seabirds to drop or disgorge food, will forage intertidal areas for marine organisms, and scavenge at landfill sites. Terrestrial mammals are also taken such as Rabbits, Brown Rats and mice.

Breeding territories are often occupied throughout the year. Generally, eggs are laid from the beginning of May to early June and once hatched, it takes 7–8 weeks for the young to fledge. Ringing recoveries have shown that adults are largely sedentary and are rarely found far from their breeding sites. Juveniles move further; recoveries of birds ringed as chicks on Bardsey and the Gwylan Islands have mainly been from around the Irish Sea, with the exception of a bird ringed as a nestling in June 2006 which reached Portugal the same November. Another bird ringed as a chick on the Gwylans in 1984 was found dead in Charente-Maritime, France, in 1996.

JOHN LAWTON ROBERTS

## Gwylan Gefnddu Fwyaf

Yr Wylan Gefnddu Fwyaf yw'r fwyaf o wylanod y byd. Fel rheol, mae'n nythu fel parau unigol neu grwpiau bychain ar ben staciau, penrhynnau bychain ac esgeiriau. Mae niferoedd llai yn nythu ar ynysoedd mewn llynnoedd. Ambell dro, maent yn nythu ar adeiladau mewn trefi ger yr arfordir. Dengys y mapiau fod y rhan fwyaf yn nythu ar hyd arfordir Llŷn, Môn, y Gogarth a Rhiwledyn. Cofnodwyd nythu ar doeau ar ddau safle diwydiannol ger Caernarfon yn ystod gwaith maes 2008–12. Mae'r nifer o sgwariau lle cofnodwyd y rhywogaeth yma bron wedi dyblu er 1968–72, ac er cyfnod Atlas 1988–91 mae wedi ymledu tua'r dwyrain.

The distribution map shows that breeding is concentrated around the coast of Llŷn, Anglesey and the Ormes. Anglesey holds the most occupied tetrads around its open coast, from Ynys Adar off Llanddwyn Island to Puffin Island. It becomes less frequent eastwards along the coast. Roof-nesting was recorded on two industrial sites near Caernarfon during 2008–12 fieldwork. Small numbers breed inland at a few lakes and reservoirs in Anglesey, Caernarfon and Meirionnydd, and as far east as Llyn Brenig in Denbigh.

The two national Atlases showed a north-western bias in distribution, with no breeding in the north-east. There has been an increase in the number of occupied squares since the 1968–72 Atlas, with evidence of an eastward expansion in range. Overall, the number of occupied squares has almost doubled since the 1968–72 Atlas. Forrest (1907) described this gull as "Fairly common in winter. One or two pairs nest in scattered localities in the west." Some pairs bred on mountain tarns, mainly in Meirionnydd, but this was declining owing to egg-collecting. In Britain, the Great Black-backed Gull increased steadily as a breeding species during much of the twentieth century. The 1998–2002 census found a total of 101 AON around the coast of North Wales (Mitchell *et al.* 2004).

*Simon Hugheston-Roberts*

Sponsored by/Noddwyd gan Kieran Wynne-Cattanach

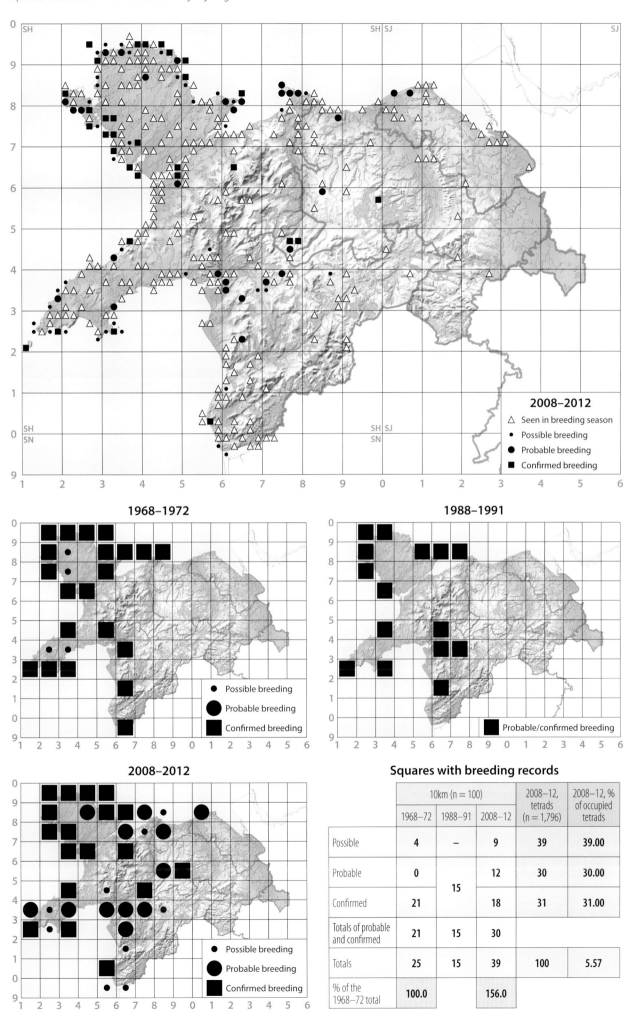

**2008–2012**

△  Seen in breeding season
•  Possible breeding
●  Probable breeding
■  Confirmed breeding

**1968–1972**

•  Possible breeding
●  Probable breeding
■  Confirmed breeding

**1988–1991**

■  Probable/confirmed breeding

**2008–2012**

•  Possible breeding
●  Probable breeding
■  Confirmed breeding

## Squares with breeding records

| | 10km (n = 100) | | | 2008–12, tetrads (n = 1,796) | 2008–12, % of occupied tetrads |
|---|---|---|---|---|---|
| | 1968–72 | 1988–91 | 2008–12 | | |
| Possible | 4 | – | 9 | 39 | 39.00 |
| Probable | 0 | 15 | 12 | 30 | 30.00 |
| Confirmed | 21 | | 18 | 31 | 31.00 |
| Totals of probable and confirmed | 21 | 15 | 30 | | |
| Totals | 25 | 15 | 39 | 100 | 5.57 |
| % of the 1968–72 total | 100.0 | | 156.0 | | |

# Little Tern
## *Sternula albifrons*
### Summer visitor – Welsh conservation status: Red

The Little Tern is a migrant and the smallest of our five breeding tern species. In courtship the male gently entices its mate with a fish. Together, the pair are fiercely protective of their eggs and young, and will attack predators much greater in size. This bravery may be a necessity as UK breeding sites are often on the mainland, where they are vulnerable to a range of predators. The Little Tern requires a beach with bare shingle, shells or sand and does not nest on our rocky offshore islands, like other tern species.

Little Terns have a restricted foraging range of up to 6km from the colony but not more than 1.5km offshore (BWP). In the UK they breed on coastal strips, though in Europe they also nest on the banks of some major rivers as seen, for example, in France. There is now only one surviving colony in Wales at Gronant, Flint and numbers there over the last 25 years have fluctuated from 52 pairs in 1988 to 125 pairs in 2012. During the 2008–12 fieldwork period the number of young fledged varied between 123 in 2009 and possibly as few as 26 in 2012. The Gronant colony was protected for many years by an RSPB-funded scheme, but this is now organised by Denbighshire County Council, with the help of volunteer wardens. The less successful breeding seasons can usually be attributed to high predation by Red Fox (in 2001), Carrion Crow (in 2005) or Kestrel (in 2012), or to inclement weather and storm tides. Williams (2000) reported that the Little Terns at Gronant had fared very well over the period 1975–99, largely because of the species' protection programme implemented there.

Forrest (1907) reported that Little Terns were "common on the coast; many breeding colonies on flat shores in all the maritime counties" and listed a minimum of 21 different colonies. Jones (1974) reported just one regular site in Meirionnydd with only a few pairs; the last breeding here was in 1988 (Lovegrove *et al.* 1994). Jones and Dare (1976) recorded one small colony in Caernarfon at Dinas Dinlle, which Barnes (1997) reported was

## Morwennol Fechan

Ar draethau lle ceir graean, cregyn neu dywod y mae'r Forwennol Fechan yn nythu, yn hytrach nag ar yr ynysoedd creigiog lle ceir nythfeydd y môr-wenoliaid eraill. Yr unig nythfa yng Nghymru yw'r un ar y traeth gerllaw Gronant, Fflint. Ar un adeg, roedd yr RSPB yn gyfrifol am warchod y nythfa hon, ond erbyn hyn mae Cyngor Sir Dinbych wedi cymryd y cyfrifoldeb. Dros y 25 mlynedd diwethaf, amrywiodd y niferoedd yma o 52 pâr yn 1988 i 125 pâr yn 2012. Mae'r nifer o gywion a fegir yn amrywio'n fawr hefyd. Yn 1907, roedd nythfeydd y Forwennol Fechan yn gyffredin ar hyd arfordir Gogledd Cymru. Er cyfnod Atlas 1968–72, collwyd pum nythfa o draethau Môn, Caernarfon a Meirionnydd.

last active in 1988. The last two records of breeding on Anglesey were in 1978 and 1997 at Abermenai (Jones & Whalley 2004). Habitat loss, human disturbance, predation and severe weather have all affected this species. The decline in range since the 1968–72 Atlas has been significant with the loss of five colonies in the counties of Anglesey, Caernarfon and Meirionnydd. At Gronant the colony shifts each season depending on the shape of the shingle bank and straddles a boundary between two 10km squares. Global Positioning System (GPS) data shows movement of the colony in a north-easterly direction as terns select the mixed shingle and bare sand that has newly accreted from the Irish Sea. The position of the colony is likely to change with the further accretion of sediment.

Provided the current species' protection programme continues to be adequately resourced, the Little Tern should remain a North Wales breeding bird.

*Adrian Hibbert*

**Sponsored by/Noddwyd gan Denbighshire County Council**

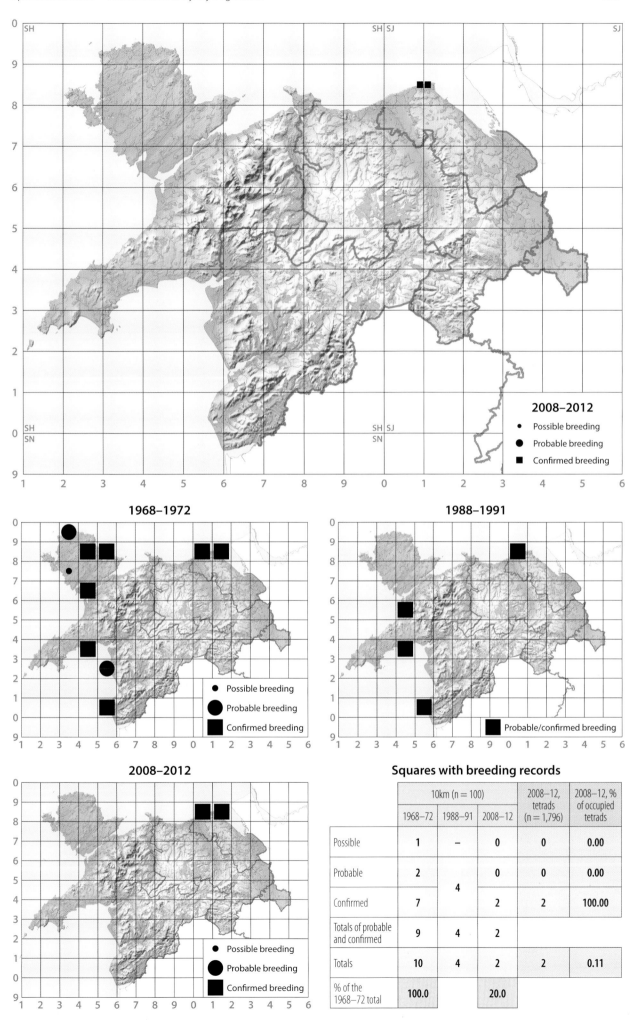

**1968–1972**

Possible breeding
Probable breeding
Confirmed breeding

**1988–1991**

Probable/confirmed breeding

**2008–2012**

Possible breeding
Probable breeding
Confirmed breeding

2008–2012

Possible breeding
Probable breeding
Confirmed breeding

## Squares with breeding records

| | 10km (n = 100) | | | 2008–12, tetrads (n = 1,796) | 2008–12, % of occupied tetrads |
|---|---|---|---|---|---|
| | 1968–72 | 1988–91 | 2008–12 | | |
| Possible | 1 | – | 0 | 0 | 0.00 |
| Probable | 2 | 4 | 0 | 0 | 0.00 |
| Confirmed | 7 | | 2 | 2 | 100.00 |
| Totals of probable and confirmed | 9 | 4 | 2 | | |
| Totals | 10 | 4 | 2 | 2 | 0.11 |
| % of the 1968–72 total | 100.0 | | 20.0 | | |

# Sandwich Tern

*Sterna sandvicensis*

**Summer visitor – Welsh conservation status:** Amber

Striking, elegant and vocal, the Sandwich Tern is the largest of the UK breeding terns and probably the easiest to identify due to the loud "kirrick" call, the short forked tail and yellow-tipped black bill. The lithe, buoyant flight is also distinctive, and the dramatic plunge-diving feeding method often catches the eye. Sandwich Terns spend the winter in west Africa, returning to Wales sometimes as early as the beginning of March. Highly gregarious, they prefer to nest in large, dense colonies, where their courtship 'dance' and aerial acrobatics in the spring, and later their tireless provision of fish for the chicks, provide a wildlife spectacle that is hard to beat.

This species prefers to nest at coastal sites that contain low-lying, sparsely vegetated habitat, preferably close to good fishing grounds and within an existing seabird colony. Currently, the only Sandwich Tern breeding colony in Wales is at the NWWT Reserve at Cemlyn on Anglesey, where the population is monitored and protected every year. Interestingly, this species has never been proved to breed on the mainland of Wales with the nearest other colonies in Cumbria, and across the Irish Sea in Co. Down and Co. Wexford. Ringing evidence suggests that birds do move between these sites, particularly post-fledging. In the event of serious mid-season disturbance there may even be a full-scale transfer of birds, such as is believed to have occurred in 2002, when a late influx of over 200 birds arrived at Cemlyn and established a subcolony shortly after the Hodbarrow site in Cumbria was deserted.

Sandwich Tern populations are notorious for fluctuating wildly, due both to this habit of deserting one colony for another, and to their 'boom and bust' productivity, with its consequent erratic recruitment of adult breeding birds. The history of their colonisation of Anglesey shows some of these fluctuations, with several disappearances and fallow periods. Forrest (1907) reported that this species "had occurred once or twice" but it wasn't until 1914 that Sandwich Terns first bred in North Wales at Llanddwyn Island. Intermittent breeding in small numbers was subsequently recorded at several sites on the west coast of Anglesey and on the Skerries (Jones & Whalley 2004). Ynys Feurig, near Rhosneigr, held significant numbers into the mid-1980s, at which point the focus switched to Cemlyn in the north, where a colony had been building up on the lagoon islands since the 1970s. During the period since the 1988–91 Atlas there have been one or two nesting attempts at Ynys Feurig, but nothing involving significant numbers of birds.

The overall change since the 1988–91 Atlas has been one of population trend rather than distribution, with an increase in the average number of nests recorded per season at the Cemlyn colony. Despite some unproductive seasons due to bird or mammal predation (problems that are addressed by conservation staff on-site) the general story is one of growth.

## Morwennol Bigddu

Ar yr arfordir y ceir nythfeydd Morwenoliaid Pigddu – mewn safleoedd lle y mae yna lystyfiant isel, tenau'n agos at lecynnau da i bysgota. Mae'r forwennol hon yn hoff o nythu yn nythfeydd adar môr eraill. Y nythfa yng Ngwarchodfa Cemlyn ar Ynys Môn yw unig nythfa'r Morwenoliaid Pigddu yng Nghymru a chaiff hon ei gwarchod a'i gwylio bob blwyddyn. Bydd y nifer a geir mewn nythfa'n amrywio o flwyddyn i flwyddyn oherwydd tuedda'r Forwennol Bigddu i symud i nythfa arall; hefyd, bydd nifer y cywion yn amrywio o flwyddyn i flwyddyn. Yn y 1980au a'r 1990au, ceid oddeutu 550 o barau ar gyfartaledd yng Nghemlyn. Cynyddodd y nifer i dros 1,000 o barau yn ystod gwaith maes 2008–12. Ac yn 2012, roedd o leiaf 2,050 o barau yno – mwy na 10% o gyfanswm y Deyrnas Unedig.

MIKE NESBITT

The average for most of the 1980s and 1990s was about 550 pairs, rising to over 1,000 pairs during the 2008–12 fieldwork. There was a record-breaking season in 2012, with at least 2,050 pairs (more than 10% of the UK population), highlighting the importance of North Wales for this species.

*Ben Stammers*

**Sponsored by/Noddwyd gan the Magnox North Wylfa Site and the North Wales Wildlife Trust**

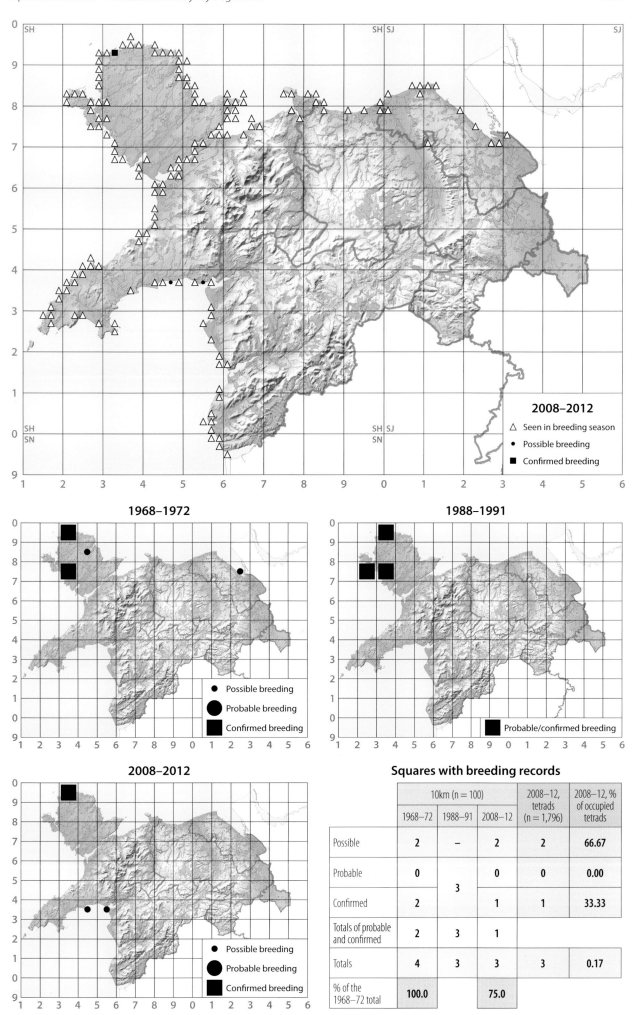

**2008–2012**

△ Seen in breeding season

● Possible breeding

■ Confirmed breeding

**1968–1972**

● Possible breeding

● Probable breeding

■ Confirmed breeding

**1988–1991**

■ Probable/confirmed breeding

**2008–2012**

● Possible breeding

● Probable breeding

■ Confirmed breeding

**Squares with breeding records**

| | 10km (n = 100) | | | 2008–12, tetrads (n = 1,796) | 2008–12, % of occupied tetrads |
|---|---|---|---|---|---|
| | 1968–72 | 1988–91 | 2008–12 | | |
| Possible | 2 | – | 2 | 2 | 66.67 |
| Probable | 0 | 3 | 0 | 0 | 0.00 |
| Confirmed | 2 | | 1 | 1 | 33.33 |
| Totals of probable and confirmed | 2 | 3 | 1 | | |
| Totals | 4 | 3 | 3 | 3 | 0.17 |
| % of the 1968–72 total | 100.0 | | 75.0 | | |

# Common Tern

*Sterna hirundo*

**Summer visitor – Welsh conservation status: Red**

ASHLEY COHEN

## Morwennol Gyffredin

Mae'r Forwennol Gyffredin yn nythu ar safleoedd lle ceir llystyfiant gwasgaredig, ar ynysoedd yn bennaf, ac mae'n barod iawn i nythu ar rafftiau ar y dŵr. Yng Nghymru, dim ond ar arfordir Môn a gerllaw aber afon Dyfrdwy y ceir nythfeydd. Ar safle Gwaith Dur Shotton, darparwyd rafftiau yn y 1970au i geisio sefydlu nythfa newydd. Roedd dros 700 o barau yn nythu yma ambell flwyddyn, ond nid ydynt wedi nythu'n llwyddiannus ar y safle hwn er 2008. Ar Ynys Môn, ceir y rhan fwyaf o'r boblogaeth yng Nghemlyn, Rhosneigr ac Ynysoedd y Moelrhoniaid. Cymharol fychan yw'r nythfeydd, ond roedd rhwng 595 a 692 o nythod ar Ynysoedd y Moelrhoniaid yn 2012.

The dark-tipped red bill, somewhat shorter tail streamers and longer legs help distinguish Common Terns from their near relative the Arctic Tern. Common Terns are not strictly coastal in their distribution and can be found nesting on inland freshwater sites. Breeding sites are invariably sparsely vegetated, mainly on islands and because of this Common Terns readily take to gravel-covered, artificial rafts.

In Wales, breeding Common Terns are restricted to sites around the Anglesey coast and to the Dee, particularly at Shotton Steel Works, where the provision of rafts within the lagoons in the early 1970s established a new breeding site. The colony flourished and grew to become the largest in Wales with over 700 pairs in some years. However, Common Terns have not bred successfully at Shotton since 2008. It appeared in the next couple of years that a significant proportion of the birds formerly breeding at Shotton attempted to breed at Seaforth Nature Reserve, Liverpool. Observations by Merseyside Ringing Group in 2012 at Shotton indicated that several hundred terns roosted on the nesting rafts but usually left before first light. A few birds attempted to breed but no young birds were fledged (Bob Harris pers. comm.). Although there are no inland colonies in North Wales now, there was one at Llyn Trawsfynydd, Meirionnydd, in the 1960s, with up to ten pairs. There were nine nests in 1970, but this site was deserted in the next few years.

Colonies on Anglesey have been generally relatively small with no single site holding more than 300 pairs in the past 30 years. Small numbers continue to breed at sites such as the Inland Sea and Ynys Gorad Goch in the Menai Strait, though it is Cemlyn, Rhosneigr and the Skerries that hold the bulk of the

population. Common Terns recolonised the Skerries in 1991, and numbers have steadily increased with 259 pairs breeding in 2011. The latest information from RSPB Cymru is that there were 595–692 AON in 2012. Historic sites such as Ynys Dulas, Llanddwyn, Penmon Quarry, Rhoscolyn, Abermenai and Llyn Alaw have not held birds now for many years.

Forrest (1907) reported the Common Tern as a "summer migrant, met with on all coasts, but most numerous round Anglesey, where it has three breeding stations". He also made an observation that indicates how times have changed: "Despite the epithet 'Common,' this species is much more restricted in its range than the Lesser [= Little] Tern." By the time of the 1968–72 Atlas it was breeding on inland waters on Anglesey, though the number of such sites had reduced by the 1988–91 Atlas and there are now none inland. Although there are still good numbers of birds breeding on the Anglesey coast, the restricted number of breeding sites makes this species vulnerable.

*Alastair Moralee*

**Sponsored by/Noddwyd gan Merseyside Ringing Group**

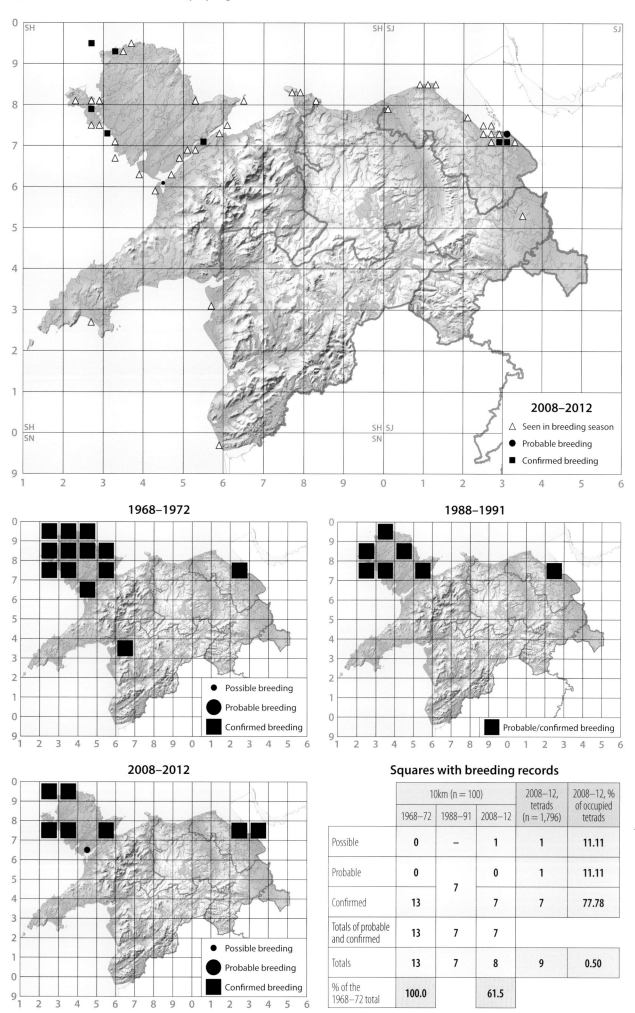

2008–2012

△ Seen in breeding season

● Probable breeding

■ Confirmed breeding

**1968–1972**

● Possible breeding

● Probable breeding

■ Confirmed breeding

**1988–1991**

■ Probable/confirmed breeding

**2008–2012**

● Possible breeding

● Probable breeding

■ Confirmed breeding

**Squares with breeding records**

| | 10km (n = 100) | | | 2008–12, tetrads (n = 1,796) | 2008–12, % of occupied tetrads |
|---|---|---|---|---|---|
| | 1968–72 | 1988–91 | 2008–12 | | |
| Possible | 0 | – | 1 | 1 | 11.11 |
| Probable | 0 | 7 | 0 | 1 | 11.11 |
| Confirmed | 13 | | 7 | 7 | 77.78 |
| Totals of probable and confirmed | 13 | 7 | 7 | | |
| Totals | 13 | 7 | 8 | 9 | 0.50 |
| % of the 1968–72 total | 100.0 | | 61.5 | | |

# Roseate Tern
## *Sterna dougallii*
### Summer visitor – Welsh conservation status: Red

This attractive seabird has always had a very limited breeding distribution in Wales, with Anglesey the main focus. Forrest (1907) knew of two colonies, one unnamed and the other on the Skerries, which was of very small numbers and under threat from egg collectors. In July 1916 about six pairs were present, perhaps breeding, in a Common Tern colony at Point of Ayr (Lovegrove *et al.* 1994). Since then, all breeding records have been on Anglesey. Over 200 pairs were breeding in two colonies in 1969 and 1971, and over 100 pairs were still present at up to three sites during the 1988–91 Atlas (Lovegrove *et al.* 1994; RSPB records). Fewer than ten pairs have bred at any site since 1995, with just one or two pairs in most years.

Ring resightings showed that by 1990 a number of the Anglesey breeding pairs had moved to the main Irish colony on the island of Rockabill, north of Dublin. In that year, 65 birds at this colony were seen to have been ringed at Ynys Feurig, near Rhosneigr. As the colony at Rockabill continues to flourish, with over 1,100 pairs breeding in 2011 and 1,211 pairs in 2012 (Steve Newton, BirdWatch Ireland pers. comm.), it could well be the source of new colonists to Anglesey in the future.

Roseate Terns almost always breed in company with Common Terns. The Roseates show a preference for nesting in recessed or concealed sites, under Tree Mallow for example;

## Morwennol Wridog

Er 1916, dim ym Môn y cofnodwyd y Forwennol Wridog yn nythu yng Nghymru. Roedd dros 200 pâr mewn dwy nythfa yn 1969 a 1971, ac yn ystod Atlas 1988–91 roedd dros gant o barau mewn tair nythfa. Ceir tystiolaeth o weld adar wedi ei modrwyo fod nifer o'r parau arferai nythu ym Môn wedi symud i'r brif nythfa yn Iwerddon, Ynys Rockabill ym Mae Dulyn, erbyn 1990. Er 1995, nid oes mwy na deg pâr wedi nythu yn unrhyw safle ar Ynys Môn, a dim ond pâr neu ddau gan amlaf. Gwell gan y Forwennol Wridog nythu mewn safle o'r golwg. Gall ddefnyddio blychau, a darperir y rhain yn un o nythfeydd Môn yn y gobaith o ddenu'r forwennol yma i ddychwelyd.

they will also use boxes and a number of these are provided each season in at least one Anglesey tern colony to encourage this species to return. Maintaining the existing tern colonies on Anglesey to provide potential future sites is, therefore, the current priority and provides the best chance of this species coming back to North Wales as a regular breeder.

*Alastair Moralee*

CHRIS GOMERSALL (RSPB-IMAGES.COM)

Sponsored by/Noddwyd gan Nicola Davies

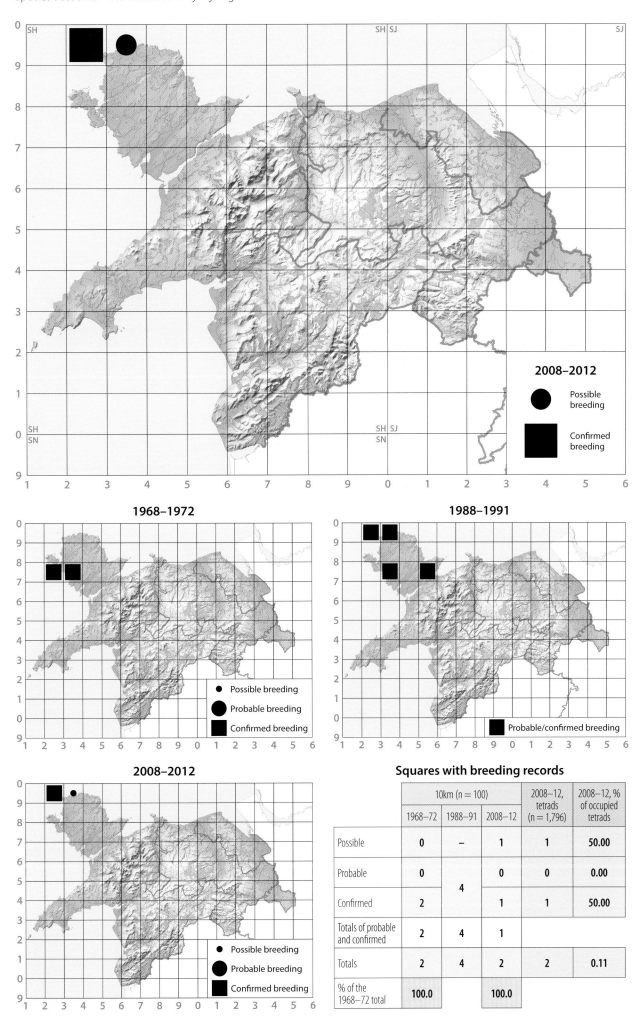

2008–2012

● Possible breeding

■ Confirmed breeding

**1968–1972**

● Possible breeding

● Probable breeding

■ Confirmed breeding

**1988–1991**

■ Probable/confirmed breeding

**2008–2012**

● Possible breeding

● Probable breeding

■ Confirmed breeding

## Squares with breeding records

| | 10km (n = 100) | | | 2008–12, tetrads (n = 1,796) | 2008–12, % of occupied tetrads |
|---|---|---|---|---|---|
| | 1968–72 | 1988–91 | 2008–12 | | |
| Possible | 0 | – | 1 | 1 | 50.00 |
| Probable | 0 | 4 | 0 | 0 | 0.00 |
| Confirmed | 2 | | 1 | 1 | 50.00 |
| Totals of probable and confirmed | 2 | 4 | 1 | | |
| Totals | 2 | 4 | 2 | 2 | 0.11 |
| % of the 1968–72 total | 100.0 | | 100.0 | | |

# Arctic Tern

*Sterna paradisaea*

**Summer visitor – Welsh conservation status: Red**

MALCOLM GRIFFITH

## Morwennol y Gogledd

Wrth ddychwelyd i'w safleoedd nythu, mae Morwennol y Gogledd yn cwblhau taith enfawr. Dangosodd offer geoleoli fod adar sy'n nythu yn yr Ynys Werdd a Gwlad yr Iâ ar gyfartaledd yn teithio 70,900 cilomedr mewn blwyddyn. Fel rheol maent yn nythu ar ynysoedd arfordirol, gyda morwenoliaid eraill. Gall anifeiliaid rheibus, cystadleuaeth am safleoedd nythu, yn enwedig gyda'r gwylanod mwy, ac ymyrraeth gan bobl fod yn broblem. Dim ond ym Môn y maent yn nythu yng Nghymru, ac mae tua 6% o boblogaeth y DU yno. Cynyddodd o 1,100 o barau yn 1991 i tua 3,900 pâr yn 2012. Ar Ynysoedd y Moelrhoniaid, y nythfa fwyaf ym Mhrydain yn awr, cynyddodd y nifer o bron 700 pâr i 3,289 pâr yn y cyfnod yma.

Returning to Anglesey breeding sites from their immense annual peregrination to the Southern Ocean, the Arctic Tern epitomises the ultimate long-distance migrant. Geolocators attached to Arctic Terns breeding in north-east Greenland and north-west Iceland in 2007 revealed that the average distance they covered in a round trip from these breeding grounds to the Weddell Sea in Antarctica and back again was 70,900km, with one bird covering 81,600km. Arctic Terns can live for over 30 years, so a bird could cover over 2.4 million km in its lifetime, equivalent to three return journeys to the Moon (Egevang *et al.* 2010).

Typically nesting on low-lying coastal islands, usually in company with other terns, the Arctic Tern is vulnerable to mammalian predation, nest site competition (particularly with earlier-nesting large gulls) and to human disturbance. There were very large declines in breeding numbers in Orkney and Shetland during the 1980s. These birds fed almost exclusively on sandeels, and when sandeel stocks collapsed, virtually no chicks fledged in any Shetland colony from 1984 to 1990 (del Hoyo *et al.* 1996). Poor productivity associated with shortages in prey has not yet been an issue for the Anglesey colonies, although an apparent switch in prey selection, with birds taking a much higher proportion of Sprat in the last four years, has been recorded by the seasonal wardens on the Skerries (pers. comm.).

In Wales all of the breeding Arctic Terns are concentrated in a small number of sites on Anglesey, which currently holds around 6% of the UK population. Breeding numbers have increased since the period of the 1988–91 Atlas, from about 1,100 pairs in five colonies in 1991 to about 3,900 pairs at five colonies in 2012. The vast majority of this increase has been driven by the sustained success of the colony on the Skerries which rose from nearly 700 to 3,289 pairs over the same period. Three sites, Cemlyn, Rhosneigr and the Skerries, regularly hold over 95% of the Wales population. The Skerries have now overtaken the Farnes and hold the largest colony in Britain.

Forrest (1907) stated that the Arctic Tern was the most abundant tern in North Wales, although it bred only at two sites, on the Skerries and on stacks off Rhoscolyn, Anglesey. Up to 10,000 pairs were recorded at the Skerries in 1908, and this colony was said to be one of the largest in the British Isles at the time. Numbers declined here in the 1950s, and the colony was abandoned in 1961. Only 436 pairs bred on Anglesey in 1968–69, but numbers had increased to 972 pairs in 1985–87. The Skerries were recolonised in 1979, and numbers here grew to 1,122 pairs in 1999 (Jones & Whalley 2004). With the recent return of this colony to its former glory, this species is now, as in Forrest's day, the most numerous breeding tern in North Wales.

*Alastair Moralee*

Sponsored by/Noddwyd gan Jane Ainsworth

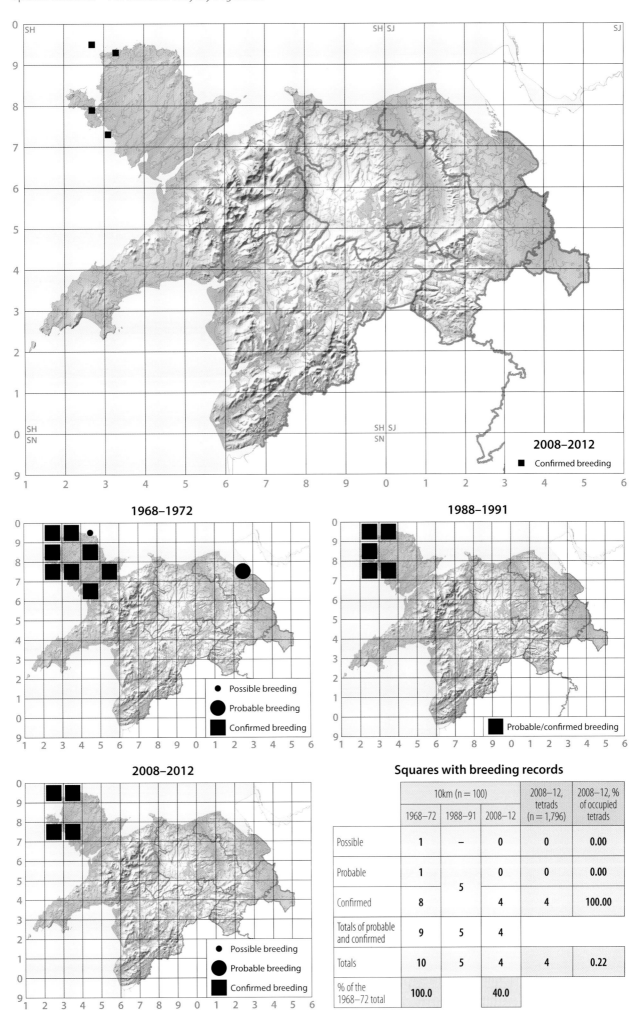

**1968–1972**

- Possible breeding
- Probable breeding
- Confirmed breeding

**1988–1991**

- Probable/confirmed breeding

**2008–2012**

- Confirmed breeding

**2008–2012**

- Possible breeding
- Probable breeding
- Confirmed breeding

### Squares with breeding records

| | 10km (n = 100) | | | 2008–12, tetrads (n = 1,796) | 2008–12, % of occupied tetrads |
|---|---|---|---|---|---|
| | 1968–72 | 1988–91 | 2008–12 | | |
| Possible | 1 | – | 0 | 0 | 0.00 |
| Probable | 1 | 5 | 0 | 0 | 0.00 |
| Confirmed | 8 | | 4 | 4 | 100.00 |
| Totals of probable and confirmed | 9 | 5 | 4 | | |
| Totals | 10 | 5 | 4 | 4 | 0.22 |
| % of the 1968–72 total | 100.0 | | 40.0 | | |

# Guillemot
## *Uria aalge*
### Summer visitor – Welsh conservation status: Amber

Guillemots are sleek, torpedo shaped seabirds with chocolate-coloured upperparts and white underparts. They literally live life close to the edge, breeding in large colonies on sheer sea-cliffs, crowded together, shoulder to shoulder, on narrow nesting ledges. Such a colony provides one of the great wildlife spectacles on the North Atlantic coast.

Guillemots catch fish using their short wings to 'fly' under-water and nest on cliffs with direct access to the sea. Nesting in massed ranks reduces losses of both eggs and young to aerial predators. Instead of the adults bringing food to the young on shore until they can fly, the chicks flutter down onto the sea when only a quarter grown. One parent, usually the male, then attends to them for up to 12 weeks, convoying them away to better feeding areas which are often far from the breeding cliffs. The departure of the young before they can fly requires that colonies are on virtually sheer cliffs, which also give freedom from ground predators. As Guillemots do not make nests, the cliff has to have ledges, and these are usually found on strongly stratified sedimentary rocks, such as the Carboniferous Limestone of the Great Orme and parts of Anglesey. Suitable cliffs are limited in North Wales, with no such sites in Denbigh, Flint or Meirionnydd.

## Gwylog
Gellir gweld nythfeydd yr Wylog ar glogwyni serth yr arfordir, lle mae'r adar yn nythu ar silffoedd cul. Dim ond mewn ambell fan y ceir clogwyni addas yng Ngogledd Cymru, heb ddim yn Ninbych, Fflint na Meirionnydd. Amcangyfrifir maint y nythfeydd drwy gyfri'r oedolion ar y silffoedd, yn hytrach na'r nifer o barau neu nythod. Roedd 17,230 o adar yn nythfa Carreg y Llam yn 2009. Ymhlith y nythfeydd mawr eraill, mae Ynys Lawd, lle'r oedd 5,630 o adar yn 2011, ac Ynys Seiriol, lle'r oedd 3,072 yn 2011. Mae'r boblogaeth ar lannau Môr Iwerddon wedi cynyddu'n raddol dros yr hanner canrif diwethaf. Efallai fod y rhesymau am hyn yn cynnwys llai o lygredd olew a mwy o bysgod bach megis llymrïaid a chorbenwaig.

Virtually all of the breeding colonies of Guillemots are well known and have probably been in the same places for centuries, there being little scope for new colonies to be founded. Thus the series of BTO Atlases give little clue to changing fortunes of this species. Within these colonies, however, there have been significant population changes in recent decades. Counting breeding Guillemots poses a number of problems: first, most colonies, including the largest one in North Wales, at Carreg y Llam on the north coast of Llŷn, can only be viewed adequately from the sea. It is also difficult to determine how many birds are incubating or guarding chicks, so counts have to be of the number of birds on the ledges rather than pairs or AON. Furthermore, they are long-lived birds, not breeding until five years of age, and as not all adults breed every year, the birds counted on land will probably include variable numbers of non-breeders.

Allowing for such difficulties it is clear that the Guillemot population at Irish Sea colonies has been gradually increasing over the last 50 years. The Seabird 2000 census between 1998 and 2002 recorded a total of 21,859 individuals at colonies in North Wales, compared to 7,728 here in the 1969–70 census (Mitchell *et al.* 2004). The Carreg y Llam colony had 17,230 birds on the nesting ledges in 2009. Other large colonies are located at South Stack, Anglesey, where there were 5,630 birds in 2011, and on Puffin Island, with 3,072 nests in 2011. Reasons for the increase probably include reduced oil pollution and increased abundance of small fish such as sandeels and Sprats following the overfishing of the larger fish species which take the same prey.

*Simon Hugheston-Roberts and Ivor Rees*

ADRIAN FOSTER

Sponsored by/Noddwyd gan Peter Hope Jones

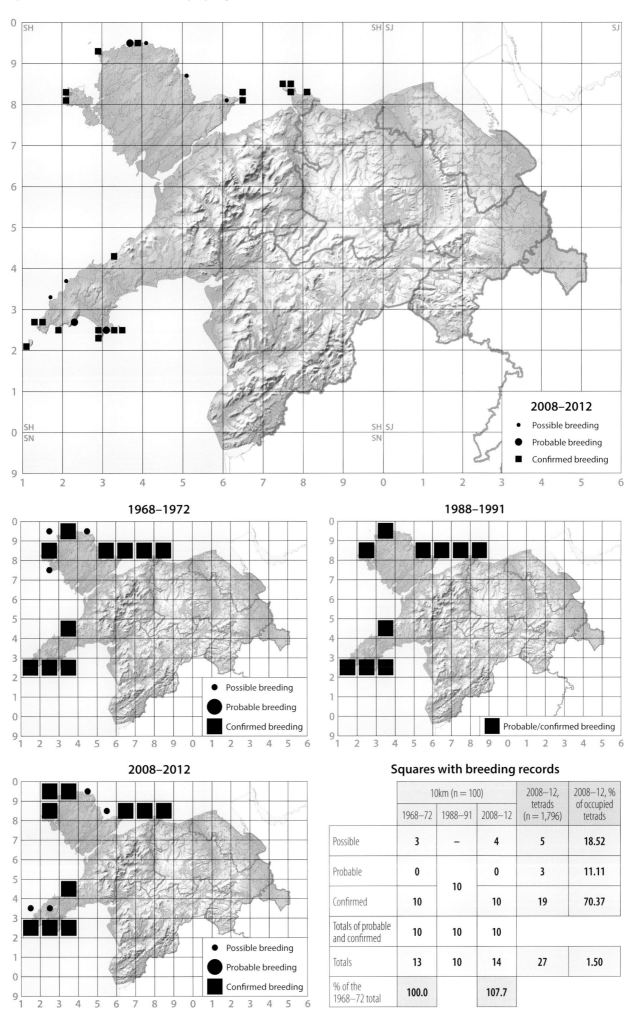

**1968–1972**

- Possible breeding
- Probable breeding
- Confirmed breeding

**1988–1991**

■ Probable/confirmed breeding

**2008–2012**

- Possible breeding
- Probable breeding
- Confirmed breeding

**2008–2012**

- Possible breeding
- Probable breeding
- Confirmed breeding

## Squares with breeding records

| | 10km (n = 100) | | | 2008–12, tetrads (n = 1,796) | 2008–12, % of occupied tetrads |
|---|---|---|---|---|---|
| | 1968–72 | 1988–91 | 2008–12 | | |
| Possible | 3 | – | 4 | 5 | 18.52 |
| Probable | 0 | 10 | 0 | 3 | 11.11 |
| Confirmed | 10 | | 10 | 19 | 70.37 |
| Totals of probable and confirmed | 10 | 10 | 10 | | |
| Totals | 13 | 10 | 14 | 27 | 1.50 |
| % of the 1968–72 total | 100.0 | | 107.7 | | |

# Razorbill
## *Alca torda*
### Summer visitor – Welsh conservation status: Green

Razorbills are the most robust-looking of the auks. Their name derives from the large flattened bill, marked by a vertical white line; black upperparts and brilliant white underparts combine to give them a very dapper appearance. They generally nest on the fringes of the main seabird cliff colonies, often occupying boulder slopes around the base of cliffs, nesting in crevices where they raise a solitary chick. They frequently share this niche with Shags but also nest higher up the cliffs than Guillemot, amongst blocks and boulders rather than on open ledges. Razorbills feed on fish, especially sandeels, Sprats and Herrings, with recent tracking studies at Bardsey finding that birds tend to forage within 40km of the island. The chicks flutter down onto the sea on the primary coverts at dusk when only 20–30% of the adult weight and swim away with one of the parents to a better feeding area.

At most locations it is impossible to count nests, so the count unit is the number of adults at apparently occupied sites. Some of the birds there will non-breeders, as first breeding is usually at five years of age, and some may not breed every year. Coupled with nest sites often being hidden, this means that counts of birds at a colony may vary widely from year to year without change in the breeding population. At the four largest colonies in our area, counts in 2011 produced 1,560 birds on Bardsey, 1,147 birds at South Stack, 1,134 at Carreg y Llam and 839 on Puffin Island. Some birds nest in small colonies of fewer than ten pairs away from the major seabird cliffs and this accounts for some of the apparent changes between breeding Atlases. In recent years there have been colonies in about ten locations around the coast of north-west Wales where there are suitable cliffs, from the Little Orme round to the St Tudwal's Islands.

Historical records show declines in the UK population from the eighteenth century to the middle of the twentieth century, followed by an increase. Razorbill numbers in the UK increased up until 2005, and then showed a decline of 22% by 2010 (Eaton *et al.* 2011). The Seabird 2000 counts (1998–2002) recorded 2,959 birds in North Wales, a 44% increase since the Operation Seafarer counts in 1969–70 (Mitchell *et al.* 2004). The numbers counted on Bardsey in the last few years are lower than the traditional total of approximately 2,000 adults, but there has been an increase at Carreg y Llam and on Puffin Island. The reasons for fluctuations in Razorbill numbers are not well known but food availability is an important influence on population changes (Lloyd *et al.* 1991). Overall, numbers in our area seem to be stable or still increasing, but productivity in the Welsh colonies has declined sharply in recent years (JNCC 2013) and, if this trend continues, numbers seem likely to decline further.

*Simon Hugheston-Roberts and Ivor Rees*

## Llurs

Nytha'r Llurs ar ymylon y prif nythfeydd adar môr ar y clogwyni fel rheol, yn aml ymysg meini o gwmpas gwaelod y clogwyn, mewn cilfachau lle gall fagu ei un cyw. Y dull a ddefnyddir i amcangyfrif y nifer sy'n nythu yw cyfri'r nifer o oedolion ar safleoedd nythu addas. Yn y pedair nythfa fwyaf yng Ngogledd Cymru yn 2011, roedd 1,560 o adar ar Ynys Enlli, 1,147 ar Ynys Lawd, 1,134 yng Ngharreg y Llam ac 839 ar Ynys Seiriol. Ymddengys bod ei niferoedd yn ein hardal ni yn parhau'n debyg neu'n cynyddu, ond ar y cyfan mae cynhyrchiant y nythfeydd Cymreig wedi gostwng yn sylweddol yn y blynyddoedd diwethaf. Os bydd hyn yn parhau, mae'n debyg y gwelwn leihad yng Ngogledd Cymru.

GUY ROGERS (RSPB-IMAGES.COM)

Sponsored by/Noddwyd gan Peter Hope Jones

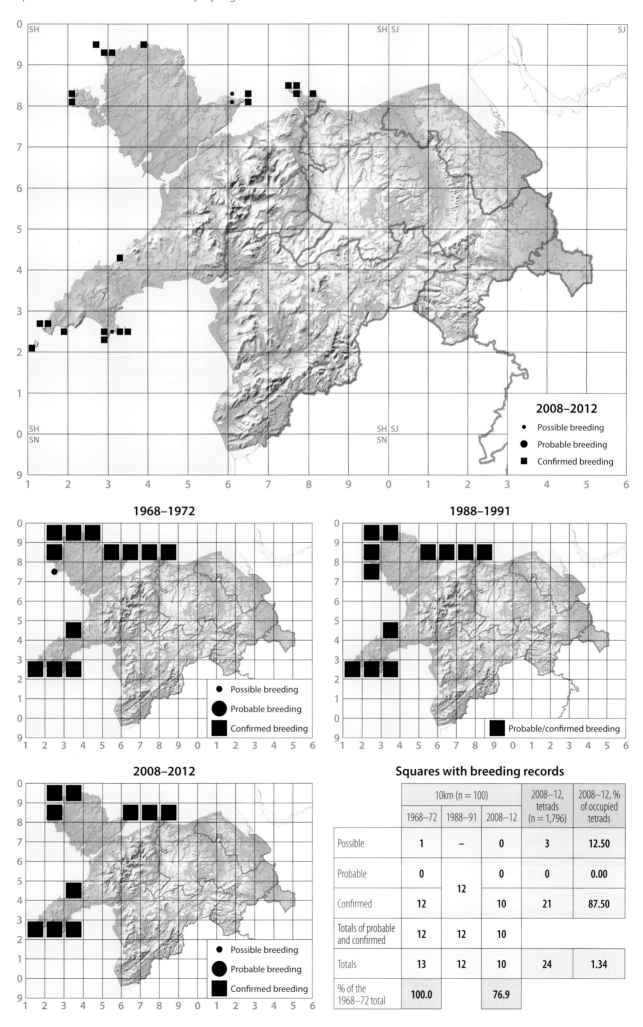

**1968–1972**

Possible breeding

Probable breeding

Confirmed breeding

**1988–1991**

Probable/confirmed breeding

**2008–2012**

Possible breeding

Probable breeding

Confirmed breeding

**2008–2012**

Possible breeding

Probable breeding

Confirmed breeding

## Squares with breeding records

| | 10km (n = 100) | | | 2008–12, tetrads (n = 1,796) | 2008–12, % of occupied tetrads |
|---|---|---|---|---|---|
| | 1968–72 | 1988–91 | 2008–12 | | |
| Possible | 1 | – | 0 | 3 | 12.50 |
| Probable | 0 | 12 | 0 | 0 | 0.00 |
| Confirmed | 12 | | 10 | 21 | 87.50 |
| Totals of probable and confirmed | 12 | 12 | 10 | | |
| Totals | 13 | 12 | 10 | 24 | 1.34 |
| % of the 1968–72 total | 100.0 | | 76.9 | | |

# Black Guillemot
## *Cepphus grylle*
**Resident – Welsh conservation status:** Amber

STEVE CULLEY

## Gwylog Ddu
Nodwedd amlycaf yr Wylog Ddu yw'r darn gwyn mawr ar yr adenydd, ond y coesau cochion sy'n gwneud yr aderyn yn arbennig. Mae'r rhai sy'n nythu yng Ngogledd Cymru ymhlith y mwyaf deheuol yn y byd. Buont yn nythu'n ysbeidiol am dros 200 mlynedd cyn iddynt ddechrau nythu'n rheolaidd ar Ynys Seiriol o'r 1960au ymlaen. Wedi i'r CCGC a'r RSPB ddifa'r llygod mawr ar yr ynys yn 1998, cynyddodd eu niferoedd. Maent hefyd yn nythu yn harbwr Caergybi ac ym Mhorth Eilian. Dim ond cyfran fechan o'r adar sy'n nythu ym Mhrydain ac Iwerddon sydd gennym ni. Roedd 28 aderyn yng Nghymru o gyfanswm o 42,600 yn 2000, ond mae'r nifer yn sicr o fod wedi cynyddu erbyn hyn.

Unlike its more abundant namesake, the Guillemot, this is not a species found on the noisy stacked ledges of steep cliffs, but is a more subtle part of our coastal avifauna. Large white wing patches on a matt black plumage are obvious from some distance, but it is when you're close enough to see its vermillion-red legs and gape that you can really appreciate this auk. Nests are usually tucked into crevices low in rocky coasts, but they also use man-made structures, such as drainage holes in the walls of Holyhead harbour.

Until recently, North Wales' Black Guillemots were the most southerly nesting in Britain, but since 2008 a pair has nested at Fishguard, Pembroke, the first there for 200 years. Across the Irish Sea, the species breeds along the south coast from Wexford to Cork. Lovegrove *et al.* (1994) reported that Pennant had recorded small numbers on the Great Orme, Caernarfon, and on Llanddwyn, Anglesey in the late eighteenth century but they had deserted all their North Wales nesting haunts by the late nineteenth century. We can only speculate on the reasons, but depredation by Brown Rats probably contributed to their disappearance.

Forrest (1907) reported that this was a "rare visitor to west Anglesey and Merioneth; formerly bred on the Little Orme's Head", where it was a regular breeder at the start of the nineteenth century. Aside from a possible breeding pair at Ynys Moelfre in 1912, and recolonisation followed by abandonment of the Great Orme between the First and Second World Wars, Black Guillemots did not return to the region to nest until the early 1950s (Lovegrove *et al.* 1994). Birds probably bred on Puffin Island in 1953 and possibly on the Great Orme in 1954. Recolonisation strengthened during the 1960s, such that the 1968–72 Atlas confirmed breeding in five of Anglesey's 10km squares, including the Skerries off the north-west coast. It was surprising that the 1988–91 Atlas only had Probable/Confirmed breeding recorded in just one 10km square at Fedw Fawr, near Penmon, when across Britain and Ireland there was a net expansion in range.

The eradication of Brown Rats from Puffin Island by CCW and the RSPB in 1998–99 signalled the start of a recovery, and during the 2008–12 fieldwork Black Guillemots were recorded breeding in Holyhead harbour and around Point Lynas in addition to the eastern tip of Anglesey. There is every possibility that they nested at several other locations, potentially making the total the highest yet recorded, though they have not yet returned to Llanddwyn, in south-west Anglesey. Elsewhere, two pairs flying up to the Great Orme cliffs in 2012 were probably breeding, and there was a pair at St Tudwal's in 2008.

Despite these encouraging signs, our small population remains vulnerable to long-term changes in the marine environment or a localised oil slick. They are a fraction of the Britain and Ireland total, just 28 birds in Wales out of a total of 42,600 during Seabird 2000 (Mitchell *et al.* 2004), but it is hopefully now re-established as a regular sighting during visits to parts of the North Wales coast.

*Julian Hughes*

**Sponsored by/Noddwyd gan Chester Zoo**

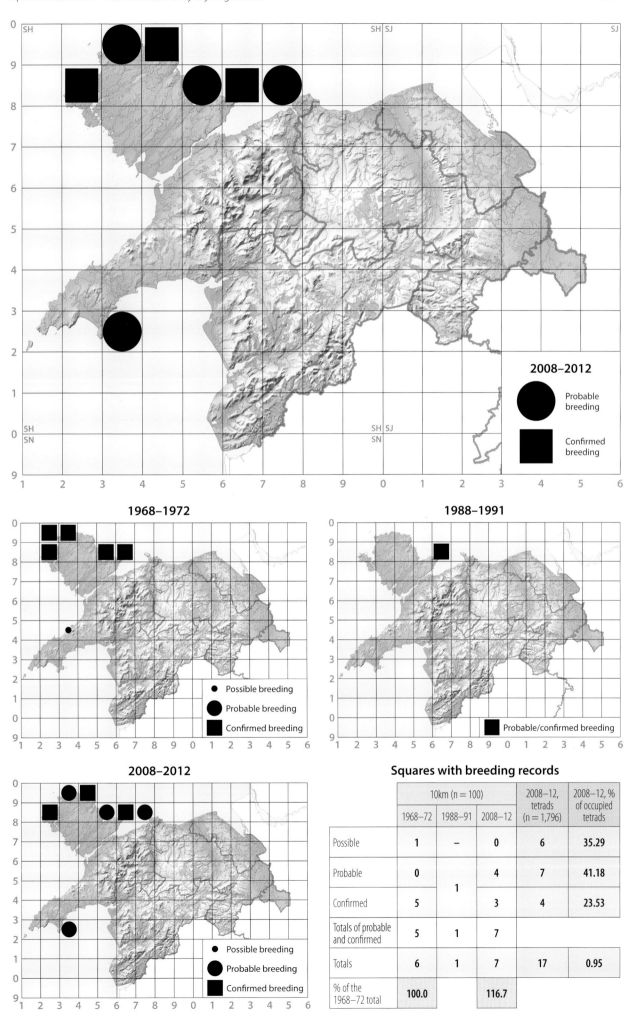

**2008–2012**

● Probable breeding

■ Confirmed breeding

**1968–1972**

● Possible breeding

● Probable breeding

■ Confirmed breeding

**1988–1991**

■ Probable/confirmed breeding

**2008–2012**

● Possible breeding

● Probable breeding

■ Confirmed breeding

**Squares with breeding records**

| | 10km (n = 100) | | | 2008–12, tetrads (n = 1,796) | 2008–12, % of occupied tetrads |
|---|---|---|---|---|---|
| | 1968–72 | 1988–91 | 2008–12 | | |
| Possible | 1 | – | 0 | 6 | 35.29 |
| Probable | 0 | | 4 | 7 | 41.18 |
| Confirmed | 5 | 1 | 3 | 4 | 23.53 |
| Totals of probable and confirmed | 5 | 1 | 7 | | |
| Totals | 6 | 1 | 7 | 17 | 0.95 |
| % of the 1968–72 total | 100.0 | | 116.7 | | |

# Puffin

## *Fratercula arctica*

### Summer visitor – Welsh conservation status: Red

Puffins are summer visitors, appearing at North Wales colonies in late March and early April; nests are mainly in burrows but also in rock crevices. They vacate their coastal breeding areas in August, abandoning their single young in the burrow shortly before it fledges. Until recently their whereabouts in winter was unknown. Since 2007, researchers have tracked Skomer Puffins fitted with geolocators; data are recovered when the birds return to their burrows the following year. In August most birds migrate away from the colony: most in a north-west to westerly direction, some as far as Greenland, others more locally, whilst yet others move southwards towards France, including the Bay of Biscay. In autumn they move into the North Atlantic and then later in the winter they head south, some as far as the Mediterranean, before returning to Skomer (Guilford *et al.* 2011).

The current distribution of breeding sites is illustrated by the 2008–12 tetrad map. There are colonies on Anglesey at South Stack, the Skerries and Puffin Island, and in Caernarfon on Bardsey and the Gwylan Islands in Aberdaron Bay. Colony sizes are recorded as AON with the two largest on the Gwylans (759 AON in 2011) and the Skerries (540 AON in 2010). Published counts at other colonies could include non-breeders which visit colonies in the latter part of the season: in 2011 these were South Stack (22), Puffin Island (40+) and Bardsey (52). A pair on the sea close to the St Tudwal's Islands near Abersoch in June 2008 perhaps indicates future recolonisation here. The previous two Atlases show Confirmed breeding in the same 10km squares as in 2008–12; however, they bred on Bardsey in 2000 for the first time since Ray's record of 1662 (Forrest 1907). This did increase the number of occupied 10km squares as the Gwylans colony is also in SH12.

Forrest (1907) noted that Puffin Island was a long-standing colony with fluctuating numbers. Earlier, many young were taken annually for pickling. The largest colony in Forrest's day was on the St Tudwals; he thought they numbered hundreds

## Pâl

Ymwelydd haf yw'r Pâl, yn dychwelyd i'w nythfeydd ddiwedd Mawrth neu ddechrau Ebrill. Mewn tyllau yn y ddaear neu mewn cilfachau y mae'r nythod. Ceir nythfeydd ym Môn ar Ynysoedd y Moelrhoniaid, Ynys Seiriol ac Ynys Lawd, ac yng Nghaernarfon ar Ynys Enlli ac Ynysoedd Gwylan. Y ddwy nythfa fwyaf yw'r un ar Ynysoedd Gwylan, lle'r oedd 759 nyth yn 2011, ac ar Ynysoedd y Moelrhoniaid, lle'r oedd 540 nyth yn 2010. Lleihaodd nifer y Pâl ers dechrau'r 20[fed] ganrif. Yn ôl Forrest (1907), roedd cannoedd o filoedd o adar yn y nythfa fwyaf yr adeg honno, ar Ynysoedd Tudwal ger Abersoch. Nid yw'n nythu yno bellach, ond gwelwyd pâr ar y môr gerllaw'r ynysoedd hyn ym Mehefin 2008, sy'n awgrymu y gallent ddychwelyd.

of thousands. Smaller numbers nested at South Stack and also on the Gwylans with a few on the mainland nearby. He also reported a few nesting on the two Ormes, and Whalley (1954) stated that the species had recently taken to nesting on the cliffs of the Great Orme. Arnold (2004) documented the changing numbers on Puffin Island. Brown Rats got ashore in 1816 or 1817 and Puffin numbers never fully recovered. It is hoped that the elimination of rats in 1998–99 will allow the colony to increase once more.

There are of course much larger colonies elsewhere in Wales, in Pembroke. An accurate census is difficult, but the best estimates indicate that there may be about 2,000 breeding pairs on Skokholm and 6,000 on Skomer. There have been recent falls in the large colony on the Isle of May (69,300 AON in 2003 down to 56,867 in 2009) and a decrease of 35% on the Farne Islands over the same period. We can only hope that our Welsh colonies do not begin the same decline.

*Simon Hugheston-Roberts*

Sponsored by/Noddwyd gan David Medcalf, Cathy Woodhead

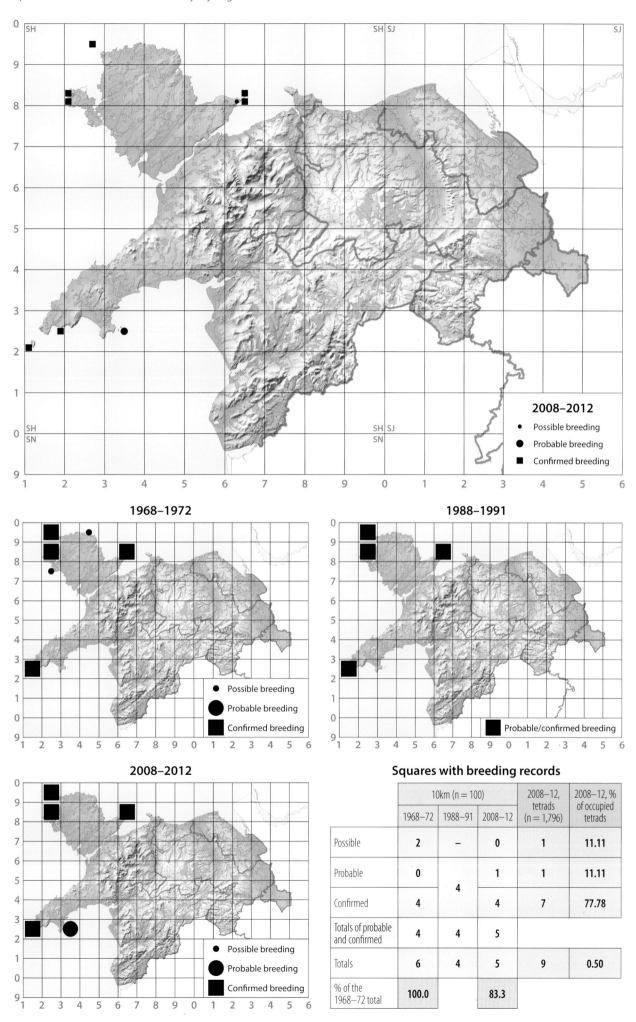

2008–2012

• Possible breeding

● Probable breeding

■ Confirmed breeding

**1968–1972**

• Possible breeding

● Probable breeding

■ Confirmed breeding

**1988–1991**

■ Probable/confirmed breeding

**2008–2012**

• Possible breeding

● Probable breeding

■ Confirmed breeding

## Squares with breeding records

| | 10km (n = 100) | | | 2008–12, tetrads (n = 1,796) | 2008–12, % of occupied tetrads |
|---|---|---|---|---|---|
| | 1968–72 | 1988–91 | 2008–12 | | |
| Possible | 2 | – | 0 | 1 | 11.11 |
| Probable | 0 | 4 | 1 | 1 | 11.11 |
| Confirmed | 4 | | 4 | 7 | 77.78 |
| Totals of probable and confirmed | 4 | 4 | 5 | | |
| Totals | 6 | 4 | 5 | 9 | 0.50 |
| % of the 1968–72 total | 100.0 | | 83.3 | | |

# Feral Pigeon/Rock Dove
## *Columba livia*
### Resident – Welsh conservation status: Green

Feral Pigeons and their various domestic counterparts are derived from the Rock Dove, which was once a native species in North Wales. Lovegrove *et al.* (1994) considered the truly wild Rock Dove to be extinct in Wales as a result of inter-breeding with feral strains and stated that individuals showing characteristics of the Rock Dove were invariably derived from feral stock.

They may breed in any month, raising up to six broods during the course of the year. This high reproductive capacity enables numbers to increase rapidly when food supplies are plentiful. At high densities, they are considered a nuisance and a potential health risk, particularly so around factories processing human and animal food. A shortage of nesting sites is often a limiting factor, resulting in a reservoir of non-breeding birds. This could make it difficult to reduce breeding numbers by culling (1988–91 Atlas) as most breeding birds killed would probably be replaced from this pool of non-breeders.

The main concentration of occupied tetrads is in Anglesey and eastwards along the North Wales coast. Many of the occupied squares appear to correspond with towns and villages. They are less frequent in the interior of the mainland and are largely absent from upland areas.

The 1968–72 Atlas illustrates that Feral Pigeons had a wide but patchy distribution with few inland records. The 1988–91 Atlas showed a contraction of range in the west and increase in the north and east. The results of the 2008–12 fieldwork indicate a large increase in distribution with a high proportion of confirmed breeding throughout Anglesey and the coastal belt eastwards down into southern Flint. However, comparisons of results should be treated with caution as this species has been somewhat overlooked previously and may also have been ignored by some observers during the 2008–12 fieldwork.

*Simon Hugheston-Roberts*

## Colomen Ddof/Colomen y Graig

Credir fod Colomen y Graig wedi diflannu o Gymru, o ganlyniad i groesfridio gyda'r Golomen Ddof. Gall y Golomen Ddof nythu gydol y flwyddyn, gan fagu hyd at chwe nythaid mewn blwyddyn. Oherwydd hyn, gall ei niferoedd gynyddu'n gyflym pan fo digon o fwyd ar gael. Mae llawer o'r sgwariau lle cofnodwyd y rhywogaeth yma yn rhai sy'n cynnwys trefi a phentrefi. Nid yw mor gyffredin ymhell o'r môr, ac mae bron yn absennol o'r ucheldir. Dengys gwaith maes 2008–12 gynnydd sylweddol, a chadarnhawyd nythu mewn nifer fawr o sgwariau ym Môn, ger yr arfordir gogleddol ac yn ne Fflint. Rhaid bod yn ofalus wrth gymharu'r canlyniadau, gan nad yw rhai gwylwyr adar yn cymryd fawr o sylw o'r golomen yma.

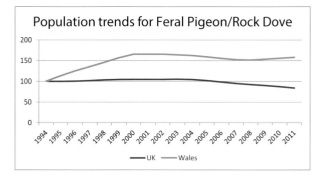

Population trends for Feral Pigeon/Rock Dove

— UK    — Wales

Sponsored by/Noddwyd gan Jim Dustow

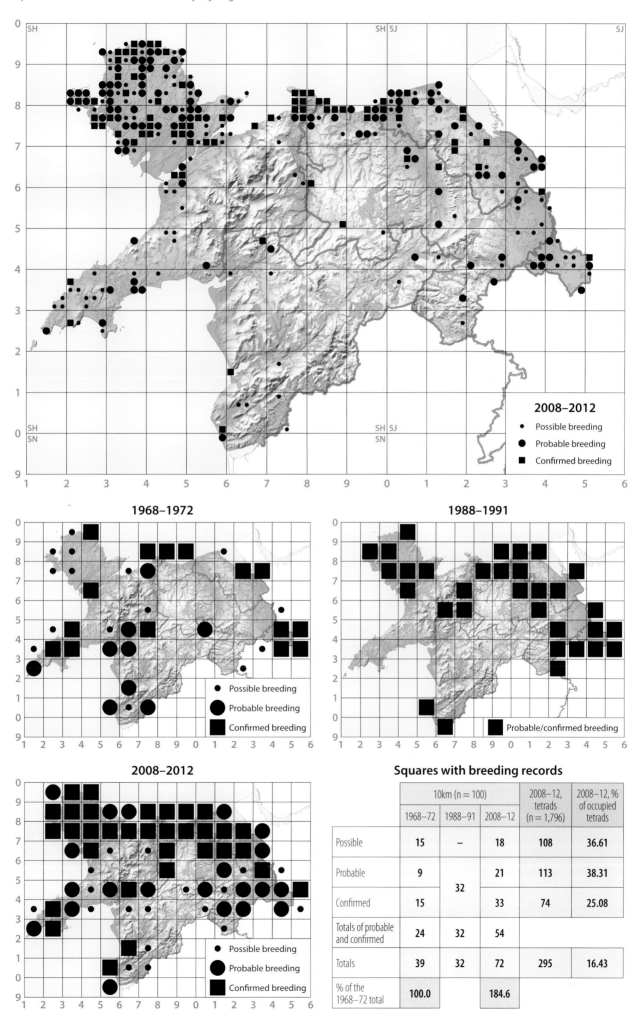

2008–2012

- · Possible breeding
- ● Probable breeding
- ■ Confirmed breeding

**1968–1972**

- · Possible breeding
- ● Probable breeding
- ■ Confirmed breeding

**1988–1991**

- ■ Probable/confirmed breeding

**2008–2012**

- · Possible breeding
- ● Probable breeding
- ■ Confirmed breeding

**Squares with breeding records**

| | 10km (n = 100) | | | 2008–12, tetrads (n = 1,796) | 2008–12, % of occupied tetrads |
|---|---|---|---|---|---|
| | 1968–72 | 1988–91 | 2008–12 | | |
| Possible | 15 | – | 18 | 108 | 36.61 |
| Probable | 9 | 32 | 21 | 113 | 38.31 |
| Confirmed | 15 | | 33 | 74 | 25.08 |
| Totals of probable and confirmed | 24 | 32 | 54 | | |
| Totals | 39 | 32 | 72 | 295 | 16.43 |
| % of the 1968–72 total | 100.0 | | 184.6 | | |

# Stock Dove
## *Columba oenas*
**Resident – Welsh conservation status: Green**

STEVE CULLEY

### Colomen Wyllt
Ar dir amaethyddol yr iseldir y ceir y Golomen Wyllt ran amlaf, yn enwedig tir âr lle mae coed hynafol neu barciau. Mae'n bwyta hadau chwyn neu gnydau yn bennaf. Gall osgoi sylw, oherwydd ei thebygrwydd i'r Golomen Ddof. Ymddengys ei bod yn awr yn encilio tua'r dwyrain ac o'r arfordir. Dengys y map tetrad i'r rhan fwyaf o'r cofnodion ddod o'r iseldir gerllaw'r ffin â Lloegr. Ychydig o nythu a gofnodwyd ar dir uchel, er bod nythu wedi ei gadarnhau yn uwch na 400 medr ar Fynydd Rhiwabon. Fe'i cofnodwyd mewn tua 15% yn llai o sgwariau nag yn 1968–72, gyda'r colledion mwyaf yn ne a gorllewin Meirionnydd. Mae'n absennol o rannau helaeth o Ddinbych hefyd, efallai am mai porfa yw'r ardal yn bennaf.

At a distance the Stock Dove looks rather nondescript, being mainly grey in colour with small black wing bars. However, on closer inspection it is a rather smart bird, the glossy purple patches on the sides of its neck being particularly noticeable. It is a resident breeding species found predominantly in areas of lowland farmland, particularly with arable cropping, where it feeds mainly on seeds of weeds or crops. It is often found in mixed flocks with the similar but larger Woodpigeon and can easily be overlooked due to confusion with the Feral Pigeon, which may give rise to underrecording. It favours farmland or parkland habitat with old trees which provide suitable holes for nesting (1968–72 Atlas), though it will also take readily to using nestboxes where they are available. It can rear up to five broods of two young during its March to October breeding season. Stock Doves tend to be relatively sedentary and do not usually move far from their breeding territories; the median distance moved by birds ringed in the UK was just 6km (Migration Atlas).

During the period since the 1968–72 Atlas there has been a contraction in range of this species, most notably in the south and west but particularly in Meirionnydd. At the 10km level, Anglesey appears to be a stronghold, but the more detailed tetrad map shows that even here its distribution is patchy. Large tracts of Denbigh are also without Stock Doves, probably because the area is mainly pasture. Indeed the 2008–12 tetrad distribution confirms that the description of the Stock Dove by Lovegrove *et al.* (1994) as a "widely spread but somewhat localised species" remains true today.

The tetrad map shows that most records were from lowland areas bordering England. There was little evidence of breeding in high upland areas apart from some records of successful nesting above 400m on Ruabon Mountain. Stock Doves often use nestboxes that have been erected for Barn Owls; there are several such boxes in the upland area between Cerrigydrudion and Pentrefoelas, but only one pair of Stock Doves using them. Several factors could be implicated in the range contraction since the 1968–72 Atlas, including the decline in its favoured arable habitat. In addition, there has been a population recovery in the Peregrine, a potential predator of the Stock Dove, although this has been more marked in the mountainous areas of the west.

Forrest (1907) described the Stock Dove as: "Resident, and more or less common throughout the district, more numerous on coasts than inland." This description no longer applies, suggesting that the varying fortunes of this dove now appear to show it withdrawing towards the east, and away from the coast. These changes present a very different picture from that shown in the Historical Atlas which indicated that the Stock Dove was understood to be 'common across all of North Wales' at the end of the nineteenth century. It is clear that today Stock Doves do not find much of North Wales suitable for them to live and breed successfully.

*Ian M. Spence*

Sponsored by/Noddwyd gan Rhys Jones

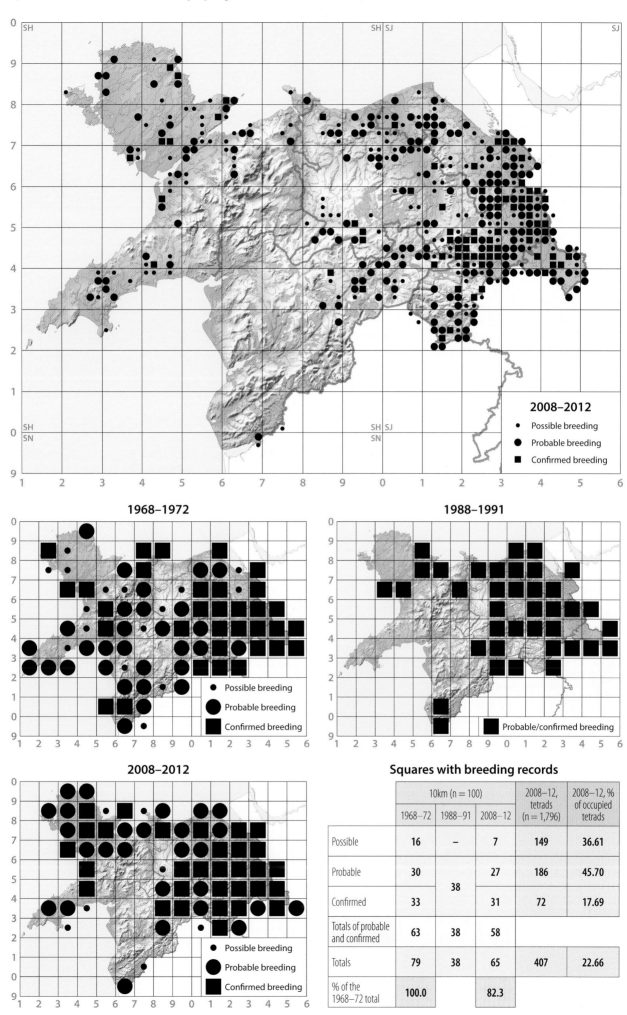

2008–2012

- Possible breeding
- Probable breeding
- Confirmed breeding

1968–1972

- Possible breeding
- Probable breeding
- Confirmed breeding

1988–1991

- Probable/confirmed breeding

2008–2012

- Possible breeding
- Probable breeding
- Confirmed breeding

### Squares with breeding records

| | 10km (n = 100) | | | 2008–12, tetrads (n = 1,796) | 2008–12, % of occupied tetrads |
|---|---|---|---|---|---|
| | 1968–72 | 1988–91 | 2008–12 | | |
| Possible | 16 | – | 7 | 149 | 36.61 |
| Probable | 30 | 38 | 27 | 186 | 45.70 |
| Confirmed | 33 | | 31 | 72 | 17.69 |
| Totals of probable and confirmed | 63 | 38 | 58 | | |
| Totals | 79 | 38 | 65 | 407 | 22.66 |
| % of the 1968–72 total | 100.0 | | 82.3 | | |

# Woodpigeon
## *Columba palumbus*
### Resident – Welsh conservation status: Green

This is the largest of our pigeons and is very common, being found in rural, suburban and urban settings. It was in fact the ninth most widespread species during our 2008–12 field-work. It is distinctive in appearance, with white patches on the sides of its neck and white bands on its upper wings that are easily seen when in flight and could be considered quite smart when viewed at close range. Woodpigeons are a serious pest on arable farms when large flocks congregate to feed on Oil-seed Rape and other arable crops. They can also be a nuisance in gardens where they may monopolise feeding stations. This species is now so ubiquitous that it does not seem to be associated with any particular habitat or type of woodland and occurs anywhere with trees or shrubs in which to build its nest.

The tetrad map shows that Woodpigeons have been found breeding all across North Wales except for the highest mountains and moorland areas without trees or hedges. Although it is a bird that eats much grain it also breeds in areas that have predominantly pasture. Lovegrove *et al.* (1994) wrote that the habitats which characterise the Welsh countryside are not the ideal places for a species that is so dependent on woods in which to roost and nest and requires a mixed farming environment to find its food supplies. These authors thought that there may be many Woodpigeons that do not breed.

The 10km maps show a slight expansion in range indicating that this species now occupies virtually all areas of suitable habitat in North Wales. The BBS population trend graph highlights the rapid increase of the Woodpigeon between 1995 and 2010, both in Wales (41%) and across the UK (37%). In the 1960s, Murton (1965) estimated that in the UK

## Ysguthan

Yr Ysguthan yw'r fwyaf o'n colomennod, ac mae'n aderyn cyffredin yng nghefn gwlad, y maestrefi a'r trefi. Gall fod yn bla ar dir âr, yn enwedig ar rêp had olew. Erbyn hyn mae i'w chael ymhobman, ac nid yw'n gysylltiedig ag unrhyw gynefin neilltuol na math ar goed. Fe'i ceir ple bynnag y mae coed neu brysgwydd i nythu. Dengys y map tetrad ei bod yn nythu ar draws Gogledd Cymru, heblaw am y mynyddoedd uchaf a rhostiroedd di-goed. Gwelir o'r mapiau 10 cilomedr ei bod wedi ymledu ychydig, ac fe'i ceir yn awr ymhob cynefin addas yng Ngogledd Cymru. Dengys canlyniadau BBS fod yr Ysguthan wedi cynyddu o 41% yng Nghymru rhwng 1995 a 2010.

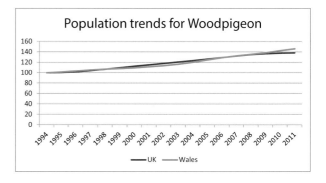

there were about five million birds in July and 10 million birds in September, after the breeding season. Population trends would now suggest that these figures are much higher today (Baillie *et al.* 2012).

Murton (1965) wrote that Woodpigeons increased their range and numbers during the nineteenth and twentieth centuries as arable farming practices spread, thereby providing a ready supply of food. Forrest (1907) remarked that it was so common and increasingly numerous in North Wales that "details of its distribution would be superfluous". Lovegrove *et al.* (1994) reported that it was most numerous in the eastern, more fertile, parts of Wales, including in the Dee valley. During BBS surveys at Beeches Farm, Sandycroft, adjacent to the Dee, I have counted, in June, flocks of 109 (in 2009) to 352 (in 2007) Woodpigeons, which suggests that there are large numbers of birds feeding on that and neighbouring farms (pers. obs.). Most other large counts, even up to 1,000, have been in winter (NEWBR). The Woodpigeon is one generalist species that is faring very well and appears, currently, to be under no apparent threat.

*Ian M. Spence*

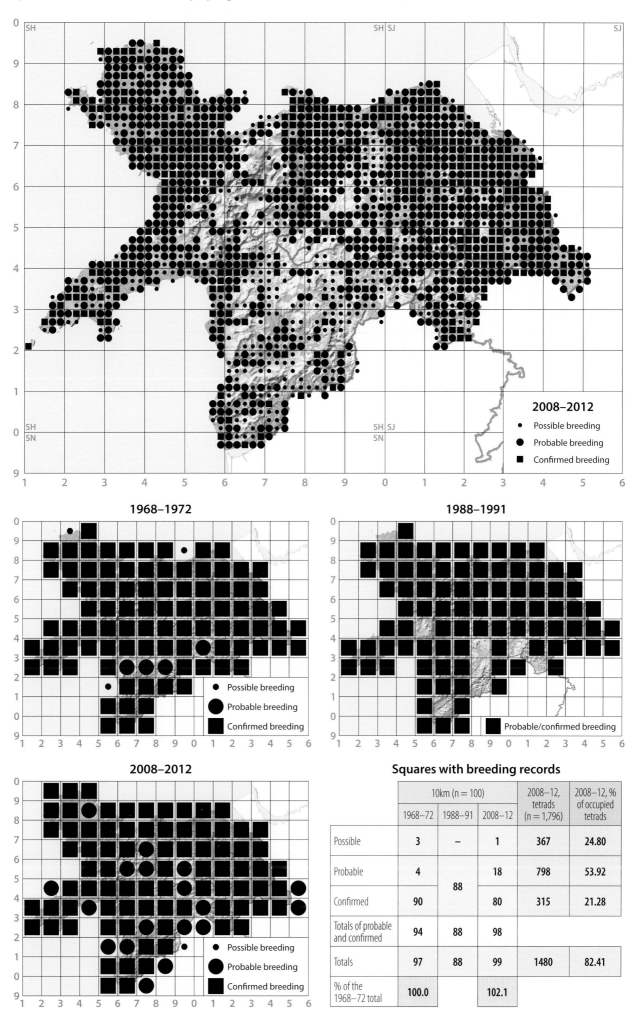

## Squares with breeding records

| | 10km (n = 100) | | | 2008–12, tetrads (n = 1,796) | 2008–12, % of occupied tetrads |
|---|---|---|---|---|---|
| | 1968–72 | 1988–91 | 2008–12 | | |
| Possible | 3 | – | 1 | 367 | 24.80 |
| Probable | 4 | 88 | 18 | 798 | 53.92 |
| Confirmed | 90 | | 80 | 315 | 21.28 |
| Totals of probable and confirmed | 94 | 88 | 98 | | |
| Totals | 97 | 88 | 99 | 1480 | 82.41 |
| % of the 1968–72 total | 100.0 | | 102.1 | | |

# Collared Dove

*Streptopelia decaocto*

**Resident – Welsh conservation status: Green**

STEVE CULLEY

This species arrived in Wales as recently as 1959, when two birds were seen on Bardsey (BBFOR). Since then the Collared Dove has spread to become a common resident, though it is unevenly distributed across North Wales. They usually nest close to human habitation, in urban and suburban areas and around rural farms, mainly at low altitude below about 300m (BWP). Generally it breeds in hedges, trees (particularly conifers) or on buildings or other structures and even in open-sided barns. Collared Doves can nest in virtually any month of the year but most eggs are laid between February and September. Whilst they usually raise two broods each year, they can raise up to five.

The 2008–12 fieldwork confirms that most Collared Doves in North Wales nest in lowland areas. Only about 18% of records were of Confirmed breeding for which there are several possible reasons. Many nests are made in dense vegetation, such as Cypress trees (*leylandii*). As adults feed their young with crop milk and later with grain, observers are unlikely to record adults carrying food to the nest. Recently fledged young also look very similar to adults. Most Confirmed and Probable breeding records came from the coastal belt from Llŷn and north Caernarfon, Anglesey and a wide strip from about Abergele south-eastwards to the south-eastern part of Denbigh bordering England, but avoiding the highest land in the Clwydians and Ruabon Mountain.

The 10km-level distribution map indicates that in the last 40 years Collared Doves have started to breed at higher altitudes in central North Wales and have expanded their distribution in the east. Both distribution and population numbers have increased, with the BBS population trend graph showing a stronger, and more sustained, increase in Wales of 52%

## Turtur Dorchog

Cofnodwyd y Durtur Dorchog yng Nghymru am y tro cyntaf yn 1959, pan welwyd dau aderyn ar Ynys Enlli. Erbyn hyn mae wedi dod yn aderyn cyffredin. Mae'n nythu mewn ardaloedd trefol a maestrefol ac o amgylch ffermydd yn y wlad, fel rheol yn is na 300 medr o uchder. Gall y nyth fod mewn gwrychoedd neu goed (yn enwedig conwydd), neu ar adeiladau, hyd yn oed mewn ysguboriau agored. Dengys y mapiau 10 cilomedr ei bod wedi dechrau nythu ar dir uwch yng nghanolbarth Gogledd Cymru yn y deugain mlynedd diwethaf, ac yn awr yn bresennol mewn mwy o sgwariau yn y dwyrain. Mae canlyniadau'r BBS yn dangos cynnydd o 52% yng Nghymru rhwng 1995 a 2010, o'i gymharu â chynnydd o 23% yn y DU.

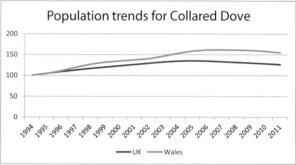

**Population trends for Collared Dove**

— UK  — Wales

between 1995 and 2010 compared with 23% in the UK as a whole (Risely *et al.* 2012). Despite this rise in population size and its designation as a pest species in the 1981 Wildlife and Countryside Act, reports of flocks exceeding 50 are rare in North Wales and it is not considered to be a major pest species here.

At the time Forrest's book was published in 1907, the nearest Collared Doves to Wales were probably in the Balkans! Since its arrival here just over 50 years ago, the Collared Dove has done very well. It has spread around the coast of North Wales and is venturing further inland, even away from arable farmland. Increases might be expected to be maintained although now there are fewer areas of cereal production where a ready supply of grain can be found. The Collared Dove should continue to be a familiar sight in lowland North Wales.

*Ian M. Spence*

Sponsored in memory of/Noddwyd er cof am Marjorie Kelley

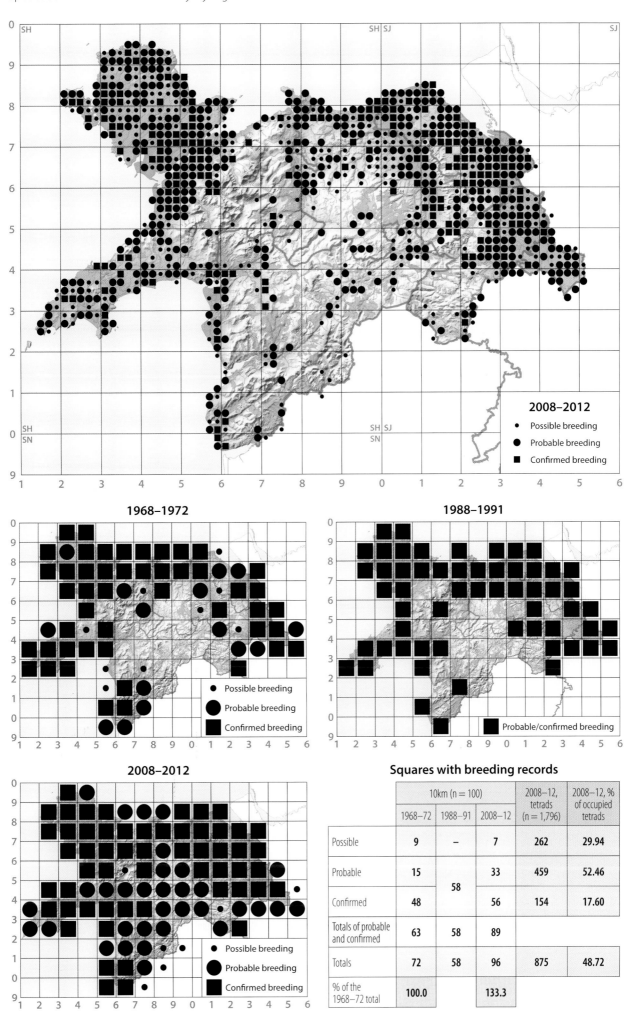

**1968–1972**

**1988–1991**

Possible breeding
Probable breeding
Confirmed breeding

Probable/confirmed breeding

**2008–2012**

2008–2012

Possible breeding
Probable breeding
Confirmed breeding

Possible breeding
Probable breeding
Confirmed breeding

## Squares with breeding records

| | 10km (n = 100) | | | 2008–12, tetrads (n = 1,796) | 2008–12, % of occupied tetrads |
|---|---|---|---|---|---|
| | 1968–72 | 1988–91 | 2008–12 | | |
| Possible | 9 | – | 7 | 262 | 29.94 |
| Probable | 15 | 58 | 33 | 459 | 52.46 |
| Confirmed | 48 | | 56 | 154 | 17.60 |
| Totals of probable and confirmed | 63 | 58 | 89 | | |
| Totals | 72 | 58 | 96 | 875 | 48.72 |
| % of the 1968–72 total | 100.0 | | 133.3 | | |

# Turtle Dove
## *Streptopelia turtur*
### Summer visitor – Welsh conservation status: Red

This is the prettiest of our doves and is usually noticed by its soft, purring song. It is a summer migrant that returns to breed in North Wales, which is at the extreme north-western edge of its global distribution (it does not breed in Ireland). It is our only dove that migrates to Africa for the winter and the only trans-Saharan migrant that eats seeds all year (Migration Atlas). Turtle Doves need a seed-rich, hence weed-rich, environment with nearby hedges, scrub or coniferous woodland in which to breed, with scrub probably being most important in North Wales (Browne *et al.* 2005).

Turtle Doves can raise two or three broods in a year but there are many factors that adversely affect the survival rate of young birds in their first year. These include habitat loss and alteration in its UK breeding areas, changes in its winter quarters and perils encountered during migration. Agricultural changes such as increased use of herbicides on arable crops are likely to reduce feeding opportunities and also therefore breeding attempts (Brown & Grice 2005; Johnstone *et al.* 2010a). Arable farming is much less prevalent in North Wales than it used to be. Sadly, human killing of birds migrating through the Mediterranean and North Africa continues to be a significant factor in this species' population decline, with shooting in the Pyrenees and Malta and, more recently, organised holidays to shoot Turtle Doves in Morocco, being the focus of particular international concern.

The fortunes of Turtle Doves have waxed and waned during the nineteenth and twentieth centuries. Forrest (1907) reported that they were "common in the eastern half of the district and generally increasing and spreading westwards"

## Turtur

Y Durtur yw'r unig un o'n colomennod sy'n mudo i Affrica dros y gaeaf. Mae arni angen cynefin sy'n llawn hadau, ac felly'n llawn chwyn, gyda gwrychoedd, prysgwydd neu goedwig gonwydd ar gyfer nythu. Dengys y mapiau 10 cilomedr fel y mae wedi encilio dros y deugain mlynedd diwethaf, yn yr un modd ag y mae wedi encilio tua'r dwyrain yn y DU i gyd. Dim ond dau gofnod o nythu, o ddau detrad gwahanol, a dderbyniwyd yn ystod gwaith maes 2008–12. Roedd y rhain ar dir isel yn Ninbych. Mae newidiadau amaethyddol, megis y defnydd cynyddol o chwynladdwyr ar gnydau, wedi lleihau'r cyflenwad bwyd, ac mae llawer llai o dir âr yng Ngogledd Cymru nag a fu. Yn anffodus, ymddengys fod y Durtur ar fin diflannu o'n hardal.

and they were recorded all over lowland Denbigh and along the Dee estuary in Flint. They were uncommon in most of Caernarfon (except around Llandudno), scarce in Meirionnydd and he mentioned no records from Anglesey, so there had been further expansion to the west between the start of the century and the first national Atlas. The 10km maps show a clear contraction in distribution during the last 40 years, which mirrors the situation in the UK where the distribution is retreating eastwards. In the last few years there has been just one known regular pair remaining in the region and even these birds have not bred successfully each year. There were only two records of breeding from two tetrads during the 2008–12 fieldwork, in a lowland area of Denbigh. Consequently, the likelihood of continued breeding in our area is very low and sadly the disappearance of breeding Turtle Doves from our region appears to be imminent.

*Ian M. Spence*

RICHARD REVELS (RSPB-IMAGES.COM)

Sponsored by/Noddwyd gan John Crowder

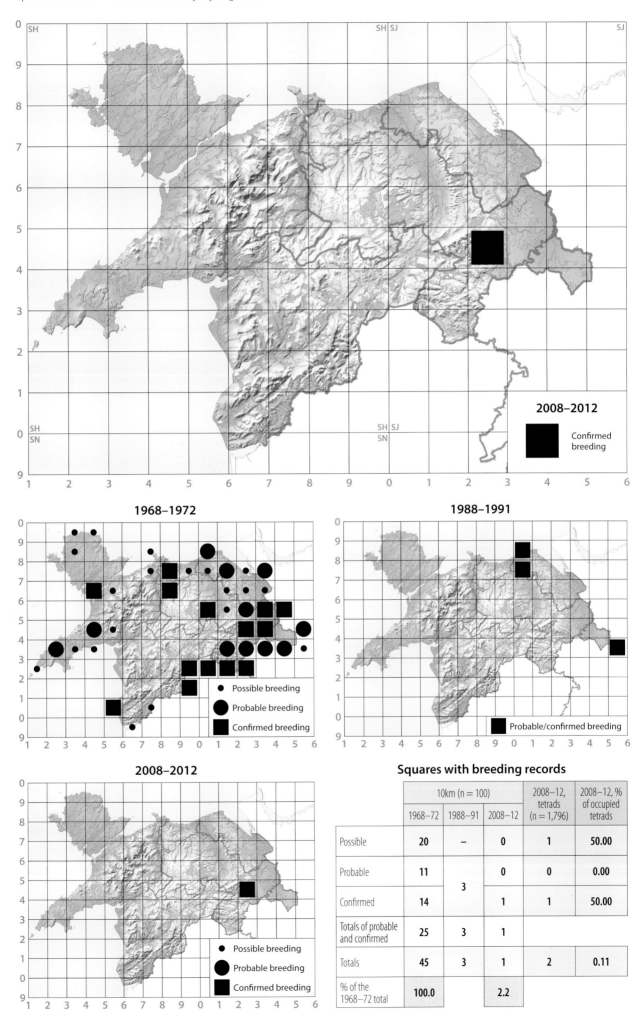

2008–2012

■ Confirmed breeding

**1968–1972**

• Possible breeding

● Probable breeding

■ Confirmed breeding

**1988–1991**

■ Probable/confirmed breeding

**2008–2012**

• Possible breeding

● Probable breeding

■ Confirmed breeding

### Squares with breeding records

| | 10km (n = 100) | | | 2008–12, tetrads (n = 1,796) | 2008–12, % of occupied tetrads |
|---|---|---|---|---|---|
| | 1968–72 | 1988–91 | 2008–12 | | |
| Possible | 20 | – | 0 | 1 | 50.00 |
| Probable | 11 | 3 | 0 | 0 | 0.00 |
| Confirmed | 14 | | 1 | 1 | 50.00 |
| Totals of probable and confirmed | 25 | 3 | 1 | | |
| Totals | 45 | 3 | 1 | 2 | 0.11 |
| % of the 1968–72 total | 100.0 | | 2.2 | | |

# Cuckoo

## *Cuculus canorus*

### Summer visitor – Welsh conservation status: Red

JOHN LAWTON ROBERTS

## Cog

Prin fod cân unrhyw aderyn yn fwy cyfarwydd na chân y Gog. Treulia'r gaeaf yn Affrica, gan ddychwelyd ddiwedd Ebrill. Mae'n dodwy ei wyau yn nythod adar eraill, gan adael iddynt hwy ofalu am y cywion. Defnyddir nythod nifer o wahanol rywogaethau, ond Corhedydd y Waun sy'n dioddef fwyaf yn ein hardal ni. Wedi iddo ddeor, mae'r cyw Gog yn gwthio'r wyau neu'r cywion eraill o'r nyth. Dengys ein map fod y Gog yn absennol o'r tir uchaf ac yn weddol brin ar y tir isaf, ond yn bur gyffredin mewn rhai ardaloedd rhwng y ddau. Awgryma'r mapiau 10 cilomedr fod ei niferoedd wedi gostwng, ac mae canlyniadau BBS yn dangos gostyngiad o 34% yng Nghymru rhwng 1995 a 2010.

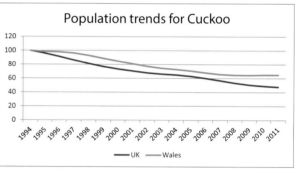

No birdsong is more familiar than that of the male Cuckoo. The species returns from its African wintering grounds in mid or late April, and hearing its song has long been regarded as one of the signs that spring has truly arrived. Fewer people see the bird, or are familiar with the female's bubbling call. Even the most dedicated fieldworker will not record a Cuckoo feeding its young, for this is a task which it delegates as our only obligate brood-parasite, always laying its eggs in the nests of other birds. It can be found in a range of habitats and has been recorded taking advantage of over 50 species in Britain, particularly Reed Warbler, Meadow Pipit, Dunnock, Robin and Pied Wagtail, though the Reed Warbler is not an important host in our area. There appear to be separate populations of female Cuckoos, each specialising in a particular host species and usually laying an egg that resembles that of the host (Davies 2000). The female Cuckoo lays an egg in the nest of the host and flies off with one of the host's own eggs. The Cuckoo egg hatches in about 12 days and the young Cuckoo pushes the other eggs or chicks out of the nest. The adults leave in June or July, and the foster parents may still be feeding a Cuckoo chick many times their own size when its real parents are already back in Africa. It may be overrecorded to some extent in our Atlas, as singing birds could have been passing through a tetrad, or may range across several tetrads.

Our map shows the Cuckoo to be largely found in semi-upland areas, absent from the highest ground and scarce in large areas of the lowland. A comparison of our map with the map for Meadow Pipit (see p. 389) shows a marked similarity below 400m, and this seems to be the main host species in much of North Wales, though the Skylark may also be important in the uplands (Lovegrove *et al.* 1994). Comparison with the maps for the 1968–72 and 1988–91 Atlases suggests a significant decline; though it is still recorded in almost all 10km squares, there are far fewer squares with Confirmed or Probable breeding this time.

Forrest (1907) described the Cuckoo as a very common bird in North Wales, particularly on the moors and in coastal dunes. A decline was noted in Wales from the 1950s, and the BBS index for Wales showed a decline of 34% between 1995 and 2010 (Risely *et al.* 2012). The decline could have several causes. Cuckoos feed largely on moth caterpillars (BWP) and populations of many of these have decreased in recent years. The availability of host species is a possible factor, though Meadow Pipits are still common in our area. There could also be problems on its wintering grounds or on migration, something currently being investigated by the BTO through radio tracking. Four birds from Cors Caron in Wales were amongst those tagged in 2012.

*Rhion Pritchard*

Sponsored by/Noddwyd gan Anna Williams

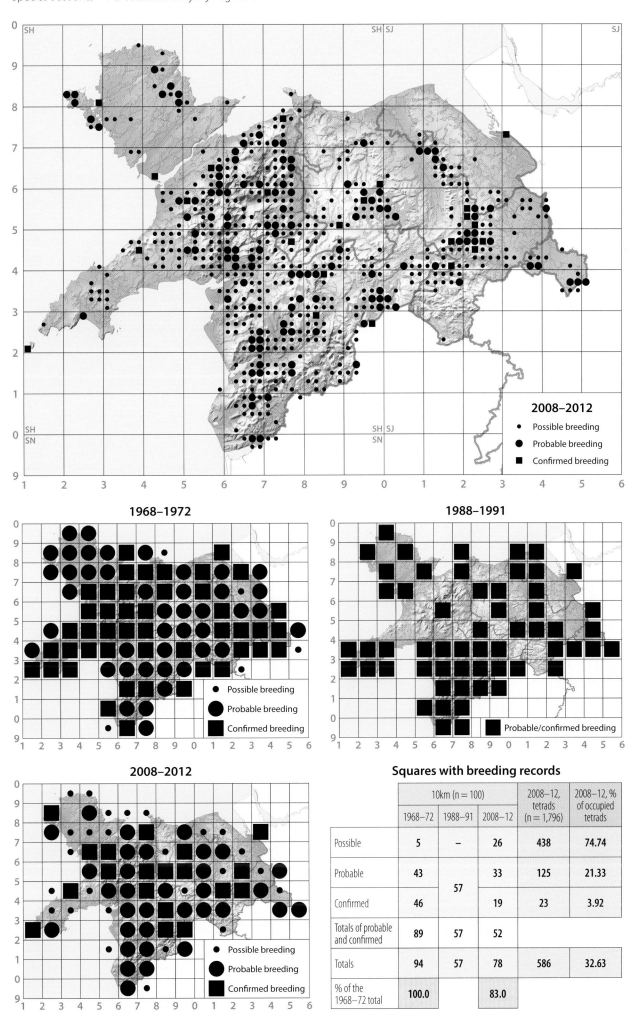

**2008–2012**

- • Possible breeding
- ● Probable breeding
- ■ Confirmed breeding

**1968–1972**

- • Possible breeding
- ● Probable breeding
- ■ Confirmed breeding

**1988–1991**

- ■ Probable/confirmed breeding

**2008–2012**

- • Possible breeding
- ● Probable breeding
- ■ Confirmed breeding

### Squares with breeding records

| | 10km (n = 100) | | | 2008–12, tetrads (n = 1,796) | 2008–12, % of occupied tetrads |
|---|---|---|---|---|---|
| | 1968–72 | 1988–91 | 2008–12 | | |
| Possible | 5 | – | 26 | 438 | 74.74 |
| Probable | 43 | 57 | 33 | 125 | 21.33 |
| Confirmed | 46 | | 19 | 23 | 3.92 |
| Totals of probable and confirmed | 89 | 57 | 52 | | |
| Totals | 94 | 57 | 78 | 586 | 32.63 |
| % of the 1968–72 total | 100.0 | | 83.0 | | |

# Barn Owl
## *Tyto alba*
### Resident – Welsh conservation status: Amber

The Barn Owl is a breeding resident normally associated with lowland farmed habitats and mainly those that favour its main prey species: small mammals including Field Voles. However, with agricultural changes over the last century, unimproved grassland has decreased, fields are now larger and there are fewer hedges in which mammals may live. In the last few decades there will also have been some reduction in potential nest sites in buildings that have been renovated. To compensate for this loss, Barn Owl conservationists have provided nestboxes mounted on trees or in agricultural buildings, usually barns. Barn Owls also nest in cavities in trees, primarily in the eastern part of North Wales.

The species' distribution has declined by about 10% since the 1968–72 Atlas. Although the lowlands remain favoured, especially Llŷn and the Denbigh border with England, some owls live and nest at relatively high altitudes. Owls have been recorded up to 379m near Gwytherin (pers. obs.), where there are areas of rough grassland or rush, many of which have stone walls in which mammals may live. At high altitudes, the birds are susceptible to harsh winters, with much snow coverage for weeks at a time. Areas which are still suitable and have regular breeding pairs include Llŷn, the Eden valley south of Trawsfynydd and the coastal strip near Harlech. In

### Tylluan Wen

Ceir y Dylluan Wen yn bennaf ar dir isel amaethyddol, er bod rhai yn nythu cyn uched â 379 medr lle ceir cynefin addas. Erbyn hyn mae llai o borfa heb ei gwella ar gael, a chollwyd rhai safleoedd nythu mewn adeiladau a adnewyddwyd, felly mewn blychau y mae llawer o barau'n nythu, Defnyddir tyllau mewn coed hefyd. Bu gostyngiad o tua 10% yn y nifer o sgwariau lle cofnodwyd adar er cyfnod Atlas 1968–72. Yn y blynyddoedd diwethaf, mae'r nifer o barau yn nythu yng Ngogledd Cymru wedi amrywio o 39 (yn 2009) i 55 (yn 2008). Credir fod parau eraill sydd heb eu darganfod hyd yn hyn, ond mae'n annhebygol fod mwy na 100 pâr yn ein hardal.

the north-east a project undertaken by the WRBBRSG, with help from volunteers and local biodiversity partners, has led to an increase in known breeding sites. Flint remains the county with fewest pairs, although suitable habitat appears to be available. Anglesey seems to hold fewer pairs than previously, partly because the A55 dual carriageway has led to an increase in mortality, with vehicles hitting birds trying to cross between hunting areas over the wide verges. The North Wales Trunk Roads Agency is conducting surveys along this stretch of road to try to identify problem areas. Recommendations for highways agencies to modify road verges, to minimise such problems, are now available (Barn Owl Trust 2012).

Forrest (1907) described the Barn Owl as "Resident and more or less common in most parts of the lowlands" and commented that it "avoids elevated districts". This description is not true now. First, the Barn Owl is no longer "common" in the lowlands, almost certainly because of the changes in farming practices since Forrest's time. Secondly, we know that after a series of mild winters, the Barn Owl can breed in upland areas: for the years 2008–10, WRBBRSG records indicate that 39 (in 2009) to 55 (in 2008) pairs have been known to attempt to breed across North Wales. We suspect that there are more pairs still to be discovered because it is likely that not all nests are found each year. However, according to our current knowledge, there are unlikely to be more than 100 pairs in North Wales, considerably fewer than predicted by the data in Toms *et al.* (2001). The Barn Owl is an iconic species and we hope that conservation action will help the population to increase.

*Ian M. Spence*

JOHN LAWTON ROBERTS

**Sponsored by/Noddwyd gan the North Wales Trunk Road Agency**

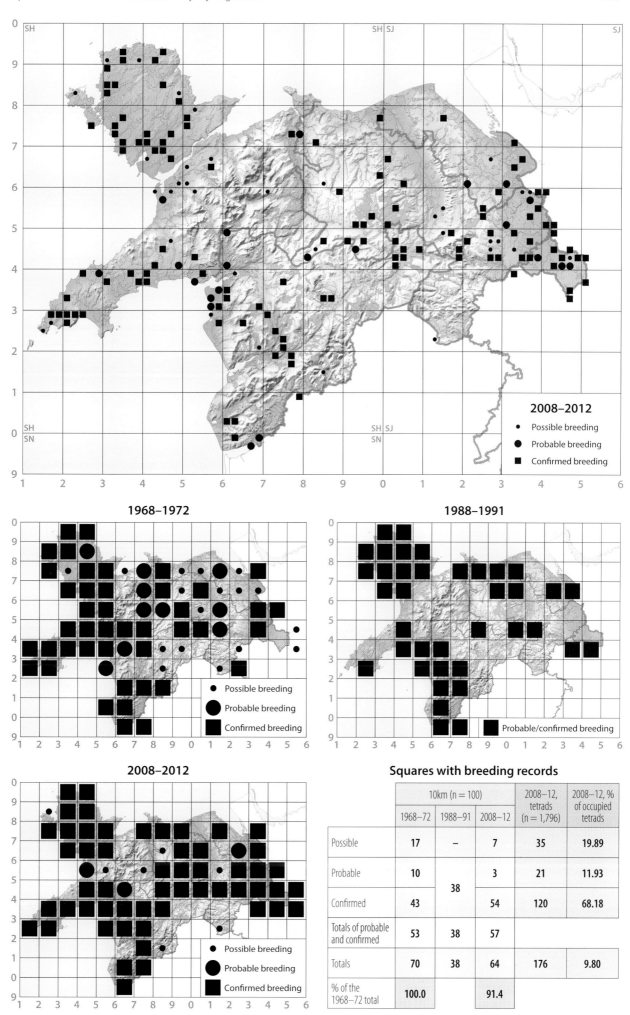

**1968–1972**

Possible breeding
Probable breeding
Confirmed breeding

**1988–1991**

Probable/confirmed breeding

**2008–2012**

Possible breeding
Probable breeding
Confirmed breeding

**2008–2012**

Possible breeding
Probable breeding
Confirmed breeding

### Squares with breeding records

| | 10km (n = 100) | | | 2008–12, tetrads (n = 1,796) | 2008–12, % of occupied tetrads |
|---|---|---|---|---|---|
| | 1968–72 | 1988–91 | 2008–12 | | |
| Possible | 17 | – | 7 | 35 | 19.89 |
| Probable | 10 | 38 | 3 | 21 | 11.93 |
| Confirmed | 43 | | 54 | 120 | 68.18 |
| Totals of probable and confirmed | 53 | 38 | 57 | | |
| Totals | 70 | 38 | 64 | 176 | 9.80 |
| % of the 1968–72 total | 100.0 | | 91.4 | | |

# Little Owl
## *Athene noctua*
**Resident – Welsh conservation status: Green**

Although only introduced to the UK from Europe in the mid to late 1800s, the Little Owl is now an established resident and an accepted part of our fauna. The race introduced was one of the darker forms (*vidalii*) which occurs naturally on the near continent. It is often considered more diurnal than the other owl species breeding in Wales but is still relatively difficult to locate during Atlas work if silent. In recent years they have become more challenging to find in North Wales, with individuals that were frequently conspicuous at known sites now proving much more elusive (pers. obs.).

Although their diet consists of a range of large invertebrates, earthworms, small mammals and amphibians, Little Owls are also capable of taking avian prey, such as Storm Petrels on Bardsey. Concerns about the possible effects on the Storm Petrel colony on Skokholm led to the removal of that island's Little Owls in 1954. They can be found in a variety of habitats, ranging from both open arable and pastoral farmland through more parkland-like landscapes to coastal areas, but are generally found at altitudes below 400m in North Wales. Little Owls require mature trees, well-established hedgerows, buildings or walls to provide nesting cavities. However, their absence from many apparently suitable areas indicates that there must be other factors limiting their distribution and abundance.

The colonisation of North Wales by the Little Owl took place during the early decades of the twentieth century. The southern counties of Wales were occupied first and the species moved northwards until breeding occurred in all counties by the 1930s (Lovegrove *et al.* 1994). The 1968–72 Atlas shows the favoured areas to be Llŷn, parts of Anglesey and along the Menai Strait, the north coast and the eastern parts of Meirionnydd, Denbigh and Flint. By the time of the 1988–91 Atlas, the distribution on Llŷn had reduced, but there had been an increase in range on Anglesey, and towards the east. However, the 2008–12 fieldwork showed most records on Anglesey, Llŷn and the south-east of North Wales with only

## Tylluan Fach
Dim ond tua chanol neu ddiwedd y 19ᵉᵍ ganrif y cyflwynwyd y Ddylluan Fach i Brydain, a chyrhaeddodd i Ogledd Cymru yn negawdau cynnar yr ugeinfed ganrif. Mae i'w gweld yn ystod y dydd yn amlach na'r rhan fwyaf o'n tylluanod eraill, ond er hynny gall osgoi sylw os nad yw'n galw. Gall fwyta amrywiaeth o brae, anifeiliaid di-asgwrn-cefn mawr, pryfed genwair, mamaliaid bychain ac amffibiaid, ond mae'n cymryd adar hefyd, er enghraifft Pedryn Drycin ar Ynys Enlli. Yn ystod gwaith maes 2008–12, roedd mwyafrif y cofnodion o Fôn, Llŷn a de-ddwyrain Gogledd Cymru, a dim ond cofnodion gwasgaredig o fannau eraill. Dengys y mapiau 10 cilomedr ei bod wedi diflannu o'r gogledd-ddwyrain er cyfnod y ddau Atlas blaenorol.

scattered records elsewhere. Looking at the 10km maps, there is a striking disappearance from the north-east. Even allowing for reduced detectability, Little Owls appear much less widespread than in the past.

In the UK, Little Owls have declined by 40% between 1995 and 2010 (Risely *et al.* 2012) and declines have also been reported in Europe. It appears from work in Europe that a decrease in juvenile survival may be the reason for the decline as a result of factors such as long-term changes in the amount of traffic on roads, fluctuations in spring temperatures and agricultural intensification (Le Gouar *et al.* 2011). All of these issues could also be contributing to the range changes and abundance in North Wales, but it has been suggested too that perhaps avian predators (e.g. Goshawk) may also be a factor, even if no evidence is available to support this theory.

*Reg Thorpe*

Sponsored by/Noddwyd gan the Wirral Barn Owl Trust, Steve Palin

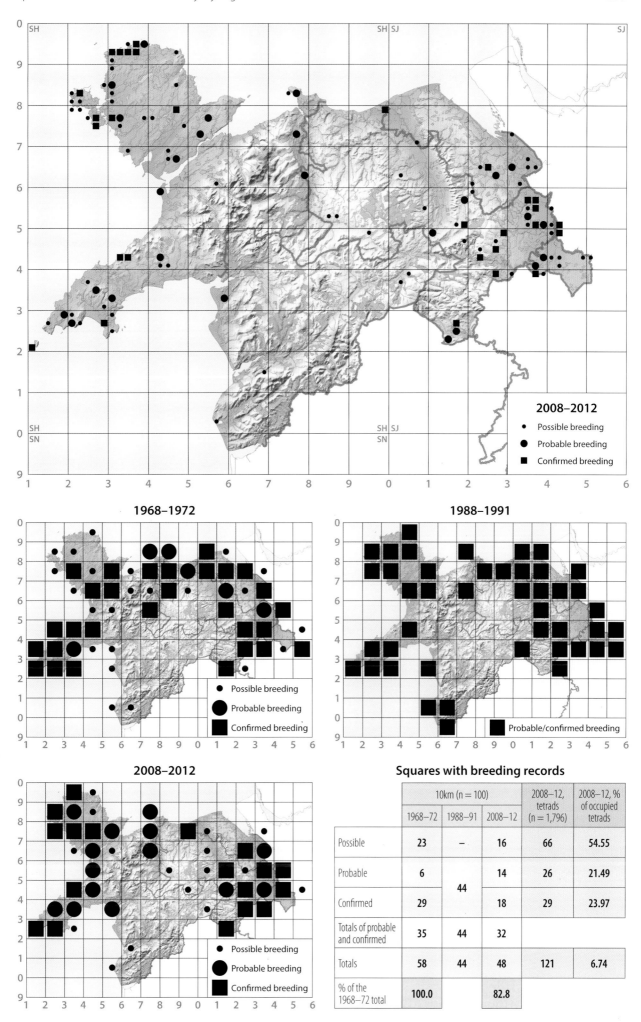

2008–2012

- Possible breeding
- ● Probable breeding
- ■ Confirmed breeding

**1968–1972**

- Possible breeding
- ● Probable breeding
- ■ Confirmed breeding

**1988–1991**

- ■ Probable/confirmed breeding

**2008–2012**

- Possible breeding
- ● Probable breeding
- ■ Confirmed breeding

## Squares with breeding records

| | 10km (n = 100) | | | 2008–12, tetrads (n = 1,796) | 2008–12, % of occupied tetrads |
|---|---|---|---|---|---|
| | 1968–72 | 1988–91 | 2008–12 | | |
| Possible | 23 | – | 16 | 66 | 54.55 |
| Probable | 6 | 44 | 14 | 26 | 21.49 |
| Confirmed | 29 | | 18 | 29 | 23.97 |
| Totals of probable and confirmed | 35 | 44 | 32 | | |
| Totals | 58 | 44 | 48 | 121 | 6.74 |
| % of the 1968–72 total | 100.0 | | 82.8 | | |

# Tawny Owl
## *Strix aluco*
### Resident – Welsh conservation status: Green

The Tawny Owl is the owl with which people are most familiar. Its hooting and "kewick" calls can be heard across the countryside, wherever there is some woodland, even in built-up areas. In North Wales, Tawny Owls breed in both deciduous and coniferous woodland, especially if nestboxes are provided. On rare occasions they have been known to nest on the ground. They are resident and sedentary birds, breeding just once each year. Pairs try to establish their territories early and hooting can be heard throughout the winter. From late February through March, hooting indicates birds on territory and very likely to breed.

It is highly likely that this species was underrecorded during our 2008–12 fieldwork. This was largely because few observers did much fieldwork at dawn and dusk. Several other crepuscular species, such as Woodcock, Nightjar and other owls, were similarly underrecorded. One fieldworker visited every tetrad in SJ15 at dusk and obtained evidence of breeding in 75% of them. This indicates that where targeted effort is undertaken, Tawny Owls can be found where there is suitable habitat. SJ24 was also intensively surveyed by another fieldworker. With his knowledge of nests there, in boxes and elsewhere, he has contributed many records. If other 10km squares, especially those with lots of trees, could have been as well surveyed as these two (requiring a considerable amount of time and travel), it is likely that the map would have many more records of breeding. This would leave just the high mountains and open moorlands where there are few real

## Tylluan Frech

Y Dylluan Frech yw'r dylluan sy'n gyfarwydd i bawb. Gellir clywed ei galwadau lle bynnag mae coed, hyd yn oed mewn ardaloedd trefol. Yng Ngogledd Cymru, nytha'r Dylluan Frech mewn coedwigoedd llydanddail a chonwydd fel ei gilydd, yn enwedig os darperir blychau nythu. Mae'n debyg bod y rhywogaeth yma wedi ei than-gofnodi yn ystod gwaith maes 2008–12, gan mai ychydig o waith maes a wnaed gyda'r wawr neu gyda'r nos. Nid oes tystiolaeth o newid ar lefel sgwariau 10 cilomedr er cyfnod Atlas 1968–72. Fe allai hyn awgrymu fod maint y boblogaeth yn parhau rhywbeth yn debyg, ond yn rhai ardaloedd, megis Fforest Clocaenog i'r dwyrain o Lyn Brenig, bu gostyngiad yn nifer y parau sy'n nythu wedi i'r Gwalch Marth ddechrau nythu yn yr ardal.

opportunities for breeding. An exceptional nest was found on a rock ledge high in the Carneddau at 560m altitude about 4km from the nearest woodland. There were young found in 2006 but just a nest with an egg in 2007 (Driver 2010).

Taking underrecording into account, there is no real evidence of a change in the distribution of Tawny Owls at the 10km level since the time of the 1968–72 Atlas. This could suggest that the population is also at the same level. However, there is one factor to consider although the evidence is, as yet, circumstantial. In SJ24 there were no records of Goshawk breeding within the last 20 years. However, within the part of Clocaenog Forest east of Llyn Brenig (an area of about 45km$^2$) over the same period, Goshawks have started to breed. It is interesting that since their arrival the numbers of known breeding pairs of Tawny Owls have dropped, from at least 14 pairs (Spence & Lloyd 1996), to about two pairs each year, based on the occupancy of available nestboxes. It is quite likely that a similar drop in Tawny Owl numbers has taken place in other areas where Goshawks have moved in.

Forrest (1907) recorded the Tawny Owl as: "Resident and generally distributed in the wooded lowlands; most numerous in … west Merioneth." We have no direct evidence to support that view now. A region-wide survey of Tawny Owls and other crepuscular or nocturnal species would be highly desirable, as would further work to determine the reality and extent of any threat from Goshawks.

*Ian M. Spence*

STEVE CULLEY

**Sponsored by/Noddwyd gan the Plas Derw Trust**

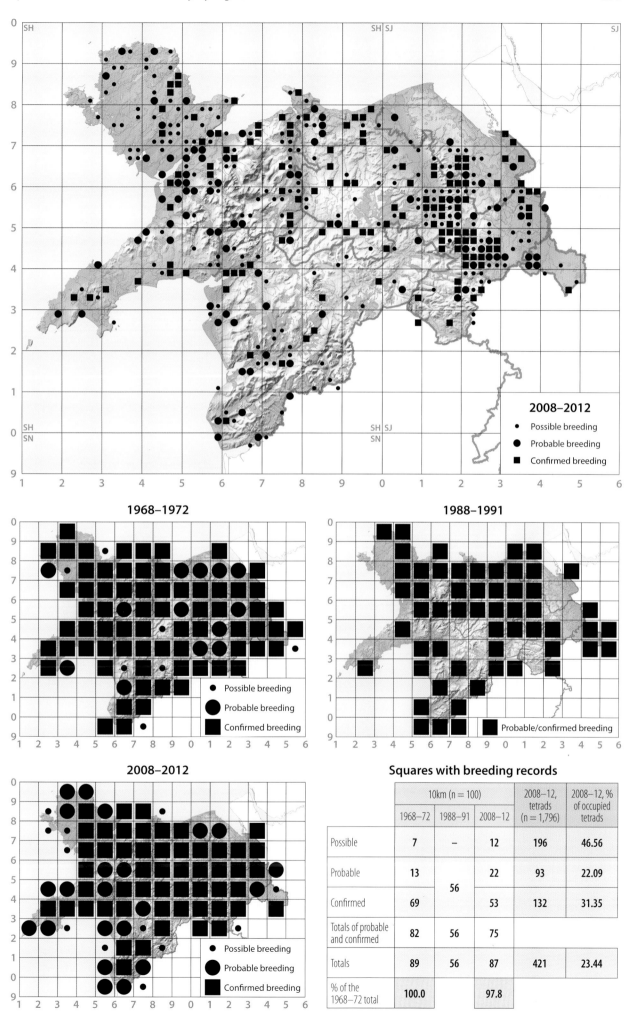

| | 10km (n = 100) | | | 2008–12, tetrads (n = 1,796) | 2008–12, % of occupied tetrads |
|---|---|---|---|---|---|
| | 1968–72 | 1988–91 | 2008–12 | | |
| Possible | 7 | – | 12 | 196 | 46.56 |
| Probable | 13 | 56 | 22 | 93 | 22.09 |
| Confirmed | 69 | | 53 | 132 | 31.35 |
| Totals of probable and confirmed | 82 | 56 | 75 | | |
| Totals | 89 | 56 | 87 | 421 | 23.44 |
| % of the 1968–72 total | 100.0 | | 97.8 | | |

# Long-eared Owl
## *Asio otus*
**Resident and winter visitor – Welsh conservation status: Amber**

IAN M. SPENCE

## Tylluan Gorniog

Dim ond ychydig o barau o'r Ddylluan Gorniog sy'n nythu ym mhlanhigfeydd conwydd yr ucheldir ac mewn coed cysgodi, gerllaw tir agored ar gyfer hela. Anaml y gwelir hi liw dydd, hyd yn oed pan mae'n bwydo cywion, ac felly mae'n hawdd i barau sy'n nythu osgoi sylw. Awgryma'r map o waith maes 2008–12 fod y Ddylluan Gorniog yn dal i fod yn aderyn anghyffredin iawn, heb fawr o newid ers Atlas 1968–72. Mae'n sicr fod y ddylluan hon yn cael ei than-gofnodi. Ychydig o'r gweithwyr maes aeth allan i goedwigoedd conwydd yr ucheldir yn y tywyllwch. Yr adeg orau i gael hyd iddi yw yn ystod Chwefror a dechrau Mawrth, pan sefydlir tiriogaethau ar ymylon coedwigoedd conwydd aeddfed.

This is a scarce breeding bird of predominantly isolated upland conifer plantations and small woodland shelter belts, adjacent to open foraging habitat. Unlike the closely related Short-eared Owl, this species is usually secretive and is rarely observed foraging in daylight, even when it has young in the nest. Breeding pairs are consequently easily overlooked. These owls also have a tendency to perch, motionless, close to tree trunks, making them almost invisible to inexperienced eyes. In Wales, Lovegrove *et al.* (1994) suggested that the population had declined since the 1900s, whereas during the 1850s the species was considered to be fairly widespread and locally common. Such decline may have been driven by human persecution on game estates and, during the twentieth century, by competition from the larger Tawny Owl.

The 2008–12 fieldwork map suggests Long-eared Owls remain very uncommon, with little change either in the numbers or distribution of breeding birds since the 1968–72 Atlas. However, comparing the geographic spread of breeding Long-eared Owls between Atlas maps should be carried out with caution: few observers probably did much fieldwork in darkness in upland coniferous woodlands, as would be necessary to find this species. Hatch (2006) described his survey work on Long-eared Owls in the Gwent uplands. He wrote that the best time to locate the birds is during February and early March, when territories are being established on the edge of mature conifer plantations, especially Lodgepole Pine. The male makes a single note repeated every few seconds, and also performs a display flight above or between the trees.

Hatch's recommended technique is to walk slowly along a suitable woodland edge adjacent to open ground on a fine, still evening, stopping to listen every 100m or so. From May onwards chicks can be located by their 'squeaky gate' hunger call, but become harder to find once evenings begin to draw in during July.

In view of this owl's preference for conifer woodlands, it is surprising that the continued afforestation of the Welsh uplands during the inter-Atlas periods appears not to have influenced the geographical distribution of breeding Long-eared Owls. A study in southern Scotland suggested that the density and number of pairs attempting to nest may be related to high abundance of Field Voles. However, breeding success was, surprisingly, better in years when vole numbers were low (Village 1981). The factors restricting Long-eared Owl populations, particularly in our region, remain unclear and will require further study to provide greater understanding.

*Patrick Lindley*

Sponsored by/Noddwyd gan David Lee, Peter Burton

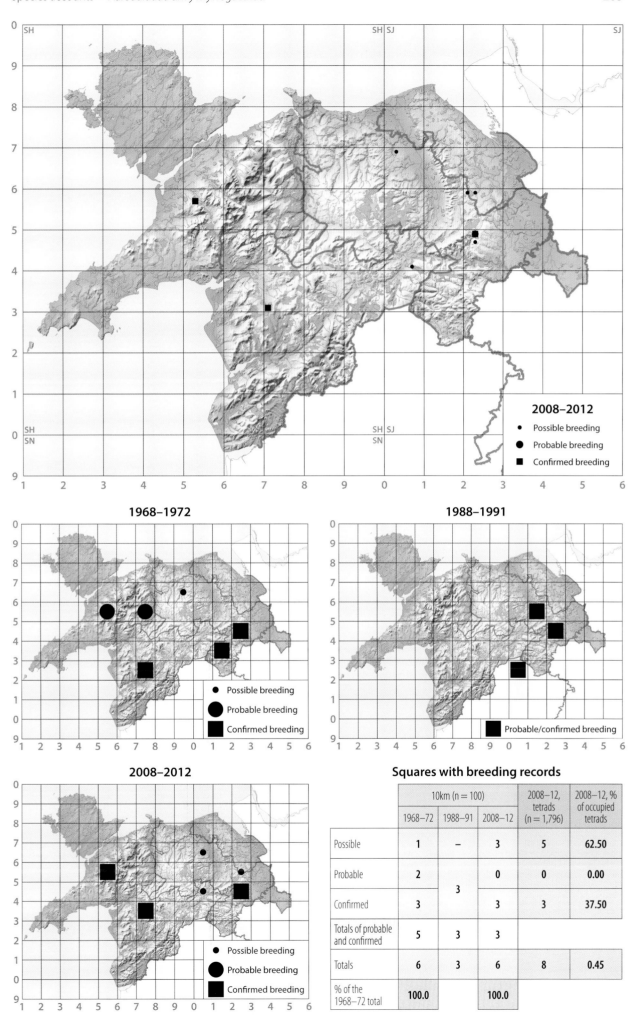

**2008–2012**
- • Possible breeding
- ● Probable breeding
- ■ Confirmed breeding

**1968–1972**

Possible breeding
Probable breeding
Confirmed breeding

**1988–1991**

Probable/confirmed breeding

**2008–2012**

Possible breeding
Probable breeding
Confirmed breeding

**Squares with breeding records**

| | 10km (n = 100) | | | 2008–12, tetrads (n = 1,796) | 2008–12, % of occupied tetrads |
|---|---|---|---|---|---|
| | 1968–72 | 1988–91 | 2008–12 | | |
| Possible | 1 | – | 3 | 5 | 62.50 |
| Probable | 2 | 3 | 0 | 0 | 0.00 |
| Confirmed | 3 | | 3 | 3 | 37.50 |
| Totals of probable and confirmed | 5 | 3 | 3 | | |
| Totals | 6 | 3 | 6 | 8 | 0.45 |
| % of the 1968–72 total | 100.0 | | 100.0 | | |

# Short-eared Owl
## *Asio flammeus*
### Resident and winter visitor – Welsh conservation status: Red

There is always a special pleasure in observing a hunting Short-eared Owl, be it over moorland, young conifer plantings, coastal rough grazing or sand dune slacks. This owl can be seen in full daylight and the observer is likely to be mesmerised by its slow, floppy, buoyant, but graceful flight. In many winters, numbers in Wales are swollen by an influx of birds from continental Europe. In North Wales, during the breeding season, Short-eared Owls are mainly found in remote upland heath, mires and bogs where they nest in ground vegetation. The bulk of their diet consists of small mammals, particularly the Short-tailed (Field) Vole (Glue 1977).

The distribution map for the 2008–12 fieldwork shows little change when compared to the 1968–72 and 1988–91 Atlases, although a decline is evident in the Berwyn area. Confirming breeding is not easy as incubating birds tend to sit very tight. Adults become more visible as they usually hunt in daylight when chicks are in the nest, and the male tends to hover and bark when an observer approaches a nest containing young. The North Wales population appears to be concentrated on the Berwyn and Migneint-Arenig-Dduallt SPAs and Mynydd Hiraethog. Overall it appears numbers have not changed in Wales. However, it is very difficult to provide accurate population estimates of breeding for the Short-eared Owl as population changes are linked to naturally occurring cycles in Field Voles. A desk study (Williams 1988) produced no breeding records from either Flint or Anglesey, and noted that breeding in Caernarfon was irregular. Eight pairs were recorded in Meirionnydd, where the population was thought to be stable, and three pairs in Denbigh, where a sharp decline was noted between 1985 and 1987.

## Tylluan Glustiog

Ar rostiroedd uchel ac anghysbell ac ar gorsydd y ceir y Dylluan Glustiog yn nythu yng Ngogledd Cymru. Mae'r nyth ar y ddaear dan gysgod llystyfiant. Ei phrif fwyd yw mamaliaid bychain, yn enwedig y Llygoden Bengron. Nid yw'n hawdd cadarnhau nythu, gan fod adar sy'n gori yn gyndyn i adael y nyth. Mae'r oedolion yn fwy amlwg pan maent yn hela liw dydd i fwydo'r cywion, ac mae'r ceiliog yn hofran a galw pan ddaw rhywun yn agos i'r nyth. Ychydig o wahaniaeth a welir ym map 2008–12 o'i gymharu â mapiau'r ddau Atlas blaenorol, er bod lleihad i'w weld ar y Berwyn. Ceir y rhan fwyaf o'r boblogaeth ar y Berwyn, Migneint-Arenig-Dduallt a Mynydd Hiraethog.

Forrest (1907) described the species as an occasional breeder in North Wales, and noted that it had bred on lowland bogs and sand-hills as well as on heathery moors. Good numbers bred on Anglesey in the past, with six pairs nesting on Newborough Warren in 1957 (Jones & Whalley 2004). During this period, afforestation resulted in young conifer plantations providing good breeding habitat for voles, and consequently for Short-eared Owls. However, as the trees grew, the plantations became unsuitable for the owls, and many traditional breeding sites were lost (Williams 1988).

*Patrick Lindley*

**Sponsored by/Noddwyd gan the Snowdonia National Park Authority**

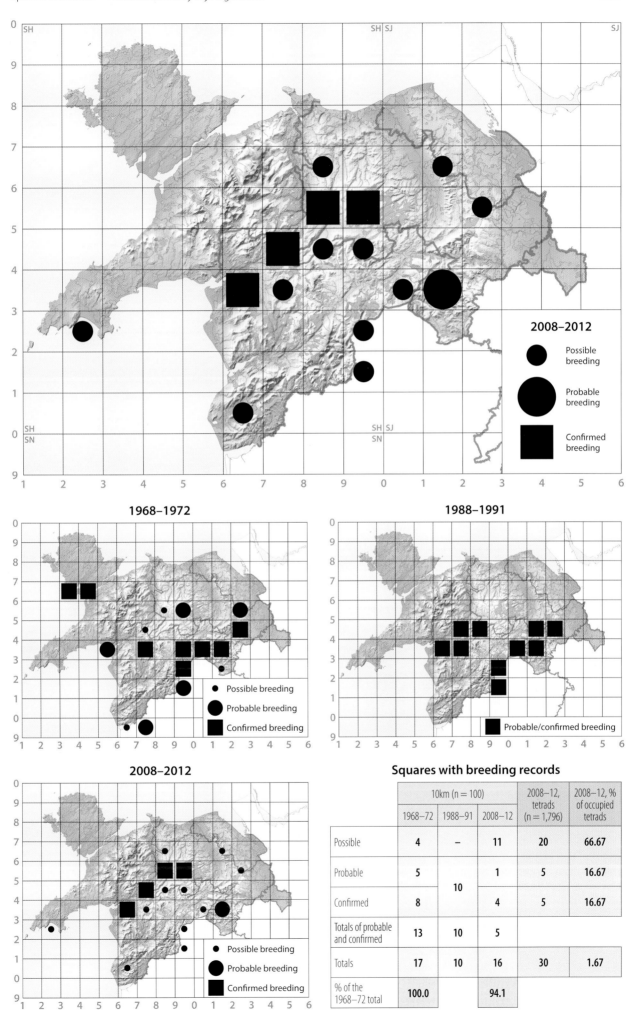

2008–2012

Possible breeding

Probable breeding

Confirmed breeding

1968–1972

Possible breeding
Probable breeding
Confirmed breeding

1988–1991

Probable/confirmed breeding

2008–2012

Possible breeding
Probable breeding
Confirmed breeding

### Squares with breeding records

| | 10km (n = 100) | | | 2008–12, tetrads (n = 1,796) | 2008–12, % of occupied tetrads |
|---|---|---|---|---|---|
| | 1968–72 | 1988–91 | 2008–12 | | |
| Possible | 4 | – | 11 | 20 | 66.67 |
| Probable | 5 | 10 | 1 | 5 | 16.67 |
| Confirmed | 8 | | 4 | 5 | 16.67 |
| Totals of probable and confirmed | 13 | 10 | 5 | | |
| Totals | 17 | 10 | 16 | 30 | 1.67 |
| % of the 1968–72 total | 100.0 | | 94.1 | | |

# Nightjar
## *Caprimulgus europaeus*
### Summer visitor – Welsh conservation status: Amber

A special effort is required to see this bird, as it is a late migrant from Africa and, once here, it is essentially invisible during the day. It arrives during May from its wintering grounds, the males churring at dusk until late July. One, sometimes two clutches of eggs are laid on bare ground. In North Wales birds are found on heathland and in conifer plantations mainly along rides, in young plantations or in clearfell areas. Most records are likely to be of churring males or feeding birds at dusk; upgrading to Confirmed breeding status is very difficult.

Forrest (1907) described the Nightjar as very numerous in Anglesey and throughout the western half of North Wales, but less common in the eastern half. He stated it had a decided preference for sand-hills as a breeding ground in all its coastal resorts. On Anglesey, Jones and Whalley (2004) stated that the species remained common until around 1950, after which it began to decrease, although it was recorded as still present in many places (including sand dunes) in 1956. These observations from Anglesey mirror the general fall in both numbers and distribution that was recorded across the whole of Britain in the late 1950s (Stafford 1962). Since 1976, there have only been four records on Anglesey and no indication of breeding. In Caernarfon, Barnes (1997) described a severe decline, including loss from coastal habitats. This was followed by increases in the 1980s, when birds were found to be nesting in clearfelled conifer plantations, especially in Gwydyr Forest.

Annual monitoring schemes, such as CBC and BBS, are not suitable for this species because they are generally carried out during the day. However, the BTO has carried out three national Nightjar surveys at dusk, in 1981 (Gribble 1983), 1992 (Morris *et al.* 1994) and 2004 (Conway *et al.* 2007). In Wales, the results indicated a progressive increase in numbers, but not

## Troellwr Mawr

Anaml y gwelir y Troellwr Mawr liw dydd. Mae'n dychwelyd o Affrica ym mis Mai, ac mae'r ceiliogod i'w clywed yn troelli hyd ddiwedd Gorffennaf. Yng Ngogledd Cymru, fe'i ceir ar rostir ac mewn coedwigoedd conwydd, yn bennaf yn y rhannau agored. Ceiliogod yn troelli neu adar yn bwydo gyda'r nos yw'r mwyafrif o'r cofnodion; mae'n anodd iawn cadarnhau nythu. Yn 1907, dywedid ei fod yn niferus ger yr arfordir yn y gorllewin, yn enwedig mewn twyni tywod. Nid yw hynny'n wir bellach. Yn 2004, roedd 15 ceiliog yn troelli yng Nghaernarfon a Meirionnydd, a 35 yn Ninbych a Fflint. Mae'r rhan fwyaf o'r mannau nythu rheolaidd yn adnabyddus, yn cynnwys Coed Gwydyr, gwarchodfa Gwaith Powdwr ger aber afon Dwyryd a fforestydd Clocaenog a Llandegla.

distribution, between surveys. Much of the population growth of 24% between 1991 and 2004 was due to increases in South Wales. In contrast, slightly lower population totals were registered for North Wales in 2004, partly reflecting lower survey coverage than in 1992 (Conway *et al.* 2007). In 2004 there were 15 churring males in Caernarfon and Meirionnydd and 35 in Denbigh and Flint. Between 1992 and 2004 the species was lost from six 10km squares in North Wales, with a gain in only one square on the Dyfi, possibly outside our recording area.

Most of the regular sites for breeding Nightjars are well known, including Gwydyr Forest, Gwaith Powdwr at the mouth of the Dwyryd estuary and Clocaenog and Llandegla Forests. Those sites named, apart from Gwaith Powdwr, are conifer plantations, often with clearfell, although the Nightjars may be breeding on open land adjacent to the conifers. The Llandegla sites are at about 450m, while the Gwaith Powdwr birds are close to sea level. As this species is certain to have been completely overlooked during daytime Atlas visits, additional future information is only likely to be obtained from dedicated surveys at dusk, organised by the BTO or local bird clubs.

*Geoff Gibbs*

JOHN LAWTON ROBERTS

**Sponsored by/Noddwyd gan the North Wales Wildlife Trust**

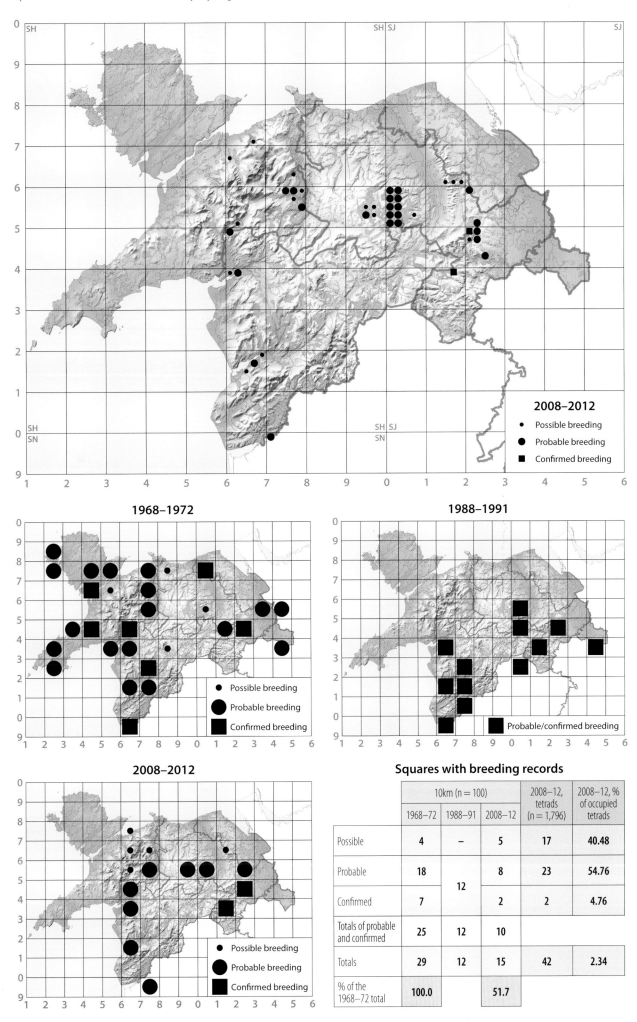

2008–2012

- • Possible breeding
- ● Probable breeding
- ■ Confirmed breeding

**1968–1972**

- • Possible breeding
- ● Probable breeding
- ■ Confirmed breeding

**1988–1991**

- ■ Probable/confirmed breeding

**2008–2012**

- • Possible breeding
- ● Probable breeding
- ■ Confirmed breeding

## Squares with breeding records

| | 10km (n = 100) | | | 2008–12, tetrads (n = 1,796) | 2008–12, % of occupied tetrads |
|---|---|---|---|---|---|
| | 1968–72 | 1988–91 | 2008–12 | | |
| Possible | 4 | – | 5 | 17 | 40.48 |
| Probable | 18 | 12 | 8 | 23 | 54.76 |
| Confirmed | 7 | | 2 | 2 | 4.76 |
| Totals of probable and confirmed | 25 | 12 | 10 | | |
| Totals | 29 | 12 | 15 | 42 | 2.34 |
| % of the 1968–72 total | 100.0 | | 51.7 | | |

# Swift
## *Apus apus*
### Summer visitor – Welsh conservation status: Amber

JOHN LAWTON ROBERTS

## Gwennol Ddu

Dim ond am ryw bedwar mis ar y mwyaf y mae'r Wennol Ddu yn aros gyda ni. Mae'n magu dau neu dri chyw yng nghilfachau bondo neu dalcen adeilad, ymhell o unrhyw anifeiliaid rheibus neu ymyrraeth ddynol. Pan ysgrifennai Forrest (1907) roedd rhai adar yn nythu mewn safleoedd naturiol, ond erbyn hyn dim ond ar adeiladau y maent yn nythu. Yr aneddiadau mwyaf a hynaf sy'n cynnig mannau nythu addas fel rheol. Ar lefel 10 cilomedr, mae map Atlas 1968–72 a map gwaith maes 2008–12 yn bur debyg i'w gilydd. Fodd bynnag, dengys canlyniadau BBS i'r boblogaeth leihau o 57% yng Nghymru rhwng 1995 a 2010. Credir fod adnewyddu hen adeiladau heb roi sylw i anghenion yr aderyn yn un rheswm.

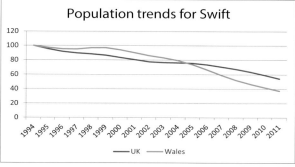

This is one of our most enigmatic breeding birds. It arrives in Wales in late April from its wintering quarters in southern Africa and returns to breeding sites in early May. The Swift is a real harbinger of summer, a reminder of those long warm sunny days and balmy evenings to come, and yet we know very little about this species outside the breeding season. With its rather mysterious lifestyle and dark plumage, this is a real 'devil bird' (Bromhall 1980). Swifts are masters of the air, feeding on insects high in the skies, sleeping and even mating on the wing (Lack 1973), but it is when they come closer to earth that they are magical to behold.

Swifts are beautifully adapted for their aerial life, with long crescent-shaped wings and very short legs. When it comes to choosing nest sites, the birds prefer buildings at least two storeys high, where there is a minimum 5m drop from the entrance cavity, to enable full flight before reaching ground level. Birds seen flying below roof line height are usually easy to observe entering probable nest holes but, more often than not, Swifts are seen flying overhead. This species is known to fly many tens, if not hundreds, of miles each day to feed. This means that seeing them high in the sky is rarely an indication of breeding in the locality.

Staying with us for four months at most, Swifts raise a small brood of 2–3 young in the safety of the eaves and gables of building roofs, well away from any predators or human disturbance. Between 1995 and 2010, BBS population trends have shown a 57% decrease in Swift populations in Wales. The distribution at 10km square level looks very similar between the 1968–72 Atlas and the 2008–12 fieldwork. Although at this

level the bird appears to be widespread across the area, the tetrad map shows a different story. Whereas in Forrest's time (1907) the Swift was recorded as still nesting in some natural sites, breeding birds are now mostly found within the largest and oldest settlements where the suitable nesting sites tend to be located. In most villages and towns such as Mold High Street and around Rhuthun church tower, parties of screaming Swifts are still a regular feature of summer. Sadly this sight can no longer be guaranteed in every suitable location. Swifts are now very dependent on human sites in which to breed, but unfortunately their presence is not always recognised. The reason for their decline is not totally clear. One factor is likely to be unsympathetic renovations of older buildings. Owners and builders are often not aware of the presence of Swifts and may be oblivious of the need to ensure that any existing entrance holes and cavities are maintained where possible. Internal and external boxes may be erected to compensate for building changes. Although we only host these birds for such a small part of the year, we should do our best to ensure that they are welcome and continue to have access to their traditional nest sites.

*Anne Brenchley*

**Sponsored by/Noddwyd gan Anne Brenchley**

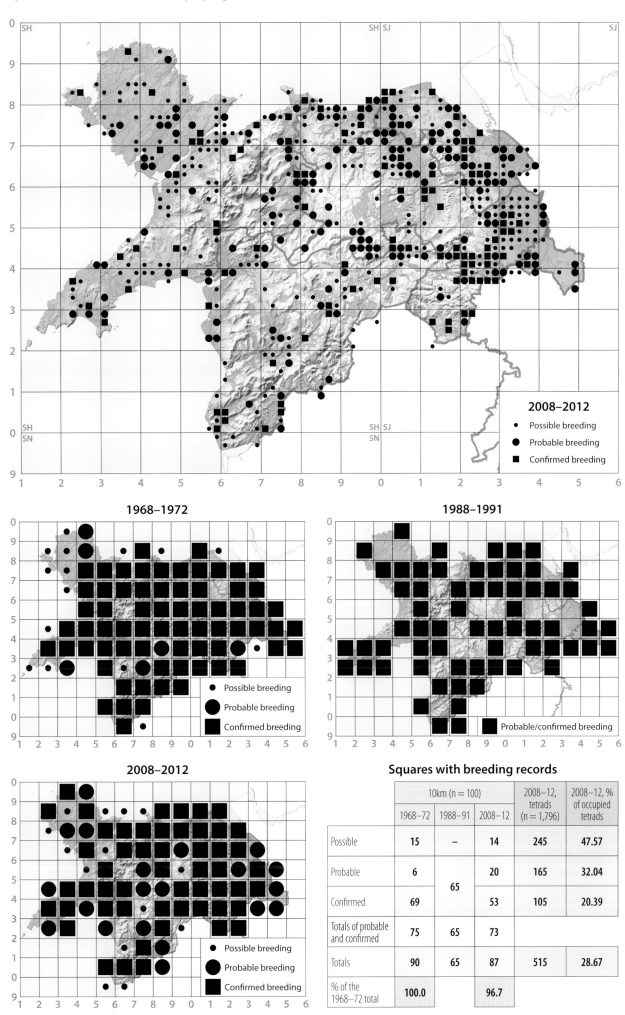

**1968–1972**

**1988–1991**

**2008–2012**

**Squares with breeding records**

| | 10km (n = 100) | | | 2008–12, tetrads (n = 1,796) | 2008–12, % of occupied tetrads |
|---|---|---|---|---|---|
| | 1968–72 | 1988–91 | 2008–12 | | |
| Possible | 15 | – | 14 | 245 | 47.57 |
| Probable | 6 | 65 | 20 | 165 | 32.04 |
| Confirmed | 69 | | 53 | 105 | 20.39 |
| Totals of probable and confirmed | 75 | 65 | 73 | | |
| Totals | 90 | 65 | 87 | 515 | 28.67 |
| % of the 1968–72 total | 100.0 | | 96.7 | | |

# Kingfisher

## *Alcedo atthis*

### Resident – Welsh conservation status: Amber

JOHN LAWTON ROBERTS

## Glas y Dorlan

Dangosodd gwaith maes 2008–12 fod Glas y Dorlan i'w weld ar draws y rhan fwyaf o Ogledd Cymru, yn enwedig ar afonydd ar dir isel yn y dwyrain a rhannau o Gaernarfon. Y cadarnleoedd yn y dwyrain yw afon Dyfrdwy rhwng Corwen a Bangor-is-y-coed, ac afon Alun islaw'r Wyddgrug. Ychydig o gofnodion ddaeth o lynnoedd neu o afonydd yr ucheldir, ac mae'n brin iawn ar Ynys Môn ac ar benrhyn Llŷn. Ymddengys fod lleihad mawr wedi bod er cyfnod Atlas 1968–72. Y bygythiad mwyaf i Las y Dorlan yw tywydd oer yn y gaeaf, yn enwedig pan fo'r oerni'n parhau am gyfnod hir a dyfroedd bâs yn rhewi. Mae'n sicr y bydd tywydd oer gaeaf 2009–10 wedi lleihau ei niferoedd.

The electric-blue flash of the handsome Kingfisher is a sight we all love to see, especially as we are limited in Europe to the one species out of 92 in the family worldwide. Still or slow-flowing waters with soft earth banks for excavating nesting tunnels, and a good supply of small fish, are their main require-ments. After the breeding season, juveniles disperse while the adults begin to defend individual winter territories, normally on the same stretch of river where they have bred. They are likely to be underrecorded because many of our rivers do not have public access along the banks. Indeed, anglers are more likely to encounter Kingfishers than are bird surveyors.

Fieldwork in 2008–12 showed the Kingfisher to be fairly widely distributed in North Wales, particularly along the lowland rivers in the east and in parts of Caernarfon. Two strongholds in the former are the Dee, from Corwen down to Bangor-on-Dee, and its tributary the Alyn, below Mold. There are very few records from lakes or upland rivers. The species is very scarce on Anglesey and Llŷn, though Anglesey records do include Confirmed breeding on Afon Alaw and at Llyn Cefni. The 54 tetrads with Possible breeding records are difficult to interpret. Is each dot a breeding pair, or could adjacent dots be a single pair, and how many records are wandering unmated

birds? RSPB surveys along the Severn, Wye and Vyrnwy in 1976–77 found one pair per 3.4–4.1km of river (Lovegrove *et al.* 1994).

Bearing in mind the considerable extra coverage achieved in 2008–12, it seems there has been a big drop in numbers and distribution since the 1968–72 Atlas. In Meirionnydd, south of the Mawddach, there were four 10km squares with Confirmed breeding in 1988–91. In 2008–12 the same area had just two squares with Possible breeding, perhaps indicating further decline. Lovegrove *et al.* (1994) suggested that the most serious threat to Kingfishers is severe winter weather, the birds being most at risk when harsh conditions are protracted and shallow inland waters freeze over. Although the 1968–72 Atlas started only five years after the severe winters of 1961/62 and 1962/63, a run of mild winters from 1964 to 1975 allowed fairly rapid recovery. Harsh winter weather in 2009/10 will no doubt have reduced numbers after the first two years of 2008–12 fieldwork.

Forrest (1907) described this species as occurring throughout on lowland streams, but seldom above about 240m. In Caernarfon, Barnes (1997) noted confirmed breeding in the Ogwen, Aber and Conwy valleys, amongst other sites, during the 1968–72 Atlas. In 1988–91 there was only one confirmed breeding record in the county. A detailed breeding survey of the Ogwen in 2005–07 found no Kingfishers (Gibbs *et al.* 2011). Similarly no Kingfishers were recorded in the Aber valley in 2008–12. On Anglesey, Jones and Whalley (2004) reported that the Kingfisher bred only sporadically. A series of mild winters would allow this spectacular bird to regain its former numbers.

*Geoff Gibbs*

**Sponsored by/Noddwyd gan Snowdonia Fire Protection**

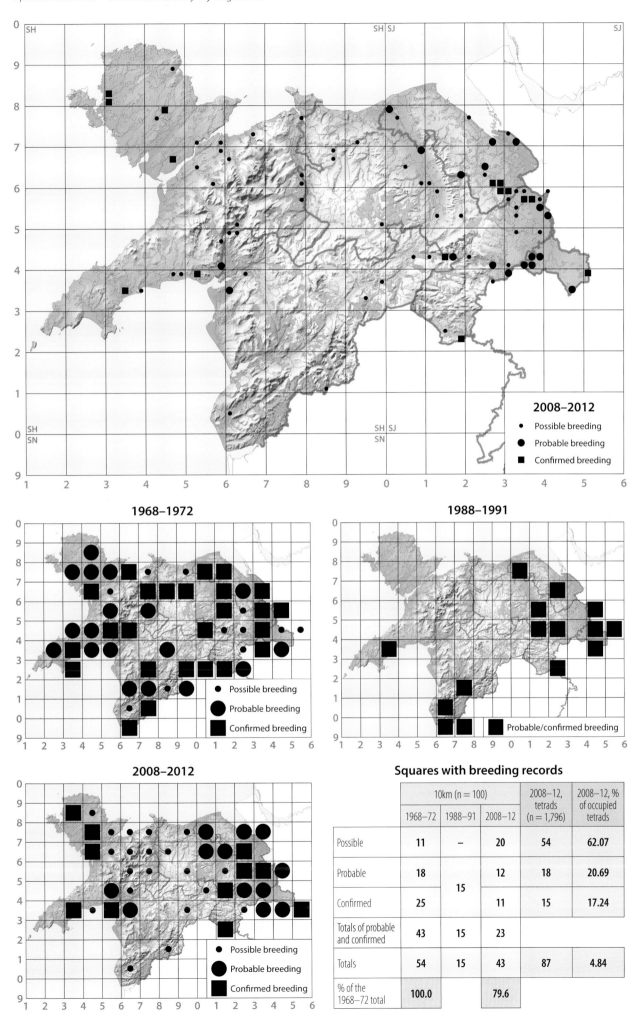

**1968–1972**

**1988–1991**

**2008–2012**

## Squares with breeding records

| | 10km (n = 100) | | | 2008–12, tetrads (n = 1,796) | 2008–12, % of occupied tetrads |
|---|---|---|---|---|---|
| | 1968–72 | 1988–91 | 2008–12 | | |
| Possible | 11 | – | 20 | 54 | 62.07 |
| Probable | 18 | 15 | 12 | 18 | 20.69 |
| Confirmed | 25 | | 11 | 15 | 17.24 |
| Totals of probable and confirmed | 43 | 15 | 23 | | |
| Totals | 54 | 15 | 43 | 87 | 4.84 |
| % of the 1968–72 total | 100.0 | | 79.6 | | |

# Green Woodpecker
## *Picus viridis*
### Resident – Welsh conservation status: Amber

The high-pitched 'yaffle' of the Green Woodpecker can sound almost like demented laughter. In parts of our area this sound is no longer heard, for its range has contracted over the past 50 years. The largest of our three resident woodpeckers, its habits differ somewhat from those of its black-and-white cousins. Like them, it nests in holes in trees but it feeds mainly on the ground, with meadow ants the main food item. It opens anthills with its bill and extracts the ants using its sticky tongue, 10cm in length, which is so long that it has to be curled around the inside of the skull when not in use. Only when feeding its young does it also make use of woodland caterpillars. It is usually found in areas with a combination of mature deciduous trees and old pasture with numerous anthills. Radio-tracking of a pair in England showed that favoured feeding sites were associated with areas of short grassland which had high plant richness and high densities of ants, especially the Yellow Meadow Ant (Alder & Marsden 2010). Parkland and golf courses are ideal, although the funnel-shaped holes left in the turf are not always appreciated. It can be quite a shy bird, but the loud 'yaffle' probably ensures that it is not underrecorded.

Our tetrad map shows it mainly confined to the lowlands, although it can be seen feeding higher up the slopes. Even on low ground it has a patchy distribution in North Wales, with its main strongholds in Llŷn and around the Dee valley in the Llangollen area. Elsewhere, Green Woodpecker has become a scarce bird, even where there appears to be suitable habitat. Comparison with the 1968–72 and 1988–91 maps shows a steady contraction in range. It was found in almost every 10km square in 1968–72 but is now absent, or almost absent, from large areas, with particularly marked losses in the north between the rivers Clwyd and Conwy, and in southern Meirionnydd.

This species is on the edge of its range in North Wales and its decline here is in contrast to its fortunes elsewhere. BBS trends for Wales indicate a 9% decrease between 1995 and 2010 (Risely *et al.* 2012), but there is no evidence of a decline in its Welsh stronghold in Gwent (Venables *et al.* 2008). In England numbers have risen steadily since about 1966 (Baillie *et al.* 2012). Lovegrove *et al.* (1994) estimated 2,500–5,000 pairs in Wales.

Forrest (1907) described it as the most numerous and widely distributed of the woodpeckers in North Wales, found everywhere there were trees and even sometimes where there were none. Its decline is likely to be at least partly due to agricultural improvement of old pasture reducing the availability of ants. It is also vulnerable to hard winters, with frozen ground making feeding difficult despite being able to reach ant hills through 85 cm of snow (BWP).

*Rhion Pritchard*

## Cnocell Werdd

Y Gnocell Werdd yw'r fwyaf o'n cnocellod ac, yn wahanol i'r ddwy rywogaeth arall, hel ei thamaid ar lawr y bydd hon (morgrug, yn bennaf) ond mae arni angen coed i nythu. Fel rheol, fe'i gwelir mewn hen goetir a hen dir pori. Dengys ein map mai aderyn yr iseldir ydyw ac mai ar benrhyn Llŷn ac yn nyffryn Dyfrdwy (yn enwedig ardal Llangollen) y mae ei chadarnleoedd. Ar ddechrau'r ugeinfed ganrif, y Gnocell Werdd oedd y gnocell fwyaf cyffredin yng Ngogledd Cymru ond mae'r niferoedd wedi gostwng yn sylweddol ers hynny. Rhwng afonydd Clwyd a Chonwy ac yn ne Meirionnydd y cafwyd y colledion mwyaf ers 1968–72 a'r prif reswm, yn ôl pob tebyg, yw'r newid mewn dulliau ffermio, yn enwedig y dulliau o 'wella' tir glas.

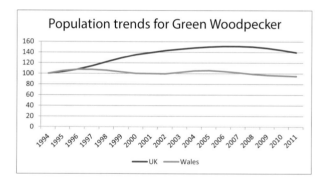

Population trends for Green Woodpecker

JOHN LAWTON ROBERTS

Sponsored by/Noddwyd gan the Pensychnant Foundation

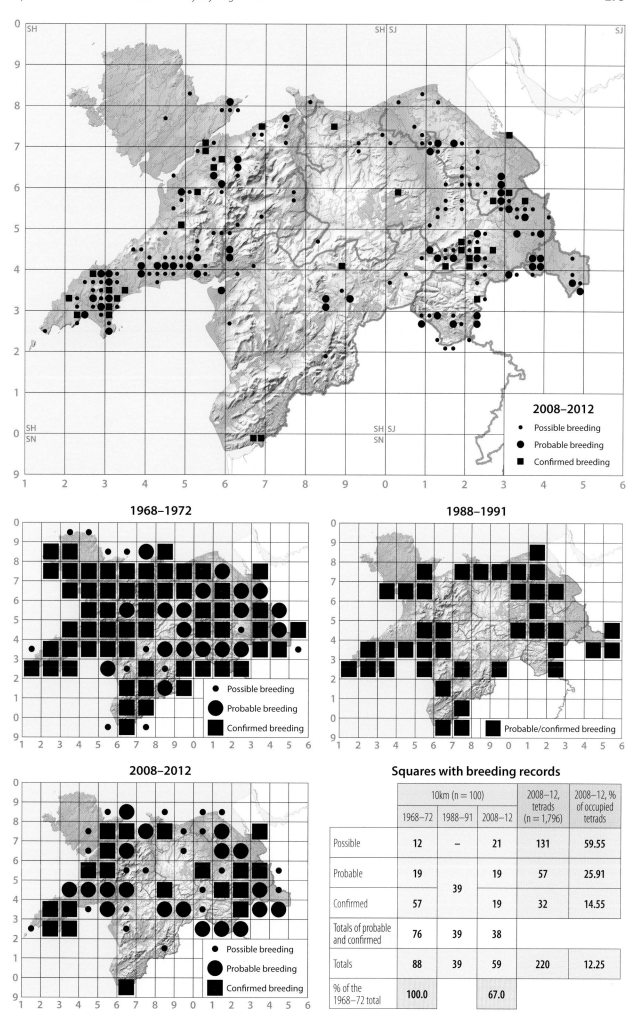

**2008–2012**

- • Possible breeding
- ● Probable breeding
- ■ Confirmed breeding

**1968–1972**

- • Possible breeding
- ● Probable breeding
- ■ Confirmed breeding

**1988–1991**

- ■ Probable/confirmed breeding

**2008–2012**

- • Possible breeding
- ● Probable breeding
- ■ Confirmed breeding

## Squares with breeding records

| | 10km (n = 100) | | | 2008–12, tetrads (n = 1,796) | 2008–12, % of occupied tetrads |
|---|---|---|---|---|---|
| | 1968–72 | 1988–91 | 2008–12 | | |
| Possible | 12 | – | 21 | 131 | 59.55 |
| Probable | 19 | 39 | 19 | 57 | 25.91 |
| Confirmed | 57 | | 19 | 32 | 14.55 |
| Totals of probable and confirmed | 76 | 39 | 38 | | |
| Totals | 88 | 39 | 59 | 220 | 12.25 |
| % of the 1968–72 total | 100.0 | | 67.0 | | |

# Great Spotted Woodpecker
## *Dendrocopos major*
**Resident – Welsh conservation status: Green**

JOHN LAWTON ROBERTS

### Cnocell Fraith Fwyaf

Dyma'r gnocell sy'n adnabyddus i bawb yng Ngogledd Cymru, yn bresennol ple bynnag y ceir coed digon mawr i wneud twll i'r nyth. Pryfed yw ei phrif fwyd, ac mae'n chwilio amdanynt ar fonion coed. Er nad oedd mor gyffredin yng Ngogledd Cymru yn y gorffennol, roedd eisoes yn bresennol ar hyd a lled yr ardal erbyn cyfnod Atlas 1968–72, ac eithrio gogledd Môn. Awgryma canlyniadau Atlas 1988–91 rywfaint o leihad, ond dengys ein map ni gryn gynnydd ers hynny. Mae'n awr yn bur gyffredin yng ngogledd Môn, a hefyd yng ngorllewin Llŷn, lle'r oedd yn anghyffredin ar un adeg. Awgryma canlyniadau'r BBS gynnydd o 192% yng Nghymru rhwng 1995 a 2010, y cynnydd mwyaf a gofnodwyd i unrhyw rywogaeth.

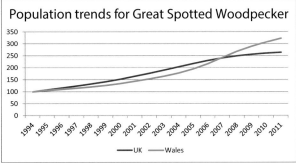

**Population trends for Great Spotted Woodpecker**

This is the common woodpecker of North Wales, known to everyone and found wherever there are trees large enough for a nest hole. It feeds mainly on insects, which it finds in tree trunks. It does this by probing in fissures, by hacking pieces of bark away, or by making holes in the wood to find wood-boring beetles and larvae (BWP). The presence of dead wood is important, both for feeding and for excavating nest holes. However, it is a very adaptable species and can take a wide range of foods. A regular and welcome visitor to garden peanut feeders, it can be less popular when it chisels a hole in a wooden nestbox to take the nestlings. It is a conspicuous species, announcing its presence by loud 'drumming', usually from January to June, by striking a wooden or metal surface repeatedly and rapidly at up to 10–40 hits per second with its bill. Later on, the red-capped juveniles are noisy in the nest hole and when they fledge from about mid-June. Breeding is, therefore, unlikely to be underrecorded.

Although it has not always been common in North Wales, the Great Spotted Woodpecker was already a common species by the period of the 1968–72 Atlas, with the exception of northern Anglesey. The 1988–91 Atlas results suggested a small decline, but our map shows that there has subsequently been an increase. Northern Anglesey has now been colonised, and it has also expanded its distribution in the western part of Llŷn, where it was formerly scarce. At tetrad level, it is seen to be largely absent above 400m; perhaps because of the shortage of suitable trees for nesting. It is found in mature coniferous forest, though usually at lower densities than in deciduous woodland. However, the more recently planted tracts are not yet suitable. The areas on our map showing concentrations of breeding records are well-wooded areas, although it has spread into areas of scattered trees.

Forrest (1907) knew of no records of the Great Spotted Woodpecker on Anglesey. He described it as being nowhere a common bird in North Wales generally, although it appeared to be increasing. There has been a fairly steady improvement since then. BBS figures in Wales indicate a 192% increase between 1995 and 2010, the highest percentage increase recorded for any species in this period (Risely *et al.* 2012) and greater than across the UK as a whole. A long-term study in southern England showed a dramatic increase in nest survival between 1984 and 2003. This was thought to be linked to reduced nest-site interference from Starlings, which declined as a breeding species over this period and ceased to nest in the study areas. The decline in Starling numbers may also have allowed this woodpecker to expand into less wooded habitats (Smith 2005). Other reasons for the increase could include climatic changes and the availability of food in gardens (Fuller *et al.* 2005). This is one species clearly doing very well and likely to continue doing well, although it could be affected by changes in woodland management resulting in fewer mature trees or less dead wood.

*Rhion Pritchard*

**Sponsored by/Noddwyd gan Peter Stuttard**

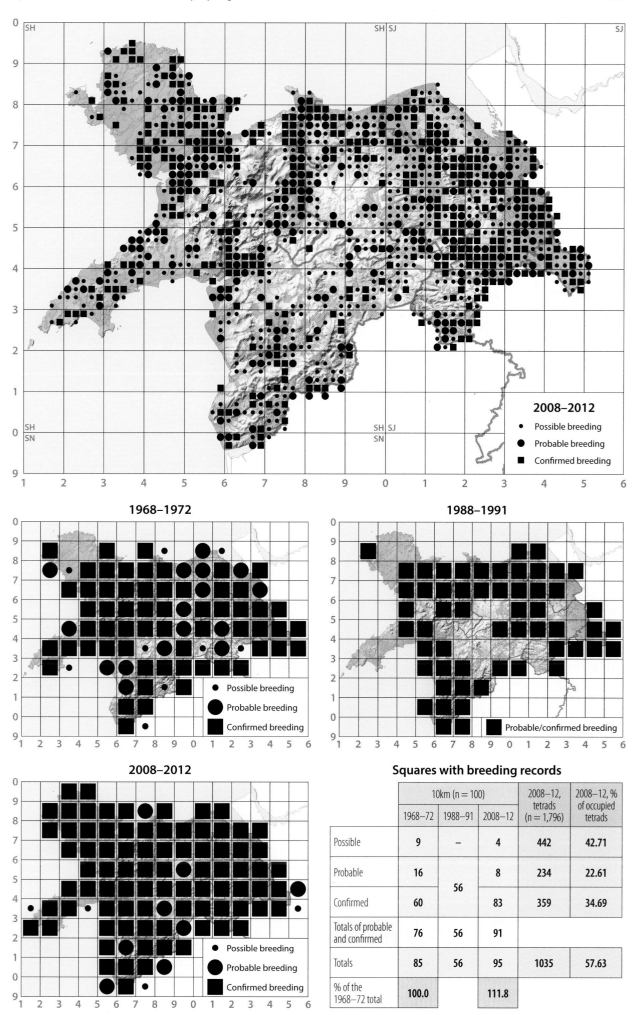

**1968–1972**

- Possible breeding
- Probable breeding
- Confirmed breeding

**1988–1991**

- Probable/confirmed breeding

**2008–2012**

- Possible breeding
- Probable breeding
- Confirmed breeding

2008–2012

- Possible breeding
- Probable breeding
- Confirmed breeding

## Squares with breeding records

| | 10km (n = 100) | | | 2008–12, tetrads (n = 1,796) | 2008–12, % of occupied tetrads |
|---|---|---|---|---|---|
| | 1968–72 | 1988–91 | 2008–12 | | |
| Possible | 9 | – | 4 | 442 | 42.71 |
| Probable | 16 | 56 | 8 | 234 | 22.61 |
| Confirmed | 60 | | 83 | 359 | 34.69 |
| Totals of probable and confirmed | 76 | 56 | 91 | | |
| Totals | 85 | 56 | 95 | 1035 | 57.63 |
| % of the 1968–72 total | 100.0 | | 111.8 | | |

# Lesser Spotted Woodpecker

## *Dendrocopos minor*

**Resident – Welsh conservation status: Red**

A sighting of a Lesser Spotted Woodpecker is a notable event, because it is seen far less frequently than either of our other two resident woodpeckers. It is found mainly in open deciduous woodland or parkland, particularly mature oak woods and orchards. Dead, rotting wood seems to be important, providing both a food supply and nest sites. A study in southern England found that more heavily wooded areas seemed to be favoured over isolated woods (Charman *et al.* 2010). It is probably underrecorded, as it is far less conspicuous than the Great Spotted Woodpecker. Its calls and drumming in late winter and early spring are not always easy to distinguish from those of its larger cousin. As it often feeds in the upper branches of tall trees it can be difficult to see once these are in full leaf. Late February and early March, outside the core field-work period for our breeding Atlas, are the best times to locate territories.

The tetrad map shows it to be very sparsely distributed in our area. It is a lowland species, not usually recorded in Wales above about 150–80m (Lovegrove *et al.* 1994). This is borne out by our findings. Most records are concentrated around the lower Dee valley and the west coast from the Dwyryd to the Dyfi estuaries. Elsewhere it is absent from many areas

## Cnocell Fraith Leiaf

Y Gnocell Fraith Leiaf yw'r prinnaf o'n cnocellod, ac yn unrhyw ran o Ogledd Cymru, mae cael cip arni'n dipyn o ddigwyddiad. Fe'i gwelir yn bennaf mewn coedwigoedd agored neu barciau, ac mae presenoldeb digon o goed marw wedi pydru yn bwysig. Gall fod yn anodd ei gweld, yn enwedig pan mae dail ar y coed, gan ei bod yn tueddu i fwydo yng nghanghennau uchaf coed tal. Diwedd Chwefror a Mawrth yw'r adeg orau i chwilio amdani, tu allan i gyfnod gwaith maes yr Atlas. Dengys ein map ei bod yn eithaf prin ymhobman, gyda'r boblogaeth fwyaf yn rhan isaf dyffryn afon Dyfrdwy a gerllaw'r arfordir rhwng aberoedd Dwyryd a Dyfi. Mae wedi prinhau er cyfnod Atlas 1968–72.

with suitable habitat and the general picture for this species is one of decline. The small populations on Anglesey and Llŷn were apparently lost in the period between the 1968–72 Atlas and the 1988–91 Atlas, and the CBC indicated a loss of 60% of the population in Britain between 1968 and 1999 (Baillie *et al.* 2012). Our results show further losses, particularly on the north-east coastal plain. Provisional results for the latest BTO Atlas show that the overall picture in Britain is one of losses everywhere, with around 30% fewer occupied 10km squares compared to 1988–91 (Smith & Charman 2012). In our area the upper Dee valley is one of the few places in Britain where some gains have been found compared with the previous Atlases.

Forrest (1907, 1919) described this species as absent from Anglesey and most of the west coast, although it was locally fairly common in the east and apparently extending its range westward, notably along the upper Dee valley. The spread of Dutch elm disease from 1969 affected the population of this woodpecker, with an initial growth due to the increased availability of dead wood, followed by a decrease as the latter returned to normal levels (Osborne 1982). The British population peaked in 1979, and then declined until 2000, when numbers became too low to be monitored by the BBS. Recent studies in the UK have found breeding success to be low. This is thought to be mainly related to food shortages in the breeding season leading to chick starvation (Smith & Charman 2012). Competition with Great Spotted Woodpeckers for nesting cavities and possibly for food could also be a factor, as could nest predation by this species (Fuller *et al.* 2005). The Lesser Spotted Woodpecker faces a precarious future in North Wales, and it is very important that all records are submitted to County Recorders.

*Rhion Pritchard*

JOHN HAWKINS

Sponsored by/Noddwyd gan David and Ann Ellis

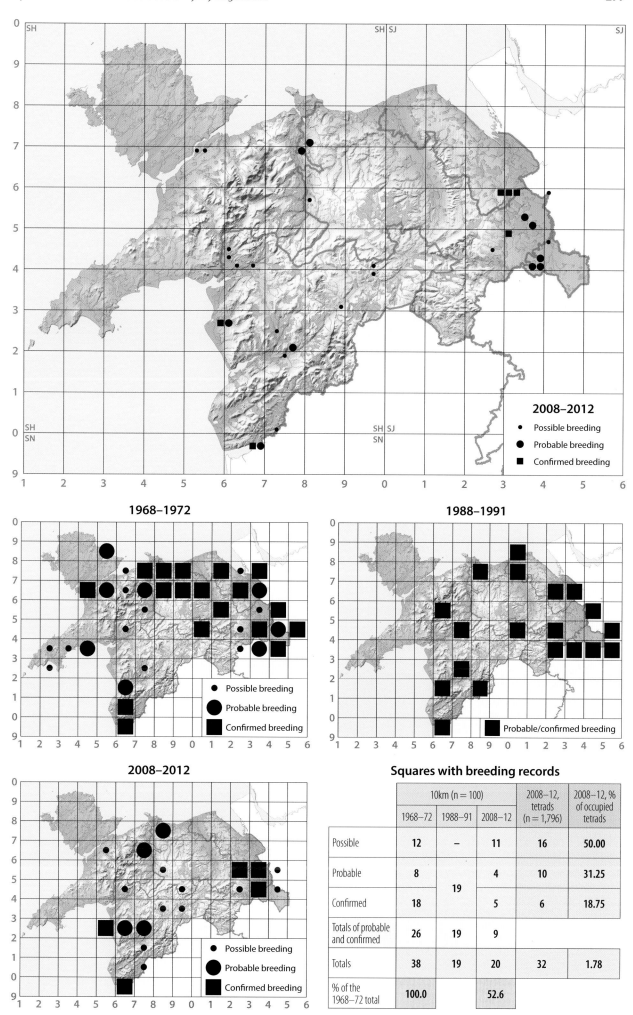

**2008–2012**

- • Possible breeding
- ● Probable breeding
- ■ Confirmed breeding

**1968–1972**

- • Possible breeding
- ● Probable breeding
- ■ Confirmed breeding

**1988–1991**

- ■ Probable/confirmed breeding

**2008–2012**

- • Possible breeding
- ● Probable breeding
- ■ Confirmed breeding

## Squares with breeding records

| | 10km (n = 100) | | | 2008–12, tetrads (n = 1,796) | 2008–12, % of occupied tetrads |
|---|---|---|---|---|---|
| | 1968–72 | 1988–91 | 2008–12 | | |
| Possible | 12 | – | 11 | 16 | 50.00 |
| Probable | 8 | 19 | 4 | 10 | 31.25 |
| Confirmed | 18 | | 5 | 6 | 18.75 |
| Totals of probable and confirmed | 26 | 19 | 9 | | |
| Totals | 38 | 19 | 20 | 32 | 1.78 |
| % of the 1968–72 total | 100.0 | | 52.6 | | |

# Chough
## *Pyrrhocorax pyrrhocorax*
**Resident – Welsh conservation status: Amber**

The Chough is a resident species, inhabiting some of the most inspiring countryside of North Wales, from mountain top to sea level. Suitable foraging habitat is short grass in which the birds can search for invertebrates, and Choughs may be found wherever this exists in close proximity to nest locations. Secure sites are chosen within sea caves, cavities in cliffs, quarries, mine shafts and occasionally, old buildings. Often sites are traditional, some occupied over many decades by successive pairs. Historically, North Wales Choughs have been closely associated with humans, with most inland pairs using man-made sites and quarry workers frequently keeping them as pets.

Extensive colour-ringing studies have shown that breeding adults are usually faithful to both partner and site. However, young birds can move considerable distances, up to to 120km, before settling in a nesting territory at two or more years of age. Large post-fledging flocks congregate in autumn, where temporary food resources are in abundance, such as Bilberries, or emergent crane-flies on well-grazed mountain pastures.

The substantial range increase indicated by the three Atlas maps is debatable. There have been some genuine increases, notably on Anglesey, the north coast and southern Meirionnydd. However, apparent increases on Llŷn and inland Caernarfon may be explained partly by better knowledge of nesting locations and partly by greater coverage and effort.

Studies undertaken in mid and North Wales since 1991 revealed marked inland declines, but until recently these were counterbalanced by coastal increases. The abandonment of the inland mid-Wales sites, with only one now remaining occupied of the ten in 1991, shows signs of continuing into North Wales. More than a third of over 40 inland sites occupied

## Brân Goesgoch

Ceir y Frân Goesgoch ar dir glaswelltog, byr lle y gall ddod o hyd i greaduriaid di-asgwrn-cefn yn agos at ei safle nythu. Gall y nyth fod mewn ogof ar yr arfordir, twll mewn clogwyn, hen chwarel neu weithiau hen adeilad. Awgryma'r tri map fod y boblogaeth wedi cynyddu. Bu cynnydd gwirioneddol ar Ynys Môn, arfordir y Gogledd a de Meirionnydd; gwell gwybodaeth am y safleoedd nythu a chwilio trwyadl sy'n cyfrif am y cofnodion mwy niferus a gafwyd yn Llŷn ac Eryri. Roedd tua thraean y safleoedd mewndirol lle y nythodd Brain Coesgoch yn ystod 1999–2000 yn wag erbyn 2011. Credir mai llai o bori'r tir lle y byddai'r brain yn hel eu tamaid yw'r rheswm. Yn ystod gwaith maes 2008–12, roedd 145–162 o barau'n nythu yng Ngogledd Cymru.

in 1999–2000 were deserted by 2011 (Cross & Stratford, unpublished data). Recent declines are almost certainly linked to reduction of grazing in preferred foraging areas. Reasons for the stock reduction include cessation of headage payments, the impact of agri-environment schemes (e.g. Tir Gofal) and other conservation actions. Non-breeding flocks have declined and disappeared from many areas.

Forrest (1907) reported the Chough as "resident; formerly common on coasts of Anglesey, Carnarvon, and Merioneth; still occurs, but in small and decreasing numbers". Up to about 1865 it was apparently very common, but by the start of the twentieth century it was almost absent from most of its former haunts. In 1963 a census of Chough in the UK found 52 pairs in our region. Harrop (1970) recorded a total of 40 breeding pairs in North Wales in 1969. Bullock *et al.* (1985) reported the result of a survey across Wales in 1982 and found 72 breeding pairs in North Wales. Green and Williams (1992) reported a repeat survey in 1992 that found 77 definite or probable breeding pairs in North Wales, out of 150 in all Wales. During the 2008–12 fieldwork there were 145–62 pairs breeding in North Wales: a significant increase and reward for conservation efforts.

*Adrienne Stratford*

**Sponsored by/Noddwyd gan First Hydro and the North Wales Wildlife Trust**

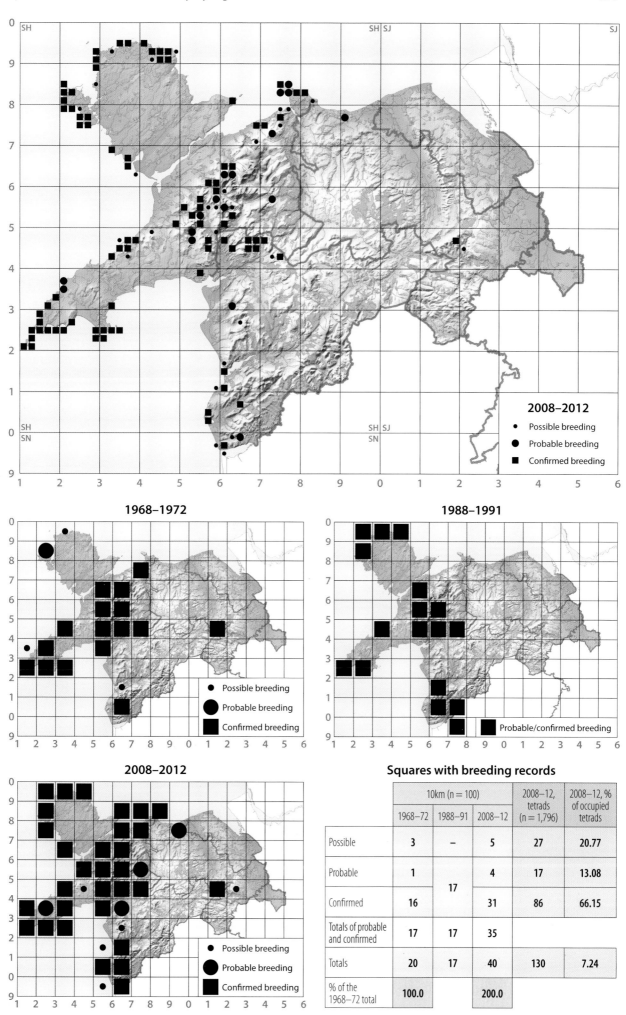

**2008–2012**
• Possible breeding
● Probable breeding
■ Confirmed breeding

**1968–1972**
• Possible breeding
● Probable breeding
■ Confirmed breeding

**1988–1991**
■ Probable/confirmed breeding

**2008–2012**
• Possible breeding
● Probable breeding
■ Confirmed breeding

**Squares with breeding records**

| | 10km (n = 100) | | | 2008–12, tetrads (n = 1,796) | 2008–12, % of occupied tetrads |
|---|---|---|---|---|---|
| | 1968–72 | 1988–91 | 2008–12 | | |
| Possible | 3 | – | 5 | 27 | 20.77 |
| Probable | 1 | 17 | 4 | 17 | 13.08 |
| Confirmed | 16 | | 31 | 86 | 66.15 |
| Totals of probable and confirmed | 17 | 17 | 35 | | |
| Totals | 20 | 17 | 40 | 130 | 7.24 |
| % of the 1968–72 total | 100.0 | | 200.0 | | |

# Magpie
## *Pica pica*
### Resident – Welsh conservation status: Green

The Magpie is one of our largest and most successful resident passerines. On close examination, the glossy sheen on the dark feathering of this bird contrasts dramatically with the white plumage, making this one of our most recognisable and dramatic species. It is a bird of myth, legend and literature: who doesn't know a version of the rhyme beginning 'one for sorrow, two for joy'? Cocker and Mabey (2005) note it has a legendary attraction to shiny objects. There is a darker side to this bird's nature though, as it is also a bird of ill repute owing to its habit of harrying and predating smaller birds, their eggs and nestlings. However, it should be admired for its ability to adapt to land-use changes and man-made environments. Magpies are amongst our earliest breeders, laying eggs from mid-March onwards. Nests are large twiggy affairs, visible in the upper levels of trees and thick bushes, and easy to locate in March and early April, before the leaves unfold. The whole nest is usually characterised by having a loose canopy, which gives it the appearance of a ball.

This is a very adaptable species, which has no shortage of nesting sites, provided there are tall trees and thorny thickets present. In a detailed survey in Anglesey, between 1977 and 1981, Hawthorn was the preferred nesting location (Jones & Whalley 2004). Likewise the Magpie has a catholic diet and is both a scavenger and a predator. It is still classified as a pest species and as such can be legitimately controlled by land-owners. However, widespread active persecution is now less common outside traditional shooting estates than it was in the early twentieth century, as reported by Forrest (1907). This has left the Magpie less wary of humans and able to expand its population into more urban situations. It has readily discovered that garden-nesting birds can be easy prey. It is for this reason that many people dislike the species, despite its striking appearance.

The Magpie is now Confirmed as a breeding species in virtually every 10km square in North Wales, which is a slight increase compared to the 1968–72 and 1988–91 Atlases. At a more detailed level, the 2008–12 fieldwork shows that Magpies are found across most of North Wales in almost every tetrad below 400m. However, there is an interesting gap in the Coed y Brenin area, north of Dolgellau. Although in the UK as a whole the BBS population trends show that the Magpie population has been stable between 1995 and 2010, here in Wales the population has decreased by 9% in the same period (Risely *et al.* 2012). This is a situation that few birdlovers would regret.

*Anne Brenchley*

## Pioden

Mae'r Bioden yn dodwy o ganol Mawrth ymlaen. Adeiledir y nyth yn rhan uchaf coeden neu lwyn trwchus, fel rheol gyda chanopi llac sy'n gwneud iddo edrych fel pelen. Gall nythu ble bynnag y ceir coed tal neu lwyni dreiniog, a gall fwyta amrywiaeth o bethau, fel ysglyfaeth neu fel burgyn. Er bod y Bioden yn parhau i gael ei hystyried yn bla, nid yw'n awr yn cael ei herlid i'r un graddau ag yr oedd ym mlynyddoedd cynnar yr ugeinfed ganrif, heblaw ar y stadau saethu. Oherwydd hyn, mae'n llai tueddol i osgoi pobl, ac yn awr i'w gweld yn yr ardaloedd trefol. Cadarnhawyd nythu bron ymhob sgwâr 10 cilomedr yng Ngogledd Cymru, cynnydd bychan er cyfnod Atlasau 1968–72 a 1988–91.

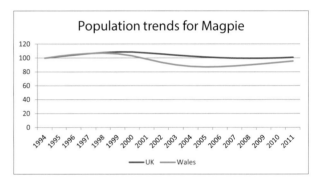

Population trends for Magpie

ASHLEY COHEN

Sponsored by/Noddwyd gan Amy Lane, Jess Down

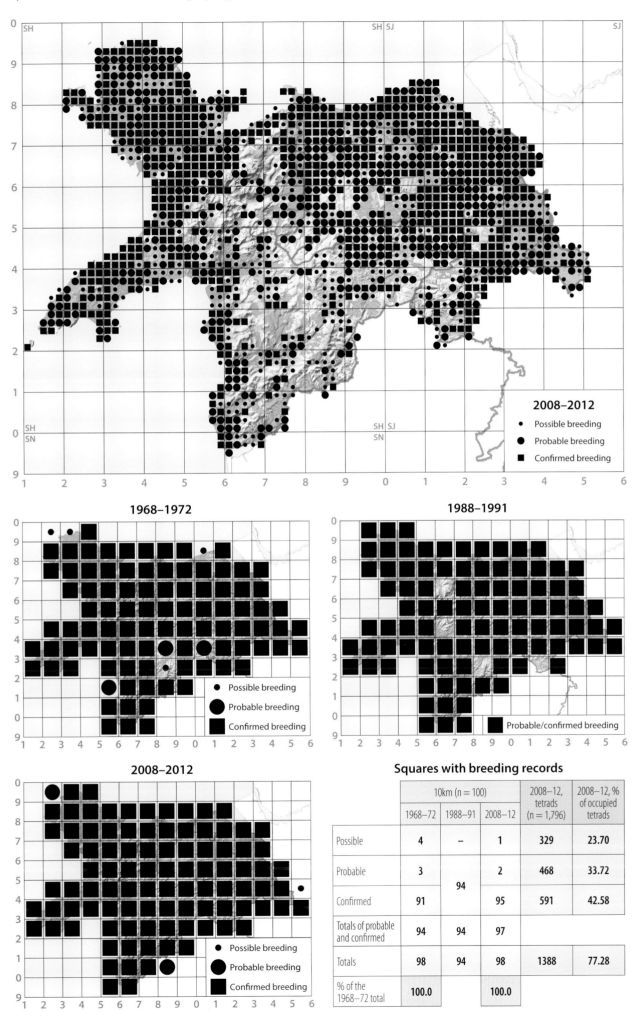

**1968–1972**

- Possible breeding
- Probable breeding
- Confirmed breeding

**1988–1991**

- Probable/confirmed breeding

**2008–2012**

- Possible breeding
- Probable breeding
- Confirmed breeding

**2008–2012**

- Possible breeding
- Probable breeding
- Confirmed breeding

## Squares with breeding records

| | 10km (n = 100) | | | 2008–12, tetrads (n = 1,796) | 2008–12, % of occupied tetrads |
|---|---|---|---|---|---|
| | 1968–72 | 1988–91 | 2008–12 | | |
| Possible | 4 | – | 1 | 329 | 23.70 |
| Probable | 3 | 94 | 2 | 468 | 33.72 |
| Confirmed | 91 | | 95 | 591 | 42.58 |
| Totals of probable and confirmed | 94 | 94 | 97 | | |
| Totals | 98 | 94 | 98 | 1388 | 77.28 |
| % of the 1968–72 total | 100.0 | | 100.0 | | |

# Jay
## *Garrulus glandarius*
**Resident – Welsh conservation status: Green**

RICHARD WALLIKER

## Ysgrech y Coed

Dengys map tetrad 2008–12 fod Ysgrech y Coed i'w weld ar draws Gogledd Cymru, ac yn awr wedi cyrraedd ardaloedd lle'r oedd yn anghyffredin gynt. Ar ddechrau'r ugeinfed ganrif, anaml y gwelid ef mewn ardaloedd megis dwyrain Môn, y coedwigoedd ar hyd glannau Menai a Llŷn, ond yn raddol gwladychodd goedwigoedd yr ardaloedd hyn. Coedwig dderw yw ei hoff gynefin, gan fod Ysgrech y Coed yn dibynnu ar y mes fel bwyd yn yr hydref a'r gaeaf, ond gall ddefnyddio coedwigoedd llydanddail eraill hefyd. Mae wedi dod yn fwy cyffredin mewn coedwigoedd conwydd, parciau a gerddi mawr yn y blynyddoedd diwethaf. Dangosodd canlyniadau BBS gynnydd o 40% yn ei niferoedd yng Nghymru rhwng 1995 a 2010.

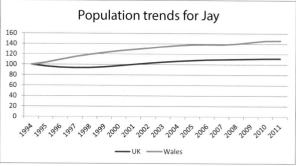

Population trends for Jay

The Jay is the most colourful and arboreal member of the crow family in Wales and also the most secretive. Jays are birds of deciduous woodland, especially the woodland edge and are not often observed at close quarters, as they can be very wary and shy. Occasionally they venture into gardens rewarding the diligent observer with views of their colourful plumage. The Welsh name for this bird, which means 'screech of the woods', is very apt as seeing a Jay in woodland is often preceded by hearing its coarse cry. The preferred habitat is oak woodland as they rely on the acorn crop for food in autumn and winter. This species has also adapted to other types of deciduous woodland and has even moved into coniferous forests, parks and large gardens in recent years (Toms 2008).

It is less conspicuous than the other common crows, possibly due to its more specialised habitat requirements. However, the prevalence of oak woodland in the western part of North Wales, the increase in coniferous plantings and the reduction in persecution in the years since the 1968–72 Atlas mean that Jays are faring very well here in North Wales. The BBS trends show a 40% increase in Wales between 1995 and 2010 compared to an increase of 15% in the UK as a whole (Risely *et al.* 2012). Annually these figures can change quite dramatically and the reason for the 31% decline in the Welsh Jay population between 2010 and 2011 is unknown, though snow and ice preventing access to their cached acorns may have been a factor.

The 2008–12 tetrad map shows that the Jay is widely distributed across North Wales and is now found in areas where it was less common at the beginning of the twentieth century. At that time, it was rarely seen in locations such as eastern parts of Anglesey, the woodlands along the Menai

Strait and Llŷn (Forrest 1907) but slowly woodlands in these areas were colonised and by the 1950s this species was more commonly encountered (Jones & Whalley 2004). The Jay is very sedentary in the breeding season when the adults stay in their chosen woodland territory. Ringing records show that adults rarely move more than 10km from their place of capture and the majority of fledglings stay within the natal area for at least the first two months (Migration Atlas). During the breeding season, the Jay feeds mainly on leaf-feeding caterpillars and beetles within the tree canopy. They predate small birds and nests, and a recent study has revealed that the Jay is the most significant predator of Wood Warbler nests in Wales (Mallord *et al.* 2012).

Jays sit extremely tightly whilst incubating and are very quiet so that confirmation of breeding is not easy until the young fledge (Goodwin 1976). Observers may have to make several visits to suitable woodland to confirm breeding and during the 2008–12 fieldwork this was not always possible at tetrad level. As long as a diverse and extensive woodland cover is retained in North Wales, the Jay will continue to be heard and seen for years to come.

*Anne Brenchley*

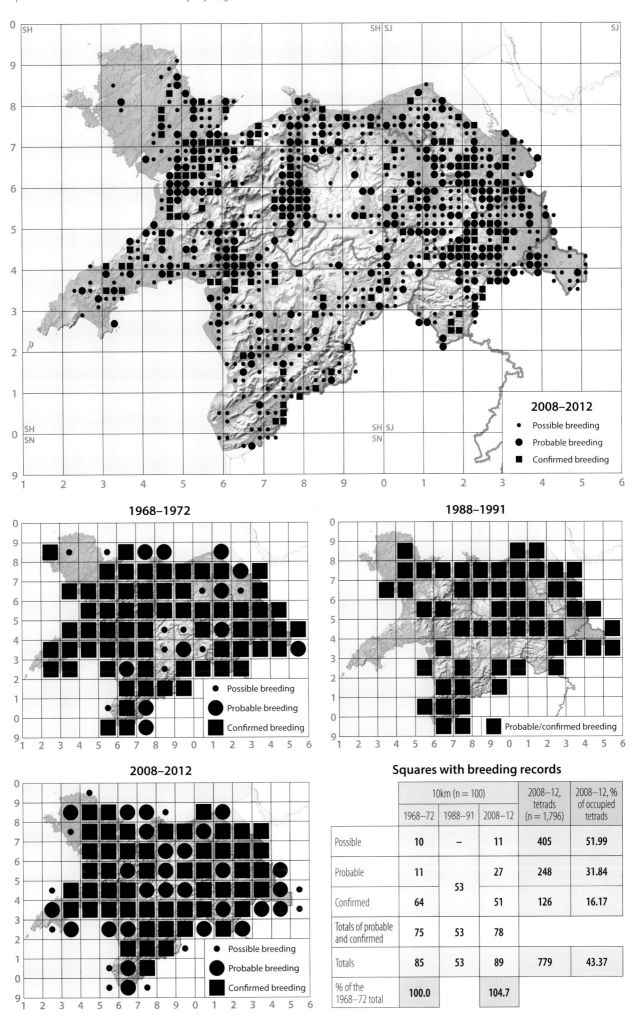

| | 10km (n = 100) | | | 2008–12, tetrads (n = 1,796) | 2008–12, % of occupied tetrads |
|---|---|---|---|---|---|
| | 1968–72 | 1988–91 | 2008–12 | | |
| Possible | 10 | – | 11 | 405 | 51.99 |
| Probable | 11 | | 27 | 248 | 31.84 |
| Confirmed | 64 | 53 | 51 | 126 | 16.17 |
| Totals of probable and confirmed | 75 | 53 | 78 | | |
| Totals | 85 | 53 | 89 | 779 | 43.37 |
| % of the 1968–72 total | 100.0 | | 104.7 | | |

# Jackdaw
## *Corvus monedula*
**Resident – Welsh conservation status: Green**

This is the smallest member of the British crow family, readily identifiable by its dark plumage, contrasting grey head and steely grey eyes. Like most of the crow family, the Jackdaw is a resident, rarely moving far from its natal area. It is gregarious for much of its life and is a cavity nester, found breeding in old trees, quarries, sea-cliff holes and many buildings both old and modern, with churches and historic buildings being particular favourites.

In North Wales, this is probably the crow that has adapted most readily to the urban setting. It has a varied diet and has successfully exploited man-made food sources such as rubbish tips, litter bins, fast-food outlets and garden feeders as well as the traditional sources of grassland and arable land invertebrates and waste stock feed in and around farm buildings. Pairs of Jackdaws are regularly seen sitting on chimney-tops in towns and villages across North Wales. The nest is made of twigs and sticks and lined with wool, hair, grass and moss. Deep cavities such as chimneys can be filled with large amounts of material over the years (Cocker & Mabey 2005). In a barn near Cerrigydrudion a huge pile of sticks about 4m high that had accumulated under a high window was almost certainly the futile attempts of Jackdaws to fill the apparently attractive 'hole' (Ian Spence pers. obs.). Where open fires are still in use, Jackdaw nesting attempts can be the cause of chimney fires for the unwary householder. Nestboxes intended for Barn Owls and other birds of prey can also be occupied.

Forrest (1907) said that "the busy, pushy Jackdaw is common all over North Wales except on bare moorlands" but he mostly associated the species with churches, ruined buildings and the rocky sea coasts of Caernarfon and Meirionnydd.

## Jac-y-do
Treulia'r Jac-y-do y rhan fwyaf o'i fywyd mewn haid. Mae'n nythu mewn tyllau, a gall ddefnyddio tyllau mewn hen goed, chwareli, tyllau yng nghlogwyni'r arfordir ac adeiladau, hen a newydd. Lle ceir tân agored, mae ei ymgais i nythu weithiau'n achosi tân yn y simnai. Gall fwyta amrywiaeth o fwyd, ac mae'n manteisio ar fwyd a gynigir mewn gerddi yn ogystal â'i fwyd traddodiadol o anifeiliaid di-asgwrn-cefn o borfa neu dir âr. Ar lefel 10 cilomedr, nid oes llawer o wahaniaeth rhwng map 2008–12 a map Atlas 1968–72. Mae'n awr yn bresennol bron ym mhob tetrad oddi tan uchder o 250 medr. Cynyddodd niferoedd Jac-y-do yng Nghymru o 31% rhwng 1995 a 2010.

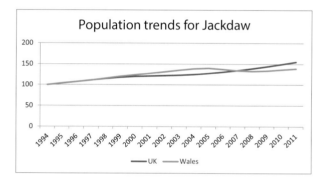

**Population trends for Jackdaw**

(graph x-axis: 1994 to 2011; y-axis: 0 to 200; legend: UK, Wales)

From the early 1900s, as urban areas expanded in North Wales, Jackdaws came into closer contact with people. This species is now found breeding right across the region even at higher elevations provided farm buildings, both inhabited and unused, are available as nesting sites. In North Wales the overall distribution of the Jackdaw at the 10km square level has changed little since the 1968–72 Atlas. The 2008–12 fieldwork shows that this species is found in almost every tetrad below 250m. It has, however, been lost from Bardsey where the last breeding record was in 2005. In earlier years, 30–50 pairs bred on the mountainous east side of the island, using Rabbit burrows or rock crevices but maybe the presence of two pairs of Peregrine there was too much for them.

The population of the Jackdaw in Wales increased by 31% between 1995 and 2010 (Risely *et al.* 2012), slightly less than the 44% increase in the UK as a whole. This cheeky, opportunistic and very successful corvid remains very much a feature of our man-made landscape.

*Anne Brenchley*

Sponsored by/Noddwyd gan Nigel Pierce

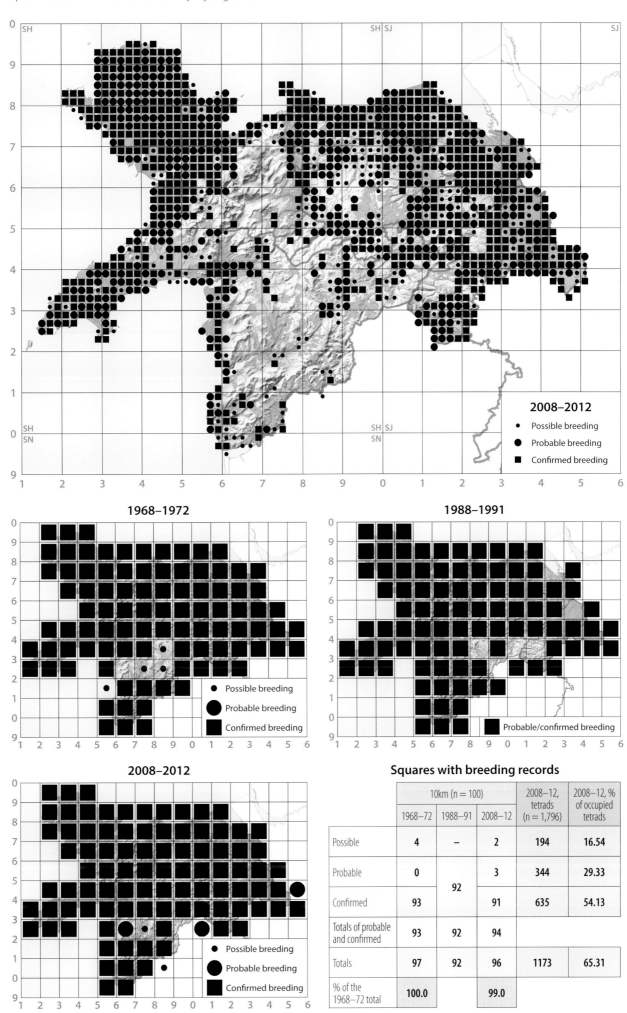

**1968–1972**

**1988–1991**

Possible breeding
Probable breeding
Confirmed breeding

Probable/confirmed breeding

**2008–2012**

Possible breeding
Probable breeding
Confirmed breeding

Possible breeding
Probable breeding
Confirmed breeding

## Squares with breeding records

| | 10km (n = 100) | | | 2008–12, tetrads (n = 1,796) | 2008–12, % of occupied tetrads |
|---|---|---|---|---|---|
| | 1968–72 | 1988–91 | 2008–12 | | |
| Possible | 4 | – | 2 | 194 | 16.54 |
| Probable | 0 | 92 | 3 | 344 | 29.33 |
| Confirmed | 93 | | 91 | 635 | 54.13 |
| Totals of probable and confirmed | 93 | 92 | 94 | | |
| Totals | 97 | 92 | 96 | 1173 | 65.31 |
| % of the 1968–72 total | 100.0 | | 99.0 | | |

# Rook

## *Corvus frugilegus*

### Resident – Welsh conservation status: Green

JOHN LAWTON ROBERTS

## Ydfran

Nid yw'n anodd cael hyd i nythod yr Ydfran, oherwydd yn wahanol i'r Frân Dyddyn mae'n ymgasglu mewn nythfeydd. Adeg dda i chwilio am y rhain yw dechrau Mawrth, pan mae'n adeiladu'r nyth. Ei hoff goed yng Nghymru yw Onnen, Ffawydden, derw, Pinwydden yr Alban a Sycamorwydden. Nododd Forrest (1907) fod yr Ydfran yn fwy niferus yn rhan ddwyreiniol Gogledd Cymru, ac yn gymharol brin ar benrhyn Llŷn; nid yw hyn wedi newid rhyw lawer. Er hynny, yn Llŷn yr oedd bron bob un o'r nythfeydd mwyaf (mwy na 60 nyth), gyda'r fwyaf ohonynt, 188 nyth, ger Aberdaron. Yr eithriad oedd nythfa o 100 nyth ger Higher Kinnerton, Fflint.

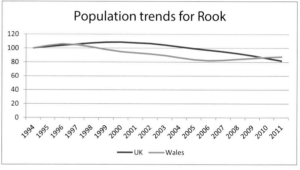

Population trends for Rook

The Rook is a very familiar and still quite common bird in lowland rural North Wales, noted for its gregarious and noisy nature. It feeds in flocks in open pasture and arable fields, often alongside other corvids such as Carrion Crows and Jackdaws. Rooks are extremely vocal, have quite elaborate and often amusing courtship behaviour and argue vigorously during the nest-building season, as neighbours are not above stealing twigs from each other. Breeding Rooks are quite easy to detect as, unlike their cousins the Carrion Crow, they are colonial breeders. Rookeries are located in the tops of hedgerow tree belts, isolated clumps of trees in farmland and around large country houses and often in avenues of trees and tree clumps in villages and small towns such as Prestatyn and Porthmadog. They are early breeders: nest building starts in March, which is a good month to locate rookeries as the birds go noisily about their business well before the trees come into leaf. Counting the number of occupied nests can also be done in March and early April as any nest that is not being used soon disappears, dismantled by birds in favour of their active ones. Rooks can be quite choosy about the tree species in which to build and although this information was not recorded in our 2008–12 fieldwork, rookeries are quite traditional in location. There is nothing to suggest that rookery tree types have changed since the 1975 National Rookery Survey (Sage & Vernon 1978) when Ash, Beech, oaks, Scots Pine and Sycamore were the most favoured trees in which to build in Wales.

Our tetrad map shows that all rookeries are located below 400m and this altitudinal limit agrees with the results of the 1975 UK rookery survey which gave a more precise figure

of 305m (Sage & Vernon 1978). During the nesting season, adult Rooks forage in fields close to the rookery for a range of invertebrates, especially earthworms. However, after fledging, family parties will feed on seeds and spilt grain later in the summer and it is not unusual to see them in pasture at higher elevations in late June and July.

Forrest (1907) observed that Rooks were most abundant in the eastern half of North Wales and relatively scarce in Llŷn and Anglesey. Apart from some increase in the latter two areas, particularly in Llŷn, there is little change from this today. Not all observers chose the option to count the numbers of nests within a rookery during the survey but of those that were counted, almost all the largest rookeries (with more than 60 nests) were in Llŷn, with the largest (188 nests) found at Carreg, Aberdaron. The exception was a rookery of 100 nests recorded in Higher Kinnerton, Flint with the average rookery size about 20 nests.

The two previous national Atlases and two national Rook surveys (Sage & Vernon 1978; Marchant & Gregory 1999) indicate that Rook populations were around 39,000 pairs in Wales in 1975, rising to 53,000 pairs by 1995. BBS trends show a 16% decrease between 1995 and 2010 (Risely *et al.* 2012) in Wales as a whole but the reasons for this are unclear.

*Anne Brenchley*

Sponsored by/Noddwyd gan Adrian Lloyd Jones, Anne Brenchley

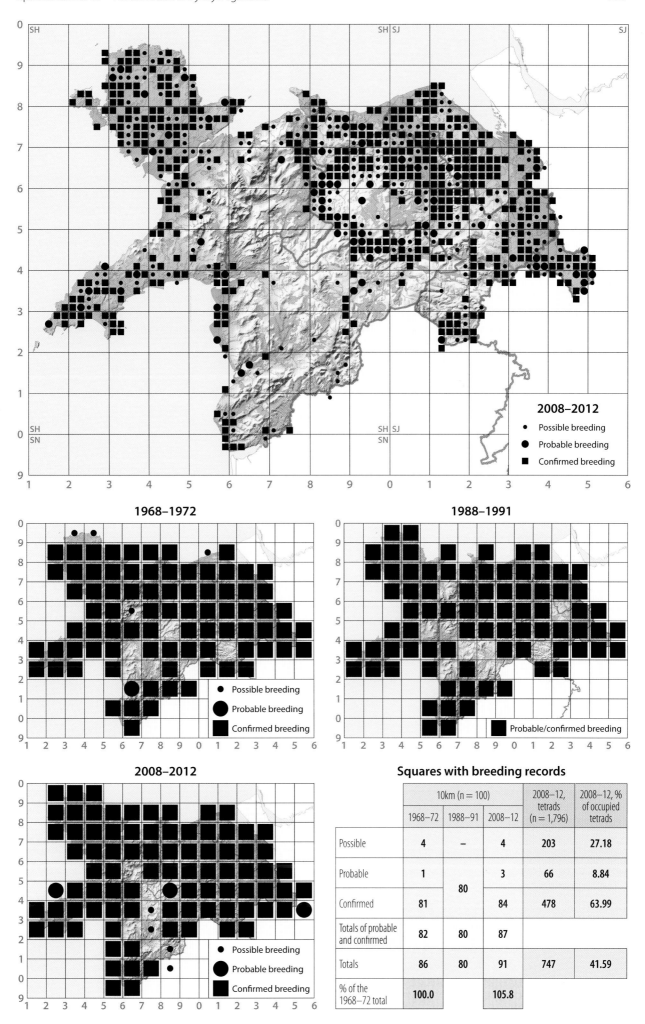

2008–2012

- Possible breeding
- Probable breeding
- Confirmed breeding

**1968–1972**

- Possible breeding
- Probable breeding
- Confirmed breeding

**1988–1991**

- Probable/confirmed breeding

**2008–2012**

- Possible breeding
- Probable breeding
- Confirmed breeding

### Squares with breeding records

| | 10km (n = 100) | | | 2008–12, tetrads (n = 1,796) | 2008–12, % of occupied tetrads |
|---|---|---|---|---|---|
| | 1968–72 | 1988–91 | 2008–12 | | |
| Possible | 4 | – | 4 | 203 | 27.18 |
| Probable | 1 | 80 | 3 | 66 | 8.84 |
| Confirmed | 81 | | 84 | 478 | 63.99 |
| Totals of probable and confirmed | 82 | 80 | 87 | | |
| Totals | 86 | 80 | 91 | 747 | 41.59 |
| % of the 1968–72 total | 100.0 | | 105.8 | | |

# Carrion Crow

*Corvus corone*

**Resident – Welsh conservation status:** Green

STEVE CULLEY

## Brân Dyddyn

Gellir gweld y Frân Dyddyn bron ymhobman, o'r ardd gefn mewn dinasoedd a threfi i dir amaeth, clogwyni arfordirol, aberoedd a chopaon y mynyddoedd. Fel aelodau eraill y teulu, mae wedi cynyddu yn absenoldeb erledigaeth. Cofnodwyd y Frân Dyddyn yn 93% o sgwariau tetrad Gogledd Cymru, mwy nag unrhyw rywogaeth arall. Mae'n nythu fel parau unigol, yn wahanol i'r Ydfran a Jac-y-do. Yn gynnar yn y tymor yw'r adeg orau i gael hyd i'r nythod, a adeiledir yn uchel mewn coed, un ai coed yn tyfu mewn gwrychoedd neu o fewn coedwig. Nid yw'r mapiau yn dangos llawer o newid er cyfnod Atlas 1968–72.

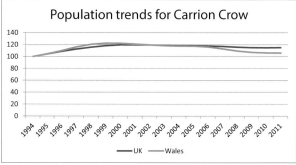

Population trends for Carrion Crow

A very common resident bird, the Carrion Crow can be seen in almost every habitat from our back gardens, in villages, towns, farmland, coastal cliffs and estuaries to the mountain tops. Like other members of the crow family, it has thrived in the absence of active control and persecution and is now the most widespread species in the whole of North Wales, found in 93% of tetrads. Carrion Crows are solitary breeders, unlike Rooks and Jackdaws and are usually tree nesters. Early in the season (March–April) their twiggy nests are quite easy to spot as they are built high up in hedgerow trees, often by road-sides, or within woodland, where the adults have a good all-round view of their territory. The birds advertise their presence with loud 'cawing' and are actively defensive of their nesting territory. The nests become more difficult to find once the leaves have come out but the feeding activity of the parents becomes an obvious pointer to Confirmed breeding.

In Forrest's time (1907), the Carrion Crow was also common but was controlled, "killed down", by many landowners. It was generally distributed with the exception of the Sealand area, Flint and on Anglesey, where birds were more numerous on the coast than inland. The breeding distribution of the Carrion Crow is much the same now as it was in the 1968–72 Atlas and BBS trends show that the Welsh population increased by 20% during the late 1990s. There was subsequently a period of stability to 2006, followed by a gradual decline. Overall there was only a 2% increase between 1995 and 2010 (Risely *et al.* 2012). The reason for these changes is not known.

Carrion Crows are omnivorous and very adaptable in their feeding habits. Road kills can be an important source of food and some birds have learnt to pick up mussels from the shore and open up the otherwise impenetrable shell by dropping them on hard surfaces. Crows are well-known predators of several smaller ground-nesting birds, taking both eggs and young. Where prey species are colonial nesters (e.g. Black-headed Gulls) or congregate in loose groups (such as Lapwings and some other waders) it is well known that, for the potential prey, there is safety in numbers. The off-duty birds are able to fly up *en masse* and repel the incoming Crow. However, it is only when birds nest in isolation or in small groups that avian predators such as the Carrion Crow can have a detrimental impact on local populations. Sadly, now that many of our wading birds are less common than in previous decades, the impact of Carrion Crow predation can be devastating and the reputation of this species is rightly more often bad than good. However, it should also be borne in mind that the Crow sometimes gets the blame when other predators, such as the Red Fox or Stoat, are more likely to have caused the losses (Ausden *et al.* 2009).

*Anne Brenchley*

**Sponsored by/Noddwyd gan Tom and Phil Wood**

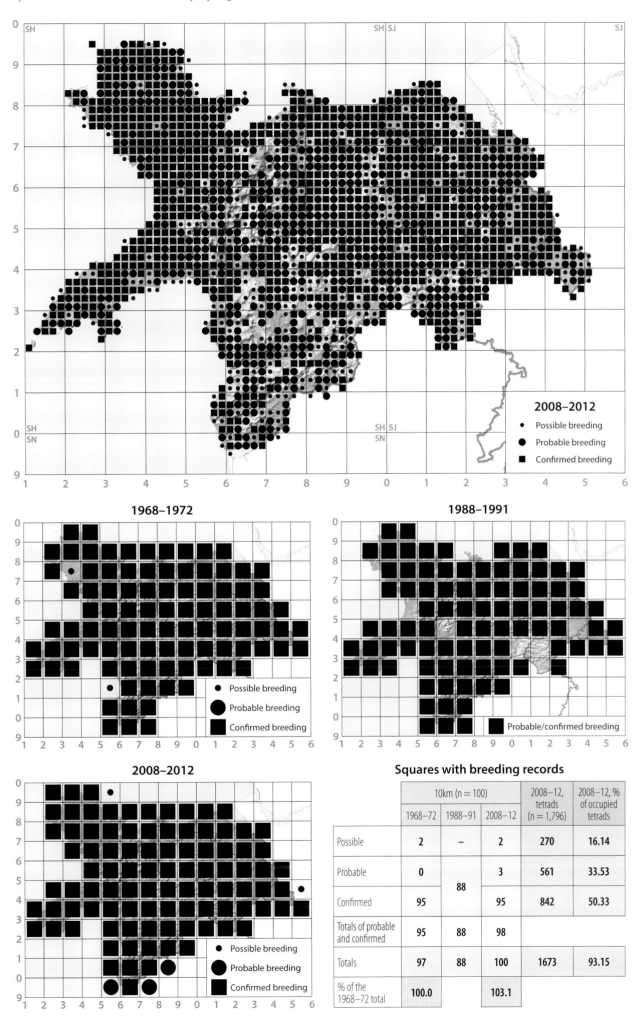

**1968–1972**

**1988–1991**

Possible breeding
Probable breeding
Confirmed breeding

Probable/confirmed breeding

**2008–2012**

Possible breeding
Probable breeding
Confirmed breeding

**2008–2012**

Possible breeding
Probable breeding
Confirmed breeding

## Squares with breeding records

| | 10km (n = 100) | | | 2008–12, tetrads (n = 1,796) | 2008–12, % of occupied tetrads |
|---|---|---|---|---|---|
| | 1968–72 | 1988–91 | 2008–12 | | |
| Possible | 2 | – | 2 | 270 | 16.14 |
| Probable | 0 | 88 | 3 | 561 | 33.53 |
| Confirmed | 95 | | 95 | 842 | 50.33 |
| Totals of probable and confirmed | 95 | 88 | 98 | | |
| Totals | 97 | 88 | 100 | 1673 | 93.15 |
| % of the 1968–72 total | 100.0 | | 103.1 | | |

# Hooded Crow (+ hybrids)
## *Corvus cornix*
### Resident

The Hooded Crow is closely related to the Carrion Crow and in the past the two were treated as a single species. Parkin *et al.* (2003) re-examined the available evidence, particularly observations made in northern Italy where there are Carrion Crows to the north and Hooded Crows to the south, with a hybridisation zone in between. Parkin *et al.* decided that the two forms should be considered as separate species, based on non-random mating in the hybridisation zone and fitness loss in the hybrids.

In the British Isles the Hooded Crow breeds in Ireland, the Isle of Man and north-western Scotland. Interbreeding takes place in Scotland in the zone between the two species, and hybrids of intermediate colour are produced. These hybrid offspring are themselves fertile. Hooded Crows in North Wales are likely to be vagrants which have arrived from Ireland or the Isle of Man. In eastern England, the species used to be a common winter visitor from Scandinavia but there have been far fewer in recent years and these visitors are unlikely to be reaching North Wales. The 10km and tetrad maps for 2008–12 combine the records of pure Hooded Crows and of hybrids. The maps suggest that a few Hooded Crows arrive in North Wales and form mixed pairs with Carrion Crows. Breeding in subsequent years could then continue with a Carrion Crow, or with a hybrid.

Forrest (1907) reported a mixed pair breeding on a farm near Barmouth around 1900, which produced a brood of five hybrids. He also mentioned Hooded Crows that visited the Dee Estuary in the first half of the nineteenth century, feeding on mussels at Hilbre Point. It seems possible that these birds were, in fact, winter visitors from Scandinavia.

## Brân Lwyd

Mae'r Frân Lwyd yn berthynas agos i'r Frân Dyddyn, ac ystyrid hwy'n un rhywogaeth hyd yn ddiweddar. Yn ôl pob tebyg daw'r nifer fechan o unigolion sy'n cyrraedd Gogledd Cymru o Iwerddon neu Ynys Manaw. Wedi iddynt gyrraedd yma, gallant aros am flynyddoedd, felly mae'n anodd bod yn sicr faint sy'n cyrraedd bob blwyddyn. Nythodd pâr yn ardal Ynys Lawd, Môn, yn 1996, gan fagu o leiaf ddau gyw. Gall y Frân Lwyd baru gyda Brân Dyddyn, ac mae'r cywion yn dangos cymysgedd o nodweddion y ddwy rywogaeth. Dengys y mapiau'r adar cymysg hyn yn ogystal â'r Frân Lwyd ei hun. O ardal yr arfordir y daw'r rhan fwyaf o'r cofnodion, ond roedd un aderyn cymysg yn ardal Llangollen rhwng 2003 a 2006.

Jones and Whalley (2004) discussed the Hooded Crows recorded on Anglesey prior to 2000. These included two that formed a breeding pair in the South Stack area in 1996, rearing at least two young. Subsequently, one bred with a Carrion Crow at South Stack during 1997–99, rearing young in the latter two years. This was followed by a long-stayer at South Stack from 2001 to late 2007, which was frequently responsible for hybrid offspring. Hooded Crows continue to be regularly reported on Anglesey and on the mainland of North Wales, at sites such as Bardsey (maximum count of four birds in April and August 2009) and Foryd Bay (CBR). There has evidently been a long-staying breeder at the latter site, as hybrids have been frequently reported. Away from the coast there was a record of a possible hybrid in the Llangollen area between 2003 and 2006. In general, the presence of long-staying Hooded Crows in our region makes it difficult to detect the timing of new arrivals. The detailed records from Bardsey, together with reports of birds seen to arrive across the sea on Anglesey, do suggest that most arrivals occur in the spring. Perhaps these are young birds bred the previous year which have been unable to find territories elsewhere, and are seeking pastures new.

*Geoff Gibbs*

DEREK MOORE

Sponsored by/Noddwyd gan David Greasley

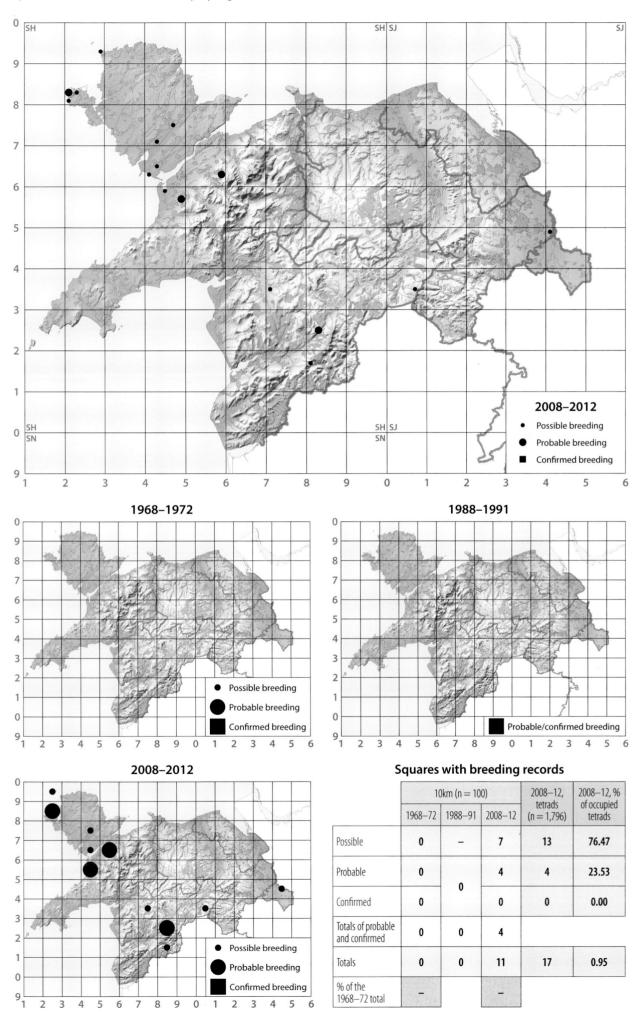

**2008–2012**

- • Possible breeding
- ● Probable breeding
- ■ Confirmed breeding

**1968–1972**

- • Possible breeding
- ● Probable breeding
- ■ Confirmed breeding

**1988–1991**

- ■ Probable/confirmed breeding

**2008–2012**

- • Possible breeding
- ● Probable breeding
- ■ Confirmed breeding

**Squares with breeding records**

| | 10km (n = 100) | | | 2008–12, tetrads (n = 1,796) | 2008–12, % of occupied tetrads |
|---|---|---|---|---|---|
| | 1968–72 | 1988–91 | 2008–12 | | |
| Possible | 0 | – | 7 | 13 | 76.47 |
| Probable | 0 | 0 | 4 | 4 | 23.53 |
| Confirmed | 0 | | 0 | 0 | 0.00 |
| Totals of probable and confirmed | 0 | 0 | 4 | | |
| Totals | 0 | 0 | 11 | 17 | 0.95 |
| % of the 1968–72 total | – | | – | | |

# Raven

*Corvus corax*

**Resident – Welsh conservation status: Green**

MALCOLM GRIFFITH

## Cigfran

Nytha Cigfrain mewn hen chwareli ac ar glogwyni, gan gynnwys clogwyni arfordirol. Bydd rhai ohonynt yn nythu mewn coed ac ambell un mewn hen adeilad. Yn 1907, dywedid bod y Gigfran yn weddol gyffredin yn y gorllewin ond yn brin a lleol yn y dwyrain. Roedd erledigaeth ffermwyr defaid a chiperiaid yn cadw ei niferoedd yn isel ym mhobman ac eithrio'r mannau mwyaf anghysbell. Yn ddiweddarach, lluosogodd ac roedd y defaid niferus ar y bryniau'n golygu bod digonedd o ysgerbydau ar gael. Yn Eryri, treblodd y niferoedd bron rhwng 1950 a 2005. Dengys y mapiau 10 cilomedr i'r Gigfran, ers cyfnod Atlas 1968–72, ddod yn fwy cyffredin yn y dwyrain ac ar Ynys Môn, a chredir bod rhwng 650 a 700 o barau yng Ngogledd Cymru erbyn hyn.

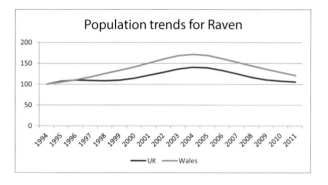

Population trends for Raven

Ravens are conspicuous, highly vocal residents and may be encountered anywhere across our region. Their sonorous croaking voice and tumbling aerobatics are very familiar, especially in the mountains and around rocky coasts where pairs cavort and revel noisily in the cliff updraughts. On the moors, Ravens are more often but a distant voice; in lowlands and urban areas their deep calls attract attention as birds pass high overhead in powerful flight. Ravens are omnivorous and forage widely over open country, hill and clifftop pastures, seashores, dunes, at refuse tips and in disused quarries. They also take advantage of food scraps left by mountain walkers but, above all, they are noted scavengers of sheep carrion. Most sheep farmers have no objection to this, but there may still be some persecution of Ravens in North Wales because of a few individuals (perhaps non-breeders) that attack either young lambs, or ewes lying on their backs (Ratcliffe 1997).

Breeding Ravens stay all year in or near their territories, which are 5–15km² in size. Most pairs have several alternative nest sites from which to choose each year, some in adjoining tetrads. Occupied nests nowadays are typically 1.5–2.5km apart but on Anglesey the spacing between sea-cliff nests may be only 500–800m (Driver 2006). Most Ravens still nest on inland crags up to an altitude of 750m, in disused quarries and on sea-cliffs; the rest are tree nesters. Exceptionally, pairs have used pylons, the Britannia bridge across the Menai Strait and ruined mine buildings. The bulky nests are not usually difficult to find but some are well hidden and, given the secretive behaviour of incubating birds in February and March, may be overlooked until broods are being reared. Then, as the parents become increasingly vociferous and demonstrative, 'whitewash' around a nest confirms the presence of a brood. The family groups remain together into early summer but may move well away from the nest site.

According to Forrest (1907) the Raven was fairly common in the west and "more rare and local in the east", but tree nesting had virtually ceased by 1900. Persecution by sheep farmers and gamekeepers kept numbers low in all but the more remote locations. It was not until the 1950s that the Raven was again reported as numerous probably because overstocking of hill sheep provided ample carrion, as in Snowdonia where numbers of breeding Ravens nearly trebled between 1950 and 2005 (Dare 1986b; Driver 2006). Similar increases were noted on Anglesey where numbers have more than quadrupled since 1950 (Jones & Whalley 2004). A dedicated census between 1996 and 2005 found that 360 pairs were breeding by 2005: 70 in Anglesey, 230 in Caernarfon and 60 in west Denbigh (Driver 2006).

The 10km maps show a range expansion eastwards to the border, and infilling on Anglesey, since the 1968–72 Atlas. The 2008–12 fieldwork found the Raven to be the twentieth most widespread species in North Wales. Breeding was concentrated in the uplands, particularly Snowdonia, and around the sea-cliffs of Anglesey and Llŷn and this distribution matched up well to that documented by Driver (2006). However, there are few areas where Ravens cannot be encountered, even in the east. The Raven is a common sight across our region today with the breeding population estimated to be 650–700 pairs.

*Peter Dare*

**Sponsored in memory of/Noddwyd er cof am Eric Allin**

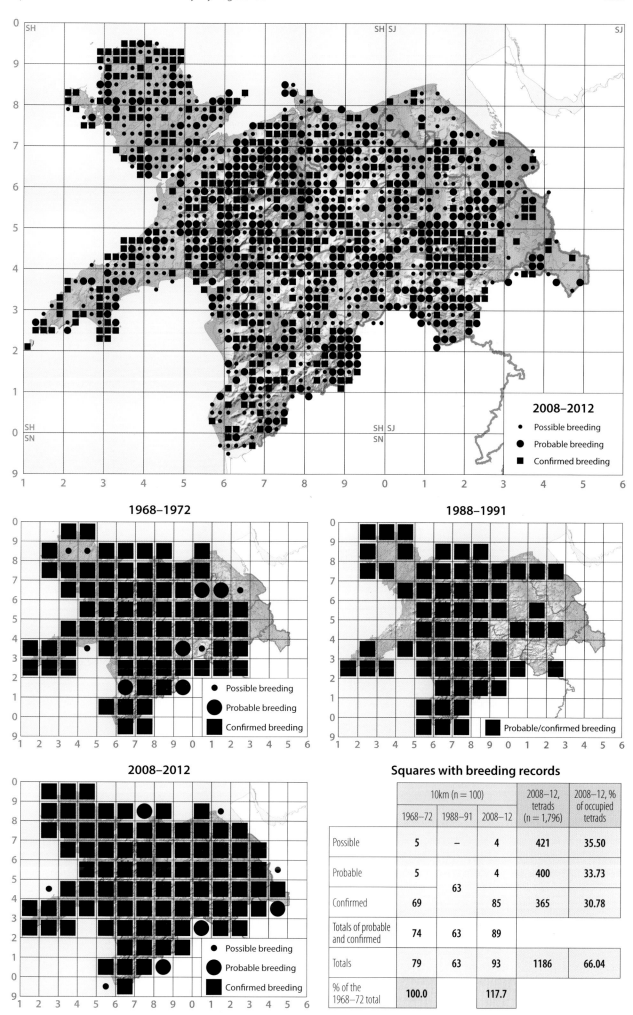

2008–2012

- • Possible breeding
- ● Probable breeding
- ■ Confirmed breeding

**1968–1972**

- • Possible breeding
- ● Probable breeding
- ■ Confirmed breeding

**1988–1991**

- ■ Probable/confirmed breeding

**2008–2012**

- • Possible breeding
- ● Probable breeding
- ■ Confirmed breeding

## Squares with breeding records

| | 10km (n = 100) | | | 2008–12, tetrads (n = 1,796) | 2008–12, % of occupied tetrads |
|---|---|---|---|---|---|
| | 1968–72 | 1988–91 | 2008–12 | | |
| Possible | 5 | – | 4 | 421 | 35.50 |
| Probable | 5 | 63 | 4 | 400 | 33.73 |
| Confirmed | 69 | | 85 | 365 | 30.78 |
| Totals of probable and confirmed | 74 | 63 | 89 | | |
| Totals | 79 | 63 | 93 | 1186 | 66.04 |
| % of the 1968–72 total | 100.0 | | 117.7 | | |

# Goldcrest
*Regulus regulus*

**Resident and winter visitor – Welsh conservation status:** Amber

ASHLEY COHEN

## Dryw Eurben

Hwn yw aderyn lleiaf Ewrop, yn pwyso tua phum gram. Gan ei fod mor fach, gall nifer fawr farw yn ystod gaeafau oer. Ei hoff gynefin yw coed bytholwyrdd, ac yn y tymor nythu fe'i ceir mewn coed conwydd neu goed llydanddail sydd wedi eu gorchuddio ag eiddew. Nid yw'r mapiau ar lefel 10 cilomedr yn dangos llawer o newid er cyfnod Atlas 1968–72. Disgrifiodd Forrest (1907) y Dryw Eurben fel aderyn cyffredin, heblaw mewn rhannau o Fôn a Llŷn lle nad oedd coed. Sefydlwyd planhigfeydd conwydd mawr o'r 1920au ymlaen, gan greu llawer o gynefin ychwanegol i'r rhywogaeth yma. Oherwydd hyn, gallodd y Dryw Eurben wladychu ardaloedd newydd, yn enwedig ar benrhyn Llŷn.

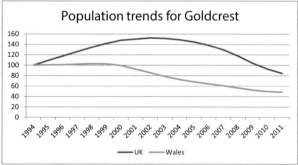

Population trends for Goldcrest

UK — Wales

This is the smallest European bird, with a high-pitched song like a tiny musical box. It weighs about five grams, only twice the weight of the smallest bird in the world, the Bee Hummingbird (*Mellisuga helenae*) of Cuba. The Goldcrest's small size means that it is particularly susceptible to mortality in severe winters. At all times of year Goldcrests have a preference for evergreens, and in the breeding season they are usually found in conifers or Ivy-covered deciduous trees. Nests are found especially in spruce or Douglas Fir, whilst in churchyards, Yews are favoured. The nest is a deep, thick-walled cup of moss, lichen and cobwebs suspended under a horizontal branch, usually from a fork or trailing twigs. After the breeding season, numbers are strongly augmented by passage birds arriving in October at which point, in some years, every garden conifer seems to hold a Goldcrest. Over 27,000 have been ringed on Bardsey since 1953; recoveries show a broadly south-easterly movement in autumn and north-westerly in spring.

Our 2008–12 fieldwork showed a wide spread of tetrads where this species was recorded. Many records were of singing males; nests are difficult to find and most Confirmed breeding records were probably of adults seen feeding recently fledged young. Gaps on Anglesey probably reflect the relative absence of coniferous trees over much of the island.

Maps at the 10km level resulting from the three Atlases show no clear distribution changes since 1968–72. Some gaps in the 1988–91 Atlas map probably result from incomplete coverage. Population changes since 1965 in Britain are shown by CBC figures from woodland plots, which show a

sustained rise from 1965 to 1975, with the population index for this species showing a sevenfold increase. This represents a strong recovery after the severe winters of 1961/62 and 1962/63. Populations then fell by about 50% over the ten years to 1985, and then crashed even further after severe mortality in the 1985/86 winter (Marchant *et al.* 1990). BBS data for Wales showed a gradual but significant decline of 51% from 1995 to 2010; this is not reflected in the corresponding figure for England. Some observers reported that Goldcrests were much harder to find in North Wales after the severe winter weather of 2009/10 and 2010/11, but surprisingly the BBS results for Wales showed the opposite, with year-on-year increases of 11% in 2010 and 37% in 2011 (Risely *et al.* 2012).

Forrest (1907) described the Goldcrest as resident and common, except in those parts of Anglesey and Llŷn which were devoid of trees. The establishment of extensive conifer plantations starting in the 1920s has provided much additional habitat for this species and hence facilitated its spread into new areas. The colonisation of Llŷn, since Forrest's time, is particularly noticeable. Pairs even nested in the small Sitka Spruce plantation on Bardsey in 1999 and 2007.

*Geoff Gibbs*

Sponsored by/Noddwyd gan Sheila Owens, Jeff Williams

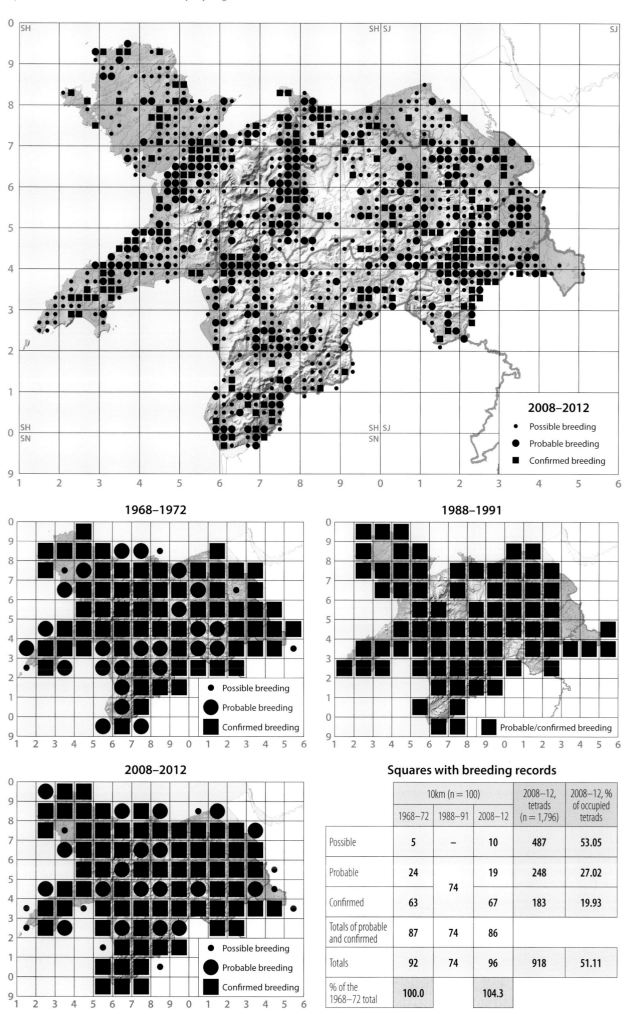

**2008–2012**

- Possible breeding
- Probable breeding
- Confirmed breeding

**1968–1972**

- Possible breeding
- Probable breeding
- Confirmed breeding

**1988–1991**

- Probable/confirmed breeding

**2008–2012**

- Possible breeding
- Probable breeding
- Confirmed breeding

**Squares with breeding records**

| | 10km (n = 100) | | | 2008–12, tetrads (n = 1,796) | 2008–12, % of occupied tetrads |
|---|---|---|---|---|---|
| | 1968–72 | 1988–91 | 2008–12 | | |
| Possible | 5 | – | 10 | 487 | 53.05 |
| Probable | 24 | 74 | 19 | 248 | 27.02 |
| Confirmed | 63 | | 67 | 183 | 19.93 |
| Totals of probable and confirmed | 87 | 74 | 86 | | |
| Totals | 92 | 74 | 96 | 918 | 51.11 |
| % of the 1968–72 total | 100.0 | | 104.3 | | |

# Blue Tit

## *Cyanistes caeruleus*

**Resident – Welsh conservation status:** Green

The cheery, cheeky Blue Tit is one of our most familiar resident species, known to most people as a garden bird but in the breeding season it is primarily a bird of deciduous woodland and hedgerows, nesting in natural holes in trees. However, it will readily take to man-made sites such as nestboxes, holes in buildings, walls and even some more surprising sites such as letterboxes and fence posts.

This is one of the easiest birds to prove breeding as the adults call indignantly if you get too close to the nesting site and can readily be seen carrying food to the nest in May. In the UK, tits usually make only one breeding attempt per season but broods can be quite large (7–13 young are common) and so when the young fledge in late May/early June, the large family parties are very noisy and readily advertise their presence. The flight feathers are not fully formed when the young fledge so the family rarely strays far from the natal area whilst the parent birds continue to feed the young. This is when Confirmed breeding is most often recorded and it is not surprising that this is the species with the highest number of tetrads with Confirmed breeding records across North Wales. After a couple of weeks the young become more independent and mobile, and it becomes increasingly difficult to determine whether the birds seen have bred in the local area.

The tetrad map shows that the Blue Tit does not breed above 400m but is found in all other parts of North Wales where there are trees. The Blue Tit is as widespread now as it was in the previous national Atlases and in the 2008–12 fieldwork is the tenth most widespread species. This has always been the most widespread of the tit family as Forrest (1907), Jones (1974) and Lovegrove *et al.* (1994) affirm. The BBS trend shows that Blue Tits increased 21% between 1995 and 2010 in Wales compared to only 7% in the UK as a whole, but broadly the population has been stable for the past ten years (Risely *et al.* 2012).

Our gardens can provide excellent habitat and the provision of food and nestboxes has brought a greater variety of birds into our gardens. In general this is a good trend but research has shown that Blue Tits nesting in gardens are less productive than those nesting in neighbouring woodland. This is now thought to be because of a potential lack of invertebrate food for growing chicks (caterpillars are vital for young Blue Tit chicks) and higher rates of predation as nesting sites are less concealed. We should all look to improve the suitability of our gardens as bird breeding habitat (Toms 2007).

*Anne Brenchley*

## Titw Tomos Las

Aderyn cyfarwydd iawn yw'r Titw Tomos Las. Mae'n nythu mewn tyllau naturiol neu mewn blychau nythu, mewn coedwigoedd llydanddail, gwrychoedd a gerddi. Wedi i'r 7–13 cyw adael y nyth, mae'r teuluoedd yn hawdd eu clywed a'u gweld. Roedd y Titw Tomos Las bron ymhobman islaw 400 medr, yn bresennol mewn mwy o sgwariau tetrad nag unrhyw ditw arall, ac yn ddegfed ar y rhestr o'r rhywogaethau mwyaf cyffredin. Dengys canlyniadau BBS i'w nifer gynyddu o 21% yng Nghymru rhwng 1995 a 2010. Profwyd bod adar sy'n nythu mewn gerddi yn llai cynhyrchiol na'r rhai sy'n nythu mewn coedwigoedd. Roedd hyn oherwydd diffyg anifeiliaid di-asgwrn-cefn, yn enwedig lindys, i fwydo'r cywion, a mwy o ysglyfaethu gan nad yw'r safleoedd nythu wedi eu cuddio cystal.

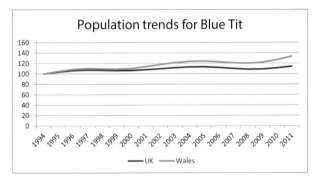

Population trends for Blue Tit

—— UK  —— Wales

Sponsored by/Noddwyd gan Anne Williams

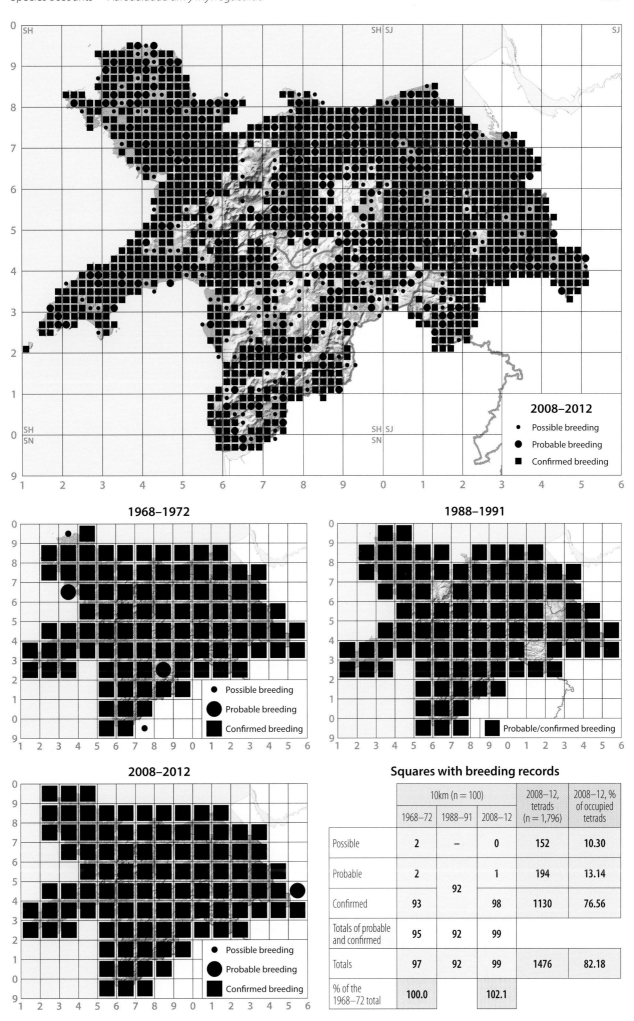

**1968–1972**

● Possible breeding

● Probable breeding

■ Confirmed breeding

**1988–1991**

■ Probable/confirmed breeding

**2008–2012**

● Possible breeding

● Probable breeding

■ Confirmed breeding

**2008–2012**

● Possible breeding

● Probable breeding

■ Confirmed breeding

## Squares with breeding records

| | 10km (n = 100) | | | 2008–12, tetrads (n = 1,796) | 2008–12, % of occupied tetrads |
|---|---|---|---|---|---|
| | 1968–72 | 1988–91 | 2008–12 | | |
| Possible | 2 | – | 0 | 152 | 10.30 |
| Probable | 2 | | 1 | 194 | 13.14 |
| Confirmed | 93 | 92 | 98 | 1130 | 76.56 |
| Totals of probable and confirmed | 95 | 92 | 99 | | |
| Totals | 97 | 92 | 99 | 1476 | 82.18 |
| % of the 1968–72 total | 100.0 | | 102.1 | | |

# Great Tit
*Parus major*
**Resident – Welsh conservation status: Green**

Probably one of the most intensively studied species of British breeding bird (Perrins 1979; Gosler 1993), the Great Tit is the largest member of the British tit family, most often identified by the strident, bell-like song of "teacher, teacher, teacher". This resident is a hole-nesting species, and equally at home in the garden or urban environment as it is in deciduous or mixed woodland, farmland and hedgerows. Like its cousin the Blue Tit, it is happy to nest in a range of man-made sites, not just in nestboxes and holes in walls and buildings. It sometimes found in more unusual locations such as letterboxes, observed near Treuddyn, Flint in 2011. As with all tits, the Great Tit is extremely active at the feeding stage and once a bird is seen carrying food, the nest can be readily located. The newly fledged young are also very conspicuous and noisy. These birds are not secretive and allow quite close observation, hence the high proportion of tetrads with Confirmed breeding.

Forrest (1907) reported that the Great Tit was "resident, and more or less common everywhere except in north Anglesey", so this species would appear to be as widespread and common now as it was then. Breeding was Confirmed in almost all 10km squares in the 1968–72 Atlas and in the 2008–12 field-work. Some gaps in the 1988–91 Atlas map probably result from incomplete coverage during the fieldwork. The Great Tit is a common species in any suitable habitat up to 400m containing deciduous trees but it is far less abundant in pure conifer plantations or where mature trees are more sparsely distributed. This is likely to be the reason why the Great Tit was reported to be less abundant in the western parts of North Wales, notably Anglesey and Llŷn (Lovegrove *et al.* 1994; Jones & Whalley 2004).

Perrins (1979) thought that the availability of nesting sites was a limiting factor in the population growth of the Great Tit but this does not seem to have had a significant impact

## Titw Mawr
Y Titw Mawr yw'r mwyaf o'n titwod, ac mae ei gân uchel, fel cloch, yn cyhoeddi ei bresenoldeb. Mewn tyllau y mae'n nythu, ac mae'n llawn mor gartrefol mewn gerddi neu drefi ag ydyw mewn coedwigoedd llydanddail neu gymysg, tir amaeth a gwrychoedd. Fel y titwod eraill, mae'n brysur iawn pan mae'n bwydo cywion, ac wedi gweld aderyn yn cario bwyd, mae'n hawdd darganfod y nyth. Wedi i'r cywion adael y nyth, maent yn amlwg a swnllyd. Cadarnhawyd nythu ymhob sgwâr 10 cilomedr yn Atlas 1968–72 ac yn ystod gwaith maes 2008–12 fel ei gilydd. Efallai bod diffyg lleoedd addas i nythu yn cyfyngu ar ei niferoedd, ond dengys canlyniadau BBS gynnydd o 60% yng Nghymru rhwng 1995 a 2010.

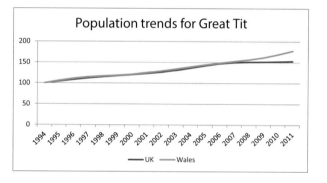

on this species in Wales. There has also been the suggestion that predation has a limiting effect on songbird populations. However, Newton (1998) provided evidence, from a site in Oxfordshire, that when Sparrowhawk populations were reduced in the 1960s due to the impact of pesticide usage, Great Tit populations did not rise dramatically but individuals did increase in body weight. Average weight then decreased as Sparrowhawk numbers recovered and Great Tits became faster and fitter in order to escape predation. The numbers of this bird have increased in Wales by 60% between 1995 and 2010 as measured by the BBS (Risely *et al.* 2012). The reasons for this increase are not clear but several authors (e.g. Gosler 1993) have speculated that the provision of bird food in gardens at times when natural food sources are being depleted may be a factor.

There is a general climate change issue for the Great Tit, with the mismatch between the timing of breeding of some birds and the availability of caterpillars as food for the young (Visser *et al.* 1998). This has been observed in North Wales, for example at the Coed y Felin NWWT reserve, Flint (Ian Spence pers. obs.). Could this become serious enough to influence the future status of the Great Tit in North Wales?

*Anne Brenchley*

Sponsored by/Noddwyd gan Lesley and Peter Brownsword

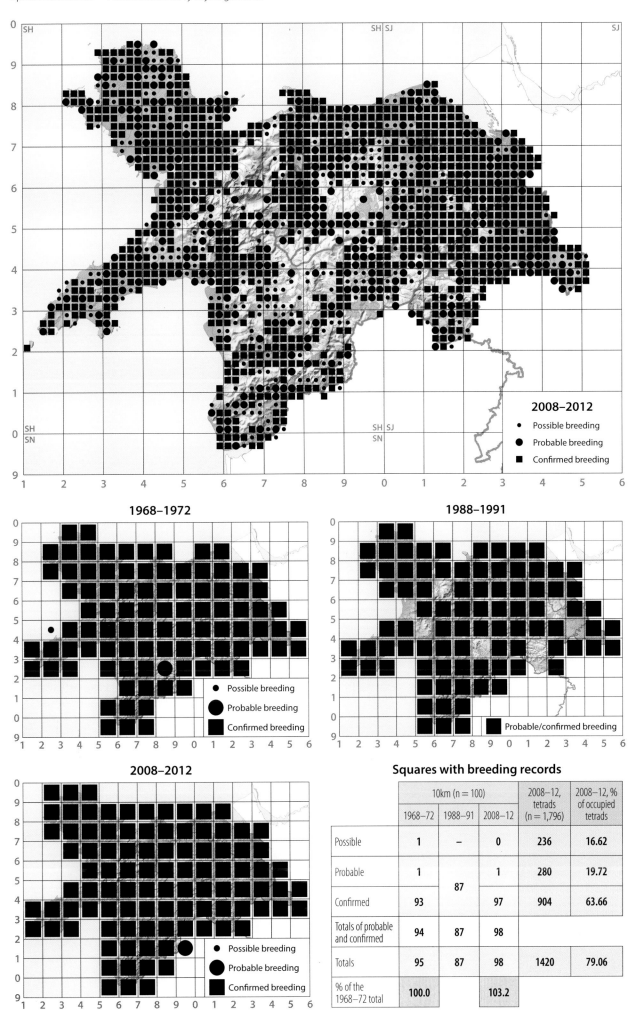

### Squares with breeding records

| | 10km (n = 100) | | | 2008–12, tetrads (n = 1,796) | 2008–12, % of occupied tetrads |
|---|---|---|---|---|---|
| | 1968–72 | 1988–91 | 2008–12 | | |
| Possible | 1 | – | 0 | 236 | 16.62 |
| Probable | 1 | 87 | 1 | 280 | 19.72 |
| Confirmed | 93 | | 97 | 904 | 63.66 |
| Totals of probable and confirmed | 94 | 87 | 98 | | |
| Totals | 95 | 87 | 98 | 1420 | 79.06 |
| % of the 1968–72 total | 100.0 | | 103.2 | | |

# Coal Tit
## *Periparus ater*
### Resident – Welsh conservation status: Amber

The smallest of the British tit family, the Coal Tit is a common resident species found in most woodland areas, most numerously in coniferous woodland. It is also a regular visitor to garden feeders and has the entertaining habit of caching food, especially Sunflower seeds. Not as colourful as its cousins, the Coal Tit nevertheless has a smart plumage with body feathers in subtle shades of grey, ochre and cream, contrasting with a black cap, black bib and the diagnostic white nape patch. This bird is always on the move and has an unusually penetrating and persistent song and call, particularly noticeable when actively establishing and defending territory. Coal Tits can be seen rapidly chasing intruders in the months of March and April (pers. obs.).

Whereas a Coal Tit in full song is unmistakable, the calls of this species are quite thin and can be mistaken for another common conifer plantation species, the Goldcrest, which means that all calling birds are worth pursuing to establish identity beyond doubt. This is one of the most commonly encountered species in conifer plantations where it is a cavity nester. Unlike its larger cousins, it will nest at higher elevations (up to 550m) and at a variety of heights off the ground, even if it tends to prefer sites around ground level in tree stumps, mossy banks, walls and buildings. It will use nestboxes, but if the hole size is more than 25mm it can be usurped by its larger cousin, the Great Tit. The brood size is usually 8–10 young and a second brood, which is unusual in other British tits, is not uncommon especially in conifer plantations (Perrins 1979).

This species is now widely distributed in North Wales but this has not always been the case. Forrest (1907) reported the species to be "generally, but unequally, distributed throughout the district", occurring in all six counties but more commonly in the west, except in the barer parts of Anglesey. The large-scale planting of conifers in North Wales since the mid-twentieth century, notably at Clocaenog, Gwydyr and Newborough, has

## Titw Penddu

Y Titw Penddu yw'n titw lleiaf, ac mae'n aderyn cyffredin, sydd i'w weld yn y rhan fwyaf o ardaloedd coediog. Mae'n un o'r rhywogaethau a welir amlaf mewn coedwigoedd conwydd, lle mae'n nythu mewn tyllau. Yn wahanol i'w gefndryd mwy, mae'n nythu ar dir uchel, hyd at 550 medr, ac ar uchder amrywiol o'r ddaear. Mae'n well ganddo safleoedd uwch lefel y ddaear, ym monion coed, ar oleddfau mwsoglyd, mewn waliau neu adeiladau. Nid oedd mor gyffredin yn 1907, pan ddywedid ei fod yn fwy niferus yn y gorllewin, heblaw yn rhannau mwyaf moel Ynys Môn. Yn dilyn y rhaglen o blannu conwydd ar raddfa fawr yng Ngogledd Cymru o ganol yr ugeinfed ganrif ymlaen, crëwyd llawer o gynefin addas iddo ac ymledodd i ardaloedd eraill.

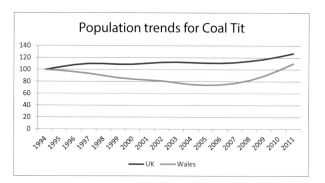

**Population trends for Coal Tit**

— UK — Wales

favoured the Coal Tit, which has expanded its range considerably since then (Lovegrove *et al.* 1994). Further range expansion seems to have occurred between the 1968–72 Atlas and the 2008–12 fieldwork, as Coal Tits have now colonised the north of Anglesey and Llŷn. The BBS results from Wales showed that although Coal Tit numbers dipped between 1996 and 2006 (remaining stable in the UK as a whole), there has since been a total recovery with a 1% increase overall between 1995–2010 (Risely *et al.* 2012). Today it looks as if this feisty little bird is doing well in North Wales.

*Anne Brenchley*

GARETH JONES

Sponsored by/Noddwyd gan Rhion Pritchard

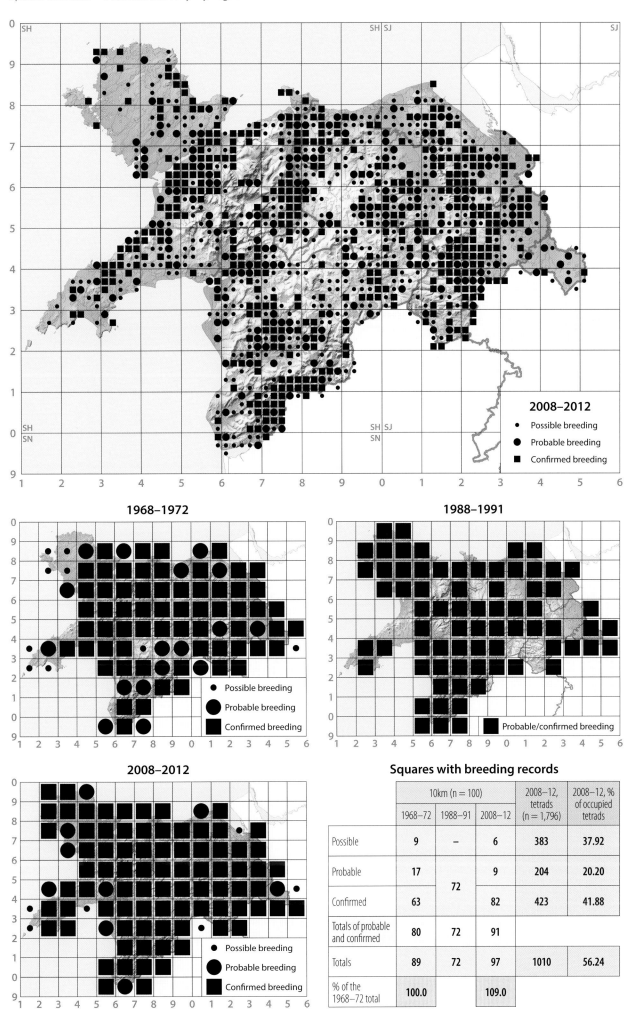

2008–2012

- Possible breeding
- Probable breeding
- Confirmed breeding

1968–1972

- Possible breeding
- Probable breeding
- Confirmed breeding

1988–1991

- Probable/confirmed breeding

2008–2012

- Possible breeding
- Probable breeding
- Confirmed breeding

## Squares with breeding records

| | 10km (n = 100) | | | 2008–12, tetrads (n = 1,796) | 2008–12, % of occupied tetrads |
|---|---|---|---|---|---|
| | 1968–72 | 1988–91 | 2008–12 | | |
| Possible | 9 | – | 6 | 383 | 37.92 |
| Probable | 17 | 72 | 9 | 204 | 20.20 |
| Confirmed | 63 | | 82 | 423 | 41.88 |
| Totals of probable and confirmed | 80 | 72 | 91 | | |
| Totals | 89 | 72 | 97 | 1010 | 56.24 |
| % of the 1968–72 total | 100.0 | | 109.0 | | |

# Willow Tit

*Poecile montana*

**Resident – Welsh conservation status: Red**

JOHN HAWKINS

## Titw'r Helyg

Mae Titw'r Helyg ar gyrion gorllewinol ei gynefin yng Nghymru. Ei hoff gynefin yw coedwig wlyb, bedw fel rheol, lle gall wneud twll ar gyfer ei nyth. Dim ond mewn rhai mannau y ceir y cynefin yma yng Ngogledd Cymru, a dengys y map tetrad mor brin ydyw Titw'r Helyg. Cofnodwyd ef yn nythu mewn ambell ardal ar yr iseldir, ac yn eithriadol ar uchder o 390 medr yn Fforest Clocaenog. Fe'i collwyd o 49% o'r sgwariau 10 cilomedr yn ystod y deugain mlynedd diwethaf. Nid yw wedi encilio tua'r dwyrain, ond yn hytrach wedi prinhau dros yr ardal i gyd. Mae bron wedi diflannu o Feirionnydd, lle'r oedd yn bresennol mewn deuddeg sgwâr 10 cilomedr yn 1968–72 ond dim ond mewn un yn 2008–12.

This species was first separated from Marsh Tit in the UK in 1897 (Perrins 1979) so historical records are absent. Forrest (1907) made no reference to the species and it is likely that some of his records of Marsh Tit were really Willow Tits. Many of today's observers still find it difficult to separate this species from Marsh Tit in the field. This is especially true in North Wales where the chances of encountering either of these tit species are very low and in some places they can be found together. This caused problems for county recorders and those verifying Atlas records. Its song is quite different from that of Marsh Tit and its scolding "tchay" call is also diagnostic. Willow Tit does not occur in Ireland, so it is at the western edge of its global range in Wales.

The habitat preferences of Willow Tit suggest that it ought to be called the 'marsh' tit as it likes young, damp, deciduous woodland with some standing, rotting timber in which it can excavate a new cavity each year (Perrins 1979). They prefer birch, Alder, willow and Elder and as these habitat requirements restrict their distribution, Willow Tits are now scarce across our region and becoming more so. The tetrad map shows that Willow Tits are only just maintaining their place as a breeding species in North Wales. They have been found

breeding in lowland areas and exceptionally at 390m in Clocaenog Forest.

The 10km maps show that there has been a contraction of nearly 49% in distribution in 40 years. There has not been a withdrawal to the east, but more of a thinning out across the area, with almost complete disappearance from Meirionnydd. Lovegrove *et al.* (1994) reported that this species was widespread but "uncommon" in Meirionnydd, "very local and less numerous than Marsh Tit" in Denbigh and Flint, "virtually unknown" in Caernarfon and "rare" in Anglesey. Thus, it seems that the worst of the changes have been in Meirionnydd where it was found in 12 10km squares in 1968–72 but only one from our 2008–12 fieldwork.

Perrins (2003) suggested that deer browsing and changes to woodland habitat may be causing a decline in Willow Tit numbers in England. In North Wales we do not have the large numbers of deer, but still there seems to be a decline. Three possible factors have been identified that may be contributing to the decline of this species: first, the competition for nest sites from Blue and Great Tits; secondly, the possibility of increased predation, mainly by Great Spotted Woodpeckers; and thirdly, a reduction in the amount of their favoured habitat (Lewis *et al.* 2009). It is possible that all of these apply in North Wales. The most likely factor is deterioration in condition of the wet woodland favoured by Willow Tits, possibly with climate change leading to a drying out of key habitats (Siriwardena 2004).

The population of Willow Tit is now very low and its position on the Red list of conservation concern is appropriate. The current situation does not leave much room for confidence that the conservation status of the Willow Tit is likely to improve in the near future.

*Ian M. Spence*

Sponsored by/Noddwyd gan Adrian Hibbert

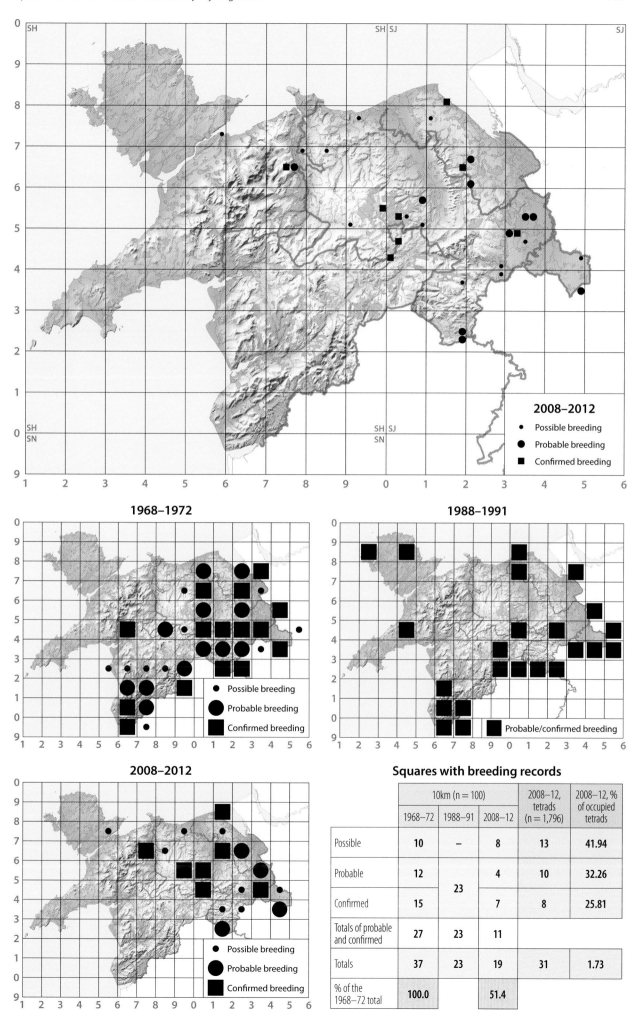

2008–2012

- Possible breeding
- Probable breeding
- Confirmed breeding

1968–1972

- Possible breeding
- Probable breeding
- Confirmed breeding

1988–1991

- Probable/confirmed breeding

2008–2012

- Possible breeding
- Probable breeding
- Confirmed breeding

## Squares with breeding records

| | 10km (n = 100) | | | 2008–12, tetrads (n = 1,796) | 2008–12, % of occupied tetrads |
|---|---|---|---|---|---|
| | 1968–72 | 1988–91 | 2008–12 | | |
| Possible | 10 | – | 8 | 13 | 41.94 |
| Probable | 12 | 23 | 4 | 10 | 32.26 |
| Confirmed | 15 | | 7 | 8 | 25.81 |
| Totals of probable and confirmed | 27 | 23 | 11 | | |
| Totals | 37 | 23 | 19 | 31 | 1.73 |
| % of the 1968–72 total | 100.0 | | 51.4 | | |

# Marsh Tit

## *Poecile palustris*

**Resident – Welsh conservation status: Red**

ASHLEY COHEN

### Titw'r Wern

Gall fod yn anodd gwahaniaethu rhwng Titw'r Wern
a Thitw'r Helyg, er bod eu galwadau a'u caneuon yn
bur wahanol. Aderyn sy'n byw mewn coedwigoedd
llydanddail yw Titw'r Wern, ac mae'n fwy cyfyngedig
i goedwigoedd na'r titwod eraill. Er cyfnod Atlas
1968–72, mae wedi encilio o lawer ardal, ac mae'r
mwyafrif mawr o'r cofnodion nythu yn awr yn yr ardal
i'r dwyrain o Eryri, gan osgoi'r tir uchaf ar y Berwyn.
Dengys ein map tetrad ei fod yn fwy gwasgaredig nag y
byddid yn ei feddwl o'r map 10 cilomedr. Dylai unrhyw
reolaeth cynefin i helpu'r rhywogaeth yma gynnwys
sicrhau digonedd o isdyfiant trwchus, fel na ellir gweld
ymhell, ac amrywiaeth fawr o lwyni.

This is a species that is difficult to distinguish, visually, from
Willow Tit. Indeed, in 1907, Forrest talked about separating
Marsh Tit from Coal Tit and he did not know of the existence
of Willow Tit as a species in North Wales. Separating Marsh
and Willow Tit is much easier using their different calls and
songs, especially the Marsh Tit's distinctive "pitchou" call. It is a
resident species of broadleaved woodland, not marshes, and
rarely moves more than 20km from its natal site (Migration
Atlas). It also appears at garden bird tables that have suitable
woodland close by.

Since the 1968–72 Atlas the distribution of Marsh Tit has
contracted, with most breeding records now confined to
the area east of Snowdonia and avoiding the highest land
in the Berwyn. Our tetrad map shows that the distribution is
more limited and scattered than the 10km map suggests. As
pointed out by Lovegrove *et al.* (1994), the Marsh Tit is more
of a woodland specialist than are Blue, Great and Coal Tit.
There are many areas of broadleaved woodland in our region,
however, that do not have breeding Marsh Tit. Carpenter *et al.*
(2010) conducted a survey of woods across England and Wales
and found that Marsh Tits were more likely to inhabit woods in
the south and east of England where there was a high diver-
sity of shrubs, with canopy cover and understorey cover at a
height of 2–4m. They were more abundant when the shrub
layer was most dense, where there was more woodland in the
landscape and, perhaps surprisingly, where there were more
competing species.

The Marsh Tit population is too low for it to be moni-
tored by BBS and indeed, in 2011, it was only recorded in 143
BBS squares across the UK (Risely *et al.* 2012). Perrins (2003)
reported on the decline of Marsh Tits from ringing data and

thought that, as with Willow Tit, deer browsing of woodland
habitat may be a cause, but here in North Wales, where we
have very few deer, this cannot explain the decline. Carpenter
*et al.* (2010) stated that habitat management that would help
Marsh Tits should include, as a high priority, "ensuring good
understorey cover (and hence low horizontal visibility) and
high shrub diversity". This would seem to require more active
management to maintain woodlands with compartments of
different ages, or a regime of regular thinning of mature trees
and, preferably, the absence of deer. It appears that the Marsh
Tit is likely to remain a bird of high conservation concern, on
the Red list, for the foreseeable future.

*Ian M. Spence*

Sponsored by/Noddwyd gan Jim and Val Hulse

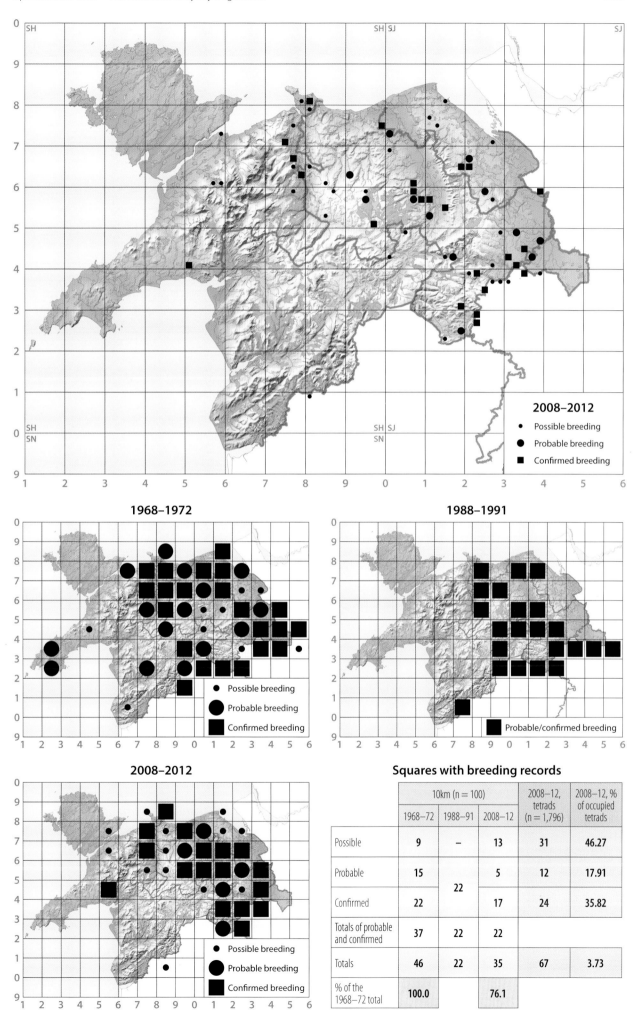

**1968–1972**

Possible breeding
Probable breeding
Confirmed breeding

**1988–1991**

Probable/confirmed breeding

**2008–2012**

Possible breeding
Probable breeding
Confirmed breeding

2008–2012

Possible breeding
Probable breeding
Confirmed breeding

## Squares with breeding records

| | 10km (n = 100) | | | 2008–12, tetrads (n = 1,796) | 2008–12, % of occupied tetrads |
|---|---|---|---|---|---|
| | 1968–72 | 1988–91 | 2008–12 | | |
| Possible | 9 | – | 13 | 31 | 46.27 |
| Probable | 15 | 22 | 5 | 12 | 17.91 |
| Confirmed | 22 | | 17 | 24 | 35.82 |
| Totals of probable and confirmed | 37 | 22 | 22 | | |
| Totals | 46 | 22 | 35 | 67 | 3.73 |
| % of the 1968–72 total | 100.0 | | 76.1 | | |

# Bearded Tit

## *Panurus biarmicus*

**Irregular visitor – Welsh conservation status:** Amber

With their round cinnamon-coloured bodies and long tails, Bearded Tits can be the highlight of a visit to a reedbed (the only habitat where the species may be found), though opportunities to see them in North Wales are rare. The sole UK representative of the parrotbill family, they are prone to eruptions from existing breeding areas following a successful breeding season. Previous influxes, such as the 16 birds at Shotton, Flint in 1965, included some ringed as nestlings in the Netherlands. Two caught at Shotton in October were later recovered in Germany and Holland, showing that some return migration does occur (Lovegrove *et al*. 1994).

Single pairs bred at Valley Lakes, Llyn Bodgylched and Malltraeth Marsh, Anglesey in 1967–69 respectively, although these instances were not reported to the 1968–72 Atlas (Jones & Whalley 2004). Subsequent sightings were sporadic and, although a pair nested on the English side of the Dee in 2003 (Norman 2008), nothing indicated they would feature in this

## Titw Barfog

Dim ond mewn gwelyau cyrs y ceir y Titw Barfog. Nid yw'n nythu'n rheolaidd yng Ngogledd Cymru. Nythodd parau unigol ar dri safle ar Ynys Môn yn 1967–68, ond ni chofnodwyd y rhain yn Atlas 1968–72. Yn 2010, nythodd un pâr yng ngwarchodfa RSPB Conwy. Magwyd tri chyw, ond ni welwyd y teulu ar ôl diwedd mis Hydref y flwyddyn honno. Gwnaed llawer o waith i adfer gwelyau cyrs yn y blynyddoedd diwethaf, yn enwedig ar Ynys Môn, felly mae cryn dipyn o gynefin addas ar gael i'r Titw Barfog yno.

Atlas. However, a pair found at RSPB Conwy in late April 2010 went on to fledge three chicks. The surviving family group were not seen after late October, however, and Bearded Tit has yet to establish itself as a regular part of North Wales' avifauna.

The restoration and expansion of reedbed habitats in the last decade, particularly on Anglesey, provides assurance that if Bearded Tits do knock on North Wales' door once again, suitable nesting habitat will be available. Indeed, predicted sea level rises on England's east coast mean that such locations, in our area, could provide a lifeline for the species.

*Julian Hughes*

KEITH WILLIAMS

Sponsored by/Noddwyd gan Glen Heaton

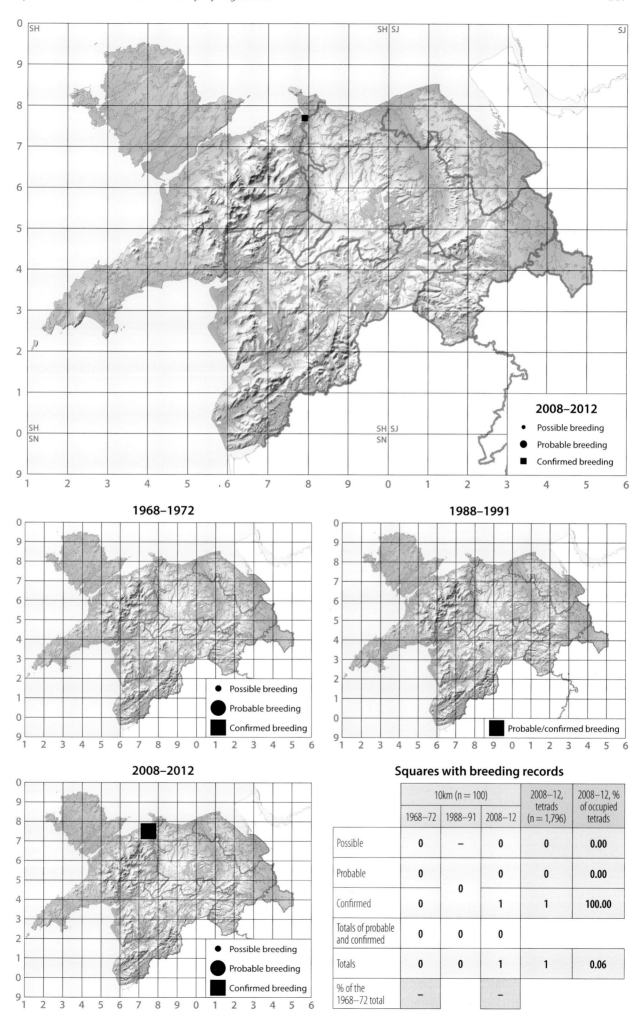

**2008–2012**

- • Possible breeding
- ● Probable breeding
- ■ Confirmed breeding

**1968–1972**

- • Possible breeding
- ● Probable breeding
- ■ Confirmed breeding

**1988–1991**

- ■ Probable/confirmed breeding

**2008–2012**

- • Possible breeding
- ● Probable breeding
- ■ Confirmed breeding

## Squares with breeding records

| | 10km (n = 100) | | | 2008–12, tetrads (n = 1,796) | 2008–12, % of occupied tetrads |
|---|---|---|---|---|---|
| | 1968–72 | 1988–91 | 2008–12 | | |
| Possible | 0 | – | 0 | 0 | 0.00 |
| Probable | 0 | 0 | 0 | 0 | 0.00 |
| Confirmed | 0 | | 1 | 1 | 100.00 |
| Totals of probable and confirmed | 0 | 0 | 0 | | |
| Totals | 0 | 0 | 1 | 1 | 0.06 |
| % of the 1968–72 total | – | | – | | |

# Skylark
## *Alauda arvensis*
### Resident and winter visitor – Welsh conservation status: Amber

JOHN LAWTON ROBERTS

## Ehedydd

Yng Ngogledd Cymru, ceir yr Ehedydd yn yr ardaloedd o ffermio tir âr, mewn ardaloedd o borfa arw yn yr ucheldir neu mewn moresg ger yr arfordir. Dywedodd Forrest yn 1907 ei fod 'yn gyffredin ar dir agored, yn enwedig ar dir âr, yn gyffredin bron ymhobman', a nododd ei fod yn fwyaf niferus ar Ynys Môn. Yn anffodus, nid yw hyn yn wir bellach. Dengys ein map tetrad fod yr Ehedydd i raddau helaeth yn gyfyngedig i'r ucheldir, ac eithrio'r arfordir a thiroedd âr dwyrain Dinbych a Fflint. Lleihaodd ei niferoedd o 55% yn y DU rhwng 1975 a 1994, a dangosodd canlyniadau BBS ostyngiad pellach o 15% yng Nghymru rhwng 1995 a 2010.

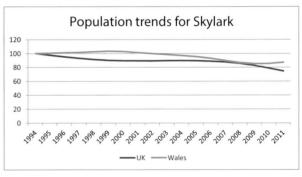

Population trends for Skylark

The song of the Skylark is often associated with the best aspects of the open countryside. It is evocative, long-lasting and seems to indicate that this is good, wholesome country (Cocker & Mabey 2005). Long before Vaughan Williams wrote *The Lark Ascending*, the harpist, Dafydd y Garreg Wen (who died aged 29 in 1741) was inspired by Skylark song to write *Codiad yr Ehedydd* (The Rising of the Lark), in the area near modern Porthmadog.

In North Wales the Skylark inhabits areas of both arable farming and rough grassland, either in the uplands or in Marram Grass at the coast. It is absent from intensively grazed pasture where there is little tussocky grass. Skylarks need these tussocks in which to place their nests, as they help to hide both eggs and young from predators. Similarly, they do not nest in fields of grass grown for silage or hay where the vegetation is too thick for the birds to move around easily. These two factors almost certainly account for the absence of Skylarks from the Vale of Clwyd.

Our tetrad map shows that Skylarks are now mainly confined to the uplands, the coastal fringes and the arable lands of eastern Denbigh and Flint. The 10km maps show a mere 2% reduction in distribution in the last 40 years, but this masks a dramatic population decline, which began after the Second World War. The UK Skylark population declined by 55% between 1975 and 1994 (Chamberlain & Crick 1998) and since then the BBS trend for Wales has shown a further decline of 15% between 1995 and 2010 (Risely *et al.* 2012). Forrest (1907) reported it as "common in open country, especially on cultivated lands, almost everywhere" and noted that it was most numerous in Anglesey. Sadly, this is far from the case now.

In the past, Skylarks survived the harsh winter weather by feeding in stubble fields. In recent years this habitat has all but disappeared as cereal fields are either weed-free due to the widespread use of herbicides or are cultivated in the autumn, ensuring what little waste grain is present is unavailable to seed-eating birds. Conservation options within agri-environment schemes are now attempting to reverse this situation. However, once Skylarks reach the breeding season, life is still fraught with danger and the most favoured breeding habitats, such as semi-natural grasslands on free-draining soils, are now quite scarce in North Wales. The highest densities of Skylarks are found where suitable breeding habitat is available for a long period, ideally April to August, thus allowing each pair to raise several broods successfully (Wilson *et al.* 2009). Disturbance at coastal sites as well as the intensity and timing of arable cultivation make these areas less suitable than they once were. It may not be long before the song of the Skylark is something with which the next generation of Welsh people are unfamiliar unless conservation action allows the population of this bird to recover soon.

*Ian M. Spence*

**Sponsored by/Noddwyd gan BHP Billiton and the North Wales Wildlife Trust**

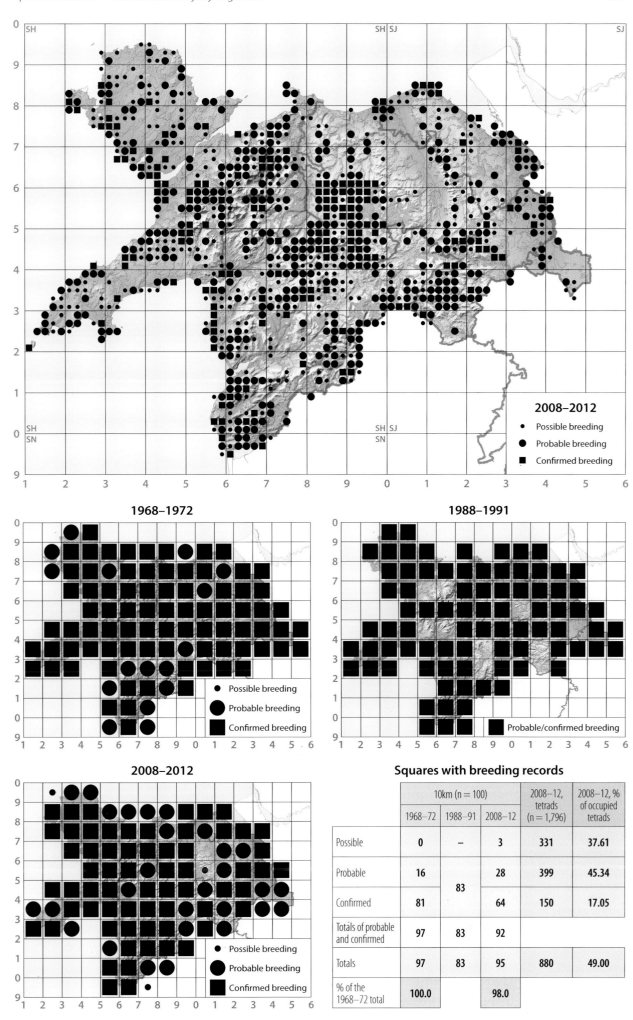

**1968–1972**

**1988–1991**

- • Possible breeding
- ● Probable breeding
- ■ Confirmed breeding

■ Probable/confirmed breeding

**2008–2012**

• Possible breeding
● Probable breeding
■ Confirmed breeding

**2008–2012**

• Possible breeding
● Probable breeding
■ Confirmed breeding

## Squares with breeding records

| | 10km (n = 100) | | | 2008–12, tetrads (n = 1,796) | 2008–12, % of occupied tetrads |
|---|---|---|---|---|---|
| | 1968–72 | 1988–91 | 2008–12 | | |
| Possible | 0 | – | 3 | 331 | 37.61 |
| Probable | 16 | 83 | 28 | 399 | 45.34 |
| Confirmed | 81 | | 64 | 150 | 17.05 |
| Totals of probable and confirmed | 97 | 83 | 92 | | |
| Totals | 97 | 83 | 95 | 880 | 49.00 |
| % of the 1968–72 total | 100.0 | | 98.0 | | |

# Sand Martin
## *Riparia riparia*
**Summer visitor – Welsh conservation status: Amber**

The Sand Martin is one of the earliest of our spring migrants to arrive. The first birds appear in early March, with the main movement arriving in April through into May. Sand Martins nest in holes, which they usually excavate themselves and most of the colonies in North Wales are in natural sites such as the soft vertical banks of rivers and lakes, and the sand cliffs of the western coastline. In the west some of the well-known cliff colonies, in sand at Porth Dinllaen and in clay at Porth Neigwl (both in Caernarfon), have been in existence for a century or more. Sand extraction pits can provide suitable sites, but only for short periods due to the nature of the quarry working. Colonies at such sites, and in sand heaps, dune faces and roadside cuttings, depend on the availability of fresh sand faces. The birds are quick to take advantage of any suitable location, even if it can only be used for a year or two. Birds will also nest in artificial structures such as drainage holes in concrete walls as exist, for example, where the A5 crosses the Afon Cefni on Anglesey. Unfortunately the drainage holes become flooded at times of heavy rain and high spring tides. To remedy this situation, the North Wales Trunk Road Agency constructed a special Sand Martin wall above flood level, also providing many more holes for the birds to use. Some of these new holes were successfully used in 2011 and 2012 (Jill Jackson, pers comm.).

JOHN LAWTON ROBERTS

### Gwennol y Glennydd
Mewn tyllau y mae Gwennol y Glennydd yn nythu, ac mae fel rheol yn gwneud y twll ei hun. Ceir y rhan fwyaf o'r nythfeydd yng Ngogledd Cymru mewn safleoedd naturiol, yng nglannau meddal afonydd a llynnoedd ac yng nghlogwyni tywod yr arfordir gorllewinol. Mae rhai nythfeydd adnabyddus mewn clogwyni wedi eu cofnodi yn yr un lle ers canrif a mwy. Defnyddir pyllau tywod, tomennydd tywod, ochrau twyni tywod a hafnau ffyrdd, cyn belled â bod ochrau serth lle mae tywod ffres ar gael. Bu gostyngiad dramatig yn ei niferoedd yn 1969, o ganlyniad i sychder yn ardal y Sahel, lle treulia'r gaeaf. Ymddengys fod y boblogaeth yn awr wedi dychwelyd i'r un lefel â 1968–72, a chofnodwyd adar mewn rhai sgwariau 10 cilomedr ychwanegol yng ngorllewin Môn.

In 1969 a dramatic crash occurred in the breeding population nationally. This was attributed to a prolonged drought during the 1968/69 winter in the Sahel region on the southern flanks of the Sahara desert and neighbouring savannah, where the Sand Martins winter. Numbers remained low during the 1970s and decreased again in 1984 following another drought during the 1983/84 winter. Increased winter rainfall in the Sahel allowed the population to build up again, but by 1991 it was estimated that numbers in the UK were still only at 20% of pre-1969 figures. It was speculated, at the time, that since Welsh colonies breed later and have more offspring that they may have fared slightly better (Lovegrove *et al.* 1994). The effects of these population crashes are seen in the results of the 1988–91 Atlas, with a large decline in the number of 10km squares compared to the 1968–72 Atlas. 2008–12 fieldwork suggests that the distribution of Sand Martins is now back to 1968–72 levels, with a few new 10km squares occupied in western Anglesey. The tetrad map indicates that their strongholds are along the banks of the Dee, and other large rivers in north-east Wales. The highest nesting colony found was in the banks of Llyn Brenig at about 382m.

Forrest (1907) reported that it was "generally distributed in suitable localities, except in Anglesey, where it is not common". It was most numerous along the Dee valley and its main tributaries, although it was also seen in many places along the coasts of Llŷn. Our tetrad map shows that this is still true today, except that the Sand Martin is now widely distributed in the western part of Anglesey.

*Kelvin Jones*

**Sponsored by/Noddwyd gan the North Wales Trunk Road Agency**

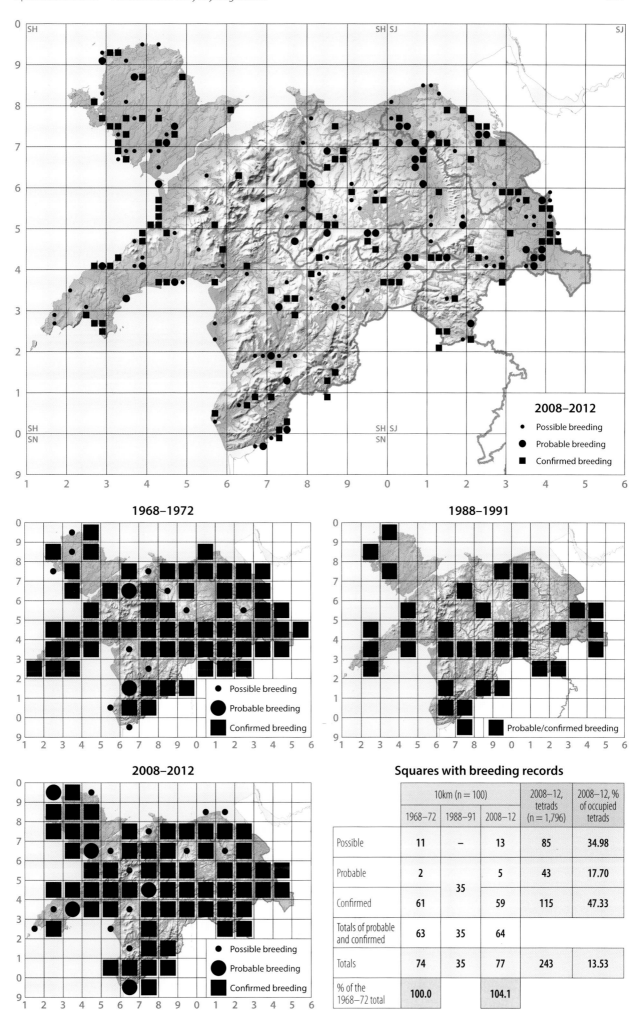

2008–2012
- Possible breeding
- Probable breeding
- Confirmed breeding

**1968–1972**
- Possible breeding
- Probable breeding
- Confirmed breeding

**1988–1991**
- Probable/confirmed breeding

**2008–2012**
- Possible breeding
- Probable breeding
- Confirmed breeding

## Squares with breeding records

| | 10km (n = 100) | | | 2008–12, tetrads (n = 1,796) | 2008–12, % of occupied tetrads |
|---|---|---|---|---|---|
| | 1968–72 | 1988–91 | 2008–12 | | |
| Possible | 11 | – | 13 | 85 | 34.98 |
| Probable | 2 | 35 | 5 | 43 | 17.70 |
| Confirmed | 61 | | 59 | 115 | 47.33 |
| Totals of probable and confirmed | 63 | 35 | 64 | | |
| Totals | 74 | 35 | 77 | 243 | 13.53 |
| % of the 1968–72 total | 100.0 | | 104.1 | | |

# Swallow
## *Hirundo rustica*
### Summer visitor – Welsh conservation status: Amber

MALCOLM GRIFFITH

## Gwennol

Gellir gweld y Wennol yn troelli yn yr awyr i ddal pryfed ym mhob rhan o Ogledd Cymru, ac fe'i cofnodwyd ym mhob sgwâr 10 cilomedr. Mae ganddi gysylltiad cryf â phobl, gan fwydo o gwmpas gwartheg a defaid a defnyddio adeiladau o bob math ar gyfer nythu. Nid oes unrhyw gofnod diweddar o nythu mewn safleoedd naturiol, megis ogofâu, yn yr ardal. Ar y cyfan, mae'n nythu mewn ardaloedd mwy gwledig na Gwennol y Bondo. Er nad yw'n nythu ar y tir uchaf, cafwyd hyd i nythod yn uwch na 400 medr mewn rhannau o dde Meirionnydd. Dengys canlyniadau'r BBS bod ei nifer wedi cynyddu yng Nghymru o 1994 hyd tua 2005. Bu gostyngiad yn y blynyddoedd wedyn, ond cafwyd cynnydd eto rhwng 2010 a 2011.

Looping over cattle pasture in high summer, roosting noisily in reedbeds or maize fields, or swooping through a broken window into an outhouse, Swallows have a long history of sharing living space with humans. It is hard to imagine how Swallows lived before barns and telephone wires existed. None are known to breed in caves, their original breeding habitat, in modern North Wales. Their long tail streamers are not merely ornamental. They enable them to follow the twists and turns of large aerial insect prey, leaving the square-tailed Sand Martin, which feeds at similar altitudes, to catch the slower, weaker-flying insects such as midges.

Visitors from East Anglia remark on the abundance of Swallows in North Wales. In arable-dominated eastern Britain, the loss of livestock is the single biggest cause of the decline in Swallow numbers (Evans & Robinson 2004), although the type of farm building can also affect breeding success (Roberts & Jones 2001). Conversion of outbuildings, the impact of dry summers on insect hatching and the availability of mud for nest-building, may also have affected Wales' Swallows less than regions farther east. The 2008–12 fieldwork shows all but one 10km square was occupied, with gains since 1968–72 in north-west Anglesey and in south-east Meirionnydd.

The tetrad map shows the Swallow to be the rural counterpart of the more localised House Martin. Although absent from the higher hills, nesting occurred above the 400m contour in parts of south Meirionnydd. Breeding was confirmed in 63% of all occupied tetrads and, since Swallows typically forage within 200m of the nest site (Bryant & Turner 1982), it is likely that pairs actually bred in a good proportion of the squares marked Probable and Possible. Readers of the *Daily Post* were invited to contribute Swallow breeding records. Nest sites they reported included the stable block at Penrhyn Castle near Bangor, and the high-ceilinged porch of the Church of St Mary & St Nicholas in Beaumaris.

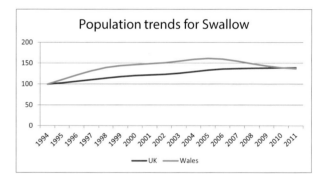

**Population trends for Swallow**

— UK — Wales

BBS trends show that Swallow numbers increased by 35% in the UK and 26% in Wales between 1995 and 2010 (Risely *et al.* 2012). There was a decrease in Wales from 2006 onwards, but this was a trend not seen in the UK as a whole. However, Wales saw a 21% increase between 2010 and 2011. The principal features on which Swallows depend in a pastoral landscape would seem to have been unchanged during that time: livestock distribution and species-rich hedgerows that provide invertebrates during adverse weather.

For most of human history, Swallows were thought to spend the winter in torpor at the bottom of ponds. In 1740, a German naturalist, Johann Leonhard Frisch, used coloured wool tied to the legs of Swallow chicks to demonstrate that birds returned without immersion in mud. It took until 1912 to prove they went to Africa, when a Swallow ringed in Wales was found in South Africa. While most Swallows return to their natal areas, this is not always the case, as was demonstrated by a bird ringed at Shotton, Flint in August 1966 that was found in Slupsk, northern Poland, in spring 1968. Forrest (1907) described the Swallow as "more or less common everywhere" in North Wales and this remains true today.

*Julian Hughes*

Sponsored by/Noddwyd gan Joy Evans, Teulu Owsianka Roberts

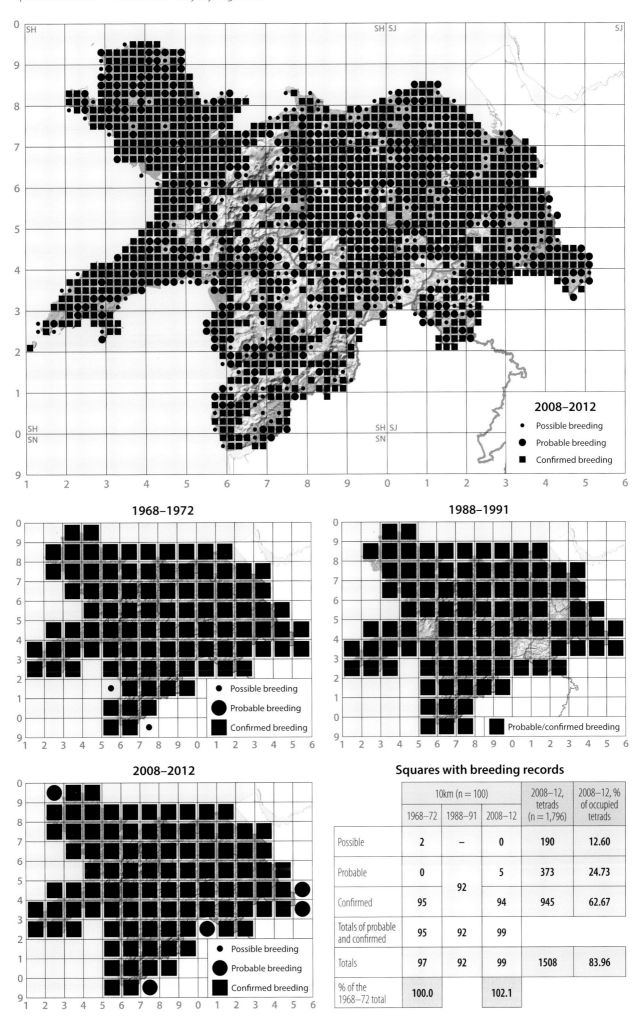

**1968–1972**

**1988–1991**

**2008–2012**

### Squares with breeding records

| | 10km (n = 100) | | | 2008–12, tetrads (n = 1,796) | 2008–12, % of occupied tetrads |
|---|---|---|---|---|---|
| | 1968–72 | 1988–91 | 2008–12 | | |
| Possible | 2 | – | 0 | 190 | 12.60 |
| Probable | 0 | 92 | 5 | 373 | 24.73 |
| Confirmed | 95 | | 94 | 945 | 62.67 |
| Totals of probable and confirmed | 95 | 92 | 99 | | |
| Totals | 97 | 92 | 99 | 1508 | 83.96 |
| % of the 1968–72 total | 100.0 | | 102.1 | | |

# House Martin

*Delichon urbicum*

**Summer visitor – Welsh conservation status: Amber**

MATT LATHAM

## Gwennol y Bondo

O gwmpas anheddau dynol y gwelir Gwennol y Bondo fel rheol. Dychwela'r adar i ffermydd a stadau o dai ganol Ebrill. Ar glogwyni yr oeddynt yn nythu am filoedd o flynyddoedd nes i ni ddechrau adeiladu mewn carreg a brics. Roeddynt yn dal yn nythu dan flociau o garreg galch ger Moelfre, Ynys Môn, yn gynnar yn yr 21ain ganrif. Cofnodwyd Gwennol y Bondo ym mhob un o sgwariau 10 cilomedr Gogledd Cymru, a chadarnhawyd nythu ymhob un heblaw sgwâr Ynysoedd y Moelrhoniaid, Môn. Mae'n nythu islaw uchder o 400 medr fel rheol. Dengys gwaith maes 2008–12 ei bod yn bresennol mewn cyfran uwch o'r sgwariau tetrad yn Fflint a Dinbych nag yn y gorllewin, efallai oherwydd bod amaethyddiaeth yn fwy amrywiol a'r hafau yn gynhesach a sychach.

Apart from possibly the House Sparrow and Starling, no bird is more strongly associated with human habitation than the House Martin. Somehow the bond between most house-holders and their black-and-white tenants is strengthened by their migrant status, as they return to farms and housing estates around North Wales between mid-April and early May. Watching paired birds collect tiny mud pellets and cement several hundred into place under the eaves is a source of great fascination. As part of the fieldwork for this Atlas, readers of the *Daily Post* contributed details of nests on their houses or in their street. Several wrote about neighbours illegally destroying the nests of Martins; the neighbours probably objected to drop-pings on their wall, an annoyance that is easily tackled with a wooden board placed beneath the nest.

The distribution of House Martins reflects the presence of human habitation throughout North Wales. This is the first Atlas in which House Martins were recorded in almost every 10km square in the region, and they were Confirmed to be breeding in most of them. The tetrad map shows that the distribution is almost entirely below 400m, though one nest at an isolated house near Llyn Tryweryn, Meirionnydd, was just above that contour.

Little research has been done to explain the factors that determine choice of building and there is even less to explain their population ecology. With just 20 ringing recoveries of European-ringed House Martins from south of the Sahara, almost nothing is known about the non-breeding part of their lives. Even in their breeding grounds, we know little of what they do away from the vicinity of the nest, although as aerial insects are a food requirement, they spend much time high in the air. In the 1988–91 Atlas, the abundance of House Martins was relatively low in North Wales compared with adjacent English border counties. The results of the 2008–12 field-work show a much higher occupancy of tetrads in Flint and

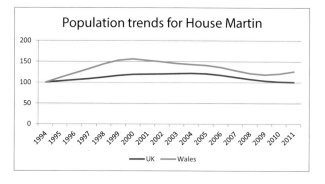

Denbigh compared to the three western counties. This was possibly because of the wider mix of farming in these areas and the drier, warmer summer climate providing more insect food.

House Martins will use a colony for many years, then switch location by several kilometres between years, for no obvious reason (pers. obs.). This makes it difficult to assess the historic trend in numbers, but BBS results show an 8% increase in Wales between 1995 and 2010 (Risely *et al.* 2012), with numbers at a peak in the late 1990s.

Cliffs were House Martins' traditional sites for millennia before we built our forts, then homes, of stone and brick. They still nested beneath overhanging blocks of limestone on cliffs near Moelfre early in the twenty-first century (Ivor Rees, pers. comm.). There may still be underwatched parts of Llŷn where House Martins maintain this habit. Forrest (1907) reported them to be "common in lowlands and valleys, except Lleyn and parts of Anglesey". He referred to cliff-nesting at the Great Orme, Caernarfon, but this is now thought to have ceased. However, we expect the House Martin to remain a familiar summer visitor well into the future.                  *Julian Hughes*

Sponsored by/Noddwyd gan Gwyn and Lynne Harrison

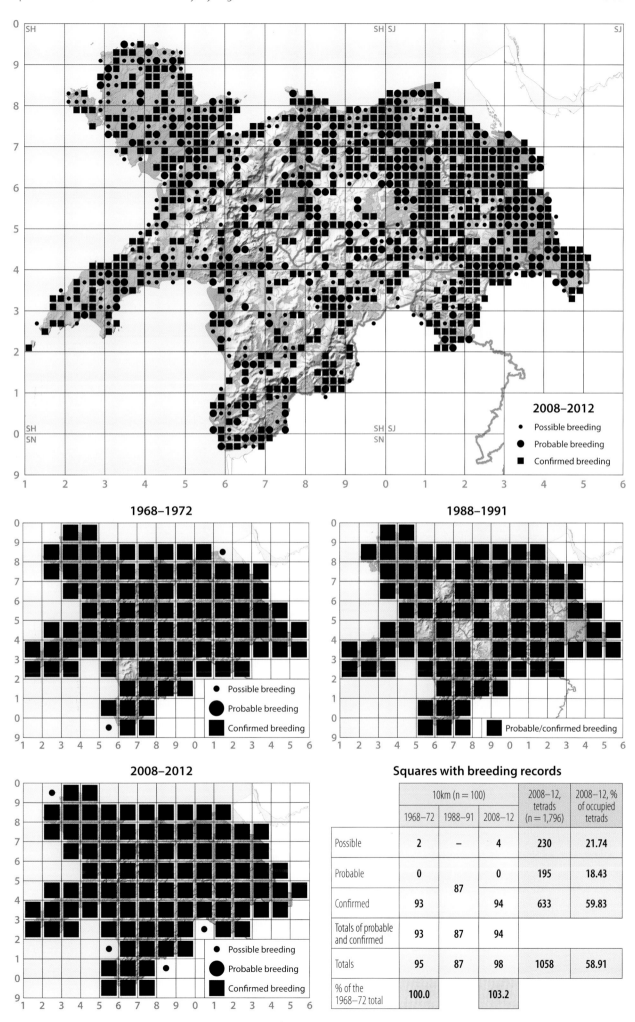

**1968–1972**

- Possible breeding
- Probable breeding
- Confirmed breeding

**1988–1991**

- Probable/confirmed breeding

**2008–2012**

2008–2012

- Possible breeding
- Probable breeding
- Confirmed breeding

**Squares with breeding records**

| | 10km (n = 100) | | | 2008–12, tetrads (n = 1,796) | 2008–12, % of occupied tetrads |
|---|---|---|---|---|---|
| | 1968–72 | 1988–91 | 2008–12 | | |
| Possible | 2 | – | 4 | 230 | 21.74 |
| Probable | 0 | 87 | 0 | 195 | 18.43 |
| Confirmed | 93 | | 94 | 633 | 59.83 |
| Totals of probable and confirmed | 93 | 87 | 94 | | |
| Totals | 95 | 87 | 98 | 1058 | 58.91 |
| % of the 1968–72 total | 100.0 | | 103.2 | | |

# Cetti's Warbler
## *Cettia cetti*
### Resident

MALCOLM GRIFFITH

Breeding begins in late April to early May, with the nest being built by the female. It is usually single-brooded, with young birds dispersing during September. The severe winter in 2009/10 reduced their breeding population in North Wales. Ringers reported the presence of territorial males, but no females the following spring near Porthmadog and elsewhere. Males are 26% to 32% heavier than females, the greatest size difference between the sexes of any European passerine (Bibby & Thomas 1984). It may be that the males' larger size allowed them to survive the cold better than the females. However, Bibby and Thomas (1984) reported on studies in France, Portugal and England which found that although females predominated in the breeding population, sex ratios were about equal in juveniles before dispersal began in mid-August. They considered that males must therefore suffer a higher mortality rate than females after dispersal.

Although the breeding population in North Wales is still small, the species does seem to be spreading, and there is suitable habitat in other parts of our area. A run of mild winters could well see the species' range expanding further.

*Kelvin Jones*

This warbler, once confined to the Mediterranean edge and Iberia, has moved northwards dramatically during recent decades. Like the Dartford Warbler, it is a resident, not moving south for the winter as do our other warblers. Very much a bird of scrubby marshland, it is more often heard than seen. The male's explosive song, which includes "Cetti-Cetti-Cetti", is often the only giveaway to the presence of this expert skulker, which sometimes gives us a glimpse of a small, rufous-brown bird as it disappears from sight.

The first Welsh record was on Bardsey in October 1973, followed by one at Rhosneigr, Anglesey on 11 December 1976. By the mid-1990s five territories were recorded at Valley Wetlands on Anglesey. Subsequently, birds colonised the Porthmadog area and the tetrad map shows birds are also present in suitable habitat on the Llŷn wetlands. As the species is polygamous, it is difficult to know exactly how many breeding birds are present, with males being known to mate with up to three females.

Sponsored by/Noddwyd gan Kelvin Jones

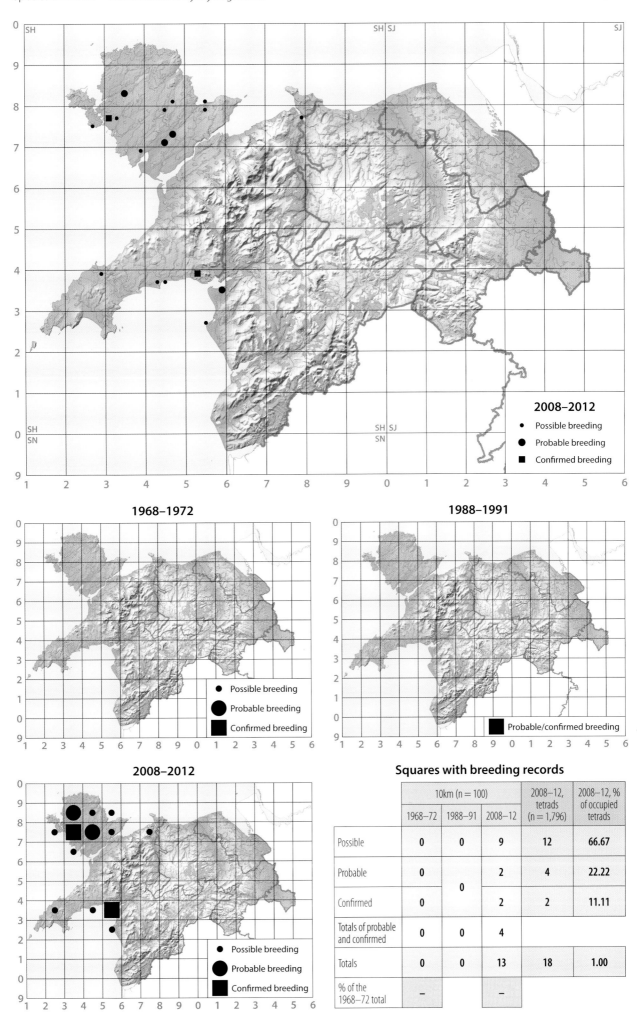

**1968–1972**

**1988–1991**

**2008–2012**

### Squares with breeding records

| | 10km (n = 100) | | | 2008–12, tetrads (n = 1,796) | 2008–12, % of occupied tetrads |
|---|---|---|---|---|---|
| | 1968–72 | 1988–91 | 2008–12 | | |
| Possible | 0 | 0 | 9 | 12 | 66.67 |
| Probable | 0 | | 2 | 4 | 22.22 |
| Confirmed | 0 | 0 | 2 | 2 | 11.11 |
| Totals of probable and confirmed | 0 | 0 | 4 | | |
| Totals | 0 | 0 | 13 | 18 | 1.00 |
| % of the 1968–72 total | – | | – | | |

# Long-tailed Tit
## *Aegithalos caudatus*
### Resident – Welsh conservation status: Amber

This delightfully dainty little bird, with its unusual combination of pink, black and white plumage, is a firm favourite amongst birdwatchers. The Long-tailed Tit is a resident species and due to its small size is very vulnerable to extremes of weather. This means that population changes can be quite dramatic after very hard winters. Once a bird solely of woodland and hedgerows, it is now a regular visitor to gardens and since 1995 has been coming to feeders with increasing frequency.

One of the most fascinating aspects of this species' breeding biology is its nest. This is a very intricate affair, made of moss and hair bound with cobweb, lined with 2,000 or more small feathers and covered in lichen. This oval, domed ball is quite elastic and can expand once the many eggs hatch. There are usually 6–9 eggs but there can be as many as 15 in one clutch. Nests are most often located in a thorny bush or hedge 2–3m from the ground and can take many days to construct. March is a good month in which to observe this activity and locate the nest site. Family parties are on the wing in late April and May, but within two to three weeks these parties are likely to move further away from the natal site. After this time attributing breeding to the immediate locality becomes less justified.

Long-tailed Tits are most commonly encountered in the lowlands of North Wales, wherever there is good deciduous woodland cover and large thick hedges (2008–12 fieldwork). This is most noticeable in the eastern parts of the area around Mold, Wrexham and Llangollen, where almost every tetrad has birds recorded. Confirmed breeding is also noticeable around the urban areas of Bangor, Caernarfon, Conwy, Llandudno and Porthmadog. They are not averse to nesting in conifers but tend to avoid the large blocks of commercial conifer plantations in Clocaenog, Gwydyr and Coed y Brenin.

GARETH JONES

### Titw Cynffon-hir

Oherwydd ei fod mor fychan, mae tywydd oer yn broblem i'r Titw Cynffon-hir. Wedi gaeafau caled, gall y gostyngiad yn ei nifer fod yn bur ddramatig. Pelen wedi ei hadeiladu o fwsogl a blew ac yn cael ei dal at ei gilydd gan we pryf copyn yw'r nyth, sydd wedi ei leinio â dros 200 o bluf bychain a'i orchuddio â chen. Yng Ngogledd Cymru mae'r Titw Cynffon-hir yn fwyaf cyffredin ar dir isel, mewn ardaloedd lle ceir coedwigoedd llydanddail a gwrychoedd uchel a thrwchus. Yn y dwyrain y cofnodwyd ef yn y ganran uchaf o sgwariau. Mae'n tueddu i osgoi'r planhigfeydd conwydd mawr. Gwelwyd cynnydd bychan er cyfnod Atlasau 1968–72 a 1988–91, a chafodd ei gofnodi ymhob sgwâr 10 cilomedr yng Ngogledd Cymru y tro hwn.

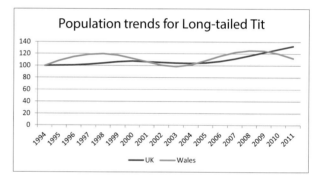

**Population trends for Long-tailed Tit**

— UK   — Wales

This has always been a widespread species in the lowlands and valleys of mainland North Wales, recorded as such by Forrest (1907). However, the Long-tailed Tit was considered rare in the western parts of Anglesey over a century ago, only seen regularly in the woodlands along the Menai Strait and around Beaumaris. It was still considered scarce in these areas until the 1960s. Gradually numbers increased but it was only in the 1980s that this species was commonly encountered in the south-west of Anglesey (Jones & Whalley 2004). The distribution of the Long-tailed Tit has increased slightly since the 1968–72 Atlas and the 1988–91 Atlas and it is now recorded in almost every 10km square in North Wales.

The BBS UK population trend indicates that the Long-tailed Tit has increased by 27% between 1995 and 2010 but in Wales this is only 11%. The BBS results show a significant decline of 31% in Wales between 2010 and 2011 (Risely *et al.* 2012). If the next few winters are milder there is every chance that the Long-tailed Tit will produce enough young for the population to recover quickly from this decline.

*Anne Brenchley*

Sponsored by/Noddwyd gan Caroline Hooper

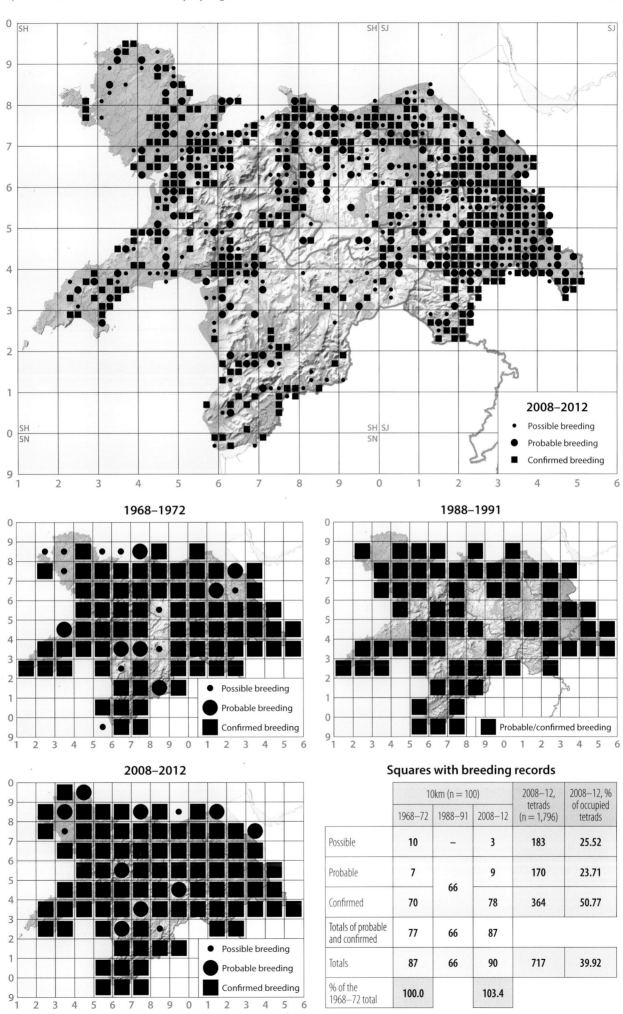

2008–2012
- Possible breeding
- Probable breeding
- Confirmed breeding

**1968–1972**

- Possible breeding
- Probable breeding
- Confirmed breeding

**1988–1991**

- Probable/confirmed breeding

**2008–2012**

- Possible breeding
- Probable breeding
- Confirmed breeding

## Squares with breeding records

| | 10km (n = 100) | | | 2008–12, tetrads (n = 1,796) | 2008–12, % of occupied tetrads |
|---|---|---|---|---|---|
| | 1968–72 | 1988–91 | 2008–12 | | |
| Possible | 10 | – | 3 | 183 | 25.52 |
| Probable | 7 | 66 | 9 | 170 | 23.71 |
| Confirmed | 70 | | 78 | 364 | 50.77 |
| Totals of probable and confirmed | 77 | 66 | 87 | | |
| Totals | 87 | 66 | 90 | 717 | 39.92 |
| % of the 1968–72 total | 100.0 | | 103.4 | | |

# Wood Warbler

*Phylloscopus sibilatrix*

**Summer visitor – Welsh conservation status: Red**

One of the joys of visiting a Welsh Sessile Oak wood during the spring is to hear the beautiful trilling song of the Wood Warbler, recently arrived from its African wintering quarters. It is generally regarded as being one of the characteristic breeding birds of the oak woodland of western North Wales, the others being the Pied Flycatcher, Redstart and Tree Pipit. Forrest (1907) described this species as "numerous", going as far as to say "About Llanberis, Barmouth and some other western districts, it swarms in all the woods to such an extent that its shivering song becomes almost wearisome, whilst its call note resounds through the woods incessantly." The 1988–91 Atlas showed Wales to be the most important area in the UK for breeding Wood Warblers.

Traditionally this species is said to prefer closed canopy, lightly grazed, oak woodland. However, as observed by Stowe (1987), Wood Warblers often associate with isolated non-native trees such as Beech. In west Wales, where Wood Warblers are commonplace, one would never suspect that this species is at all fussy about what type of woodland it requires. Larch plantations are regularly used as well as other woodland types, such as wet Alder woodland and mature stands of Douglas Fir or Sitka Spruce (Lovegrove *et al.* 1994). The Wood Warbler favours grazed woodland and nests on the ground, shunning dense cover and preferring grass tussocks or patches of dead Bracken litter for its nest site (Ferguson-Lees *et al.* 2011).

The tetrad map shows that the species is most widespread in the west, with the majority of Confirmed and Probable

## Telor y Coed

Dangosodd Atlas 1988–91 mai Cymru oedd y rhan bwysicaf o'r DU i Delor y Coed. Yn draddodiadol, dywedir fod y rhywogaeth yma'n hoffi coedwig dderw drwchus wedi ei phori yn ysgafn, ond gall ddefnyddio sawl math arall o goedwig hefyd. Ar y ddaear y mae'n nythu, gan osgoi tyfiant trwchus. Mae'n cuddio'r nyth mewn tusw o wair neu weddillion rhedyn wedi marw. Dengys y map tetrad ei fod yn fwyaf cyffredin yn y gorllewin, er ei fod yn absennol o Fôn a Llŷn, sydd yn ardaloedd cymharol isel heb lawer o goedwigoedd addas. Ar un adeg roedd Telor y Coed yn bresennol ar draws gogledd-ddwyrain Cymru, ond er cyfnod Atlas 1988–91 mae wedi encilio o lawer ardal yno, ac eithrio Mynydd Rhiwabon.

breeding records coming from Meirionnydd and Caernarfon. The species is absent from Llŷn and Anglesey, both lowland areas with few suitable woods. Wood Warblers were formerly widespread in north-east Wales and the 1988–91 Atlas showed them to be relatively abundant there. Since then there has been a substantial range contraction and they are now largely absent from the north-east, with the exception of the Ruabon Mountain area in Denbigh. Even in the heart of the Wood Warbler range in North Wales, there are gaps in parts of the Conwy Valley and in the strongholds of Meirionnydd and Caernarfon.

Wood Warblers are Red-listed due to a recent decline in the UK breeding population (Eaton *et al.* 2009). BBS results show a 65% decline in the UK between 1995 and 2010 (Risely *et al.* 2012), although separate results are not available for Wales. RSPB and BirdLife International are currently studying the migration stopover points and African wintering quarters of several declining migrants. Initial results indicate that it is there that Wood Warblers are experiencing survival problems, due to habitat degradation. However, we cannot be complacent: in the 1988–91 Atlas, Stowe described how reduced woodland grazing caused by changes in agricultural support could adversely affect populations of Welsh Wood Warblers. The Tir Gofal agri-environment scheme has led to the fencing of some Welsh woods, but many other woods remain grazed and provide good Wood Warbler habitat. A study in Wales found that predation was the main cause of nest failures with the main predator being Jay (Mallord *et al.* 2012). Whatever happens on migration, here in North Wales we must ensure that our woodland habitats do not deteriorate and do remain capable of supporting one of our most special birds.

*Dave Anning*

JOHN HAWKINS

**Sponsored by/Noddwyd gan Bangor Bird Group**

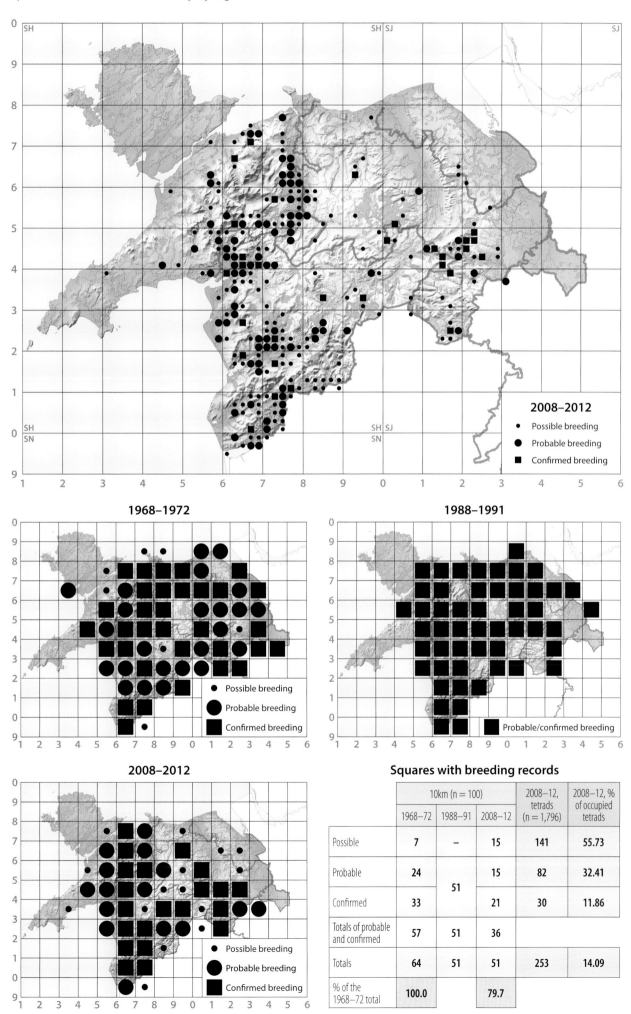

**2008–2012**

- • Possible breeding
- ● Probable breeding
- ■ Confirmed breeding

**1968–1972**

- • Possible breeding
- ● Probable breeding
- ■ Confirmed breeding

**1988–1991**

- ■ Probable/confirmed breeding

**2008–2012**

- • Possible breeding
- ● Probable breeding
- ■ Confirmed breeding

## Squares with breeding records

| | 10km (n = 100) | | | 2008–12, tetrads (n = 1,796) | 2008–12, % of occupied tetrads |
|---|---|---|---|---|---|
| | 1968–72 | 1988–91 | 2008–12 | | |
| Possible | 7 | – | 15 | 141 | 55.73 |
| Probable | 24 | 51 | 15 | 82 | 32.41 |
| Confirmed | 33 | | 21 | 30 | 11.86 |
| Totals of probable and confirmed | 57 | 51 | 36 | | |
| Totals | 64 | 51 | 51 | 253 | 14.09 |
| % of the 1968–72 total | 100.0 | | 79.7 | | |

# Chiffchaff
## *Phylloscopus collybita*
**Summer visitor and winter visitor – Welsh conservation status: Green**

ADRIAN FOSTER

## Siff-saff
Ymwelydd haf yw'r Siff-saff yng Ngogledd Cymru fel rheol, ond mae ambell un yn treulio'r gaeaf yma. Mae'n nythu mewn coedwigoedd lle ceir tyfiant trwchus, megis danadl poethion, rhedyn neu ddrain, i guddio'r nyth. Er ei fod yn nythu ymhob rhan o Ogledd Cymru, dengys ein map tetrad fod mwy o gofnodion pendant o nythu yn hanner dwyreiniol ein hardal. Yn y gorllewin, ceir y Siff-saff ar dir isel yn unig. Yn y dwyrain, mae'n nythu ar dir uwch hefyd, megis yn y Berwyn a Bryniau Clwyd. Ar lefel 10 cilomedr, cofnodwyd ef mewn 8% yn fwy o sgwariau nag yn Atlas 1968–72, gyda'r cynnydd mwyaf ym Meirionnydd. Bu cynnydd o 50% yn ei nifer yng Nghymru rhwng 1995 a 2010.

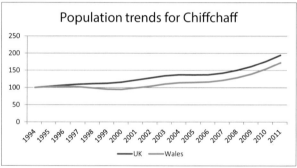

Population trends for Chiffchaff

— UK    — Wales

In North Wales the Chiffchaff is a mainly a summer migrant, but a few spend the winter here. The birds that breed here generally migrate south for the winter. However, those that remain are supplemented by relatively few individuals of a different subspecies from further east than the UK (Lovegrove *et al.* 1994). The Chiffchaff is slightly smaller than the Willow Warbler with a darker, mainly olive-green to brownish tone on its upperparts and dark, almost black, legs. The two species can be difficult to separate visually until the birds start to sing when the two note, repeated "chiff-chaff" of this species is unmistakable. This song can be heard from the time of its first arrival, often during March. It breeds in woodland with a thick understorey such as Nettles, ferns or brambles (Clement 1995), in which it builds its nest. This contrasts with the breeding habitat of the Willow Warbler, which nests predominantly in scrub.

Our tetrad map shows more records of Confirmed breeding in the eastern half of our area. In the west the species is very much confined to the lowlands whereas in the east it is found at higher altitudes, particularly on the Clwydian hills and the Berwyn. The very high upland, usually devoid of the tall trees used as song-posts, is without breeding Chiffchaffs. Chiffchaffs breed in all lowland parts of North Wales, including Anglesey and Llŷn.

At the 10km level, there has been an increase of nearly 7% in distribution over the last 40 years since the 1968–72 Atlas. Much of this increase has been in Meirionnydd, where gaps have been filled and more records of Confirmed breeding have been obtained. Lovegrove *et al.* (1994) agreed with Jones (1974), that Chiffchaffs were "rather uncommon … even in the lowlands" in Meirionnydd and, in their view, in the other counties. Green (2002) considered the species to be 'declining', but the BBS population trend graph for Wales as a whole indicates a 50% increase between 1995 and 2010. This also seems to be true for North Wales, as reflected in the descriptions in our bird reports: "common and widespread" in the north-east and "abundant" in the north-west of Wales (NEWBR 2010; CBR 2010).

In North Wales the Chiffchaff may be slightly less widely distributed than in South Wales. It was seen in about 74% of tetrads during our 2008–12 fieldwork, compared with the 76–87% of South Wales counties' tetrads reported by Lovegrove *et al.* (1994) and 95% in Gwent in their 1998–2003 Atlas (Venables *et al.* 2008).

Forrest (1907) described the Chiffchaff as "common enough" in North Wales but "seldom met with" in most of Anglesey and Llŷn and "comparatively scarce" around Bala and Capel Curig. It has now spread further than reported by Forrest, especially on Llŷn. Although its song may be pleasing early in the year, it can become monotonous after a few weeks. Despite this, the spread and increase across North Wales of this small warbler is very welcome.

*Ian M. Spence*

**Sponsored by/Noddwyd gan Gareth Jones**

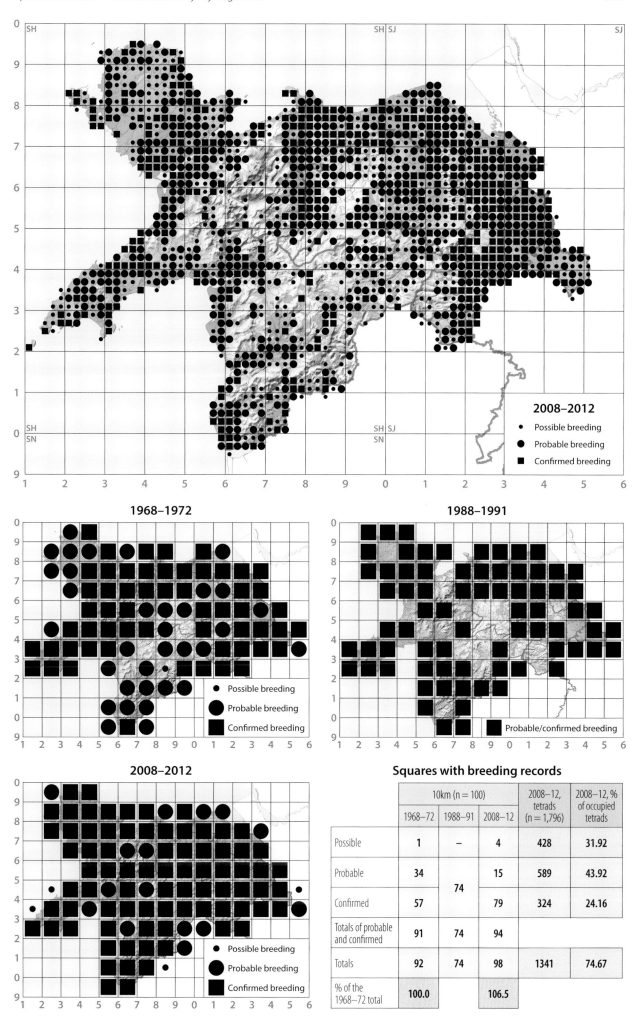

# Willow Warbler
## *Phylloscopus trochilus*
### Summer visitor – Welsh conservation status: Red

The song of the Willow Warbler, with its delightful, if slightly plaintive, descending cadence, is one of the joys of spring. They are summer migrants, generally arriving in early April from wintering grounds in West Africa, although in 2010 there were records at the end of March from Anglesey, Caernarfon, Denbigh and Flint. They nest on the ground where there is sufficient vegetation in which to make their nests. Nests are located in woodland edge, scrub and young coniferous woodland both in the countryside and, where the habitat is suitable, in towns. Willow Warblers are unlikely to breed in areas of 'improved' grassland or intense arable farming, even if there are hedgerows. They are the most widespread warbler in North Wales (the seventh most widespread of all species) and the most widespread bird species in Meirionnydd (Pritchard 2012).

The distribution shown by the 2008–12 fieldwork indicates that Willow Warblers are absent from bare upland areas without trees such as the Snowdon massif, the Migneint and those lowland areas that do not have much in the way of luxuriant ground cover. It seems to have a slightly more western bias than the distribution of Chiffchaff and is also found at higher altitudes.

Over the 40 years since the 1968–72 Atlas, Willow Warblers have remained a common species in our region, with a slight increase in their distribution at the 10km level. In some parts of the UK the population has declined seriously in recent years. The English BBS population trend shows a 28% decrease between 1995 and 2010; in Wales there was a similar decrease between 1997 and 2005, followed by a recovery to near the levels for 1994. Overall the BBS trend for 1995–2010 is a 2% decrease (Risely *et al.* 2012). Willow Warblers are small birds, weighing only about 7–8g, and normally make their annual migrations for only a few years. An exceptional example is a Willow Warbler ringed at Bronbannog, Clocaenog Forest on 25 July 1999 and subsequently retrapped in Scotland on 13 July 2010. At just short of 11 years, from date of ringing to retrapping, this is now the longest-lived Willow Warbler known to the BTO Ringing Scheme. As it was ringed as a juvenile male and was still undertaking its post-juvenile moult, it was likely to have been a locally bred bird.

Forrest (1907) described the Willow Warbler as "common in all but very bare localities; the most abundant of warblers". That description still seems to be generally correct, except for many lowland parts of Denbigh and Flint. The lowland areas from which they seem to be absent are those where intensive stock rearing is particularly prevalent and this has led to a new type of 'bare' locality. There is nothing that leads us to expect any drastic change in its status in the near future.

*Ian M. Spence*

## Telor yr Helyg

Ymwelydd haf yw Telor yr Helyg, yn cyrraedd yn ôl o Orllewin Affrica ddiwedd Mawrth neu ddechrau Ebrill. Mae'n aderyn cyffredin iawn yng Nghymru, a'r mwyaf cyffredin o'r teloriaid yn ein hardal ni. Mae'n nythu ar y ddaear, ar ymylon coedwigoedd, mewn prysgwydd ac mewn coedwigoedd conwydd ieuanc, lle bynnag mae digon o dyfiant i guddio'r nyth. Dengys canlyniadau gwaith maes 2008–12 ei fod yn nythu ymhobman heblaw'r ucheldiroedd di-goed a rhai ardaloedd yn yr iseldiroedd lle nad oes llystyfiant gweddol dal ar gael. Ni fu llawer o newid dros y deugain mlynedd diwethaf. Mae Telor yr Helyg yn absennol o rai rhannau o siroedd Fflint a Dinbych lle mae pori trwm wedi creu ardaloedd heb lawer o lystyfiant tal.

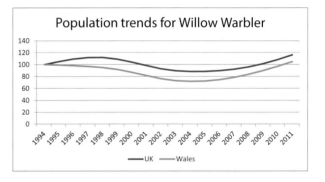

Population trends for Willow Warbler

MIKE NESBITT

**Sponsored by/Noddwyd gan Ian M. Spence**

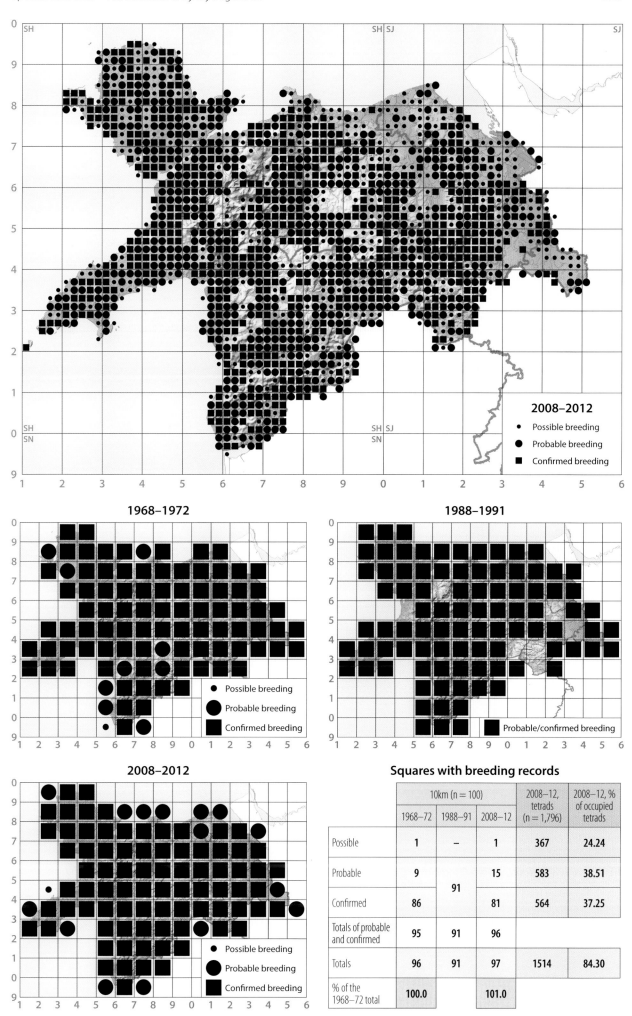

| | 10km (n = 100) | | | 2008–12, tetrads (n = 1,796) | 2008–12, % of occupied tetrads |
|---|---|---|---|---|---|
| | 1968–72 | 1988–91 | 2008–12 | | |
| Possible | 1 | – | 1 | 367 | 24.24 |
| Probable | 9 | 91 | 15 | 583 | 38.51 |
| Confirmed | 86 | | 81 | 564 | 37.25 |
| Totals of probable and confirmed | 95 | 91 | 96 | | |
| Totals | 96 | 91 | 97 | 1514 | 84.30 |
| % of the 1968–72 total | 100.0 | | 101.0 | | |

# Blackcap
## *Sylvia atricapilla*
**Summer visitor and winter visitor – Welsh conservation status: Green**

STEVE CULLEY

## Telor Penddu

Fel rheol, mae'r Telor Penddu yn mudo i Iberia neu ogledd-orllewin Affrica dros y gaeaf, gan ein gadael ym mis Hydref a dychwelyd yn Ebrill. Fe'i ceir mewn coedwigoedd llydanddail lle mae digon o lwyni oddi tanodd. Ystyriai Forrest (1907) fod y Telor Penddu'n gyffredin lle'r oedd coed, ond yn brin ar Ynys Môn ac ar benrhyn Llŷn. Dengys ein mapiau ei fod yn awr i'w weld ar draws Gogledd Cymru, ac efallai'n fwy niferus nag yng nghyfnod Forrest. Gwelir o'r mapiau 10 cilomedr ei fod wedi ei gofnodi mewn 9% yn fwy o sgwariau y tro hwn nag yn 1968–72, a chadarnhawyd nythu yn y rhan fwyaf o'r sgwariau. Dim ond ychydig a gofnodwyd yn nythu'n uwch na 400 medr.

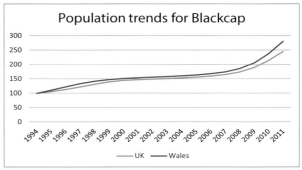

A summer migrant, the Blackcap has a beautiful and fairly loud song with which it declares its territory. While some care is needed to ensure that the songster is not a Garden Warbler, a visual check readily shows the male with its diagnostic black cap, usually singing from a higher and more exposed perch than that used by its more skulking cousin. Juveniles and females both have brown caps, though of a slightly different tone. Females, tending to be more secretive during the breeding season, are less often seen in breeding habitat. When they are here, Blackcaps are generally found in deciduous woodlands with a good shrubby understorey. However, this is not always available in Wales because of grazing by sheep, which means Blackcaps are also associated with scrubland with high song posts, including some new-growth coniferous woodland. They generally migrate to Iberia or north-west Africa for the winter, leaving by October and arriving back here in April. Increasingly some birds occur here in winter and many of these are known to be birds that breed in central Europe (Migration Atlas). These winter Blackcaps are regularly observed in gardens where food is provided, which helps them survive the coldest months.

The population of Blackcaps is remarkably successful, with significant increases in BBS trends between 1995 and 2010 of 102% in the UK and 114% in Wales. This increase may be due to the fact that the Blackcap winters in north-west Africa, mainly in Morocco, rather than migrating south of the Sahara as do many other warblers, which have then been affected by droughts in the Sahel region. The 10km maps show that Blackcaps have extended their distribution in North Wales by 9% in the last 40 years and there were records of Confirmed breeding in the majority of 10km squares. The tetrad map shows that although Blackcaps are widespread in most parts of North Wales, there are very few above the 400m contour as the mountains and open moorland do not provide suitable nesting opportunities. Below this altitude, they are found wherever there are even quite small amounts of woodland or scrub.

Forrest (1907) considered the Blackcap to be common in any area of woodland. He found it to be rare on Anglesey and Llŷn and possibly most numerous in Meirionnydd. Our maps and data table show that the Blackcap is now widespread and more numerous than in Forrest's time across all of North Wales. There has been a considerable extension of range across Anglesey and much of Llŷn since Forrest's day, which suggests that the Blackcap's Green-listed conservation status is certainly appropriate.

*Ian M. Spence*

Sponsored by/Noddwyd gan Enid Griffith, Stuart K. Thomas

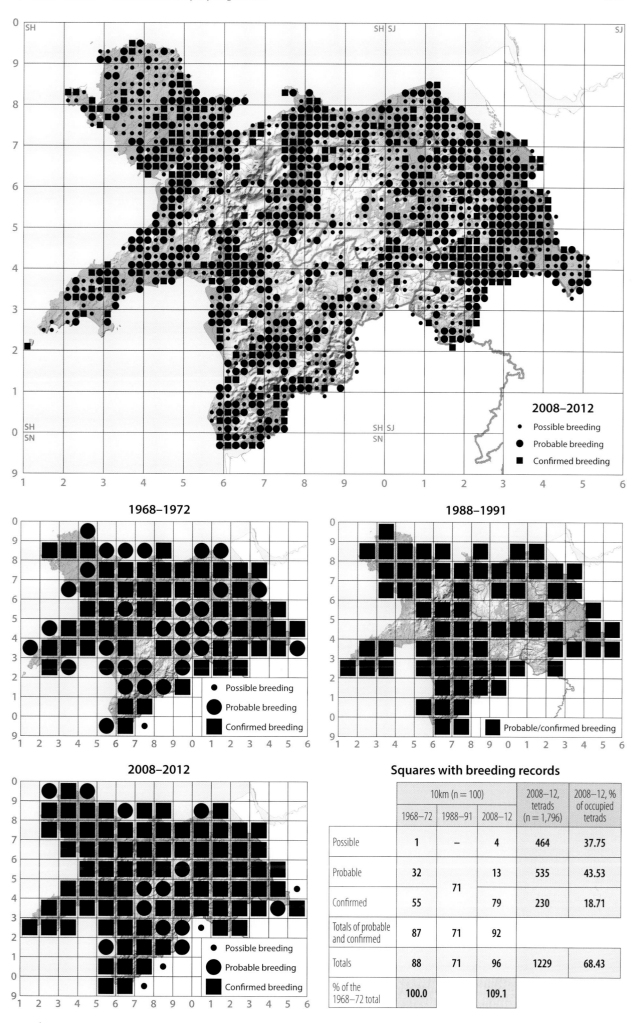

2008–2012

- • Possible breeding
- ● Probable breeding
- ■ Confirmed breeding

**1968–1972**

- • Possible breeding
- ● Probable breeding
- ■ Confirmed breeding

**1988–1991**

- ■ Probable/confirmed breeding

**2008–2012**

- • Possible breeding
- ● Probable breeding
- ■ Confirmed breeding

### Squares with breeding records

| | 10km (n = 100) | | | 2008–12, tetrads (n = 1,796) | 2008–12, % of occupied tetrads |
|---|---|---|---|---|---|
| | 1968–72 | 1988–91 | 2008–12 | | |
| Possible | 1 | – | 4 | 464 | 37.75 |
| Probable | 32 | 71 | 13 | 535 | 43.53 |
| Confirmed | 55 | | 79 | 230 | 18.71 |
| Totals of probable and confirmed | 87 | 71 | 92 | | |
| Totals | 88 | 71 | 96 | 1229 | 68.43 |
| % of the 1968–72 total | 100.0 | | 109.1 | | |

# Garden Warbler
## *Sylvia borin*
**Summer visitor – Welsh conservation status:** Amber

This is probably the plainest of our songbirds with both sexes having uniform grey-brown plumage. It is a summer migrant that spends the winter in Africa, south of the Sahara. Most Garden Warblers arrive in May, usually considerably later than the first Blackcaps, and singing males can be heard in their favoured habitats. Its song is loud and similar to that of the Blackcap, although more repetitive and less melodious. It is a warbler of mainly broadleaved or mixed woodland and woodland edge with a dense scrub or shrub layer. At the time of the 1968–72 Atlas, the Garden Warbler was considered to be much less numerous across the UK than the Blackcap, with a ratio of 3–4 Blackcaps to every Garden Warbler. The 2008–12 fieldwork was unable to confirm whether this ratio holds in North Wales now.

As would be expected given its favoured habitat, the tetrad map shows that the Garden Warbler is noticeably absent from the higher uplands, moors and rocky mountains. It is also largely absent from Anglesey, the tip of Llŷn and the eastern end of Denbigh, all areas with relatively little woodland.

At the 10km level the distribution does not appear to have changed much in the last 40 years, though there has been a 10% increase in the number of squares occupied. Anglesey has remained an area with a relatively sparse distribution whereas the Blackcap is much more widespread on the island. Distribution is also sparse on the eastern fringe of Denbigh, by the English border, where there were many fewer records of Confirmed breeding for this species than for Blackcap. The population trend graph shows that, in Wales, numbers have nearly returned to 1994 levels after a decrease of about 30% by 2004. This was followed by a slight increase so that the 1995–2010 BBS trend is now only 10% lower than its 1994 starting point (Risely *et al.* 2012). It is not currently known

## Telor yr Ardd
Efallai mai Telor yr Ardd yw'r plaenaf o'n hadar; mae'r ddau ryw yn llwyd-frown. Mae'n dychwelyd yma o Affrica ym mis Mai, gryn dipyn yn hwyrach na'r Telor Penddu. Mewn coedwigoedd llydanddail gyda digonedd o brysgwydd neu lwyni y mae'r rhan fwyaf yn nythu. Dengys y map tetrad fod Telor yr Ardd yn absennol o'r ucheldir, y rhostiroedd a'r mynyddoedd creigiog, ac mae'n anghyffredin ar Ynys Môn, pen draw Llŷn a rhan ddwyreiniol Dinbych, sydd yn ardaloedd heb lawer o goedwig. Dywedodd Forrest (1907) nad oedd sefyllfa Telor yr Ardd yng Ngogledd Cymru yn wybyddus cyn iddo ef gyhoeddi ei lyfr, a'i fod i'w weld yn bennaf 'yn rhannau deheuol yr ardal' (sef de Dinbych, Fflint a Meirionnydd).

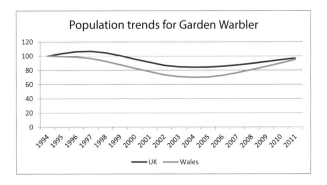

Population trends for Garden Warbler
(legend: UK, Wales; years 1994–2011)

whether the main factors affecting population size occur in the Garden Warbler's wintering or breeding quarters.

Forrest (1907) reported that the status of the Garden Warbler in North Wales was virtually unknown prior to his book and that its distribution was mainly "in the southern parts of the district", i.e. southern Denbigh, Flint and Meirionnydd. In the last county it was later reported by Jones (1974) to be more numerous than the Blackcap. We have now found the Blackcap to be more widely distributed in Meirionnydd; therefore, probably the Blackcap is now also more numerous in Meirionnydd than the Garden Warbler. In Caernarfon, Barnes (1997) reported them to be "widespread and scattered" but to be scarce on Llŷn. That description is not entirely consistent with the results of our 2008–12 fieldwork except for the area at the western tip of Llŷn. Jones and Whalley (2004) described the Garden Warbler as "widespread, and perhaps rather uncommon, and not abundant" on Anglesey. Apart from not appearing to be "widespread" the other descriptions appear still to be relevant. Though this is a species that can be under-recorded, it is likely to remain a welcome summer visitor in our region.

*Ian M. Spence*

CHRIS KNIGHTS (RSPB-IMAGES.COM)

Sponsored by/Noddwyd gan Paul Lacey

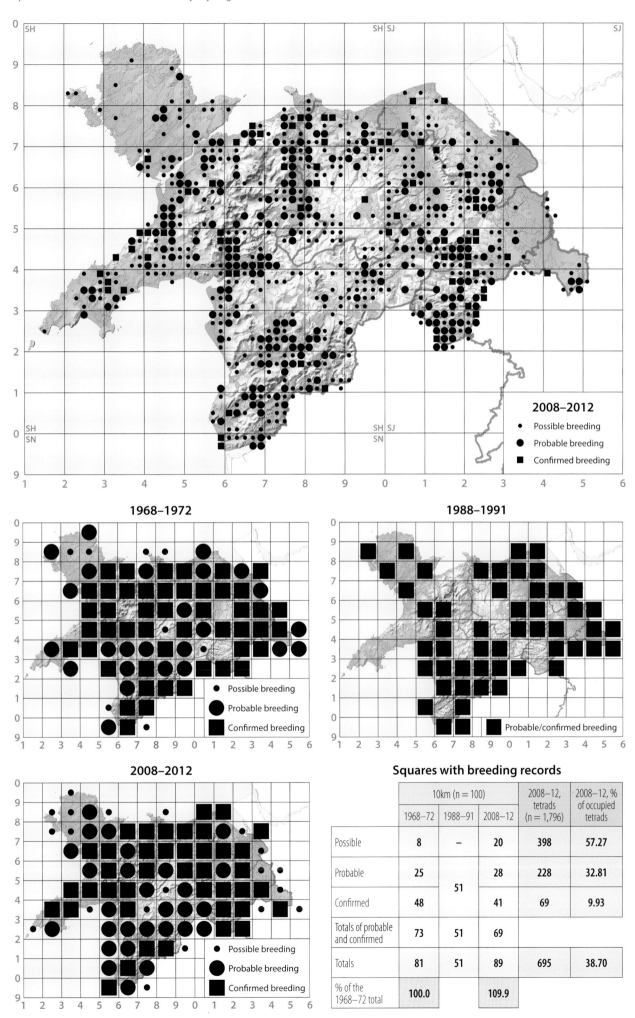

**2008–2012**

- · Possible breeding
- ● Probable breeding
- ■ Confirmed breeding

**1968–1972**

- · Possible breeding
- ● Probable breeding
- ■ Confirmed breeding

**1988–1991**

- ■ Probable/confirmed breeding

**2008–2012**

- · Possible breeding
- ● Probable breeding
- ■ Confirmed breeding

**Squares with breeding records**

| | 10km (n = 100) | | | 2008–12, tetrads (n = 1,796) | 2008–12, % of occupied tetrads |
|---|---|---|---|---|---|
| | 1968–72 | 1988–91 | 2008–12 | | |
| Possible | 8 | – | 20 | 398 | 57.27 |
| Probable | 25 | 51 | 28 | 228 | 32.81 |
| Confirmed | 48 | | 41 | 69 | 9.93 |
| Totals of probable and confirmed | 73 | 51 | 69 | | |
| Totals | 81 | 51 | 89 | 695 | 38.70 |
| % of the 1968–72 total | 100.0 | | 109.9 | | |

# Lesser Whitethroat
*Sylvia curruca*
**Summer visitor – Welsh conservation status: Green**

ADRIAN FOSTER

## Llwydfron Fach

Gellir clywed cân y Llwydfron Fach, ond mae'n rhaid bod yn amyneddgar i gael cip arni, gan ei bod yn cuddio mewn draenen ddu neu wrychoedd trwchus. Dengys canlyniadau gwaith maes 2008–12 fod y Llwydfron Fach bron wedi ei chyfyngu i'r iseldir ar gyrion Gogledd Cymru, ac yn fwyaf cyffredin yn Fflint, dwyrain Dinbych ac Ynys Môn. Ymddengys o'r mapiau 10 cilomedr ei bod wedi ymledu tua'r gorllewin er cyfnod Atlas 1968–72. Llŷn sy'n dangos y cynnydd mwyaf, ond bu cynnydd yn y nifer o sgwariau 10 cilomedr lle cofnodwyd adar mewn mannau eraill hefyd. Mae'r telor yma wedi ymledu tua'r gorllewin ar hyd yr arfordir ac i fyny'r prif ddyffrynnoedd, megis Dyfrdwy, Clwyd a Chonwy.

The Lesser Whitethroat's rattling song often gives its presence away, but only the patient observer will be rewarded with brief glimpses of this bird as it prefers to remain hidden deep in Blackthorn scrub and dense hedgerow habitat. For those who do catch sight of it, the Lesser Whitethroat is worth the wait, for it is one of our most dapper warblers, neat and sleek, with a dashing mask across the face. Its migration route in autumn is unusual, taking it eastwards towards Israel, entering and leaving North Africa through the Middle East (Migration Atlas).

Results from the 2008–12 fieldwork show that Lesser Whitethroats are largely confined to lowland areas around the periphery of North Wales, though there was a record of a bird showing agitated behaviour in mid-July at about 400m in Meirionnydd; Lesser Whitethroats are rarely encountered above 200m (Lovegrove *et al.* 1994). It was found to be most widespread in Flint, eastern Denbigh and Anglesey, with other concentrations on the lower reaches of the Clwyd and Conwy valleys and Llŷn. Lesser Whitethroats are, however, conspicuously absent from the coastal lowlands and larger river valleys of Meirionnydd.

An increasing westward spread of Lesser Whitethroat into north-west Wales becomes apparent when comparing the 1968–72 and 1988–91 Atlases. The 2008–12 fieldwork results demonstrate how this spread has continued in the

last 20 years: Llŷn shows the most marked increase but there are also more occupied 10km squares around the periphery of North Wales as this warbler expands westward along the north coastal lowland belt and up the major river valleys of Dee, Clwyd and Conwy. Its absence from Meirionnydd is interesting since there is suitable habitat in the lowland areas. Perhaps the Cambrian Mountains at the very edge of its range are too much of an obstacle? Birds migrate from the southeast in spring rather than northwards up the coast, so birds may enter North Wales along the lowlands of the north coast and miss the suitable areas of Meirionnydd.

The notable range expansion of the last 40 years is very different from the situation in the early twentieth century when Lesser Whitethroat was an unfamiliar species in North Wales. Indeed it was only described as "probably breeding in north wales" before Forrest attempted to make a detailed assessment. He described it as present in fair numbers throughout Flint and Denbigh, confined in Caernarfon to the Vale of Conwy and unknown further to the west, with only four records from Anglesey and none from Llŷn (Forrest 1907). The species has not always done so well in the remainder of the UK. CBC/BBS results show a marked decline in the UK population between 1986 and 1998, considered by Fuller *et al.* (2005) to be probably due to pressures on migration and in winter. However, this was followed by a significant recovery between 2005 and 2010 (Risely *et al.* 2012), and the prospects for this warbler look good in North Wales.

*I. Rhys Jones*

Sponsored by/Noddwyd gan Nigel Pierce

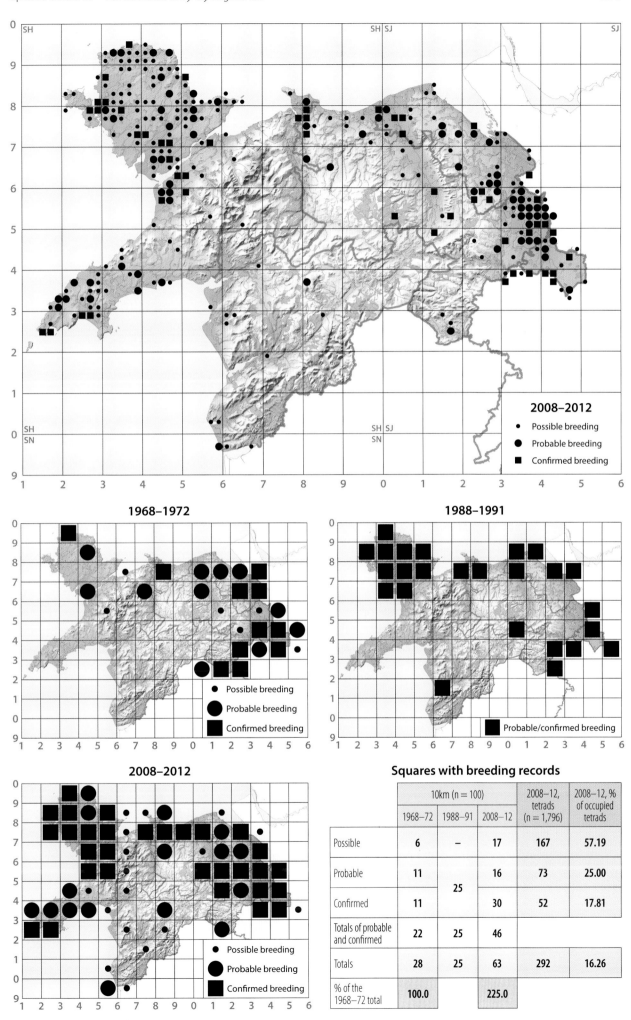

**2008–2012**

· Possible breeding

● Probable breeding

■ Confirmed breeding

**1968–1972**

· Possible breeding

● Probable breeding

■ Confirmed breeding

**1988–1991**

■ Probable/confirmed breeding

**2008–2012**

· Possible breeding

● Probable breeding

■ Confirmed breeding

**Squares with breeding records**

| | 10km (n = 100) | | | 2008–12, tetrads (n = 1,796) | 2008–12, % of occupied tetrads |
|---|---|---|---|---|---|
| | 1968–72 | 1988–91 | 2008–12 | | |
| Possible | 6 | – | 17 | 167 | 57.19 |
| Probable | 11 | 25 | 16 | 73 | 25.00 |
| Confirmed | 11 | | 30 | 52 | 17.81 |
| Totals of probable and confirmed | 22 | 25 | 46 | | |
| Totals | 28 | 25 | 63 | 292 | 16.26 |
| % of the 1968–72 total | 100.0 | | 225.0 | | |

# Whitethroat
## *Sylvia communis*
### Summer visitor – Welsh conservation status: Amber

'Where have all the Whitethroats gone?' Not the title of a protest song, but of a paper in *Bird Study* in 1974 (Winstanley *et al.* 1974). There was a population crash in 1969, that was found to be due to the failure of the rains in the semi-arid Sahel region of Africa, south of the Sahara, where the bird spends the winter. This resulted in a drop of around 75% in the numbers breeding in Britain, with further losses suffered over the next few years. A slow recovery was interrupted by another failure of the rains in Africa in the autumn of 1983. Although numbers later increased, it is still less common than it was before the crash.

The Whitethroat, with its conspicuous white throat and scratchy song, is mainly a bird of hedgerows and scrub, particularly coastal scrub. It is also found in ffridd habitats and has even been recorded breeding on heather moorland in Denbigh (Roberts 1983). It arrives back on its breeding grounds from late April and usually nests in low bushes or tall grass or herbs. It feeds mainly on insects, particularly beetles, though it also takes fruit in autumn (BWP).

BBS results showed little change in Wales between 1995 and 2010. However, there was a notable increase of 37% between 2010 and 2011, thought to be due to high levels of rainfall in the Sahel region (Risely *et al.* 2012). At the 10km level, there does not appear to have been any great change in its distribution since the 1968–72 Atlas, though there are fewer records of Confirmed or Probable breeding in the central parts of our area. The tetrad-level map shows good populations in the east and west, particularly around the coast, but only a sparse population in the central section. This may be partly a matter of altitude, for it is mainly found on lower ground and is much scarcer above 250m, though there was at least one Confirmed breeding record at around 400m. There have been some suggestions that the species is increasing in Meirionnydd and is now found on higher ground than was formerly the case (CBR 2008, 2009).

In terms of the number of tetrads occupied, the Whitethroat is the fourth most widespread of the warblers in our area, behind Willow Warbler, Chiffchaff and Blackcap. Before the population crash, Forrest (1907) described it as the second most common warbler in North Wales, after Willow Warbler. He noted that it was especially numerous on Anglesey and Llŷn, areas in which this species is still widely distributed today. The British breeding population is thought to be limited by lack of rainfall and increasing desertification in the Sahel region (Migration Atlas), and this is probably the main threat facing our birds rather than any changes in our own area.

*Rhion Pritchard*

## Llwydfron
Aderyn sy'n mynychu gwrychoedd a phrysgwydd yw'r Llwydfron yn bennaf, yn enwedig prysgwydd gerllaw'r arfordir. Mae hefyd yn nythu ar ffridd, ac wedi ei gofnodi yn nythu ar rostir grugog yn Ninbych. Mae'r nyth fel rheol mewn llwyni isel neu laswellt neu mewn llysiau tal. Bu lleihad mawr yn y boblogaeth yn 1969, a dangoswyd yn ddiweddarach mai'r rheswm am hyn oedd i'r glawogydd fethu yn ardal lled-anial y Sahel yn Affrica, lle mae'r Llwydfron yn treulio'r gaeaf. Cynyddodd ei niferoedd yn ddiweddarach, ond mae'n dal yn llai niferus na chyn y gostyngiad mawr. Ar lefel 10 cilomedr, nid oes llawer o newid er cyfnod Atlas 1968–72.

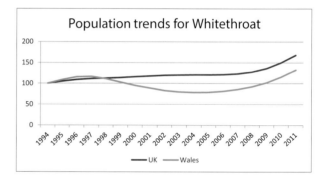

**Population trends for Whitethroat**

UK — Wales

ADRIAN FOSTER

Sponsored by/Noddwyd gan Hazel Jones

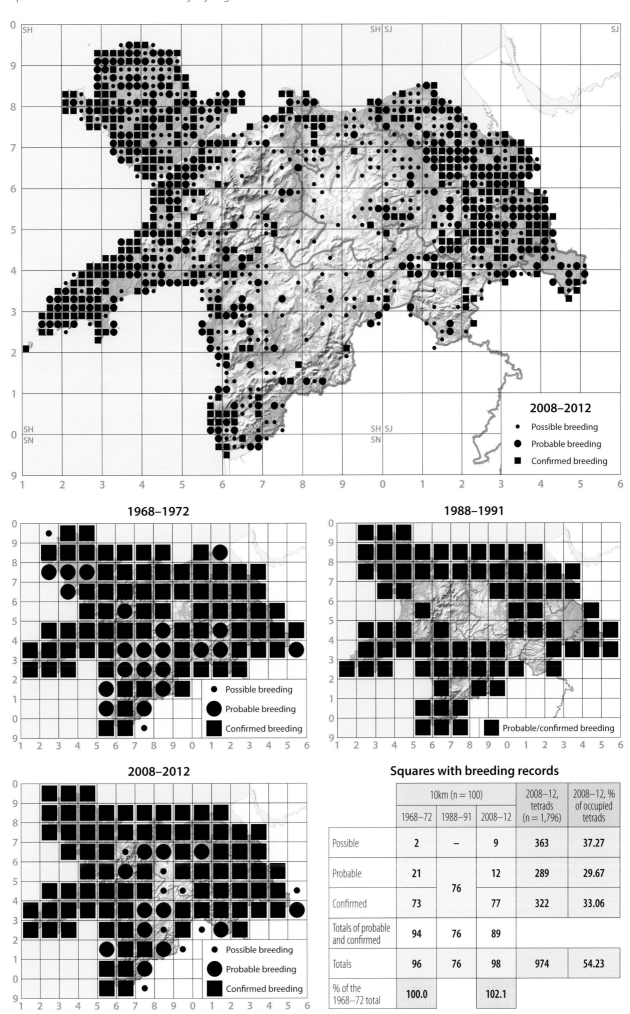

**2008–2012**
- • Possible breeding
- ● Probable breeding
- ■ Confirmed breeding

**1968–1972**

- • Possible breeding
- ● Probable breeding
- ■ Confirmed breeding

**1988–1991**

- ■ Probable/confirmed breeding

**2008–2012**

- • Possible breeding
- ● Probable breeding
- ■ Confirmed breeding

## Squares with breeding records

| | 10km (n = 100) | | | 2008–12, tetrads (n = 1,796) | 2008–12, % of occupied tetrads |
|---|---|---|---|---|---|
| | 1968–72 | 1988–91 | 2008–12 | | |
| Possible | 2 | – | 9 | 363 | 37.27 |
| Probable | 21 | 76 | 12 | 289 | 29.67 |
| Confirmed | 73 | | 77 | 322 | 33.06 |
| Totals of probable and confirmed | 94 | 76 | 89 | | |
| Totals | 96 | 76 | 98 | 974 | 54.23 |
| % of the 1968–72 total | 100.0 | | 102.1 | | |

# Dartford Warbler
## *Sylvia undata*
**Resident – Welsh conservation status:** Amber

With the UK range of this resident warbler being historically centred on southern English lowland heath, it is no surprise that previous breeding Atlases have not recorded the species in Wales. Following population and range expansion in southern England, the first record of breeding in Wales was in 1998 (Green 2002). Since then, the species has expanded its range in the southern counties of Wales. The 2006 UK survey estimated there were 72 breeding pairs in Wales, although none were found further north than Pembrokeshire (Wotton & Conway 2008).

The Dartford Warbler is susceptible to cold weather and severe winters in 2008/09 and 2009/10 led to a decline in numbers in its core area. In two recent surveys in Wales, 79 territories were located in 2008 but only 18 territories were reported in 2010. Recent gains further north than the core area in Wales were lost (Holling & RBBP 2012). Thus, although their arrival in North Wales had been anticipated, it was something of a surprise that the species was found breeding in our area for the first time during 2008–12 Atlas fieldwork. A pair was Confirmed breeding at a coastal site in Llŷn in 2011, followed by Confirmed breeding near the Conwy estuary in 2012. These were the most northerly Confirmed breeding records in the UK during Atlas fieldwork (Dawn Balmer pers. comm.). Perhaps more surprisingly, a territorial male was present for several weeks in inland Denbigh, and there was also a record of possible breeding in northern Anglesey.

It is suspected that Dartford Warblers will be one of the 'winners' of climate change. The modelling of Huntley *et al.* (2007) suggested we may see further expansion in the region in coming years.

*Dave Lamacraft*

## Telor Dartford
Dim ond ar rostiroedd iseldir de Lloegr y ceid y telor yma ym Mhrydain hyd yn gymharol ddiweddar. Cofnodwyd ef yn nythu yng Nghymru am y tro cyntaf yn 1998, ac ers hynny mae wedi cynyddu yn araf yn siroedd deheuol Cymru. Cafwyd hyd iddo'n nythu yng Ngogledd Cymru am y tro cyntaf yn ystod gwaith maes 2008–12. Nythodd un pâr ar arfordir deheuol Llŷn yn 2011, a chadarnhawyd nythu gerllaw aber afon Conwy yn 2012. Y rhain oedd y cofnodion nythu mwyaf gogleddol yn y DU yn ystod gwaith maes yr Atlas. Bu ceiliog yn dal tiriogaeth am rai wythnosau ymhell o'r môr yn Ninbych, a chofnodwyd nythu posibl yng ngogledd Môn hefyd.

MIKE NESBITT

Sponsored by/Noddwyd gan Julian Thompson

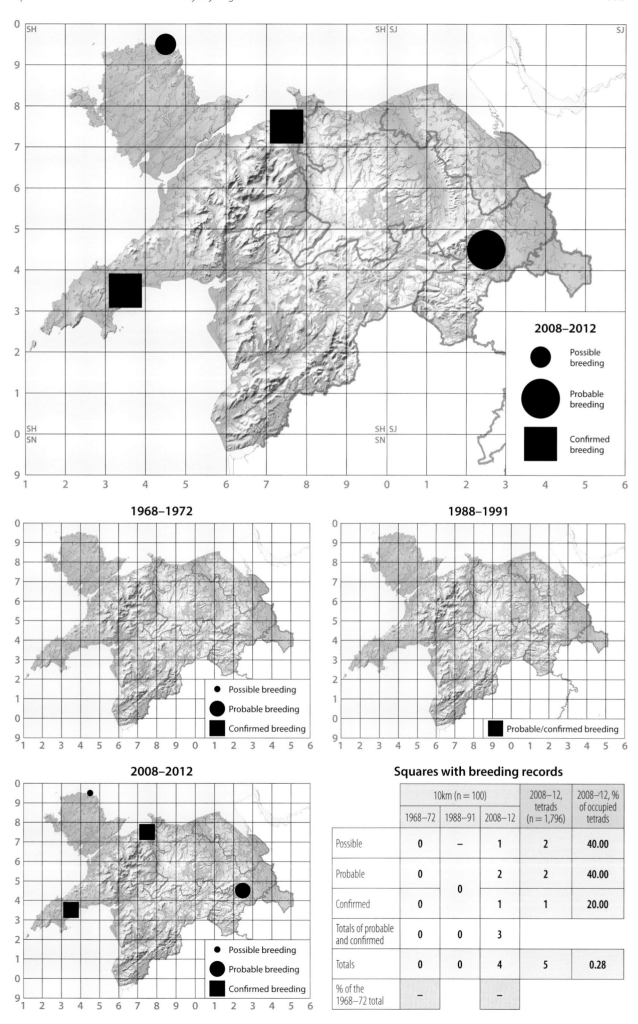

2008–2012

Possible breeding

Probable breeding

Confirmed breeding

1968–1972

Possible breeding
Probable breeding
Confirmed breeding

1988–1991

Probable/confirmed breeding

2008–2012

Possible breeding
Probable breeding
Confirmed breeding

## Squares with breeding records

| | 10km (n = 100) | | | 2008–12, tetrads (n = 1,796) | 2008–12, % of occupied tetrads |
|---|---|---|---|---|---|
| | 1968–72 | 1988–91 | 2008–12 | | |
| Possible | 0 | – | 1 | 2 | 40.00 |
| Probable | 0 | | 2 | 2 | 40.00 |
| Confirmed | 0 | 0 | 1 | 1 | 20.00 |
| Totals of probable and confirmed | 0 | 0 | 3 | | |
| Totals | 0 | 0 | 4 | 5 | 0.28 |
| % of the 1968–72 total | – | | – | | |

# Grasshopper Warbler

## *Locustella naevia*

### Summer visitor – Welsh conservation status: Red

This is a species that is more easily heard than seen. As summer migrants, birds return from their African wintering areas, arriving in North Wales from about mid-April. The song of males is a prolonged, high-pitched reeling – like a grasshopper! Indeed, the song is so high-pitched that some older birdwatchers have difficulty hearing it. As it also tends to sing most at dawn and dusk, there may be a degree of under-recording in our results. It frequents areas with an extensive, dense field layer of rough grass or Common Reed, including the first few years of new forest plantation, but is absent from areas with a closed canopy. At first, males sing from relatively exposed song posts, but when paired they sing from low, concealed perches and the nest is notoriously difficult to find (Ferguson-Lees *et al.* 2011). When feeding young, the adults approach the nest low down in vegetation so it is not easy to see if they are carrying food.

Most records have come from lowland areas with rough grassland or other dense, herbaceous vegetation. Grasshopper Warblers were Confirmed breeding in Clocaenog Forest at 330m and heard singing at 450m near Mwdwl Eithin, Mynydd Hiraethog, so it can make use of upland areas. It is noticeably absent from areas with much improved grassland or pasture, i.e. much of lowland Denbigh and Flint. Anglesey and Llŷn are still relatively important for this species.

Even in areas of suitable habitat Grasshopper Warblers do not nest at great density; this is not a numerous species in North Wales. Over the last 40 years there has been virtually no change in distribution at the 10km level but what is striking is the reduction in numbers of records of Confirmed breeding. This is almost certainly because of a loss of nest-finding skills in the birdwatching population in that period.

Forrest (1907) noted that the Grasshopper Warbler was more commonly found in rough vegetation on inland hills

### Troellwr Bach

Mae'n haws clywed y Troellwr Bach na'i weld. Gyda'r wawr a gyda'r nos y mae'n canu amlaf, felly efallai ei fod wedi ei dan-gofnodi. Ei hoff gynefin yw glaswellt garw neu frwyn trwchus, yn cynnwys planhigfeydd coed conwydd ieuainc. Daeth y rhan fwyaf o'r cofnodion o laswellt garw neu dyfiant arall ar dir isel, er iddo gael ei gofnodi ar uchder o 450 medr ar lethrau Mwdwl Eithin, Mynydd Hiraethog. Roedd yn absennol o'r rhan fwyaf o dir isel Dinbych a Fflint, lle mae llawer o'r borfa wedi ei gwella. Erys Môn a Llŷn yn ardaloedd pwysig i'r rhywogaeth yma. Dros y deugain mlynedd diwethaf, ni fu llawer o newid ar lefel 10 cilomedr, ond roedd llai o gofnodion pendant o nythu y tro hwn.

rather than in lowland areas near the coast. Jones and Whalley (2004) reported that a survey in 1986 identified a maximum of 132 possible breeding pairs across Anglesey, so that it could be described as widespread. Jones (1974) considered that its status and distribution were imperfectly known in Meirionnydd, but that it was found both in valley bottoms and on higher land. Barnes (1997) reported that it was now more common in the lowlands in Caernarfon than in Forrest's time. Jones and Roberts (1982) described it as "widely but rather thinly scattered" in Denbigh and scarce on the Berwyn and Ruabon Mountain, which are now its main strongholds in the county. As it is a species that undoubtedly has a fairly small population and breeds in habitat that is marginal or transitory, possibly seen as unproductive by some, its conservation status is likely to remain Red-listed for the foreseeable future.

*Ian M. Spence*

Sponsored by/Noddwyd gan Frances Cattanach

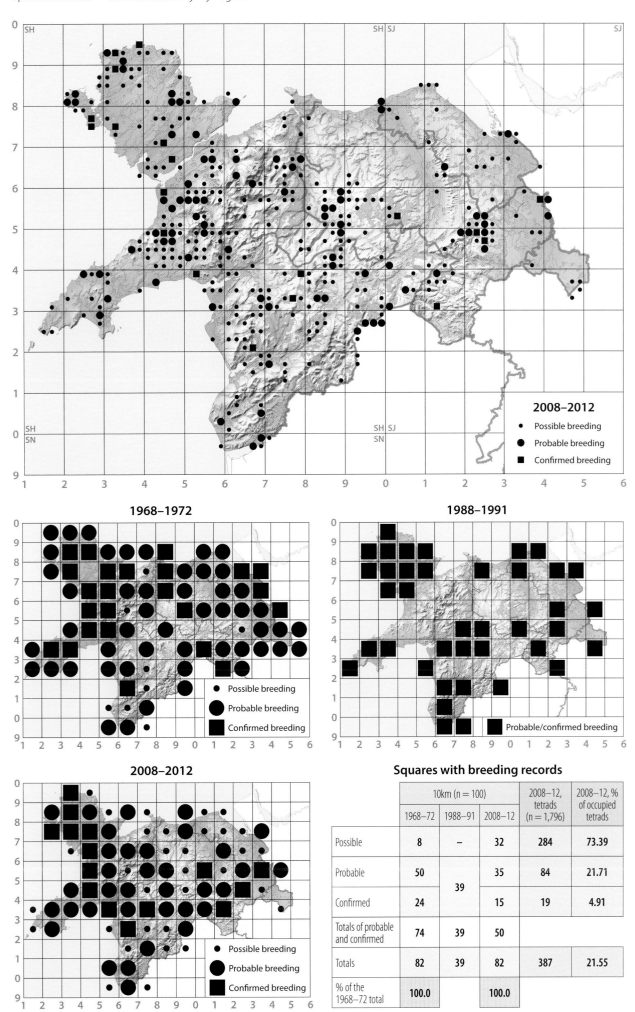

**2008–2012**

- Possible breeding
- Probable breeding
- Confirmed breeding

**1968–1972**

- Possible breeding
- Probable breeding
- Confirmed breeding

**1988–1991**

- Probable/confirmed breeding

**2008–2012**

- Possible breeding
- Probable breeding
- Confirmed breeding

## Squares with breeding records

| | 10km (n = 100) | | | 2008–12, tetrads (n = 1,796) | 2008–12, % of occupied tetrads |
|---|---|---|---|---|---|
| | 1968–72 | 1988–91 | 2008–12 | | |
| Possible | 8 | – | 32 | 284 | 73.39 |
| Probable | 50 | 39 | 35 | 84 | 21.71 |
| Confirmed | 24 | | 15 | 19 | 4.91 |
| Totals of probable and confirmed | 74 | 39 | 50 | | |
| Totals | 82 | 39 | 82 | 387 | 21.55 |
| % of the 1968–72 total | 100.0 | | 100.0 | | |

# Sedge Warbler
## *Acrocephalus schoenobaenus*
**Summer visitor – Welsh conservation status: Green**

MALCOLM GRIFFITH

### Telor yr Hesg

Aderyn mudol sy'n gaeafu yn Affrica i'r de o'r Sahara yw Telor yr Hesg. Mae'n dychwelyd i Ogledd Cymru tua chanol Ebrill, ac yn nythu mewn llystyfiant trwchus megis cyrs, brwyn neu ddanadl poethion, gerllaw dŵr fel rheol. Mae'n weddol hawdd cofnodi adar yn canu neu'n arddangos, ond mae'n rhaid wrth amynedd i gael hyd i'r nyth, neu hyd yn oed i weld y rhieni yn cario bwyd. Ceir Telor yr Hesg ar dir isel lle mae llystyfiant trwchus, ac mae'n fwy cyffredin yn y gorllewin. Mae'n debyg fod amaethu mwy dwys a draenio mannau gwlyb yn y dwyrain wedi arwain at leihad mewn cynefin addas yno. Dengys y mapiau 10 cilomedr ei fod yn awr yn bresennol mewn ychydig mwy o sgwariau nag yng nghyfnod Atlas 1968–72.

This is a summer migrant that winters in Africa, south of the Sahara, with many in the western part, such as Senegal, where British-ringed birds have been retrapped by ringers, some by the same person who ringed them in the UK (Mead & Clark 1993). They arrive in North Wales about mid-April and adopt dense vegetation that is usually close to water in which to breed, be that Common Reed, rush, Nettles, etc. It is fairly easy to record adult males singing or displaying, but finding nests, or seeing adults carrying food, requires more skill and patience. Hence this is a species for which is not easy to obtain evidence of Confirmed breeding.

The Sedge Warbler is most often found in lowland areas that have dense, rough vegetation, with the west being favoured. Probably intensification of agriculture and drainage of wet areas in the east has reduced the amount of suitable nesting habitat. There is a surprising gap in records from the Bettisfield and Fenn's Moss area, though breeding was confirmed at Trevalyn Meadows. The large area without records in central Denbigh is almost certainly because of a real lack of suitable habitat.

Lovegrove *et al.* (1994) reported that the Sedge Warbler population had declined in the 1960s and increased again in the 1980s. The 10km distribution maps for North Wales show that there has been a small increase in distribution since the 1968–72 Atlas. Forrest (1907) described this species as generally distributed and numerous in the lowlands but decidedly local. It was extremely numerous in the marshy areas of western Anglesey. He also commented that it was restricted to an "altitude of not more than 800 feet [240m]". They can now be found at higher altitudes, and have bred at 375m near Llyn Aled on Mynydd Hiraethog, which may be an effect of climate change over the past century.

It is well known that summer migrants that winter in the Sahel region, south of the Sahara, are adversely affected by a lack of rainfall there. In 1969 the population of Sedge Warbler in the UK was greatly reduced following a drought in the Sahel the previous winter. There were further declines in the 1980s, when adult survival (calculated from mark-recapture analysis in England) varied between 30% and 50% in most years. Survival was highest in the years when winter rainfall in the Sahel was also highest, but as low as 4% for the 1983/84 winter when there was a drought (Peach *et al.* 1991). Numbers seem to have recovered since that point. The quality of habitats in Africa is under increasing pressure and here in North Wales the marginal areas of rough ground favoured by Sedge Warblers are often targeted by developers, so the species' conservation status may change for the worse in the future.

*Ian M. Spence*

Sponsored by/Noddwyd gan Kelvin Jones

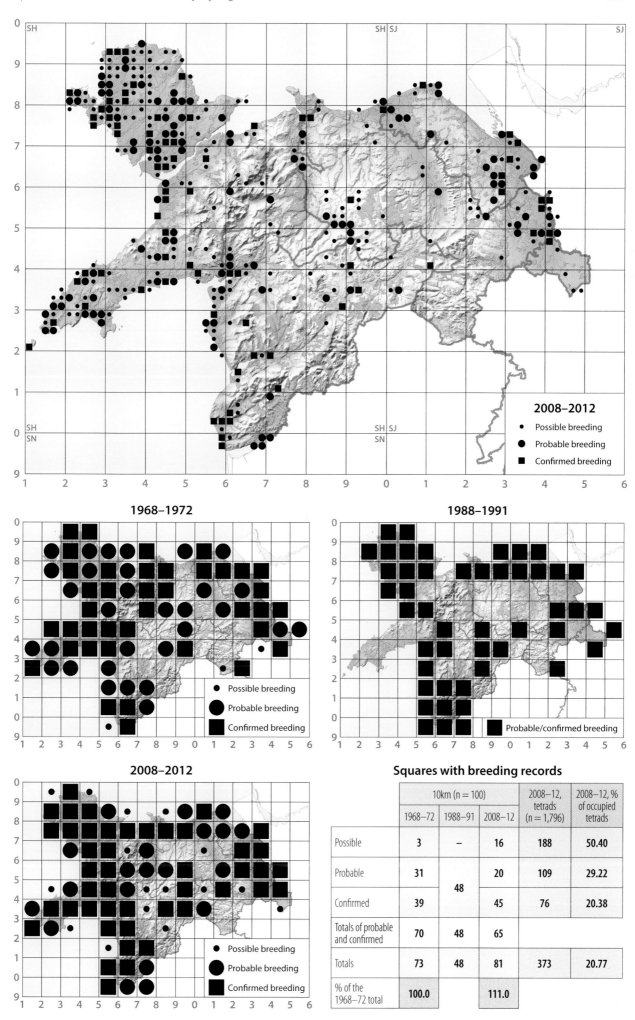

**2008–2012**

- • Possible breeding
- • Probable breeding
- ■ Confirmed breeding

**1968–1972**

- • Possible breeding
- • Probable breeding
- ■ Confirmed breeding

**1988–1991**

- ■ Probable/confirmed breeding

**2008–2012**

- • Possible breeding
- • Probable breeding
- ■ Confirmed breeding

**Squares with breeding records**

|  | 10km (n = 100) | | | 2008–12, tetrads (n = 1,796) | 2008–12, % of occupied tetrads |
|---|---|---|---|---|---|
|  | 1968–72 | 1988–91 | 2008–12 | | |
| Possible | 3 | – | 16 | 188 | 50.40 |
| Probable | 31 | 48 | 20 | 109 | 29.22 |
| Confirmed | 39 | | 45 | 76 | 20.38 |
| Totals of probable and confirmed | 70 | 48 | 65 | | |
| Totals | 73 | 48 | 81 | 373 | 20.77 |
| % of the 1968–72 total | 100.0 | | 111.0 | | |

# Reed Warbler

## *Acrocephalus scirpaceus*

**Summer visitor – Welsh conservation status: Green**

Reed Warblers are summer migrants that spend the winter in central or west Africa and arrive in North Wales in the latter half of April. They are easy to find in their primary breeding habitat of *Phragmites* reedbeds, and noticeable with their loud, harsh, chattering song which is less varied than the song of Sedge Warblers. When singing, they cling to the Common Reed stems, such that their pale underparts and unstreaked, warm brown upperparts can be seen.

The tetrad map shows that the distribution of the Reed Warbler is patchy. As this species is totally dependent on reedbed habitat, the amount of Reed is the key limiting factor for any further spread across North Wales. One area that is likely to have more records in future is the Malltraeth RSPB reserve on Anglesey. Even though management there is primarily directed towards the establishment of breeding Bitterns, Reed Warblers also stand to benefit. Most reedbeds occur at lower altitudes and near standing water, so Reed Warblers are mainly found round the fringes of our area, close to estuaries and by lakes and rivers in the lowlands, provided some Reed is present.

Forrest (1907) reported that they were "very local and rare except on the Shropshire border; not recorded in Anglesey". He also described occasional nesting at other places across North Wales: Tywyn (Meirionnydd), Abersoch (Caernarfon) and Holywell (Flint). Jones and Whalley (2004) stated that there were no records of Reed Warblers on Anglesey until July 1950 and that breeding was first recorded there in 1968. The 1968–72 Atlas identified that Reed Warblers had started to breed regularly in Wales and interestingly this spread was in the north, including Anglesey, and some southern counties, but not Pembroke. At the time of the 1988–91 Atlas, Anglesey had more records and there had been a spread to other parts of North Wales, including south Meirionnydd. North Wales is still an area at the north-western limit of its UK distribution. The 10km map showing the results of 2008–12 fieldwork seems to indicate a dramatic increase in distribution across our area. The tetrad map shows that birds are now widespread around the Cardigan Bay coast and along the southern edge of Llŷn. Some have been recorded inland where previously there were none, for example at Llyn Tegid.

As well as showing an increase in distribution, Reed Warbler numbers are also increasing, at the UK level at least, with a 36% increase over the period 1995–2010 (Risely *et al.* 2012). It seems that it is a species that is managing to benefit from the effects of climate change by altering its arrival date in the UK (Ockendon *et al.* 2012) as well as being able to benefit from the increase in reedbed breeding habitat.

*Ian M. Spence*

## Telor y Cyrs

Treulia Telor y Cyrs y gaeaf yng nghanolbarth neu orllewin Affrica. Mae'n dibynnu'n llwyr ar welyau cyrs fel cynefin, a dim ond yno y ceir yr aderyn yng Ngogledd Cymru. Ar dir isel a gerllaw dŵr llonydd y ceir gwelyau cyrs fel rheol, felly cofnodir Telor y Cyrs ger aberoedd a ger llynnoedd ac afonydd yr iseldir. Dengys y map 10 cilomedr o waith maes 2008–12 fod y rhywogaeth wedi cynyddu'n sylweddol er cyfnod Atlasau 1968–72 a 1988–91. Gwelir o'r map tetrad fod Telor y Cyrs yn awr i'w weld ar hyd arfordir Bae Ceredigion, yn cynnwys arfordir deheuol Llŷn. Cofnodwyd rhai ymhell o'r môr mewn safleoedd newydd, megis ger Llyn Tegid.

ADRIAN FOSTER

Sponsored by/Noddwyd gan Adrian Anthoine

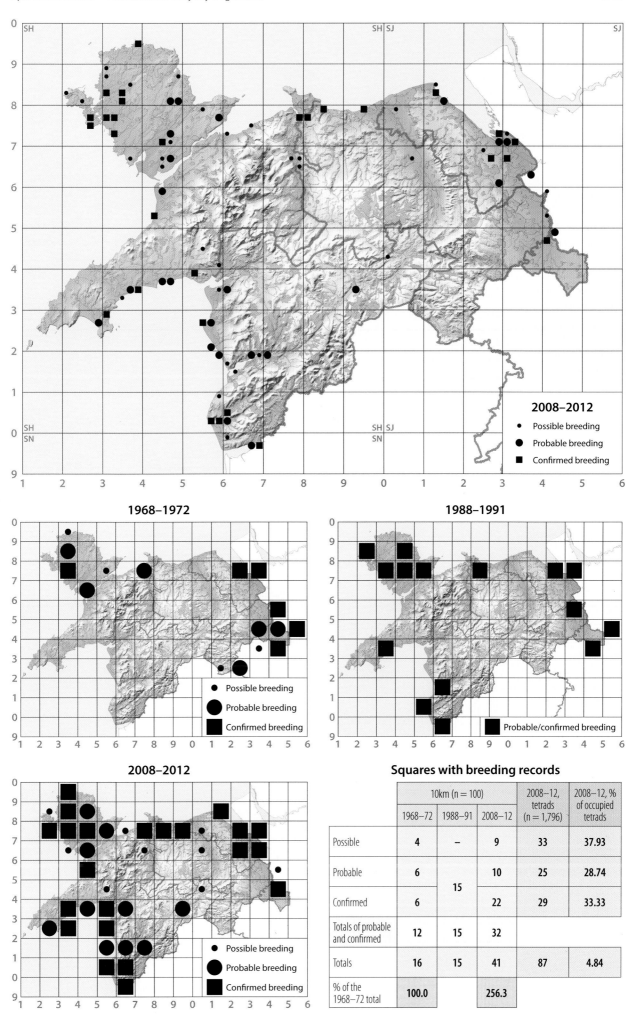

# Nuthatch

*Sitta europaea*

**Resident – Welsh conservation status: Green**

MALCOLM GRIFFITH

## Delor y Cnau

Aderyn sy'n nythu mewn coedwigoedd llydanddail neu gymysg islaw 300 medr o uchder yw Delor y Cnau yn bennaf. Erys parau ar eu tiriogaeth trwy'r flwyddyn. Mae'n nythu mewn twll, ac yn plastro mwd o gwmpas agoriad y twll i sicrhau ei fod yr union faint angenrheidiol. Ar ddechrau'r ugeinfed ganrif, nid oedd Delor y Cnau yn bresennol yn rhan ogleddol ein hardal hyd y gwyddid. Amheuwyd iddo nythu yng Nghaernarfon am y tro cyntaf oddeutu 1908, ac ym Môn yn 1910. Ymledodd tua'r gorllewin yng Nghymru yn y 1940au a'r 1950au. Erbyn Atlas 1968–72, roedd yn nythu ymhobman yng Ngogledd Cymru heblaw gogledd-orllewin Môn, rhai ardaloedd llai coediog eraill, a'r ucheldir. Dengys canlyniadau BBS gynnydd o 52% yng Nghymru rhwng 1995 a 2010.

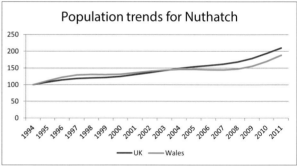

This feisty little bird is striking to behold, with its smart black eye stripe and white cheeks. It often advertises its presence with a strident call, long before it is actually seen. Primarily a species of mixed or deciduous woodland below 300m, it has adapted well to established gardens and farmland hedgerows with mature trees.

Unusually for a small passerine, the Nuthatch is territorial all year round. Pairs stay together in the same locality, where the male aggressively defends his territory. This is thought to be because of the birds' habit of storing some of the winter food supply in a cache within their territory. It is likely that they will be seen in approximately the same location in winter as in the breeding season. The Nuthatch is a cavity-nesting species and has a very distinctive habit of plastering the nest hole with mud, to ensure an exact fit. When a pair occupies a nestbox, the mud is a sure sign that Nuthatches are in residence. Once fledged, family parties are very vocal and therefore quite easy to locate. This species rarely moves more than 1km away from its natal area. Up to 1996, over 30,000 had been ringed in Britain, but only 33 had been recorded more than 10km from their place of ringing (Migration Atlas). Family parties seen later in the breeding season are likely to have bred nearby. Confirmation of breeding can be undertaken into July, even though the young fledge in May and June.

In the late nineteenth century, the Nuthatch was scarce in Flint and Denbigh (Dobie 1894). It was known mainly in the Wrexham and Llangollen areas of Denbigh. Forrest (1907) found its distribution to be "peculiar and almost unaccountable". At the beginning of the twentieth century it was not

known to occur in the northern part of our area, including Anglesey. Breeding was first suspected in Caernarfon by 1908 and in Anglesey in 1910 (Historical Atlas). The major expansion, northwards in England and westwards in Wales, occurred in the 1940s and 1950s (Lovegrove *et al.* 1994). By the 1960s the Nuthatch was considered common in Flint (Birch *et al.* 1968). The 1968–72 Atlas recorded it as widespread with the exception of north-west Anglesey, other less wooded areas and high altitudes. Since then the species has continued to expand its range in North Wales and the tetrad map shows it, now, to be very widespread. Nuthatch populations have also increased: BBS trends show that there has been an increase of 52% in Wales between 1995 and 2010 (Risely *et al.* 2012). This is less than the 80% increase for the UK as a whole, but this species may now occupy all suitable habitat in North Wales. The Nuthatch is a regular visitor to garden bird feeders, adding welcome colour and attitude to our local birdwatching experience.

*Anne Brenchley*

Sponsored by/Noddwyd gan Gill Dobson, and on behalf of/ar ran Catherine Lake

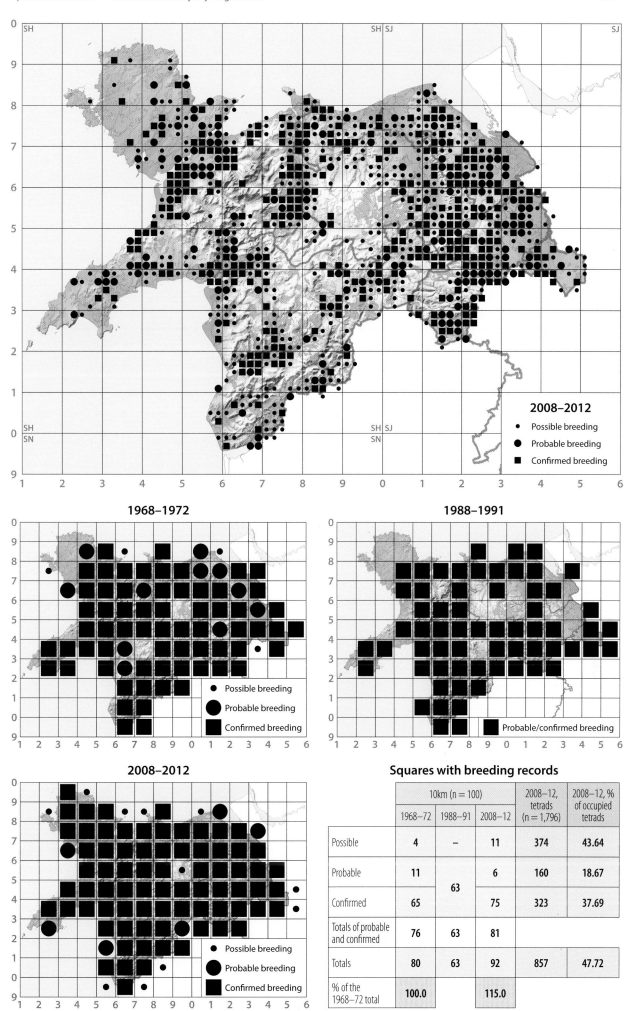

2008–2012

- • Possible breeding
- ● Probable breeding
- ■ Confirmed breeding

**1968–1972**

- • Possible breeding
- ● Probable breeding
- ■ Confirmed breeding

**1988–1991**

- ■ Probable/confirmed breeding

**2008–2012**

- • Possible breeding
- ● Probable breeding
- ■ Confirmed breeding

## Squares with breeding records

| | 10km (n = 100) | | | 2008–12, tetrads (n = 1,796) | 2008–12, % of occupied tetrads |
|---|---|---|---|---|---|
| | 1968–72 | 1988–91 | 2008–12 | | |
| Possible | 4 | – | 11 | 374 | 43.64 |
| Probable | 11 | 63 | 6 | 160 | 18.67 |
| Confirmed | 65 | | 75 | 323 | 37.69 |
| Totals of probable and confirmed | 76 | 63 | 81 | | |
| Totals | 80 | 63 | 92 | 857 | 47.72 |
| % of the 1968–72 total | 100.0 | | 115.0 | | |

# Treecreeper
## *Certhia familiaris*
### Resident – Welsh conservation status: Green

ASHLEY COHEN

## Dringwr Bach
Mae'r Dringwr Bach yn nythu mewn coedwigoedd llydanddail, parciau, lonydd coed, gwrychoedd sy'n cynnwys coed ar eu llawn dwf a gerllaw afonydd a nentydd lle ceir coedydd gwern. Mae'r nyth mewn cilfachau, yn aml tu ôl i risgl rhydd. Yr adeg orau i gofnodi'r aderyn yma ar ei diriogaeth yw o ddechrau Mawrth hyd ganol Ebrill, cyn i'r dail agor a chuddio'i weithgareddau. Mae'n debyg iddo gael ei dan-gofnodi, gan fod digonedd o gynefin addas ar draws iseldir Gogledd Cymru, ac fe ddylai fod yn bresennol yn y rhan fwyaf o'r sgwariau tetrad islaw 300 medr o uchder. Nododd Forrest yn 1907 ei fod yn gyffredin lle ceid cynefin addas, hyd yn oed ar Ynys Môn, lle'r oedd llai o goed nag ar y tir mawr.

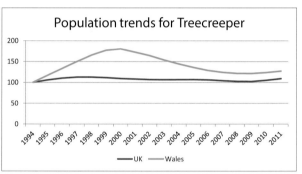

Population trends for Treecreeper
— UK  — Wales

This little tree 'mouse' is often overlooked, because its plumage is so well matched to the colour of the tree trunks on which it lives. The Treecreeper is a resident and very sedentary species. It is most often found in deciduous woodland, parkland, avenues, hedgerows with mature trees and along rivers and streams lined with Alder. It can also occur in stands of mixed broadleaves and conifers but tends not to inhabit large blocks of conifer plantation. Many birdwatchers take years to become familiar with its song which is quite wispy and high-pitched, sometimes resembling that of the Goldcrest, and can easily be missed in the multitude of sounds within the woodland habitat. One of this species' most characteristic habits is that of starting its foraging activities low down on tree trunks and creeping upwards in spirals, extracting food from crevices, then flying to the base of the next tree and starting all over again.

Finding this species on territory is best done from early March through to mid-April, before the leaves unfurl and camouflage the birds' activity. Singing also tends to decline after the middle of April, as nesting then begins in earnest. The nest is usually in a crevice, often behind loose bark. Nestboxes built to mimic such a crevice are unfortunately seldom occupied by Treecreepers, even when installed in suitable habitat. Humans have, however, unintentionally provided them with a favoured roost site, by planting Wellingtonia trees in parks and large gardens. Individual Treecreepers excavate vertical roosting niches in the soft bark. Fresh droppings on the bark below the niche are an indication that the roost has been recently occupied, which is a useful way of detecting this unobtrusive species. Occasionally more unusual nest sites are chosen: one pair nested behind a wooden sign nailed to a tree at the NT gardens at Bodnant in 2007. It may not be until the young have fledged that Treecreepers become more evident again in the woodland, and even then specific effort is required to find these birds. As such, this may be an underrecorded species. Suitable habitat is widely distributed throughout lowland North Wales and the majority of tetrads below 300m should have this species present.

The Treecreeper has always been a common species wherever suitable habitat occurs (Forrest 1907), even on Anglesey, where woodland cover is less than in most parts of the mainland. BBS results show that between 1994 and 2000 the Treecreeper experienced a remarkable 80% increase in its Welsh breeding population. Since then it has dropped back to original levels and the overall increase between 1995 and 2010 is only 6% (Risely *et al.* 2012). It is notable that the population of this woodland species did not appear to be badly affected by the harsh winters between 2009 and 2011.

*Anne Brenchley*

**Sponsored by/Noddwyd gan David Hewett**

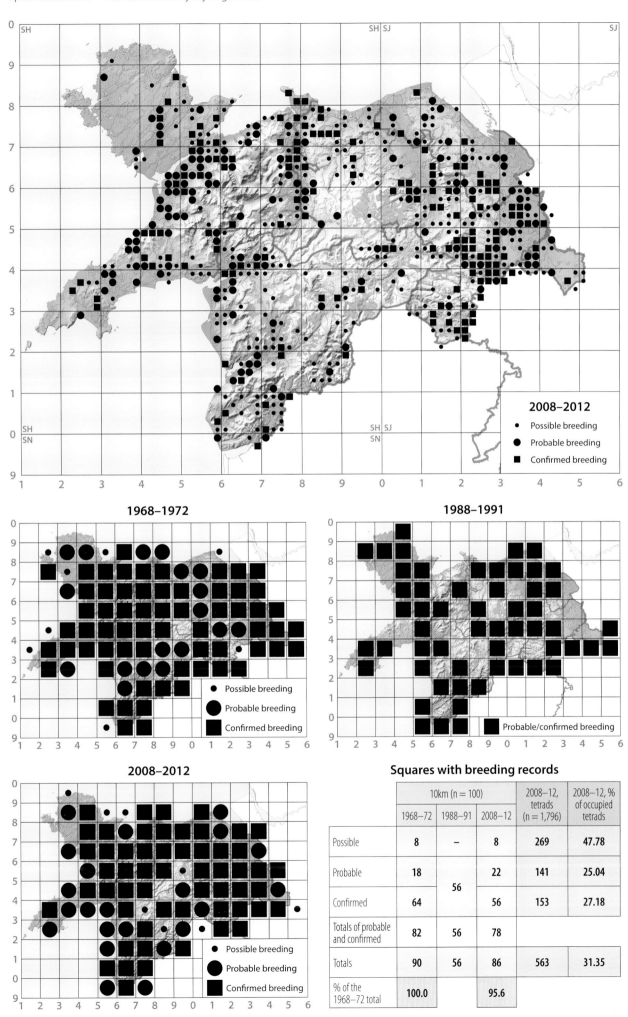

**1968–1972**

**1988–1991**

**2008–2012**

**Squares with breeding records**

| | 10km (n = 100) | | | 2008–12, tetrads (n = 1,796) | 2008–12, % of occupied tetrads |
|---|---|---|---|---|---|
| | 1968–72 | 1988–91 | 2008–12 | | |
| Possible | 8 | – | 8 | 269 | 47.78 |
| Probable | 18 | 56 | 22 | 141 | 25.04 |
| Confirmed | 64 | | 56 | 153 | 27.18 |
| Totals of probable and confirmed | 82 | 56 | 78 | | |
| Totals | 90 | 56 | 86 | 563 | 31.35 |
| % of the 1968–72 total | 100.0 | | 95.6 | | |

# Wren

## *Troglodytes troglodytes*

**Resident – Welsh conservation status: Green**

The Wren has a special place in Welsh folklore: in parts of Wales, a Wren would be carried around in a specially made wooden cage on Twelfth Day (6 January). Similar rituals in Ireland and England were usually enacted on Boxing Day. Woe betide anyone who harms a Wren's nest, as according to the Welsh saying 'Y sawl a dynno nyth y Dryw, ni chaiff weled wyneb Duw' (Whoever destroys a wren's nest, will never see God's face).

For such a diminutive bird, the Wren broadcasts an incredibly loud and powerful song. This can be heard in a wide variety of habitats, including gardens, woodland, riversides, coast, ffridd and uplands. It breeds in a wider range of habitats than any other species in Wales (Lovegrove *et al.* 1994), with BBS results showing it to be most frequent in deciduous woodland (Robinson 2005). Wrens breed up to at least 660m in North Wales (Lovegrove *et al.* 1994). Ratcliffe (1990) mentions a nest, built by the male and used for roosting, at 830m on Snowdon. It is a largely insectivorous species and takes a wide variety of invertebrates, including beetles and spiders. Wrens construct a domed nest, often in bramble or in the fork of a tree, at up to 5m and females generally lay two clutches between April and July. Ringing data reveal that the typical lifespan of a Wren is two years, but Bardsey hosted a veteran bird in 2004, with the impressive age of seven years, three months and ten days.

The 2008–12 fieldwork showed that it was the second most widely distributed species. The few gaps in its distribution are largely confined to less accessible upland tetrads, particularly parts of the Carneddau in Caernarfon, the uplands south and east of Arenig Fawr in Meirionnydd and the western part of Mynydd Hiraethog in Denbigh. The current 10km map

### Dryw

O ystyried ei fod yn aderyn mor fychan, mae cân y Dryw yn anhygoel o uchel. Gall nythu mewn cynefinoedd mwy amrywiol nag unrhyw aderyn arall yng Nghymru, yn cynnwys gerddi, coedwigoedd, yr arfordir, ffriddoedd a'r ucheldir. Cafodd ei gofnodi mewn mwy o sgwariau nag unrhyw rywogaeth arall ac eithrio'r Frân Dyddyn. Yr unig fylchau ar y map yw'r ardaloedd mynyddig mwyaf anghysbell, megis rhannau o'r Carneddau, yr ucheldir i'r de ac i'r dwyrain o Arenig Fawr a gorllewin Mynydd Hiraethog. Gall y Dryw ddioddef pan geir ysbeidiau hir o dywydd oer yn y gaeaf, ond gyda dwy nythaid y flwyddyn a phump i wyth cyw ymhob un, gall adfer ei niferoedd yn fuan.

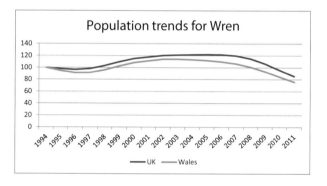

**Population trends for Wren**

— UK  — Wales

displays blanket distribution across the region. There has been little change since the 1968–72 Atlas, although our results show gains in two squares on the coastal fringe. The gaps in the 1988–91 Atlas may be due to incomplete observer effort and coverage. BBS results showed an 11% decrease in Wales between 1995 and 2010, compared to stable populations in England and Scotland, and a 22% increase in Northern Ireland over the same period (Risely *et al.* 2012).

Forrest (1907) stated that the Wren was numerous everywhere in North Wales, found from the summit of Cadair Idris to the sea, and "remarkably abundant" in Llŷn. This has not changed, although as for all insectivorous species that overwinter here, Wrens are vulnerable to the effects of prolonged cold spells. Numbers in Wales fell dramatically after the severe winter of 1962/63. On Bardsey, the number of breeding pairs dropped from 20–25 in 1962 to four in 1963 (BBFOR). Bird surveys on Ruabon Mountain during 1978–2005 showed that Wren numbers were positively correlated with winter temperatures and increased after a run of milder winters (Roberts 2010). As Wrens are double-brooded, raising between five and eight young per brood, this enables the population to recover quite quickly from the effects of severe winters.

*Simon Hugheston-Roberts*

**Sponsored by/Noddwyd gan Tessa and Richard Anning, Brenda and Buckley Wyn Jones**

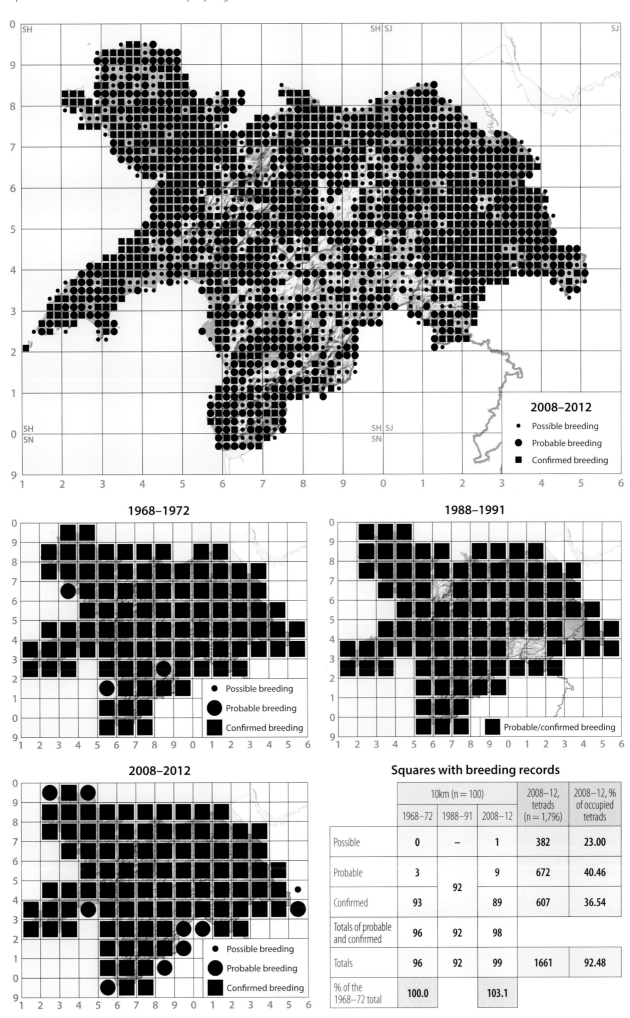

2008–2012
- Possible breeding
- Probable breeding
- Confirmed breeding

**1968–1972**

- Possible breeding
- Probable breeding
- Confirmed breeding

**1988–1991**

- Probable/confirmed breeding

**2008–2012**

- Possible breeding
- Probable breeding
- Confirmed breeding

## Squares with breeding records

| | 10km (n = 100) | | | 2008–12, tetrads (n = 1,796) | 2008–12, % of occupied tetrads |
|---|---|---|---|---|---|
| | 1968–72 | 1988–91 | 2008–12 | | |
| Possible | 0 | – | 1 | 382 | 23.00 |
| Probable | 3 | 92 | 9 | 672 | 40.46 |
| Confirmed | 93 | | 89 | 607 | 36.54 |
| Totals of probable and confirmed | 96 | 92 | 98 | | |
| Totals | 96 | 92 | 99 | 1661 | 92.48 |
| % of the 1968–72 total | 100.0 | | 103.1 | | |

# Starling
## *Sturnus vulgaris*
### Resident and winter visitor – Welsh conservation status: Red

ASHLEY COHEN

## Drudwen

Ar un adeg, roedd niferoedd mawr o'r Ddrudwen yn nythu yng Ngogledd Cymru. Yn ystod Atlas 1968–72 cofnodwyd hi ar draws yr ardal, ond roedd yn absennol o nifer o sgwariau 10 cilomedr yn y gorllewin erbyn Atlas 1988–91. Dengys gwaith maes 2008–12 enciliad pellach, gyda llawer o fylchau yng Nghaernarfon a Meirionnydd. Gwelwyd yr un peth mewn rhannau eraill o'r DU. Yn y de a'r gorllewin y gwelwyd y lleihad mwyaf ym Mhrydain, a dengys canlyniadau BBS leihad o 67% yng Nghymru rhwng 1995 a 2010. Credir mai amaethyddiaeth fwy dwys, yn arwain at golli llawer o borfa lawn anifeiliaid di-asgwrn-cefn, yw'r prif reswm yn y wlad, er bod yn rhaid chwilio am eglurhad arall yn y trefi.

A once common breeding bird, and still a frequent sight in winter, the Starling is one of our most familiar species. The speckled brown plumage of juvenile birds transforms into dark green and purple iridescence as they mature. Although their staple diet is soil invertebrates, such as leatherjackets, Starlings are generalists, also eating seeds, fruits and vegetable material. Semi-colonial hole-nesters, Starlings will readily adapt to artificial sites in the absence of suitable mature trees. In winter, the resident UK population is bolstered by migrants from northern Europe. At large roosts, for example at RSPB Conwy and at Colwyn Bay pier, they can be watched performing spectacular pre-roost displays, which may comprise hundreds of thousands of birds.

The Starling is a bird of lowland pastoral habitats. Many inland areas of North Wales no longer have breeding Starlings, probably because they lack sufficient density of suitable cavities for nest sites in close proximity to invertebrate-rich lowland pasture. The higher density of breeding records in the north-east of Wales may be a reflection of the opportunistic and generalist Starling being quick to cash in on the many feeding and nesting opportunities provided by more urban landscapes. In our area it is now largely confined to the lowlands, and even there its distribution is patchy in the west. There were few records from Llŷn but the species is still quite widespread on Anglesey.

At the time of the 1968–72 Atlas, the Starling was ubiquitous throughout the region, as it was in other parts of the UK. However, it was absent from a number of 10km squares in the west by the time of the 1988–91 Atlas. The 2008–12 fieldwork shows a further range retraction, with many gaps in the species' occurrence now apparent in inland Caernarfon and Meirionnydd. This decline has been mirrored in other parts of the Starling's UK range, throughout which there has been a significant decrease in the breeding population, as there has been across Europe (PECBMS 2010). The decline in Britain has

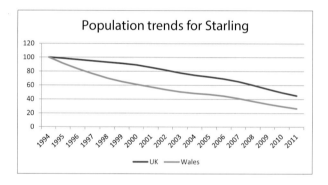

### Population trends for Starling

been greatest in the south and west (Baillie *et al.* 2010). BBS results show a 67% decline in Wales between 1995 and 2010 (Risely *et al.* 2012). This decline has resulted in the species being Red-listed at both the UK and the Wales level. Agricultural intensification, resulting in loss of invertebrate-rich pasture, is thought to be the main driver of population declines in rural areas, although other causes have to be sought for declines in urban areas (Robinson *et al.* 2002, 2005). Studies show strong improvements in breeding performance, which suggests that decreasing survival rates, particularly of young birds, may be responsible for the observed decline (Freeman *et al.* 2002, 2007).

Forrest (1907) described the Starling as "abundant in all parts of North Wales", though he noted that it had been almost unknown in the west 20–25 years previously. The Starling's decline was first reported in Europe in the early 1960s (Feare 1994) and was formerly attributed to persecution of the species as a pest, although direct attempts at reducing populations were largely ineffectual. The fall in numbers can instead be attributed to changes in land use and agricultural practices.

*Siân Whitehead*

Sponsored by/Noddwyd gan Les Starling

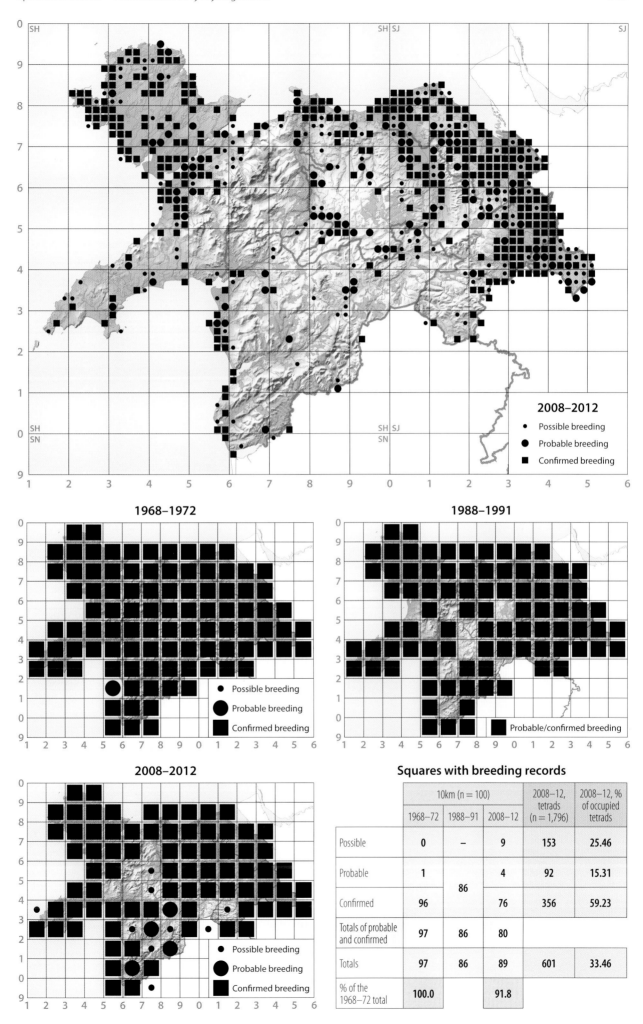

2008–2012
- • Possible breeding
- ● Probable breeding
- ■ Confirmed breeding

**1968–1972**

- • Possible breeding
- ● Probable breeding
- ■ Confirmed breeding

**1988–1991**

- ■ Probable/confirmed breeding

**2008–2012**

- • Possible breeding
- ● Probable breeding
- ■ Confirmed breeding

## Squares with breeding records

| | 10km (n = 100) | | | 2008–12, tetrads (n = 1,796) | 2008–12, % of occupied tetrads |
|---|---|---|---|---|---|
| | 1968–72 | 1988–91 | 2008–12 | | |
| Possible | 0 | – | 9 | 153 | 25.46 |
| Probable | 1 | 86 | 4 | 92 | 15.31 |
| Confirmed | 96 | | 76 | 356 | 59.23 |
| Totals of probable and confirmed | 97 | 86 | 80 | | |
| Totals | 97 | 86 | 89 | 601 | 33.46 |
| % of the 1968–72 total | 100.0 | | 91.8 | | |

# Dipper
## *Cinclus cinclus*
### Resident – Welsh conservation status: Amber

Dippers are charismatic birds of fast-flowing rivers throughout North Wales. Their dumpy shape, white breast and bobbing behaviour make them unmistakable. They are found by rivers or, less frequently, by lakes. Although some move down from higher altitudes in the winter months onto lowland rivers, many pairs are found on the same stretch of river throughout the year with territories that stretch from 400m up to 1km along the river corridor. Their diet is predominantly aquatic invertebrates, notably mayfly nymphs and caddis-fly larvae, as well as small fish. They nest under bridges or in riverside walls, but also in or on trees, on rock faces or, classically, adjacent to or behind waterfalls. Droppings on rocks in midstream indicate the presence of Dippers on a river and from December to February they can be detected by their loud warbling song.

Because of their dependence on rivers, Dippers are absent from all tetrads without suitable watercourses. Some streams and rivers are depicted in the maps by the linear distribution of occupied tetrads, mainly in upland or other areas where the gradient is sufficient to produce rivers with rocks and riffles, pools and shallows. Dippers can thrive on these rivers, where abundant and accessible prey is available. In June 2011, adult Dippers were observed on a small mountain stream at 650m on Glyder Fawr (Rhion Pritchard pers. obs.). Slow-moving deep rivers with silt on the river-bed do not provide the right conditions for foraging. The shortage of suitable watercourses on Anglesey and western Llŷn explain the species' absence from these areas. This was also apparent to Forrest (1907), who reported that the Dipper was "resident; common on rapid streams everywhere, except in Anglesey, where it is naturally scarce", and also noted that it was "by no means numerous" on Llŷn.

## Bronwen y Dŵr

Mae Bronwen y Dŵr i'w gweld ar hyd a lled Gogledd Cymru ar afonydd cyflym. Er y bydd rhai Bronwennod yn symud i lawr i'r aberoedd dros y gaeaf, erys llawer o barau o fewn terfynau eu tiriogaeth sy'n ymestyn rhwng 400 medr ac un gilomedr ar hyd yr afon. Creaduriaid di-asgwrn-cefn, yn enwedig nymffau gwybed mân a larfaod pryfed gwellt, yw eu prif fwyd ond byddant yn ymborthi ar bysgod bach hefyd. Daeth y rhan fwyaf o'r cofnodion o'r ucheldir neu o ardaloedd lle y ceir digon o ddisgyniad ac afonydd ac ynddynt feini a phyllau a basddwr. Nid yw afonydd araf, lleidiog yn gynefin addas i Fronwennod y Dŵr. Er bod data 1968–72 a chanlyniadau gwaith maes 2008–12 yn hynod o debyg, cadarnhawyd nythod mewn llai o sgwariau y tro hwn.

Data from the 1968–72 Atlas and the 2008–12 fieldwork are very similar. The relatively few 10km squares without Dippers were mainly on Anglesey, in western Llŷn and the far east of Denbigh. Jones and Whalley (2004) reported that there were very few Dippers breeding on Anglesey, perhaps only one or two pairs, sometimes at Llangefni. Elsewhere, there were fewer 10km squares with confirmed breeding in the recent fieldwork (51 squares now compared with 64 between 1968 and 1972). A lower occupancy was found in the 1988–91 Atlas, but different recording methods or poor observer coverage may explain this.

Surveys between 2005 and 2007 found 14–15 territories along the 16.1km of Afon Ogwen, Caernarfon, between Llyn Ogwen and the estuary (Gibbs *et al.* 2011), compared with 10–14 territories found there by Peter Schofield in a similar survey in 1974–75. Dippers hunt underwater by sight, so very wet springs with prolonged periods of high and turbid water can adversely affect numbers. Increasing acidity of rivers and streams is known to reduce invertebrate populations with consequently reduced Dipper numbers (Ormerod *et al.* 1991). However, the Dipper still seems to be doing quite well in North Wales, though systematic surveys of other rivers and streams in our area would be very welcome.

*Steph Tyler*

JOHN LAWTON ROBERTS

Sponsored in memory of/Noddwyd er cof am Sue Lowe and by/a gan the Gittins family

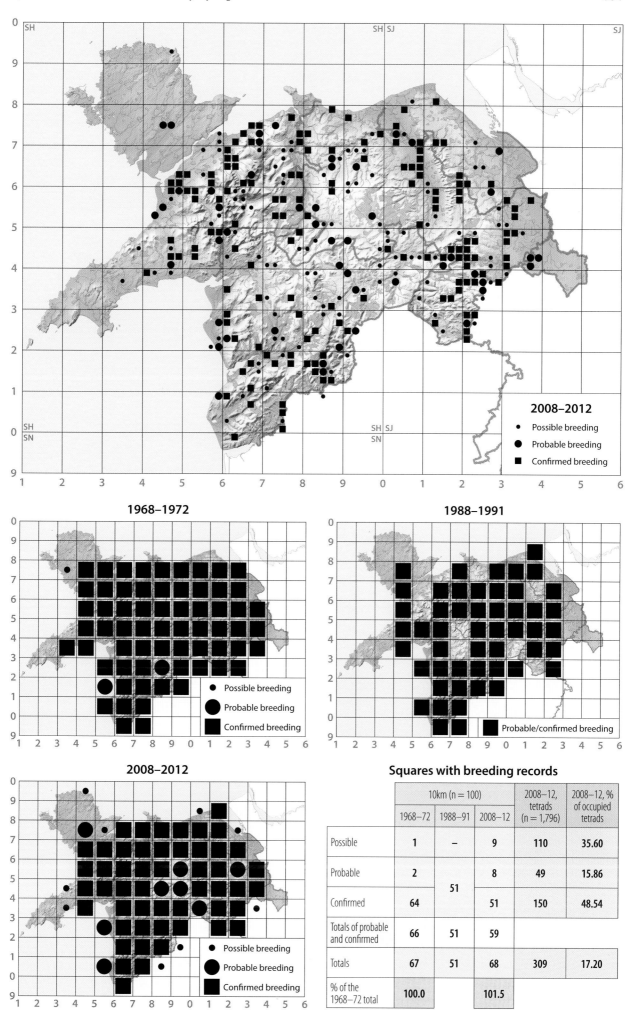

**2008–2012**

- • Possible breeding
- ● Probable breeding
- ■ Confirmed breeding

**1968–1972**

- • Possible breeding
- ● Probable breeding
- ■ Confirmed breeding

**1988–1991**

- ■ Probable/confirmed breeding

**2008–2012**

- • Possible breeding
- ● Probable breeding
- ■ Confirmed breeding

### Squares with breeding records

| | 10km (n = 100) | | | 2008–12, tetrads (n = 1,796) | 2008–12, % of occupied tetrads |
|---|---|---|---|---|---|
| | 1968–72 | 1988–91 | 2008–12 | | |
| Possible | 1 | – | 9 | 110 | 35.60 |
| Probable | 2 | 51 | 8 | 49 | 15.86 |
| Confirmed | 64 | | 51 | 150 | 48.54 |
| Totals of probable and confirmed | 66 | 51 | 59 | | |
| Totals | 67 | 51 | 68 | 309 | 17.20 |
| % of the 1968–72 total | 100.0 | | 101.5 | | |

# Ring Ouzel
## *Turdus torquatus*
### Summer visitor – Welsh conservation status: Red

The plaintive whistling song of the Ring Ouzel, echoing across a high mountain pass, heralds the coming of spring. This summer visitor is primarily a bird of the uplands in Britain, breeding in steep-sided valleys where heather-clad crags and gullies conceal nests built on, or close to, the ground. Sadly, the British population of Ring Ouzels has been in long-term decline. Apparently this has occurred since the early part of the twentieth century, with large decreases recorded in Scotland between 1900 and 1950 (Baxter & Rintoul 1953). There was a 27% range reduction in Britain between the 1968–72 and 1988–91 Atlases, particularly marked in Scotland and Wales (1988–91 Atlas). The first national survey in 1999 recorded further range contraction and a probable 58% decline in numbers since 1988–91 (Wotton *et al.* 2002), resulting in this species being Red-listed. In 2006 as many as possible of the tetrads in Wales covered in 1999 were resurveyed. Of the 26 tetrads studied, 17 were in Meirionnydd and two in Denbigh; the overall results showed a 69% decline since 1999 (Green 2007).

The 2008–12 fieldwork shows that the highest upland blocks of Meirionnydd and Caernarfon hold the main concentrations, with most remaining records associated with higher ground in other upland ranges. During the 1968–72 Atlas, Ring Ouzels were widely recorded across upland North Wales. The following 40 years show a slow decline in abundance and range, particularly in the east, but also around the fringes of the core western populations. Forrest (1907) reported that "this species is perhaps more abundant in the Berwyns than elsewhere". Good numbers still bred in suitable habitat in the east well into the 1980s, with Ruabon Mountain holding up to 14 breeding pairs, and breeding widespread and regular

### Mwyalchen y Mynydd
Aderyn yr ucheldir yw Mwyalchen y Mynydd. Bydd yn nythu mewn dyffrynnoedd serth lle y bydd meini a grug yn cuddio'r nythod a adeiledir ar y ddaear ei hun neu'n agos i'r ddaear. O ddechrau'r ugeinfed ganrif hyd heddiw, gwelwyd lleihad cyson yn niferoedd Mwyalchod y Mynydd yng Ngwledydd Prydain; cofnodwyd 27% o ostyngiad rhwng cyfnod Atlas 1968–72 a chyfnod Atlas 1988–91, gyda'r gostyngiad mwyaf yn yr Alban a Chymru. Dangosodd cyfrifiad a wnaed yn 1999 leihad pellach ledled y Deyrnas Unedig a rhoddwyd y rhywogaeth ar y rhestr goch. Yn 2006, awgrymodd cyfrifiad arall fod 69% o leihad yng Nghymru ers 1999. Dengys gwaith maes 2008–12 mai ar fynyddoedd uchaf Caernarfon a Meirionnydd y ceir mwyafrif Mwyalchod y Mynydd. Ers 1968–72, maent wedi encilio tua'r gorllewin ac o'r bryniau is.

on the Berwyns. Tyler and Green (1993) reported 231–61 occupied territories in North Wales in 1988–90. Since then there has been a steep decline, with breeding now patchy and irregular on the Berwyns and the species possibly extinct on Ruabon and Llantysilio Mountains. However, Probable breeding was recorded during the 2008–12 fieldwork on the Clwydian Range and Mynydd Hiraethog.

Further west, the higher mountains still hold high breeding densities. An intensive survey in the northern regions of the Snowdonia NP during the current Atlas period identified 164 territories, with 70% in the Carneddau, Glyderau and Snowdon massifs. The highest densities were on the steep heather-clad craggy slopes above the Llanberis Pass and Nant Ffrancon (Driver 2011). Cadair Idris in southern Snowdonia also remains a stronghold, with a survey during 2008 revealing a possible 25 territories (Smith 2011), compared to a possible 27 territories here in 1999. Again, the steepest heather-clad escarpments held the majority of territories. Elsewhere in Meirionnydd there have been significant losses, with a survey on the Rhinogau locating an average of 17 territories during the years 2009–11 (D. Smith, unpublished) compared with the 36 territories recorded there during the late 1960s/early 1970s (Jones 1979).

The future of this charismatic species in North Wales appears uncertain and difficult to predict. It may be retreating to the now more favourable altitudes of the higher mountains, as climate change slowly affects these habitats. The results of an RSPB survey conducted in 2012 may reveal more detail.
*David Smith*

MALCOLM GRIFFITH

### Sponsored by/Noddwyd gan the Cambrian Ornithological Society

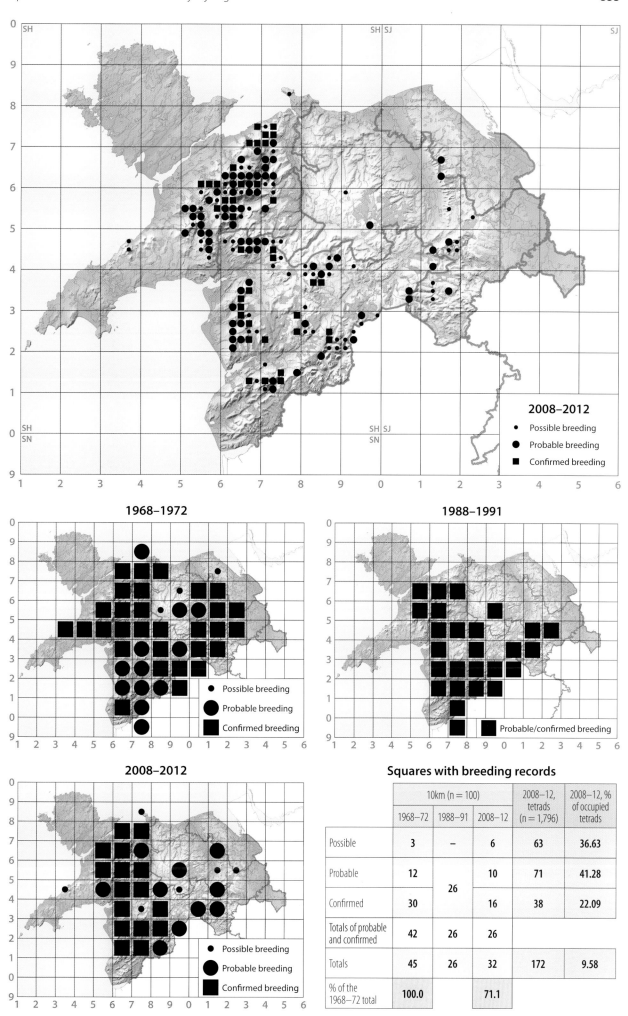

**1968–1972**

- Possible breeding
- Probable breeding
- Confirmed breeding

**1988–1991**

- Probable/confirmed breeding

**2008–2012**

- Possible breeding
- Probable breeding
- Confirmed breeding

**2008–2012**

- Possible breeding
- Probable breeding
- Confirmed breeding

## Squares with breeding records

| | 10km (n = 100) | | | 2008–12, tetrads (n = 1,796) | 2008–12, % of occupied tetrads |
|---|---|---|---|---|---|
| | 1968–72 | 1988–91 | 2008–12 | | |
| Possible | 3 | – | 6 | 63 | 36.63 |
| Probable | 12 | 26 | 10 | 71 | 41.28 |
| Confirmed | 30 | | 16 | 38 | 22.09 |
| Totals of probable and confirmed | 42 | 26 | 26 | | |
| Totals | 45 | 26 | 32 | 172 | 9.58 |
| % of the 1968–72 total | 100.0 | | 71.1 | | |

# Blackbird

## *Turdus merula*

**Resident and winter visitor – Welsh conservation status: Green**

DEREK MOORE

## Mwyalchen

Prin fod aderyn mwy adnabyddus na'r Fwyalchen, ac fe'i ceir mewn ystod eang o gynefinoedd, yn cynnwys trefi a phentrefi, coedwigoedd, prysgwydd a thir amaeth. Mae ei thiriogaeth bob amser yn cynnwys coed neu rywle arall i ganu, prysgwydd ar gyfer nythu, clwydo a diogelwch a mynediad at dir agored ar gyfer chwilio am fwyd. Mae'r mapiau 10 cilomedr o Atlas 1968–72, Atlas 1988–91 a'r gwaith maes presennol i gyd yn dangos y Fwyalchen yn nythu ar hyd a lled Gogledd Cymru. Yn y DU bu lleihad yn ei niferoedd o ganol y 1970au hyd ganol y 1990au, ond efallai na ddigwyddodd hyn yng Nghymru. Yn fwy diweddar, dangosodd data BBS gynnydd o 23% yn y DU a 42% yng Nghymru rhwng 1995 a 2010.

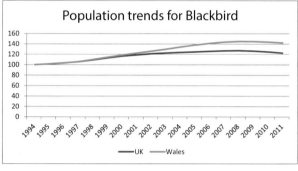

The Blackbird is one of our most familiar birds, its song being one of the delights of an early spring morning. In North Wales it is an abundant breeding resident, passage migrant and winter visitor. Readily seen and heard during the breeding season, the Blackbird is an easy species to record and prove breeding during Atlas fieldwork. It occupies a wide range of habitats including towns and villages, woodland, farmland and scrub. The territory invariably includes trees or other song posts, a dense field or shrub layer for nesting, roosting and security, and access to open areas of moist ground for feeding. These features are most commonly found in suburbia, where the breeding density can reach 250 pairs per km², almost four times that of woodland, and seven times that of lowland farmland (1968–72 Atlas).

Data from the 2008–12 fieldwork show that the Blackbird was present in 88% of the tetrads in North Wales. It is absent from much of the uplands but may be found there where suitable habitat exists, and has been recorded in plantations in Wales up to 500m (Lovegrove *et al.* 1994). Breeding was Confirmed in 67% of occupied tetrads.

The 10km maps of the 1968–72 Atlas, the 1988–91 Atlas and the 2008–12 fieldwork all show the Blackbird as breeding throughout North Wales, with no change in its distribution during this period. However, CBC and CES data for the UK showed that the Blackbird population gradually declined from the mid-1970s to the mid-1990s. As a result the species was placed on the Amber list from 1996 until 2002, after which it reverted to the Green list. It seems likely that reduced survival drove the decline and that agricultural intensification was at least a contributory factor since the downward trend was

greater on farmland (Baillie *et al.* 2012). Data are unavailable from before 1994 to say whether or not the Blackbird suffered a similar decline in Wales. However, Lovegrove *et al.* (1994) thought that this may not have been the case in Wales, where grassland-dominated agricultural regimes prevailed. More recently, BBS data have shown significant increases in the UK (23%) and Welsh (42%) populations, from 1995 to 2010, both of which levelled out between 2009 and 2011, perhaps in response to winter weather (Risely *et al.* 2012).

Historically, Blackbird numbers grew rapidly in the UK from the mid-1800s, as the species spread into the expanding towns and cities, and did not level out until the 1950s (1988–91 Atlas). Forrest (1907) described the Blackbird as "plentiful everywhere" and stated that it was "certainly the most abundant of the thrush tribe" in North Wales. This suggests that it was already familiar throughout its present habitats, including local towns, by that time. The Blackbird is still the commonest member of the thrush family in North Wales and remains a regular and welcome visitor to our gardens.

*Richard Groves*

**Sponsored by/Noddwyd gan Richard Groves, Roberta Rickard**

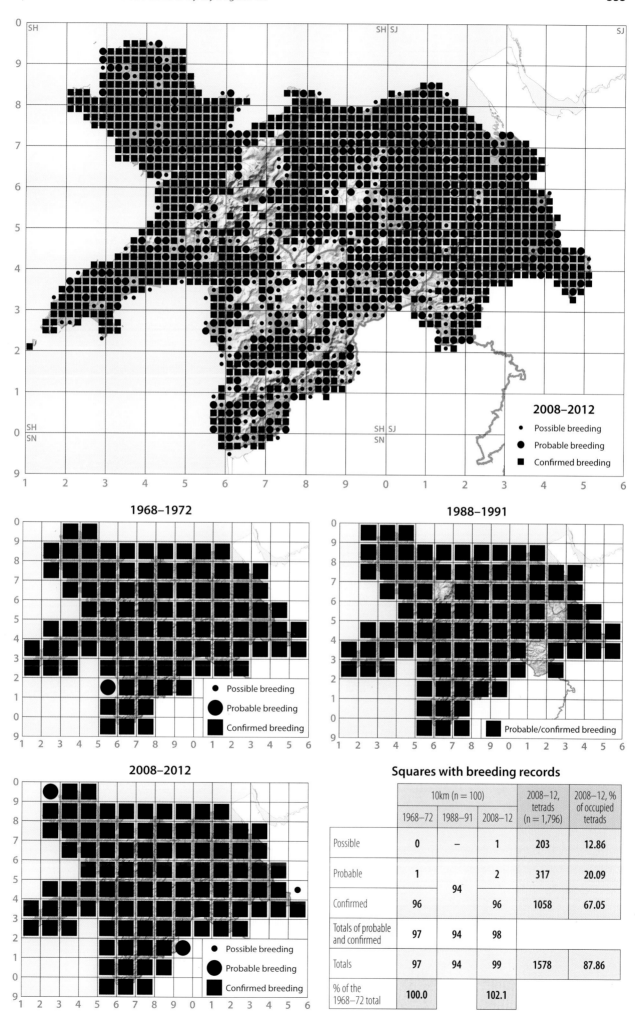

2008–2012

| Possible breeding |
| Probable breeding |
| Confirmed breeding |

1968–1972

| Possible breeding |
| Probable breeding |
| Confirmed breeding |

1988–1991

| Probable/confirmed breeding |

2008–2012

| Possible breeding |
| Probable breeding |
| Confirmed breeding |

## Squares with breeding records

| | 10km (n = 100) | | | 2008–12, tetrads (n = 1,796) | 2008–12, % of occupied tetrads |
| | 1968–72 | 1988–91 | 2008–12 | | |
|---|---|---|---|---|---|
| Possible | 0 | – | 1 | 203 | 12.86 |
| Probable | 1 | 94 | 2 | 317 | 20.09 |
| Confirmed | 96 | | 96 | 1058 | 67.05 |
| Totals of probable and confirmed | 97 | 94 | 98 | | |
| Totals | 97 | 94 | 99 | 1578 | 87.86 |
| % of the 1968–72 total | 100.0 | | 102.1 | | |

# Song Thrush
## *Turdus philomelos*
**Resident and winter visitor – Welsh conservation status:** Amber

The familiar and well-loved Song Thrush, the smallest of our resident thrushes, is easily recognisable by its elegant stance and repetitive, distinctive song which it delivers from high up in the treetops. Multi-brooded, with 2–3 broods each year, the Song Thrush has the longest breeding season of the thrush family, from March until August. Simms (1978) thought that the availability of snails during dry weather enabled breeding to continue for this extended period. Provided there is suitable cover they will nest in a wide variety of habitats and in recent years have been recorded colonising upland forestry plantations (Green 2002).

Data from the 1968–72 Atlas indicated Confirmed or Probable breeding in all but three of the 10km squares in North Wales, but the 1988–91 Atlas showed 22 squares without any such breeding evidence. The 2008–12 fieldwork found Confirmed or Probable breeding in all but seven 10km squares. At tetrad level, there were few Confirmed breeding records over 400m, but it was widespread in the lowlands, with the few gaps in central Anglesey and the far south-east of Denbigh.

CBC/BBS data showed a dramatic fall in numbers in the UK in the mid-1970s to the early 1980s, with a 50% decline between 1967 and 2009 (Baillie *et al.* 2012). Thomson *et al.* (1998) found that changes in survival rate during the fledgling stage and through the first winter accounted for the population decrease. The environmental causes for this are not clear but possible contributing factors include changes in farming practice, land drainage, predation and pesticides (Robinson *et al.* 2004). Although population levels remain much lower than in the 1960s, there has been a modest increase in recent

## Bronfraith

Gall y Fronfraith fagu sawl nythaid o gywion yn ystod ei thymor nythu, sy'n ymestyn o fis Mawrth hyd fis Awst. Ar un adeg roedd yn aderyn niferus iawn, ond bu lleihad yn ei nifer o'r 1940au ymlaen, a lleihad dramatig yng nghanol y 1970au. Gwelwyd y patrwm yma yng Ngogledd Cymru, ac yn Atlas 1988–91 roedd ugain o sgwariau 10 cilomedr heb dystiolaeth o nythu. Dangosodd ymchwil fod newid yng ngraddfa goroesi'r cywion yn ystod eu gaeaf cyntaf yn ddigon i egluro'r lleihad, ond gall fod ffactorau eraill hefyd, megis newidiadau mewn amaethyddiaeth. Gwnaed cryn dipyn i helpu'r rhywogaeth yma yng Ngogledd Cymru, ac mae'n galonogol bod gwaith maes 2008–12 yn dangos sefyllfa debyg i gyfnod Atlas 1968–72.

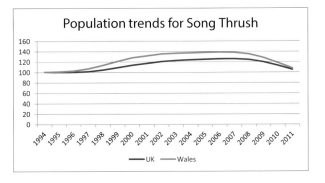

**Population trends for Song Thrush**

— UK  — Wales

years. BBS results show a 17% increase in Wales between 1995 and 2010 (Risely *et al.* 2012).

Forrest (1907) described the Song Thrush as "very common throughout North Wales". Lovegrove *et al.* (1994) noted that the Song Thrush comfortably outnumbered Blackbirds in the early decades of the twentieth century. The position changed from the 1920s and 1930s as Blackbird numbers increased, while Song Thrush numbers declined in the 1940s, with further declines later, particularly following severe winters.

Considerable effort has been made to try to improve the prospects of this species throughout the UK and most of the region's local authorities include the Song Thrush in their LBAP. Welsh biodiversity targets for this species include maintaining populations at 2003 levels and this has not been achieved in recent years. The Song Thrush will only remain a common and familiar breeding bird in North Wales if landscape-scale conservation and appropriate agri-environment targeting efforts are successful.

*Jane Hemming*

ASHLEY COHEN

Sponsored by/Noddwyd gan Gareth Jones

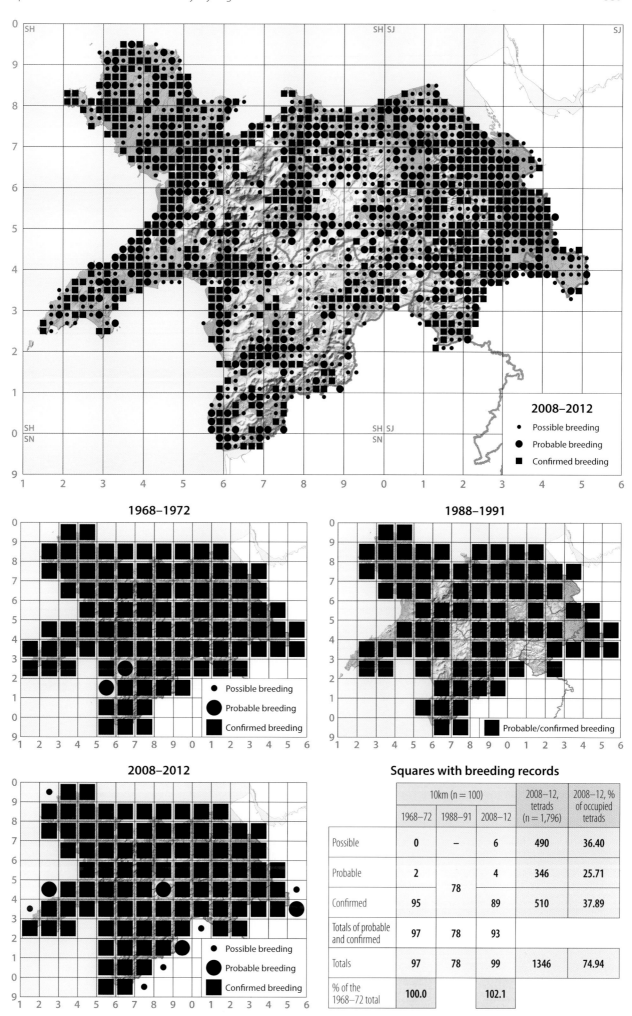

**1968–1972**

Possible breeding

Probable breeding

Confirmed breeding

**1988–1991**

Probable/confirmed breeding

**2008–2012**

Possible breeding

Probable breeding

Confirmed breeding

**2008–2012**

Possible breeding

Probable breeding

Confirmed breeding

### Squares with breeding records

| | 10km (n = 100) | | | 2008–12, tetrads (n = 1,796) | 2008–12, % of occupied tetrads |
|---|---|---|---|---|---|
| | 1968–72 | 1988–91 | 2008–12 | | |
| Possible | 0 | – | 6 | 490 | 36.40 |
| Probable | 2 | 78 | 4 | 346 | 25.71 |
| Confirmed | 95 | | 89 | 510 | 37.89 |
| Totals of probable and confirmed | 97 | 78 | 93 | | |
| Totals | 97 | 78 | 99 | 1346 | 74.94 |
| % of the 1968–72 total | 100.0 | | 102.1 | | |

# Mistle Thrush
## *Turdus viscivorus*
### Resident – Welsh conservation status: Green

This is the largest and the most assertive of our resident thrushes, with large bold spots, a characteristic 'rattling' call in flight and fluty song uttered high up in the treetops. Fearless in defence of its nest and jealously guarding its food sources during autumn and winter, the Mistle Thrush more than lives up to one of its Welsh names: *Pen y Llwyn* – 'the master of the copse'. Large flocks descend on berry-bearing trees such as Rowan in autumn, driving away all comers including species larger than themselves such as Woodpigeon.

A tree nester, it has expanded from woodland to breed in parkland, gardens and open countryside, where they have adapted to farmland. Where trees are sparse or absent, such as moorland, they may nest in walls, amongst rocks or even on the ground (1968–72 Atlas). Raising two, or occasionally three, broods, the Mistle Thrush has the shortest breeding season of the thrush family, lasting from the beginning of March until June and sometimes into July. Eggs may even be laid in February, earlier than other thrushes (Simms 1978); there is thus a risk of observers missing breeding evidence early in the season. Once the young are fledged, the parents often take them up into the hills to feed. A family party was feeding at around 705m on Glyder Fawr, Caernarfon, on 24 June 2011 (Rhion Pritchard pers. obs.).

Confirmed or Probable breeding was recorded in almost every 10km square in North Wales in the 1968–72 Atlas. A few gaps are evident in the 1988–91 Atlas, but results from our 2008–12 fieldwork show a similar picture to that of 1968–72, that is, apart from the absence of this species from the tip of Llŷn. At tetrad level, it appears to be largely absent from the highest ground, over about 450m, and from parts of western Llŷn, but is otherwise widespread. CBC/BBS results for the UK show a significant decline since the mid-1970s (Baillie *et al.* 2012), which has led to the Mistle Thrush being Amber-listed in the UK. The species is doing better in Wales, although it can be vulnerable if there is a harsh winter. BBS results indicate a stable population in Wales between 1995 and 2010 (Risely *et al.* 2012), and the Mistle Thrush is Green-listed here.

The Mistle Thrush was a scarce bird in Scotland and Ireland until there was a significant expansion in its range during the nineteenth century, but the evidence for Wales is less clear (Historical Atlas). Forrest (1907) described it as "more or less common" in almost all parts of North Wales, although not as numerous as the Song Thrush or Blackbird. Lovegrove *et al.* (1994) suggested that the Mistle Thrush did particularly well in pasture-rich agricultural areas, like Wales, where it bene-fited from double cuts of silage making ground invertebrates readily available. It can only be hoped that this species will continue to fare well in North Wales.

*Jane Hemming*

## Brych y Coed
Un o enwau lleol y rhywogaeth yma yw Pen y Llwyn, sy'n disgrifio'r modd y mae'n cymryd meddiant o lwyni sydd ag aeron arnynt. Mae'n nythu o ddechrau Mawrth hyd fis Mehefin, ond ambell dro yn dodwy yn Chwefror. Cynyddodd yn fawr yng nghanol y 19$^{eg}$ ganrif, ond yn dilyn lleihad sylweddol o ganol saithdegau'r ugeinfed ganrif ymlaen, rhoddwyd statws cadwraeth Oren iddo yn Lloegr. Gwyrdd yw ei statws yng Nghymru a'r Alban, ac ni nodwyd unrhyw leihad sylweddol yma dros y 35 mlynedd diwethaf. Awgrymwyd fod Brych y Coed yn gwneud yn well mewn ardaloedd lle mae llawer o borfa, megis Cymru, ac mae hefyd wedi medru manteisio ar goedwigoedd conwydd Gogledd Cymru.

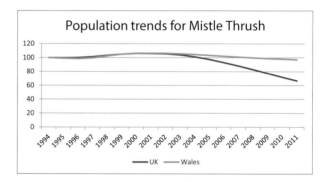

Population trends for Mistle Thrush

DEREK MOORE

**Sponsored by/Noddwyd gan the Forestry Commission**

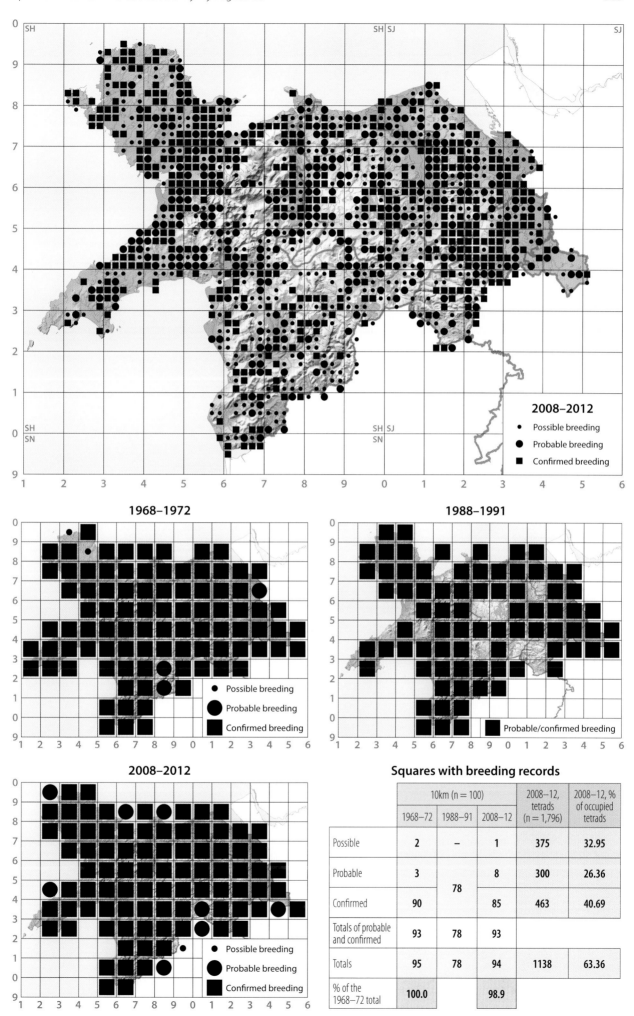

2008–2012
- Possible breeding
- Probable breeding
- Confirmed breeding

**1968–1972**
- Possible breeding
- Probable breeding
- Confirmed breeding

**1988–1991**
- Probable/confirmed breeding

**2008–2012**
- Possible breeding
- Probable breeding
- Confirmed breeding

### Squares with breeding records

| | 10km (n = 100) | | | 2008–12, tetrads (n = 1,796) | 2008–12, % of occupied tetrads |
|---|---|---|---|---|---|
| | 1968–72 | 1988–91 | 2008–12 | | |
| Possible | 2 | – | 1 | 375 | 32.95 |
| Probable | 3 | 78 | 8 | 300 | 26.36 |
| Confirmed | 90 | | 85 | 463 | 40.69 |
| Totals of probable and confirmed | 93 | 78 | 93 | | |
| Totals | 95 | 78 | 94 | 1138 | 63.36 |
| % of the 1968–72 total | 100.0 | | 98.9 | | |

# Spotted Flycatcher
## *Muscicapa striata*
**Summer visitor – Welsh conservation status: Red**

ASHLEY COHEN

### Gwybedog Mannog

Oddeutu canol Mai y daw'r Gwybedog Mannog yn ôl i Ogledd Cymru o dde Affrica, felly mae'n un o'r olaf o'n hymwelwyr haf i ddychwelyd. Nododd Forrest (1907) ei fod yn aderyn cyffredin yng Ngogledd Cymru. Hyd ganol yr ugeinfed ganrif roedd i'w weld yn rheolaidd mewn gerddi, parciau a mynwentydd, yn ogystal ag ar ymylon coedwigoedd. Dechreuodd ei niferoedd leihau yn niwedd y 1960au, yn enwedig yn ne Lloegr. Credir fod hyn oherwydd cyfuniad o ffactorau, yn yr ardaloedd lle mae'n gaeafu ac ar ei daith wrth fudo. Dengys y map tetrad ei fod yn bur wasgaredig, a bod y rhan fwyaf o'r cofnodion pendant o nythu yn yr ardaloedd mwy gwledig.

One of our last summer migrants to appear, the Spotted Flycatcher arrives in North Wales from southern Africa in mid-May. This rather nondescript species can easily go unnoticed as it has rather bland grey-brown plumage with a paler streaked breast and unlike some of the other dull-coloured passerines, it does not have a lovely voice to compensate. It does, however, have a close association with habitation and until the middle of the twentieth century was a regular feature of many gardens, parks and churchyards as well as its traditional sites of the woodland edge. As its name suggests, this species relies on a good supply of flying insects and it has the characteristic habit of choosing a regular perch from which to fly out, catch food and return, time after time.

The Spotted Flycatcher often places its nest within wall creepers or on a platform such as a building beam, backing onto a wall. It will take to small cavities, including open-fronted nestboxes provided they are not too deep and are placed in a sheltered position. Birds often return to the same breeding sites year after year, regularly rearing two broods. Where Spotted Flycatchers breed in close proximity to people they can be quite confiding and observing their nesting activities is relatively easy. However, these birds may be vulnerable to predation from domestic cats and Sparrowhawks.

Forrest (1907) recorded the Spotted Flycatcher as common in North Wales. There were no concerns for this species until a general UK population decline was first noted in the late 1960s, most severe in southern England. CBC/BBS trends have shown a steady but dramatic decline in the UK, amounting to 86% overall between 1966 and 2010 (Baillie *et al.* 2012). In Wales the time at which Spotted Flycatcher populations began to

decline is uncertain and it is not recorded on sufficient BBS squares for a specific Welsh trend to be calculated. In North Wales, this species is now undoubtedly quite scarce and a bird whose sighting is noteworthy. The reasons for the decline of the Spotted Flycatcher, along with that of several other trans-Saharan migrants, are complicated but habitat degradation in the Sahel region, where many of these birds overwinter, and similar problems in the Iberian peninsula, where these birds regularly stop over on their migration back to the UK, may be contributory causes of the decline (Migration Atlas).

The 10km maps from the 1968–72 Atlas through to the present Atlas still give the indication that this is a widespread species. However, the tetrad map from the 2008–12 fieldwork shows a thinly scattered distribution with records of Confirmed breeding in more rural locations mainly away from the coast and centres of population. No systematic counts of breeding birds have been undertaken in North Wales though there were a few studies in other parts of Wales in the 1990s (Green 2002). Detailed breeding distribution studies of this species in North Wales would be an aid to its conservation.

*Anne Brenchley*

Sponsored by/Noddwyd gan Julian Thompson, **Peter Rathbone**

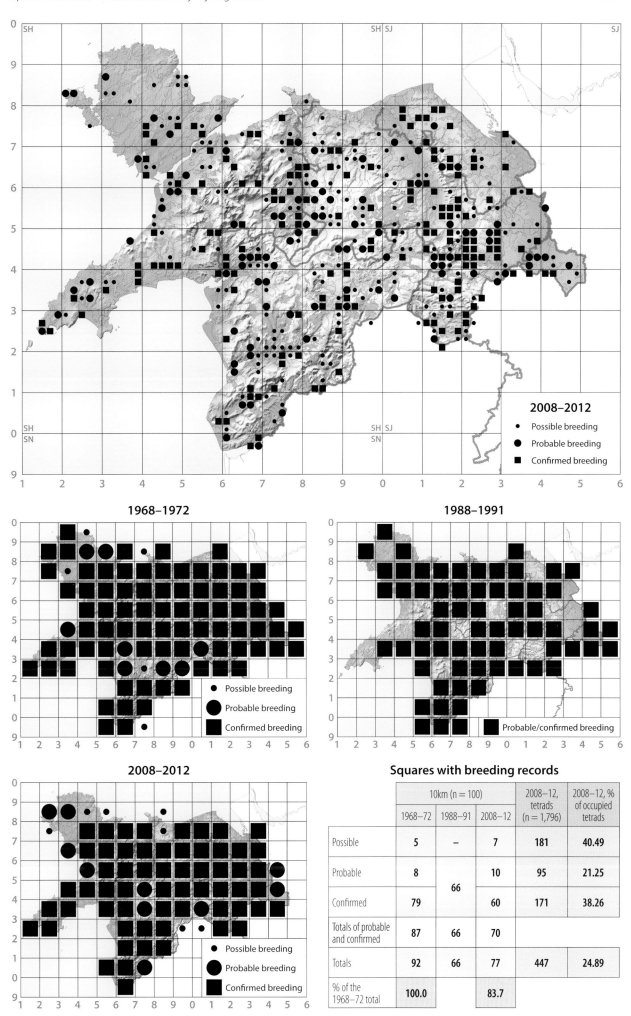

2008–2012

- Possible breeding
- Probable breeding
- Confirmed breeding

**1968–1972**

- Possible breeding
- Probable breeding
- Confirmed breeding

**1988–1991**

- Probable/confirmed breeding

**2008–2012**

- Possible breeding
- Probable breeding
- Confirmed breeding

## Squares with breeding records

| | 10km (n = 100) | | | 2008–12, tetrads (n = 1,796) | 2008–12, % of occupied tetrads |
|---|---|---|---|---|---|
| | 1968–72 | 1988–91 | 2008–12 | | |
| Possible | 5 | – | 7 | 181 | 40.49 |
| Probable | 8 | 66 | 10 | 95 | 21.25 |
| Confirmed | 79 | | 60 | 171 | 38.26 |
| Totals of probable and confirmed | 87 | 66 | 70 | | |
| Totals | 92 | 66 | 77 | 447 | 24.89 |
| % of the 1968–72 total | 100.0 | | 83.7 | | |

# Robin
## *Erithacus rubecula*
**Resident and passage migrant – Welsh conservation status: Green**

The Robin, with its red breast and fearless behaviour in gardens, is familiar to all. Its life history, breeding and territorial behaviour were studied by David Lack (whilst a schoolmaster in Devon), and his findings published in his ground-breaking book *The Life of the Robin* in 1943. After the breeding season, adults of both sexes establish individual territories, as do juveniles, so the early winter song of the Robin could be coming from either a female or a male. Some birds depart rather than remaining close to their breeding site, with many returning the following spring. Although a handful of British breeders have reached Spain, most are not thought to have moved far, with few ringing recoveries more than 20km away (Migration Atlas). Common in deciduous woodland, towns and villages, scrub, pasture farmland and coniferous woodland, the Robin's territory typically includes light to medium cover, open damp areas, and song posts which overlook the territory but offer some cover (BWP). In deciduous woodland and large gardens, breeding densities may reach 300 pairs per km² but is nearer 13 pairs per km² on farmland (Mead 1984).

The 10km maps in the 1968–72 Atlas, the 1988–91 Atlas and the 2008–12 fieldwork all show the Robin as breeding throughout North Wales with no obvious changes in distribution during this period. Data from the 2008–12 fieldwork show that the Robin was found in 86% of the tetrads in North Wales. Although generally absent from the uplands, it was recorded as high as 600m in a forestry plantation on the northern fringe of the Dyfi Forest. The secretive behaviour of the adults around the nest no doubt contributed to breeding being Confirmed in only 59% of occupied tetrads.

There is no evidence of long-term changes in abundance in Wales but, as elsewhere, short-term fluctuations have been

### Robin Goch
Mae'r Robin Goch yn aderyn cyffredin mewn coedwigoedd llydanddail, trefi a phentrefi, prysgwydd, porfa a choedwigoedd conwydd. Fel rheol, mae ei diriogaeth yn cynnwys mannau i gysgodi, mannau agored gwlyb a chlwydi canu, sy'n rhoi golygfa dros ei diriogaeth. Nid oes tystiolaeth o unrhyw newid yn ei niferoedd yng Nghymru dros y tymor hir, ond fel mewn mannau eraill, gall ei niferoedd amrywio yn dilyn gaeafau oer. Dengys data ar gyfer y DU fod y Robin Goch wedi cynyddu'n sylweddol er canol y 1980au, ond mae'n ymddangos nad yw'n gwneud cystal yng Nghymru. Awgryma data BBS fod ei niferoedd yma wedi gostwng o 9% rhwng 1995 a 2010, tra gwelwyd cynnydd o 10% yn y DU i gyd dros yr un cyfnod.

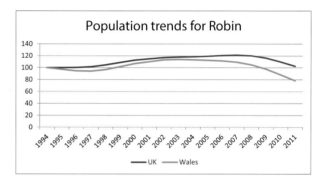

noted after harsh winters: in 1962/63, for example, when its population was drastically reduced but quickly recovered (Lovegrove *et al.* 1994). CBC/BBS and CES data for the UK show that the Robin has increased markedly since the mid-1980s, recovering from the adverse effects of a succession of cold winters. The increase would appear to have resulted from an overall reduction in nest failure rates at both egg and chick stages, which led to improvements in the number of fledglings produced in each breeding attempt (Baillie *et al.* 2012).

Recently, Robins seem to be faring less well in Wales than in the UK as a whole. BBS data for Wales revealed a 9% decrease between 1995 and 2010. There has been a further significant decrease of 24% in Wales between 2010 and 2011 (Risely *et al.* 2012), almost certainly due to the cold winters of 2009/10 and 2010/11.

In the early 1900s the Robin was described as "plentiful everywhere except on very elevated land" in North Wales (Forrest 1907). This status would appear to have been maintained since then but with cold winters causing fluctuations in the population from time to time.

*Richard Groves*

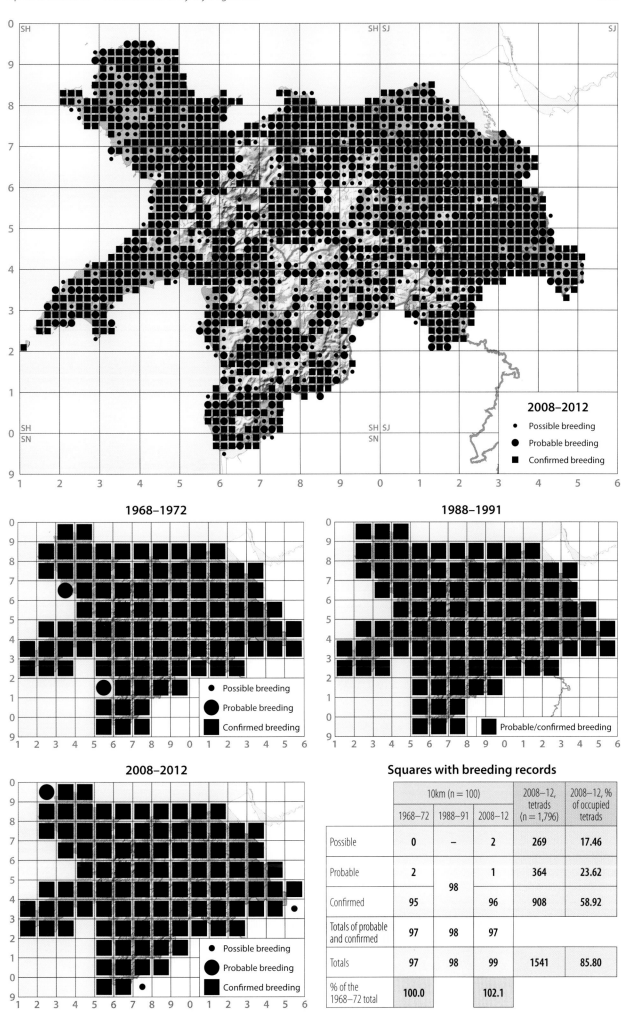

**2008–2012**

- • Possible breeding
- ● Probable breeding
- ■ Confirmed breeding

**1968–1972**

- • Possible breeding
- ● Probable breeding
- ■ Confirmed breeding

**1988–1991**

- ■ Probable/confirmed breeding

**2008–2012**

- • Possible breeding
- ● Probable breeding
- ■ Confirmed breeding

## Squares with breeding records

| | 10km (n = 100) | | | 2008–12, tetrads (n = 1,796) | 2008–12, % of occupied tetrads |
|---|---|---|---|---|---|
| | 1968–72 | 1988–91 | 2008–12 | | |
| Possible | 0 | – | 2 | 269 | 17.46 |
| Probable | 2 | 98 | 1 | 364 | 23.62 |
| Confirmed | 95 | | 96 | 908 | 58.92 |
| Totals of probable and confirmed | 97 | 98 | 97 | | |
| Totals | 97 | 98 | 99 | 1541 | 85.80 |
| % of the 1968–72 total | 100.0 | | 102.1 | | |

# Pied Flycatcher

## *Ficedula hypoleuca*

**Summer visitor – Welsh conservation status: Red**

MALCOLM GRIFFITH

## Gwybedog Brith

Nytha'r Gwybedog Brith o'r arfordir hyd at y coetiroedd uchaf, mewn coed derw a bedw sydd ar eu llawn dwf. Gellir ei weld ger glannau afonydd a llynnoedd lle y tyf coed gwern neu fedw hynafol, ac mewn gerddi os darperir blychau nythu iddo. Yr adegau gorau i'w weld yw ddiwedd Ebrill pan fydd y ceiliogod yn canu, ac yn ddiweddarach yn y tymor pan fwydir y cywion. Dengys gwaith maes 2008–12 nad yw'r Gwybedog Brith i'w gael ym Môn nac yn y rhan helaethaf o benrhyn Llŷn nac mewn llawer ardal ddwyreiniol ac arfordirol yn Ninbych a'r Fflint. Mae'r Arolwg o Adar Nythu'n dangos bod ei niferoedd wedi haneru yn y Deyrnas Unedig rhwng 1995 a 2010 a chan mai yng Nghymru y ceir y rhan fwyaf o Wybedogion Brith, mae'n sicr bod y niferoedd wedi lleihau yma.

What is *the* Welsh bird? Until a few years ago, it would have been the Red Kite, but now these can be seen in many parts of British Isles. Discounting the Chough (a third of them are in the Isle of Man), a quick look at the abundance map in the 1988–91 Atlas clinches it: if you want to see Pied Flycatchers, go to Wales and the Marches. Of course, they don't hang around: arriving in April, they lay only a single clutch of eggs and most have left their breeding areas by mid-June, but then many of our most exciting birds are also summer migrants. The Pied Flycatcher also scores by being quite handsome, especially the male.

They are most easily detected in late April when the males are singing and later when adults are feeding young in the nest. Once the young have fledged, both adults and young seem to disperse rapidly from the breeding sites so it is quite possible to miss this species entirely unless sites are visited at the appropriate time. The Pied Flycatcher's preferred breeding habitat is mature Sessile Oak and birch woodland, usually with little or no ground cover. They are equally at home near sea level and up to the tree limit in the uplands, generally below 400m. They can be found at higher elevations in conifer plantations if nestboxes are provided and also at waterside sites, particularly those with old Alders and birches, as well as in gardens with nestboxes. The 2008–12 fieldwork shows that the species is absent from Anglesey, most of Llŷn and many eastern and coastal parts of Denbigh and Flint.

Forrest (1907) described the Pied Flycatcher as "occurring in all counties except Anglesey". He reported that it was rare along the coast and rather local inland but common in many wooded valleys especially in Meirionnydd. The 10km maps for 1968–72, 1988–91 and 2008–12 do not show any significant range changes, apart from possible losses along the eastern edge of Denbigh and Flint. This species, however, is Red-listed in Wales, so we need to examine evidence of population changes. BBS results show a 50% decline in the UK population from 1995 to 2010 (Risely *et al.* 2012), which must indicate a significant decline in Wales where the bulk of the population breeds. For example, at Coedydd Aber NNR near Bangor, 99 boxes have been monitored since 1983. From a peak of 60 boxes occupied by Pied Flycatchers in 1990, numbers have declined, with five-year averages of 47.0 (1995–99), 35.6 (2000–04) and 26.6 (2005–09). The breeding season has become progressively earlier, with mean first egg dates eight days earlier over the 20 years to 2000. This trend has continued since 2000. Studies in the Netherlands have shown that Pied Flycatchers have declined most at sites where they cannot match the climate-related advances in hatching dates displayed by the caterpillars on which they feed their young (Both *et al.* 2006). Despite declining populations, the Pied Flycatcher is still a characteristic species of our oakwoods and should remain so for some time to come.

*Geoff Gibbs*

**Sponsored by/Noddwyd gan Geoff Gibbs**

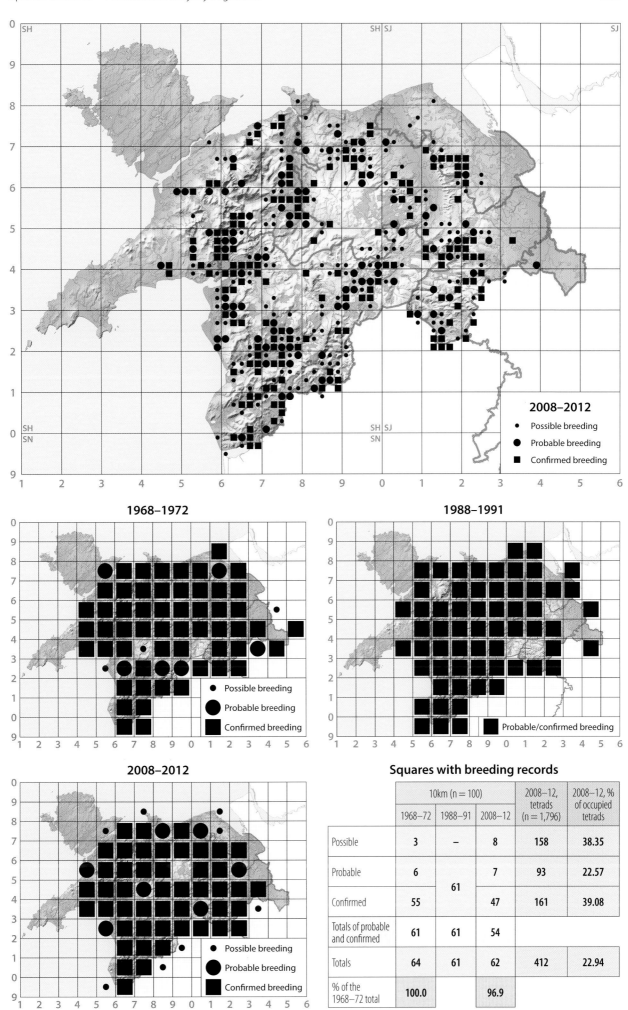

**1968–1972**

**1988–1991**

Possible breeding

Probable breeding

Confirmed breeding

Probable/confirmed breeding

**2008–2012**

Possible breeding

Probable breeding

Confirmed breeding

**2008–2012**

Possible breeding

Probable breeding

Confirmed breeding

### Squares with breeding records

| | 10km (n = 100) | | | 2008–12, tetrads (n = 1,796) | 2008–12, % of occupied tetrads |
|---|---|---|---|---|---|
| | 1968–72 | 1988–91 | 2008–12 | | |
| Possible | 3 | – | 8 | 158 | 38.35 |
| Probable | 6 | 61 | 7 | 93 | 22.57 |
| Confirmed | 55 | | 47 | 161 | 39.08 |
| Totals of probable and confirmed | 61 | 61 | 54 | | |
| Totals | 64 | 61 | 62 | 412 | 22.94 |
| % of the 1968–72 total | 100.0 | | 96.9 | | |

# Redstart
*Phoenicurus phoenicurus*

**Summer visitor – Welsh conservation status:** Amber

Arriving from early April, the male Redstart is one of our smartest passerines, on a par with the highly coloured tanagers and sunbirds of the tropics, which are probably familiar to any well-travelled reader. The abundance map in the 1988–91 Atlas showed that Wales held a significant proportion of the British population. Although the Redstart is one of the characteristic birds of Sessile Oak woods, along with Pied Flycatcher and Wood Warbler, in fact it favours a wider range of habitats. It nests in broadleaved or mixed woodland, copses and parks, extending up to the tree-line, and will readily nest in holes in buildings, whether occupied or derelict. Barnes (1997) described Redstarts nesting in Caernarfon at altitudes up to 450m in stone walls. It will use nestboxes, preferably with a hole of 5cm diameter or more as these perhaps mimic old woodpecker holes. This size preference means that boxes put up for tits and Pied Flycatchers are not often occupied, at least in our area.

With Confirmed breeding in 407 tetrads, the Redstart is more widely distributed and presumably more numerous than the Pied Flycatcher (161 tetrads). Redstarts are almost completely absent from Anglesey and most of Llŷn and are also very scarce in the eastern parts of Denbigh and Flint. This might appear puzzling at first as there are plenty of apparently suitable nesting places in these areas, but our 2008–12 fieldwork found there are comparatively few Redstarts breeding below 250m.

There are no major differences apparent in the 10km maps resulting from the three Atlases. The species account for the 1988–91 Atlas suggests that although there had been losses since 1968–72, these were mainly in the periphery of its range, such as eastern England, and populations in Wales by implication were doing well. More recent population changes in Wales are quantified in the BBS index for the period 1995–2010, which shows a 27% increase (Risely *et al.* 2012).

Forrest (1907) described the distribution of this species as peculiar and at first sight puzzling, but then decided that the Redstart occurred in all the well-wooded lowland valleys and hardly anywhere else. Spence (NEWBR 2007) considered that there had probably been a decline in north-east Wales in the century following Forrest's assessment and Norman (2008) also noted a decline in neighbouring Cheshire between 1978–84 and 2004–06. Jones and Whalley (2004) listed a number of breeding records in eastern Anglesey, with no more than three pairs in any one year; most records were from woodland along the Menai Strait. Since then, there have been singing males in several years, but no breeding recorded. All in all, the Redstart in Wales seems to be doing well, in contrast to the Pied Flycatcher and Wood Warbler.

*Geoff Gibbs*

## Tingoch

Mae'r ceiliog Tingoch ymhlith yr harddaf o'n hadar. Nytha mewn coedwigoedd llydanddail neu gymysg, mewn coedlannau neu mewn parciau, a gall ddefnyddio tyllau mewn adeiladau. Mae'r Tingoch bron yn hollol absennol o Fôn a'r rhan fwyaf o benrhyn Llŷn, ac yn brin iawn yn rhannau dwyreiniol Dinbych a Fflint. Nid oes fawr ddim gwahaniaeth i'w weld rhwng mapiau 10 cilomedr y tri Atlas. Dengys canlyniadau BBS i'w nifer gynyddu o 27% yng Nghymru rhwng 1995 a 2010. Roedd yn amlwg o ganlyniadau Atlas 1988–91 fod rhan sylweddol o boblogaeth Prydain yn nythu yng Nghymru, ac mae'n ymddangos fod y Tingoch yn gwneud yn dda yma, yn wahanol i'r Gwybedog Brith a Thelor y Coed.

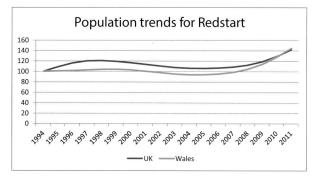

Population trends for Redstart

MIKE NESBITT

**Sponsored in memory of/Noddwyd er cof am Marie Rathbone**

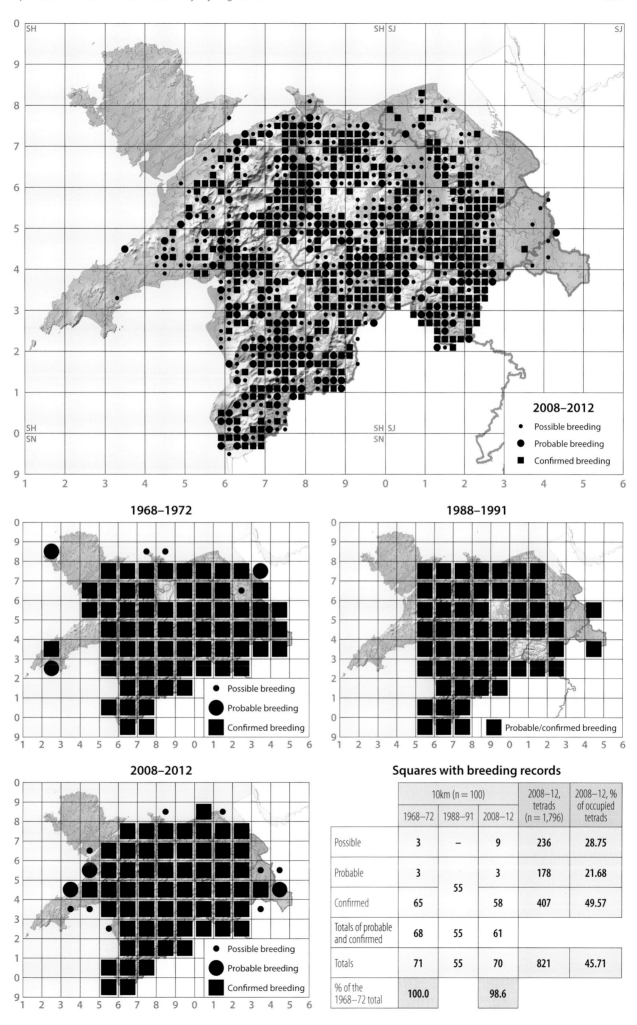

**1968–1972**

- Possible breeding
- Probable breeding
- Confirmed breeding

**1988–1991**

- Probable/confirmed breeding

**2008–2012**

- Possible breeding
- Probable breeding
- Confirmed breeding

**2008–2012**

- Possible breeding
- Probable breeding
- Confirmed breeding

## Squares with breeding records

| | 10km (n = 100) | | | 2008–12, tetrads (n = 1,796) | 2008–12, % of occupied tetrads |
|---|---|---|---|---|---|
| | 1968–72 | 1988–91 | 2008–12 | | |
| Possible | 3 | – | 9 | 236 | 28.75 |
| Probable | 3 | 55 | 3 | 178 | 21.68 |
| Confirmed | 65 | | 58 | 407 | 49.57 |
| Totals of probable and confirmed | 68 | 55 | 61 | | |
| Totals | 71 | 55 | 70 | 821 | 45.71 |
| % of the 1968–72 total | 100.0 | | 98.6 | | |

# Whinchat

## *Saxicola rubetra*

**Summer visitor – Welsh conservation status: Green**

JOHN LAWTON ROBERTS

## Crec yr Eithin

Gallwch weld Crec yr Eithin ar ffriddoedd a mynydd-dir hyd at uchder o tua 500 medr. Aderyn mudol ydyw. Bydd yn cyrraedd ddiwedd Ebrill ac yn nythu ar lechweddau rhedynnog neu eithinog, neu ar borfa arw, yn enwedig mewn llecynnau corslyd. Dengys ein map mai'r Berwyn a Mynydd Rhiwabon yn y dwyrain yw ei gadarnleoedd. Ers cyfnod Atlas 1968–72, bu gostyngiad sylweddol yn nifer y sgwariau lle y cofnodwyd y rhywogaeth hon. Erbyn hyn, mae bron wedi diflannu o'r tir isel – er enghraifft, o benrhyn Llŷn lle'r arferai fod yn weddol gyffredin. Yn ôl pob tebyg, newidiadau mewn dulliau rheoli tir sy'n rhannol gyfrifol am hyn. Mae coedwigoedd conwydd ifanc yn gynefin addas iawn i Grec yr Eithin ond ni all eu defnyddio wedi i'r coed dyfu.

A male Whinchat singing from a bush or fence post brightens any day in the hills in spring or early summer. It is a fairly conspicuous species, and breeding is usually easy to confirm as family parties are noisy and unlikely to be missed. A characteristic bird of the ffridd and upland areas up to about 500m or a little higher, it is a summer visitor, usually arriving in late April and breeding on Bracken-covered slopes, rough grassland, gorse, moorland, recently planted forestry and clearfell areas. It particularly favours upland boggy areas, provided suitable song posts are available, and is often found near streams (Ben Stammers pers. comm.).

Our map shows it to be largely confined to the uplands, with few records on lower ground. Though widespread in the uplands, it is quite sparsely distributed in the west of our area, with the Berwyn and Ruabon Mountains in the east apparently the main strongholds. In areas such as the Carneddau, the eastern side of the mountains seem to be favoured; this ties in with a recent study indicating that the species favoured areas with a south or east-facing aspect (Calladine & Bray 2012). As far as range is concerned, there is no indication of any marked changes since the 1988–91 Atlas, but there has been a considerable contraction compared with the 1968–72 Atlas. This showed the Whinchat present in the lowlands in areas such as Llŷn where it is now absent. There was a marked contraction in the Whinchat's range in Britain in the 1970s and 1980s. Lovegrove *et al.* (1994) described a reduction in the lowland population in Wales but an increase in the

uplands, and estimated the Welsh population as 5,000–6,000 pairs. Green (2002) stated that CBC data suggested a decline of 16–20% since 1991, and revised the population estimate for Wales to 2,400 pairs. The Whinchat is now likely to be a candidate for future inclusion on the Red List for Wales. It has probably been affected by land management changes and the maturing of conifer plantations, which are excellent habitat in the early stages but not used once the canopy closes. Another reason for a decline in some areas could be competition with Stonechats, which are dominant over Whinchats and will chase invading Whinchats from their territory (Migration Atlas). Upland Stonechat numbers have increased greatly over the last 50 years due to the absence of prolonged severe winter weather. The reduction in Stonechat numbers following unusually cold weather in January and December 2010 might benefit the Whinchat, if only temporarily.

In North Wales as elsewhere, the Whinchat was formerly a common breeding bird on rough grassland in the lowlands. Forrest (1907) described it as being generally more common than Stonechat inland but less common than this species by the sea. However, it was numerous on the coastal flats from Pwllheli to Tywyn, though it seems never to have been common on Anglesey.

*Rhion Pritchard*

**Sponsored by/Noddwyd gan Rhion Pritchard**

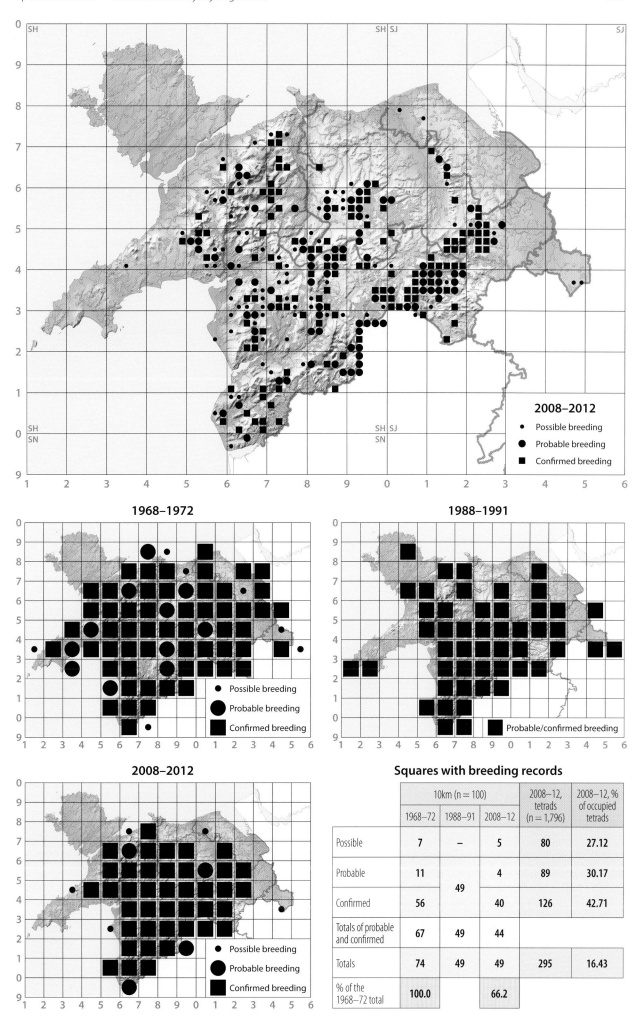

**1968–1972**

- Possible breeding
- Probable breeding
- Confirmed breeding

**1988–1991**

- Probable/confirmed breeding

**2008–2012**

- Possible breeding
- Probable breeding
- Confirmed breeding

**2008–2012**

- Possible breeding
- Probable breeding
- Confirmed breeding

## Squares with breeding records

| | 10km (n = 100) | | | 2008–12, tetrads (n = 1,796) | 2008–12, % of occupied tetrads |
|---|---|---|---|---|---|
| | 1968–72 | 1988–91 | 2008–12 | | |
| Possible | 7 | – | 5 | 80 | 27.12 |
| Probable | 11 | 49 | 4 | 89 | 30.17 |
| Confirmed | 56 | | 40 | 126 | 42.71 |
| Totals of probable and confirmed | 67 | 49 | 44 | | |
| Totals | 74 | 49 | 49 | 295 | 16.43 |
| % of the 1968–72 total | 100.0 | | 66.2 | | |

# Stonechat
## *Saxicola rubicola*
**Resident (partial migrant) – Welsh conservation status: Green**

The Stonechat is a conspicuous species that seems eager to be included in all bird surveys, with its two-pebbles alarm call and habit of perching prominently on fences and gorse bushes. Other birds can be easily missed, but not the Stonechat. It is classed as a partial migrant, with a proportion of British birds (perhaps mainly birds hatched that year) moving south to winter in southern Iberia. Many do not migrate and pairs remain on their territories throughout the winter (Migration Atlas). These resident birds are susceptible to harsh winters due to their small size, insectivorous diet and habit of foraging in open countryside.

The Stonechat inhabits rough ground with scattered bushes and raised perches or other observation posts. The tetrad map shows a strong presence along the coast of north-west Wales: inland they are mainly confined to the uplands but excluding the very highest ground. Many of the inland pairs are likely to be on ffridd, and a survey of breeding birds in this particular habitat in North Wales, carried out by the BTO in 2008–09 for CCW, found a strong association for Stonechat (at the territory and individual record scale) with Bracken mosaics that also contained gorse (Johnstone, I.G. *et al.* 2011). Many of the coastal habitats are also likely to contain gorse.

In the 1968–72 Atlas most records were on the coast and low-lying western areas. Twenty years later, there were more occupied 10km squares away from the coast, and the 2008–12 map shows considerable penetration inland, with only four inland 10km squares lacking any evidence of breeding. Two of these were located in the mainly low-lying and intensively farmed Vale of Clwyd. Over the last 40 years this species has clearly colonised the uplands, probably as a result of a run of mild winters.

BBS data for Wales shows a 350% increase from 1995 to 2006, since when the population has declined although it still shows a 250% increase overall since 1995 (Risely *et al.* 2012).

## Clochdar y Cerrig
Aderyn sy'n hoffi tir garw gyda llwyni gwasgaredig yw Clochdar y Cerrig. Mae rhai o'r adar sy'n nythu ym Mhrydain yn symud tua'r de, i aeafu yn Iberia. Erys rhai parau ar eu tiriogaethau trwy'r gaeaf. Yn 1968–72, daeth y rhan fwyaf o'r cofnodion o'r arfordir a'r tir isel yn y gorllewin. Dengys map 2008–12 eu bod yn awr i'w gweld ymhellach o'r môr, a dim ond pedwar o'r sgwariau 10 cilomedr sydd heb unrhyw dystiolaeth o nythu. Dros y deugain mlynedd diwethaf, mae'r rhywogaeth yma wedi ymledu ar draws yr ucheldir, o ganlyniad i gyfres o aeafau tyner. Gellir gweld effeithiau'r tywydd ar Ynys Enlli, lle ceir uchafswm o tua deuddeg pâr, ond dim ond ychydig barau, neu ddim, yn dilyn gaeaf caled.

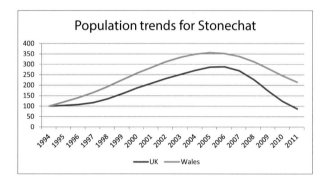

**Population trends for Stonechat**

More locally, changes in the number of Stonechats breeding on Bardsey since 1953 may illustrate population trends on Llŷn (BBFOR). Numbers build up gradually after a hard winter to a maximum of around 12 pairs (seemingly the carrying capacity), only to drop to a few pairs, or none, as a result of a hard winter. There were 12 territories in late March 1961 but, after some cold weather in the winter of 1961/62, only six territories were recorded in 1962; following the very severe winter of 1962/63, none bred in 1963 and 1964. There were two pairs in 1965 and by 1967 the population was up to at least seven pairs. The fact that none bred in 1963 suggests that these Stonechats were indeed resident and perished in 1962/63.

Forrest (1907) reported the Stonechat as being most numerous near the coasts, especially in Anglesey, where it was extremely common. He stated that only a small proportion of the local birds were resident whereas now the situation appears to be reversed. Therefore, the future prospects for the Stonechat in North Wales are likely to be linked to the severity of winter weather.

*Geoff Gibbs*

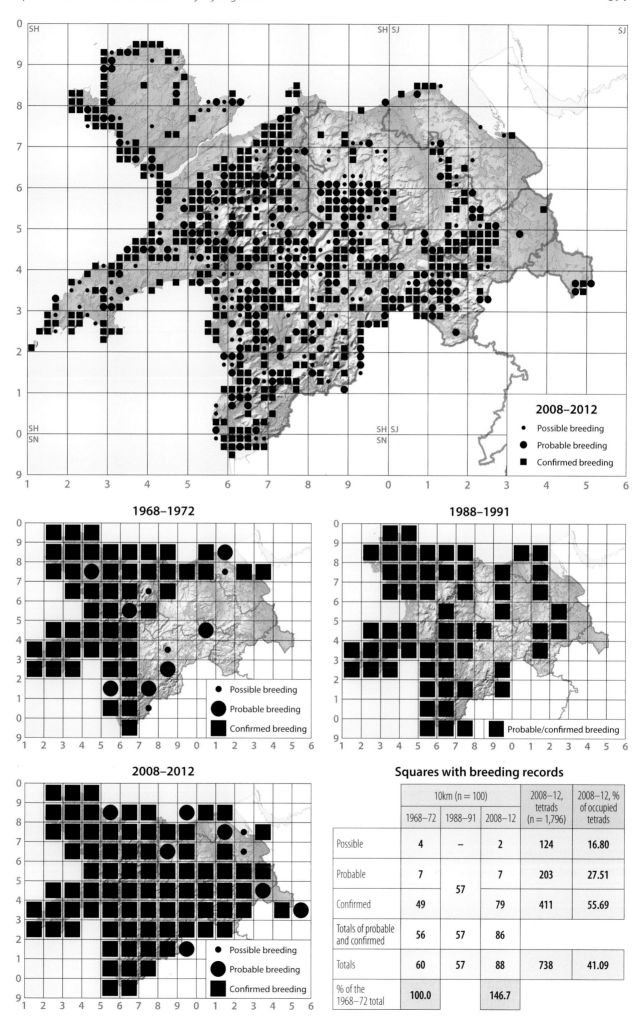

2008–2012

- Possible breeding
- Probable breeding
- Confirmed breeding

**1968–1972**

- Possible breeding
- Probable breeding
- Confirmed breeding

**1988–1991**

- Probable/confirmed breeding

**2008–2012**

- Possible breeding
- Probable breeding
- Confirmed breeding

**Squares with breeding records**

| | 10km (n = 100) | | | 2008–12, tetrads (n = 1,796) | 2008–12, % of occupied tetrads |
|---|---|---|---|---|---|
| | 1968–72 | 1988–91 | 2008–12 | | |
| Possible | 4 | – | 2 | 124 | 16.80 |
| Probable | 7 | 57 | 7 | 203 | 27.51 |
| Confirmed | 49 | | 79 | 411 | 55.69 |
| Totals of probable and confirmed | 56 | 57 | 86 | | |
| Totals | 60 | 57 | 88 | 738 | 41.09 |
| % of the 1968–72 total | 100.0 | | 146.7 | | |

# Wheatear
## *Oenanthe oenanthe*
**Summer visitor and passage migrant – Welsh conservation status:** Amber

The first view of a Wheatear in the hills is often the flash of a white rump as the bird flies away because, despite the striking plumage of the male, it can be surprisingly difficult to spot on a scree-covered slope. It spends the winter in the semi-arid areas south of the Sahara, and is one of the first migrants to return in spring. Some birds arrive in mid-March, though egg-laying is usually not until late April or May. For breeding, it requires well-drained open ground with short vegetation and suitable nest sites. Birds breeding in the lowlands usually nest in holes, often in Rabbit burrows, while in the uplands they use cavities in stone walls or nest on the ground amongst scree or under rocks (Conder 1989). It feeds mainly on insects and, apart from the highest tops where the vegetation is kept short by the climate, it depends on grazing by sheep or Rabbits to provide suitable feeding areas. Some birds recorded in suitable breeding habitat on the coast could be migrants, including birds of the larger, brighter race breeding in Greenland (*O.o. leucorhoa*), which pass through our area from late April to mid-May.

The tetrad map shows that only a few Wheatears breed below about 300m, a pattern similar to that noted for Britain in the 1988–91 Atlas. Nearly all the lowland records of Confirmed breeding came from the coast. In the uplands it is widespread, absent only from forestry plantations or areas of rough grassland, heather moorland or blanket bog with no exposed rock or stone walls for nesting. It breeds in the Carneddau up to at least 970m. Compared with the 1968–72 and 1988–91 Atlas maps, our map at 10km level shows little change in its distribution. There may be a few gains along the coast of Anglesey, but breeding Wheatears remain very scarce there, with Confirmed breeding in only one tetrad. BBS results for Wales show a 16% decline between 1995 and 2010 (Risely *et al.* 2012), while a survey of a sample of marginal upland grassland sites in Wales, England and southern Scotland showed a 96% decline between 1968–80 and 1999–2000 (Henderson *et al.* 2004). A greater proportion of 'improved' pasture and increased predation by species such as Carrion Crow were thought to be possible reasons for this decline.

Forrest (1907) regarded the Wheatear as common in North Wales, found around the coast and on warrens and stony hillsides inland. He considered that it was most numerous near the sea, though it was comparatively scarce in north Anglesey and along the coasts of Denbigh and Flint. There may well have been a large decline in the coastal population over the last century. The effects of myxomatosis on the Rabbit population from the mid-1950s onwards led to a reduction in the availability of close-cropped vegetation along the coast and may have made some areas unsuitable for the Wheatear (Conder 1989). A reduction in sheep grazing in the uplands could be bad news for this species.

*Rhion Pritchard*

## Tinwen y Garn
Aderyn sy'n nodweddiadol o'r mynyddoedd yw Tinwen y Garn. Mae'n treulio'r gaeaf yn Affrica ac yn dychwelyd o ganol Mawrth ymlaen. Ei anghenion ar gyfer nythu yw porfa fer i fwydo a lle addas i guddio'r nyth, er enghraifft ymysg creigiau neu mewn waliau cerrig. Heblaw am y rhannau uchaf o'r mynyddodd, lle mae'r hinsawdd yn cadw'r tyfiant yn fyr, mae'n dibynnu ar bori gan ddefaid neu wningod. Dengys ein map tetrad mai ychydig o adar sy'n nythu islaw uchder o tua 300 medr, ac eithrio ambell un ger yr arfordir. Ar lefel 10 cilomedr, nid oes llawer o newid i'w weld er cyfnod Atlas 1968–72, er bod canlyniadau BBS yn awgrymu gostyngiad o 16% yng Nghymru rhwng 1995 a 2010.

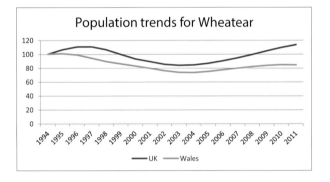
Population trends for Wheatear

Sponsored by/Noddwyd gan Steve Austin, Louise Jones

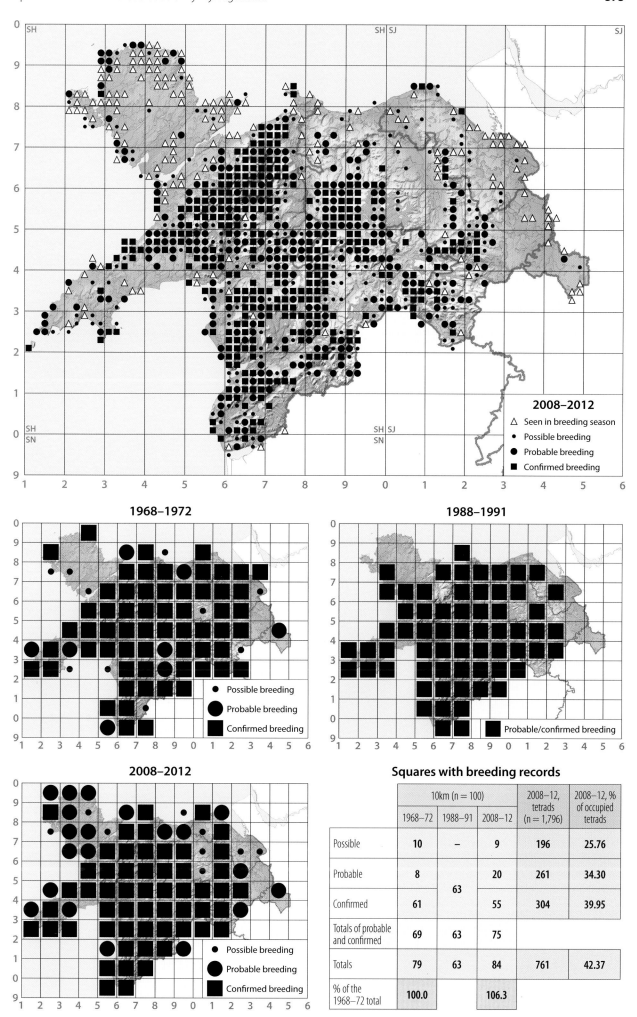

**1968–1972**

**1988–1991**

Possible breeding

Probable breeding

Confirmed breeding

Probable/confirmed breeding

**2008–2012**

△ Seen in breeding season

• Possible breeding

● Probable breeding

■ Confirmed breeding

Possible breeding

Probable breeding

Confirmed breeding

### Squares with breeding records

| | 10km (n = 100) | | | 2008–12, tetrads (n = 1,796) | 2008–12, % of occupied tetrads |
|---|---|---|---|---|---|
| | 1968–72 | 1988–91 | 2008–12 | | |
| Possible | 10 | – | 9 | 196 | 25.76 |
| Probable | 8 | 63 | 20 | 261 | 34.30 |
| Confirmed | 61 | | 55 | 304 | 39.95 |
| Totals of probable and confirmed | 69 | 63 | 75 | | |
| Totals | 79 | 63 | 84 | 761 | 42.37 |
| % of the 1968–72 total | 100.0 | | 106.3 | | |

# Dunnock
## *Prunella modularis*
### Resident – Welsh conservation status: Green

The conspicuous wing-flicking courtship display and clear, quite loud song in early spring draws attention to these normally unobtrusive birds. They are found in virtually any habitat with dense, low cover including woodland edge, hedgerows, all types of wet and dry coastal scrub, parks, gardens, ffridd and even rank heather on open moorland up to 530m in the Rhinogau (Lovegrove *et al.* 1994). During 2008–12 fieldwork they were recorded at 600m on the northern edge of the Dyfi Forest. BBS results show them to be most frequent in villages (Robinson 2005). They mainly feed on the ground, foraging for a wide variety of invertebrates and, especially during the winter, for seeds. British breeding Dunnocks are highly sedentary, with young birds generally moving only very short distances from their place of hatching (Migration Atlas).

The social and sexual behaviour of the Dunnock is unique amongst Welsh birds. Whilst many individuals are monogamous, some males are polygynous, breeding with more than one female, and some females are polyandrous, breeding with two or more males. Some even exhibit polygynandry, where two or three males pair with two to four females; the males and females occupying separate but overlapping territories, in an effort to maximise access to members of the opposite sex (Davies 1992). They typically lay two to three clutches each of four to six eggs. They are one of the main hosts for the Cuckoo, allowing the latter to breed over large areas where another important host, the Meadow Pipit, is scarce.

The 1968–72 Atlas map illustrates that almost every 10km square was occupied. The current 10km map displays blanket distribution across the region, but the tetrad map suggests that there are few Dunnocks above 400m altitude. In 2008–12 fieldwork this was the eleventh most widespread species in North Wales.

## Llwyd y Gwrych
Ceir Llwyd y Gwrych bron ymhobman lle ceir cysgod isel a thrwchus, megis ymylon coedwigoedd, gwrychoedd, prysgwydd arfordirol gwlyb neu sych, parciau, gerddi a ffriddoedd, a hyd yn oed mewn grug tal neu ar rostir agored. Ar y ddaear y mae'n chwilio am fwyd gan mwyaf, yn cynnwys amrywiaeth o anifeiliaid di-asgwrn-cefn ac, yn enwedig yn y gaeaf, hadau. Dengys map Atlas 1968–72 i adar gael eu cofnodi bron ymhob sgwâr 10 cilomedr, ac fe'i cofnodwyd ymhob sgwâr yng ngwaith maes 2008–12. Ar y map tetrad, gwelir mai prin yw Llwyd y Gwrych yn uwch na 400 medr. Cynyddodd ei nifer yng Nghymru o 30% rhwng 1995 a 2010. Gall cyfnodau hir o oerni effeithio arno, a bu gostyngiad o 22% rhwng 2010 a 2011.

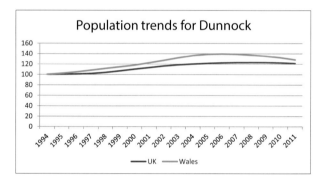

**Population trends for Dunnock**

— UK — Wales

Forrest (1907) described Dunnocks as "common and generally distributed in all suitable districts" in North Wales, even at a considerable altitude on the moors and mountains. CBC results from 1962 to 1988 showed a shallow but progressive decline since the mid-1970s (Marchant *et al.* 1990). This source suggests that the Dunnock's complex social life might mean the species was not well monitored by the CBC territory mapping method. At a UK level, BBS results show a 22% increase over the period 1995–2010, with Welsh plots showing a 30% increase. However, Dunnocks are vulnerable to the effects of prolonged cold spells and BBS results showed a 22% decrease in Wales between 2010 and 2011 (Risely *et al.* 2012). On Bardsey, where the population has ranged from five to 35 pairs, there were sharp declines after the hard winters of 1962/63 and 1981/82 to five pairs. However, there were 34 pairs on the island in 2011, despite the severity of the previous winter; an increase in bird feeding stations and the keeping of domestic fowl may have helped winter survival. Despite the effects of hard weather in winter, we would expect the Dunnock to remain a common breeding species across lowland North Wales.

*Simon Hugheston-Roberts*

HUGH LINN

Sponsored by/Noddwyd gan Mandy Marsh

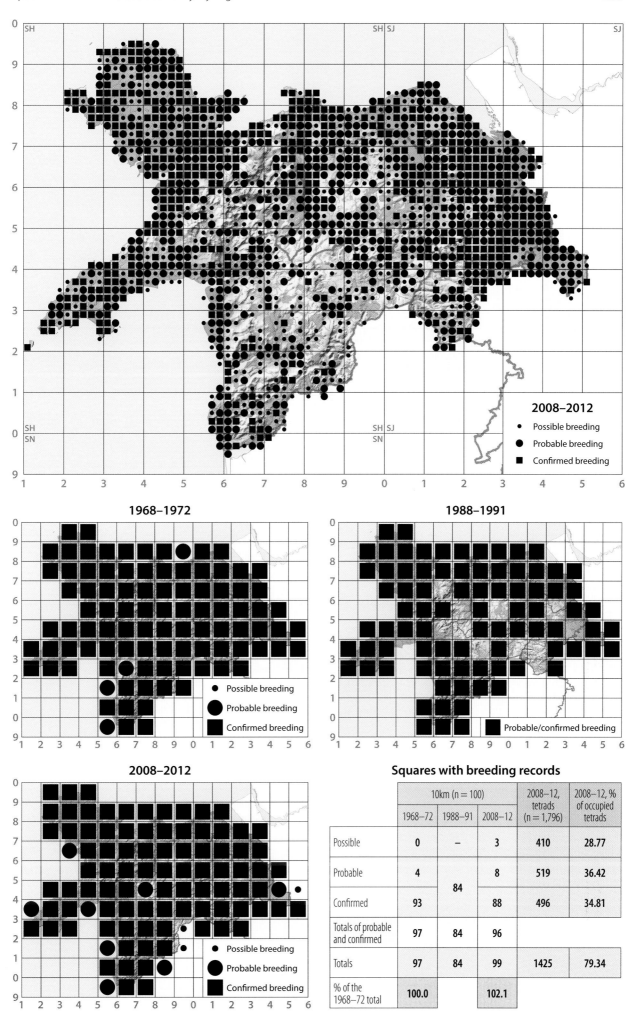

2008–2012

• Possible breeding
● Probable breeding
■ Confirmed breeding

1968–1972

• Possible breeding
● Probable breeding
■ Confirmed breeding

1988–1991

■ Probable/confirmed breeding

2008–2012

• Possible breeding
● Probable breeding
■ Confirmed breeding

## Squares with breeding records

| | 10km (n = 100) | | | 2008–12, tetrads (n = 1,796) | 2008–12, % of occupied tetrads |
|---|---|---|---|---|---|
| | 1968–72 | 1988–91 | 2008–12 | | |
| Possible | 0 | – | 3 | 410 | 28.77 |
| Probable | 4 | 84 | 8 | 519 | 36.42 |
| Confirmed | 93 | | 88 | 496 | 34.81 |
| Totals of probable and confirmed | 97 | 84 | 96 | | |
| Totals | 97 | 84 | 99 | 1425 | 79.34 |
| % of the 1968–72 total | 100.0 | | 102.1 | | |

# House Sparrow
## *Passer domesticus*
**Resident – Welsh conservation status:** Amber

ASHLEY COHEN

### Aderyn y To

Adar sy'n nythu gyda'i gilydd yw Adar y To, a gallant ddefnyddio unrhyw gilfach fechan megis dan fondo tŷ. Llysieuol yw eu bwyd yn bennaf, yn enwedig hadau, ond mae'r oedolion a'r cywion yn bwyta anifeiliaid di-asgwrn-cefn yn ystod y tymor nythu. Cadarnhawyd nythu bron ymhob sgwâr 10 cilomedr yn ystod gwaith maes 2008–12, ond gwelir o'r map tetrad bod Aderyn y To yn brin ar dir uwch na 400 medr. Daeth y nifer fwyaf o gofnodion o ogledd-ddwyrain Cymru, rhannau o Fôn ac ardal Bangor a Chaernarfon. Efallai bod hyn oherwydd cysylltiad clos yr aderyn â phobl. Lleihaodd ei nifer yn sylweddol mewn rhannau o ddwyrain Lloegr yn y blynyddoedd diwethaf, ond yng Nghymru cynyddodd ei nifer o 106% rhwng 1995 a 2010.

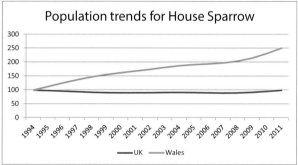

**Population trends for House Sparrow**

— UK — Wales

With their streaky brown backs and buff breasts, female House Sparrows are the archetypal 'Little Brown Job'. Males are more distinctive, with grey crown, more heavily streaked backs and characteristic black bib. Largely sedentary, House Sparrows are very gregarious and are usually seen in chattering groups around garden bird feeders, or in farmyards. They are colonial hole-nesters and will take advantage of any small crevice such as under the eaves of buildings. Their diet is mostly vegetarian, with seeds forming the bulk, but invertebrates also feature in the diet of both adults and nestlings during the breeding season.

The 2008–12 fieldwork shows Confirmed breeding in almost every 10km square of the region, but the tetrad map shows that the House Sparrow is largely absent above 400m. In the lowlands, the House Sparrow is widespread, its distribution a reflection of its adaptability to diverse habitats. The highest density of occupied tetrads is in north-east Wales, parts of Anglesey and around Bangor and Caernarfon town. This may be due to the species' close relationship with people. However, even in the less populated rural parts of the lowlands, House Sparrows also find many suitable nest sites and abundant food sources where stock rearing occurs. In contrast, upland farms, especially those specialising in sheep, appear to be less favoured although House Sparrows can be found where winter sheds for cattle are located (Geoff Gibbs pers. obs.).

The relationship between House Sparrow population abundance and changing agricultural practices is a complex one. Crick *et al.* (2002) concluded that changes in agricultural practice, such as fewer overwintered stubbles, have decreased the availability of autumn and winter seed supplies for House Sparrows. In England, this species in particular is also

likely to have been strongly affected by stricter hygiene rules governing the storage of grain and the loss of nest sites as buildings are renovated (Brown & Grice 2005).

Forrest (1907) stated that "In North Wales, as elsewhere, the Sparrow is the most abundant of birds", though it was said to be quite scarce in north Meirionnydd and south Caernarfon and perhaps least numerous on Anglesey. CBC/BBS results showed a 71% decline in England between 1977 and 2009 (Baillie *et al.* 2012). Between 1995 and 2010 there was a marked decline in several regions in eastern England, including a 69% decline in London. Whilst the fall in House Sparrow numbers on farmland is still thought to be due to lack of resources as a result of agricultural intensification, the reason for the decline in cities is not clear (Baillie *et al.* 2012). By contrast, this species is doing very well in Wales, where it depends less on the availability of grain than in eastern England, and BBS results show a 106% increase between 1995 and 2010 (Risely *et al.* 2012). Increases were also recorded in Scotland and Northern Ireland. The continued trend in North Wales for pastoral farming and cattle rearing no doubt contributes to maintaining a healthy population of House Sparrows.

*Siân Whitehead*

Sponsored by/Noddwyd gan Jane and Ian Hemming

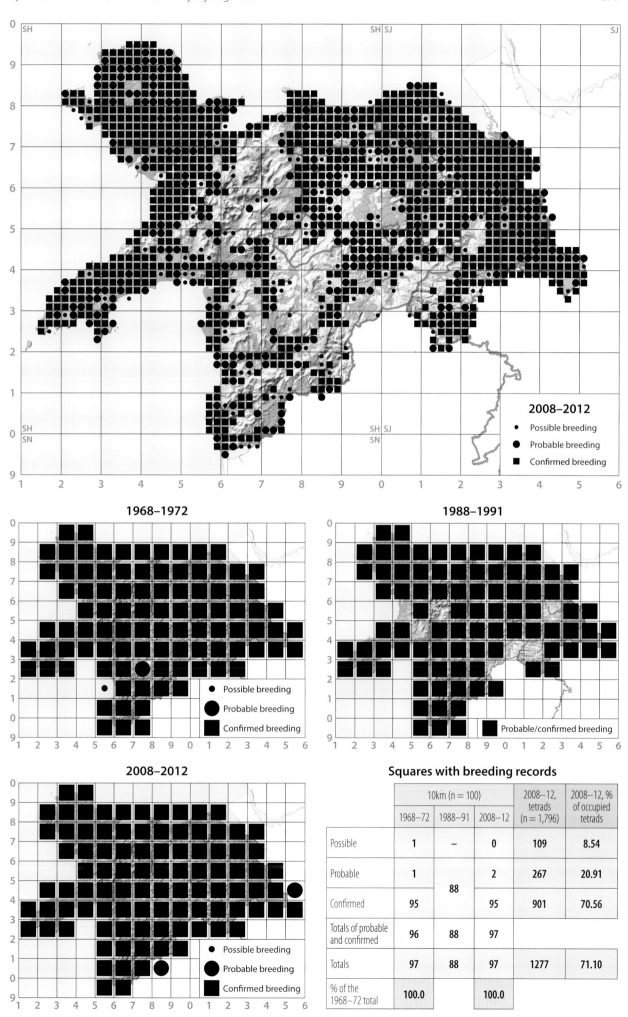

**1968–1972**

**1988–1991**

Possible breeding

Probable breeding

Confirmed breeding

Probable/confirmed breeding

**2008–2012**

Possible breeding

Probable breeding

Confirmed breeding

Possible breeding

Probable breeding

Confirmed breeding

**2008–2012**

**Squares with breeding records**

| | 10km (n = 100) | | | 2008–12, tetrads (n = 1,796) | 2008–12, % of occupied tetrads |
|---|---|---|---|---|---|
| | 1968–72 | 1988–91 | 2008–12 | | |
| Possible | 1 | – | 0 | 109 | 8.54 |
| Probable | 1 | 88 | 2 | 267 | 20.91 |
| Confirmed | 95 | | 95 | 901 | 70.56 |
| Totals of probable and confirmed | 96 | 88 | 97 | | |
| Totals | 97 | 88 | 97 | 1277 | 71.10 |
| % of the 1968–72 total | 100.0 | | 100.0 | | |

# Tree Sparrow
## *Passer montanus*
### Resident – Welsh conservation status: Red

The Tree Sparrow is the daintier of our two resident species of sparrow, having a beautiful, clean appearance and cheerful "chip" call. Males and females have the same plumage. Lovegrove *et al.* (1994) reported Tree Sparrows as having a "very scattered distribution" in Wales and this remains a reasonable phrase to use now. They frequent farmland which has sufficient seed to enable birds to feed through the winter. They also need some water close to their nest sites, because they feed their nestlings with invertebrates bred in standing water. Breeding is, therefore, often adversely affected by hot, dry spells in summer. They start to nest in April and can raise three broods by the time breeding stops about mid-August. They are usually sedentary and even young birds may in subsequent years join the same colony as their parents to breed.

Tree Sparrows are at the western edge of their global distribution in Wales (Summers-Smith 1995). In the main, the current breeding distribution is in lowland areas with arable farms, particularly where cereals are grown. Some colonies have established (and declined) in areas where 'artificial' feed has been provided all year by householders. For reasons unknown, Tree Sparrows sometimes abandon a colony, even where food is provided throughout the year, and without clear evidence of predation (pers. obs.). At the 10km level, a decline of 55% in distribution is of considerable concern and there are now no breeding records west of the Afon Conwy. In the course of the 2008–12 fieldwork two colonies near Bodelwyddan vanished: at one colony the birds just disappeared at the end of a breeding season whilst at the other, the majority of nestboxes were taken over by House Sparrows. The

## Golfan y Mynydd

Mae Golfan y Mynydd yn nythu o fis Ebrill hyd tua chanol Awst, ac yn medru magu tair nythaid o gywion. Fe'i gwelir ar y tir isel lle ceir ffermydd tir âr yn tyfu grawn. Ei gadarnleoedd yw dyffrynnoedd afon Dyfrdwy ac afon Tanat. Prin y cofnodwyd nythu o gwbl i'r gorllewin o afon Conwy, a chofnodwyd ef mewn 49% yn llai o sgwariau 10 cilomedr nag yn Atlas 1968–72. Ni fu cofnod pendant o nythu ym Meirionnydd na Chaernarfon er dechrau'r 1970au, nac ar Ynys Môn ers rhai blynyddoedd bellach, felly dim ond Dinbych a Fflint sy'n weddill. Awgryma'r gostyngiad fod posibilrwydd y gallai Gogledd Cymru golli Golfan y Mynydd fel aderyn sy'n nythu yn y 20–30 mlynedd nesaf.

association with river valleys remains clear, but mainly along the Dee, with some birds breeding near the Tanat in the south.

Tree Sparrows are encountered so infrequently that they cannot be monitored by the BBS in Wales as a region. However the decrease in distribution in North Wales mirrors population decline across the UK as measured by the BBS nationally. The decrease in distribution, which is quite marked, even within the last 20 years, suggests that there is a real possibility that North Wales may lose Tree Sparrow as a breeding species in the next 20–30 years. This could be prevented by taking action to improve opportunities for colonies to thrive, including features such as ensuring ample food is available in winter and summer and provision of suitable nest sites.

Forrest (1907) described the Tree Sparrow as "Resident; very local; probably occurs in all counties, but not identified in Merioneth." At his time, it seems that some people were not able to reliably distinguish them from House Sparrows. The decline of the Tree Sparrow was not clearly apparent during the twentieth century because its population was so scattered and local. The last confirmed breeding in Meirionnydd was in 1972 near Corwen and in Caernarfon in 1973 at Abergwyngregyn. Breeding on Anglesey seems to have stopped within the last 5–6 years, indicating that the species' range is contracting eastwards in Denbigh and Flint.

*Ian M. Spence*

STEVE CULLEY

**Sponsored by/Noddwyd gan Ian M. Spence**

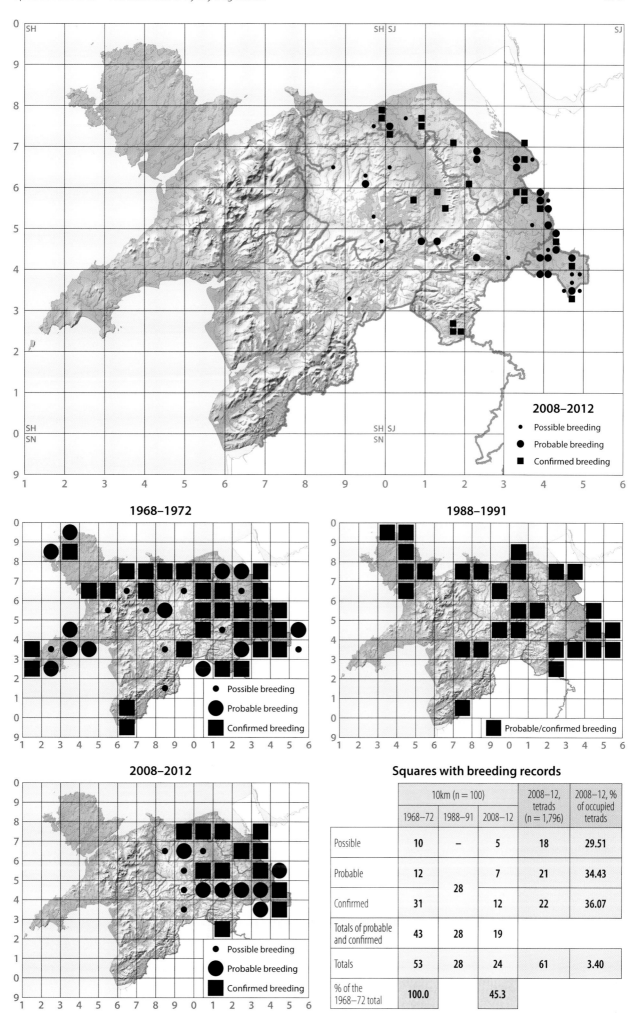

**2008–2012**
- Possible breeding
- Probable breeding
- Confirmed breeding

**1968–1972**
- Possible breeding
- Probable breeding
- Confirmed breeding

**1988–1991**
- Probable/confirmed breeding

**2008–2012**
- Possible breeding
- Probable breeding
- Confirmed breeding

## Squares with breeding records

| | 10km (n = 100) | | | 2008–12, tetrads (n = 1,796) | 2008–12, % of occupied tetrads |
|---|---|---|---|---|---|
| | 1968–72 | 1988–91 | 2008–12 | | |
| Possible | 10 | – | 5 | 18 | 29.51 |
| Probable | 12 | 28 | 7 | 21 | 34.43 |
| Confirmed | 31 | | 12 | 22 | 36.07 |
| Totals of probable and confirmed | 43 | 28 | 19 | | |
| Totals | 53 | 28 | 24 | 61 | 3.40 |
| % of the 1968–72 total | 100.0 | | 45.3 | | |

# Yellow Wagtail
## *Motacilla flava*
**Summer visitor and passage migrant – Welsh conservation status: Red**

This elegant summer migrant that winters in the Sahel, south of the Sahara, reaches the UK in April and has usually departed by late August. It is considered to be a bird of water meadows, coastal saltmarshes and other lowland sites, usually with standing water, such as reservoirs (Lovegrove *et al.* 1994). It also breeds in arable crops, especially in the Sealand area, Flint (Forrest, 1907; Lovegrove *et al.* 1994). Breeding was Confirmed in a field of young Maize at Sandycroft in Flint during a BBS survey visit in 2010. Even here in the far north-east of Wales, the race of Yellow Wagtails that breeds in Britain is at the western edge of its usual distribution. Other races occur infrequently on migration.

Our tetrad map shows just how restricted its distribution is in North Wales. It is confined to the agricultural area in the Shotwick to Sandycroft area in Flint, the Dee flood meadows and at Fenn's Moss, Denbigh. Forrest (1907) mentioned that sometimes migrants in the west bred near Tywyn and the Dyfi estuary, Meirionnydd, whilst the majority carried on northwards. It was reported to breed around Llyn Tegid until about the 1930s (Condry 1981). There was an unexpected example of breeding outside the normal range in 2008, when a pair decided that the area near Abersoch, Caernarfon, suited their requirements and they bred in an isolated potato field. Luckily, the finder had previously worked on farms in Cheshire and so was quite familiar with the species.

Even at the time that Forrest (1907) was writing, the Yellow Wagtail was not a common bird across North Wales. It was very rare on Anglesey and at best an uncommon breeder in Caernarfon and Denbigh, but was "very common" at Sealand

### Siglen Felen
Treulia'r Siglen Felen y gaeaf yn Affrica i'r de o'r Sahara. Mae'n dychwelyd atom ni ym mis Ebrill, ac fel rheol mae wedi gadael erbyn diwedd Awst. Dengys ein map tetrad ei bod wedi ei chyfyngu i'r ardal amaethyddol rhwng Shotwick a Sandycroft yn Fflint a gorlifdir afon Dyfrdwy a Fenn's Moss yn Ninbych. Roedd hefyd un cofnod annisgwyl o nythu ger Abersoch yn 2008. Hyd yn oed pan ysgrifennai Forrest (1907), nid oedd y Siglen Felen yn aderyn cyffredin yng Ngogledd Cymru. Roedd yn brin ar Ynys Môn ac yn anghyffredin yng Nghaernarfon a Dinbych. Efallai bod map 1968–72 yn dangos sefyllfa ychydig gwell nag yng nghyfnod Forrest, ond erbyn hyn mae wedi diflannu o lawer ardal.

where it nested "in fields of strawberries, corn, cabbage, and so on, always at a considerable distance from any fence". The 1968–72 Atlas map may have shown an improved situation since Forrest's time, but thereafter there has been contraction of both range and numbers. Lovegrove *et al.* (1994) estimated that as few as 45–50 pairs bred in North Wales. If all of our tetrad records led to actual breeding, with a slight possibility of more than one pair per tetrad, the current population is likely to be just 10–20 pairs. The species' Red-listed conservation status is unlikely to change and it is to be hoped that it will not become extinct as a breeding species.

*Ian M. Spence*

Sponsored by/Noddwyd gan Richard Arnold

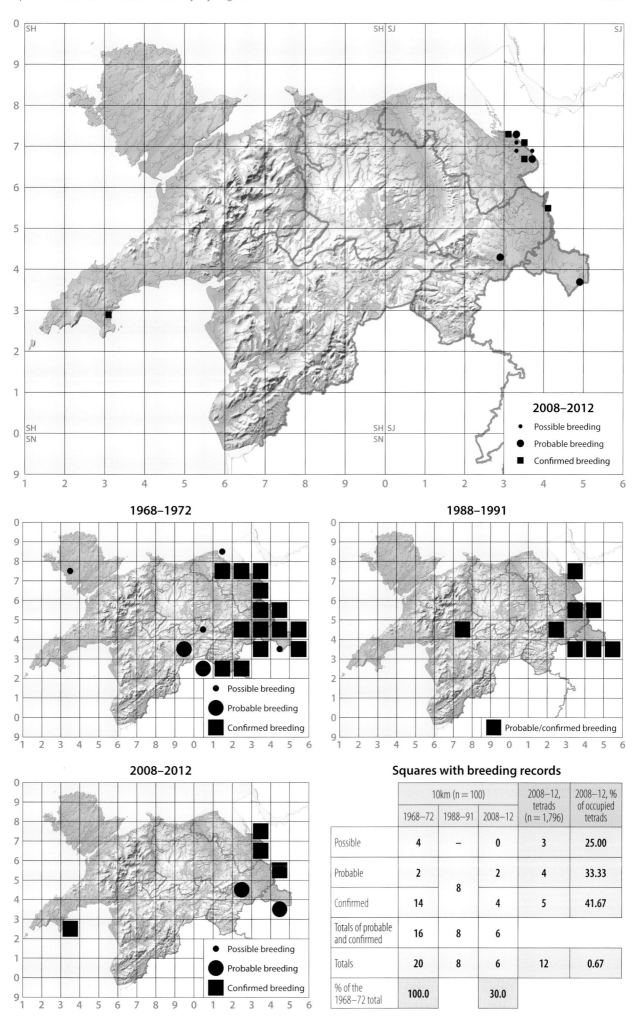

**2008–2012**

· Possible breeding

● Probable breeding

■ Confirmed breeding

**1968–1972**

· Possible breeding

● Probable breeding

■ Confirmed breeding

**1988–1991**

■ Probable/confirmed breeding

**2008–2012**

· Possible breeding

● Probable breeding

■ Confirmed breeding

### Squares with breeding records

| | 10km (n = 100) | | | 2008–12, tetrads (n = 1,796) | 2008–12, % of occupied tetrads |
| --- | --- | --- | --- | --- | --- |
| | 1968–72 | 1988–91 | 2008–12 | | |
| Possible | 4 | – | 0 | 3 | 25.00 |
| Probable | 2 | 8 | 2 | 4 | 33.33 |
| Confirmed | 14 | | 4 | 5 | 41.67 |
| Totals of probable and confirmed | 16 | 8 | 6 | | |
| Totals | 20 | 8 | 6 | 12 | 0.67 |
| % of the 1968–72 total | 100.0 | | 30.0 | | |

# Grey Wagtail
## *Motacilla cinerea*
**Resident – Welsh conservation status: Green**

ASHLEY COHEN

### Siglen Lwyd

Yn y tymor nythu, gellir gweld y Siglen Lwyd ar afonydd, a hyd yn oed ar gamlesi, mewn trefi a phentrefi lawn cystal ag ar nentydd ac afonydd anghysbell yn y mynyddoedd. Mae'n nythu ger y dŵr neu'n agos ato, ar silffoedd clogwyni, ar waliau neu dan bontydd. Er ei bod yn nythu ar afonydd yr iseldir a'r ucheldir, mae'n fwy niferus ar nentydd mynyddig lle ceir disgyniad serth, creigiau neu fanciau graean, digonedd o bryfed y dŵr a chyflenwad o fannau nythu. Er cyfnod Atlas 1968–72, mae'r nifer o sgwariau 10 cilomedr lle cofnodwyd adar wedi cynyddu ychydig, yn arbennig ar Ynys Môn, ond mae'r nifer o sgwariau lle cadarnhawyd nythu yn parhau bron yr un fath.

The 2008–12 fieldwork shows that there are gaps in the distribution of Grey Wagtails in North Wales. They are scarce in lowland Denbigh, in coastal Meirionnydd and on Anglesey and Llŷn, where there are few suitable watercourses. Whilst they occur on both lowland and upland waters, higher densities are found on mountain streams and rivers with a steep gradient, an abundance of rocks or shoals, abundant aquatic insects and plentiful nest sites. Up to four pairs per km have been found on the Eglwyseg River, near Llangollen (Roberts & Jones 2003).

Forrest (1907) reported that this was "one of the most characteristic birds of North Wales", common on hill streams in summer and only found on lower ground in winter. In Forrest's time the Grey Wagtail occurred mainly as a migrant on Anglesey. Since the 1968–72 Atlas the occupancy of 10km squares in North Wales has increased slightly, notably on Anglesey, but the number of squares with Confirmed breeding remains much the same. Grey Wagtails suffer severely in cold winters and the population was greatly reduced following the 1962/63 winter when, after Kingfishers, they were the hardest-hit species. However, a series of relatively mild winters allows the population to recover quite quickly. Although it is Amber-listed for the UK, the Grey Wagtail population is not of concern in Wales.

*Steph Tyler*

The Grey Wagtail is always a welcome sight along rivers and lakes. It is arguably the most beautiful of our three species of breeding wagtails, with its yellow belly and breast, mid-grey back and, for the male in the breeding season, a black bib. Grey Wagtails may be seen throughout the year along rivers and streams in North Wales. However, in the winter birds tend to move down to lower altitudes and often then occur on the coast or at farmyards and sewage works. Grey Wagtails are partial migrants, with birds making long southward movements, reaching as far as France in some cases. Birds in North Wales in the winter could be residents or migrants from Scotland or northern England or even from the Continent (Migration Atlas). Grey Wagtails feed on a wide range of small insects and other invertebrates, from midges to dragonflies. Foraging behaviour includes walking or running along the water's edge and catching insects by pecking at the surface of the ground, jumping up to catch a passing insect or probing in mud or shoals, as well as hawking out from trees for flying insects, which it catches with superb aerobatics.

In the breeding season, birds are as likely to be found on rivers, even canals, in towns and villages, as they are on streams and rivers in remote mountainous country. They prefer to nest by or close to water, often on cliff ledges, in walls and in or under bridges. Occasionally birds will breed in buildings up to 0.5km from a watercourse. In North Wales they seem to have a particular liking for disused slate quarries. They breed almost two weeks earlier now than they did 20–30 years ago, sometimes rearing three broods in a season.

**Sponsored by/Noddwyd gan Carole Walker**

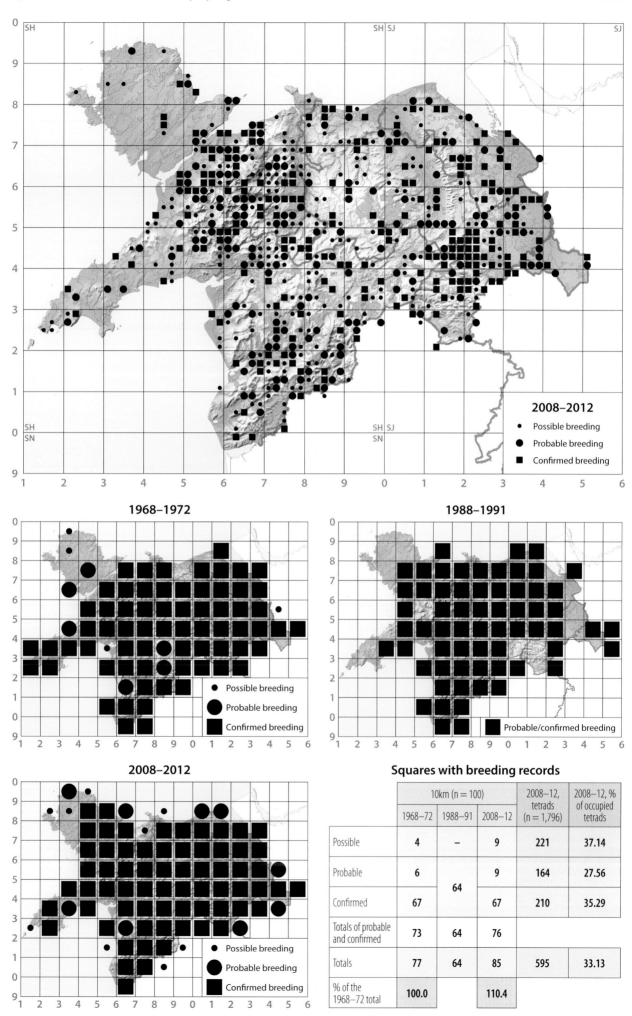

2008–2012

- • Possible breeding
- ● Probable breeding
- ■ Confirmed breeding

1968–1972

- • Possible breeding
- ● Probable breeding
- ■ Confirmed breeding

1988–1991

- ■ Probable/confirmed breeding

2008–2012

- • Possible breeding
- ● Probable breeding
- ■ Confirmed breeding

**Squares with breeding records**

| | 10km (n = 100) | | | 2008–12, tetrads (n = 1,796) | 2008–12, % of occupied tetrads |
|---|---|---|---|---|---|
| | 1968–72 | 1988–91 | 2008–12 | | |
| Possible | 4 | – | 9 | 221 | 37.14 |
| Probable | 6 | 64 | 9 | 164 | 27.56 |
| Confirmed | 67 | | 67 | 210 | 35.29 |
| Totals of probable and confirmed | 73 | 64 | 76 | | |
| Totals | 77 | 64 | 85 | 595 | 33.13 |
| % of the 1968–72 total | 100.0 | | 110.4 | | |

# Pied Wagtail
## *Motacilla alba yarrellii*
### Resident – Welsh conservation status: Green

The Pied Wagtail is one of our most familiar breeding birds. In the breeding season, the male is a smart, dapper bird with its black back and sooty flanks, which clearly distinguishes it as our resident subspecies of *Motacilla alba*. Another subspecies, the White Wagtail, *M.a. alba* does not breed in Britain but is a common passage migrant in both spring and autumn. The Atlas website allowed entries of both Pied and Pied/White Wagtails. We decided that the latter, if they had breeding codes, should be treated as Pied Wagtails.

This species occupies a wide range of habitats, preferring open areas, such as close-cropped grassland, where it can catch flies. Unlike the Yellow Wagtail, it avoids tall or dense vegetation, except for roosting. The nest is usually in a hole or crevice and can be difficult to find. However, Pied Wagtails usually have two broods, and can readily be seen feeding their young between mid-May and early July. Most upland breeding areas are vacated in late summer and autumn (Migration Atlas). Almost all of the birds breeding on Bardsey depart for the winter and return from early March (BBFOR). For a largely insectivorous species this is probably a good move in view of the winter gales experienced there! Pied Wagtails roost communally outside the breeding season, often choosing a warm location such as a group of urban trees.

Fieldwork in 2008–12 showed the Pied Wagtail to be widely distributed, though scarce above 400m, and absent from moorland and woodland. In the breeding season it is particularly associated with dry-stone walls, often near water, and farm buildings in livestock areas. The availability of insect food is an essential requirement. Examples include

DEREK MOORE

## Siglen Fraith
Mae'r Siglen Fraith yn un o'n hadar mwyaf cyfarwydd, yn defnyddio amrywiol gynefinoedd. Ei hoff gynefin yw tir agored, megis porfa fer, lle gall ddal pryfed. Dangosodd gwaith maes 2008–12 ei bod i'w chael bron ymhobman, er ei bod yn brin yn uwch na 400 medr ac yn absennol o rostir a choedwigoedd. Yn y tymor nythu, mae'n aml i'w gweld o gwmpas waliau cerrig sych, yn enwedig gerllaw dŵr, ac adeiladau ffermydd lle cedwir anifeiliaid. Disgrifiodd Forrest (1907) y Siglen Fraith fel aderyn cyffredin yn iseldiroedd Gogledd Cymru, gyda phâr o amgylch buarth pob fferm hyd at uchder o fil o droedfeddi (304m) neu fwy. Erys hyn yn wir heddiw.

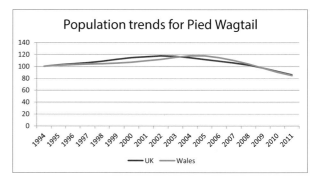

Population trends for Pied Wagtail

Chironomid midges on pasture (Davies 1977), and items scavenged from roads, such as caterpillars fallen from overhanging trees and insects hit by cars (1988–91 Atlas). Both Pied and White Wagtails can often be seen hunting for insects on saltmarsh.

The 10km maps from the three Atlases show that this is a widespread species in our area, with no obvious changes in distribution over 40 years. CBC data for UK farmland plots showed that a strong increase occurred from 1964 to the mid-1970s. Initially this could have been a recovery from the effects of the 1962/63 winter. Since 1974 little overall change is evident in the CBC/BBS index for the UK. However, BBS data for Wales showed an 11% decrease over the period 1995–2010 (Risely *et al.* 2012). The long-term trend in UK abundance is similar to those for Wren and Long-tailed Tit, which are also insectivorous, but strictly resident (Baillie *et al.* 2012).

Forrest (1907) described the Pied Wagtail as being common throughout North Wales in the lowlands, and with a pair about the farmyard at every hill-farm up to an elevation of 300m or more. This still seems to be the situation today. Numbers on Bardsey increased from three pairs in the years up to 1984 to 11 pairs in 2011 (BBFOR). Unfortunately, this increase is not reflected across the rest of North Wales.

*Geoff Gibbs*

Sponsored by/Noddwyd gan Peter Burton

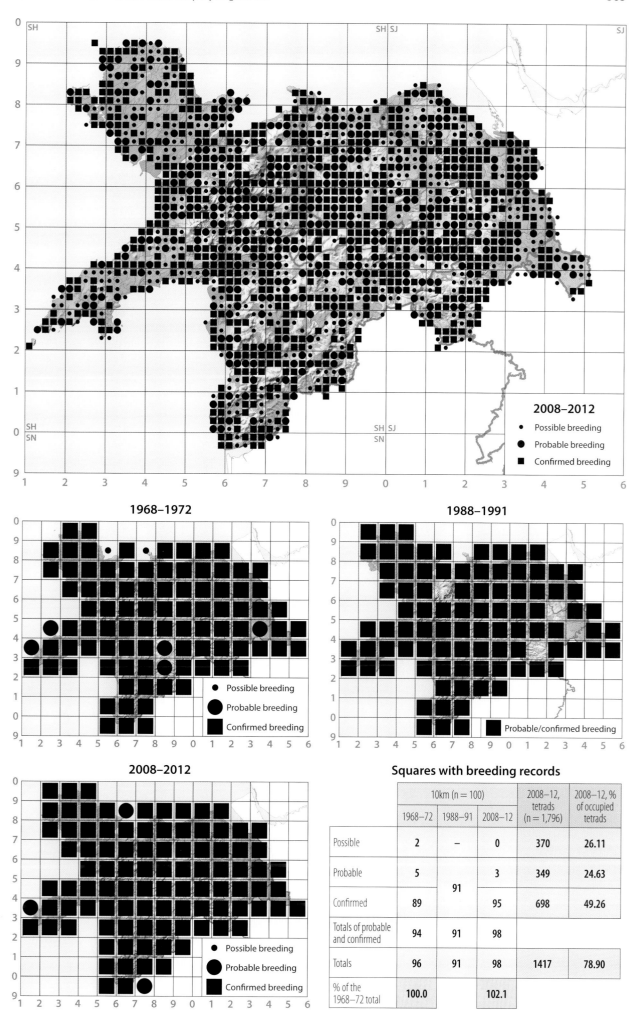

**1968–1972**

Possible breeding
Probable breeding
Confirmed breeding

**1988–1991**

Probable/confirmed breeding

**2008–2012**

Possible breeding
Probable breeding
Confirmed breeding

**2008–2012**

- Possible breeding
- Probable breeding
- Confirmed breeding

**Squares with breeding records**

| | 10km (n = 100) | | | 2008–12, tetrads (n = 1,796) | 2008–12, % of occupied tetrads |
|---|---|---|---|---|---|
| | 1968–72 | 1988–91 | 2008–12 | | |
| Possible | 2 | – | 0 | 370 | 26.11 |
| Probable | 5 | 91 | 3 | 349 | 24.63 |
| Confirmed | 89 | | 95 | 698 | 49.26 |
| Totals of probable and confirmed | 94 | 91 | 98 | | |
| Totals | 96 | 91 | 98 | 1417 | 78.90 |
| % of the 1968–72 total | 100.0 | | 102.1 | | |

# Tree Pipit
## *Anthus trivialis*
### Summer visitor – Welsh conservation status: Amber

Although the parachuting song-flight of the Tree Pipit is a feature of many semi-upland areas of our region in May and June, it is not a well-known species, even for some bird-watchers. It winters in Africa, south of the Sahara, and arrives in our area around mid-April. Unlike other European pipits it has an affinity for trees and bushes, although it nests and feeds on the ground (BWP). Open areas in oak woodlands, which are a characteristic feature of upland and semi-upland valleys in the western part of North Wales, are prime habitat. It can also be found in areas of scattered trees and bushes on the ffridd, and in any open woodland, parkland or even heath where there are a few trees or bushes. The Tree Pipit is not found in dense woodland, and whilst newly planted conifers provide excellent habitat, it is absent once the trees have reached the thicket stage. It is one of the main species found in clearfell areas in coniferous forest, provided some trees have been left for song posts. It could be underrecorded in some habitats, owing to confusion with the similar and more common Meadow Pipit.

Tree Pipits appear from our map to be primarily found between 250m and 400m, absent from the highest areas, but also absent from most of the lowlands. There are few records above 450m, though Lovegrove *et al.* (1994) stated that it could be found up to 516m in Wales. BBS results for Wales show a 26% decline between 1995 and 2010 (Risely *et al.* 2012). The decline in England has been much greater, with results from BTO surveys indicating an 86% drop in the popu-lation between 1967 and 2008. The Tree Pipit is Amber-listed in Wales on the basis that it is Red-listed in the UK as a whole. At the 10km level, there has been a contraction in range since the 1968–72 Atlas, which seems to have mainly involved a withdrawal into its core area in the uplands. Fuller *et al.* (2005) suggested that the decline in this species could be linked to changes in the age structure of woodlands and less intensive management of broadleaved woodland, which resulted in increased shading and fewer open spaces. Problems encoun-tered on migration, particularly in crossing the Sahara, could also be a factor.

Forrest (1907) considered the species to be common in suitable habitat in most of North Wales, though scarce on Anglesey. He noted that the presence of trees was not essential, as it could be found on bare hillsides and was not uncommon in the "rather barren district of Lleyn". Though the Tree Pipit is still a locally common bird in some parts of our area, the species is clearly less widespread than it was a century ago.

*Rhion Pritchard*

## Corhedydd y Coed
Yn wahanol i gorhedyddion eraill Ewrop, mae Corhedydd y Coed yn hoff o ardaloedd coediog, er mai ar y ddaear y mae'n nythu a chwilio am fwyd. Dyma aderyn sy'n nodweddiadol o goedwigoedd derw gorllewinol agored ac hefyd o'r ffridd lle ceir coed yma ac acw, ond mae'n absennol o goedwigoedd trwchus. Mae'n treulio'r gaeaf yn Affrica i'r de o'r Sahara, gan ddychwelyd tua chanol Ebrill. Ymddengys o'r map ei fod yn nythu'n bennaf ar uchder o rhwng 250 a 400 medr, a dim ond ychydig sy'n nythu'n uwch na 450 medr. Bu gostyngiad o 26% yn ei boblogaeth yng Nghymru rhwng 1995 a 2010. Awgrymwyd y gallai newidiadau o fewn coedwigoedd neu broblemau wrth i'r adar ymfudo fod yn gyfrifol am y gostyngiad.

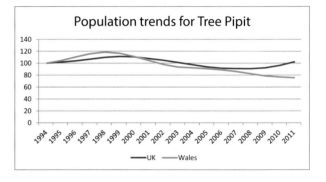

Population trends for Tree Pipit

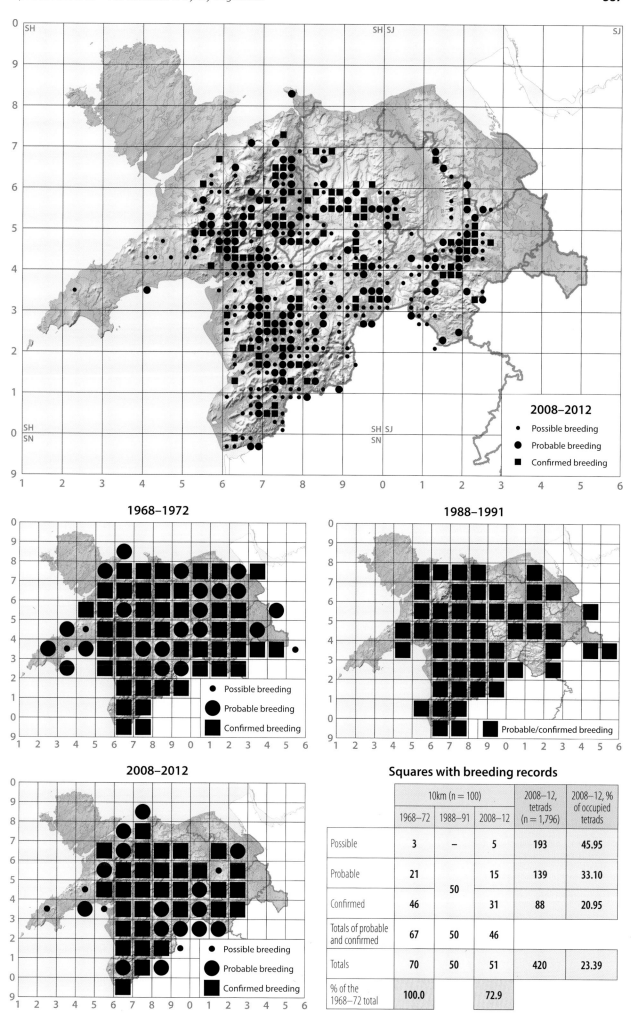

2008–2012

- Possible breeding
- Probable breeding
- Confirmed breeding

1968–1972

- Possible breeding
- Probable breeding
- Confirmed breeding

1988–1991

- Probable/confirmed breeding

2008–2012

- Possible breeding
- Probable breeding
- Confirmed breeding

### Squares with breeding records

| | 10km (n = 100) | | | 2008–12, tetrads (n = 1,796) | 2008–12, % of occupied tetrads |
|---|---|---|---|---|---|
| | 1968–72 | 1988–91 | 2008–12 | | |
| Possible | 3 | – | 5 | 193 | 45.95 |
| Probable | 21 | 50 | 15 | 139 | 33.10 |
| Confirmed | 46 | | 31 | 88 | 20.95 |
| Totals of probable and confirmed | 67 | 50 | 46 | | |
| Totals | 70 | 50 | 51 | 420 | 23.39 |
| % of the 1968–72 total | 100.0 | | 72.9 | | |

# Meadow Pipit
## *Anthus pratensis*
**Resident and winter visitor – Welsh conservation status: Amber**

DEREK MOORE

## Corhedydd y Waun

Corhedydd y Waun yw'r aderyn mwyaf cyffredin ar ucheldir Gogledd Cymru uwchben tua 400 medr. Aderyn sy'n hoffi tir agored ydyw, ac fe'i ceir yn bennaf ar borfa arw, lle mae glaswellt gweddol fyr ar gyfer bwydo a rhywfaint o dyfiant uwch i guddio'r nyth, sydd ar y ddaear. Lle ceir cynefin addas, mae'n nythu o lannau'r môr hyd uchder o tua 970 medr yn y Carneddau. Yn y gaeaf, mae rhai o'r adar yn symud o'r tir uchel i'r iseldiroedd cyfagos, ac eraill yn symud tua'r de. Nid yw'r mapiau yn dangos llawer o newid dros y blynyddoedd, ond fe all bod eu niferoedd yn is nag ym mlynyddoedd cynnar yr ugeinfed ganrif. Dengys canlyniadau BBS ostyngiad o 13% yng Nghymru rhwng 1995 a 2010.

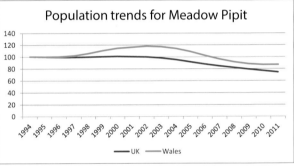

Above about 400m on the open hills and mountainsides of North Wales, the Meadow Pipit is the commonest breeding bird species. Indeed, in some areas of poor-quality boggy grassland, it can be almost the only breeding species. It is mainly a bird of rough grassland, not favouring large areas of bare ground or short-cropped grassland, and also avoiding tall, dense vegetation and woodland. A ground-nesting species, it prefers areas with grass tussocks under which it can hide the nest, with small areas of shorter grass for feeding. Where there is suitable habitat, it can be found breeding at all altitudes, from sea level up to at least 970m in the Carneddau. The birds leave the hills in early autumn, and large movements can sometimes be seen along the coast. Some spend the winter in the nearby lowlands, whilst others move south to France, Spain and Portugal, or further afield to Morocco (Migration Atlas). Lack (1986) suggested that 80% of the British population emigrates in winter, with birds moving in from further north to replace them. In March, the birds return to the hills, where their song-flights are soon obvious. Though finding the nest can be difficult for humans, adults can readily be seen carrying insects for their young in early summer, making confirming breeding reasonably easy.

The tetrad map of the 2008–12 fieldwork shows the species to be widespread, but concentrated in the uplands above about 300m and in coastal areas where lowland heath or rough grassland is available. Though it was recorded in virtually every 10km square, it was very scarce in areas of more intensive agriculture in the eastern lowlands. Comparison with the maps from the 1968–72 and 1988–91 Atlases shows little change in its distribution, with possibly a small extension

in range. Numbers may be lower than formerly, however. Lovegrove *et al.* (1994) thought that, compared to the early years of the twentieth century, the population in Wales might well be less than 50% of its earlier level, with the loss of upland habitat to forestry amongst the main factors. BBS results for the period 1994 to 1999 showed a 44% increase in the population in Wales (Green 2002), this possibly being a partial recovery from a decline in the 1980s. This was followed by a further decline, with an overall 13% decrease between 1995 and 2010 (Risely *et al.* 2012).

Forrest (1907) noted that "this is one of the most abundant species of birds found in North Wales, and nowhere is it more numerous than in the mountainous parts of Carnarvon and Merioneth". Seel and Walton (1979) found average densities of 48 pairs per km², equivalent to 192 pairs per tetrad, on upland grassland in Snowdonia, sometimes reaching 74 pairs per km² or 296 pairs per tetrad. The Meadow Pipit is an important prey item for moorland raptors such as Merlin and Hen Harrier. It is also the most important host species for the Cuckoo in our area, reflected in one of the local Welsh names for it: *Gwas-y-gog*, the 'Cuckoo's servant'.

*Rhion Pritchard*

Sponsored by/Noddwyd gan Rob Collister

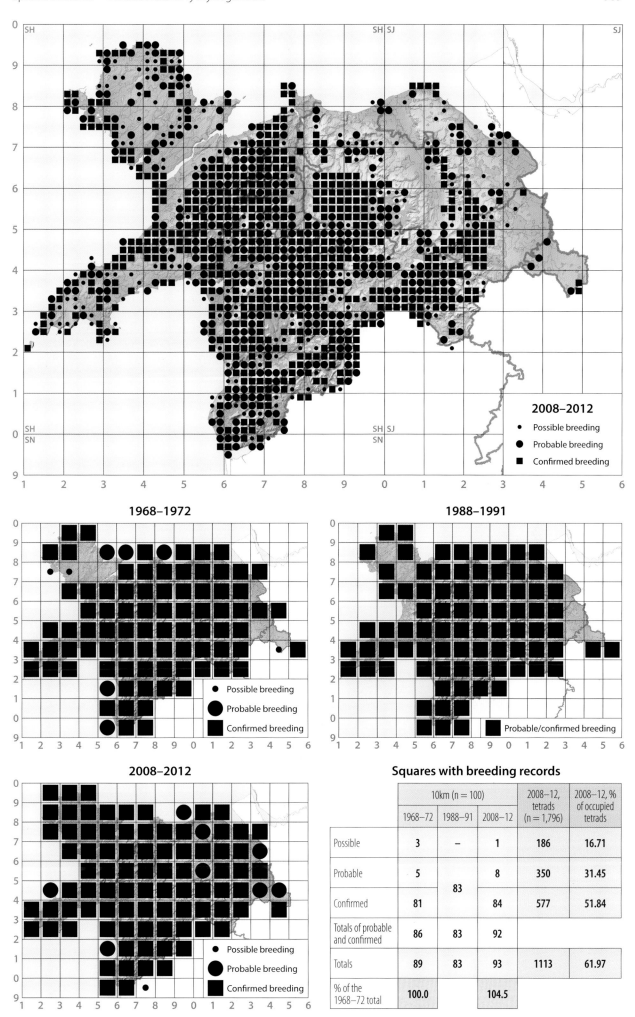

**2008–2012**
- • Possible breeding
- ● Probable breeding
- ■ Confirmed breeding

**1968–1972**

- • Possible breeding
- ● Probable breeding
- ■ Confirmed breeding

**1988–1991**

- ■ Probable/confirmed breeding

**2008–2012**

- • Possible breeding
- ● Probable breeding
- ■ Confirmed breeding

## Squares with breeding records

| | 10km (n = 100) | | | 2008–12, tetrads (n = 1,796) | 2008–12, % of occupied tetrads |
|---|---|---|---|---|---|
| | 1968–72 | 1988–91 | 2008–12 | | |
| Possible | 3 | – | 1 | 186 | 16.71 |
| Probable | 5 | 83 | 8 | 350 | 31.45 |
| Confirmed | 81 | | 84 | 577 | 51.84 |
| Totals of probable and confirmed | 86 | 83 | 92 | | |
| Totals | 89 | 83 | 93 | 1113 | 61.97 |
| % of the 1968–72 total | 100.0 | | 104.5 | | |

# Rock Pipit

## *Anthus petrosus*

**Resident – Welsh conservation status: Green**

Restricted to the coast, Rock Pipits stand sentinel along coastal cliffs. They forage along the strand line, upper shore and clifftops, feeding on insects, marine shrimps and molluscs. During the breeding season, March to July, they are largely confined to rocky beaches and coastal cliffs. The nest is usually located in a hole or crevice in steep rocky banks, but other coastal sites are also used, for example boulder-clay cliffs, gabions, sea walls and coastal buildings.

Welsh Rock Pipits appear to be strongly sedentary (Lovegrove *et al.* 1994), although they will disperse along the coast in winter. Ringing recoveries and sightings of birds colour-ringed on Bardsey suggest that the North Wales birds do not move far, although one colour-ringed bird from Bardsey was seen at Aberdesach, south of Caernarfon, 42km away. A bird ringed on Bardsey in February 1959 was retrapped there in August 1965, five years, five months and 26 days later.

The 2008–12 fieldwork shows that the breeding range is restricted to the rocky coasts of North Wales, particularly the north side of Llŷn, the west and north of Anglesey and the Great and Little Ormes. There is a good population along the Menai Strait around Caernarfon, with birds even nesting on the castle and the town walls. Rock Pipits can sometimes be seen foraging under tables set outside restaurants here (CBR).

The distribution of the Rock Pipit does not appear to have changed greatly over the years. The 1968–72 Atlas recorded this species only in the west of our area; it was virtually absent from Denbigh and none were found in Flint. The 2008–12

## Corhedydd y Graig

Dim ond ar yr arfordir y ceir Corhedydd y Graig. Mae'n chwilio am fwyd, sy'n cynnwys pryfed, berdys a molwsgiaid, ar hyd y traethau ac uwchben clogwyni. Fel rheol, mae'r nyth mewn twll neu agen mewn glannau serth a chreigiog, ond defnyddir safleoedd eraill ar yr arfordir hefyd. Dangosodd gwaith maes 2008–12 ei fod yn nythu ar arfordiroedd creigiog Gogledd Cymru, yn arbennig arfordir gogleddol Llŷn, gorllewin a gogledd Môn, y Gogarth a Rhiwledyn. Ni fu llawer o newid dros y blynyddoedd. Cofnodwyd adar mewn mwy o sgwariau yn ystod gwaith maes 2008–12, ond efallai fod hyn oherwydd mwy o ymdrech y tro hwn. Nid yw ei niferoedd wedi newid llawer, er y gall tywydd oer iawn gael effaith ar y rhywogaeth yma.

fieldwork reveals an increased number of occupied squares, which may be due to better observer effort and coverage. As much of the favoured habitat along the rocky coastline is not easily visible and difficult to access, this may explain some gaps in earlier atlases.

The only regular counts of breeding birds in our area have been made on Bardsey (BBFOR). The population has been counted in most years since 1954 by a succession of wardens, so some differences in coverage and methods are likely. A fairly dramatic fall was noted following the 1962/63 severe winter, with about 30 pairs in 1962 but only 13 the following year. In the ten years 2003–12, when the same warden remained in post, the number of pairs has varied from 26 to 43, with a mean of 33.7. Forrest (1907) described the Rock Pipit as "common on all the coasts when they are rocky", and this remains true today. Numbers appear to be fairly stable, although this species can be affected by very cold weather, as illustrated on Bardsey.

*Simon Hugheston-Roberts*

STEVE CULLEY

Sponsored by/Noddwyd gan Simon Hugheston-Roberts

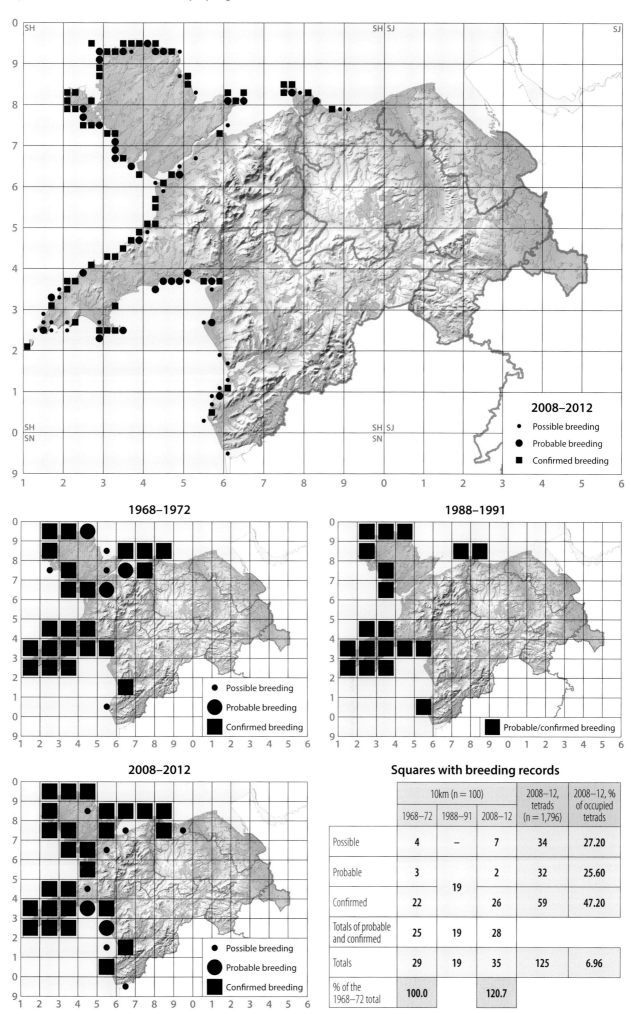

**1968–1972**

- Possible breeding
- Probable breeding
- Confirmed breeding

**1988–1991**

- Probable/confirmed breeding

**2008–2012**

- Possible breeding
- Probable breeding
- Confirmed breeding

**2008–2012**

- Possible breeding
- Probable breeding
- Confirmed breeding

### Squares with breeding records

| | 10km (n = 100) | | | 2008–12, tetrads (n = 1,796) | 2008–12, % of occupied tetrads |
|---|---|---|---|---|---|
| | 1968–72 | 1988–91 | 2008–12 | | |
| Possible | 4 | – | 7 | 34 | 27.20 |
| Probable | 3 | 19 | 2 | 32 | 25.60 |
| Confirmed | 22 | | 26 | 59 | 47.20 |
| Totals of probable and confirmed | 25 | 19 | 28 | | |
| Totals | 29 | 19 | 35 | 125 | 6.96 |
| % of the 1968–72 total | 100.0 | | 120.7 | | |

# Chaffinch
## *Fringilla coelebs*
**Resident and winter visitor – Welsh conservation status: Green**

ASHLEY COHEN

### Ji-binc

Mae galwad 'ji-binc' yr aderyn yma yn sŵn cyfarwydd yng nghefn gwlad Cymru yn y gwanwyn cynnar. Ceir y Ji-binc mewn coedwigoedd conwydd a llydanddail, ond mae'n hollol gartrefol yng nghefn gwlad neu mewn trefi. Mae'r patrwm Cymreig o gaeau bychain, digon o wrychoedd a choedlannau mwy yn gynefin perffaith ar gyfer nythu, a chadarnhawyd hyn gan waith maes 2008–12. Dim ond dwy rywogaeth a gofnodwyd mewn mwy o sgwariau yng Ngogledd Cymru na'r Ji-binc. Yn 2005, nodwyd fod haint *Trichomonas gallinae* yn effeithio ar adar yng Nghymru a gorllewin Lloegr. Lleihawyd poblogaeth y Ji-binc, a'r Llinos Werdd yn sylweddol gan yr haint yma, ond er hynny mae map 2008–12 yn debyg iawn i'r mapiau o'r ddau atlas blaenorol.

The resounding "chink chink" of the Chaffinch, followed by the cheery song of the male, must be amongst the most familiar sounds of the Welsh countryside in early spring. As the wintering birds from Scandinavia gradually return to their homeland, our resident Chaffinches prepare for breeding. Older birds return to defend established territories in early February, whilst younger birds seek out unoccupied areas a little later in the month (Newton 1972). Unlike most other finches, the Chaffinch feeds its young entirely on invertebrates, though its diet is mostly seeds outside the breeding season. It carries food to the young in its bill, again unlike most other finches which regurgitate food for the nestlings (BWP). This makes it easier to confirm Chaffinch breeding during Atlas fieldwork. Originally a woodland species, the Chaffinch is still commonly found in both coniferous and deciduous woods but is equally at home in scrub, arable and pasture farmland, villages and towns. Lovegrove *et al.* (1994) observed that the Welsh pattern of small fields, abundant hedgerows and larger areas of woodland produces an ideal countryside for breeding Chaffinch and this is confirmed by the results from the 2008–12 fieldwork.

The second most common breeding bird within the UK (RSPB 2012), it ranks as the third most ubiquitous species in North Wales, with breeding evidence being found in over 91% of tetrads and within almost every 10km square. This adaptable species was even confirmed breeding in seemingly less hospitable upland areas such as Mynydd Hiraethog and the Carneddau, provided there were some small trees and bushes for nest sites. This reflects what was noted in the 1968–72 Atlas where evidence of breeding was found even at 600–700m.

Distribution has remained unchanged from the two previous national Atlases when breeding evidence was found

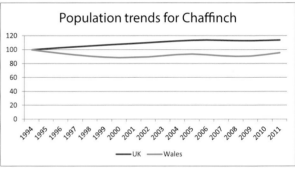
**Population trends for Chaffinch**
— UK — Wales

throughout North Wales. This species has not suffered the serious declines shown in some other farmland seed-eaters such as Linnet and Yellowhammer. BBS results show a 4% decrease in Wales between 1995 and 2010 and in the UK as a whole there was a 12% increase over the same period (Risely *et al.* 2012). From 2005 onwards, populations in some areas, including North Wales, were affected by a severe and widespread outbreak of the protozoan parasite *Trichomonas gallinae*. Though the Chaffinch was not as seriously affected as the Greenfinch, Robinson *et al.* (2010) found that breeding populations of Chaffinch had decreased by 21% between 2006 and 2007 in the regions with the highest incidence of the disease.

Forrest (1907) described the Chaffinch in North Wales as "more or less abundant throughout the district", but noted that comparatively few were seen on Anglesey. It is now as widespread on Anglesey as anywhere in North Wales and, despite losses to disease, seems likely to remain one of our most familiar birds and a common sight in our gardens.

*Jane Hemming*

Sponsored by/Noddwyd gan Anwen Williams

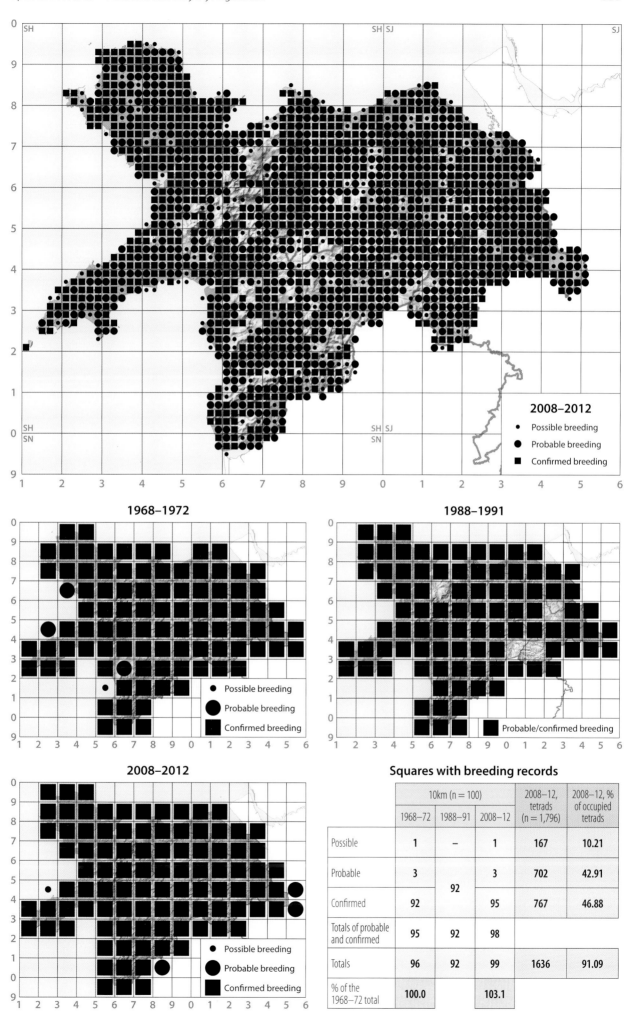

2008–2012

- • Possible breeding
- ● Probable breeding
- ■ Confirmed breeding

**1968–1972**

- • Possible breeding
- ● Probable breeding
- ■ Confirmed breeding

**1988–1991**

- ■ Probable/confirmed breeding

**2008–2012**

- • Possible breeding
- ● Probable breeding
- ■ Confirmed breeding

## Squares with breeding records

| | 10km (n = 100) | | | 2008–12, tetrads (n = 1,796) | 2008–12, % of occupied tetrads |
|---|---|---|---|---|---|
| | 1968–72 | 1988–91 | 2008–12 | | |
| Possible | 1 | – | 1 | 167 | 10.21 |
| Probable | 3 | 92 | 3 | 702 | 42.91 |
| Confirmed | 92 | | 95 | 767 | 46.88 |
| Totals of probable and confirmed | 95 | 92 | 98 | | |
| Totals | 96 | 92 | 99 | 1636 | 91.09 |
| % of the 1968–72 total | 100.0 | | 103.1 | | |

# Greenfinch

## *Chloris chloris*

### Resident – Welsh conservation status: Green

Most observers will be familiar with the Greenfinch as a visitor throughout the year to garden feeders, although numbers have declined since 2006 as a result of mortality caused by the disease trichomonosis. In the spring, the wheezing song of the male is uttered from treetops, whilst a more pleasant and varied version is heard during song-flights, when the male shows off his bright wing-pattern during slow butterfly-like flaps. Most of our Greenfinches are resident, but some leave breeding areas in autumn to winter in Ireland or head towards south-east England and then to the Continent. Individual birds may show different migratory behaviour in subsequent winters (Migration Atlas).

The Greenfinch is widely distributed in lowland areas, including tall hedgerows, parks, gardens and churchyards; here it can find the hedges, bushes and trees it uses as nest sites. Many of the Atlas records will probably come from suburban parks and gardens. It is virtually absent from the uplands apart from upland villages in Denbigh. It also avoids extensive conifer forests such as Gwydyr, Coed y Brenin and Clocaenog. Peter Dare (pers. comm.) suggests that Greenfinches are less detectable in the breeding season than Goldfinches, which could account for some gaps in the Greenfinch map.

Apparent differences between the distribution found in the earlier Atlases and in the 2008–12 fieldwork may partly be ascribed to differences in methods and coverage, rather than any real changes to the areas occupied. There is certainly no indication of major change between the 1968–72 results and the current map. BBS results show similar trends in Wales and the UK, with a slight rise to 2005, then a slow decline to 2010 to a level close to that of 1994 (Risely *et al.* 2012). This was followed in Wales by a significant 21% fall from 2010 to 2011, a major factor for which could be the severe and widespread outbreak of the protozoan parasite *Trichomonas gallinae* which began in 2005. This initially affected Wales and western Britain and then spread east across the UK, causing epidemic mortality in Greenfinches. Population shifts may

## Llinos Werdd

Mae'r Llinos Werdd yn gyffredin ar y tir isel, yn aml mewn parciau, gerddi a mynwentydd. Yma y ceir y gwrychoedd, llwyni a choed lle mae'n nythu. Yn y gwanwyn, clywir cân wichlyd y ceiliog o ben coeden. Heblaw rhai pentrefi ar dir uchel yn Ninbych, mae bron yn absennol o'r ucheldir. Ystyriai Forrest (1907) fod y rhywogaeth yma'n un o'r adar mwyaf niferus yng Ngogledd Cymru, yn arbennig o niferus ar dir âr lle'r oedd gwrychoedd. Ar lefel 10 cilomedr, nid oes llawer o newid rhwng map Atlas 1968–72 a'r map presennol. Dengys canlyniadau BBS leihad yn ei niferoedd yng Nghymru yn y blynyddoedd diwethaf, efallai oherwydd effeithiau'r protosoad parasitig *Trichomonas gallinae* er 2005.

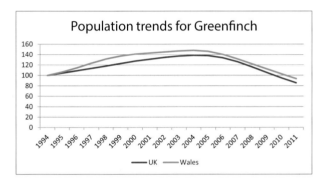

also have occurred, with fewer birds on farmland as arable has declined and more birds around human habitation, attracted by the increased food supplies available there. Based on his studies in southern England, Newton (1972) reported that the main seed items taken in summer are Dog's Mercury and elm in woodland, and on farmland the seeds of chickweed, Groundsel, dandelion and Goatsbeard.

Forrest (1907) considered it one of the most abundant birds in North Wales, particularly numerous on cultivated lands with hedgerow boundaries. He reported that it was gregarious in winter, sometimes forming very large flocks of either Greenfinches alone or mixed with other finches, buntings and skylarks. It is safe to say that weedy fields capable of supporting such flocks are now rare in North Wales. The 2007 NEWBR concluded that this species was no longer as abundant in north-east Wales as it had been a century earlier. Jones (1974) stated that in Meirionnydd the Greenfinch was widespread in the coastal lowlands and major valleys, where it bred in gardens, hedges and woodland edges. The more recent avifaunas for Anglesey (Jones & Whalley 2004) and Caernarfon (Barnes 1997) report a similar picture.

*Geoff Gibbs*

Sponsored by/Noddwyd gan Gwyn and Lynne Harrison

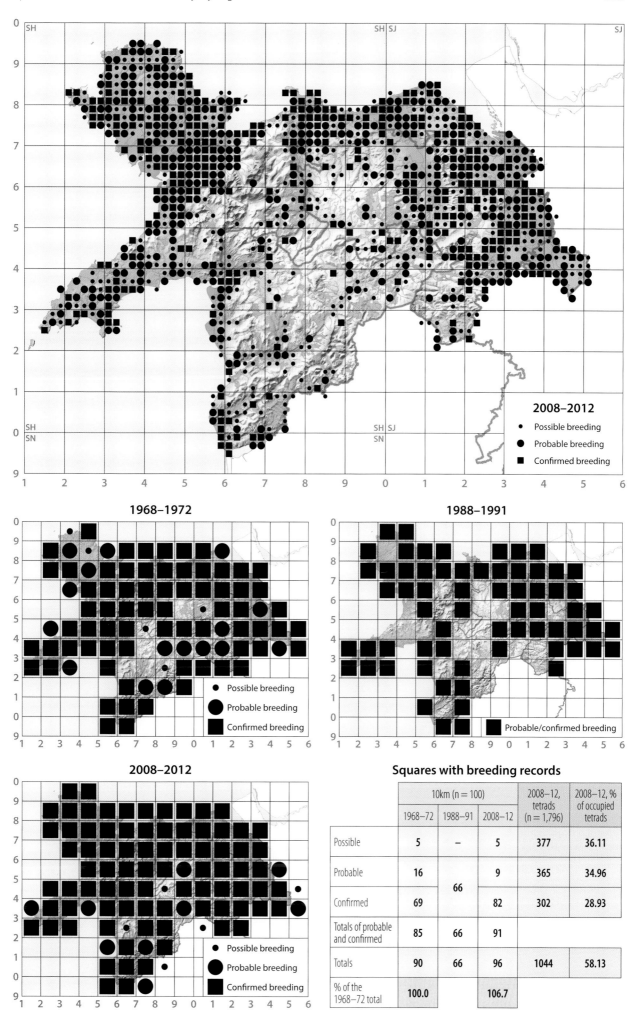

**2008–2012**
- Possible breeding
- Probable breeding
- Confirmed breeding

**1968–1972**
- Possible breeding
- Probable breeding
- Confirmed breeding

**1988–1991**
- Probable/confirmed breeding

**2008–2012**
- Possible breeding
- Probable breeding
- Confirmed breeding

### Squares with breeding records

| | 10km (n = 100) | | | 2008–12, tetrads (n = 1,796) | 2008–12, % of occupied tetrads |
|---|---|---|---|---|---|
| | 1968–72 | 1988–91 | 2008–12 | | |
| Possible | 5 | – | 5 | 377 | 36.11 |
| Probable | 16 | 66 | 9 | 365 | 34.96 |
| Confirmed | 69 | | 82 | 302 | 28.93 |
| Totals of probable and confirmed | 85 | 66 | 91 | | |
| Totals | 90 | 66 | 96 | 1044 | 58.13 |
| % of the 1968–72 total | 100.0 | | 106.7 | | |

# Goldfinch

*Carduelis carduelis*

**Resident (partial migrant) – Welsh conservation status: Green**

ASHLEY COHEN

## Nico

Yn y 19<sup>eg</sup> ganrif, roedd y Nico'n boblogaidd fel aderyn cawell, a delid nifer fawr gan ddalwyr adar proffesiynol. Oherwydd hyn, nid oedd yn aderyn niferus iawn yn y cyfnod yma. Dengys gwaith maes 2008–12 ei fod yn awr i'w weld bron ymhobman ar y tir isel. Mae'n brin ar dir uwch, efallai oherwydd diffyg coed, llwyni mawr neu wrychoedd tal ar gyfer nythu. Dim ond cynnydd bychan a welir ar fap 10 cilomedr 2008–12 o'i gymharu â 1968–72, ond cadarnhawyd nythu mewn canran lawer uwch o'r sgwariau y tro hwn. Efallai mai'r rheswm am hyn yw bod y Nico'n fwy niferus yng Ngogledd Cymru yn awr na deugain mlynedd yn ôl. Dengys ystadegau BBS gynnydd o 71% yng Nghymru rhwng 1995 a 2010.

This attractive finch was once commonly targeted by trappers for the cage-bird trade, which was a major cause of the reduced population in the nineteenth century. Today, some bird-ringers still use a baited Chardonneret cage-trap to catch small birds, *Chardonneret élégant* being the French name for the Goldfinch, but illegal trapping of this species has, thankfully, largely ceased in Britain. Until fairly recently it was an infrequent visitor to garden feeders, but today groups of Goldfinches visit many gardens where Sunflower hearts and Niger seed are provided. The reporting rate for BTO Garden BirdWatch, as shown on the BTO website, increased three-fold between 1995 and 2012. Our breeding birds are partial migrants, with some leaving after the breeding season and heading either through western France to Iberia, or into Belgium. Many of the ringed Goldfinches recovered in these countries are victims of hunting which still continues illegally in Europe.

Data from the 2008–12 fieldwork show the Goldfinch to be widespread across the lowlands of North Wales. It is, however, absent from upland areas, perhaps because there are no suitable breeding sites such as trees, large bushes or tall hedges. They feed particularly on the seeds of plants with composite flower-heads, especially thistles, dandelions, Groundsel and Common Ragwort. This is the only finch species which can extract seeds from Wild Teasels; the female with some difficulty as its bill is shorter than the male's. In winter they also feed in birches, Alders and pines.

The 10km maps for 1968–72 and the 2008–12 fieldwork show a 4% increase in distribution. What is more striking though is the larger percentage of Confirmed breeding in the 2008–12 records and so Goldfinches are perhaps more common in North Wales than they were 40 years ago. Although the British population has fluctuated since the 1960s, it has not suffered the severe decline shown by some other farmland species. This may be because its main food sources

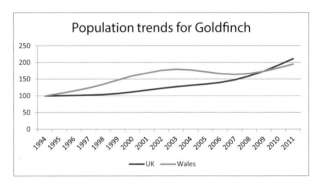

have not been significantly affected by agricultural intensification (Migration Atlas). Siriwardena *et al.* (1999) used ring-recovery data to estimate the annual survival rates, since 1962, of six seed-eating bird species to compare with CBC indices for the same time period. They concluded that observed population trends for Goldfinch (and House Sparrow) resulted largely from variation in survival rates, rather than in breeding success; Goldfinch populations remained stable perhaps because their food of weed seeds can be found across suburban and other habitats. Furthermore, in North Wales there is only a limited amount of arable land so factors affecting this species elsewhere in the UK may be less important. The BBS figures for Goldfinch in Wales show a significant 71% increase over the period 1995–2010 (Risely *et al.* 2012).

Looking further back, Forrest (1907) reported that one bird-catcher accounted for as many as 3,000 Goldfinches in one season, although the locality is not given. He thought that the Goldfinch was "perhaps" less common on Anglesey than on the mainland of North Wales, but Jones and Whalley (2004) state that by 1997 there were clear indications of increased numbers in the south of Anglesey. The increasing frequency with which we see this very attractive finch is to be welcomed.

*Geoff Gibbs*

Sponsored by/Noddwyd gan the Clwyd Ornithological Society

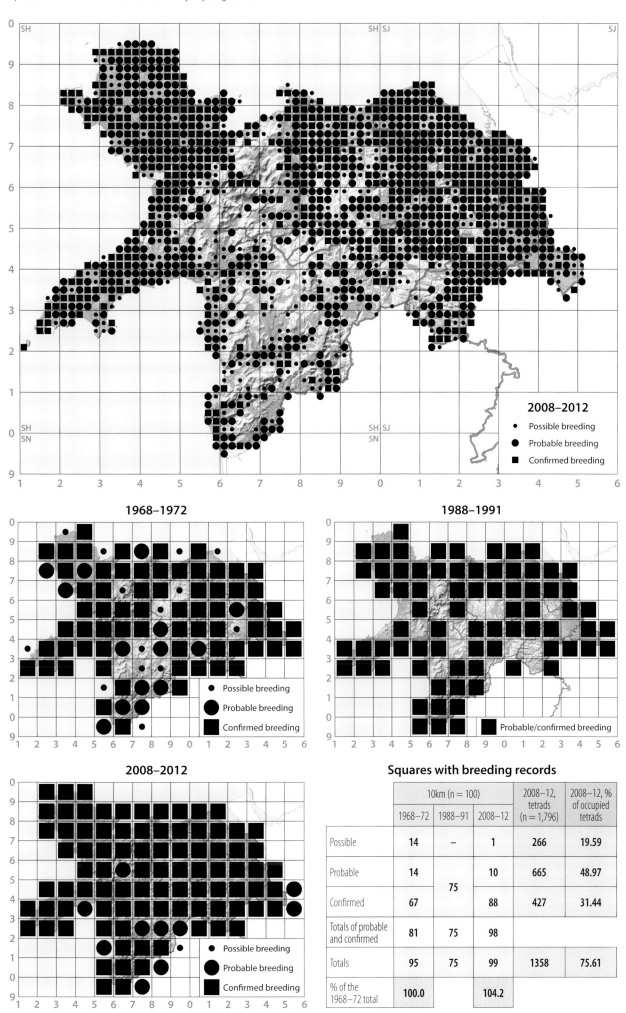

**1968–1972**

**1988–1991**

Possible breeding

Probable breeding

Confirmed breeding

Probable/confirmed breeding

**2008–2012**

Possible breeding

Probable breeding

Confirmed breeding

**2008–2012**

Possible breeding

Probable breeding

Confirmed breeding

## Squares with breeding records

| | 10km (n = 100) | | | 2008–12, tetrads (n = 1,796) | 2008–12, % of occupied tetrads |
|---|---|---|---|---|---|
| | 1968–72 | 1988–91 | 2008–12 | | |
| Possible | 14 | – | 1 | 266 | 19.59 |
| Probable | 14 | 75 | 10 | 665 | 48.97 |
| Confirmed | 67 | | 88 | 427 | 31.44 |
| Totals of probable and confirmed | 81 | 75 | 98 | | |
| Totals | 95 | 75 | 99 | 1358 | 75.61 |
| % of the 1968–72 total | 100.0 | | 104.2 | | |

# Siskin
## *Carduelis spinus*
### Resident and winter visitor – Welsh conservation status: Green

This once localised species has become a familiar sight in many of our gardens, where it has taken a particular liking to feeders containing peanuts or Niger seed. The Siskin is also familiar to some observers from its clear piercing calls high in the sky as it migrates over our coastal headlands in autumn, or the excitable chattering of breeding pairs hidden in the tops of tall conifers in spring. This acrobatic and diminutive little finch is dependent mostly on tree seeds. Alder and birch seeds are important in winter, but during the breeding season it depends heavily on spruce and pine seeds (BWP). The chicks' diets are supplemented with high-protein invertebrates. Like some other species breeding in taiga (northern boreal) forests, Siskins are well known for huge movements that can occur from time to time. The reasons for these are not fully understood, but many thousands of birds leave Scandinavia in autumn and head south-west to boost our local population.

The 2008–12 fieldwork shows that Siskins have a widespread breeding distribution across North Wales which ties in closely with the distribution of mature conifer plantations. The strongholds are in the uplands where the larger conifer blocks like Coed y Brenin, Clocaenog and Gwydyr Forests dominate the landscape. They are absent from the treeless mountain tops and populations are much sparser in lowland areas, particularly parts of Denbigh, Flint and Anglesey. It is not only the larger forestry blocks that support Siskins (as demonstrated by the good population on Llŷn, which has a patchwork of small conifer plantations), but they are also increasingly turning to ornamental conifer species in gardens and parkland and will even breed in native tree species such as oak or birch (Lovegrove *et al.* 1994).

## Pila Gwyrdd

Prif fwyd y Pila Gwyrdd yw hadau coed. Yn y gaeaf, mae hadau gwern a bedw yn bwysig, ond yn ystod y tymor nythu mae'n bwyta hadau sbriws a phinwydd yn bennaf. Dangosodd gwaith maes 2008–12 fod y Pila Gwyrdd yn nythu ar draws Gogledd Cymru, yn arbennig yn y planhigfeydd conwydd lle mae'r coed ar eu llawn dwf, megis Coed y Brenin, Clocaenog a Choed Gwydyr. Ceir hefyd gryn nifer ar benrhyn Llŷn, lle mae clytwaith o blanhigfeydd conwydd llai. Mae'r Pila Gwyrdd wedi dod yn fwy cyffredin er cyfnod y ddau Atlas blaenorol. Erbyn hyn mae'r conwydd a blannwyd wedi'r rhyfel wedi cyrraedd eu llawn dwf, gan ddarparu cynefin newydd i'r rhywogaeth yma.

A comparison of results from previous Atlases with 2008–12 fieldwork shows that the range of the Siskin continues to expand in North Wales, as it does elsewhere in Britain. The reason for this is well understood as it closely coincides with the maturing of postwar conifer plantings (1988–91 Atlas), which have provided new habitats for Siskins to colonise. Massive influxes of birds from further north probably boosted the breeding population as some birds stayed to breed rather than return north. Therefore, the relatively rapid growth in population is not just a reflection of the productivity of our Siskins in North Wales. The BBS trend in the UK from 1995 to 2010 showed a significant 55% increase.

Forrest (1907) regarded it as mainly a winter visitor but with some evidence of breeding, notably an unfledged bird picked up dead near Colwyn Bay in June 1899. Lovegrove *et al.* (1994) noted that there was a record of a nest in Denbigh in 1872, and suggested that breeding may have been continuous throughout the twentieth century. Suitable habitat certainly existed and there were reports of summering birds in the Lledr Valley and Betws-y-coed after 1945. Breeding was confirmed in 1967 at Corris, Meirionnydd, then a failed breeding attempt at Trefriw in the Gwydyr Forest in 1971 was followed by successful breeding there the following year (CBR). The remarkable spread of this attractive finch in the subsequent 40 years is very welcome.

*I. Rhys Jones*

JOHN LAWTON ROBERTS

Sponsored by/Noddwyd gan John Crowder

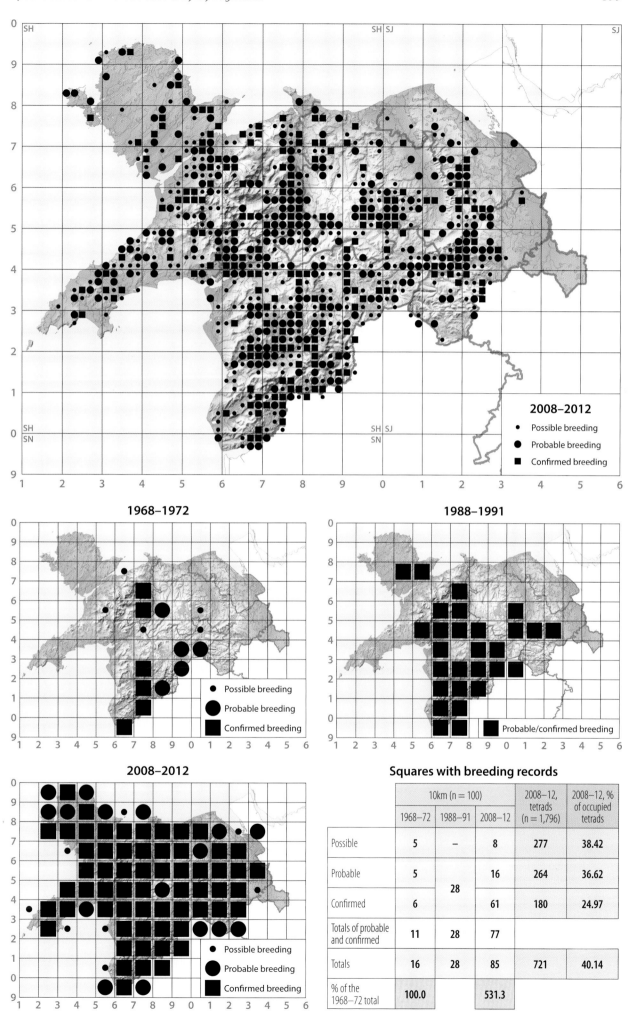

**2008–2012**

- Possible breeding
- Probable breeding
- Confirmed breeding

**1968–1972**

- Possible breeding
- Probable breeding
- Confirmed breeding

**1988–1991**

- Probable/confirmed breeding

**2008–2012**

- Possible breeding
- Probable breeding
- Confirmed breeding

## Squares with breeding records

| | 10km (n = 100) | | | 2008–12, tetrads (n = 1,796) | 2008–12, % of occupied tetrads |
|---|---|---|---|---|---|
| | 1968–72 | 1988–91 | 2008–12 | | |
| Possible | 5 | – | 8 | 277 | 38.42 |
| Probable | 5 | 28 | 16 | 264 | 36.62 |
| Confirmed | 6 | | 61 | 180 | 24.97 |
| Totals of probable and confirmed | 11 | 28 | 77 | | |
| Totals | 16 | 28 | 85 | 721 | 40.14 |
| % of the 1968–72 total | 100.0 | | 531.3 | | |

# Linnet

## *Carduelis cannabina*

### Resident (partial migrant) – Welsh conservation status: Red

These attractive finches eat the small seeds of annual weeds such as Charlock, knotweed and chickweed; they feed directly from the plants in summer and in winter forage for seeds on the ground. They have declined on arable farmland because of more intensive agricultural methods, including increased use of herbicides, but have benefited from newer crops such as Oil-seed Rape. The species is now Red-listed in Wales because of the population decline in the UK since the mid-1970s. Unlike its relative the Goldfinch, it has not become a regular visitor to gardens, but this could change in the future as new seed mixes become available. Linnets breed in loose colonies of around 4–6 pairs, and are partial migrants with some birds moving south to winter in France and Spain. Two young Linnets ringed on Bardsey (a juvenile and a nestling) have been recovered in France. They are the only two Linnets ringed in North Wales and recovered outside the UK.

The 2008–12 fieldwork shows a wide distribution along the coast and on lower ground. There are conspicuous blanks in the large conifer plantations, Coed y Brenin (SH72), Gwydyr Forest (SH75) and also Arenig (SH83); this last square is described as "mostly Sitka Spruce and sheep-grazed grassland" (Andrew Graham pers. comm.). Linnets breed on gorse-clad commons and heaths, rough grasslands with thorn bushes, farmland hedgerows and young plantations. A shortage of food may partly explain the distribution in North Wales. An investigation of the seeds brought to nestling Linnets in central England between 1996 and 1999 showed the importance of dandelion and Oil-seed Rape. An earlier study in 1962–64 had shown the young being fed on traditional food-plants such as Charlock and Cat's-ear, which did not feature in the 1996–99 study (Moorcroft *et al.* 2006).

## Llinos

Hadau bychain chwyn blynyddol yw bwyd y Llinos, sy'n ei bwyta oddi ar y planhigyn yn yr haf ac ar lawr yn y gaeaf. Mae wedi prinhau ar dir âr oherwydd dulliau amaethu mwy dwys, yn cynnwys defnydd chwynladdwyr. Dengys gwaith maes 2008–12 ei bod yn weddol gyffredin ar hyd yr arfordir ac ar dir isel, ond yn absennol o'r fforestydd conwydd mawr. Nytha'r Llinos mewn ardaloedd eithinog, ar laswellt garw gyda llwyni dreiniog, gwrychoedd ar dir amaethyddol a phlanhigfeydd ieuainc. Nid oes llawer o newid i'w weld yn y mapiau 10 cilomedr dros y deugain mlynedd diwethaf, ond mae'n debyg fod ei niferoedd wedi lleihau. Dengys canlyniadau BBS ostyngiad o 30% yng Nghymru rhwng 1995 a 2010.

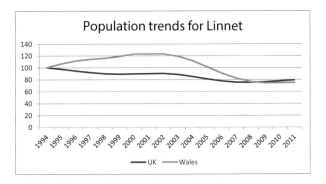

Population trends for Linnet

— UK   — Wales

Although the 10km maps show no change in distribution of the Linnet over the last 40 years, the CBC index in England showed a dramatic fall in population between 1966 and 1986. Lovegrove *et al.* (1994) considered that "the population in Wales at present is probably as low as it ever has been". They blamed "Habitat loss through scrub clearance, hill 'improvement' and the intensity of grazing by sheep (which has virtually the same effect as herbicides on field weed stocks!)" The BBS index for Wales showed a gradual increase from 1994 to 2002, but by 2010 it had fallen to 70% of the 1994 figure (Risely *et al.* 2012).

Forrest (1907) wrote that the Linnet was one of the commonest and most generally distributed birds in North Wales, found equally numerously along the coasts and on hillsides and moors inland. The 2007 NEWBR concluded that the population had declined considerably since Forrest's time. In recent years this species appears to have fared quite well on Bardsey where the population has recovered from a decline in the 1980s. More generally, there is always the hope that agri-environment schemes might benefit Linnets amongst other farmland species.

*Geoff Gibbs*

Sponsored by/Noddwyd gan Jan Sherry, Peter Milner

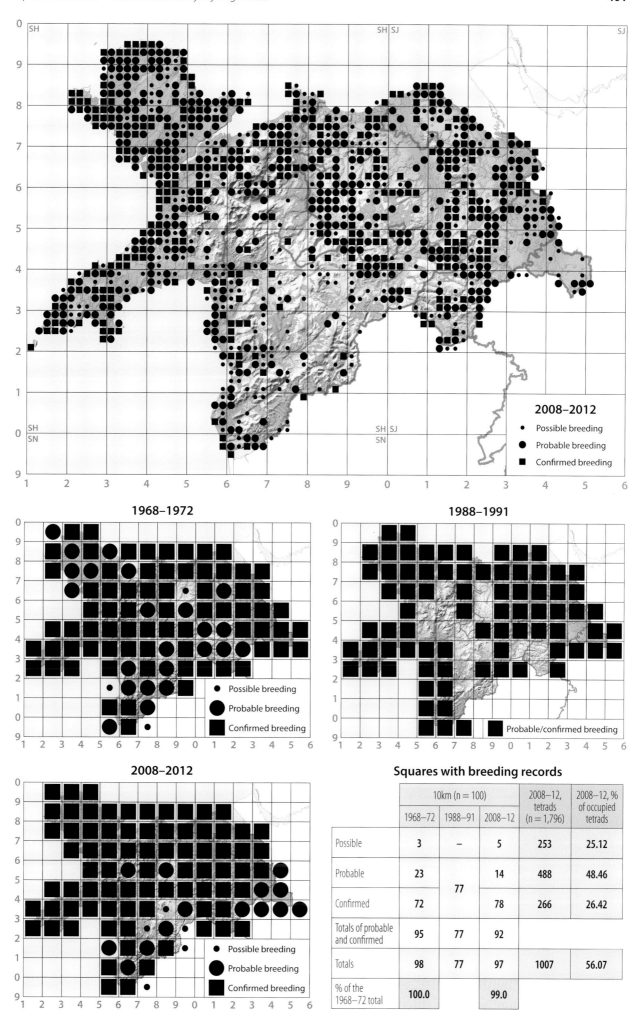

**1968–1972**

- • Possible breeding
- ● Probable breeding
- ■ Confirmed breeding

**1988–1991**

- ■ Probable/confirmed breeding

**2008–2012**

- • Possible breeding
- ● Probable breeding
- ■ Confirmed breeding

**2008–2012**

- • Possible breeding
- ● Probable breeding
- ■ Confirmed breeding

## Squares with breeding records

| | 10km (n = 100) | | | 2008–12, tetrads (n = 1,796) | 2008–12, % of occupied tetrads |
|---|---|---|---|---|---|
| | 1968–72 | 1988–91 | 2008–12 | | |
| Possible | 3 | – | 5 | 253 | 25.12 |
| Probable | 23 | 77 | 14 | 488 | 48.46 |
| Confirmed | 72 | | 78 | 266 | 26.42 |
| Totals of probable and confirmed | 95 | 77 | 92 | | |
| Totals | 98 | 77 | 97 | 1007 | 56.07 |
| % of the 1968–72 total | 100.0 | | 99.0 | | |

# Twite
## *Carduelis flavirostris*
**Summer visitor and winter visitor – Welsh conservation status: Red**

DAVE WILLIAMS

## Llinos y Mynydd

Yng Ngogledd Cymru, mae Llinos y Mynydd ar gyrion deheuol ei chynefin yn Ewrop. Hadau yw ei bwyd yn bennaf, ac yn y tymor nythu mae'n dibynnu ar bresenoldeb meysydd yn llawn blodau dim mwy na tua 2km o safle'r nyth. Cuddir y nyth mewn rhedyn neu rug. Yn 1994, roedd poblogaeth fechan yn nythu'n rheolaidd yng Nghaernarfon, Meirionnydd a Dinbych. Hyd yn ddiweddar, roedd Llinos y Mynydd yn nythu yn y Rhinogydd, Arenig, rhostiroedd Llangollen a Mynydd Hiraethog. Dengys y map tetrad ei bod yn awr wedi ei chyfyngu i ogledd-orllewin Eryri, yn ardal Nant Ffrancon a Llanberis, er bod un cofnod ar odre'r Berwyn uwchben Llandrillo. Un eglurhad posibl am yr enciliad o'r ardaloedd eraill yw diffyg cyflenwad o hadau trwy gydol y tymor nythu.

Twite breeding in North Wales are at the southern edge of their European range. They were once commoner as breeding birds in the Welsh uplands than they are today. Primarily seed-eaters, our breeding Twite appear to be dependent on the presence of flower-rich meadows within about 2km of their nest sites (Johnstone, I. *et al.* 2011). Nesting takes place in Bracken and heathers generally in late May and early June, with pairs occasionally double-brooded. The birds usually winter on estuaries and saltmarsh, returning to the uplands in early April.

Forrest (1907) stated that "to determine the exact status of the Twite in North Wales has been a difficult task". He concluded that it was a winter visitor in fair numbers to some hilly districts, but that it rarely, if ever, remained to breed. Lovegrove *et al.* (1994) noted that a small population of Twite bred regularly in Caernarfon, Meirionnydd and Denbigh. Twite were found until recent years in the Rhinogau and Arenig areas of Meirionnydd, the Llangollen moors and Mynydd Hiraethog in Denbigh. The tetrad map now shows them confined to north-west Snowdonia in the Nant Ffrancon and Llanberis areas in Caernarfon, with some recorded at the edge of the Berwyn above Llandrillo. Loss of a sequential seed food source for breeding birds, due to agricultural change, is a possible explanation for this range contraction.

A 2008 survey estimated 14–17 breeding pairs in Wales; a decline from 26–33 pairs in 2002 (Johnstone, I. *et al.* 2011). It found only five occupied 1km squares, four of them wholly or partly in the Snowdonia NP and under NT ownership. The core area for Twite in Wales is in the Nant Ffrancon area, where the Twite Recovery Project has been established. A colour-ringing programme here and in the Pennines has produced some interesting information on the movements of the birds. Though the Dee estuary is an important wintering site for Twite, birds breeding in Nant Ffrancon have been sighted in winter as far east as Titchwell, Norfolk. Birds breeding in the Pennines appear to move south via the Dee estuary before heading east to Norfolk. There seems to be some interchange amongst these populations, with birds ringed in the breeding season in the Pennines caught during spring in Nant Ffrancon, apparently on their way to establish breeding territories locally. A bird ringed in the post-breeding period in Lancashire in 2004 was resighted on 30 July the following year on Snowdon, where it was presumably breeding (Raine *et al.* 2006a,b). The Twite Recovery Project is currently examining the seed sources available for the birds in the Nant Ffrancon area, and recreating flower meadows. Although they will take Niger seed at feeding stations, a more sustainable solution would be the management of fields and grazing to produce a succession of sources of small seeds as food for the breeding birds. The future of this species as a breeding bird in Wales depends to a large extent on the success of this project.

*Kelvin Jones*

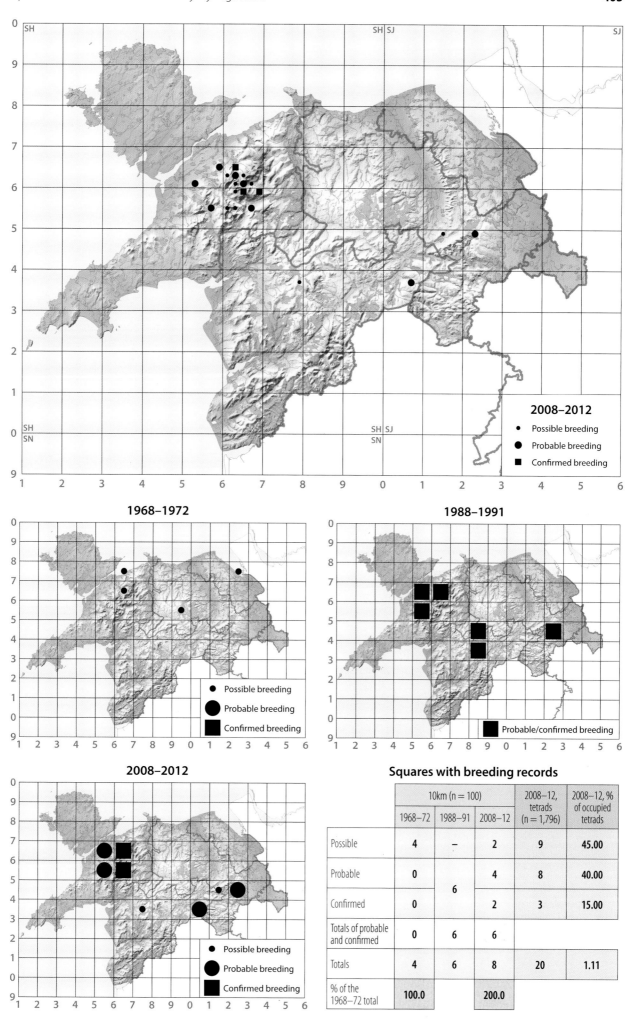

**2008–2012**

- • Possible breeding
- ● Probable breeding
- ■ Confirmed breeding

**1968–1972**

- • Possible breeding
- ● Probable breeding
- ■ Confirmed breeding

**1988–1991**

- ■ Probable/confirmed breeding

**2008–2012**

- • Possible breeding
- ● Probable breeding
- ■ Confirmed breeding

## Squares with breeding records

| | 10km (n = 100) | | | 2008–12, tetrads (n = 1,796) | 2008–12, % of occupied tetrads |
|---|---|---|---|---|---|
| | 1968–72 | 1988–91 | 2008–12 | | |
| Possible | 4 | – | 2 | 9 | 45.00 |
| Probable | 0 | 6 | 4 | 8 | 40.00 |
| Confirmed | 0 | | 2 | 3 | 15.00 |
| Totals of probable and confirmed | 0 | 6 | 6 | | |
| Totals | 4 | 6 | 8 | 20 | 1.11 |
| % of the 1968–72 total | 100.0 | | 200.0 | | |

# Lesser Redpoll
## *Carduelis cabaret*
### Resident – Welsh conservation status: Red

It was only in 2000 that the BOU decided to treat the Lesser Redpoll as a species separate from the Common Redpoll, *Carduelis flammea*, which is a scarce passage migrant in our area. The previous Atlases had referred to both as simply 'Redpoll', which caused some confusion for those observers during the 2008–12 fieldwork who were unaware of the change. The rattling or buzzing flight call reveals the presence of this dainty finch, a bird characteristic of birch woods and young conifer plantations but also found in Alder and various kinds of scrub woodland. It feeds mainly on very small seeds, particularly birch seeds, but also takes invertebrates in the breeding season. Egg laying is quite late, from the second half of May or early June (BWP), which could have led to some breeding pairs being missed by Atlas fieldworkers. There have been few ringing recoveries from Wales, but Redpolls from Scotland and northern England move south in winter and, in years when the birch-seed crop is poor in central and southern England, some birds cross the Channel to France and Belgium (Migration Atlas). Perhaps birds from North Wales follow a similar pattern of movements.

The tetrad map shows the Lesser Redpoll to be largely confined to semi-upland and upland areas in the east, but more widespread in the lowlands in the west. It breeds up to about 450m, with a few records as high as 600m. The species is Red-listed in Wales on the basis of a severe decline in the UK as a whole since the 1970s. This seems to have been most severe in England, where CBC/BBS results showed an 89% decline between 1967 and 2009 (Baillie *et al.* 2012). The species is doing better in Scotland, where there was a 26% increase between 1995 and 2010 (Risely *et al.* 2012). In Wales this species occurs on too few BBS plots for a trend to

## Llinos Bengoch Leiaf

Ceir y Llinos Bengoch Leiaf mewn coedwigoedd bedw, planhigfeydd conwydd ieuainc, coedydd gwern a phrysgwydd. Mae'n bwyta hadau bychain iawn, yn enwedig hadau bedw. Dengys y map tetrad ei bod i raddau helaeth yn gyfyngedig i'r ucheldir a chyrion yr ucheldir yn y dwyrain, ond yn fwy cyffredin ar dir is yn y gorllewin. Mae'n nythu hyd at uchder o tua 450 medr, gydag ambell gofnod hyd at 600 medr. Lleihaodd ei nifer o 89% yn Lloegr rhwng 1967 a 2009, ond bu cynnydd o 26% yn yr Alban rhwng 1995 a 2010. Ni ellir cael ffigwr i Gymru, ond nid oes llawer o wahaniaeth ar lefel 10 cilomedr rhwng ein map ni a mapiau'r ddau Atlas blaenorol.

be calculated. A comparison of our map at the 10km square level with those from the 1968–72 and 1988–91 Atlases shows virtually no change in range in our region.

Fuller *et al.* (2005) considered that the decline in southern Britain was primarily due to changes in the age structure of woodlands, with the reduction in planting of conifers leading to a shortage of suitable young growth, resulting in reduced productivity and survival rates. It was noted in the 1988–91 Atlas that the proportion of birch had dropped in the woodlands of lowland England but this is probably less true of North Wales. This is a species which seems to be prone to fluctuations in numbers, with an increase noted by Forrest (1907) followed by a period of decline, until numbers rose again with upland afforestation in the 1950s and 1960s. Numbers may then have declined as the forests matured, but increased again in the late 1980s and early 1990s (Lovegrove *et al.* 1994), possibly related to cycles of clearfelling and regeneration of the forests. The 2008–12 fieldwork results suggest that currently the Lesser Redpoll is faring quite well in North Wales, despite its Red-listed status.

*Rhion Pritchard*

MALCOLM GRIFFITH

**Sponsored by/Noddwyd gan Hilary Nash**

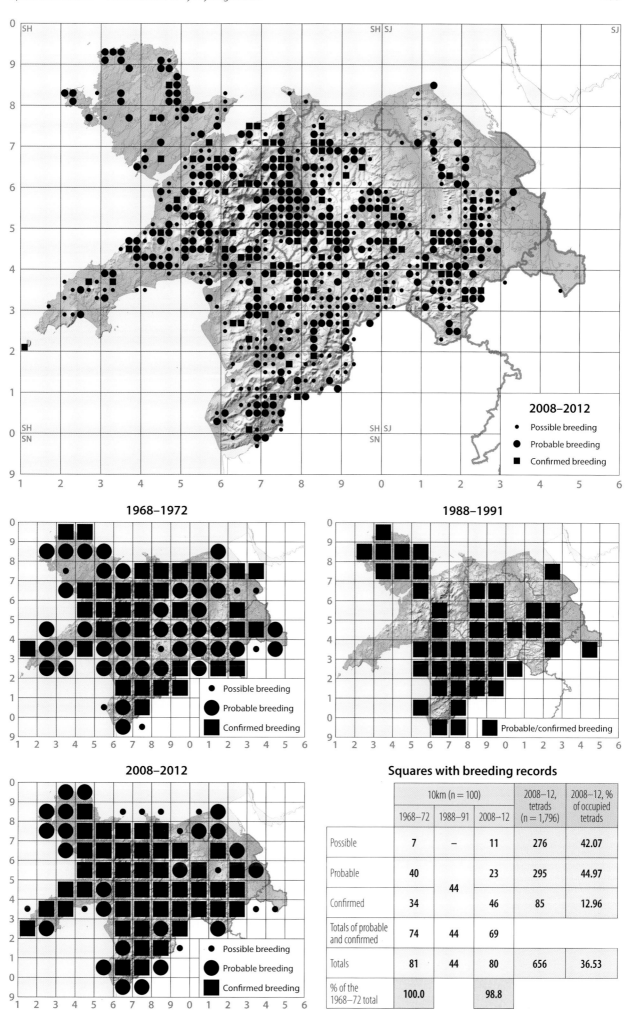

2008–2012
- • Possible breeding
- ● Probable breeding
- ■ Confirmed breeding

**1968–1972**
- • Possible breeding
- ● Probable breeding
- ■ Confirmed breeding

**1988–1991**
- ■ Probable/confirmed breeding

**2008–2012**
- • Possible breeding
- ● Probable breeding
- ■ Confirmed breeding

## Squares with breeding records

| | 10km (n = 100) | | | 2008–12, tetrads (n = 1,796) | 2008–12, % of occupied tetrads |
|---|---|---|---|---|---|
| | 1968–72 | 1988–91 | 2008–12 | | |
| Possible | 7 | – | 11 | 276 | 42.07 |
| Probable | 40 | 44 | 23 | 295 | 44.97 |
| Confirmed | 34 | | 46 | 85 | 12.96 |
| Totals of probable and confirmed | 74 | 44 | 69 | | |
| Totals | 81 | 44 | 80 | 656 | 36.53 |
| % of the 1968–72 total | 100.0 | | 98.8 | | |

# Common Crossbill

## *Loxia curvirostra*

**Resident and winter visitor – Welsh conservation status: Green**

Crossbills were well described in the 1988–91 Atlas as looking, and sometimes behaving, like small parrots. A visit to a conifer plantation is usually required to see a Crossbill, for it is largely restricted to conifer habitats and feeds almost entirely on conifer seeds. It can be found in pine and larch, but it is mainly a spruce specialist, using its unusual bill to force open the cones to reach the seeds within. Large-scale planting of Sitka Spruce on many uplands in North Wales has created a great deal of suitable habitat for it. However, detecting its presence is not always easy as it often feeds out of sight in the tops of tall trees, so that familiarity with the call is important. The Common Crossbill breeds very early in the year from November to April when spruce seeds are most available, so breeding may have been missed in some tetrads.

The clusters of dots on our tetrad map are in the large conifer plantations such as Gwydyr Forest (Caernarfon), Clocaenog Forest (Denbigh) and Coed y Brenin and Penllyn Forest (Meirionnydd), as well as some smaller areas of coniferous woodland. Confirmed breeding records range from near sea level in Newborough Forest to at least 600m. This would have surprised fieldworkers for the 1968–72 Atlas, who did not record the species at all in North Wales, although it may have been overlooked as Forrest (1907) had noted a few records of breeding here as far back as the late nineteenth century. By the 1988–91 Atlas, the species was widely distributed in our area, and the map shows that the increase has continued. This probably reflects the maturing of the conifers planted in the years following the Second World War, as cones are only produced in numbers by mature trees.

Cone production in spruce varies greatly from year to year, and Crossbill populations move around in search of abundant cone supplies. In some years, the failure of cone crops or an unusually successful breeding season elsewhere can lead to irruptions, when large numbers of birds move into our region, usually from midsummer onwards. Some of these birds can come from over 4,000km away. They may then remain to breed in the following year, before at least some of them return to their places of origin. There was a huge irruption in 1990 when birds, apparently from northern Russia, reached much of western Europe, with around half a million birds in Scotland by the winter of 1990/91 (Migration Atlas). Though the numbers reaching North Wales were smaller, some large flocks were seen, for example 200 in Pentraeth Forest on Anglesey in October 1990. Its future abundance depends largely on commercial forestry management ensuring a good supply of mature, 'old-growth' conifers.

*Rhion Pritchard*

## Gylfin Groes

Mewn coedwigoedd conwydd y ceir y Gylfin Groes, yn enwedig lle mae pyrwydd. Defnyddia'i big anarferol i agor y conau a chyrraedd yr hadau. Mae'n nythu yn gynnar iawn yn y flwyddyn, o Dachwedd hyd Ebrill, pan fo hadau pyrwydd ar gael, felly efallai i nythu fynd heb ei gofnodi mewn rhai sgwariau. Daw'r rhan fwyaf o'r cofnodion o'r planhigfeydd conwydd mawr, megis Coed Gwydyr, Fforest Clocaenog, Coed y Brenin a Choed Penllyn, yn ogystal â rhai blociau llai o gonwydd. Er bod rhai cofnodion o nythu yng Ngogledd Cymru ar ddiwedd y 19eg ganrif, ni chofnodwyd y rhywogaeth yma yn ystod Atlas 1968–72. Erbyn Atlas 1988–91 roedd yn bur gyffredin yn ein hardal, a dengys ein map fod y cynnydd wedi parhau.

JOHN LAWTON ROBERTS

Sponsored by/Noddwyd gan John Barnes

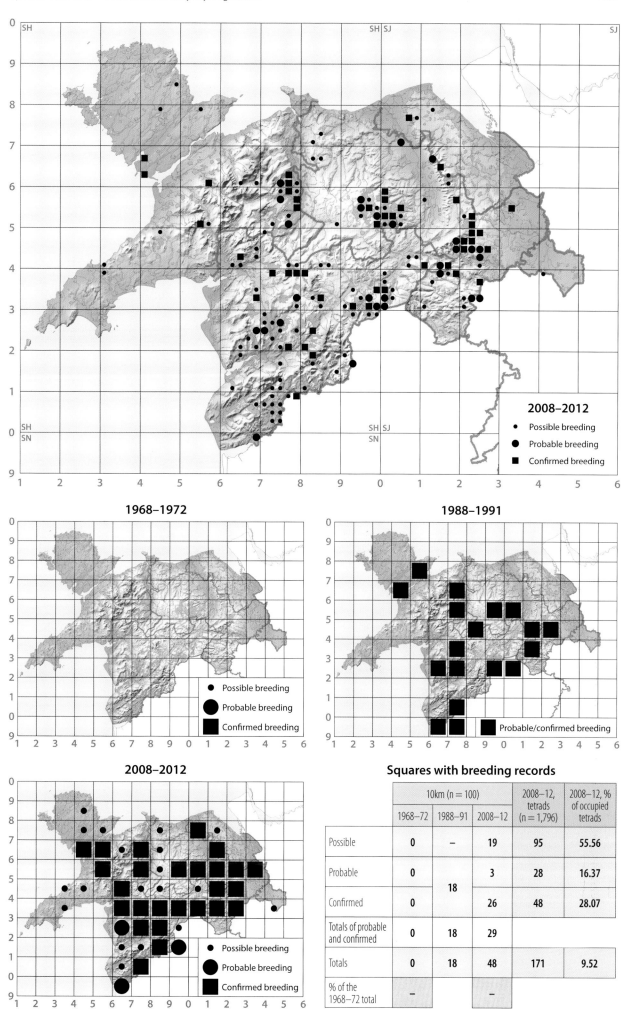

2008–2012

- Possible breeding
- Probable breeding
- Confirmed breeding

**1968–1972**

- Possible breeding
- Probable breeding
- Confirmed breeding

**1988–1991**

- Probable/confirmed breeding

**2008–2012**

- Possible breeding
- Probable breeding
- Confirmed breeding

## Squares with breeding records

| | 10km (n = 100) | | | 2008–12, tetrads (n = 1,796) | 2008–12, % of occupied tetrads |
|---|---|---|---|---|---|
| | 1968–72 | 1988–91 | 2008–12 | | |
| Possible | 0 | – | 19 | 95 | 55.56 |
| Probable | 0 | 18 | 3 | 28 | 16.37 |
| Confirmed | 0 | | 26 | 48 | 28.07 |
| Totals of probable and confirmed | 0 | 18 | 29 | | |
| Totals | 0 | 18 | 48 | 171 | 9.52 |
| % of the 1968–72 total | – | | – | | |

# Bullfinch

## *Pyrrhula pyrrhula*

**Resident – Welsh conservation status: Red**

This is one of the most unmistakable members of the finch family and a delight to see. The male Bullfinch's bright rose-pink breast contrasts well with the grey upper plumage and black cap. Many observers first notice this bird as it flies away from view showing the diagnostic bright white rump. Pairs tend to stay together for most of the year so where you see, or hear, one bird there is likely to be another close by. For such a colourful bird, its voice is a disappointment and it takes some practice for observers to tune in to the quiet call "phew" and the low and infrequent song. This is often therefore missed, meaning the Bullfinch can be underrecorded.

Bullfinches can be difficult to locate during the breeding season as they are very quiet and inconspicuous. They nest in dense undergrowth in woods, mature overgrown hedge-rows, scrub and large gardens (Ferguson-Lees *et al.* 2011). Pairs are quite solitary and they do not exhibit obvious territoriality or display behaviour (Newton 1972). They normally have two broods and so breeding can take place from April through to August. The fledged young look quite unlike their parents as they do not have the black cap and the body plumage has muted brown colours mildly resembling the female. These juveniles can often go unnoticed or misidentified. It takes some patience and close observation to confirm breeding so it is not surprising that many of the tetrad records are of pairs seen in suitable breeding habitat. If juveniles are seen later in the season it is very likely that they have fledged nearby as Bullfinches are very sedentary, not often moving more than 5km from the natal area (Newton 1972), and so Confirmed breeding can be assumed.

In North Wales the 2008–12 fieldwork tetrad map shows a disparity in distribution of the Bullfinch between the east and west. In the east the distribution is widespread even

## Coch y Berllan

Mae Coch y Berllan yn nythu mewn coedydd, gwrychoedd a gerddi, ond gan nad yw ei gân yn drawiadol, mae'n hawdd peidio sylwi arno. Tuedda parau i aros gyda'i gilydd am y rhan fwyaf o'r flwyddyn, felly os gwelir un aderyn, mae'n debyg bod un arall gerllaw. Dangosodd gwaith maes 2008–12 ei fod i'w weld bron ymhobman yng Ngogledd Cymru oddi tan uchder o 400 medr. Mae'n gyffredin ar draws ardaloedd llywodraeth leol Fflint a Wrecsam, ar hyd yr arfordir gogleddol ac yn nwyrain Môn, ond mae'n llawer mwy gwasgaredig mewn ardaloedd eraill. Bu lleihad o 8% yn niferoedd Coch y Berllan yng Nghymru rhwng 1995 a 2010.

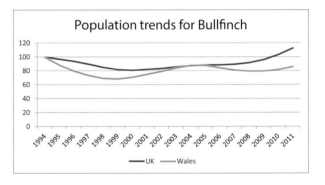

Population trends for Bullfinch

at elevations over 400m but in the west it is scarce above 250m and absent from those lowland areas where there are fewer clumps of bushes or trees and therefore possibly more exposed. At the 10km level, the distribution would broadly appear to be much the same as it was in the 1968–72 Atlas. BBS data reveal that the population in Wales has declined by 8% between 1995 and 2010, whereas in the UK as a whole the population has increased by 6% over the same period (Risely *et al.* 2012). The reasons for these population changes are thought to be related to differences in food availability and predation risk (Proffitt *et al.* 2004).

Forrest (1907) described the Bullfinch as "Resident; common in wooded country throughout the district" and in North Wales it was most numerous in parts of Denbigh and Flint. In Anglesey it was only numerous in the south and east. This is remarkably similar to the situation today. We trust that the Bullfinch will continue to thrive and may soon be removed from the Red list.

*Anne Brenchley*

ASHLEY COHEN

**Sponsored by/Noddwyd gan North-East Wales Wildlife**

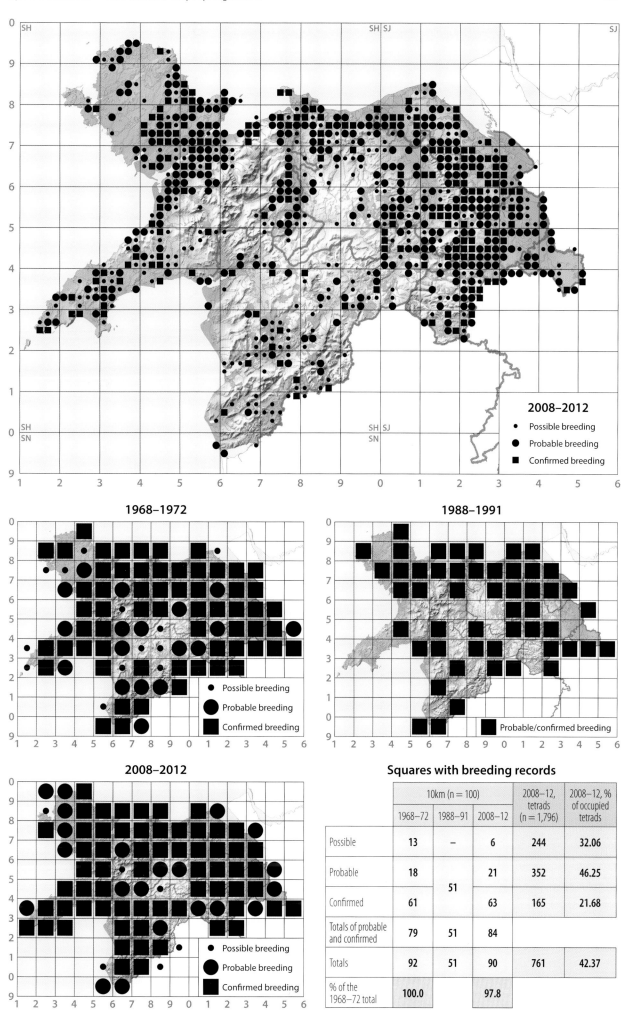

2008–2012
· Possible breeding
● Probable breeding
■ Confirmed breeding

**1968–1972**

· Possible breeding
● Probable breeding
■ Confirmed breeding

**1988–1991**

■ Probable/confirmed breeding

**2008–2012**

· Possible breeding
● Probable breeding
■ Confirmed breeding

## Squares with breeding records

| | 10km (n = 100) | | | 2008–12, tetrads (n = 1,796) | 2008–12, % of occupied tetrads |
|---|---|---|---|---|---|
| | 1968–72 | 1988–91 | 2008–12 | | |
| Possible | 13 | – | 6 | 244 | 32.06 |
| Probable | 18 | 51 | 21 | 352 | 46.25 |
| Confirmed | 61 | | 63 | 165 | 21.68 |
| Totals of probable and confirmed | 79 | 51 | 84 | | |
| Totals | 92 | 51 | 90 | 761 | 42.37 |
| % of the 1968–72 total | 100.0 | | 97.8 | | |

# Hawfinch

*Coccothraustes coccothraustes*

**Resident – Welsh conservation status: Amber**

STEVE STANSFIELD

## Gylfinbraff

Gwyddom lai am y Gylfinbraff nag am y rhan fwyaf o'n hadar a gall fod yn anodd dod o hyd iddo os nad ydych yn gyfarwydd â'i alwad a'i gân. Hyd yn oed pan fydd yn weddol niferus, ni fydd yn hawdd ei weld gan ei fod yn cadw yng nghysgod y dail ac mae'n aderyn nerfus, parod iawn i ffoi. Mae bron yn sicr fod y map tetrad yn tan-gofnodi'r llecynnau lle y mae'n nythu yng Ngogledd Cymru. Dangosodd cyfrifiad manwl yng nghyffiniau Dolgellau fod dros 50 o barau'n nythu mewn ardal y credid ei fod wedi diflannu'n llwyr ohoni. Cofnodwyd niferoedd llai mewn ambell ardal arall ond erys ei wir statws yng Ngogledd Cymru'n aneglur.

A glimpse of this spectacular bird, our largest finch, flashing through the tree canopy, adds a dash of colour and drama to any damp, dark, Welsh wood. Its perceived rarity and secretiveness, as well as its striking form and colour, make it a sought-after sighting for any birdwatcher. Despite this interest and attractiveness, it is one of our least known and least understood species.

Surveying for the species can be difficult so familiarisation with the calls and song is essential for reliable detection. Even where the species is relatively abundant they are rarely easy to see, favouring the cover of the tree canopy and often being flighty and nervous in character. Once known, however, their often gregarious behaviour and surprisingly loud calls can make detection more straightforward.

It is perhaps this difficulty and unfamiliarity that explains the distribution shown in the tetrad map, which almost certainly represents an underestimate of current breeding status in North Wales. Intensive surveying in the Dolgellau district of Meirionnydd (Smith 2004), continued during the 2008–12 fieldwork, has revealed a population in excess of 50 pairs, with a relatively strong wintering population, this being in an area where the species was thought previously to be largely absent. The majority of these breeding pairs were found in mixed species broadleaved woodland with a sizeable colony located in a mixed broadleaved/conifer plantation. Other habitat types, such as gardens, churchyards, orchards, lightly wooded school grounds and river corridors, are also used. Small flocks are found in the Conwy Valley in the winter. Breeding has been recorded here in the past and it seems likely that this still continues. The species is known to occur in similar habitat in other areas, such as the Vale of Maentwrog

and one or two sites in the Vale of Clwyd, though its true status across North Wales remains unclear.

Forrest (1907) reported that the Hawfinch was rare in Cheshire and Shropshire about 1875 and at that time was "practically unknown" in North Wales. By the start of the twentieth century, he reported that it was "resident, fairly common though local in Denbigh, Flint … rare in the west, and unknown in Lleyn and Anglesey". In Forrest's time, Hawfinches made themselves known by eating peas growing in people's gardens – if only they would do that now! The 1968–72 and 1988–91 Atlases show that records across North Wales have been few and far between in the latter half of the twentieth century and it now seems that north-east Wales appears to be almost without breeding Hawfinches. In the UK the Hawfinch is Red-listed because of a significant decline in the breeding population between 1981 and 2007. It is thought to be now much scarcer in the UK than was believed at the time of the 1988–91 Atlas (Holling & RBBP 2012) and, therefore, the population around Dolgellau could be of considerable importance at the UK level.

*David Smith*

**Sponsored by/Noddwyd gan John Harrop**

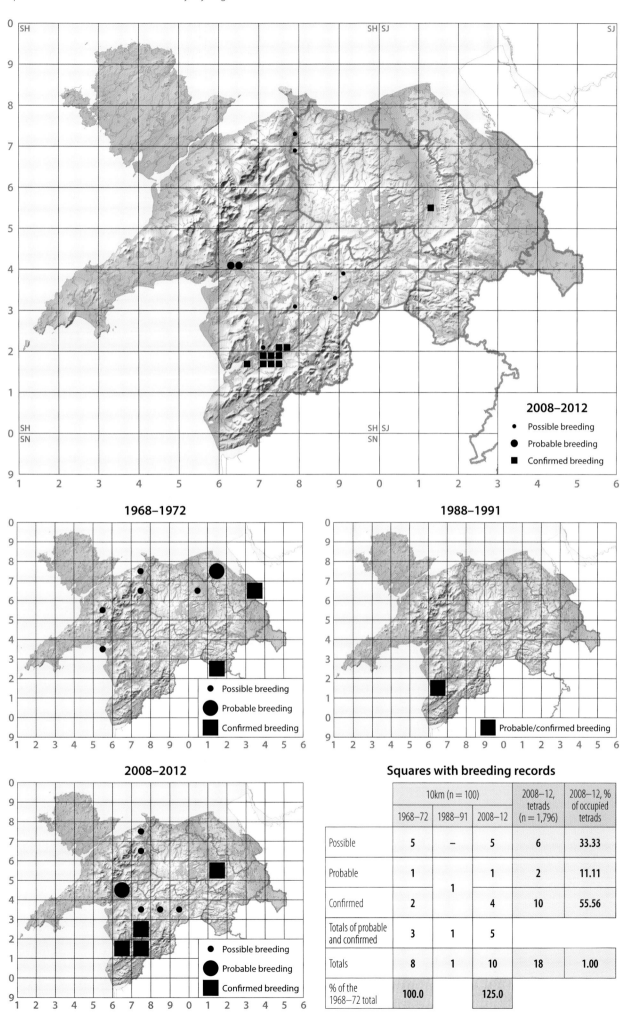

2008–2012

- • Possible breeding
- ● Probable breeding
- ■ Confirmed breeding

**1968–1972**

- • Possible breeding
- ● Probable breeding
- ■ Confirmed breeding

**1988–1991**

- ■ Probable/confirmed breeding

**2008–2012**

- • Possible breeding
- ● Probable breeding
- ■ Confirmed breeding

**Squares with breeding records**

| | 10km (n = 100) | | | 2008–12, tetrads (n = 1,796) | 2008–12, % of occupied tetrads |
|---|---|---|---|---|---|
| | 1968–72 | 1988–91 | 2008–12 | | |
| Possible | 5 | – | 5 | 6 | 33.33 |
| Probable | 1 | 1 | 1 | 2 | 11.11 |
| Confirmed | 2 | | 4 | 10 | 55.56 |
| Totals of probable and confirmed | 3 | 1 | 5 | | |
| Totals | 8 | 1 | 10 | 18 | 1.00 |
| % of the 1968–72 total | 100.0 | | 125.0 | | |

# Yellowhammer
*Emberiza citrinella*
**Resident – Welsh conservation status: Red**

JOHN HAWKINS

## Bras Melyn
Fel y rhan fwyaf o'r breision, dibynna'r Bras Melyn ar hadau a grawn. Yng Nghymru, mae'n dal ei dir lle y ceir ffermio cymysg ar yr iseldir a lle y ceir ffriddoedd, rhostir a phrysgwydd. Mae'n bwysig iddo gael cynefin llawn hadau i hel ei damaid yn y gaeaf, yn agos at ei fannau nythu. Dengys gwaith maes 2008–12 ei fod i'w gael ar gyrion ucheldir gorllewinol Eryri, canol Meirionnydd a Bryniau Clwyd. Yn yr iseldir, fe'i ceir ar orlifdir afon Dyfrdwy (un o ardaloedd tir âr pwysicaf Cymru) a rhannau o Ynys Môn a Llŷn lle y ceir rhostir, ffriddoedd a chaeau grawn. Ers cyfnod Atlas 1968–72, fe'i collwyd o dde a gorllewin Môn ac o Ddyffryn Conwy a'r ardal rhwng y Bala a Dolgellau.

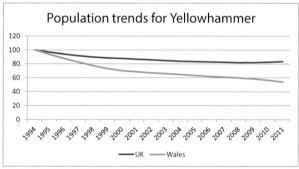

Population trends for Yellowhammer

Once a familiar bird to many, the Yellowhammer was described by Forrest (1907) as "very common and generally distributed" in North Wales. As with most buntings, the adults are largely dependent on grass seeds and cereal grains throughout the year, whilst the chicks are fed on invertebrates such as caterpillars and grasshoppers. In Wales, they are typically associated with lowland mixed farming as well as ffridd, heathland and scrub. In all cases, the availability of seed-rich winter feeding habitat close to breeding sites will be a key limiting factor. This is typically cereal stubble but in livestock-dominated areas where cereal-growing is less frequent, is also likely to include animal feed, chicken pens and gardens (O'Connor & Shrubb 1986; pers. obs.). In some parts of North Wales, Yellowhammers have only survived because of grain provided in gardens.

The current distribution from 2008–12 fieldwork shows these habitat associations with the upland margins quite clearly, hugging the 300m contour of western Snowdonia, inland Meirionnydd and the Clwydian range. It extends to the Dee floodplain, one of Wales' key arable areas, as well as parts of Llŷn and Anglesey where both heathland, ffridd and cereal growing persist. There is a clear change in distribution in North Wales since the 1968–72 Atlas, when Yellowhammers were found in nearly every 10km square in the region. The 2008–12 fieldwork shows losses from the south and west of Anglesey, and a 'hole' developing in the centre of the region in the Conwy Valley and in the area from Bala to Dolgellau. There is also a lower proportion of Confirmed breeding records, which suggests that the species is harder to find. Further confirmation comes from the BBS, which shows a 40% decline in Wales between 1995 and 2010 (Risely *et al.* 2012).

Given such a decline across Wales as a whole, it is notable that the 'hotspots' in the west of the region are in the parts of Llŷn and Anglesey where arable is still present, and has in fact increased in recent years (pers. obs.). The explanation may therefore lie in the subtly different way in which cereal is grown here compared to in the eastern part of North Wales: in the west, cereal is grown primarily for on-farm use as animal feed, and farmers are able to be more tolerant of 'weeds'; it is often spring-sown with overwintered stubbles, and herbicide use is lower. However in the east, as elsewhere in the UK, a switch to autumn-sown cereals and increased use of herbicides has resulted in insufficient weed seed to sustain the Yellowhammer population through the winter. The future for this species is probably dependent on provision of appropriate agri-environment schemes.

*Dave Lamacraft*

**Sponsored by/Noddwyd gan Gwynedd Council**

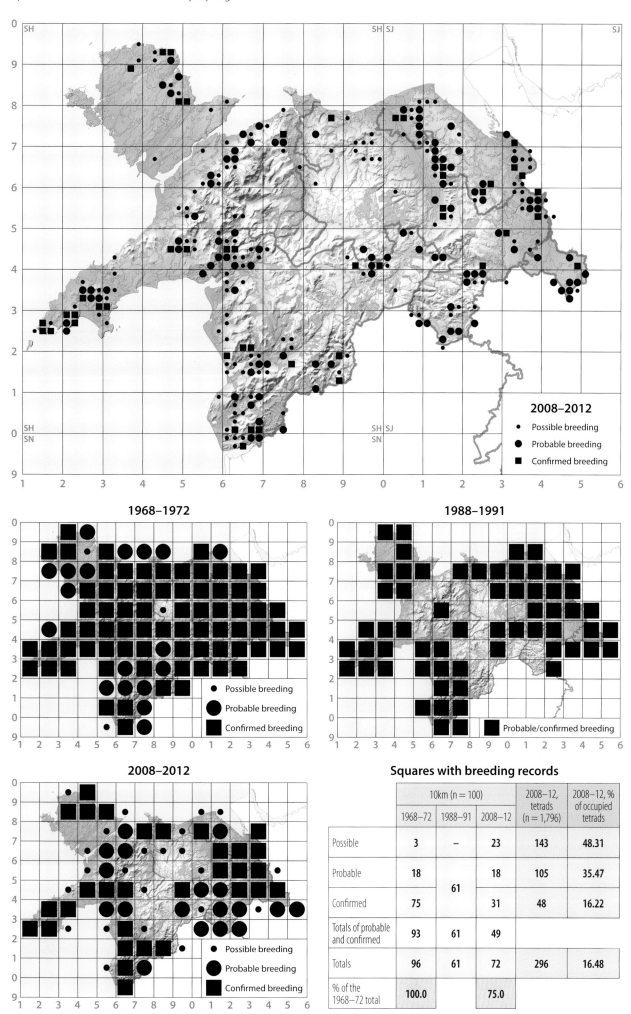

**2008–2012**

• Possible breeding

● Probable breeding

■ Confirmed breeding

**1968–1972**

• Possible breeding

● Probable breeding

■ Confirmed breeding

**1988–1991**

■ Probable/confirmed breeding

**2008–2012**

• Possible breeding

● Probable breeding

■ Confirmed breeding

### Squares with breeding records

| | 10km (n = 100) | | | 2008–12, tetrads (n = 1,796) | 2008–12, % of occupied tetrads |
|---|---|---|---|---|---|
| | 1968–72 | 1988–91 | 2008–12 | | |
| Possible | 3 | – | 23 | 143 | 48.31 |
| Probable | 18 | 61 | 18 | 105 | 35.47 |
| Confirmed | 75 | | 31 | 48 | 16.22 |
| Totals of probable and confirmed | 93 | 61 | 49 | | |
| Totals | 96 | 61 | 72 | 296 | 16.48 |
| % of the 1968–72 total | 100.0 | | 75.0 | | |

# Reed Bunting
## *Emberiza schoeniclus*
### Resident – Welsh conservation status: Amber

Despite its name, the Reed Bunting is not restricted to habitats where there are reeds, but it is most common in damp areas, usually in the lowlands, with dense but fairly low vegetation such as tall herbage or low shrubs (BWP). This habitat is often found around marshes, river banks or lakesides where the male, with its prominent black head and throat separated by a white 'moustache', sings from protruding vegetation, poles or wire fences in spring. It is also found in small boggy areas in the uplands and in drier areas, for example in young conifer plantations. Nearly all the breeding population in Britain remains here in winter (Migration Atlas), though there are local movements to lower ground. It feeds largely on seeds and other plant material, but also takes invertebrates, particularly in the breeding season. The nest is well hidden in vegetation, usually near the ground, but singing males are conspicuous.

The tetrad map shows a difference in distribution between east and west in our region: in the east this species is largely confined to higher ground and the main river valleys, with Confirmed breeding records up to around 500m; in the west it is widespread in the lowlands and semi-upland but largely absent above about 400m. Lovegrove *et al.* (1994) referred to unexplained absences from areas of Denbigh and Flint, which are still to be seen in our results. A comparison of our map at the 10km square level with the map from the 1968–72 Atlas shows little change in distribution, but a lower percentage of Confirmed breeding records. This suggests either that numbers were higher in 1968–72 or that observers are now less skilled in nest finding.

CBC/BBS results for Britain as a whole show an increase in the population in the 1960s (thought to have been linked to a spread into drier habitats) then a rapid decline, particularly between 1975 and 1983, followed by a period of stability. In recent years there has been a modest increase. The decline

## Bras y Cyrs

Er mai mewn ardaloedd gwlyb, yn yr iseldiroedd neu ar dir uwch, y mae Bras y Cyrs fwyaf cyffredin, fe'i ceir hefyd mewn cynefinoedd mwy sych. Mae'n bwyta hadau yn bennaf, ond hefyd yn bwyta pryfed yn y tymor nythu. Dengys ein canlyniadau ni wahaniaeth rhwng y dwyrain a'r gorllewin. Yn y gorllewin mae'n weddol gyffredin ar dir cymharol isel ond bron yn absennol uwchben tua 400 medr, tra yn y dwyrain fe'i ceir yn bennaf ar dir uwch ac ar hyd yr afonydd, ac yno mae'n nythu hyd uchder o tua 500 medr. Bu cynnydd yn y boblogaeth yn y 1960au, yna bu gostyngiad, yn enwedig rhwng 1975 a 1983. Ymddengys fod y boblogaeth yn awr yn weddol sefydlog.

was thought to be related to the intensification of agriculture, and a decrease in overwinter survival rates, possibly due to a reduction in the availability of small seeds on farmland in winter, is considered to have been a major factor (Peach *et al.* 1999). The 1988–91 Atlas noted the decline of the Linnet, which has a similar winter diet, in the same period. The BBS sample size is too small for a population trend to be identified in Wales. At UK level there was a 24% increase between 1995 and 2010, but a decline of 12% between 2010 and 2011 (Risely *et al.* 2012). This species is Amber-listed on the basis of breeding declines in the longer term.

Forrest in 1907 described the Reed Bunting as common in the lowlands of North Wales, particularly on Anglesey and in the Dee marshes, but not often found "above 500 feet [150m]". It is now commonly found in suitable habitat up to around 400m, though it is probably less numerous in the lowlands than in Forrest's day.

*Rhion Pritchard*

Sponsored by/Noddwyd gan Caroline Hooper

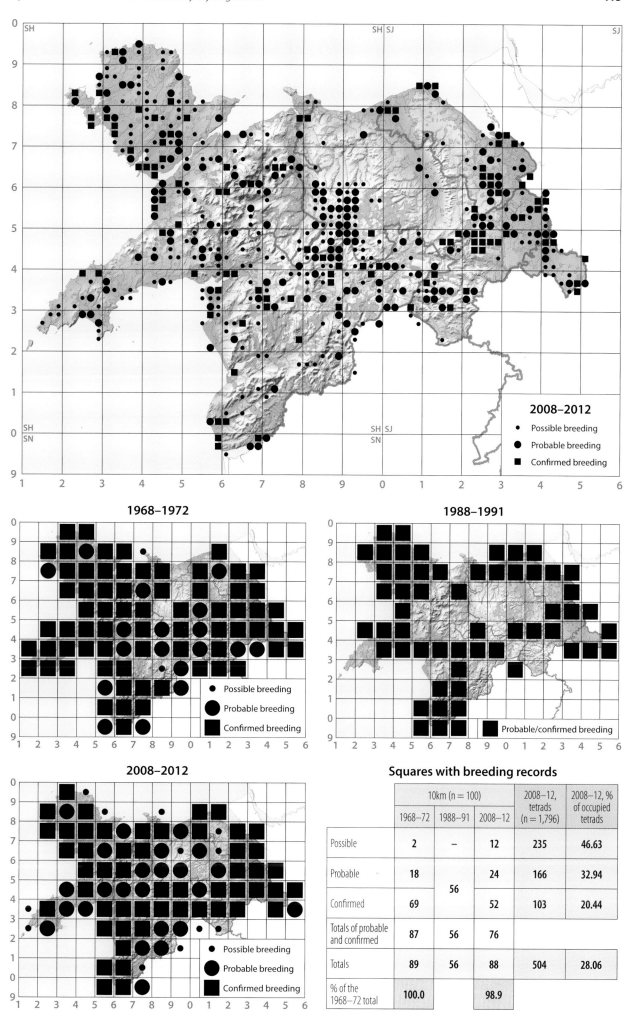

**1968–1972**

**1988–1991**

Possible breeding
Probable breeding
Confirmed breeding

Probable/confirmed breeding

**2008–2012**

Possible breeding
Probable breeding
Confirmed breeding

2008–2012
Possible breeding
Probable breeding
Confirmed breeding

**Squares with breeding records**

| | 10km (n = 100) | | | 2008–12, tetrads (n = 1,796) | 2008–12, % of occupied tetrads |
|---|---|---|---|---|---|
| | 1968–72 | 1988–91 | 2008–12 | | |
| Possible | 2 | – | 12 | 235 | 46.63 |
| Probable | 18 | 56 | 24 | 166 | 32.94 |
| Confirmed | 69 | | 52 | 103 | 20.44 |
| Totals of probable and confirmed | 87 | 56 | 76 | | |
| Totals | 89 | 56 | 88 | 504 | 28.06 |
| % of the 1968–72 total | 100.0 | | 98.9 | | |

# Corn Bunting
## *Millaria calandra*
### Resident – Welsh conservation status: Red

This is a chunky, streaky buff-brown bird, associated with cereal growing, particularly Barley. It sings its 'jangling keys' song from telegraph wires, posts and fences. Generally it is a bird of lowlands, often near the coast, and prefers open country without woods or rocky terrain. The population of Corn Buntings in the UK has dramatically declined and the main causes seem to be changes in agricultural practice: geographically restricted areas of barley growing; the increase in autumn-sown cereals compared to those sown in spring; the move from hay to silage; and the decline of mixed farming regimes (BWP).

Forrest (1907) described its distribution in a striking way: "if a line were drawn all round the coast at a distance of one mile inland, the narrow strip of country included between this line and the sea would be found to contain about 90% of all the Corn Buntings in North Wales". It was also more numerous on the west than the north coast. With agricultural changes Corn Buntings had disappeared from most of the west, indeed from most of Wales, by the time of the 1968–72 Atlas. They had become extinct in Meirionnydd by 1936 (Jones 1974), have not been recorded in Caernarfon since 1956 (Jones & Dare 1976) and were last recorded on Anglesey in 1992 (Jones & Whalley 2004). By the 1988–91 Atlas, the only records were from inland lowland areas near the border with England. It is very sad to report that during the 2008–12 fieldwork there was not one record of breeding activity in North Wales.

The last sightings in north-east Wales were a male singing at Shotwick Fields in May 2007 and one reported near Llanrhaeadr-ym-Mochnant in December 2009. There is still a population of Corn Buntings in England just across the border from the Fenn's Moss and Bettisfield area. It is hoped that with appropriate management of farms some of these birds may be tempted to cross the border into Wales again, although so far this has not been successful (Johnstone *et al.* 2010a). Such management would include the provision of winter feeding opportunities in stubbles or wild bird seed mixtures, where the farmer grows cereals or a wild flower mix to leave with their seeds over the winter period specifically for birds.

*Ian M. Spence*

## Bras yr Ŷd
Aderyn yr iseldir, yn enwedig yr ardaloedd ger yr arfordir, yw Bras yr Ŷd, ac mae'n hoffi tir agored heb goedwigoedd na mannau creigiog. Mae'r boblogaeth ym Mhrydain wedi lleihau'n fawr, ac ymddengys mai newidiadau mewn amaethyddiaeth sy'n gyfrifol. Yn 1907, dywedwyd fod 90% o boblogaeth y rhywogaeth yma yng Ngogledd Cymru yn byw o fewn milltir i'r arfordir. Wrth i amaethyddiaeth newid, roedd Bras yr Ŷd wedi diflannu o'r rhan fwyaf o'r gorllewin, yn wir o'r rhan fwyaf o Gymru, erbyn Atlas 1968–72. Erbyn Atlas 1988–91, dim ond yn yr iseldir ger y ffin â Lloegr y cafwyd cofnodion, ac yn ystod gwaith maes 2008–12 ni fu unrhyw gofnod oedd yn awgrymu nythu yng Ngogledd Cymru.

BARRY BARNACAL

Sponsored by/Noddwyd gan Peter Stuttard

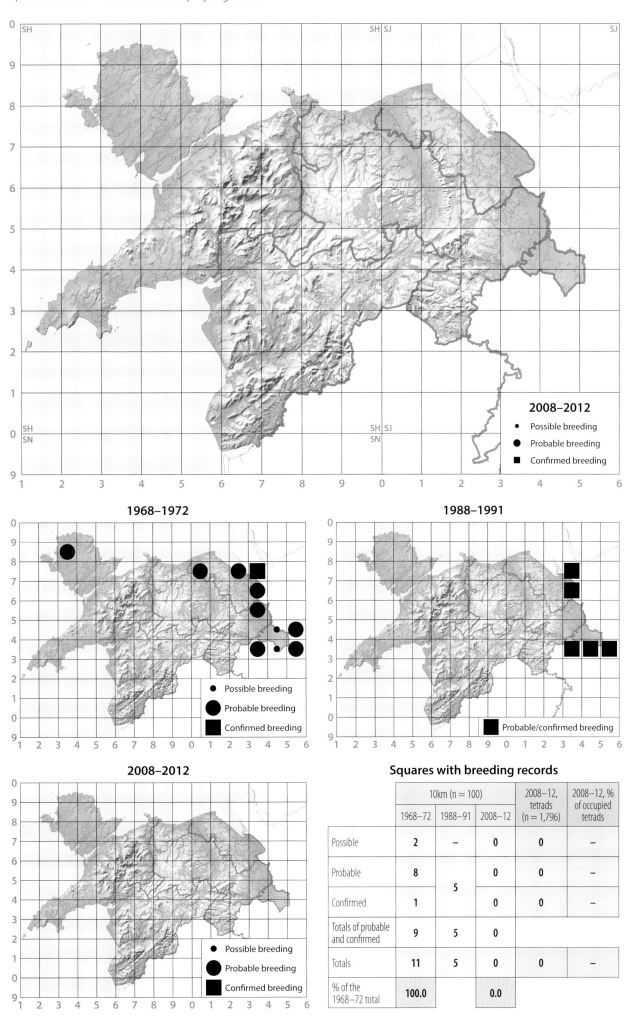

2008–2012
- Possible breeding
- Probable breeding
- Confirmed breeding

**1968–1972**

- Possible breeding
- Probable breeding
- Confirmed breeding

**1988–1991**

- Probable/confirmed breeding

**2008–2012**

- Possible breeding
- Probable breeding
- Confirmed breeding

## Squares with breeding records

| | 10km (n = 100) | | | 2008–12, tetrads (n = 1,796) | 2008–12, % of occupied tetrads |
|---|---|---|---|---|---|
| | 1968–72 | 1988–91 | 2008–12 | | |
| Possible | 2 | – | 0 | 0 | – |
| Probable | 8 | 5 | 0 | 0 | – |
| Confirmed | 1 | | 0 | 0 | – |
| Totals of probable and confirmed | 9 | 5 | 0 | | |
| Totals | 11 | 5 | 0 | 0 | – |
| % of the 1968–72 total | 100.0 | | 0.0 | | |

# Barnacle Goose
## *Branta leucopsis*
### Gŵydd Wyran
**Resident and winter visitor**
**Welsh conservation status: Amber**

This striking black-and-white goose with its 'yapping dog' call is a regular winter visitor to the Dyfi estuary saltmarshes. In addition a few birds of feral origin are present throughout the year and can occur quite widely. The most regular location is on Anglesey, where a small flock of up to 12 birds has been present in the area around Llyn Traffwll for some years. During the 2008–12 fieldwork there were two records of Confirmed breeding (in SH37I and SH37N) and one of Possible breeding (SH37G). There have been instances of hybridisation with Canada Geese, at least in the west of our area.

*Andrew Dale*

# Wigeon
## *Anas penelope*
### Chwiwell
**Resident and winter visitor – Welsh conservation status: Amber**

Whilst the Wigeon is an abundant winter visitor to North Wales, it was first found to breed in 1898 at Llyn Mynyllod, east of Bala (Forrest 1907). Pairs bred there again in 1904 and 1934 (Lovegrove *et al.* 1994). Since then there have been many records of a few birds summering at various sites, though not in every year. A pair may have bred at Llyn Alaw, Anglesey in 1998 and another pair may have bred near Porthmadog, Caernarfon in 2002. The records that have been gathered during the 2008–12 fieldwork fall within that pattern, with no proven breeding. There was Probable breeding in SH37D, SH37I and SH37Q and Possible breeding in SH33D. It is unlikely that the Wigeon will ever become a regular breeding species in North Wales.

*Ian M. Spence*

# Garganey
## *Anas querquedula*
### Hwyaden Addfain
**Summer visitor**
**Welsh conservation status: Amber**

This is the only duck that is a summer migrant in the UK, where it is on the edge of a vast global range. Only about 100 pairs nest in the UK, mainly in central and southern England. The last confirmed breeding record for Wales was in 1999 (Green 2002), but small numbers pass through wetlands each spring. A Garganey is always a good find in our area. Most reports are of males, whose bold white supercilium makes them easy to identify. Females can easily be mistaken for female Teal, which are indeed similar though slightly smaller.

There were no confirmed breeding records during this Atlas period, in contrast to 1988–91, when a pair nested at RSPB Inner Marsh Farm. A male held territory at the same site (now Burton Mere Wetlands) during 2008–12, but breeding was not confirmed. There were two records of a male present in suitable habitat at a site in west Anglesey in May 2008.

Lovegrove *et al.* (1994) speculated that Garganey may have bred on Anglesey in the early twentieth century, and a pair perhaps bred in 1936. Conclusive proof is often hard to obtain for such a secretive bird of well-vegetated pools and rarely watched farm ditches. The only confirmed records of breeding were on Anglesey in 1951, 1952 and 1980 (Jones & Whalley 2004). On the mainland, breeding was suspected at Llyn Ystumllyn, Caernarfon, in 1946. This was also the case at sites in Meirionnydd in 1955 and Shotton Pools, Flint, in 1959 and 1960. Apparently none of these suspicions have been confirmed. In 2008–12 there were records of Possible breeding in SH22X, SH37I and SJ27R.

*Julian Hughes*

# Bittern
## *Botaurus stellaris*
### Aderyn y Bwn
**Resident and winter visitor**
**Welsh conservation status: Amber**

The Bittern usually breeds in densely vegetated wetlands, especially large *Phragmites* reedbeds. It feeds mainly on fish, particularly eels. The booming sound produced by the male reveals its presence, but confirming breeding is very difficult. Forrest (1907) knew of no record of breeding in North Wales. However, he noted that there was much suitable habitat, particularly on Anglesey, and thought it "extremely probable" that this species had bred in the past. The Bittern became extinct as a breeding bird in Britain around the end of the nineteenth century, but returned a few years later. Booming was heard on Anglesey in 1947 and, in 1966, booming was recorded at five sites on the island. The first Confirmed breeding record was at Llyn Traffwll in 1968. By 1971 at least ten pairs were breeding on Anglesey, but numbers then declined, and breeding probably ended in the mid-1980s (Jones & Whalley 2004). There have been no Confirmed breeding records elsewhere in North Wales. Reedbed restoration work by the RSPB at its Malltraeth Marsh and Valley Wetlands reserves on Anglesey has increased the area of suitable habitat. The one record of Possible breeding was in SH36Z. A few birds winter at these sites each year, but there has been no recent record of breeding.

*Rhion Pritchard*

# Marsh Harrier
## *Circus aeruginosus*
### Bod y Gwerni
**Resident and winter visitor**
**Welsh conservation status: Amber**

The Marsh Harrier nests mainly in large *Phragmites* reedbeds, although some birds nest on farmland near wetlands. Forrest (1907) stated that there was a general impression that the species had once been common in the region and suggested that some of the birds recorded were actually Hen Harriers. The Marsh Harrier had become extinct as a breeding bird in Britain by 1900 but it later returned to breed in eastern England, and gradually spread. The first confirmed breeding in Wales in the twentieth century was on Anglesey in 1945. Breeding was again confirmed on the island in 1973 and possibly in 1991 (Lovegrove *et al.* 1994). A pair may have bred near Llyn Llywenan, Anglesey, in 1998 (Jones & Whalley 2004). During the 2008–12 fieldwork there was one record of Possible breeding in SH48. Reedbed restoration work on Anglesey has created more habitat, and this species could well become a regular breeding bird there in future.

*Rhion Pritchard*

# Spotted Crake
## *Porzana porzana*
## Rhegen Fraith
**Summer visitor**
**Welsh conservation status:** Amber

The Spotted Crake usually breeds in shallow fens with areas of wet sedge, grass or Common Reed and some drier areas. It is nocturnal and difficult to see, but its presence is revealed by the whiplash-like call of the male which can be heard from up to 2km away, and the birds sometimes call all night. It is a rare breeding bird in Britain, with between 30 and 80 singing males recorded annually (Stroud *et al.* 2012). The Spotted Crake was once a fairly widespread breeding species in parts of Wales until drainage destroyed much suitable habitat from the mid-nineteenth century onwards. In our area it probably bred on the Dee Marshes, Flint, in the nineteenth century. Breeding was recorded there in 1926, with several breeding records from the area around the border with Cheshire during the next decade (Lovegrove *et al.* 1994). There have been no records of breeding in North Wales since then, although a few calling males have been heard in May and June. One bird was recorded during the period of the 2008–12 fieldwork: a male calling by a small marsh at Rhoscolyn, Anglesey, on 10 May 2009.

*Rhion Pritchard*

# Baillon's Crake
## *Porzana pusilla*
## Rhegen Baillon
**Summer visitor**

This is probably the least expected entry in this book. Forrest (1907) reported one bird "caught by a dog in a ditch" near Llandudno Junction in 1905. Lovegrove *et al.* (1994) listed three other records but one of those was subsequently reidentified as Sora Rail, leaving just two records of Baillon's Crake. There were no other records in Wales until 2012. A national survey of Spotted Crake was organised for the summer of 2012 and, during the fieldwork at Malltraeth Marsh, Anglesey in SH47R, a different sound was heard from that expected. It turned out to be a singing Baillon's Crake (Ausden *et al.* 2013). The bird

was present for several weeks so became a record of Probable breeding but unfortunately, breeding was not confirmed. It remains open for speculation whether Baillon's Crakes have been in Wales in previous years, possibly breeding, but undetected. Could this become a new, regular breeding species in North Wales?

*Ian M. Spence*

# Ring-necked Parakeet
## *Psittacula krameri*
## Paracît Torchog
**Irregular visitor**

This exotic naturalised parrot was first recorded in Kent in 1969 and bred there in 1971. Well-established breeding populations now occur in the south-east of England and birds started to move north in 2003. The nearest population to us is now found on Merseyside. Obviously managing to survive our winter conditions, there are now over 30,000 Ring-necked Parakeets in the UK (Holling & RBBP 2011a). It was first recorded in North Wales in 1976 and bred successfully at Gresford Flash, Denbigh in 1979 (Lovegrove *et al.* 1994). Breeding is very occasional in our region and whilst a pair was seen in Rhydymwyn, Flint (SJ26D) during the 2008–12 fieldwork, breeding was not proven. There was one other record of Possible breeding in SJ07J. It remains uncertain whether the Ring-necked Parakeet can establish a population in a rural area such as North Wales. If it does, it could become another problem species.

*Anne Brenchley*

# Common Rosefinch
## *Carpodacus erythrinus*
## Llinos Goch
**Summer visitor and passage migrant**

This species was not mentioned by Forrest (1907) but by the time that Lovegrove *et al.* (1994) wrote, there had been up to about 20 records from Bardsey, two from mainland Caernarfon and one from Anglesey. Some of these were records in the breeding season. Since 1992 there has been at least one bird recorded in North Wales, in spring or early summer nearly every year. Therefore, it was not surprising that an adult male was recorded singing on Anglesey (SH49K) in 2011. There has been no suggestion of breeding in North Wales so far.

*Ian M. Spence*

# Species classified as Category E by the BOU

These species are not known to have a self-sustaining breeding population in the UK, and are therefore classified as Category E by the BOU. Further detail of the BOU categories is found on pp. 426–28. They were recorded as potentially breeding in North Wales between 2008 and 2012. All these species were probably underrecorded as many recorders would have ignored them.

## Black Swan *Cygnus atratus*

The Black Swan was first introduced to Britain, from Australia, in 1791 (just two decades after Captain Cook's first voyage to Australia) and they first bred in the wild in Britain in 1902 (NNSS 2013). The Black Swan first bred in Wales, in 2008, in Gwent, although breeding was unsuccessful (Holling & RBBP 2011a). A pair was recorded by several observers at Aberogwen, Caernarfon, and RSPB Conwy, Denbigh, in early summer 2009, but there was no evidence of nesting. Up to 25 pairs now breed in Britain, mostly in southern England, although more northerly breeding attempts have now been noted (Holling & RBBP 2011a).

## Muscovy Duck *Cairina moschata*

This large duck (a male weighs around 6kg) is native to Central and South America. It was introduced to Britain, already domesticated, in the early sixteenth century, destined for feasts and special occasions. Since 2001, a handful of pairs have bred in eastern and south-western England (Holling & RBBP 2011a). Underrecording may have occurred as birdwatchers perhaps ignore feral birds around town ponds. During the 2008–12 fieldwork, Muscovy Ducks were recorded at Cemlyn Lagoon, Anglesey; Parc Menai near Bangor and farmland near Tudweiliog, Caernarfon; and on the English border at Pulford Brook, Denbigh. Only the Parc Menai birds were noted as possibly breeding.

## Reeves's Pheasant *Syrmaticus reevesii*

This spectacular pheasant is a native of central China and was introduced to the UK as an aviary bird in the 1860s. Since then it has been common in captivity, and attempts have been made to naturalise it. In recent years a few have been released occasionally by shooting interests, along with Common Pheasants with which it may hybridise. All records of breeding between 2001 and 2008 have come from Norfolk (Holling & RBBP 2007a, 2011a). The species was recorded in our region, to the north of Aberdyfi, during the 2008–12 fieldwork. However, there has been no evidence of breeding.

## Indian Peafowl *Pavo cristatus*

The peafowl is a bird we are all familiar with as it is frequently kept as a domesticated ornamental bird in gardens and the grounds of country houses. Its spectacular plumage, the male's extravagant display and raucous calls make it difficult to overlook. In the UK, they have been kept for food and ornament since Roman times. They often wander and occasionally breed in a semi-feral state, as happened in Scotland in 2006 and north-west England in 2008 (Holling & RBBP 2011a). Birds were recorded from a small number of locations in Flint and Denbigh with some pairs recorded across the region. However, no breeding was confirmed.

*Andrew Dale, Anne Brenchley and Julian Hughes*

# Technical information
# *Gwybodaeth dechnegol*

This section contains additional information which may be of interest to anyone organising a similar atlas in the future. Here are detailed the sources of data used, the extent of analysis undertaken and the process of bringing all the relevant information to publication.

## Sources of data

The majority of records were provided by the BTO in one large file, manipulated in Microsoft Excel 2010. The sources of the data were identified within the dataset (as itemised in Figure 1), but not whether the data were input online or supplied by paper forms. However, Dawn Balmer, BTO, informed us that 90–95% of all records were submitted online.

## Preparation of data

At the end of Year 1 the Data Manager produced maps manually, using DMAP, with the records coming from a Recorder 6 database. Following a meeting of local Atlas organisers at the BTO headquarters in Thetford, and also meeting John Newnham from Sussex, in Years 2, 3 and 4 the Data Manager was able to use a Microsoft QuickBASIC program that John had written to produce maps. However, after the Year 4 maps had been produced the Data Manager was no longer able to use the program (as it stopped working) to produce maps using updated datasets. The final maps were produced by the Data Manager from records that were stored and manipulated using Excel.

The Atlas Steering Group wanted to have a base map for the species maps that illustrated the geography of the area and we were able to obtain one that met our requirements

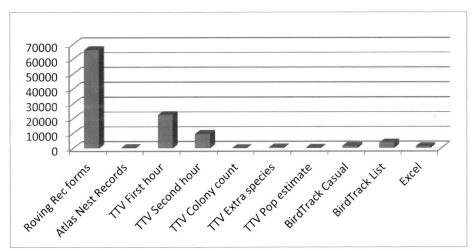

Figure 1. The numbers of records with breeding codes supplied to the BTO originating from different sources.

from Geo-Innovations, a company based in Colwyn Bay. Rather than the 'traditional' red dots, we decided to use black dots as they are much more visible to colour-blind readers.

## Numbers of records

This project was one of the largest mass-participation bird surveys ever undertaken in North Wales. For the vast majority of records we were dependent on the BTO's excellent Atlas website which enabled the gathering and validation of records. Several other sources were used, including the databases of the RSPB Cymru office in Bangor and the Tir Gofal bird records (held at the RSPB Cymru office but remaining the property of the Welsh Government). This also encompassed a small number of records from other sources and, in addition, some 10km-level records from the national dataset supplied from the RSPB Headquarters that RSPB Cymru were able to convert to tetrad-level records. We were also fortunate to receive data from three other sources: mainly Nightjar records from RWE Npower Renewables Ltd; Chough records from Adrienne Stratford and Tony Cross; and a single record from the RBBP. The totals of all records received are shown in Table 1.

There was some data that we were not able to use for the purposes of this Atlas. Only records with breeding codes were used for analysis and of the remainder many duplicate records needed to be eliminated. Duplication occurred when different observers recorded exactly the same type of breeding activity such as a species singing within a tetrad, or when different types of breeding activity were recorded within the same evidence level, for example an adult carrying food and the presence of recently fledged young. The numbers of records that were discarded from the total dataset are shown in Table 2, and the proportions of records used or discarded is presented in Figure 2.

Any records that were submitted at the 10km level only were still of use for the national Atlas to be published by the BTO. Many records gathered during TTVs did not have breeding codes with them, so they could not be used. The F, M and U records were of birds seen during the breeding season but which were showing no signs of breeding activity. There were many duplicate records of individual breeding codes, e.g. Blackbird recorded 'Singing' more than once in a tetrad. Once all the duplicate breeding codes had been removed, those codes needed to be changed to breeding levels (Possible, Probable and Confirmed breeding). There are several codes within each breeding level, so duplicates of, say, Level 1 (Possible breeding) within a tetrad were removed. If there were any remaining records that had not been validated, these were removed and finally, within a tetrad, for the purposes of mapping, we did not need any lesser codes. If a tetrad has a record of Confirmed breeding, then the records of Possible or Probable breeding for the same species in that tetrad were not needed and were removed. There were a few last-minute changes caused by the addition of late records and also the removal of some records that had been validated incorrectly after examination of the latest set of maps. The final line of Table 2 shows the number of records that we had available with which to prepare our maps.

There were several species for which we received records from places where breeding was highly unlikely, or definitely

| Source | Number of records |
|---|---|
| BTO dataset | 266,841 |
| RSPB Cymru | 11,444 |
| Tir Gofal | 10,278 |
| Other sources | 645 |
| **Total** | **289,208** |

Table 1. The total numbers of records available for analysis.

| Type of record | Number removed |
|---|---|
| 10km level only | 12,083 |
| Tetrad, without breeding codes | 59,248 |
| F, M and U records | 7,479 |
| Duplicate breeding codes | 67,772 |
| Duplicate breeding levels | 34,263 |
| Any remaining invalid records | 87 |
| Lesser breeding levels within a tetrad | 59,816 |
| **Total of records used for mapping** | **68,940** |

Table 2. The numbers of records that were discarded for a variety of reasons prior to preparing the distribution maps.

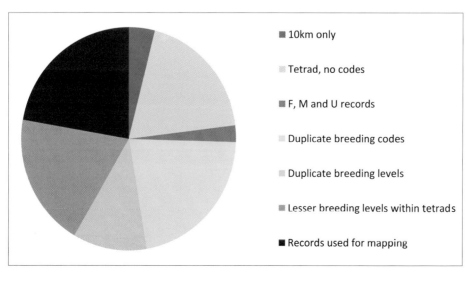

- 10km only
- Tetrad, no codes
- F, M and U records
- Duplicate breeding codes
- Duplicate breeding levels
- Lesser breeding levels within tetrads
- Records used for mapping

Figure 2. The proportions of the total number of records that were removed and those used for the distribution mapping.

did not take place. For these species we have prepared maps that show 'birds seen during the breeding season' as well as the accepted breeding codes. A striking example of this is Herring Gull, which was seen in over 900 tetrads during the breeding season. It is easy to imagine some observers seeing two birds together, possibly interacting, and recording that these birds were probably breeding. However, many such sightings were well away from known breeding sites.

## Contributors of records

Table 3 shows that 230 individual contributors and five organisations did not supply records with breeding codes. As would be expected in a project of this type, the participating observers submitted different numbers of records, ranging from just one to many thousands. The histogram in Figure 3 shows the number of observers who submitted different numbers of records: those who submitted all records in blue and those who submitted records with breeding codes in red. As can be seen, the majority of observers submitted a small number of records each. For a future Atlas it would be important to try to encourage observers to send in more records. Only a small number of observers submitted a large number of records and the overall contribution of these few observers is illustrated in Figure 4.

Figure 4 shows the numbers of records supplied by the sources of records in Figure 3. Of the total of 720 individuals and ten organisations, only 89 of these provided about 80% of all the records, an admirable effort by the most active observers. However, in future the aim should be to involve a much larger number of active observers in submitting more records.

Taking the last dataset, with no duplicates, Table 4 shows the names of the individual observers who contributed at least 1,000 records with breeding codes. We are immensely grateful to all 26 of these people. At a talk about the Atlas to the Bangor Bird Group in 2012 the names of those in Table 4 who were not members of the Atlas Steering Group were put

| Contributions | Number of contributors |
|---|---|
| All records – from individuals | 950 |
| All records – from organisations | 15 |
| All records with breeding codes – individuals | 720 |
| All records with breeding codes – organisations | 10 |

Table 3. The numbers of contributors to the overall dataset.

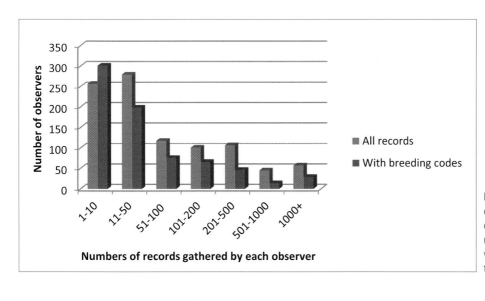

Figure 3. The numbers of observers who provided different numbers of all records, both with and without breeding codes, to the Atlas project.

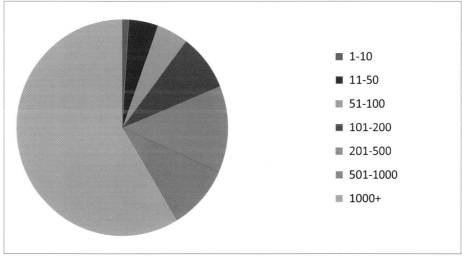

Figure 4. The proportions of total records by observers supplying different numbers of records, grouped in bands.

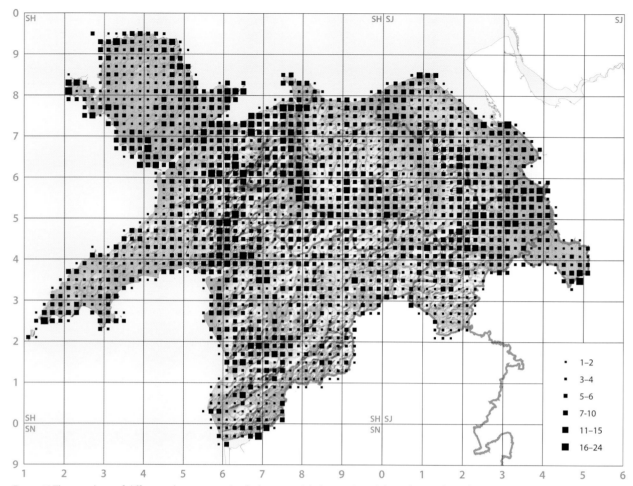

Figure 5. The numbers of different observers, each of whom provided records with breeding codes, who visited each tetrad.

in a draw. The name selected by a member of the audience was John Small and he has been presented with a complimentary copy of this Atlas.

Figure 5 shows the number of observers who supplied records for each tetrad. Most upland tetrads were visited by more observers than might have been expected, however Meirionnydd received visits from fewer observers than any other county. This undoubtedly related to the distance of the Meirionnydd tetrads from the bigger centres of population and the extent of the county that is at relatively high altitude.

## Monitoring progress

At the end of Year 3 we started to check our results carefully and found that we had 576 tetrads with 20 or fewer species recorded with breeding codes, as shown in Figure 6. The inland tetrads with no breeding codes recorded at all were high priorities for fieldwork in Year 4 (2011).

During the breeding season of Year 4 we regularly monitored a spreadsheet, listing all the tetrads with 20 or fewer records with breeding codes. The Atlas website was regularly checked so that the spreadsheet could be updated as the fieldwork progressed. Unfortunately, the BTO Atlas website did not have an automatically updated count of the maximum code recorded for each species so the details had to be counted 'manually', which was rather a tedious process. Following our targeted effort in Year 4, including the efforts of the fieldworker employed with the grant from CCW, the situation improved. As shown in Figure 7, the number of tetrads with few records of species with breeding codes had fallen from 576 to 245 and these were now either in the uplands or around the coast, mainly small promontories or other rather barren features. With ongoing validation, it became clear that some tetrads which previously had some records were now amongst those with none (see the tetrads near the Holyhead harbour breakwaters).

At the end of Year 4 we had concerns about the number of tetrads that had more than 50% of records at Level 1 (Possible breeding) only. Having created another spreadsheet with tetrads that were deemed as high, medium and low priority

| Names of individual observers who supplied at least 1,000 records with breeding codes | |
|---|---|
| Dave Anning | Dave Lamacraft |
| Richard Beckett | Tom McCanna |
| Anne Brenchley | Glenn Morris |
| Henry Cook | Mel ab Owain |
| Ken Croft | Nigel Pierce |
| Steve Culley | Rhion Pritchard |
| Steven Davies | Ivor Rees |
| Jim Dustow | Glyn Neville Roberts |
| Geoff Gibbs | John Lawton Roberts |
| Richard Groves | John Small |
| Neil Hughes | Ian M. Spence |
| Simon Hugheston-Roberts | Peter Stuttard |
| Ifor Rhys Jones | Carole Walker |

Table 4. The names of the individuals who supplied at least 1,000 records with breeding codes for the Atlas project.

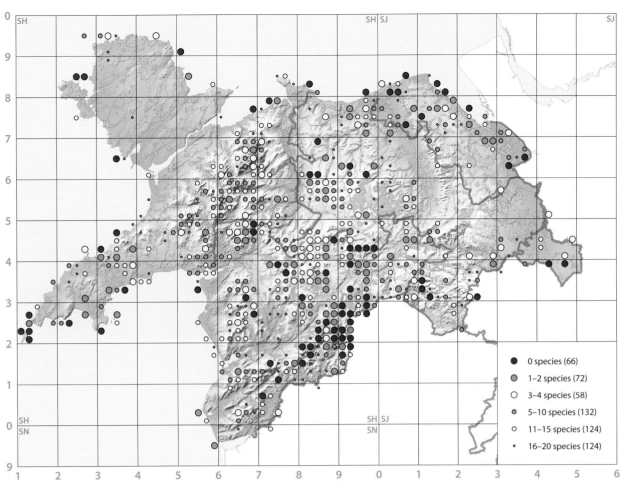

Figure 6. The 576 tetrads with 20 or fewer records per tetrad at the end of Year 3.

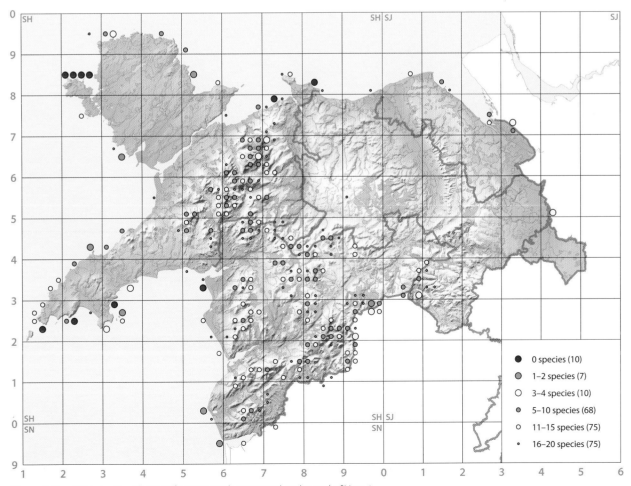

Figure 7. The 245 tetrads with 20 or fewer records per tetrad at the end of Year 4.

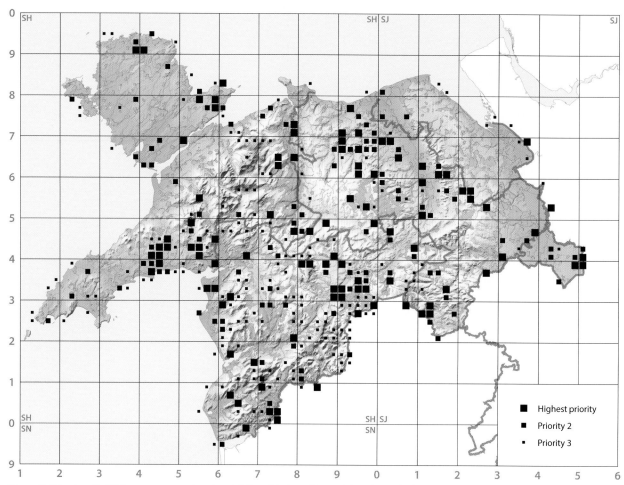

Figure 8. Tetrads with 50% or more records at Level 1 (Possible breeding only) at the end of Year 4.

| Number of species | Category | Species |
|---|---|---|
| 154 | A | All other species |
| 1 | A, C2 | Gadwall |
| 2 | A, C2, C4, E | Greylag Goose, Mallard |
| 2 | A, C2, E | Barnacle Goose, Grey Partridge |
| 1 | A, C3 | Red Kite |
| 1 | A, C3, E | Goshawk |
| 1 | A, C4, E | Feral Pigeon/Rock Dove |
| 1 | C1 | Little Owl |
| 5 | C1, E | Mandarin Duck, Ruddy Duck, Red-legged Partridge, Pheasant, Ring-necked Parakeet |
| 1 | C2, E | Canada Goose |
| 4 | E | Black Swan, Muscovy Duck, Reeves's Pheasant, Indian Peafowl |

Explanations of the categories:

| Category | Explanation |
|---|---|
| A | Species recorded in an apparently natural state at least once since 1 January 1950. |
| C1 | Naturalised introduced species – species that have occurred only as a result of introduction. |
| C2 | Naturalised introduced species – species with established populations resulting from introduction by Man, but which also occur in an apparently natural state. |
| C3 | Naturalised re-established species – species with populations successfully re-established by Man in areas of former occurrence. |
| C4 | Naturalised feral species – domesticated species with populations established in the wild. |
| E | Species recorded as introductions, human-assisted transportees or escapees from captivity, and whose breeding populations (if any) are thought not to be self-sustaining. |

Table 5. The BOU categorisation of bird species, and the numbers of North Wales species in each of those categories.

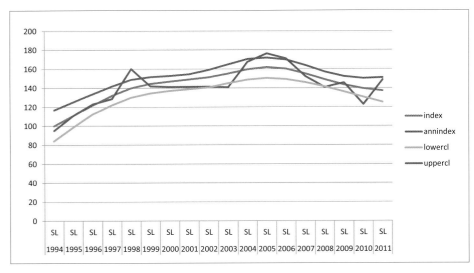

Figure 9. The smoothed trend for 1995 to 2010 (index) and the unsmoothed graph of indices showing the actual changes from year to year (annindex = annual index) for Swallow.

(Figure 8), we organised observers to target these tetrads in 2012. In this regard, it was extremely convenient for us that the BTO had already agreed to maintain the Atlas website for online recording for those groups undertaking local Atlases who intended to take their data gathering period beyond 2011.

In order to increase the proportion of records in the Probable or Confirmed categories, observers were encouraged to make their visits in the period late May to end of June, when many species would be either carrying food to nests or feeding fledged young. This targeting was disrupted by the awful wet weather during that crucial period; the adverse conditions did not help the observers and many birds had an unsuccessful breeding season. This emphasised the need to review progress in the gathering of records from the start of the project, rather than leaving it until halfway through the process.

We also needed to be able to count the number of 'wild' species that had been recorded during the project. This meant that we had to become acquainted with the system of categorisation of species created by the BOU, where the use of the word 'wild' means that the birds are in the BOU Category A, B

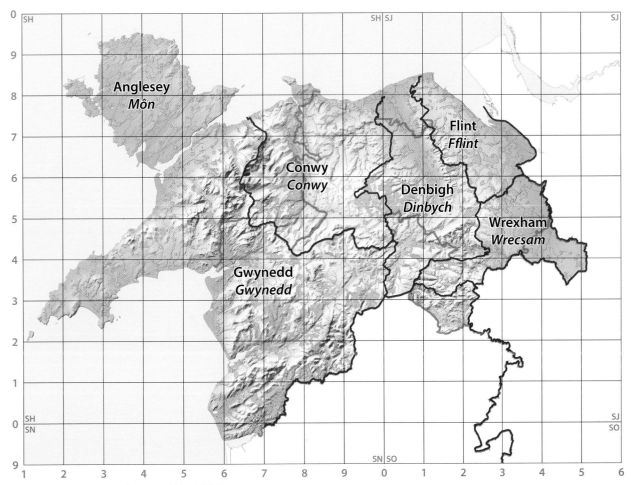

Figure 10. The unitary authorities of North Wales.

or C lists. The numbers of species in each category are given in Table 5, and the species names for those that are not just in Category A are also shown (NB some species are considered in more than one category).

## Organising the text

In Year 4 we identified and sought agreement from those authors with a particular knowledge of any species to write the species accounts. They were provided with the most recent tetrad maps available as well as the data table that appears in each individual species account, and asked to complete first drafts by March 2012. Later, the edited accounts were returned to them for checking with the final maps and data tables. Ideally, the whole book would have been bilingual, but this was not possible because of the cost. The compromise was to have all the introductory chapters in both languages and each species account summarised in Welsh.

For those species for which a Welsh trend can be calculated (Risely *et al.* 2011, 2012) a graph showing the smoothed trend of population size as calculated from the BBS returns was also provided to the author. Figure 9, kindly provided by Kate Risely, BTO, shows how the longer-term index, shown in blue (the smoothed trend, in this case for Swallow), relates to the upper and lower confidence limits, shown in purple and green respectively. In order to calculate the smoothed

trends the data points at either end of the series of years to be plotted are not used such that any short-term trends between either the first or last two years are not represented. The red line shows the annual fluctuations.

## Arranging publication

We considered publishing the book ourselves but decided that we did not have the necessary typesetting or marketing skills to make this option viable. Other options for online publishing and 'print on demand' were discussed but finally we came to the conclusion that a traditional hardback book was still an attractive option that many people would support. We agreed to approach at least two publishers to see if they were interested and on 8 December 2011 Anne Brenchley signed the contract with Liverpool University Press to publish our Atlas.

## Unitary authorities

The maps used throughout this book show the vice-county boundaries. Some readers may wish to compare the distributions with the boundaries of the unitary authorities that started in April 1996 after local government reorganisation. Figure 10 shows these boundaries at the same scale as the tetrad maps in the individual species accounts.

*Ian M. Spence*

# Appendix 1: Glossary
## *Atodiad 1: Geirfa*

| | |
|---|---|
| avifauna | An account of the birds found in a particular region or country (the birds that live naturally in a certain area). |
| Breeding Bird Survey (BBS) | The scheme introduced by the BTO in 1994 to monitor population changes in the UK's common and widespread breeding birds. |
| biodiversity | Biological Diversity, defined as the total range of the variety of life on earth or any given part of it. |
| blanket bog | Deep peatlands, usually in the uplands, fed by rainwater only. |
| Common Birds Census (CBC) | The territory mapping scheme used by the BTO from 1962 to monitor breeding populations on farmland and in woodland; superseded by the Breeding Bird Survey. |
| Constant Effort Site (CES) Scheme | Standardised summer ringing at sites in Britain; the results are used to monitor adult survival rates and annual breeding success. |
| corvid | A member of the crow family. |
| crepuscular | Describing the twilight period, around dusk or dawn. |
| eutrophic | Highly enriched by nutrients present in the air or water. |
| extirpation | Total removal or extermination. |
| fen | A type of mire fed by ground or surface water as well as by direct rainfall. |
| ffridd | A habitat on hillsides in Wales, lying between higher altitude open moorland and lower land that is more intensively managed and relatively fertile. |
| headage payment | Payment to livestock farmers based on the number of animals owned. |
| hirundine | A swallow or martin. |
| invertebrates | Animals without a backbone, including important food for birds such as insects. |
| irruption | Irregular wide-scale movement from breeding areas, usually when normal food sources such as tree seeds have failed. |
| leatherjacket | The tough-skinned larva of the crane-fly. |
| mesotrophic | Nutrient status between eutrophic and oligotrophic. |
| mire | A marsh or bog. |
| montane | In Wales, considered to be land above 610m. |

| | |
|---|---|
| National Nature Reserve (NNR) | An area of high nature conservation value, managed to provide opportunities for research or to preserve animals, plants and geological or physiographical features of special interest. NNRs are declared by the country conservation agencies under the National Parks and Access to the Countryside Act 1949 or the Wildlife and Countryside Act 1981. |
| obligate brood parasite | A species which always lays its eggs in the nests of other species, leaving the nest owners to incubate the eggs and rear the young. |
| oligotrophic | Having low nutrient levels. |
| passerine | A member of the order Passeriformes; the songbirds. |
| raptor | A term used to cover birds of prey such as falcons, hawks and the Osprey. |
| Rare Breeding Birds Panel (RBBP) | An independent body which collects information on rare breeding birds in the UK; its annual report is published in *British Birds*. |
| riparian | Associated with the banks of a river or stream. |
| senescent | Growing old, elderly or ageing. |
| subspecies | A group of interbreeding populations with different characteristics (physical and genetic) from other populations of the same species, frequently isolated geographically from other populations of the same species. |
| taxon (plural, taxa) | Taxonomic group (e.g. species, genus) or entity. |
| Timed Tetrad Visit (TTV) | A visit to a tetrad for Atlas recording, in which counts are made of the different birds encountered. The counts are made over one or two hours. |
| validation (of records) | The examination by a local bird Recorder, or others, to assess suitability for inclusion in the dataset for the BTO Atlas and local Atlases. |
| vice-county | System devised by H.C. Watson to divide England and Wales into 112 vice-counties, of more equal size than counties; generally adopted for biological recording as the boundaries are not affected by subsequent administrative changes. |
| Wetland Bird Survey (WeBS) | The monitoring scheme for waterfowl (principally wildfowl and waders) in the UK, currently administered by the BTO. |

# Appendix 2: Scientific names of non-bird species
## Atodiad 2: Enwau gwyddonol rhywogaethau heb fod yn adar

## Mammals

Deer, Fallow *Dama dama*
Deer, Muntjac *Muntiacus muntjak*
Deer, Roe *Capreolus capreolus*
Fox, Red *Vulpes vulpes*
mice (House Mouse *Mus musculus* or Wood Mouse
    *Apodemus sylvaticus*)
Mink, American *Neovison vison*
Otter *Lutra lutra*
Rabbit *Oryctolagus cuniculus*
Rat, Brown *Rattus norvegicus*
Squirrel, Grey *Sciurus carolinensis*
Stoat *Mustela erminea*
Vole, Field (Short-tailed) *Microtus agrestis*

## Fish

Herring *Clupea harengus*
Salmon *Salmo salar*
Sandeel, Lesser *Ammodytes tobianus*
sandeels (various species from the genera *Hyperoplus*,
    *Gymnammodytes* and *Ammodytes*)
Sea-trout *Salmo trutta* morpha *trutta*
Sprat *Clupea sprattus*
Trout, Brown *Salmo trutta*

## Amphibians

Frog, Common *Rana temporaria*

## Reptiles

Lizard, Common *Zootoca vivipara*

## Invertebrates

Ant, Yellow Meadow *Lasius flavius*
beetles *Coleoptera*
caddis-flies *Tricoptera*
crane-flies (and their larvae leatherjackets) *Tipulidae*
Crayfish, Signal *Pacifiasticus leniusculus*
dragonflies *Odonata*
earthworms *Lumbricidae*
grasshoppers *Orthoptera*
marine shrimps *Crustacea*
mayflies *Ephemeroptera*
midges *Diptera*
midges, Chironomid *Diptera*
Mussel, Edible (Blue) *Myrtilis edulis*
sawflies *Hymenoptera*
snails *Mollusca*
spiders *Aracnida*
wasps *Hymenoptera*

## Plants

Alder *Alnus glutinosa*
Ash *Fraxinus excelsior*
Balsam, Himalayan *Impatiens glandulifera*
Barley *Hordeum vulgare*
Beech *Fagus sylvaticus*
Bilberry *Vaccinium myrtillus*
birches (Silver Birch *Betula pendula* or Downy Birch
    *B. pubescens*)
Blackthorn *Prunus spinosa*
Bracken *Pteridium aquilinum*
brambles *Rubus* spp.

Broom (Petty Whin) *Genista anglica*
Cat's-ear *Hypochaeris* sp.
Charlock *Sinapsis arvensis*
chickweeds *Stellaria* spp.
cotton-grass (Hare's-tail Cotton-grass *Eriophorum vaginatum*
     or Common Cotton-grass *E. angustifolium*)
Cypress *X Cupressocyparis leylandii*
dandelions *Taraxacum* spp.
Elder *Sambucus nigra*
elms (Wych Elm *Ulmus glabra* or English Elm *U. procera*)
ferns *Pteropsida* spp.
Fir, Douglas *Pseudotsuga menziesii*
Goatsbeard *Tragopogon pratensis*
gorse (Gorse *Ulex europaeus* or Western Gorse *U. gallii*)
Grass, Deer *Trichophorum caespitosum*
Grass, Marram *Ammophila arenaria*
Groundsel *Senecio vulgaris*
Hair-grass, Wavy *Deschampsia flexuosa*
Hawthorn *Crataegus monogyna*
Hazel *Corylus avellana*
Heath, Cross-leaved *Erica tetralix*
heather (*Calluna* spp. or Bell Heather *Erica cinerea*)
Holly *Ilex europaeus*
Iris, Yellow (Flag) *Iris pseudacorus*
Ivy, Common *Hedera helix* spp. *helix*
knotweeds *Persicaria* spp.
larch (European Larch *Larix europaea* or Japanese/hybrid
     Larch *L. kaempferi* and *L. x marschlinsii*)
Mallow, Tree *Lavatera* spp.

Mercury, Dog's *Mercurialis perennis*
Moor-grass, Purple *Molinia caerulea*
Myrtle, Bog *Myrica gale*
Nettle, Common *Urtica dioica*
Niger *Guizotia abyssinica*
oaks (Pedunculate Oak *Quercus robur* or Sessile Oak
     *Q. petraea*)
Pine, Corsican *Pinus nigra* var. *maritima*
Pine, Lodgepole *Pinus contorta*
Pine, Scots *Pinus sylvestris*
Ragwort, Common *Senecio jacobaea*
Rape, Oil-seed *Brassica napus* subsp. *oleifera*
Reed, Common *Phragmites australis*
Rhododendron *Rhododendron ponticum*
Rowan *Sorbus aucuparia*
rushes *Juncus* spp.
sedges *Carex* spp.
Spruce, Norway *Picea abies*
*Sphagnum* moss
Spruce, Sitka *Picea sitchensis*
Sunflower *Helianthus annuus*
Sycamore *Acer pseudoplatanus*
Teasel, Wild *Dipsacus fullonum*
thistles *Cirsium* spp.
Wellingtonia *Sequoiadendron giganteum*
willows (Grey Willow *Salix cinerea*, Crack Willow *S. fragilis*,
     White Willow *S. alba* or Goat Willow *S. caprea*)
Yew *Taxus baccata*

# Appendix 3: Gazetteer
# *Atodiad 3: Mynegai daearyddol*

| Placename | Vice-county | Grid reference |
|---|---|---|
| Aberdaron | Caernarfon | SH173265 |
| Aberdesach | Caernarfon | SH424514 |
| Aberffraw | Anglesey | SH355688 |
| Abergele | Denbigh | SH945775 |
| Abergwyngregyn | Caernarfon | SH655725 |
| Abermenai | Anglesey | SH443614 |
| Aberogwen | Caernarfon | SH611722 |
| Abersoch | Caernarfon | SH313283 |
| Afon Efyrnwy (River Vyrnwy) | Montgomery | SJ031178 |
| Afonwen | Flint | SJ130715 |
| Aran Ffawddwy | Meirionnydd | SH862225 |
| Arenig Fawr | Meirionnydd | SH827282 |
| Bala | Meirionnydd | SH928292 |
| Bangor | Caernarfon | SH581724 |
| Bangor-on-Dee | Denbigh | SJ390339 |
| Bardsey | Caernarfon | SH116215 |
| Barmouth | Meirionnydd | SH612261 |
| Beaumaris | Anglesey | SH605761 |
| Belan Point | Caernarfon | SH440609 |
| Berwyn Mountains | Denbigh | SH110350 |
| Bettisfield | Denbigh | SJ461359 |
| Betws-y-coed | Caernarfon | SH794564 |
| Bird Rock (Craig yr Aderyn) | Meirionnydd | SH643070 |
| Bodelwyddan | Denbigh | SH996756 |
| Bodnant | Caernarfon | SH800725 |
| Bryn Pydew NWWT Reserve | Caernarfon | SH820792 |
| Bylchau | Denbigh | SH976630 |

| Placename | Vice-county | Grid reference |
|---|---|---|
| Cadair Berwyn | Meirionnydd | SJ072328 |
| Cadair Idris | Meirionnydd | SH709130 |
| Caernarfon | Caernarfon | SH480630 |
| Capel Curig | Caernarfon | SH721581 |
| Carneddau | Caernarfon | SH684646 |
| Carnedd Llywelyn | Caernarfon | SH683643 |
| Carreg y Llam | Caernarfon | SH332436 |
| Carreg, Aberdaron | Caernarfon | SH173264 |
| Ceiriog Valley | Denbigh | SJ201377 |
| Cemlyn | Anglesey | SH335932 |
| Cerrigydrudion | Denbigh | SH953487 |
| Chirk | Denbigh | SJ268380 |
| Clocaenog Forest | Denbigh | SJ020520 |
| Clwydian Hills | Flint/Denbigh | SJ138669 |
| Coed Benarth | Caernarfon | SH785771 |
| Coed y Brenin | Caernarfon | SH730260 |
| Coed y Felin, NWWT Reserve | Flint | SJ187678 |
| Coedydd Aber NNR | Caernarfon | SH662718 |
| Colwyn Bay | Denbigh | SH850788 |
| Connah's Quay Power Station | Flint | SJ277712 |
| Conwy | Caernarfon | SH780775 |
| Conwy, RSPB Reserve | Denbigh | SH797773 |
| Corris | Meirionnydd | SH757078 |
| Cors Caron | Ceredigion | SN686635 |
| Cors Erddreiniog | Anglesey | SH465805 |
| Cors Fochno | Ceredigion | SN630910 |
| Cors Goch | Anglesey | SH494812 |
| Cors y Sarnau | Meirionnydd | SH973392 |
| Corwen | Meirionnydd | SJ078434 |
| Cothi Valley | Carmarthen | SN533262 |
| Craig yr Aderyn (Bird Rock) | Meirionnydd | SH642069 |
| Crib Goch | Caernarfon | SH622553 |
| Criccieth | Caernarfon | SH502381 |
| Dee Estuary | Flint | SJ240760 |
| Denbigh | Denbigh | SJ050660 |
| Dinas Dinlle | Caernarfon | SH436566 |
| Dolgellau | Meirionnydd | SH730177 |
| Dwyryd Estuary | Meirionnydd | SH587362 |
| Dyfi Estuary | Meirionnydd | SN640960 |
| Dyfi Forest | Meirionnydd | SH740050 |
| Dysynni (Aber) | Meirionnydd | SH560034 |
| Eglwyseg | Denbigh | SJ216462 |
| Erddig | Denbigh | SJ325482 |
| Fagl Lane sand pit, Hope | Flint | SJ300593 |
| Fedw Fawr, Penmon | Anglesey | SH630805 |
| Fenn's Moss | Denbigh | SJ490370 |
| Ffrancon Pass | Caernarfon | SH642608 |
| Fishguard | Pembroke | SM956370 |
| Flint | Flint | SJ243730 |
| Friog | Meirionnydd | SH620127 |
| Glaslyn | Meirionnydd | SH592385 |

| Placename | Vice-county | Grid reference |
|---|---|---|
| Glyder Fawr | Caernarfon | SH642578 |
| Glyderau | Caernarfon | SH642578 |
| Gors Maen-llwyd | Denbigh | SH980582 |
| Great Orme | Caernarfon | SH760840 |
| Gresford | Denbigh | SJ355550 |
| Gronant | Flint | SJ091833 |
| Gwaith Powdwr, NWWT Reserve | Meirionnydd | SH621388 |
| Gwydyr Forest | Caernarfon | SH780550 |
| Gwylan Islands | Caernarfon | SH1824 |
| Gwytherin | Denbigh | SH877616 |
| Hanmer Mere | Denbigh | SJ454394 |
| Harlech | Meirionnydd | SH582312 |
| Hawarden | Flint | SJ315658 |
| Higher Kinnerton | Flint | SJ330613 |
| Hodbarrow | Cumbria | SD185789 |
| Holt | Denbigh | SJ410540 |
| Holyhead | Anglesey | SH247825 |
| Holywell | Flint | SJ185756 |
| Inner Marsh Farm RSPB Reserve | Flint/Cheshire | SJ305741 |
| Kielder Forest | Northumberland | NY632871 |
| Kinmel Bay | Denbigh | SH990805 |
| Little Orme | Caernarfon | SH817827 |
| Llanberis | Caernarfon | SH577604 |
| Llanberis Pass | Caernarfon | SH630566 |
| Llandderfel | Meirionnydd | SH982371 |
| Llanddwyn | Anglesey | SH3862 |
| Llandegla Forest | Denbigh | SJ220510 |
| Llandrillo | Meirionnydd | SJ035371 |
| Llandudno | Caernarfon | SH782825 |
| Llanfairfechan | Caernarfon | SH682750 |
| Llangefni | Anglesey | SH459757 |
| Llangelynnin | Meirionnydd | SH572071 |
| Llangollen | Denbigh | SJ215421 |
| Llanrhaeadr-ym-Mochnant | Denbigh | SJ124261 |
| Llantysilio Mountain | Denbigh | SJ160460 |
| Llanystumdwy | Caernarfon | SH476383 |
| Llŷn (reference to the whole peninsula) | Caernarfon | SH370400 |
| Llyn Alaw | Anglesey | SH393239 |
| Llyn Aled | Denbigh | SH917575 |
| Llyn Alwen | Denbigh | SH945535 |
| Llyn Bod Bach | Caernarfon | SH765596 |
| Llyn Bodgylched | Anglesey | SH585770 |
| Llyn Brân | Denbigh | SH963593 |
| Llyn Brenig | Denbigh | SH975555 |
| Llyn Cefni | Anglesey | SH442774 |
| Llyn Celyn | Meirionnydd | SH855405 |
| Llyn Conwy | Meirionnydd | SH780462 |
| Llyn Cowlyd | Caernarfon | SH727624 |
| Llyn Crafnant | Caernarfon | SH750610 |
| Llyn Edno | Meirionnydd | SH662497 |
| Llyn Elsi | Caernarfon | SH783553 |

| Placename | Vice-county | Grid reference |
|---|---|---|
| Llyn Glas (Glaslyn) | Caernarfon | SH616546 |
| Llyn Helyg | Flint | SJ113773 |
| Llyn Lliwbran | Meirionnydd | SH875254 |
| Llyn Llywenan | Anglesey | SH348815 |
| Llyn Maelog | Anglesey | SH325730 |
| Llyn Ogwen | Caernarfon | SH660605 |
| Llyn Padarn | Caernarfon | SH570614 |
| Llyn Penrhyn | Anglesey | SH304769 |
| Llyn Pen-y-parc | Anglesey | SH586750 |
| Llyn Tal-y-llyn | Meirionnydd | SH720100 |
| Llyn Tegid | Meirionnydd | SH910340 |
| Llyn Traffwll | Anglesey | SH325770 |
| Llyn Trawsfynydd | Meirionnydd | SH690370 |
| Llyn Tryweryn | Meirionnydd | SH788386 |
| Llyn y Dywarchen | Caernarfon | SH561533 |
| Llyn Ystumllyn | Meirionnydd | SH525385 |
| Maelor (area) | Denbigh | SJ440400 |
| Malltraeth Marsh | Anglesey | SH450715 |
| Marford Quarry NWWT Reserve | Denbigh | SJ358561 |
| Mariandyrus | Anglesey | SH603811 |
| Mawddach Estuary | Meirionnydd | SH640160 |
| Menai Strait | Caernarfon | SH510670 |
| Migneint | Caernarfon | SH780430 |
| Mochras | Meirionnydd | SH552265 |
| Moelfre | Anglesey | SH514866 |
| Moelwyn | Meirionnydd | SH658448 |
| Moel Siabod | Caernarfon | SH705547 |
| Mold | Flint | SJ238641 |
| Morfa Dyffryn | Meirionnydd | SH560245 |
| Morfa Harlech | Meirionnydd | SH565345 |
| Mumbles Pier | Glamorgan | SS628262 |
| Mwdwl Eithin | Denbigh | SH917541 |
| Mynydd Hiraethog | Denbigh | SH920570 |
| Nant Ffrancon | Caernarfon | SH642608 |
| Newborough | Anglesey | SH423657 |
| Newborough Warren | Anglesey | SH425635 |
| Old College, Aberystwyth | Ceredigion | SN587818 |
| Old Colwyn | Denbigh | SH880786 |
| Pencilan | Caernarfon | SH294232 |
| Penllyn Forest | Meirionnydd | SH937315 |
| Penmachno | Caernarfon | SH790506 |
| Penmaenbach | Caernarfon | SH747781 |
| Penmon | Anglesey | SH630805 |
| Penrhyn Castle | Caernarfon | SH602719 |
| Pensarn | Denbigh | SH950785 |
| Pentraeth Forest | Anglesey | SH545785 |
| Pentrefoelas | Denbigh | SH874515 |
| Plas Tan y Bwlch | Meirionnydd | SH656406 |
| Point Lynas | Anglesey | SH480937 |
| Point of Ayr | Flint | SJ130850 |
| Pont Croesor | Caernarfon/Meirionnydd | SH593413 |

| Placename | Vice-county | Grid reference |
|---|---|---|
| Porth Dinllaen | Caernarfon | SH276415 |
| Porth Neigwl | Caernarfon | SH260270 |
| Porthmadog | Meirionnydd | SH568386 |
| Prestatyn | Flint | SJ066825 |
| Puffin Island | Anglesey | SH650820 |
| Pwllheli | Caernarfon | SH375352 |
| Rhinogs | Meirionnydd | SH661234 |
| Rhoscolyn | Anglesey | SH269758 |
| Rhosneigr | Anglesey | SH319730 |
| Rhuthun | Denbigh | SJ124583 |
| Rhyd-ddu | Caernarfon | SH569529 |
| Rhyl | Flint | SJ005811 |
| Rockabill | Dublin | IO332263 |
| Ruabon Mountain | Denbigh | SJ245465 |
| Sandycroft | Flint | SJ333670 |
| Seaforth NR | Lancashire | SJ3196 |
| Sealand | Flint | SJ350688 |
| Shotton | Flint | SJ305686 |
| Shotwick | Cheshire | SJ338718 |
| Skerries | Anglesey | SH270950 |
| Snowdon | Caernarfon | SH610543 |
| South Stack | Anglesey | SH203823 |
| St Asaph | Denbigh | SJ038744 |
| St Tudwal's Islands | Caernarfon | SH340260 |
| Titchwell | Norfolk | TF763437 |
| Traeth Dulas | Anglesey | SH482885 |
| Traeth Glaslyn | Meirionnydd | SH590385 |
| Traeth Lafan | Caernarfon | SH635745 |
| Trefriw | Caernarfon | SH780630 |
| Tremadog Bay | Caernarfon | SH533339 |
| Treuddyn | Flint | SJ250583 |
| Trevalyn Meadows | Denbigh | SJ3956 |
| Tryfan | Caernarfon | SH664595 |
| Tywi Valley | Carmarthen | SN474210 |
| Tywyn | Meirionnydd | SH588008 |
| Vale of Clwyd | Denbigh | SJ065165 |
| Vale of Maentwrog | Meirionnydd | SH662405 |
| Valley Lakes | Anglesey | SH3176 |
| Whixall Moss | Shropshire | SJ4935 |
| Wrexham | Denbigh | SJ337504 |
| Wrexham Police Station | Denbigh | SJ337506 |
| Y Ddôl NWWT Reserve | Flint | SJ142713 |
| Y Llethr | Meirionnydd | SH661258 |
| Ynys yr Adar | Anglesey | SH382625 |
| Ynys Feurig | Anglesey | SH304736 |
| Ynys Gorad Goch | Anglesey | SH545712 |
| Ynys Moelfre | Anglesey | SH518869 |
| Ynys Welltog, Menai Strait | Anglesey | SH549716 |
| Ysbyty Ifan | Caernarfon | SH842488 |

# References
# Cyfeirnodau

Aebischer, N.J. 1995. Philopatry and colony fidelity of Shags *Phalacrocorax aristotelis* on the east coast of Britain. *Ibis* **137**: 11–18.

Alder, D. & Marsden, S. 2010. Characteristics of feeding site selection by breeding Green Woodpeckers *Picus viridis* in a UK agricultural landscape. *Bird Study* **57**(1): 100–07.

Arnold, R. 2004. A history of the birds of Puffin Island. In *Birds of Anglesey*, ed. P.H. Jones & P. Whalley, pp. 525–76. Menter Môn, Llangefni.

——, Dixon, S., Korboulewsky, N. & Märell, A. 1997. Common Eiders breeding in North Wales in 1997. *Welsh Birds* **1**(6): 80.

Ausden, M., Rowlands, A., Sutherland, W.J. & James, R. 2003. Diet of breeding Lapwing *Vanellus vanellus* and Redshank *Tringa totanus* on coastal grazing marsh and implications for habitat management. *Bird Study* **50**(3): 285–93.

——, Bolton, M., Butcher, N., Hoccom, D.G., Smart, J. & Williams, G. 2009. Predators of breeding waders on lowland wet grassland – is it a problem? *British Wildlife* **21**: 29–38.

——, White, G. & Eaton, M. 2013. Breeding Baillon's Crakes in Britain. *British Birds* **106**(1): 7–16.

Austin, G.E., Rehfisch, M.M., Allan, J.R. & Holloway, S.J. 2007. Population size and differential population growth of introduced Greater Canada Geese *Branta canadensis* and re-established Greylag Geese *Anser anser* across habitats in Great Britain in the year 2000. *Bird Study* **54**(3): 343–52.

Baillie, S.R., Marchant, J.H., Leech, D.I., Renwick, A.R., Joys, A.C., Noble, D.G., Barimore, C., Conway, G.J., Downie, I.S., Risely, K. & Robinson, R.A. 2010. *Breeding Birds in the Wider Countryside: their conservation status 2010.* BTO Research Report No. 565. BTO, Thetford.

——, Marchant, J.H., Leech, D.I., Renwick, A.R., Eglington, S.M., Joys, A.C., Noble, D.G., Barimore, C., Conway, G.J., Downie, I.S., Risely, K. & Robinson, R.A. 2012. *BirdTrends 2011.* BTO Research Report No. 609. BTO, Thetford. www.bto.org/birdtrends.

Barn Owl Trust. 2012. *Barn Owl Conservation Handbook.* Pelagic Publishing, Exeter.

Barnes, J. 1997. *The Birds of Caernarfonshire.* Cambrian Ornithological Society, n.p.

Batten, L.A., Bibby, C.J., Clement, P., Elliott, G.D. & Porter, R.F. 1990. *Red Data Birds in Britain – Action for Rare, Threatened and Important Species.* T. & A.D. Poyser, London.

Baxter, E.V. & Rintoul, L.J. 1953. *The Birds of Scotland.* Oliver & Boyd, Edinburgh & London.

BBFOR (*Bardsey Bird and Field Observatory Report*). Bardsey Bird and Field Observatory, n.p.

Bibby, C.J. & Thomas, D.K. 1984. Sexual dimorphism in size, moult and movements of Cetti's Warbler *Cettia cetti. Bird Study* **31**(1): 28–34.

Birch, J.E., Birch, R.R., Birtwell, J.M., Done, C., Stokes, E.J. & Walton, G.F. 1968. *The Birds of Flintshire.* Flintshire Ornithological Society, Ellesmere Port.

Blackstock, T.H., Howe, E.A., Stevens, J.P., Burrows, C.R. & Jones, P.S. 2010. *Habitats of Wales – A Comprehensive Field Survey 1979–1997.* University of Wales Press, Cardiff.

Bolam, G. 1913. *Wildlife in Wales.* Frank Palmer, London.

Both, C., Bouwhuis, S., Lessells, C.M. and Visser, M.E. 2006. Climate change and population declines in a long-distance migratory bird. *Nature* **441**: 81–83.

Bromhall, D. 1980. *Devil Birds – The life of the Swift.* Hutchinson, London.

Brown, A. & Grice, P. 2005. *Birds in England.* T. & A.D. Poyser, London.

Browne, S.J., Aebischer, N.J. & Crick, H.Q.P. 2005. Breeding ecology of Turtle Doves *Streptopelia turtur* in Britain during the period 1941–2000: an analysis of BTO nest record cards. *Bird Study* **52**(1): 1–9.

Bryant, D. & Turner, A. 1982. Central place foraging by Swallows Hirundinidae, the questions of load size. *Animal Behaviour* **30**: 845–56.

Bullock, I.D., Drewett, D.R. & Mickleburgh, S.P. 1985. The Chough in Wales. *Nature in Wales*, New Series **4**(1 & 2): 46–57.

Buner, F.D., Browne, S.J. & Aebischer, N.J. 2011. Experimental assessment of release methods for the reestablishment of a red-listed galliform, the grey partridge (*Perdix perdix*). *Biological Conservation* **144**: 593–601.

Cadbury, C.J. 1980. The status of the Corncrake in Britain 1978–79. *Bird Study* **27**(4): 203–18.

Calladine, J. & Bray, J. 2012. The importance of altitude and aspect for breeding Whinchats *Saxicola rubetra* in the uplands: limitations of the uplands as a refuge for a declining, formerly widespread species? *Bird Study* **59**(1): 43–51.

Carpenter, J., Smart, J., Amar, A., Gosler, A., Hinsley, S. & Charman, E. 2010. National-scale analyses of habitat associations of Marsh Tits *Poecile palustris* and Blue Tits *Cyanistes caeruleus*: two species with opposing population trends in Britain. *Bird Study* **57**(1): 31–43.

Carroll, M.J., Dennis, P., Pearce-Higgins, J. & Thomas, C.D. 2011. Maintaining northern peatland ecosystems in a changing climate: effects of drainage and drain blocking on soil moisture and craneflies. *Global Change Biology* **17**: 2991–3001.

Castell, P. & Castell R. 2009. *Breeding Birds of the Western Palearctic* (DVD). Birdguides, London.

CBR (*Cambrian Bird Report*). Cambrian Ornithological Society, Llandudno Junction.

Chamberlain, D.E. & Crick, H.Q.P. 1998. Population declines and reproductive performance of Skylarks *Alauda arvensis* in different regions and habitats of the United Kingdom. *Ibis* **141**: 39–51.

Chapman, A. 1999. *The Hobby.* Arlequin Press, Chelmsford.

Charman, E.C., Smith, K.W., Gruar, D.J., Dodd, S. & Grice, P.V. 2010. Characteristics of woods used recently and historically by Lesser Spotted Woodpeckers *Dendrocopos minor* in England. *Ibis* **152**: 543–55.

Clement, P. 1995. *The Chiffchaff.* Hamlyn, London.

Cocker, M. & Mabey, R. 2005. *Birds Britannica.* Chatto and Windus, London.

Conder, P. 1989. *The Wheatear.* Christopher Helm, London.

Condry, W.M. 1981. *The Natural History of Wales.* Collins New Naturalist, London.

Conway, G., Wotton, S., Henderson, I., Langston, R., Drewitt, A. & Currie, F. 2007. Status and distribution of European Nightjars *Caprimulgus europaeus* in the UK in 2004. *Bird Study* **54**(1): 98–111.

Conway, G.J., Burton, N.H.K., Handschuh, M. & Austin, G.E. 2008. *UK population estimates for the 2007 breeding Little Ringed Plover and Ringed Plover survey.* BTO Research Report No. 510. BTO, Thetford.

Cramp, S., Bourne, W.R.P. & Saunders, D. 1974. *The Seabirds of Britain and Ireland.* Collins, London.

——, Simmons, K.E.L. & Perrins, C. 1977–94. *Handbook of the Birds of Europe the Middle East and North Africa: The Birds of the Western Palearctic.* 9 vols. Oxford University Press, Oxford.

Crick, H.Q.P., Robinson, R.A., Appleton, G.F., Clark, N.A. & Rickard, A.D. 2002. *Investigation into the causes of the decline of starlings and house sparrows in Great Britain*. BTO Research Report No. 290. BTO, Thetford.

Cross, A.V. 2011. Report on the Red Kite breeding season in Wales 2011. *Boda Wennol* **26**: 6–7.

Cross, T. & Davis, P. 2005. *The Red Kites of Wales*. Subbuteo Natural History Books, Shrewsbury.

Dare, P.J. 1986a. Notes on the Kestrel population of Snowdonia, north Wales. *Naturalist* **111**: 49–54

——. 1986b. Raven *Corvus corax* populations in two upland regions of north Wales. *Bird Study* **33**(3): 179–89.

——. 1989. Aspects of the breeding biology of the Buzzard *Buteo buteo* in North Wales. *Naturalist* **114**: 23–31.

Davies, N.B. 1977. Prey selection and social behaviour in wagtails. *Journal of Animal Ecology* **46**: 37–57.

——. 1992. *Dunnock behaviour and social evolution*. Oxford University Press, Oxford.

——. 2000. *Cuckoos, Cowbirds and other cheats*. T. & A.D. Poyser, London.

del Hoyo, J., Elliott, A. & Sargatal, J. 1996. *Handbook of the Birds of the World, vol. 3: Hoatzin to Auks*. Lynx Edicions, Barcelona.

Dixon, A., Richards, C., Haffield, P., Roberts, G., Thomas, M. and Lowe, A. 2008. The national Peregrine survey 2002: How accurate are the published results for Wales? *Welsh Birds* **5**(4): 276–84.

——, Richards, C., Haffield, P., Thomas, M., Lawrence, M. & Roberts, G. 2010. Population decline of Peregrines *Falco peregrinus* in central Wales associated with a reduction in racing pigeon availability. *Birds in Wales* **7**(1): 3–12.

Dobie, W.H. 1894. Birds of West Cheshire, Denbighshire, and Flintshire: Being a list of species occurring in the District of the Chester Society of Natural Science. *Proceedings of the Chester Society of Natural Science and Literature* **4**: 282–351.

Donovan, J. & Rees, G. 1994. *Birds of Pembrokeshire*. Dyfed Wildlife Trust, Haverfordwest.

Driver, J. 2006. Raven *Corvus corax* population census of northwest Wales. *Welsh Birds* **4**(5): 442–53.

——. 2010. Tawny Owl nesting on a high mountain crag in Snowdonia. *Birds in Wales* **7**(1): 130–31.

——. 2011. Population census of Ring Ouzels *Turdus torquatus* breeding in Snowdonia, 2009–10. *Birds in Wales* **8**(1): 3–13.

—— & Dare, P.J. 2009. Population increase of Buzzards in Snowdonia, 1977–2007. *Welsh Birds* **6**(1): 38–48.

Dunnet, G.M. & Ollason, J.G. 1978. The estimation of survival rate in the Fulmar *Fulmarus glacialis*. *Journal of Animal Ecology* **47**: 507–20.

Eaton, M.A., Brown, A.F., Noble, D.G., Musgrove, A.J., Hearn, R.D., Aebischer, N.J., Gibbons, D.W., Evans, A. & Gregory, R.D. 2009. Birds of Conservation Concern 3: The population status of birds in the United Kingdom, Channel Islands and Isle of Man. *British Birds* **102**(6): 296–341.

——, Balmer, D.E., Cuthbert, R., Grice, P.V., Hall, J., Hearn, R.D., Holt, C.A., Musgrove, A.J., Noble, D.G., Parsons, M., Risely, K., Stroud, D.A. & Wotton, S. 2011. *The state of the UK's birds 2011*. RSPB, BTO, WWT, CCW, JNCC, NE, NIEA & SNH, Sandy.

Egevang, C., Stenhouse, I.J., Phillips, R.A., Petersen, A., Fox, J.W. & Silk, J.R.D. 2010. Tracking of Arctic terns *Sterna paradisaea* reveals longest animal migration. *Proceedings of the National Academy of Sciences of the USA* **107**(5): 2078–81.

Else, R.J. 2011. Manx Shearwater population and productivity monitoring. *Bardsey Bird and Field Observatory Report* **54**: 111–13.

Evans, K.E. & Robinson, R.A. 2004. Barn Swallows and agriculture. *British Birds* **97**(5): 218–30.

Ewing, S.R., Rebecca, G.W., Heavisides, A., Court, I.R., Lindley, P., Ruddock, M., Cohen, S. & Eaton, M.A. 2011. Breeding status of Merlins *Falco columbarius* in the UK in 2008. *Bird Study* **58**(4): 379–89.

Eyton, T.C. 1838. An attempt to ascertain the fauna of Shropshire and North Wales; II Aves. *Annals of natural history, or magazine of zoology, botany, and geology* **1**(4): 285–93.

Feare, C.J. 1994. Changes in numbers of Common Starlings and farming practice in Lincolnshire. *British Birds* **87**(5): 200–04.

Ferguson-Lees, J., Castell, R. & Leech, D. 2011. *A Field Guide to Monitoring Nests*. BTO, Thetford.

Fielding, A., Haworth, P., Whitfield, P., McLeod, D. & Riley, H. 2011. *A Conservation Framework for Hen Harriers in the United Kingdom*. JNCC Report No. 441. JNCC, Peterborough.

Fisher, J. 1952. *The Fulmar*. Collins New Naturalist, London.

——. 1966. The fulmar population of Britain and Ireland 1959. *Bird Study* **13**(1): 5–76.

Forrest, H.E. 1907. *The vertebrate fauna of North Wales*. Witherby, London.

——. 1919. *A handbook of the vertebrate fauna of North Wales*. Witherby, London.

Francis, I. & Cook, M. 2011. *The Breeding Birds of North-East Scotland*. Scottish Ornithologists' Club, Aberdeen.

Frederiksen, M., Daunt, F., Harris, M.P. & Wanless, S. 2008. The demographic impact of extreme events: stochastic weather drives survival and population dynamics in a long-lived seabird. *Journal of Animal Ecology* **77**(5): 1020–29.

Freeman, S.N., Robinson, R.A., Clark, J.A., Griffin, B.M. & Adams, S.Y. 2002. Population dynamics of Starling *Sturnus vulgaris* breeding in Britain: an integrated analysis. In *Investigation into the causes of the decline of starlings and house sparrows in Great Britain*, ed. H.Q.P. Crick, R.A. Robinson, G.F. Appleton, N.A. Clark & A.D. Rickard, pp. 121–39. BTO Research Report No. 290. BTO, Thetford.

——, Robinson, R.A., Clark, J.A., Griffin, B.M. & Adams, S.Y. 2007. Changing demography and population decline in the Common Starling *Sturnus vulgaris*: a multisite approach to Integrated Population Monitoring. *Ibis* **149**: 587–96.

Fuller, R.J., Noble, D.G., Smith, K.W. & Vanhinsbergh, D. 2005. Recent declines in populations of woodland birds in Britain: a review of possible causes. *British Birds* **98**(3): 116–43.

——, Smith, K.W., Grice, P.V., Currie, F.A. & Quine, C.P. 2007. Habitat change and woodland birds in Britain: implications for management and future research. *Ibis* **149** (suppl. 2): 261–68.

Gibbons, D.W., Reid, J.B. & Chapman, R.A. 1993. *The New Atlas of Breeding Birds in Britain and Ireland*. T. & A.D. Poyser, London.

——, Donald, P.F., Bauer, H-G., Fornasari, L. & Dawson, I.K. 2007 Mapping avian distributions: the evolution of bird atlases. *Bird Study* **54**(3): 324–34.

Gibbs, G., White, T. & Anning, D. 2008. Breeding Ringed Plovers in the COS area in 2007. *Cambrian Bird Report* **2007**: 189–90.

——, Small, J. and Schofield, P. 2011. Breeding Birds of the Ogwen River Corridor, North Wales, in 2005–7. *Birds in Wales* **8**(1): 23–28.

Glue, D.E. 1977. Feeding Ecology Of The Short-eared Owl in Britain and Ireland. *Bird Study* **24**(2): 70–78.

Goodwin, D. 1976. *Crows of the World*. British Museum (Natural History) Ltd, London.

Gosler, A. 1993. *The Great Tit*. Hamlyn, London.

Goss-Custard, J.D. 1996. *The Oystercatcher: from individuals to populations*. Oxford Ornithology Series, Oxford University Press, Oxford.

Green, J. 2002. *Birds in Wales 1992–2000*. Welsh Ornithological Society, Blaenporth.

Green, M. 2007. Wales Ring Ouzel *Turdus torquatus* survey in 2006. *Welsh Birds* **5**(1): 37–41.

—— & Cross, T. 2007. The diet of the Little Owl *Athene noctua* on Skomer Island. *Welsh Birds* **5**(1): 51–54.

—— & Williams, I.T. 1992. The status of the Chough *Pyrrhocorax pyrrhocorax* in Wales in 1992. *Welsh Bird Report* **6**: 77–84.

Gregory, R.D., Wilkinson, N.I., Noble, D.G., Robinson, J.A., Brown, A.F., Hughes, J., Procter, D., Gibbons, D.W. & Galbraith, C.A. 2002. The population status of birds in the United Kingdom, Channel Islands and Isle of Man: an analysis of conservation concern 2002–2007. *British Birds* **95**(9): 410–48.

Gribble, F. 1983. Nightjars in Britain and Ireland in 1981. *Bird Study* **30**(3), 167–76.

Gribble, F.C. 1976. Census of Black-headed Gull colonies in England and Wales in 1973. *Bird Study* **23**(2): 139–49.

Guilford, T., Freeman, R., Boyle, D., Dean, B., Kirk, H., Phillips, R. & Perrins, C. 2011. A Dispersive Migration in the Atlantic Puffin and Its Implications for Migratory Navigation. *PLoS ONE*. www.plosone. org/article/info:doi/10.1371/journal.pone.0021336.

Gurney, R. 1919. Breeding stations of the Black-headed Gull in the British Isles. *Transactions of the Norfolk Naturalists' Society* **10**: 416–47.

GWCT (Game & Wildlife Conservation Trust). 2013. Long-term trends in grey partridge abundance. www.gwct.org.uk/research__surveys/ species_research/birds/grey_partridge_bap_species/218.asp.

Haffield, P. 2012. Merlins in Mid and South Wales. *Birds in Wales* **9**(1): 41–49.

Hagemeijer, E.J.M. & Blair, M.J. 1997. *The EBCC Atlas of European Breeding Birds: Their Distribution and Abundance*. T. & A.D. Poyser, London.

Harradine, J. 1985. Duck shooting in the United Kingdom. *Wildfowl* **36**: 81–94.

Harrop, J.M. 1970. The Chough in North Wales. *Nature in Wales* **12**(2): 65–69.

Hatch, C. 2006. Long-eared Owls in the Gwent uplands. *Gwent Bird Report* **2006**: 69–71.

Hayhow, D.B., Eaton, M.A., Bladwell, S., Etheridge, B., Ewing, S., Ruddock, M., Saunders, R., Sharpe, C., Sim, I.M.W. & Stevenson, A. In press. The status of the Hen Harrier, *Circus cyaneus*, in the UK and Isle of Man in 2010. *Bird Study*.

Henderson, I.G., Fuller, R.J., Conway G.J. & Gough, S.J. 2004. Evidence for declines in populations of grassland associated birds in marginal upland areas of Britain. *Bird Study* **51**(1): 12–19.

Holling, M. & RBBP. 2007a. Non-native breeding birds in the United Kingdom in 2003, 2004 and 2005. *British Birds* **100**(6): 638–49.

—— & RBBP. 2007b. Rare Breeding Birds in the United Kingdom in 2003 and 2004. *British Birds* **100**(6): 321–67.

—— & RBBP. 2011a. Non-native breeding birds in the United Kingdom in 2006, 2007 and 2008. *British Birds* **104**(9): 114–38.

—— & RBBP. 2011b. Rare Breeding Birds in the United Kingdom in 2009. *British Birds* **104**(9): 476–537.

—— & RBBP. 2012. Rare breeding birds in the United Kingdom in 2012. *British Birds* **105**(7): 352–416.

Holloway, S. 1996. *The Historical Atlas of Breeding Birds in Britain and Ireland 1875–1900*. T. & A.D. Poyser, London.

Holt, C., Austin, G., Calbrade, N., Mellan, H., Mitchell, C., Stroud, D., Wotton, S. & Musgrove, A. 2011. *Waterbirds in the UK 2009/10*. BTO/ RSPB/JNCC, Thetford.

Holt, C.A., Austin, G.E., Calbrade, N.A., Mellan, H.J., Hearn, R.D., Stroud, D.A., Wotton, S.R. & Musgrove, A.J. 2012. *Waterbirds in the UK 2010/11: The Wetland Bird Survey*. BTO/RSPB/JNCC, Thetford.

Hoodless, A.N., Lang, D., Aebischer, N.J., Fuller, R.J. & Ewald, J. 2009. Densities and population estimates of breeding Eurasian Woodcock Scolopax rusticola in Britain in 2003. *Bird Study* **56**(1): 15–25.

Hughes, B., Underhill, M. & Delany, S. 1998. Ruddy ducks breeding in the United Kingdom in 1994. *British Birds* **91**(8): 336–53.

——, Green, R.E., Collingham, Y.C. & Willis, S.G. 2007. *A climatic atlas of European breeding birds*. Durham University, RSPB and Lynx Edicions, Barcelona.

Jenkins, R.K.B. & Ormerod, S.J. 2002. Habitat preferences of breeding Water Rail *Rallus aquaticus*. *Bird Study* **49**(1): 2–10.

JNCC. 2011. Seabird Population Trends and Causes of Change: 2011 Report. Updated April 2011. www.jncc.gov.uk/page-3201.

——. 2013. Razorbill *Alca torda*. http://jncc.defra.gov.uk/page-2899.

Johnstone, I., Dyda, J. & Lindley, P. 2007. The population and hatching success of Curlews in Wales in 2006. *Welsh Birds* **5**(1): 78–87.

——, Scott, D. & Webster, L. 2010a. On the brink: the breeding population status of Turtle Doves and Corn Buntings in Wales. *Birds in Wales* **7**(1): 92–99.

——, Young, A. & Thorpe, R.I. 2010b. The revised population status of birds in Wales. *Birds in Wales* **7**(1): 39–91.

——, Stratford, A., Roberts, D., Lindley, P., Lamacraft, D. & Jones, K. 2011. The status, ecology, movements and conservation of Twite *Carduelis flavirostris* in Wales. *Birds in Wales* **8**(1): 35–57.

Johnstone, I.G., Dyda, J. & Lindley, P. 2008. The population status of breeding Golden Plover and Dunlin in Wales in 2007. *Welsh Birds* **5**(4): 300–10.

——, Thorpe R.I. & Noble D.G. 2011. *The State of Birds in Wales 2011*. RSPB Cymru, Cardiff.

Jones, K.H., Spence, I.M., Stratford, A. 1995. Mute Swans in Gwynedd. *Cambrian Bird Report* **1995**: 84–87.

Jones, P.H. 1974. *Birds of Merioneth*. Cambrian Ornithological Society, Penrhyndeudraeth.

——. 1979. Ring Ouzel *Turdus torquatus* territories in the Rhinog Hills of Gwynedd. *Nature in Wales* **16**: 267–89.

——. 1989. The chequered history of the Black Grouse in Wales. *Welsh Bird Report* **1989**: 70–78.

—— & Dare. P. 1976. *Birds of Caernarvonshire*. Cambrian Ornithological Society, n.p.

—— & Roberts, J.L. 1982. Birds of Denbighshire. *Nature in Wales*, New Series, **1**(2): 56–65.

—— & Whalley, P. 2004 *Birds of Anglesey*. Menter Môn, Llangefni.

Jones, P.S., Stevens, D.P., Blackstock, T.H., Burrows, C.R. & Howe, E.A. 2003. *Priority habitats of Wales: a technical guide*. Countryside Council for Wales, Bangor.

Lack, D. 1943. *The Life of the Robin*. H.F. & G. Witherby, London.

——. 1973. *Swifts in a Tower*. Chapman & Hall, London.

Lack, P. 1986. *The Atlas of Wintering Birds in Britain and Ireland*. T. & A.D. Poyser, Calton.

Le Gouar, P.J., Schekkerman, H., van der Jeugd, H.P., Boele, A., van Harxen, R., Fuchs, P., Stroeken, P. & van Noordwijk, A.J. 2011. Long-term trends in survival of a declining population: the case of the little owl (*Athene noctua*) in the Netherlands. *Oecologia* **166**(2): 369–79.

Lever, C. 2009. *The Naturalized Animals of Britain and Ireland*. New Holland, London.

Lewis, A.J.G., Amar, A., Charman, E.C. & Stewart, F.R.P. 2009. The decline of the Willow Tit in Britain. *British Birds* **102**(7): 386–93.

Lewis, D.E. 2006. *Rhagor o enwau adar* (Llafar Gwlad 66). Gwasg Carreg Gwalch, Llanrwst.

Lloyd, C., Tasker, M.L. & Partridge, K. 1991. *The Status of Seabirds in Britain and Ireland*. T. & A.D. Poyser, London.

Lovegrove, R., Williams G. & Williams I. 1994 *Birds in Wales*. T. & A.D. Poyser, London.

Lovegrove, R.R., Hume, R.A. & McLean, I. 1980. The Status of Breeding Wildfowl in Wales. *Nature in Wales* **17**: 4–10.

Lowe, F.A. 1953. *The Heron*. Collins New Naturalist, London.

Lucas, R., Medcalf, K., Brown, A., Bunting, P., Breyer, J., Clewley, D., Keyworth, S. & Blackmore, P. 2011. Updating the Phase 1 habitat map of Wales, UK, using satellite sensor data. *ISPRS Journal of Photogrammetry and Remote Sensing* **66**, 81–102.

Mallord, J.W., Orsman, C.J., Cristinacce, A., Butcher, N., Stowe, T.J. & Charman, E. 2012. Mortality of Wood Warbler *Phylloscopus sibilatrix* nests in Welsh Oakwoods: predation rates and the identification of nest predators using miniature nest cameras. *Bird Study* **59**(3): 286–95.

Marchant, J.H. & Gregory, R.D. 1999. Numbers of nesting Rooks *Corvus frugilegus* in the United Kingdom in 1996. *Bird Study* **46**(3): 258–73.

——, Hudson, R., Carter, S.P. & Whittington, P. 1990. *Population trends in British Breeding Birds*. BTO/JNCC, Tring.

Marquiss, M. & Carss, D. 1997. Fish-eating birds and fisheries. *BTO News* **210/11**: 6–7.

Mead, C. 1984. *Robins*. Whittet Books, London.

Mead, C.J & Clark, J.A. 1993. Report on Bird Ringing in Britain and Ireland for 1991. *Ringing & Migration* **14**(1): 1–72.

Mitchell, P.I., Newton, S.F., Ratcliffe, N. & Dunn, T.E. 2004. *Seabird Populations of Britain and Ireland: results of the Seabird 2000 census (1998–2002)*. T. & A.D. Poyser, London.

Moorcroft, D., Wilson, J.D. & Bradbury, R.B. 2006. Diet of nestling Linnets *Carduelis cannabina* on lowland farmland before and after agricultural intensification. *Bird Study* **53**(2): 156–62.

Morris, A., Burges, D., Fuller, R.J., Evans, A.D. & Smith, K.W. 1994. The status and distribution of Nightjars *Caprimulgus europaeus* in Britain in 1992. A report to the British Trust for Ornithology. *Bird Study* **41**(3): 181–91.

Murton, R.K. 1965. *The Wood-Pigeon*. Collins New Naturalist, London.

Musgrove, A.J., Austin, G.E., Hearn, R.D., Holt, C.A., Stroud, D.A. & Wotton, S.R. 2011. Overwinter population of British waterbirds. *British Birds* **104**(7): 364–97.

NAWAC (National Assembly for Wales Audit Committee). 2008. *Tir Gofal – Committee Report AC(3) September 2008*. National Assembly for Wales, Cardiff Bay.

NEWBR (*North-East Wales Bird Report*). Clwyd Bird Recording Group, Mold.

Newton, I. 1972. *Finches*. Collins New Naturalist, London.

——. 1986. *The Sparrowhawk*. T. & A.D. Poyser, London.

——. 1998. *Population Limitation in Birds*. Academic Press, London.

NNSS (GB Non-native Species Secretariat). 2013. Black Swan, *Cygnus atratus*. https://secure.fera.defra.gov.uk/nonnativespecies/factsheet/factsheet.cfm?speciesId=1117.

Norman, D. 2008. *Birds in Cheshire and Wirral: A breeding and wintering atlas*. Liverpool University Press, Liverpool.

O'Brien, M., Green, M., Harris, A. & Williams, I. 1998. The numbers of breeding waders in Wales in 1993. *Welsh Birds* **2**(1): 35–42.

Ockendon, N., Hewson, C.M., Johnston, A. & Atkinson, P. 2012. Declines in British-breeding populations of Afro-Palaearctic migrant birds are linked to bioclimatic wintering zone in Africa, possibly via constraints on arrival time advancement. *Bird Study* **59**(2): 111–25.

O'Connor, R.J. & Shrubb, M. 1986. *Farming and birds*. Cambridge University Press, Cambridge.

Ormerod, S.J., O'Halloran, J., Gribbin, S.D. & Tyler, S.J. 1991. The ecology of Dippers *Cinclus cinclus* in relation to stream acidity in upland Wales: breeding performance, calcium physiology and nestling growth. *Journal of Applied Ecology* **28**: 419–33.

Osborne, P. 1982. Some effects of Dutch elm disease on nesting farmland birds. *Bird Study* **29**(1): 2–16.

Owen, M., Atkinson-Willes, G.L. & Salmon, D.G. 1986. *Wildfowl in Great Britain*, 2nd ed. Cambridge University Press, Cambridge.

PACEC (Public and Corporate Economic Consultants). 2006. *The Economic and Environmental Impact of Sporting Shooting*. PACEC, Cambridge.

Parkin, D.T., Collinson, M., Helbig, A.J., Knox, A.G. & Sangster, G. 2003. The taxonomic status of Carrion and Hooded Crows. *British Birds* **96**(6): 274–90.

Parr, S.J. 1991. Occupation of new conifer plantations by Merlins in Wales. *Bird Study* **38**(2): 103–11.

Peach, W.J., Baillie, S. & Underhill, L. 1991. Survival of British Sedge Warblers *Acrocephalus schoenobaenus* in relation to west African rainfall. *Ibis* **133**: 300–05.

——, Siriwardena, G.M. & Gregory, R.D. 1999. Long-term changes in over-winter survival rates explain the decline of Reed Buntings *Emberiza schoeniclus* in Britain. *Journal of Applied Ecology* **36**: 798–811.

PECBMS (Pan-European Common Bird Monitoring Scheme). 2010. *Trends of common birds in Europe, 2010 update*. European Bird Census Council, Prague. www.ebcc.info/index.php?ID=387.

Pennant, T. 1778. *A Tour in Wales*. Repr. as vol. 1 of *Tours in Wales* (1883). H. Humphreys, Caernarfon.

Perrins, C. 1979. *British Tits*. Collins New Naturalist, London.

——. 2003. The status of Marsh and Willow Tits in the UK. *British Birds* **96**(9): 418–26.

Philips, R.A., Petersen, M.K., Lilliendahl, K., Salmundsson, J., Hamer, K.C., Camphuysen, C.J. & Zonfrillo, B. 1999. Diet of the northern fulmar *Fulmarus glacialis*: reliance on commercial fisheries? *Marine Biology* **135**: 159–70.

PISR (Puffin Island Seabird Research). 2013. Meet the Birds. www.puffinisland.org.uk/meet-the-birds.

Prater, A.J. 1981. *Estuary Birds of Britain and Ireland*. T. & A.D. Poyser, Calton.

——. 1989. Ringed Plover *Charadrius hiaticula* breeding population of the United Kingdom in 1984. *Bird Study* **36**(3): 154–59.

Prince, P. & Clarke, R. 1993. The Hobby's breeding range in Britain. *British Wildlife* **4**(6): 341–46.

Pritchard, R. 2012. *Adar Meirionnydd*. Cambrian Ornithological Society, Bangor.

Proffitt, F., Newton, I., Wilson, J.D. & Siriwardena, G.M. 2004. Bullfinch *Pyrrhula pyrrhula* breeding ecology in lowland farmland and woodland: comparisons across time and habitat. *Ibis* **146** (suppl. 2): 78–86.

Raine, A.F., Sowter, D.J., Brown, A.F. & Sutherland, W.J. 2006a. Migration patterns of two populations of Twite *Carduelis flavirostris* in Britain. *Ringing & Migration* **23**(1): 45–52.

——, Sowter, D.J., Brown, A.F. & Sutherland, W.J. 2006b. Natal philopatry and local movement patterns of Twite *Carduelis flavirostris*. *Ringing & Migration* **23**(2): 89–94.

Ratcliffe, D. 1990. *Bird life of mountain and upland*. Cambridge University Press, Cambridge.

——. 1997. *The Raven: a natural history in Britain and Ireland*. T. & A.D. Poyser, Calton.

Ratcliffe, D.A. 1980. *The Peregrine Falcon*. T. & A.D. Poyser, London.

Rees, G., Haycock, A., Haycock, B., Hodges, J., Sutcliffe, S., Jenks, P. & Dobbins, R. 2009. *Atlas of Breeding Birds in Pembrokeshire 2003–2007*. Pembrokeshire Bird Group, n.p.

Risely, K., Noble, D.G. & Baillie, S.R. 2009. *The Breeding Bird Survey 2008*. BTO Research Report 537. BTO, Thetford.

——, Baillie, S.R., Eaton, M.A., Joys, A.C., Musgrove, A.J., Noble, D.G., Renwick, A.R. & Wright, L.J. 2010. *The Breeding Bird Survey 2009*. BTO Research Report No. 559. BTO, Thetford.

——, Renwick, A.R., Dadam, D., Eaton, M.A., Johnston, A., Baillie, S.R., Musgrove, A.J. & Noble, D.G. 2011. *The Breeding Bird Survey 2010*. BTO Research Report No. 597. BTO, Thetford.

——, Massimino, D., Johnston, A., Newson, S.E., Eaton, M.A., Musgrove, A.J., Noble, D.G., Procter, D. & Baillie, S.R. 2012. *The Breeding Bird Survey 2011*. BTO Research Report No. 624. BTO, Thetford.

Roberts, J.L. 1983. Whitethroats breeding on a Welsh heather moor. *British Birds* **76**(10): 456.

——. 2010. Bird numbers from September to March on a grouse moor in north-east Wales. *Birds in Wales* **7**(1): 100–29.

—— & Green, D. 1983. Breeding failure and decline of Merlins on a north Wales moor. *Bird Study* **30**(3): 193–200.

—— & Jones, M.S. 1999. Merlins *Falco columbarius* on a NE Wales moor – Breeding ecology (1983–1997) and possible determinants of density. *Welsh Birds* **2**(3): 88–108.

—— & Jones, M.S. 2001. Breeding biology of Swallows *Hirundo rustica* on two farms straddling the North Wales border. *Welsh Birds* **3**(1): 44–56.

—— & Jones, M.S. 2003. Grey Wagtails (*Motacilla cinerea*) breeding at high density. *Welsh Birds* **3**(5): 340–42.

—— & Jones, M.S. 2004. Increase of Peregrines (*Falco peregrinus*) in the N-E Wales borders, 1973–2003. *Welsh Birds* **4**(1): 48–58.

—— & Jones, M.S. 2009. Spacing and breeding production of Buzzards *Buteo buteo* in north-east Wales, 1978–2008. *Welsh Birds* **6**(1): 9–24.

Roberts, S.J., Lewis, J.M.S. & Williams, I.T. 1999. Breeding European Honey-buzzards in Britain. *British Birds* **92**(7): 326–45.

Robinson, R.A. 2005. *BirdFacts: profiles of birds occurring in Britain & Ireland*. BTO Research Report No. 407. BTO, Thetford. www.bto.org/birdfacts.

——, Siriwardena, G.M. & Crick, H.Q.P. 2002. Status and population trends of the Starling *Sturnus vulgaris* in Great Britain. In *Investigation into the causes of the decline of starlings and house sparrows in Great Britain*, ed. H.Q.P. Crick, R.A. Robinson, G.F. Appleton, N.A. Clark & A.D. Rickard, pp. 11–32. BTO Research Report No. 290. BTO, Thetford.

——, Green, R.E., Baillie, S.R., Peach, W.J. & Thomson, D.L. 2004. Demographic mechanisms of the population decline of the song thrush *Turdus philomelos* in Britain. *Journal of Animal Ecology* **73**: 670–82.

——, Siriwardena, G.M. & Crick, H.Q.P. 2005. Status and population trends of starling *Sturnus vulgaris* in Great Britain. *Bird Study* **52**(3): 252–60.

——, Lawson, B., Toms, M.P., Peck, K.M., Kirkwood, J.K., Chantrey, J., Clatworthy, I.R., Evans, A.D., Hughes, L.A., Hutchinson, O.C., John, S.K., Pennycott, T.W., Perkins, M.W., Rowley, P.S., Simpson, V.R., Tyler, K.M. & Cunningham, A.A. 2010. Emerging Infectious Disease Leads to Rapid Population Declines of Common British Birds. *PLoS ONE*. www.plosone.org/article/info:doi/10.1371/journal.pone.0012215.

RSPB. 2012. Chaffinch. www.rspb.org.uk/wildlife/birdguide/name/c/chaffinch/index.aspx.

Rutz, C., Bijlsma, R.G., Marquiss, M. & Kenward, R.E. 2006. Population limitation in the Northern Goshawk in Europe: A review with case studies. *Studies in Avian Biology* **31**: 158–97.

Sage, B.L. & Vernon, J.D.R. 1978. The 1975 National Survey of Rookeries. *Bird Study* **25**(2): 64–86.

Seel, D.C. & Walton, K.C. 1979. Numbers of Meadow Pipits in mountain farm grassland in N. Wales. *Ibis* **121**: 147–64.

Sharrock, J.T.R. 1976. *The Atlas of Breeding Birds in Britain and Ireland*. T. & A.D. Poyser, Berkhampsted.

Shrubb, M. 2003. The Kestrel (*Falco tinnunculus*) in Wales. *Welsh Birds* **3**(5): 330–39.

——. 2004. The decline of the Kestrel in Wales. *Welsh Birds* **4**(1): 65–66.

——, Williams, I.T. & Lovegrove, R.R. 1997. The Impact of Changes in Farming and Other Land Uses on Bird Populations in Wales. *Welsh Birds* **1**(5): 4–26.

Simms, E. 1978 *British Thrushes*. Collins New Naturalist, London.

Siriwardena, G.M. 2004. Possible roles of habitat, competition and avian nest predation in the decline of the Willow Tit *Parus montanus* in Britain. *Bird Study* **51**(3): 193–202.

——, Baillie, S.R. & Wilson, J.D. 1999. Temporal variation in the annual survival rates of six granivorous birds with contrasting population trends. *Ibis* **141**: 621–36.

Smith, D. 2004. Breeding and Roosting Hawfinches *Coccothraustes coccothraustes* in Merioneth. *Welsh Birds* **4**(1): 11–19.

——. 2011. Status of the Ring Ouzel *Turdus torquatus* on Cadair Idris in 2008. *Birds in Wales* **8**(1): 14–22.

Smith, K.W. 2005. Has the reduction in nest-site competition from Starlings *Sturnus vulgaris* been a factor in the recent increase of Great Spotted Woodpecker *Dendrocopos major* numbers in Britain? *Bird Study* **52**(3): 307–13.

—— & Charman, E.C. 2012. The ecology and conservation of the Lesser Spotted Woodpecker. *British Birds* **105**(6): 294–301.

Spence, I.M. & Lloyd, I.W. 1996. Tawny Owls *Strix aluco* breeding in Clwyd Forest District. *Welsh Birds* **1**(3): 52–58.

Squires, D., Grasse, J. & Falshaw, C. 2009. Northern Goshawks in mid/north Wales 1992–2006. *Welsh Birds* **6**(1): 49–65.

Stafford, J. 1962. Nightjar enquiry, 1957–1958. *Bird Study* **9**(2): 104–15.

Stowe, T.J. 1987. The Habitat Requirements of Some Insectivorous Birds and the Management of Sessile Oakwoods. PhD thesis, CNAA.

Stroud, D., Francis, I. & Stroud, R. 2012. Spotted Crake breeding in Britain and Ireland: a history and evaluation of current status. *British Birds* **105**(4): 197–220.

Summers-Smith, J.D. 1995. *The Tree Sparrow*. J.D. Summers-Smith, Guisborough.

Thaxter, C.B., Sansom, A. Thewlis, R.M., Calbrade, N.A., Ross-Smith, V.H., Bailey, S., Mellan, H.J. & Austin, G.E. 2010. *Wetland Bird Survey Alerts 2006/2007: Changes in numbers of wintering waterbirds in the Constituent Countries of the United Kingdom, Special Protection Areas (SPAs) and Sites of Special Scientific Interest (SSSIs)*. BTO Research Report No. 556. BTO, Thetford.

——, Lascelles, B., Sugar, K., Cook, A.S.C.P., Roos, S., Bolton, M., Langston, R.H.W. & Burton, N.H.K. 2012. Seabird foraging ranges as a preliminary tool for identifying candidate Marine Protected Areas. *Biological Conservation* **156**: 53–61.

Thomas, D.K. 1992. *An Atlas of Breeding Birds in West Glamorgan*. Gower Ornithological Society, n.p.

Thompson, G. 2005. *Storm petrel census on Skokholm in 2003*. CCW Contract Science Report No. 672. CCW, Bangor.

Thomson, D.L., Green, R.E., Gregory, R.D. & Baillie, S.R. 1998. The widespread declines of songbirds in rural Britain do not correlate with the spread of their avian predators. *Proceedings of the Royal Society of London*, Series B, **265**: 2057–62.

Thorpe, R. 2003. Golden Plover and 'plover-page'. *Natur Cymru* **6**(1): 20–23.

—— & Young, A. 2004. The breeding population of the Peregrine (*Falco peregrinus*) in Wales in 2002. *Welsh Birds* **4**(1): 44–47.

Thorpe, R.I. & Young, A. 2002. The population status of birds in Wales: an analysis of conservation concern, 2002–2007. *Welsh Birds* **3**(4): 289–302.

Toms, M. 2007. Are gardens good for birds or birdwatchers? *British Wildlife* **19**(2): 77–83.

——. 2008. Shrieker of the Woods. *Bird Table* **55**: 8–11.

Toms, M.P., Crick, H.Q.P. & Shawyer, C.R. 2001. The status of breeding Barn Owls *Tyto alba* in the United Kingdom 1995–97. *Bird Study* **48**(1): 23–37.

Toyne, E.P. 1998. Breeding season diet of the Goshawk *Accipiter gentilis* in Wales. *Ibis* **140**: 569–79.

Tyler, G.A., Green, R.E. & Casey, C. 1998. Survival and behaviour of Corncrake *Crex crex* chicks during the mowing of agricultural grassland. *Bird Study* **45**(1): 35–50.

Tyler, S. & Green, M. 1993.The status and breeding ecology of Ring Ouzels *Turdus torquatus* in Wales with reference to soil acidity. *Welsh Bird Report* **7**: 78–89.

——, Lewis, J., Venables, W.A. & Walton, J. 1987. *The Gwent Atlas of Breeding Birds*. Gwent Ornithological Society, Newport.

Tyler, S.J. 1995. Reed-beds in Wales – their extent, distribution and birds and threats facing them. *Welsh Birds* **1**(1): 25–35.

UK Government. 1994. *Biodiversity: the UK Action Plan, CM2428*. HMSO, London.

Venables, W.A., Baker, A.D., Clarke, R.M., Jones, C., Lewis, J.M.S., Tyler, S.J., Walker, I.R. & Williams, R.A. 2008. *The Birds of Gwent*. Christopher Helm, London.

Village, A. 1981. The diet and breeding of Long-eared Owls in relation to vole numbers. *Bird Study* **28**(3): 215–24.

——. 1990. *The Kestrel*. T. & A.D. Poyser, London.

Vinicombe, K. 1982. Breeding and population fluctuations of the Little Grebe. *British Birds* **75**(5): 204–18.

Visser, M.E., van Noordwijk, A.J., Tinbergen, J.M. & Lessells, C.M. 1998. Warmer springs lead to mistimed reproduction in great tits (*Parus major*). *Proceedings of the Royal Society of London* **265**(1408): 1867–70.

Wanless, S., Harris, M.P. & Greenstreet, S.P.R. 1998. Summer sandeel consumption by seabirds breeding in the Firth of Forth, southeast Scotland. *ICES Journal of Marine Science* **55**: 1141–51.

*Welsh Bird Report*. Welsh Ornithological Society, n.p.

Wernham, C.V., Toms, M., Marchant, J., Clark, J., Siriwardena, G. & Baillie, S. 2002. *The Migration Atlas: movements of the birds of Britain and Ireland*. T. & A.D. Poyser, London.

Whalley, P.E.S. 1954. List of birds seen in Anglesey and Caernarvonshire with notes on their distribution and status. *The North West Naturalist* **1954**: 604–18.

Whitfield, D.P. & Fielding, A.H. 2009. *Hen harrier population studies in Wales*. CCW Contract Science Report No. 879. CCW, Bangor.

Williams, G. 2004. A survey to evaluate Tir Gofal stubble and root crop options for farmland birds. *Welsh Birds* **4**(1): 31–43.

Williams, G.A. 2000. Breeding terns in Wales, 1975–1999. *Welsh Birds* **2**(5): 274–79.

Williams, I.T. 1988. Breeding Short-eared Owls (*Asio flammeus*) in Wales. *Welsh Bird Report* **1988**: 64–71

——. 1991. The breeding population of the Peregrine, *Falco peregrinus*, in Wales in 1991. *Welsh Bird Report* **5**: 62–69.

——. 1996. The status of the Black Grouse *Tetrao tetrix* in Wales in Spring 1995 together with population changes since 1986. *Welsh Birds* **1**(3): 22–28.

—— & Parr, S.J. 1995. Breeding Merlins *Falco columbarius* in Wales in 1993. *Welsh Birds* **1**(1):14–20.

Wilson, A.M., Vickery, J.A., Brown, A., Langston, R.H.W., Smallshire, D., Wotton, S. & Vanhinsbergh, D. 2005. Changes in the numbers of breeding waders on lowland wet grasslands in England and Wales between 1982 and 2002. *Bird Study* **52**(1): 55–69.

Wilson, J.D., Evans, A.E. & Grice, P.V. 2009. *Bird Conservation and Agriculture*. Cambridge University Press, Cambridge.

Winstanley, D., Spencer, R. & Williamson, K. 1974. Where have all the Whitethroats gone? *Bird Study* **21**(1): 1–14.

Wotton, S. & Conway, G. 2008. The Woodlark and Dartford Warbler surveys in Wales in 2006. *Welsh Birds* **5**(4): 322–27.

——, Langston, R. & Gregory, R. 2002. The breeding status of the Ring Ouzel *Turdus torquatus* in the UK in 1999. *Bird Study* **49**(1): 26–34.

Zonfrillo, B. 2009. Goosanders taking bread. *British Birds* **102**(9): 509–10

# Index of bird species
## *Mynegai i rywogaethau*

Page numbers in **bold** refer to the relevant species account.
*Mae'r rhifau tudalen mewn **du** yn cyfeirio at hanes y rhywogaeth.*

## English names / *Enwau Saesneg*

## Welsh names / *Enwau Cymraeg*

These are references to where the Welsh names appear in the text.
*Mae'r rhain yn cyfeirio at y mannau lle gwelir yr enwau Cymraeg yn y testun.*

## Scientific names / *Enwau gwyddonol*

These are references to where the scientific names appear in the text.
*Mae'r rhain yn cyfeirio at y mannau lle gwelir yr enwau gwyddonol yn y testun.*